Das Imaginäre und die Revolution

D1722784

Nabila Abbas ist Politikwissenschaftlerin und hat an der Université de Paris 8 Vincennes-Saint-Denis und an der Universität Gießen promoviert. Sie lehrt an Sciences Po Paris.

Nabila Abbas

Das Imaginäre und die Revolution

Tunesien in revolutionären Zeiten

Campus Verlag
Frankfurt/New York

Die Publikation wurde gefördert von der Université Paris 8 (CRESPPA – UMR 7217) und von Cultures et sociétés urbaines (CSU). Außerdem wurde die Publikation vom Deutschen Akademikerinnenbund e.V. unterstützt.

Gießener Dissertation im Fachbereich Sozial- und Kulturwissenschaften

ISBN 978-3-593-51153-5 Print
ISBN 978-3-593-44317-1 E-Book (PDF)

Copyright © 2019 Campus Verlag GmbH, Frankfurt am Main
Umschlaggestaltung: Campus Verlag GmbH, Frankfurt am Main
Gesetzt aus der Garamond
Druck und Bindung: Beltz Grafische Betriebe GmbH, Bad Langensalza
Printed in Germany

www.campus.de

Inhalt

Teil II: Kartografie der tunesischen Imaginäre

Anhang

1. Einleitung

»Öffnet die Türen
den milden Seelen, vom Wahnsinn entflammt
wartend
[…]
Gefängnis-Unglück, Gefängnis-Gefängnis
Oh, wie viele Fremde
haben den bitteren Geschmack gekannt
die Steine der Mauern sind geschmolzen
Und wir sind alle Gefängnisinsassen geworden
[…]
Werft die Gefängnisse ins Gefängnis
Die Rede wird sich befreien
der Gesang der Überlebenden wird sich erheben
Eine Sintflut wird kommen
Die Rede ist fesselnd
Eine Sintflut wird kommen.«
Basset Ben Hassan, Öffnet die Türen, 10. Mai 2010, Tunis

»Präsident des Landes, heute spreche ich dich in meinem Namen und im Namen des Volkes an, das vom Gewicht der Ungerechtigkeit erdrückt wird. […] Es gibt Leute, die vor Hunger sterben, sie wollen arbeiten, um zu leben, aber ihre Stimme wird nicht gehört! […] Die Hälfte des Landes wird erniedrigt. Schau, was in dem Land passiert! […] Bis wann sollen die Tunesier in ihren Träumen leben? Wo ist die Meinungsfreiheit? Ich sehe sie nur auf dem Papier. […] Das Volk hat so viel zu sagen, aber seine Stimme trägt nicht.«

Mit diesen Worten klagt der 22-jährige tunesische Rapper *El General* in seinem Lied *Rais el bled* (Präsident des Landes) Ben Ali zum 23. Jahrestag seiner Herrschaft im November 2010 an. Einen Monat später entfachen im Zuge der Selbstverbrennung des Gemüsehändlers Mohamed Bouazizi die Proteste der tunesischen Bürger*innen in Sidi Bouzid. Sie verbreiten sich von dort aus in aller Eile über das ganze Land und inspirieren schließlich auch andere arabische und südeuropäische Bürger*innen, sich gegen politisch unterdrückende, entmündigende und ausbeuterische Verhältnisse zu erheben.

Die Erzählungen und die Träume der tunesischen Bürger*innen, die unter der Diktatur Ben Alis, wie uns *El General* lehrt, kein Gehör finden, faszinierten mich von der Geburtsstunde des tunesischen Revolutionsprozesses an. Sie schienen mir, den in den westeuropäischen und nordamerikanischen Ländern dominanten Diskurs über die vermeintlich »demokratie-unwilligen«, apolitischen und fatalistischen Bürger*innen der arabischen Welten fundamental infrage zu stellen. Chimamanda Ngozi Adichie, nigerianische Schriftstellerin, warnt vor solchen stereotypisierenden Diskursen:

> »So that is how to create a single story, show a people as one thing, as only one thing, over and over again, and that is what they become. [...] The single story creates stereotypes, and the problem with stereotypes is not that they are untrue, but that they are incomplete. They make one story become the only story.« (Ngozi Adichie 2009)

Von der Notwendigkeit vielfältiger Geschichten überzeugt, begebe ich mich auf die Suche nach den Erzählungen der tunesischen Bürger*innen.

Während ich 2010 den Eindruck hatte, Zeugin eines wichtigen historischen Ereignisses zu werden, sahen viele wissenschaftliche und journalistische Beobachter*innen in den Ereignissen vor allem Hungerrevolten und spontane Unruhen oder befürchteten einen Sieg von Extremisten. Mich hingegen berührten die Demonstrant*innen in Sidi Bouzid, Kasserine, Thala und Tunis, die sich den Snipern und Panzern des Regimes entgegenstellten, um soziale Gerechtigkeit, Freiheitsrechte und politische Teilhabe zu fordern. Meine Neugier und mein Wille, zu verstehen, warum die Menschen in Tunesien revoltieren, war geweckt. Zu diesem Zeitpunkt beschäftigte ich mich intensiv mit radikalen Demokratietheorien. Radikale Demokratietheorien schienen mir besonders dafür geeignet, revolutionäre Momente zu erfassen. Schließlich betonen sie die agonale Verfasstheit des Politischen als Kraft der kollektiven Selbstinstituierung einer Gesellschaft. Der Ausgangspunkt demokratischer Praxis liegt demnach in Konflikt, Differenz und Dissens. Anstatt die politische Dimension des tunesischen Revolutionsprozesses ausgehend von den Theorien von Jacques Rancière, Claude Lefort, Etienne Balibar und Ernesto Laclau zu erfassen, entschied ich mich dazu, von der Empirie auszugehen und sie anschließend mit theoretischen Überlegungen zu kreuzen. Ich analysiere folglich den revolutionären Prozess vornehmlich mithilfe der empirischen Studie der Imaginäre, das heißt der politischen Ideen und gesellschaftlichen Vorstellungen, der Akteur*innen,[1] die gegen das System von Ben Ali kämpften. Das Konzept

---

1 An dieser Stelle sei darauf hingewiesen, dass ich mich im Umgang mit dem grammatischen Genus für folgende Lösung entschieden habe: Ich gebe grundsätzlich die gemischtgeschlechtlichen Verhältnisse durch die »*innen-Endung« (zum Beispiel Akteur*innen) an. Zwei Ausnahmen nehme ich jedoch vor. Erstens verwende ich für die

des Imaginären erlaubt es mir, sowohl die ideell-narrative Dimension des Revolutionsprozesses zu erfassen als auch eine Klammer zwischen meinen empirischen und theoretischen Überlegungen zu denken. Die radikalen Demokratietheorien begleiten dennoch an vielen Stellen meine Reflexion und finden sich an vielen Stellen des Buches wieder. Diese Vorgehensweise wird meinem Untersuchungsgegenstand, dem tunesischen Revolutionsprozess, gerechter.

1.1 Untersuchungsgegenstand: Politische Ideen in der Praxis denken

> »Was tue ich als Forscher? Ich wette auf die Gleichheit.«
> *Jacques Rancière, Die Methode der Gleichheit, 2014*

In diesem Buch analysiere ich, wie bereits erwähnt, den tunesischen Revolutionsprozess, indem ich mich mit den Imaginären der Akteur*innen auseinandersetze, die gegen das System von Ben Ali gekämpft haben und zum Ausbruch des revolutionären Prozesses beitrugen. Ich stütze mich dabei auf das vom griechisch-französischen Philosophen Cornelius Castoriadis entwickelte Konzept der Imaginäre. Der Begriff dient Castoriadis sowohl dazu, kollektive politische Vorstellungen, soziale Repräsentationen und gesellschaftliche Bedeutungen als Ausdruck sozialer Praxis zu benennen, als auch die durch die Vorstellungskraft begleitete, mögliche Überschreitung politischer Verhältnisse zu denken. Castoriadis weist anhand der Imaginäre auf die transformatorische Kraft von Gesellschaften hin (vgl. Castoriadis 1995: 70). Mit Castoriadis gehe ich davon aus, dass Imaginäre insbesondere in revolutionären Umbruchs- und Gründungsmomenten entstehen, in denen die Gesellschaft zentrale politische und gesellschaftliche Institutionen hinterfragt. Der Begriff vermag es folg-

---

islamistischen Akteur-Innen nicht die »*innen-Endung«, sondern das Binnen-I, da sie grundsätzlich nicht die Hybridität des Geschlechts anerkennen und von einer strikt binären Dichotomie des Geschlechts ausgehen. Eine »*innen«-Endung würde ihrer Selbstbezeichnung nicht gerecht werden. Zweitens gebe ich in einigen historischen Konstellationen, die durch eine deutliche Männerdominanz geprägt sind, lediglich das männliche Geschlecht an. Wenn ich von meiner Rolle als Autorin oder Beobachterin spreche, verwende ich die weibliche Form. Bei Zitaten übernehme ich die von den Autor*innen verwendete Schreibweise.

lich, dekonstruktive Prozesse der Infragestellung und konstruktive Prozesse der politischen Instituierung zu erfassen.

Mein Zugang zum tunesischen Revolutionsprozess über die Imaginäre der Akteur*innen ist von zwei Denkern inspiriert, die meine Haltung nachhaltig prägen: Michel Foucault und seine Überlegungen zum Entstehen von politischen Ideen sowie Jacques Rancière und seine egalitäre Methode.

Foucault faszinierte das Aufkommen der Iranischen Revolution. Er reiste nach Teheran, um das revolutionäre Treiben in seinen »Ideenreportagen« für die italienische Tageszeitung *Corriere della sera* zu erfassen. Ihn bewegt »die Frage, warum Menschen sich erheben und sagen: Es geht so nicht weiter« (Foucault 2003a [1979]: 936). Dabei nimmt er nicht die Position eines wissenden Intellektuellen ein. Vielmehr stürzt er sich in das iranische Geschehen und versucht ausgehend von seinem Enthusiasmus für die Revolution, die politischen Ideen der Revolutionär*innen zu erkennen und auf diese Weise dem »revolutionären Enigma« nachzugehen.

»Es gilt, der Geburt von Ideen beizuwohnen und ihre explosive Kraft zu erleben, und dies nicht in den Büchern, in denen sie vorgestellt werden, sondern in den Ereignissen, in denen sich ihre Kraft zeigt, und in den Kämpfen, die für oder gegen sie geführt werden.« (Foucault 2003b [1978]: 886)

Foucaults Beschäftigung mit der Verschränkung von politischen Ideen, die sich in sozialen und politischen Kämpfen konstituieren, und seiner philosophischen Theorie beschränkt sich nicht auf seine »Ideenreportagen«, sondern bestimmt sein philosophisches Denken. So stellt er in *Überwachen und Strafen* (1975) heraus, dass die Gefängnisinsassen eine eigene Theorie über das Gefängnis haben.

Diese Vorstellung, dass sich die Erzeugung von Ideen und Theorien überall in der Gesellschaft vollziehen kann und nicht von außen an die Subjekte herangetragen muss, beeinflusste Jacques Rancière grundlegend (vgl. Rancière 2012: 73; Abbas 2019: 390). Von Foucaults kritischen Ausführungen zum Verhältnis von Wissen und Macht inspiriert, entwickelte er in *Die Nacht der Proletarier* (1981) eine Herangehensweise, die er später die »Methode der Gleichheit« (Rancière 2012) nennen wird. Rancière erforscht das (intellektuelle) Emanzipationsbestreben der saint-simonischen Arbeiter des 19. Jahrhunderts, indem er die von ihnen verfassten Texte analysiert und sie mit anderen literarischen, juristischen und religiösen Quellen der Zeit in Verbindung setzt. Rancière interessiert sich für die sinnlichen Erfahrungen der Arbeiter, von denen die Texte zeugen, anstatt diese ausschließlich als Ausdruck einer spezifischen sozialen Position zu begreifen (vgl. Agridopoulus/Abbas 2018: 8). Er greift dementsprechend auf die Texte der Arbeiter wie auf herkömmliche Schriftstücke und Erkenntnisquellen zurück und erachtet sie als eigenständige, philosophische und poetische Abhandlungen zur Emanzipation:

>Dafür musste ich mit der gemeinsamen Gewohnheit von Historikern und von Philosophen brechen, die darin besteht, empirische Informationen über Sachverhalte von ihrer wissenschaftlichen Erklärung zu trennen. Ich musste in gewisser Weise mit der Hierarchie des Diskurses und des Denkens brechen, indem ich den heiligen Unterschied zwischen der Erzählung, die berichtet, und dem Diskurs, der erklärt, aufgehoben und für nichtig erklärt habe.« (Rancière 2018: 54)

Um die Hierarchie zwischen der Erzählung der untersuchten Akteure und dem philosophischen, erklärenden Diskurs aufzulösen, schafft er auch auf der Schriftebene eine Gleichheit zwischen den Schriften der Arbeiter und seiner eigenen Stimme, die er bisweilen miteinander verwebt. Die Gleichheit, die Rancière postuliert, ist eine Gleichheit der Intelligenz: Die Arbeiter des 19. Jahrhunderts können uns über Emanzipationserfahrungen aufklären, sie bedürfen nicht eines philosophischen »Lehrmeisters«, wie er es ausdrückt.

Foucaults Überzeugung, dass politische Ideen nicht nur am Schreibtisch von Theoretiker*innen konzipiert werden, sondern auch von Akteur*innen in politischen Momenten des Konflikts elaboriert werden können, und Rancières radikales Gleichheitspostulat zwischen den Forscher*innen und den Akteur*innen bilden die Prämisse der vorliegenden Arbeit. Schließlich ist das Ziel dieser Arbeit, die von den Akteur*innen geäußerten Begriffe, (Selbst-)Deutungen und Interpretationen des Revolutionsprozesses, die sich in ihren Imaginären niederschlagen, als intellektuelle Positionierungen ernst zu nehmen. Ich betrachte die tunesischen Akteur*innen nicht lediglich als Vermittler*innen empirischer Informationen. Die Begriffe, mit denen die Akteur*innen ihre Erfahrungen bezeichnen, müssen meines Erachtens nicht nur aus moralischen Gründen berücksichtigt werden, da – wie Richard Rorty argumentiert – selbst »schwachsinnige Psychopathen« (Rorty 1982) ein Recht darauf haben, dass ihre Perspektive wahrgenommen wird. Vielmehr sind sie, wie Foucaults und Rancières Arbeiten zeigen, aus epistemischen Gründen konstitutiv für das Verständnis von Revolutionsprozessen (vgl. auch Ross 2015: 7). Gewiss ist mir bewusst, dass revolutionäre Prozesse mit wenig zeitlicher Distanz zu beobachten stets die Gefahr birgt – wie die Kritik an Foucaults

Iran-Reportagen bezeugt –, einige Aspekte zu übersehen, andere überzubewerten und Urteile zu fällen, die sich in Zukunft als wenig überzeugend herausstellen werden. Mit diesem Risiko muss meines Erachtens jedoch produktiv umgegangen werden, indem es während des Rechercheprozesses kontinuierlich methodisch reflektiert wird.

1.2   Vorgehen, Fragestellung und Hypothese

Zur zeitlichen Kontextualisierung teile ich den Sturz der Herrschaft und die Infragestellung des Regimes von Ben Ali in vier Zeitspannen und Phasen ein, die von unterschiedlichen Dynamiken geprägt sind. Die erste Zeitspanne erstreckt sich von Januar 2008 bis Dezember 2010 und zeichnet sich durch einen signifikanten Anstieg von regionalen und lokalen Streiks, Demonstrationen und Widerstandsaktionen aus. In diese Zeitspanne fallen ebenfalls die Gafsa-Revolten von 2008. Die zweite, im besonderen Maße von der tunesischen Bevölkerung angeführte Phase beginnt mit der Selbstverbrennung Bouazizis am 17. Dezember 2010, die zum Ausbruch des revolutionären Prozesses beiträgt und am 14. Januar 2011 die Flucht Ben Alis bedingt. Sie endet mit der Kasbah II-Platzbesetzung durch Bürger*innen am 20. Februar 2011. Die dritte Phase wird von der Konstitutionalisierung und Konsolidierung des neuen politischen Systems bestimmt und endet mit der Verabschiedung der neuen Verfassung am 26. Januar 2014. Die vierte Phase, die bis heute anhält, ist einerseits vom Beginn des transitionellen Gerechtigkeitsprozesses und der demokratischen Transition und andererseits von der Multiplikation sozialer Bewegungen und politischer Proteste geprägt (vgl. Chronologie im Anhang).

Bei meiner Erforschung des tunesischen Revolutionsprozesses gehe ich folgenden Fragen nach: Welche Imaginäre, das heißt gesellschaftliche Vorstellungen, weisen die tunesischen Akteur*innen auf, die zum Ausbruch des Revolutionsprozesses beigetragen haben? Welche Ideen, Normen und Werte manifestieren sich in ihren Imaginären? Wie begründen die Akteur*innen ihre Kritik am alten Regime? Wie stellen sie sich die neu zu gründende Herrschaftsordnung und das »neue Tunesien« vor? Bilden sich die tunesischen Imaginäre vor dem Ausbruch des Revolutionsprozesses und der revolutionären Erfahrung? Sind sie von Imaginären über andere, vergangene Revolutionen beeinflusst?

Die Ausgangshypothese der vorliegenden Arbeit lautet, dass sich eine starke Diskrepanz zwischen den Staatsnarrativen unter Ben Ali auf der einen Seite und den Imaginären der Akteur*innen auf der anderen Seite feststellen lässt. Die Diskrepanz zwischen dem, was das Regime durch die Staatsnarrative zu symbolisieren versucht, und den Imaginären der Akteur*innen wird zu einem kontingenten Zeitpunkt als unerträglich empfunden und trägt unter anderem zum Ausbruch des Revolutionsprozesses bei.

Ich beschäftige mich mit den Staatsnarrativen des tunesischen Staates, da ich im Anschluss an Michel Foucault davon ausgehe, dass Machtverhältnisse diskursiv vermittelt sind:

»Kein Wissen bildet sich ohne ein Kommunikations-, Aufzeichnungs-, Akkumulations- und Vernetzungssystem, das in sich eine Form von Macht ist und in seiner Existenz und seinem Funktionieren mit anderen Machtformen verbunden ist. Umgekehrt kommt es zu keiner Ausübung von Macht ohne die Gewinnung, Aneignung, Verteilung oder Zurückhaltung eines Wissens.« (Foucault 2002 [1977]: 486)

Macht ist in dem Sinne diskursiv, als sie ihre Wirkung über die Etablierung gesellschaftlicher Wahrheiten und Wissen entfaltet (vgl. Kerner 2012: 69). Gleichzeitig können Diskurse selbst produktive Machtwirkungen erzeugen. Macht ist stets Effekt und Ausgangspunkt von Diskursen, in denen sich gesellschaftliche Kämpfe um Deutungen manifestieren. Der Medienwissenschaftlerin Andrea Seier zufolge lässt sich das Foucault'sche Verhältnis von Macht und Diskurs folgendermaßen begreifen:

»Es sind die gesellschaftlichen Machtbeziehungen, die den Diskurs in seiner spezifischen Form in die Welt setzen. In diesem Sinne setzt der Diskurs die Macht unmittelbar voraus. Zugleich produziert er aber auch Machtbeziehungen, indem er Gegenstände für soziales Handeln hervorbringt.« (Seier 1999: 75)

Dabei sollte jedoch nicht der Eindruck erweckt werden, dass Diskurse als sprachliche Gebilde einer materiellen Realität gegenüberstehen, von der sie unabhängig sind. Vielmehr, so Foucault, konstituieren Diskurse soziale Wirklichkeit. In dem Sinne produzieren und stabilisieren Diskurse Machtverhältnisse, zugleich können sie auch mögliche Ausgangspunkte für Gegenpole zur Macht bilden. Foucaults berühmtes Beispiel der Homosexualität im 19. Jahrhundert, die als machtvoller Diskurs zum einen soziale Kontrolle ausübte und zum anderen aber auch erst einen Standpunkt zur Homosexualität ermöglichte, von dem ausgehend Widerstand gedacht werden konnte, verdeutlicht das (vgl. Foucault 1987).[2]

Ich teile ferner die vom Historiker Andreas Fahrmeir vertretene These, dass Narrative sowohl mythologische, rhetorische oder ästhetische Elemente als auch eine argumentative Rechtfertigungsstruktur von Herrschaft beinhalten (vgl. Fahrmeir 2013: 7f.). Während Fahrmeir und der Politikwissenschaftler Rainer Forst von *Rechtfertigungsnarrativen* normativer Ordnungen sprechen, bezeichne ich die Narrative des tunesischen Staates als Staatsnarrative,[3] um den Urheber der Narrative deutlich herauszustellen. Hierbei schließe ich mich der Definition von Narrativen des Germanisten Norman Ächtler (2014) an:

»Narrative setzen sich aus folgenden [...] Konstituenten zusammen: 1) Narrative haben mehr oder weniger genau identifizierbare Urheber (Patient, Historiker, Institutionen) und richten sich an einen spezifischen Adressatenkreis (Therapeut, Leser, Gesellschaft). 2) Sie werden im Rahmen von Kommunikationsprozessen verfertigt und weiterentwickelt und sind als anerkanntes Ergebnis kollektiver Memoralisierungs- und Institutionalisierungsleistungen zu begreifen, das auf die Stiftung von individueller wie kollektiver narrativer Identität zielt. 3) Weil Narrative etabliert werden, um kontingente Wirklichkeit in allgemein applizierbare kohärente Modelle zu gießen, sind sie affirmativ angelegt. [...] 5) Bedeutung und Kohärenz stellen Narrative bereits auf der Ebene der Konfiguration her. Bedeutungträchtige Ereignisse werden a) entsprechend ihrer Relevanz für den teleologischen Gesamtentwurf selektiert und gewichtet und b) einer kausal motivierten Erzählstruktur inkorporiert, die c) kulturell kanonisierte Plotstrukturen nachvollzieht. [...] 6) Damit zusammenhängend sind Narrative stets auch als Aktantenmodelle zu begreifen; sie arrangieren ihre Handlungsträger [...] in einem semantischen Erzählraum und schreiben ihnen bestimmte aktantielle Funktionen zu.« (Ächtler 2014: 258f.)

Die Staatsnarrative geben uns einen Einblick, wie die staatliche Macht ihre Entstehung und Gestaltung diskursiv konstruiert und auf diese Weise dem

---

2 Foucaults Machtbegriff ist gewiss komplexer als der hier skizzierte Grundgedanke zur reziproken Beziehung von Macht und sprachlichen Äußerungszusammenhängen, der mich interessiert. Für Foucault beschränkt sich Macht nicht lediglich auf staatliche Apparate und Institutionen, sondern zieht sich durch die gesamte Gesellschaft und strukturiert sämtliche soziale, das heißt private und berufliche Beziehungen. Es handelt sich nicht um ein repressives, sondern eher um ein produktives Verhältnis, zumal Macht ebenfalls »zur Etablierung von Selbstverhältnissen« (Kerner 2012: 69) sowie zu gesellschaftlichen Institutionen beiträgt. Weitere Ausführungen zum Machtbegriff von Foucault finden sich unter anderem bei Krasmann/Volkmer (2007).

3 Abgesehen von der Bezeichnung ist mein Verständnis der Staatsnarrative jedoch sehr nah an Rainer Forsts Begriff der Rechtfertigungsnarrative (vgl. Forst 2013).

Kollektiv eine identitäre Erzählung anbietet. Sie dienen ferner der »Rechtfertigung von sozialen Regeln, Normen und Institutionen; sie begründen Ansprüche auf Herrschaft und eine bestimmte Verteilung von Gütern und Lebenschancen« (Forst 2013: 13). Staatsnarrative entstehen unter bestimmten historischen Bedingungen und in spezifischen Zusammenhängen, sie können aber auch über ihre Entstehungsbedingungen hinausweisen. Sie generieren aus der spezifischen Art und Weise, wie sie menschliche Erfahrungen und Erwartungen abbilden und zu Idealen formen, ihre normative Kraft (vgl. ebd.: 19). Daraus speist sich ebenfalls ihre normative Akzeptanz:

>»Rechtfertigungsnarrative entfalten in dem Maße normative Macht, in dem sie die politische und soziale Welt in einem bestimmten Lichte erscheinen lassen, das Vergangenheit, Gegenwart und Zukunft, Wirklichkeit und Ideale sowie Einzelne und ein Kollektiv verbindet.« (ebd.: 24)

Hinsichtlich der tunesischen Staatsnarrative und dem Ausbruch des revolutionären Prozesses lässt sich argumentieren, dass die Staatsnarrative durch die Imaginäre der Akteur*innen infrage gestellt werden, da sie nicht mehr in angemessener Weise die menschlichen Erfahrungen und Erwartungen an den Staat und an die Gesellschaft abbilden. Die Staatsnarrative verlieren im Zuge dessen an normativer Geltungskraft.

Dabei möchte ich betonen, dass ich nicht an der normativen Qualität der Staatsnarrative interessiert bin. Das bedeutet, dass ich kaum untersuche, inwieweit die argumentative Struktur der Narrative überzeugend und faktisch triftig ist oder auf normativ wünschenswerten Referenzen beruht. Vielmehr interessiert mich die von den Akteur*innen hervorgebrachte Kritik an den Staatsnarrativen, die sich meiner Hypothese zufolge in ihren Imaginären auf implizite und explizite Art und Weise äußert. Mein Interesse an den Imaginären der Akteur*innen geht ferner über die Kritik an den Staatsnarrativen hinaus, da ich durch die Analyse der Imaginäre herausstelle, welche alternativen Herrschaftsvorstellungen die Akteur*innen in ihren Imaginären entwickeln.

1.3   Empirisch Forschen in revolutionären Zeiten

> »Die höchste Objektivität ist eine unmenschliche Sache.«
> *George Sand in einem Brief an Gustave Flaubert, 12. Januar 1876*

Um die Imaginäre der tunesischen Akteur*innen zu identifizieren, habe ich zwischen 2014 und 2017 in Tunis, Sidi Bouzid, Gafsa und Redeyef 46 Akteur*innen im Alter von 22 bis 61 Jahren[4] auf Französisch, im gesprochenen tunesischen Arabisch und (zum Teil) auf Hocharabisch anhand semidirektiver Leitfadeninterviews befragt. Zu den Akteur*innen gehören Gewerkschafter*innen, Menschenrechtler*innen, Feminist*innen, Arbeitslose,[5] junge Menschen, Bürger*innen, Cyberaktivist*innen[6] und Islamist-

---

4 Ich gebe das Alter, den Beruf und gegebenenfalls die politische Funktion an, die die interviewte Person zum Zeitpunkt des Interviews hat. Eine Interviewangabe lässt sich an der folgenden Form erkennen: Nasraoui 20.09.2015, Tunis. Der angegebene Ort bezieht sich auf den Ort, an dem das Interview stattgefunden hat. Dieser kann von dem Wohnort der Person differieren. Im Anhang findet sich eine Liste mit genaueren Angaben zur interviewten Person.

5 Die interviewten Arbeitslosen gehörten mehrheitlich der Organisation »Union des diplômés chômeurs« (UDC) an. Die Organisation existiert seit 2006, ihre Mitglieder sind Arbeitslose, die sich selbst organisieren und für ihre Rechte kämpfen. Die Union wird unter der Herrschaft von Ben Ali nicht als NGO anerkannt und erhält ihren offiziellen Status als legale, zivilgesellschaftliche Organisation erst 2011. Ihre Anhänger*innen werden zu dieser Zeit politisch verfolgt, weil sie die Arbeitslosigkeit als Massenphänomen anprangern und folglich dem Staatsnarrativ des tunesischen Wirtschaftswunders vehement widersprechen. Zudem handelt es sich oftmals um Akteur*innen, die während ihres Studiums in der studentischen, linken Gewerkschaft UGET politisch aktiv waren und dementsprechend der Polizei bereits bekannt sind. Im empirischen Teil der Arbeit nenne ich ihre Mitglieder Arbeitslosenaktivist*innen.

6 Ich bezeichne diejenigen Akteur*innen als Cyberaktivist*innen, die gezielt die digitalen Medien verwenden, um ihre eigenen politischen Ideen sowie die Stellungnahmen anderer gegen Ben Alis Regime anhand von Internetseiten, Foren, Blogs, Facebook- und Twitter-Accounts kundzugeben und zu verbreiten. Einige der Akteur*innen, wie Aymen Rezgui, sind zu dieser Zeit in journalistischer Ausbildung. Rezgui arbeitete für den im Internet übertragenen Fernsehsender *El Hiwar El Tounsi*. Akteur*innen, die das Internet als ein Mittel unter vielen zur Mobilisierung der Proteste nutzen, zählen nicht zwangsläufig zu dieser Kategorie. Ich verwende somit explizit nicht die Bezeichnung »Blogger*in«, da sie meines Erachtens zu unspezifisch ist. Schließlich verhandeln die meisten Blogs unter Ben Ali eben keine politischen Inhalte, sondern beschäftigen sich thematisch eher mit Kultur, Küche und Fußball. In meinen Interviews mit Cyberaktivist*innen stelle ich fest, dass sie sich selbst nicht als distanzierte Zeug*innen begreifen, sondern als Akteur*innen des revolutionären Prozesses (vgl. Abbas 2015c).

Innen.[7] Dabei handelt es sich vor allem um Akteur*innen, die sich seit der ersten Phase (vor 2011) gegen das Regime von Ben Ali engagieren. Ich kontrastiere die Interviews durch die Analyse eines komplementären Textkorpus, der aus online veröffentlichten Artikeln, Manifesten, Blog- und Facebook-Einträgen sowie einzelnen Büchern besteht, die von den tunesischen Akteur*innen verfasst wurden. Die online veröffentlichten Texte sind mir vornehmlich durch ihre politische Aktualität aufgefallen. Die Bücher der Akteur*innen habe ich mehrheitlich in den Buchhandlungen von Tunis zu verschiedenen Zeitpunkten meiner Forschungsaufenthalte ausfindig machen können. Es handelt sich folglich um Bücher, die eine gewisse Resonanz in der tunesischen Öffentlichkeit erhalten haben – sei es, weil sie von relativ renommierten Persönlichkeiten der Zivilgesellschaft geschrieben worden sind oder weil sie zu aktuellen gesellschaftlichen Themen Stellung beziehen. Ich möchte anmerken, dass ich mich lediglich auf die Imaginäre der Akteur*innen konzentriere, die gegen das Regime von Ben Ali kämpfen, um den Rahmen der vorliegenden Arbeit nicht zu sprengen. Damit ist gewiss nichts über konterrevolutionäre Imaginäre ausgesagt, die meines Erachtens eine eigene Studie benötigen.

Ich habe circa einstündige, per Diktiergerät aufgezeichnete, qualitative, semi-direktive Leitfadeninterviews geführt, die ich größtenteils auf Französisch sowie im gesprochenen, tunesischen Arabisch anhand nicht-standardisierter, offener Fragen realisiert habe. Der fließende Wechsel zwischen

---

[7] Mir ist bewusst, dass der Terminus »islamistisch« problematisch gebraucht wird. Ich grenze mich vom massenmedialen und allgemeinsprachlichen Gebrauch des Begriffes ab und verwende ihn lediglich im Sinne eines politischen Islams, wie er beispielsweise von der tunesischen Partei Ennahdha vertreten wird. Hiermit wird jegliche Gewaltbereitschaft oder Extremismus, die in diesen Diskursen oftmals mit dem Begriff »islamistisch« assoziiert oder unterstellt werden, ausgeschlossen. Ich schließe mich folgender Ansicht an:»I treat the terms ›Islamism‹ and ›Political Islam‹ interchangeably, referring to the current of Political thought and action whose adherents see the teachings of Islam as the main source of political ideas and values and who are not only identified with ›Islamism‹ or ›Political Islam‹ by others but identify themselves as ›Islamiyyun‹ (Islamists)« (Klevesath 2014: 45). Das islamische Recht (*šari'a*) dient dem politischen Islam als wichtigste Inspirationsquelle, das bedeutet jedoch nicht, dass das islamische Recht ein monolithischer, homogener Text ist, der von allen IslamistInnen auf die gleiche Art und Weise durchgesetzt wird. Oliver Roys Einschätzungen, dass islamistische Parteien in relativ offenen politischen Systemen oftmals eine vergleichbare Stellung im politischen Spektrum wie konservativ-rechte Parteien in Europa einnehmen, das heißt, dass sie in der Außenpolitik eine nationale Haltung vertreten und in innenpolitischen Fragen reaktionär-konservativ sind, gibt eine grobe Einschätzung zur politischen Ausrichtung der Ennahdha (vgl. Roy 2003: 49).

der französischen Sprache, dem tunesischen Arabisch und (zum Teil) dem Hocharabisch in meinen Interviews reflektiert die Sprachdiversität, die Teil des tunesischen Alltags und der Politik ist.

Der Vorteil von Leitfadeninterviews liegt darin, dass die relativ offene Befragung die Geschichte der interviewten Person, das heißt ihre Lebenswelt, ihre Ansichten und symbolischen Referenzsysteme, hervortreten lässt (vgl. Giraud 2016a: 53). Anders als narrative Interviews sind Leitfadeninterviews auf bestimmte konkrete Themen fokussiert, die von der Interviewerin gestellt werden. Sie ermöglichen es, sowohl die Wertungen der befragten Personen als auch detaillierte Befunde über soziale Prozesse zu erheben (vgl. Atteslander 2000: 155f.).

Die Analyse und Verwendung verschiedener Daten trägt im Sinne einer »Methodentriangulation«[8] (Kelle 2014: 157) dazu bei, die Schwächen der jeweiligen Datenquelle komplementär auszugleichen (vgl. ebd.). Folglich ermöglichen es die unterschiedlich generierten Daten, ein vielfältigeres und auch ambivalenteres Bild zu zeichnen, das eine größere Bandbreite an Imaginären hervorbringt (vgl. Flick 2014: 419; Charmaz 2006: 37ff.). Während im Textkorpus lediglich die Schriftstücke schreibender Personen, die nicht selten ein hohes kulturelles Kapital aufweisen, berücksichtigt werden, wird diese elitäre Tendenz durch die Interviews abgeschwächt, die ich mit Akteur*innen führe, die kein privilegiertes Verhältnis zur Schrift aufweisen. Der Textkorpus wiederum kontrastiert gewisse Beeinflussungen der interviewten Person durch die Interviewsituation und die Interviewerin. Schließlich handelt es sich beim Interview, wie der Soziologe Erving Goffman herausstellt, um eine »asymmetrische Diskussion«, in welcher die interviewte Person ein positives Bild von sich selbst konstruieren und verteidigen muss (vgl. Goffman 1972: 31–38). Diese Konstruktion des positiven Bildes wirkt sich in unterschiedlichem Ausmaß auf den Inhalt des Interviews aus. Zudem kann die interviewte Person emotional von der Forscherin und ihren Fragen beeinflusst werden (vgl. Atteslander 2000: 154).[9] Im Textkorpus dagegen setzen die Autor*innen ihre eigenen inhaltlichen Schwerpunkte, die ich heranziehe, um die Imaginäre zu ergänzen, zu

---

8 Klassischerweise wird unter Methodentriangulation eher die Mischung quantitativer und qualitativer Methoden verstanden. Die Verwendung unterschiedlich erhobener Daten lässt sich jedoch ebenfalls darunter fassen (vgl. Flick 2014: 419).

9 Diese Einflüsse durch die Forscherin werden »Interviewereffekte« genannt. Darunter lassen sich »allgemein systematische Unterschiede zwischen den Befragten, die durch die wahrgenommenen Eigenschaften oder das Verhalten des Interviewers entstehen« (Glantz/Michael 2014: 313), verstehen.

spezifizieren oder sie kritisch zu kontrastieren. Die Verbindung von Oralität in den Interviews mit dem geschriebenen Wort in den Texten führt außerdem unterschiedliche Reflexionsebenen und »Textsorten« in die Analyse der Imaginäre ein.

Die klassische Grounded Theory, die Glaser und Strauss (1967) entwickelten, geht von der zentralen positivistischen Annahme aus, dass sich soziale Wirklichkeit durch eine möglichst genaue Datensammlung und die korrekte Anwendung der Grounded Theory-Methode objektiv abbilden lässt. Während diese positivistische Grounded Theory viel Wert auf die Wahrheit der entwickelten Theorien, des objektiven Standpunktes der Forscher*innen und des Prozesses der wissenschaftlichen Entdeckung im Forschungsprozess legt, machen konstruktivistische Modelle, die ich an dieser Stelle verteidige, einen interpretativen Zugang zur qualitativen Forschung stark (vgl. Creswell 2007: 65). Kathy Charmaz (2006) entwickelte eine solche konstruktivistische Spielart der Grounded Theory, die betont, dass die Forscherin stets selbst Teil der Welt sowie der Daten ist, die sie generiert. Die empirischen Realitäten, die die Forscherin theoretisiert, sind demnach eine Konstruktion und Interpretation sozialer Wirklichkeit, nie jedoch unabhängig vom Kontext des sozialen Feldes: »How you collect data affects which phenomena you will see, how, where, and when you will view them, and what sense you will make of them« (Charmaz 2006: 15). Anders als positivistische Theorien und Methoden, die erklären und vorhersehen wollen, versuchen interpretative Ansätze zu verstehen.

Konstruktivistische Ansätze stellen heraus, dass Wissen lediglich »im Austausch zwischen verschiedenen Beteiligten generiert werden kann« (Nonhoff 2011: 96). Folglich ist Wissen und somit auch der Forschungsprozess selbst ein »intersubjektiver Konstruktionsprozess« (ebd.), der im Sinne des *linguistic turn* (Rorty 1967) auf sprachliche Repräsentationen angewiesen ist, die sich kontinuierlich wandeln, in bestimmten sozialen und historischen Kontexten konstituieren und hegemonial werden können (vgl. ebd.).[10] Die Perspektive der Beteiligten, die diese Diskurse konstituieren,

---

10 Dem *linguistic turn* zufolge ist jedes Wissen über die soziale Welt zeichenhaft vermittelt. Diese Zeichen umfassen ebenfalls sprachliche Repräsentationen, die nicht eindeutig das, was sie repräsentieren, abbilden. Vielmehr konstituieren bestimmte Begriffe, Argumente und sprachliche Erläuterungen Realitäten stets mit. Der Begründer der modernen strukturalistischen Linguistik, Ferdinand de Saussure, verteidigt die Vorstellung, dass die Bedeutung sprachlicher Zeichen und Repräsentationen nicht *positiv* in ihnen liegt, sondern sich lediglich *negativ*, das bedeutet in Differenz zu anderen Zeichen ausmachen lässt. Bedeutung wird ferner durch soziale und historische Kontingenz sowie durch

ist infolgedessen unerlässlich, um bestimmte soziale Realitäten zu verstehen. Diese Verbundenheit von Realität und Diskursivität, von Welt und Repräsentationen, die der Konstruktivismus so deutlich herausstellt, erachte ich als besonders überzeugend, um die Imaginäre des tunesischen Revolutionsprozesses als Teil der Realität des Revolutionsprozesses zu erforschen. Die konstruktivistische Perspektive interessiert sich ebenfalls für die vielfältigen Sichtweisen, Meinungen, imaginären Bedeutungen, Intentionen und Handlungen der Akteure:

»In this worldview, individuals seek understanding of the world in which they live and work. They develop subjective meanings of their experiences – meanings directed toward certain objects or things. These meanings are varied and multiple, leading the researcher to look for the complexity of views rather than narrow the meanings into a few categories or ideas. The goal of research, then, is to rely as much as possible on the participants' view of the situation. Often these subjective meanings are negotiated socially and historically. In other words, they are not simply imprinted on individuals but are formed through interaction with others (hence social constructivism) and through historical and cultural norms that operate in individuals' lives. […] The researcher's intent, then, is to make sense (or interpret) the meanings others have about the world.« (Creswell 2007: 20f.)

Dieser interpretative Zugang geht zudem mit einem pragmatischen Gebrauch von Methoden einher: Methoden sind nicht, wie bei Glaser und Strauss, ein formelles Instrumentarium, das genauestens ausgeführt werden muss, um »wissenschaftliche Wahrheit« zu generieren. Vielmehr stellen Methoden in der konstruktivistisch-pragmatischen Perspektive flexible Richtlinien und Leitfäden dar, die zum einen die Forschungspraxis unterstützen und zum anderen dazu beitragen, wissenschaftliche Diskurse hervorzubringen, diese intersubjektiv zu rechtfertigen und gegenseitige Kritik innerhalb der Forschungsgemeinschaft zu ermöglichen (vgl. Charmaz 2006: 9):

»Sie [die pragmatische Perspektive, N.A.] erkennt, dass wissenschaftlich produktiver Methodeneinsatz dem komplexen Verhältnis von Forschungsgegenstand, wissenschaftstheoretischer Verortung der Forscherin bzw. des Forschers, Erwartungen des kollegialen Feldes und erhofften oder antizipierten Auswirkungen des produzierten Wissens gerecht werden muss.« (Nonhoff 2011: 95)

Konvention tentativ festgelegt und somit für eine bestimmte Zeit stabilisiert (vgl. Nonhoff 2011: 97). Sie bleibt jedoch stets reversibel und dem Wandel unterworfen.

Dieses pragmatische Methodenverständnis macht es möglich, eine Reihe verschiedener Methoden zur Erhebung und Interpretation des Datenmaterials einzusetzen.

Was aber nun beinhaltet Grounded Theory? Die Grounded Theory-Methode plädiert im Allgemeinen für die Entwicklung sozialwissenschaftlicher Theorien, die auf empirisch erhobenen Daten basieren. Sie fordert die Forscherin dazu auf, ihr Datenmaterial kontinuierlich zu befragen. Analyse und Datensammlung laufen folglich simultan ab und befruchten sich gegenseitig (vgl. Charmaz/Bryant 2007: 1). Dieses Hin und Her zwischen empirischem Datenmaterial und der hervortretenden Analyse hat den entscheidenden Vorteil, dass die weitere Suche nach dem empirischen Datenmaterial fokussierter ist und aus der Analyse des Materials eine Theorie hervortritt (vgl. ebd.).

Die Grounded Theory hat mir als grundsätzliche Haltung und Richtlinie geholfen, meine empirische Recherche kontinuierlich zu reflektieren. Ich habe jedoch angesichts meiner theoretischen Vorannahmen keine induktive Arbeit geleistet. Mein Rechercheprozess lässt sich mit Charles S. Peirce vielmehr als »abduktiv« begreifen. Als »Abduktion« bezeichnet Peirce den Vorgang, dass Forscher*innen angesichts eines überraschenden Sachverhaltes, den sie sich nicht erklären können, eine Regel in Form einer Hypothese aufstellen, die sie deduktiv formulieren und sie anschließend induktiv überprüfen. Die Hypothese ermöglicht es, ein Ergebnis zu erklären, indem angenommen wird, dass es sich um den Fall einer allgemeinen Regel handelt. Meine theoriegeleitete Feldforschung habe ich mit der Theoriebildung und einer erneuten Analyse abgewechselt.

Angesichts der Tatsache, dass der tunesische Revolutionsprozess sowie die Revolten im arabischsprachigen Raum mannigfache Interpretationen hervorgerufen haben, werde ich im Folgenden den Stand der Forschung ausführlich diskutieren.

1.4 Forschungsstand

Betrachtet man den Forschungsstand zum tunesischen Revolutionsprozess, so fällt auf, dass sich in der deutschen Publikations- und Wissenschaftslandschaft lediglich ein Werk (ausschließlich) mit Tunesien befasst

(Preuschaft 2011).[11] Alle anderen deutschen Publikationen thematisieren den tunesischen Revolutionsprozess allenfalls in Zeitschriften- oder Sammelbandaufsätzen, welche die arabischen Revolten 2011 in ihrem Ensemble untersuchen. In diesem Kontext wird auf den tunesischen Revolutionsprozess stets in der ihm zugeschriebenen Rolle des »Auslösers«, der »Ausnahme« oder des »Vorbildes« des sogenannten Arabischen Frühlings referiert – ohne sich jedoch näher für den Prozess selbst und die darin involvierten Akteur*innen zu interessieren (vgl. etwa Tamer u. a. 2014; Schneiders 2012; Asseburg 2012). Die Feststellung der französisch-tunesischen Historikerin Jocelyne Dakhlia, dass allein von Tunesien zu sprechen, bereits eine kleine Revolution sei (vgl. Dakhlia 2011b: 9), scheint auch nach dem Ausbruch des revolutionären Prozesses für den deutschen Kontext zu gelten.[12]

Wenn eine Auseinandersetzung in deutschen Sammelbänden mit dem tunesischen Revolutionsprozess erfolgt, dann dominieren regional-vergleichende oder länderübergreifende Zugänge gegenüber Länderstudien. Der regionale Vergleich führt zwar zu einer besseren regionalen Einordnung der Entwicklungen und ist bezüglich bestimmter Fragestellungen, wie der politischen Mobilisierung arbeitsloser Akademiker*innen, sehr sinnvoll (vgl. Ruf 2013). Jedoch resultiert aus diesem regionalen Ansatz auch eine verstärkte Beschäftigung mit politischen, sozialen und ökonomischen Verhältnissen, die sich vergleichen lassen. Die Erforschung länderspezifischer

---

11 Der Politikwissenschaftler Preuschaft beschäftigt sich mit der Frage, ob Tunesien 2011 eine islamische Demokratie werden kann und geht hierfür dem Demokratie-, Menschen- und Bürgerrechtsverständnis des islamistischen Politikers Rashid Ghannouchi auf den Grund. Sein Werk ist weniger eine Analyse des revolutionären Prozesses. Vielmehr analysiert er das Verhältnis von Islam und Demokratie in Tunesien und fragt nach den Möglichkeitsbedingungen einer solchen Demokratie nach dem Sturz Ben Alis. Eine ähnliche Analyse der politischen Ideen Ghannouchis hat die Politikwissenschaftlerin Wöhler-Khalfallah in ihrem Buch zum algerischen und tunesischen Fundamentalismus, seinen historisch-politischen Ursprüngen und Entwicklungen vorgelegt (vgl. Wöhler-Khalfallah 2004). Karima El Ouazghari geht der inhaltlichen Fundierung der Demokratie- und Rechtsvorstellung der Ennahdha nach und fragt, ob sich mit dem Ausbruch des revolutionären Prozesses in Tunesien und dem anschließenden Wahlsieg der islamistischen Partei Ennahdha diese Vorstellungen verändert haben (vgl. El Ouazghari 2014). Sie legt eine Studie zu den politischen Ideen der islamistischen Elite vor, eine Analyse des revolutionären Prozesses führt sie jedoch nicht.

12 Martin Beck spricht von Tunesien als einem Land mit einer »relativ kleinen Bevölkerung und [einer, N.A.] eher randständigen Lage im Nordwesten Afrikas« (Beck 2013: 643). Preysing zufolge verdiene »das kleine Land am Mittelmeer, das vielen Europäern bislang allenfalls als Ferienparadies bekannt ist« (Preysing 2013: 43), mehr Beachtung.

Aspekte bleibt dabei tendenziell unterrepräsentiert. Länderübergreifende Analysen hingegen beschränken sich nicht auf einen Vergleich einer bestimmten Anzahl von Ländern und deren Entwicklungen. Vielmehr ziehen sie verschiedene Länderanalysen Nordafrikas und Westasiens[13] für die Beantwortung einzelner Fragestellungen heran, ohne sie notwendigerweise systematisch miteinander zu vergleichen (vgl. etwa Schulze 2014; Schumann 2014; Perthes 2013; Schlumberger u. a. 2013; Dabashi 2012). Diese Ansätze ermöglichen es, einen einleitenden Überblick zu gewinnen, für die Erforschung des tunesischen Revolutionsprozesses sind sie jedoch zu allgemein verfasst.

Im Folgenden werde ich nun idealtypisch – ohne Anspruch auf Vollständigkeit – die dominantesten Erklärungsansätze und Interpretationsmuster des tunesischen Revolutionsprozesses im deutschen, frankophonen (französischen und tunesischen) und anglophonen Raum skizzieren. Diese wiederkehrenden Interpretationsmuster haben meines Erachtens maßgeblich unseren Blick auf die Ereignisse beeinflusst. Hierbei handelt es sich nicht ausschließlich um wissenschaftliche Lesarten des tunesischen Revolutionsprozesses, sondern ebenfalls um Auseinandersetzungen und Kontroversen, die in den Medien ausgetragen worden sind und Eingang in wissenschaftliche Debatten gefunden haben.

---

13 Hofius u. a. weisen richtigerweise darauf hin, dass der Begriff »Naher Osten« und der im anglophonen Sprachraum geläufige Begriff »Middle East« aus kolonialen Diskursen entstammen, die nicht nur in der westeuropäischen und nordamerikanischen Öffentlichkeit, sondern auch im wissenschaftlichen Diskurs sehr verbreitet sind (vgl. Hofius u a. 2014: 85). Die Bezeichnung »Naher Osten« offenbart einen eurozentrischen Blickwinkel, zumal der Westen Asiens lediglich aus Europas Perspektive aus »nah« ist und »im »Osten« liegt. In der Absicht, Europa zu »provinzialisieren« (Chakrabarty 2007) und »diskursive Formen der Kolonialität« (Kerner 2012: 94) zu überwinden, verwende ich diesen Begriff nicht, obwohl er in weiten Teilen der deutschen Wissenschaft geradezu hegemonial ist. Ich bevorzuge je nach Kontext und Region, auf die referiert wird, den Begriff Maghreb-Machrek, Nordafrika und Westasien oder allgemeiner arabische Welten. Der Begriff »arabische Welten« ist eine Übersetzung des französischen Begriffs »les mondes arabes«. Er versucht, der Pluralität und Heterogenität der Lebenswelten, Regime, Sprachgebräuche und Dialekte sowie der sozialen, politischen und ökonomischen Verhältnisse im arabischsprachigen Raum gerecht zu werden. Mir ist bewusst, dass auch die Bezeichnung »arabisch« problematisch ist, leben allein in Nordafrika doch seit Jahrhunderten verschiedenste nicht-arabische und nicht-muslimische Minderheiten, wie Kabyle, Touareg, Chaoui, Mozabite, Chaamba sowie Christen, Juden oder Atheisten. Allerdings ist mir noch keine andere Alternative geläufig.

1.4.1   Frühling oder Revolution?

Der tunesische Revolutionsprozess hat seinen Anfang in einem spezifischen historischen Moment genommen, der von verschiedensten Protesten, Umbrüchen, Revolten und Revolutionen in Nordafrika und Westasien begleitet wird. Diese Revolten und Protestwellen,[14] die sich heterogen entwickeln und von Beginn an unterschiedlich motiviert sind (vgl. Totten 2012), wurden in der europäischen und nordamerikanischen Öffentlichkeit mit dem gleichen Begriff des »Arabischen Frühling« bezeichnet – ein Begriff, der sich trotz nahezu einstimmiger Ablehnung durch die Akteur*innen der Revolten hartnäckig hält (vgl. Khouri 2011; El Mahdi 2011) und längst Eingang in die Wissenschaft gefunden hat (vgl. etwa Jünemann/Simon 2015; Brownlee u. a. 2015, Schneiders 2012; Dabashi 2012; Haas/Lesch 2012; Noueihed/Warren 2012).

Tunesiens Revolutionsprozess wird zudem von europäischen Journalist*innen und Wissenschaftler*innen »Jasminrevolution« genannt. Diese Fremdbezeichnung erscheint insbesondere angesichts der Tatsache, dass bereits Ben Ali seine Machtergreifung 1987 als »Jasminrevolution« bezeichnet, grotesk. Ferner entspricht der Begriff nicht dem Vokabular der tunesischen Akteur*innen, die kritisieren, dass »Jasminrevolution« die Assoziation eines friedlichen, ruhigen, ja angenehmen Wandels hervorruft, der diametral der erfahrenen Realität der Polizeigewalt, den Inhaftierungen und der Folter gegenübersteht (vgl. Mazeau/Sabaseviciute 2014). Der Begriff zeichnet ein glattes Bild Tunesiens als friedsames, konsensuelles, ethnisch und religiös homogenes Land des »Jasmins« ohne politische Divergenzen.[15] Dieses Bild, so Dakhlia, ist jedoch vielmehr das Resultat einer imaginären Konstruktion Bourguibas und Ben Alis und dient als

---

14 Ich spreche von »Revolten und Protestwellen«, wenn es darum geht, die gesamten Umbrüche in Nordafrika und Westasien ab 2011 zu bezeichnen. 2011 ist das Jahr zahlreicher Proteste, die sich ferner von Spanien über Griechenland in die USA und Israel bis nach China erstrecken. Auf diese Proteste beziehe ich mich mit dieser Bezeichnung jedoch nicht. Ich beschränke mich hier lediglich auf den nordafrikanischen und westasiatischen Kontext. Eine Lesart aller Protestwellen (in erster Linie die arabischen Proteste, *Occupy Wall Street*, *Indignados* und *Anonymous*) von 2011 findet sich in Flesher Fominaya (2014).

15 Auf die gleiche Kritik bezieht sich der Buchtitel *Une si douce dictature* (dt. Eine so sanfte Diktatur) des tunesischen Oppositionellen Taoufik Ben Brik. Offiziell sind allein während der Proteste vom 17. Dezember 2010 bis zum 15. Januar 2011 219 Personen gestorben. Die Opfer, die das Regime in seiner insgesamt 23-jährigen Diktatur hervorgebracht hat, bleiben bis heute ungezählt (vgl. Filiu 2011: 29).

Staatsnarrativ vor allem dazu, die politischen, sozialen und ökonomischen Verhältnisse zu beschönigen (vgl. Dakhlia 2011b). Aus meiner Sicht ist diese »Praktik des Bezeichnens« (Hofius u. a. 2014: 85), die sich unbeirrt sowohl über die Kritik am Begriff als auch über die Bezeichnungen der Akteur*innen hinwegsetzt, problematisch, da sie den Akteur*innen ihre eigenen Logos abspricht und sich gleichsam in einer allwissenden Perspektive des »Überflugs« (Merleau-Ponty 1945) positioniert. Es geht hier nicht lediglich darum, falsche von zutreffenden Bezeichnungen zu unterscheiden, sondern anzuerkennen, dass den Eigendeutungen der Akteur*innen in der Analyse von Revolutionsprozessen ebenfalls Beachtung geschenkt werden muss, um der Komplexität des Phänomens gerecht zu werden.

Der Journalist Rami Khouri bemerkt, dass in der modernen Geschichte alle Entwicklungen – sei es der »Völkerfrühling« 1848 oder der »Prager Frühling« 1968 –, die als »Frühling« bezeichnet wurden, gescheiterte Revolutionsversuche sind. Zu Recht kritisiert Khouri, dass diese aus der Analogie mit einer europäischen Geschichtsschreibung entstandene Bezeichnung einer diskursiven Vereinnahmung der Ereignisse gleichkommt, die sie *von Anfang an* als ephemere Ereignisse und gescheiterte Revolutionsversuche charakterisiert (vgl. Khouri 2011). Auch die italienische Historikerin Elena Chiti warnt in diesem Zusammenhang davor, den revolutionären Charakter der Aufstände zu negieren (vgl. Chiti 2012).

Die Frühlingsmetapher verweist darüber hinaus auf eine begrenzte Temporalität: Der Frühling wird zwangsläufig vom Sommer abgelöst (vgl. Grégoire 2012: 77). Diese kurze Temporalitätsperspektive hat in meinen Augen zahlreiche Beobachter*innen dazu veranlasst, bereits 2011 vom »Arabischen Herbst« oder gar vom »Winter« zu sprechen (vgl. z. B. Gerlach 2016; Kerdoudi 2015; Tibi 2014; Žižek 2012; Spencer 2012; Gourevitch 2011; Beyleau 2011; Davis 2011). Der Gebrauch der Jahreszeitenmetaphern offenbart ein lineares Verständnis politischen Wandels als »Einbahnstraße in Richtung Demokratie« (Weipert-Fenner 2014a: 264). Anstatt anzuerkennen, dass die politischen Umbrüche sich in ihren Anfängen befinden, oder ihnen »Irr- und Umwege« zuzugestehen, werden sie – nach einer kurzen euphorischen Phase – schlichtweg für beendet erklärt (vgl. Shihade 2012: 60). In diesem Kontext wird den politischen Revolutions- und Transformationsprozessen keinerlei Ambivalenz oder Ergebnisoffenheit zugestanden. Vielmehr werden die ersten Wahlsiege islamistischer Parteien in Tunesien und Ägypten als geradezu eindeutiger Beweis für die »Demokratieunwilligkeit« Nordafrikas und Westasiens herangezogen. Diese Lesart deduziert im Umkehrschluss, dass die revoltierenden Bevölkerungen *von Anfang an* keine wahrhaft demokratischen Ambitionen aufweisen, zumal letztere kaum mit islamistischen Programmen vereinbar seien (vgl. z. B. Schenker 2012; Estival 2012: 95ff.). Die Rede von der »Demokratieunfähigkeit« arabischer Bevölkerungen, die mit dem Ausbruch der Protestwellen 2011 zumindest infrage gestellt worden ist, erscheint hier in neuem Gewand (vgl. Grégoire 2012: 66f.).

1.4.2   Der tunesische Revolutionsprozess zwischen einer eurozentrischen und einer arabischen Geschichtsschreibung

1.4.2.1   Ein tunesisches 1789?

Der Ausbruch des tunesischen Revolutionsprozesses hat in der westeuropäischen Öffentlichkeit zahlreiche Vergleiche mit europäischen Revolutionen und gescheiterten Revolutionsversuchen hervorgerufen (vgl. Mazeau 2013), die vornehmlich in journalistischen Texten vorgenommen werden, aber auch in die wissenschaftliche Literatur übernommen werden (vgl. exemplarisch Harders 2011a; Stora 2011; Perthes/Matschke 2012).

Für den französischen Historiker Jean Tulard gleicht der Verlauf der tunesischen Ereignisse der französischen Revolution 1789: Demnach sei Tunesien zweifellos dabei, »das Jahr 1789 seiner Revolution« zu erleben (Tulard zitiert nach Vitkine 2011). Der amerikanische Historiker Steven Kaplan erkennt in den Forderungen nach Brot und Freiheit ebenfalls eine Kontinuität zwischen der tunesischen und der französischen Revolutionsbewegung (vgl. Mazeau 2013). Auch in der Presse wird der tunesische Revolutionsprozess in eine eurozentrische Zeit- und Geschichtsordnung eingeschrieben. So titelt die französische Tageszeitung *Le Monde* am 16. Januar 2011 »Revolution à la française inmitten des Maghrebs«. Der Kolumnist Laurent Joffrin von der französischen Tageszeitung *Libération* stellt am 15. Januar 2011 beruhigt fest, »dass die Werte der Freiheit auf muslimischem Boden Einzug halten« (Joffrin zitiert nach Younga 2011: 47) und der französische Historiker Emmanuel Todd erachtet, dass Tunesien nun endlich das »generelle historische Modell« eingeholt habe (vgl. Todd nach Aeschimann 2011). Die Vergleiche mit der Französischen Revolution tragen wenig zur tiefgründigen Analyse des tunesischen Revolutionsprozesses bei. Vielmehr dienen sie dazu, diskursiv das Narrativ der »europäischen

Überlegenheit« gegenüber den arabischen Welten aufrechtzuerhalten, die sich nun endlich gegenüber den universellen Werten öffnen und ihre Rückständigkeit versuchen zu überwinden.

Der französische Essayist Edwy Plenel und der französische Historiker Benjamin Stora erkennen in den tunesischen und ägyptischen Protestwellen von 2011 ein »arabisches 89«, das sowohl an das Ende des Ostblocks 1989 (vgl. hierzu auch Harders 2011a)[16] als auch an die Französische Revolution 1789 erinnere. Demnach erkläre sich die Analogie mit 1989 vor allem damit, dass es sich um unvorhersehbare Bewegungen von Bürger*innen gehandelt habe, die weder von einer Elite noch von einer organisierten Opposition geführt worden seien. Das tunesische und ägyptische System sei, analog zum sowjetischen und ostdeutschen, in sich selbst zusammengebrochen, da die Herrschaft »von unten« nicht mehr geduldet wurde und »von oben« nicht mehr aufrechterhalten werden konnte (vgl. Stora 2011: 16). Während der Vergleich der tunesischen und ägyptischen Proteste mit 1789 den Autoren zufolge sich vor allem aufgrund der Forderung nach Gleichheit rechtfertigen lasse, entsprechen die tunesischen und ägyptischen Bewegungen aufgrund ihres Freiheitsdranges denen von 1989.[17] Der französisch-libanesische Politikwissenschaftler Gilbert Achcar kritisiert zu Recht, dass der Vergleich mit dem Zusammenbruch des Ostblocks 1989 die Vorstellung genährt habe, dass es sich im tunesischen und ägyptischen Fall ebenfalls um sehr rapide und pazifistische Wandlungsprozesse handele (vgl. Achcar 2017: 21). Eine Vorstellung, die in der nördlichen Hemisphäre rasch enttäuscht worden ist.

Der deutsche Politikwissenschaftler Volker Perthes spricht von einem »arabischen 1968«: Die soziale Zusammensetzung der tunesischen und ägyptischen Bewegung sei der 1968er-Bewegung sehr ähnlich. Schließlich gehören die Demonstrant*innen vor allem der Jugend (25- bis 30-Jährige) an. Die 1968er-Bewegung habe ihren gesellschaftlichen Einfluss (auch) erst 20 Jahre später in politisches Kapital umsetzen können – so argumentiert

---

16 Ein weiterer Vergleich mit 1848 und 1989 findet sich im Interview mit den französischen Historiker*innen Sylvie Aprile, Henry Laurens und Pierre Hassner »1848, 1989, 2011 – Il était une fois une révolution« in *Le Monde* vom 20. Februar 2011.

17 Der amerikanische Philosoph David Kaplan argumentiert dagegen, dass die tunesischen Entwicklungen sich nicht mit dem europäischen 1989 vergleichen lassen, da zum einen die demokratischen Ambitionen der tunesischen Bewegung zweifelhaft seien und zum anderen Tunesien ein »besonderes« Land innerhalb der arabischen Welten sei. Die Inspiration anderer arabischer Länder durch die tunesische Erfahrung bleibe folglich zu hinterfragen (vgl. Kaplan 2011).

Perthes mit antizipierendem Blick auf die tunesische und ägyptische Bewegung (vgl. Perthes/Matschke 2012: 10).

Der konstante Vergleich mit den europäischen Revolutionen des 18., 19. und 20. Jahrhunderts – obgleich er von den meisten hier zitierten Beobachter*innen in der Absicht vollzogen wird, dem tunesischen Revolutionsprozess den Status einer Revolution zuzuerkennen – verkennt die Singularität der tunesischen Erfahrung, um sie letztlich mit bereits (teilweise Jahrhunderte) zurückliegenden Ereignissen gleichzusetzen (vgl. Saidi 2012: 227). Die Lesarten des »tunesischen 1789, 1848, 1968 oder 1989« haben gemeinsam, dass sie die tunesischen Entwicklungen auf eine weitere Episode »westlicher Revolutionen« reduzieren und sie in einen »westlichen Zeitstrahl« einfügen, der als universelle Norm definiert wird, von dem Tunesien und die anderen arabischsprachigen Länder bislang abgewichen sind (vgl. Mazeau 2013). Der tunesische Revolutionsprozess erscheint so nicht mehr als innovativer Neuanfang, sondern vor allem als nachträglich eingeholter Rückstand. Diese Lesart erinnert an die modernisierungstheoretische Annahme, dass nicht-westliche Gesellschaften die »Vergangenheit der westlichen Moderne« repräsentieren und »der Westen« den »Entwicklungshorizont traditionaler Gesellschaften« bilde (Kerner 2012: 81). Diese eurozentrischen Perspektiven sind nicht lediglich normativ problematisch. Sie erlauben es ferner kaum, den spezifischen historischen Kontext zu erfassen, in dem sich der tunesische Revolutionsprozess vollzieht.

1.4.2.2   Die tunesische Revolution zwischen nahḍa und ṯawra

In der Absicht, den tunesischen Revolutionsprozess in der arabischen Historizität zu verorten, argumentieren Mahli (2012), Guidère (2012), Laacher (2013) sowie Borzarslan und Demelemestre (2016), dass der tunesische Revolutionsprozess sowie die Protestwellen in den arabischen Welten ihre intellektuellen Wurzeln in den Emanzipationsbestrebungen der islamischen Reformbewegung des 19. Jahrhunderts, nahḍa[18] (auch Nahdha oder

---

18 Nahḍa wird im Allgemeinen mit Renaissance übersetzt, bedeutet jedoch auch Erwachen (vgl. Dakhli 2012). In Anlehnung zur nahḍa wurden die Revolten in den arabischsprachigen Ländern von 2011 ebenfalls als »arabisches Erwachen« bezeichnet (vgl. etwa Ramadan 2012). Der Begriff des Erwachens steht allerdings ebenfalls in der Kritik, da er das klassisch orientalistische Motiv des »schlafenden Orients«, der dem aktiven und fortschrittlichen Okzident entgegengesetzt wird, erneut aufgreift (vgl. Weipert-Fenner 2014b: 146f.).

Nahda geschrieben)[19], haben (vgl. Mahli 2012: 23; Guidère 2012: 211f.).
Der Historiker Hamit Borzarslan und die Philosophin Gaëlle Demelemestre behaupten sogar, dass sich die tunesischen Akteur*innen explizit
der Nahḍa-Bewegung anschließen (vgl. Borzarslan/Demelemestre 2016:
301). Nahḍa ist eine reformistische Bewegung arabischer Intellektueller, die
der Historikerin Leyla Dakhli zufolge, am Anfang des 19. Jahrhunderts ihren Anfang nimmt und schätzungsweise nach dem Ersten Weltkrieg endet
(vgl. Dakhli 2012). Denker wie Cheikh Attar, Rifâ'a Râfi at-Tahtawi, Jamal
al-Din al-Afghani, Mohamed Abduh, Abd al-Rahman al-Kawakibi, Rashid
Reda, Qasim Amin, Tahar Haddad und Mohamed al Tahar Ben Achour[20]
beschäftigten sich mit der Moderne und befassten sich damit, wie sich
religiöse Prinzipien und Praktiken mit modernen kulturellen Veränderungen und neuen politischen Herrschaftsbegründungen vereinbaren lassen –
ohne einen radikalen Bruch mit traditionellen und religiösen Praktiken zu
vollziehen (vgl. Amin 2011: 99f.). Angesichts der sich anbahnenden euro
päischen Kolonialisierung strebten die Intellektuellen danach, »der arabisch-muslimischen *polis*[21] erneut eine Authentizität und Dynamik zu
verleihen, die es ihr erlaubt, *in Würde* einen Platz im Rahmen der modernen
Nationen einzunehmen« (Arkoun 2012: 102). Ägyptische Feminist*innen
der 1920er Jahre wie Huda Shaarawi und Sayza Nabarawi haben unter
anderem den tunesischen Nahḍa-Autor Tahar Haddad beeinflusst und
dazu beigetragen, dass das Recht auf Bildung für Frauen als zentrales Element kultureller Erneuerung und Emanzipation in die Nahḍa-Strömung
integriert wird (vgl. Laacher 2013: 222).
    Die Idee, gesellschaftlichen Wandel durch eine islamische Reformie-
rung herbeizuführen, steht in der arabischen Ideengeschichte im diametralen Verhältnis zum arabischen Konzept der Revolution, der *ṯawra* (auch
thawra oder saoura geschrieben). Der Begriff der *ṯawra* »im Sinne der Men-

---

19 Arabische Schlüsselbegriffe sind in arabischer Transliteration angeführt. Ich befolge dabei die Transliterationsempfehlungen, die von der *Deutschen Morgenländischen Gesellschaft*
1934 formuliert worden sind (vgl. hierfür Hildebrandt o. Jahr.). Arabische Eigennamen
führe ich jedoch nicht in der Transliteration an.

20 Die zitierten Intellektuellen haben sehr unterschiedliche Lesarten der Renaissance, die
von äußerst konservativen Auslegungen (Rida) bis zu liberalen Konzeptionen der
Moderne (al-Tahtawi, Haddad) reichen. Die Nahḍa-Philosophie verbindet das erneute
Interesse an den Wissenschaften (vgl. Dakhli 2012). Insbesondere ihr Bezug auf das
Renaissance-Motiv vereint diese heterogene Philosophieströmung. Sie sollte jedoch
nicht als eine einheitliche Schule begriffen werden.

21 Ich habe an dieser Stelle das französische Wort »cité« mit *polis* übersetzt. Alle französischen Zitate in der vorliegenden Arbeit sind von mir übersetzt.

schen- und Bürgerrechte« (Arkoun 2012: 108) bezeichnet seit dem 19. Jahrhundert zahlreiche Revolten und Revolutionen. Der Bedeutungsumfang von *ṯawra* reicht von Revolution, Revolte, Aufstand,[22] Wunsch nach Veränderung bis hin zur Veränderung selbst. Im Zuge der Revolten 2011 werden mit *ṯawra* in erster Linie bürgerliche Protestbewegungen beschrieben, die sich erstmals nicht gegen eine koloniale Besatzungsmacht richten.

Dieses Deutungsmuster schwankt zwischen einer Interpretation des tunesischen Revolutionsprozesses als *nahḍa* oder als *ṯawra*. Wenngleich dieser Interpretationsversuch aufgrund der Bemühung, den tunesischen Revolutionsprozess in einer eigenen und nicht lediglich europäischen Ideengeschichte und Historizität zu verwurzeln, attraktiv erscheint, entbehrt er bis dato der empirischen Grundlage. In der Analyse meines empirischen Materials gilt es, zu befragen, ob *nahḍa* und *ṯawra* tatsächlich ideelle Referenzen der Akteur*innen sind.

1.4.3   Die Angst vor Islamismus oder Orientalismus *reloaded*

Die Sorge, dass der tunesische Revolutionsprozess in eine islamistische Herrschaft mündet, wird von zahlreichen wissenschaftlichen Beobachter*innen geteilt (vgl. z. B. Tibi 2014; Estival 2012; Ruf 2013; Guidière 2012; Schlumberger 2012; Kaplan 2011) und geradezu reflexartig mit Michel Foucaults Enthusiasmus für die Iranische Revolution verglichen (vgl. Ben Hammouda 2011: 62).[23] Dabei führen die meisten Ansätze kaum eine ernsthafte Auseinandersetzung mit den Programmen, Ideen und Persönlichkeiten der islamistischen Partei. Vielmehr werden nicht selten die Hoffnungen auf demokratischen Wandel durch die Angst vor der Machtübernahme der islamistischen Kräfte von vornherein verurteilt.[24]

---

22 Der genauere Ausdruck für »Aufstand« im Arabischen ist *intifada*.

23 Diese Angst vor dem Islamismus und im tunesischen Fall vor dem Sieg der islamistischen Ennahdha-Partei ist nicht nur ein europäisches Phänomen, sondern wird ebenfalls von einer säkularen Elite in Tunesien geteilt. So beherrschte der Ausdruck »Tounestan« (in Anlehnung an Afghanistan) Ende September 2011 einen Teil des tunesischen Diskurses (vgl. Puchot 2011a: 166). Er scheint nach dem Wahlsieg von Ennahdha und dem Ausbleiben »afghanischer Zustände« in Tunesien aus dem Diskurs verschwunden zu sein.

24 Eine alternative Art und Weise, sich dem Thema »Islam und Demokratie« anzunähern, findet sich in Leininger (2012). Sie dekonstruiert die Idee, dass es Religionen gibt, die *per se* demokratische Ideen eher dulden als andere (vgl. Leiniger 2012: 149).

So bezeichnet etwa der Sozialwissenschaftler Samuel Salzborn die Möglichkeit der Demokratisierung Nordafrikas als »nachhaltige Illusion« und »westlichen Wunschtraum« (Salzborn zitiert nach Maegerle 2013). Schließlich haben die Protestwellen in der arabischen Welt dazu geführt, dass die einst autoritären sich nun zu »islamistisch-totalitären« Regime gewandelt haben.[25]

Der französische Historiker für Ideengeschichte Daniel Lindenberg begegnet diesem Diskurs zu Recht kritisch und spricht von einem »rassistischen Vorurteil« (Lindenberg nach Wieder 2011), das koloniale Ursprünge hat und darin besteht, die »arabischen Völker« als »Zurückgebliebene« (ebd.) zu betrachten, die lediglich von einer »Politik des Knüppels« (ebd.) regiert werden können. Das »politische Schicksal« der nordafrikanischen und westasiatischen Bevölkerungen scheint sich demnach zwischen einer Herrschaft eines »starken« säkularen Diktators oder eines islamistischen Willkürstaates abzuspielen (vgl. Grégoire 2012: 67). Diese Auffassung erinnert an die Vorstellung europäischer Intellektueller des 17. und 18. Jahrhunderts, die das Konzept des »orientalischen Despotismus« prägten. Der Despotismus, so ihre Meinung, sei eine Reaktion auf die »kulturelle Gefügigkeit« der arabischen, indischen und persischen Gesellschaften (vgl. Dakhlia 2011b: 19; Amin 2011: 110f.).

Diese eurozentrischen und neo-orientalistischen Denkmuster sprechen bisweilen »den Ereignissen in Tunesien überhaupt jede politische Motivation [...] [ab und tun, N.A.] die Revolution als Hungeraufstand oder einzig als Revolte frustrierter Jugendlicher ab«, wie der deutsche Islamhistoriker Marco Schöller moniert. Eine solche Lesart, die behauptet, dass die tunesischen Proteste lediglich Hunger- und Frustrationsrevolten seien, formuliert unter anderem der deutsche Islamwissenschaftler Reinhard Schulze (vgl. Abbas 2015a: 353f.). Wenngleich er wahrnimmt, dass die Akteur*innen Bürger- und Teilhaberechte fordern, so hält er beharrlich an der Behauptung fest, dass die Protestierenden weder für Freiheit noch für politische Rechte kämpfen, sondern lediglich die Verbesserung ihrer individuellen sozialen Lebensbedingungen anstreben. Mehr noch: Die Forderungen der Demonstrant*innen in Nordafrika und Westasien 2011 sind aus seiner

---

25 Seine Aussage ist zudem ungenau und irreführend: Dort, wo islamistische Parteien die Wahlen gewonnen haben (Tunesien, Ägypten vor dem Militärputsch), sind keine totalitären Regime entstanden und dort, wo totalisierende Tendenzen zu beobachten sind (Ägypten seit dem Militärputsch), sind keine IslamistInnen mehr an der Macht.

Perspektive »anti-politisch«, da sie in keiner »politischen Revolutionspro-
grammatik« oder »Normenutopie« (Schulze 2014: 69) begründet seien:

»Die Mobilisation der Lebenswelten hingegen, die in den Revolten eindrücklich
zum Ausdruck kam, erfolgte nicht mehr nach einer politischen Normenordnung,
die ein bestimmtes gesellschaftliches Ziel zu erreichen versuchte. […] Die Revolten
waren Ausdruck einer akephalen, also *kopflosen* [Herv. N.A.] sozialen Mobilisation
von 100.000 Menschen.« (vgl. ebd.: 71)

Die geringe Verbreitung von Ideologien ist für Schulze ein Beweis dafür,
dass die Proteste nicht politisch seien. Ihm zufolge verfolgen die Protestierenden daher keine politischen oder utopischen Zukunftsvorstellungen.
Seine Behauptung wäre legitim, wenn sie aus einer Analyse beispielsweise
der Diskurse der Akteur*innen resultieren würde. Schulze hingegen unter-
nimmt eine vergleichbare Analyse nicht, sondern behauptet einfach, dass
die Proteste keine politischen Ziele verfolgen.

Vor diesem Hintergrund wird sowohl der politische Charakter der Proteste als auch das Demokratisierungspotenzial des tunesischen Revolutionsprozesses verkannt (vgl. Schöller 2011; vgl. auch Perthes/Matschke
2012). Ich grenze mich in der vorliegenden Arbeit explizit von den skizzierten neo-orientalistischen Deutungen ab und begreife meine Analyse der
Imaginäre des tunesischen Revolutionsprozesses als einen Gegenentwurf
zu diesem Interpretationsmuster, indem ich mich für die politischen Vorstellungen und Zukunftsvisionen der Akteur*innen interessiere, anstatt sie
von vornherein als »undemokratisch« und »unpolitisch« abzutun.

1.4.4   Die »autoritäre Ausnahme« oder die fünfte Welle der Demokratisierung

Bis zum Ausbruch der Revolten und Protestwellen 2011 werden Nordafrika und Westasien in den Internationalen Beziehungen geläufig unter dem
Paradigma der »autoritären Ausnahme«[26] analysiert (vgl. Salingue 2011: 42).

---

26 Nach der Demokratisierungswellen-Theorie des amerikanischen Politikwissenschaftlers
Samuel Huntington erfolgte die dritte Demokratisierungswelle in den 1970er Jahren im
Süden Europas und beendete die faschistischen Diktaturen Portugals, Griechenlands
und Spaniens. Später breiten sich die »Wellen« auf Lateinamerika und letztlich in den
1990er Jahren auf Osteuropa und einige Regime des subsaharischen Afrikas und Asiens,
wie Taiwan und Korea, aus (vgl. Achcar 2013: 129). Diese letzte »Welle« wurde von
Klaus von Beyme als vierte Demokratisierungswelle bezeichnet (vgl. Schmidt 2006: 434).
Im anglophonen Raum ist die Referenz auf Huntingtons Theorie dominant, dort werden

Die Ausnahme wird daran festgemacht, dass Nordafrika und Westasien die einzigen Regionen seien, die sich den Demokratisierungswellen – Samuel Huntingtons Theorie zufolge – entzogen haben und somit zur letzten undemokratischen Region der Welt gehören. Die These der fehlenden Demokratien in den arabischen Welten trifft zwar zu. Dennoch verstört die Tendenz, die Gründe für die mangelnde Demokratisierung vornehmlich in »der arabischen Identität« und »Kultur« zu verorten. Nicht zuletzt Huntingtons *Clash of Civilizations* (1998) hat zu dieser kulturessentialistischen Lesart beigetragen, welche die liberale Demokratie intrinsisch und ausschließlich mit der »westlichen Kultur« assoziiert (vgl. kritisch hierzu Achcar 2013: 130; Saint-Prot 2008: 369). Die »patriarchalischen politischen Kulturen« der arabisch dominierten Gesellschaften und die aus dieser Perspektive schwierige Vereinbarkeit von Islam und Demokratie versperren seit jeher und mit wenig Hoffnung auf Veränderung den »arabischen« Weg zur Demokratie (vgl. kritisch hierzu Filiu 2011: 13).[27] Weniger kulturalistisch argumentierende Zugänge haben systemische, exogene und endogene Faktoren herangezogen, um die Ausdauer der Diktaturen zu analysieren (vgl. Salingue 2011: 42). Die auf Stabilität fokussierte Nahostforschung ist dementsprechend darauf konzentriert, die »Ausnahme« in eine historische Kontinuität einzuschreiben und sie auf eine erstarrte Kultur und Religion zurückzuführen. Bürgerlichen Widerstandspraktiken und erodierenden Legitimationsgrundlagen autoritärer Herrschaften wird dabei nicht ausreichend Beachtung geschenkt (vgl. Bayat 2007, 2010; Gause III 2011: 81f., Achcar 2013: 132).[28]

Im Gegensatz zu diesen Interpretationen legt der Soziologe Asef Bayat auf überzeugende Weise dar, dass sich das viel zitierte Mantra der »ewigen Stabilität« autoritärer Regime in den arabischen Welten dekonstruieren

---

in der dritten Demokratisierungswelle die Demokratisierungsprozesse in den 1990er Jahren impliziert. Dementsprechend wird aktuell im anglophonen Raum von der vierten und nicht von der fünften Welle gesprochen (vgl. Diamond 2011).

27 Dabei kämpfen dem französischen Politikwissenschaftler Jean-Pierre Filiu zufolge, die Bevölkerungen Nordafrikas und Westasiens seit mehr als einer Generation für ihre Bürgerrechte, wenn sie auch zuvor nicht den Sturz der autokratischen und diktatorischen Regime herbeiführen konnten (vgl. Filiu 2011: 29; Bayat 2007).

28 Der Politikwissenschaftler Magid Shihade merkt an, dass die »Stabilitätsthese« auf einem historischen Kurzzeitgedächtnis beruht. Schließlich beachtet diese Perspektive lediglich die postkoloniale Periode und schließt die antikolonialen Kämpfe in den arabischen Welten gegen den europäischen Kolonialismus und später gegen neokoloniale, kapitalistische Vereinnahmungen aus der Geschichtsschreibung aus (vgl. Shihade 2012: 59).

lässt, wenn der Blick nicht lediglich auf Staatseliten und politische Institutionen, sondern ebenfalls auf zivilgesellschaftliche Akteur*innen sowie »ordinary people« gerichtet wird (Bayat 2010), die in ihrem Alltag Widerstand gegen die polizeilichen Schikanen und Unterdrückung leisten. Diese Widerstandspraktiken, die Bayat »social non-movements« nennt, tragen ihm zufolge langfristig zur »Graswurzel-Mobilisierung« bei (Bayat 2014: 88).

Der Ausbruch des tunesischen Revolutionsprozesses initiiert eine Debatte über das mögliche Ende des »autoritären Ausnahme«-Paradigmas (vgl. exemplarisch Howard/Hussein 2013) und lässt die Hoffnung auf eine fünfte Demokratisierungswelle in den arabischen Welten aufkommen (vgl. Diamond 2011; Khader 2013). Im Zuge dessen setzt sich die Vorstellung einer »demokratischen Transition« als Demokratisierungspotenzial Tunesiens durch. Die demokratische Transition umfasst eine durch internationale Instanzen angeleitete, standardisierte Transformation einer Diktatur in eine liberale Demokratie. Dabei wird die demokratische Transition von der Transformationsforschung keineswegs als ein ergebnisoffener Prozess begriffen, der beispielsweise kulturspezifische Einflüsse in die zu errichtende Demokratie einschließt oder danach fragt, *welche* Demokratie die Bevölkerung zu errichten gedenkt. Vielmehr wird das Endziel der Transformation auf eine wirtschaftlich und politisch liberale Demokratie festgelegt. Darin manifestiert sich meines Erachtens eine Variante des Ethnozentrismus, der die europäisch geprägte, liberale Demokratie zur einzig möglichen und legitimen Demokratie- und Politikform erklärt. In der vorliegenden Arbeit wird in Abgrenzung dazu nicht von vornherein davon ausgegangen, dass die tunesischen Bürger*innen nach einer liberalen und repräsentativen Demokratie streben. Vielmehr wird durch die Analyse der Imaginäre der Tunesier*innen herausgestellt, welche Konzeption der Demokratie sowie des demokratischen und revolutionären Wandels die Akteur*innen tatsächlich aufweisen.

1.4.5   Die Analyse sozialer Faktoren

Entgegen der »Erstarrungsthese« betont die deutsche Politikwissenschaftlerin Cilja Harders, dass die arabischen Welten bereits vor dem Ausbruch der Protestwellen 2011 von tief greifenden sozialen, kulturellen, ökonomischen und politischen Veränderungen ergriffen wurden. Sie stellt zu Recht fest, dass die Geschlechter- und Generationenverhältnisse sowie patriarchalen

Strukturen infrage gestellt worden sind und die politische Kultur sich durch eine heterogene Medienlandschaft, die sich per Satellit und Internet empfangen lässt, global geöffnet hat. Diese Wandlungsprozesse, die sie »Transformation ohne Transition« nennt, wurden jedoch nicht von einem politischen Wandel im Sinne einer Demokratisierung und Öffnung des politischen Systems begleitet (vgl. Harders 2011b: 9). Die Herrschaftsgrundlage der arabisch dominierten Staaten basierte zuvor auf einem »autoritären Sozialvertrag«, der Harders zufolge darin bestand, dass der Staat ein paternalistisches Verhältnis zur Bevölkerung unterhielt: Minimale soziale Standards wurden gegen bürgerliche Freiheits- und politische Gestaltungsrechte eingetauscht. Harders Analyse ist in der Hinsicht einleuchtend, als sie die langjährigen und vielfältigen gesellschaftlichen Transformationsprozesse herausstellt.

Eine Reihe wissenschaftlicher Publikationen beschäftigt sich mit sozioökonomischen und sozialen Faktoren sowie spezifischen Akteur*innen, die als treibende Kraft im revolutionären Prozess analysiert werden. So erforscht beispielsweise der französische Politologe Eric Gobe die Rolle oppositioneller Anwält*innen, die sich gegen Ben Alis System engagieren (vgl. Gobe 2013). Die tunesisch-französische Juristin Najet Mizouni erklärt die Gewerkschafter*innen des UGTT zum zentralen »Motor der Revolution« (vgl. Mizouni 2012). Asef Bayat interpretiert die Proteste als »postislamistisch« (Bayat 2012), das bedeutet, dass sie ihm zufolge nicht ein islamistisches Gesellschaftsprojekt wie einst die Iranische Revolution verfolgen. Demnach haben auch die islamistischen Akteur*innen eine gesellschaftliche Fundierung außerhalb der Religion akzeptiert und erkennen beispielsweise Menschenrechte als fundamentale Grundrechte an (vgl. Bayat 2012: 45).

Während sich einige Ansätze auf die ärmsten[29] und sozial marginalisierten Teile der tunesischen Gesellschaft als Akteur*innen des Protestes konzentrieren (vgl. Allal 2015, 2011; Hmed 2012), begreift Rachid Ouaissa (2013), Nahostforscher, die Mittelschicht als hauptsächlichen Träger gesellschaftlicher Veränderungen. Der Politikwissenschaftler Michaël Béchir Ayari untersucht die spontane Allianz zwischen der Mittelschicht und den

---

[29] Die Figur des revoltierenden Armen, *Zawali*, wird in Tunesien durch den Ausbruch des Revolutionsprozesses in gewisser Weise aufgewertet. Die Beliebtheit, die sich zunächst durch zahlreiche künstlerische und politische Referenzen auf den *Zawali* manifestiert, ist dem französischen Soziologen Amin Allal zufolge nach einer ersten euphorischen Phase wieder zurückgegangen (vgl. Allal 2015: 5).

ärmeren Schichten, die eine kollektiv mobilisierende Kraft rund um den Slogan »Kampf um Würde« geschaffen hat (vgl. Ayari 2011a: 210). Ansätze des Geografen Habib Ayeb (2011a) und des Soziologen Mouldi Lahmar (2015) beispielsweise stellen insbesondere die sozio-geografischen Aspekte der Mobilisierung in den Vordergrund. Ayeb analysiert die Komplexität der räumlichen, ökonomischen, sozialen und politischen Marginalisierung der Bevölkerung im Süden und Westen Tunesiens als hauptsächlichen Grund für den Ausbruch des revolutionären Prozesses (vgl. Ayeb 2011: 467). Lahmar bedauert, dass die Selbstverbrennungen junger Menschen zur Fokussierung der Forschung auf arbeitslose Hochschulabsolvent*innen geführt hat, die letztlich die ruralen Akteur*innen der Proteste, wie die Bauer*innen, außer Acht gelassen habe.

Einige Interpretationen gehen soweit, die sozioökonomischen Verhältnisse als ausschließlichen Faktor für den Ausbruch des revolutionären Prozesses in Tunesien auszulegen (vgl. exemplarisch Lagi u. a. 2011; Achcar 2013). Strukturelle Analysen heben hervor, dass das rapide und hohe Bevölkerungswachstum in Verbindung mit dem Anstieg der Lebensmittelpreise durch eine extreme Import-Abhängigkeit der Grundnahrungsmittel auf dem Weltmarkt zur Krise der tunesischen Regierung geführt habe. Der revolutionäre Ausbruch erscheint in dieser Lesart nahezu zwangsläufig aus der schlechten Lebensmittel-Governance und den fehlenden Arbeitsmarktperspektiven zu resultieren (vgl. etwa Goldstone 2014: 118). Sicherlich sind beide hier genannten Faktoren nicht unzutreffend. Sie reduzieren jedoch die Komplexität des revolutionären Prozesses und fokussieren sich ausschließlich auf strukturelle, sozioökonomische Faktoren. Protest-Akteur*innen und ihre Subjektivierungsprozesse, die Veränderung von gesellschaftlichen Vorstellungen und andere Motivationen sowie Gründe für sozialen und politischen Wandel existieren in dieser Interpretation schlichtweg nicht.

Ein gelungenes Beispiel für den ökonomischen Determinismus stellt die Herangehensweise des Politikwissenschaftlers Gilbert Achcar dar, der sich maßgeblich auf ökonomisches Daten- und Zahlenmaterial als monokausale Erklärungsbasis für den revolutionären Prozess fokussiert. Der Soziologe Amin Allal kritisiert zu Recht, dass es sich um die gleiche empirische, makroökonomische Grundlage (bezüglich der Wachstums-, Arbeitslosen- und Armutszahlen) handelt, die unter der Herrschaft Ben Alis der Internationale Währungsfonds, die Weltbank und nicht zuletzt Ben Alis Regime zur Rechtfertigung ihrer Politiken verwendet haben (vgl. Allal

2016: 2f.). Diese Zahlen, so Allal, offenbaren ohne eine adäquate Kontextualisierung nicht die Lebensrealität der Tunesier*innen. Ferner wird hier eine wenig überzeugende, deterministisch-kausale Beziehung zwischen der Verschlechterung der Lebensverhältnisse und der Bereitschaft, zu protestieren, suggeriert. In kritischer Abgrenzung zu solchen Ansätzen plädieren die Soziolog*innen Mounia Bennani-Chraïbi und Olivier Fillieule (2012), Allal und Pierret (2013) sowie Michel Camau und Frédéric Vairel (2014) dafür, eine »Soziologie revolutionärer Situationen« zu entwickeln, welche politische Krisen sowohl in ihrer Prozesshaftigkeit als auch an punktuellen Ereignissen gemessen analysiert. Eine solche, gleichzeitig soziologische und politikwissenschaftliche Herangehensweise hat den Anspruch, die Dynamiken und Subjektivierungsweisen herauszustellen, anhand derer Akteur*innen zu »revolutionären Subjekten« werden.

Die tunesische Bevölkerung weist, wie viele andere Bevölkerungen der arabischen Welten, durch einen überproportionalen demografischen Wandel einen sehr hohen Anteil junger Menschen auf: 29,7 Prozent der Bevölkerung sind zwischen 15 und 29 Jahre alt (vgl. Jeune Afrique 2008). Gerade die junge Bevölkerung gehört zur prekarisierten Schicht: Nicht nur dass ihre Arbeitsmarktaussichten äußerst schlecht sind, sie sind auch politisch kaum repräsentiert und haben trotz ihrer hohen Zahl eine marginale Teilhabe an der Gesellschaft. Ihre massive Präsenz und Dominanz in den ersten Protesten 2010 lenkt die Aufmerksamkeit erneut auf sie. Ihre politische Mobilisierung, nicht nur in den oft zitierten sozialen Netzwerken, sondern vor allem in organisierten oder weniger organisierten sozialen und politischen Protestbewegungen, die bis dato im Inneren des Landes und im restlichen Tunesien anhalten, ist jedoch erst ansatzweise erforscht (vgl. Gertel u.a. 2014: 12). Der Politikwissenschaftler Johannes Frische (2014), die Sozialwissenschaftlerin Alcinda Honwana (2011), der Geograf Habib Ayeb (2011), der Politologe Wolfgang Kraushaar (2012) und die Soziologen Olfa Lamloum und Mohamed Ali Ben Zina (2015) legen interessante Ansätze vor, Jugendliche als zentrale, aber nicht homogene Akteure der revolutionären Bewegungen zu begreifen. Sie tragen dazu bei, ein genaueres Bild dieser Jugend zu zeichnen, die sich in verschiedene Identitätskomponente wie soziale Klassenzugehörigkeit, Geschlecht, Bildung, kulturelle Hintergründe und regionale Zugehörigkeit ausdifferenzieren lässt (vgl. Frische 2014: 99). Dabei steht nicht nur ihre soziale Prekarität im Vordergrund (vgl. hierzu Allal 2011), sondern auch ihr Freiheits- und Selbstbestimmungswille, der unter Ben Ali ebenfalls beschnitten worden ist. Der tunesische Revolutionsprozess wird in dieser Perspektive als Generationenkonflikt interpretiert, der sich teils gegen eine autoritäre Herrschaft richtet und sich teils in der generationellen Kluft zwischen »Alt« und »Jung« manifestiert (vgl. Frische 2014: 99). Der bis zum Ausbruch des Revolutionsprozesses dominante Diskurs in Tunesien über die Jugend als »Khobzistes«[30], das bedeutet als egozentrische Konsumenten technologischer Neuheiten und medialen Entertainments, die von jeglichem politischem Interesse befreit sind, erfährt durch den Revolutionsprozess und die darauffolgende Erforschung der Jugend als politischer Akteur und sogar Initiator der Proteste ein Ende (vgl. Frische 2014: 100).

Die Interpretation des revolutionären Prozesses als Infragestellung patriarchaler Herrschaftsstrukturen lässt sich ebenfalls mit der massiven Präsenz von Frauen während der Proteste und der zentralen Bedeutung feministischer Bewegungen und Vereinigungen im Kampf gegen Ben Alis Regime begründen (vgl. exemplarisch Unmüßig 2014; Kammoun 2014; Zein 2013: 25; Wettig 2013: 33ff.; Ben Lamine 2013). Dabei stehen die Frage nach dem Gender-Aspekt sowie die von Teilen der revolutionären Bewegung geäußerte Kritik an den bestehenden diskriminierenden Geschlechterverhältnissen, die sich vom Arbeitsmarkt über die Privatsphäre bis hin zur Gesetzeslage erstrecken, im Zentrum der Forschung (vgl. Filter u. a. 2013; Khalid 2015; Zlitni/Touati 2012). Auch die Frage nach neuen feministischen Begründungs- und Identitätsformen, die ihren Ursprung nicht in einem säkularen, sondern in einem islamisch inspirierten Denken finden, wird in den Anfängen analysiert (vgl. Debuysere 2015).

Eine weitere Lesart des tunesischen Revolutionsprozesses fokussiert sich auf die »emanzipierende« Kraft neuer Medien und sozialer Netzwerke, die daraus resultiere, dass die Spontaneität der revolutionären Erhebung durch die neuen Medien kollektiv geteilt werden kann (vgl. etwa Gonzales-Quijano 2011, 2012; Khosrokhavar 2012; Tarhini 2011). Der französische Soziologe Romain Lecomte (2013) bemerkt zu Recht kritisch, dass der Internetzugang in den Regionen Westtunesiens, in denen die Proteste zuerst ausgebrochen sind, nahezu zehnmal geringer vertreten ist als in den

---

30 »Khobzistes« ist ein Neologismus, der vom arabischen Wort *ḥobz* für Brot abgeleitet ist (mit der französischen Endung »istes«) und so viel bedeutet wie »diejenigen, die dem Brot hinterherjagen«. Diese Bezeichnung ist pejorativ und hebt hervor, dass die Jugend in erster Linie materielle Interessen verfolgt. Ein Artikel, der im »Wettlauf auf das Brot« sowohl einen potenziellen Motor politischen Widerstands als auch eine Matrikel des Gehorsams erkennt, findet sich bei Meddeb (2011b).

Küstenregionen und dass die Proteste trotz des zeitweiligen Ausschaltens des Internets durch das Regime nicht abgeebbt sind. Vor dem Hintergrund, dass Tunesien 2006 neben Nordkorea und Saudi-Arabien auf der von *Reporter ohne Grenzen* angelegten Liste »13 Feinde des Internets« aufge führt wurde und aufgrund der massiven Cyberzensur von Tunesier*innen spöttisch »Intranet« genannt wurde, erscheint die cyber-utopische Interpretation der Proteste zu vereinfachend und bedarf einer stärkeren Kontextualisierung. Eine weitaus komplexere und originellere Herangehensweise, den Einfluss digitaler Medien sowie Interdependenzen zwischen digitalen Netzwerken, der »Straße« und Satellitensendern, wie *Al Jazeera* und *France 24*, zu ermessen, findet sich beispielsweise in Salmon (2014) und in Dakhli (2011).

1.4.6 Warum diese Interpretationen nicht erschöpfend sind

Wenn man von den eurozentrischen, teils auf rassistischen und orientalistischen Vorurteilen basierenden Interpretationen absieht, tragen alle anderen, hier vorgestellten Herangehensweisen zum besseren Verständnis der tunesischen Gesellschaft, ihrer Mechanismen und Dysfunktionen bei. Sie sind fundamental, um den tunesischen Revolutionsprozess zu verstehen sowie verschiedene politische und soziale Akteurstypen zu unterscheiden. In diesen Ansätzen werden die Imaginäre der Akteur*innen jedoch nicht beachtet: Sie interessieren sich nur marginal für die politischen Ideen, Erzählungen und Werte, welche den Widerstand der Akteur*innen gegen Ben Ali ideell und intellektuell begleiten. Viele Interpretationsansätze evaluieren permanent den »Output« des revolutionären Prozesses und versuchen zu ermessen, ob und in welchem Maße sich die Revolution für welche Akteur*innen »ausgezahlt« habe. Der Begriff »Revolution« wird oftmals nicht ausreichend reflektiert und lediglich in einer Kurzzeitperspektive betrachtet. Revolution erscheint wie eine Investition der Akteur*innen in die nahe Zukunft, über deren Erfolg diskutiert wird. Die Perspektive der Akteur*innen wird allenfalls dann herangezogen, wenn es darum geht, die eigenen Aussagen durch »Augenzeugenberichte« zu unterstreichen. Die Imaginäre der Akteur*innen selbst werden jedoch kaum als politische Vorstellungen ernst genommen. Anders als die Veröffentlichungen, die ausschließlich auf unkommentierten Zeugnissen und Berichten tunesischer Akteur*innen basieren (vgl. Nafti 2015; Kilani 2014; Gdalia 2013; Vincent 2013; Tamzali 2012; Merk 2011), werden in der vorliegenden Arbeit die politischen und sozialen Imaginäre der zukünftigen Gesellschaftsordnung im Textkorpus und in den geführten Interviews kontextualisiert und analysiert.

Ich möchte dazu beitragen, eine gegenwärtige politische Ideen- und Imaginären-Geschichte der Akteur*innen des tunesischen Revolutionsprozesses zu schreiben. Meiner Ansicht nach konstituieren die Imaginäre der Akteur*innen das Phänomen des tunesischen Revolutionsprozesses mit und sind dementsprechend fundamental für sein Verständnis. Dabei gehe ich aber selbstverständlich davon aus, dass der Revolutionsprozess nicht anhand *einer* Lesart und Interpretation in seiner Komplexität erfasst werden kann, zumal er von vielen verschiedenen Faktoren und Dynamiken bestimmt wird.

Ich hege nicht den Anspruch, eine umfassende oder gar erschöpfende Interpretation des Revolutionsprozesses zu formulieren. Meine Interpretation antwortet folglich weder auf Fragen einer materialistischen Herangehensweise noch auf die der Transformationsforschung – um an dieser Stelle lediglich zwei dominante Forschungsansätze anzuführen. Von Hannah Arendts Plädoyer für die kreative, unüberwindbare Pluralität der Perspektiven geprägt, weise ich an dieser Stelle auf die Notwendigkeit pluraler Herangehensweisen hin:

»In den Geschichten, die Arendt erzählt, geht es nicht um das Hieb- und Stichfeste, um das unwiderlegbare Argument, nicht um die unbezweifelbare Wahrheit. Dies würde ihrer Ansicht nach die menschliche Freiheit ein zweites Mal auslöschen. Sie erzählt ihre Perspektive der Dinge und Geschehnisse und sie ist sich durchaus bewusst, dass ihre Perspektive nur eine unter vielen ist.« (Förster 2009: 47)

Ich begebe mich bei der Analyse der tunesischen Imaginäre ebenso wenig auf die Suche nach »unbezweifelbarer Wahrheit«, vielmehr nehme ich mit besonderem Augenmerk auf die imaginäre Dimension des Revolutionsprozesses lediglich eine Perspektive unter vielen ein.

1.5   Aufbau des Buches

Im ersten Teil der vorliegenden Studie lege ich meinen theoretischen Zugriff dar und kontextualisiere den tunesischen Revolutionsprozess. Im zweiten Teil der Studie widme ich mich den Imaginären des Revolutionsprozesses.

Im zweiten Kapitel präsentiere ich den theoretischen Rahmen meiner Arbeit anhand der Begriffe der Revolution und des Imaginären. Nach einem kurzen Rückblick auf die Begriffsgeschichte von Revolution und einer Diskussion gegenwärtiger sozialwissenschaftlicher Revolutionsbegriffe reflektiere ich die Schwierigkeit, die mit der Analyse zeitgenössischer Revolutionen einhergeht. Dabei stelle ich heraus, dass die diskutierten sozialwissenschaftlichen Revolutionsverständnisse die imaginäre und narrative Dimension von Revolutionen zu wenig berücksichtigen. In Abgrenzung dazu plädiere ich dafür, Revolutionen als konflikthafte Prozesse zu betrachten, in denen die Werte, Ideale und Institutionen der zukünftigen, zu errichtenden Gesellschaft imaginiert, ausgehandelt und reflektiert werden. Dieser Prozess wird von der Imagination angeleitet und von der Narration begleitet. Um dieses Revolutionsverständnis zu vertiefen, bespreche ich das Konzept des Imaginären im Denken von Cornelius Castoriadis und zeige, wie es mit meinem zuvor besprochenen Revolutionsverständnis zusammengeführt werden kann. Abschließend spezifiziere ich meinen Begriff der Imaginäre, der in vier Punkten von Castoriadis' Theorie differiert, und beleuchte, wie ich den Begriff in meiner empirischen Analyse gebrauche.

Im dritten Kapitel zeige ich, dass die tunesische Staatsgründung (unter Bourguiba) und Staatskonsolidierung (unter Ben Ali) von den zentralen Staatsnarrativen der Moderne, des Staatsfeminismus, der Säkularisierung, der Demokratisierung und des Wirtschaftswunders begleitet wird, die die tunesischen Verhältnisse nachhaltig prägen. Die Diskussion der Staatsnarrative unter Bourguiba und Ben Ali dient zum einen dazu, die Staatsnarrative und ihre spezifischen sozialen, ökonomischen und politischen Entstehungsbedingungen vorzustellen, um die Ausgangshypothese der Diskrepanz zwischen den Staatsnarrativen und den Imaginären der Akteur*innen prüfen zu können. Zum anderen ermöglicht mir die Diskussion der Staatsnarrative, die anschließend vorgestellten Imaginäre der Akteur*innen des Revolutionsprozesses zu kontextualisieren.

Im vierten Kapitel nähere ich mich den Imaginären der Akteur*innen durch die einleitende Frage nach dem Zeitpunkt ihres Entstehens an. Diese Frage stellt sich mir während des Rechercheprozesses vor dem Hintergrund, dass die von mir interviewten Akteur*innen betonen, dass sie unter der Diktatur Ben Alis keine genauen Zukunftsvorstellungen entwickelten. Dabei gehe ich der Frage nach, inwieweit ihre Kritik der Diktatur auf der

Grundlage alternativer Vorstellungen von politischen Herrschaftsordnungen und projizierten Gegenentwürfen zur erfahrenen Realität erfolgt. Ich untersuche, wie die Angst- und Gewalterfahrungen, die viele Akteur*innen unter der Herrschaft Ben Alis machten, ihren Erfahrungs- und Erwartungshorizont (Reinhart Koselleck) beeinflusst und sie lange davon abgehalten haben, sich kollektiv gegen die Herrschaft zu erheben. Anschließend argumentiere ich, dass die durch die Selbstverbrennung Bouazizis eingeleitete Überwindung der Angst insbesondere emotional bedingt ist. Darauf aufbauend zeige ich auf, dass es zur Herausbildung von Imaginären alternativer Herrschaftsordnungen auch Räume des Politischen bedarf. Das Internet erweist sich als ein (ambivalenter) Raum des Politischen, in dem allmählich die Grenzen der Diktatur zurückgedrängt werden und eine alternative Gegenöffentlichkeit entsteht. Für viele Cyberaktivist*innen und im Internet aktive Akteur*innen fängt der Widerstand gegen Ben Ali damit an, die »Realität« zu benennen und sie gegen die verzerrenden Staatsnarrative zu verteidigen.

Im fünften Kapitel zeichne ich die Imaginäre der Revolution nach. Ich erörtere die zentralen Fragen, ob die Akteur*innen ihrer Vorstellung nach Zeug*innen einer Revolution geworden sind, welche Vorstellungen von Revolution sie haben und ob diese sich *vor* ihrer revolutionären Erfahrung konstituierten oder ob sie von Imaginären über andere, historische Revolutionen beeinflusst sind. Ich analysiere das zentrale Imaginäre der Würde, in dem ich vier verschiedene Dimensionen der Würde unterscheide und in Verbindung mit dem Imaginären der Freiheit bringe. Anschließend zeige ich das dominante Imaginäre der horizontalen, ohne politische Leader geführten Revolution sowie die Kritik an dem Imaginären auf. Ferner lege ich dar, in welcher Historizität die Akteur*innen die Revolution begreifen: Ist sie ein singuläres Ereignis oder ein langjähriger Prozess? Stellt sie einen Bruch oder eine Kontinuität mit der Geschichte dar? Darauf aufbauend gehe ich der Frage nach, ob sich im tunesischen Revolutionsprozess Motive der *nahḍa* und *ṯawra* ausmachen lassen. Abschließend erläutere ich die von den Akteur*innen hervorgehobenen Schwachstellen des Revolutionsprozesses.

Im sechsten Kapitel zeige ich die Imaginäre der Demokratie der Akteur*innen auf. Zunächst stelle ich fest, dass Europa für die meisten Akteur*innen kein Vorbild in puncto Demokratie darstellt. Darauf aufbauend bespreche ich zwei zentrale Imaginäre. Erstens diskutiere ich die von linken Akteur*innen vertretene Idee einer demokratischen Ordnung, die maßgeblich auf der sozialen und politischen Teilhabe der Bürger*innen gründet. Ich argumentiere, dass diese Demokratiekonzeption in Verbindung mit ihren revolutionär erstrittenen Staatsbürgerschaftsrechten und dem Imaginären der leader-losen Revolution steht. Diese Demokratievorstellung variiert und reicht von einer partizipativen bis zu einer (mehrheitlich) selbstverwalteten Demokratie.

Zweitens stelle ich die Vorstellung der islamistischen AkteurInnen von Demokratie vor. Ich skizziere einleitend, dass die Iranische Revolution und die durch sie gegründete politische Ordnung kein Vorbild mehr für die IslamistInnen darstellen, und lege anhand ihrer zentralen Freiheitsvorstellung ihr Demokratieverständnis dar. Anschließend diskutiere ich die islamischen Begründungsversuche der Demokratie und zeige auf, dass ihre Demokratievorstellung auf einer institutionellen Ebene einer prozeduralen Demokratie gleicht, die auf Pluralismus, demokratischen Wahlen und Rechtsstaatlichkeit gründet. Abschließend diskutiere ich die beiden Imaginäre der Selbstverwaltung und der islamischen »minimalen« Demokratie in Verbindung miteinander.

Im siebten Kapitel diskutiere ich die feministischen Imaginäre, indem ich herausstelle, welche Kritik die (säkularen) Feminist*innen an Ben Alis Herrschaft und an das Narrativ des Staatsfeminismus adressieren und mit welchen Mitteln sie ihren Aktivismus begreifen. Darauf aufbauend schildere ich anhand der Auseinandersetzung um die Einschreibung der Komplementarität der Geschlechter in die neue Verfassung eine der wichtigsten Debatten des verfassungsgebenden Prozesses. Ich zeige auf, dass nach dem Sturz Ben Alis neue feministische Akteur*innen hervortreten, die zum islamistischen Lager gehören. In einem Exkurs gehe ich der durch islamistische AkteurInnen geäußerten Kritik am Staatsfeminismus nach. Abschließend skizziere ich, wie Frauen und Feminist*innen sich des Narrativs des Staatsfeminismus bemächtigen und es selbst-emanzipatorisch wenden, indem sie ihr feministisches Engagement als »Befreiung« der Gesellschaft darstellen.

Im Fazit bespreche ich, welche Schlussfolgerungen sich in empirischer und theoretischer Hinsicht aus der Analyse der Imaginäre ziehen lassen. Ich zeige zunächst das Verhältnis der Imaginäre zu den Staatsnarrativen Tunesiens auf. Anschließend diskutiere ich, ob die neue Verfassung die Imaginäre der Akteur*innen aufnimmt. Darauf aufbauend stelle ich das neue Staatsnarrativ der demokratischen Transition vor, das sich im Zuge des Revolutionsprozesses herausbildet. Abschließend denke ich darüber

nach, was sich aus meiner empirischen Studie für die Begriffe »Revolution«
und »Imaginäre« lernen lässt.

Teil I
Begriffe und Kontext

2. Das Imaginäre und die Revolution – eine theoretische Annäherung

»Derselbe Sprung unter dem freien Himmel der Geschichte ist der dialektische als den Marx die Revolution begriffen hat. Das Bewußtsein, das Kontinuum der Geschichte aufzusprengen, ist den revolutionären Klassen im Augenblick ihrer Aktion eigentümlich. Die Große Revolution führte einen neuen Kalender ein. Der Tag, mit dem ein Kalender einsetzt, fungiert als ein historischer Zeitraffer. […] Die Kalender zählen die Zeit also nicht wie Uhren. Sie sind Monumente eines Geschichtsbewusstseins […]. Als der Abend des ersten Kampftages gekommen war, ergab es sich, daß an mehreren Stellen von Paris unabhängig voneinander und gleichzeitig nach den Turmuhren geschossen wurde.«
Walter Benjamin, Über den Begriff der Geschichte, 1940–1942

»Die Revolution manifestiert sich als das Mögliche […]. Die einzige Form der Präsenz der Revolution ist ihre tatsächliche Möglichkeit.«
Maurice Blanchot, Mai 68, Révolution par l'idée, 2018

2.1 Was ist eine Revolution?

Meine Auseinandersetzung mit dem tunesischen Revolutionsprozess wirft unweigerlich die Frage nach dem Begriff auf, den ich mir von Revolution mache, und nach meinem Zugang zu dem so gefassten Phänomen »Revolution«.

In einem kurzen Rückblick auf die Begriffsgeschichte rekonstruiere ich die semantische Vieldeutigkeit des Revolutionsbegriffs und reflektiere die besondere Schwierigkeit, die mit der Analyse zeitgenössischer Revolutionen einhergeht. Anschließend positioniere ich mich gegenüber zentralen sozialwissenschaftlichen und philosophischen Revolutionsbegriffen anhand der drei Leitfragen: Sind Revolutionen notwendigerweise gewaltvoll? Wer ist das Subjekt der Revolution? Sind Revolutionen kontingent oder entstehen sie aus einer historischen Notwendigkeit heraus? Dabei skizziere ich die Revolutionstheorien von Frantz Fanon, Karl Marx und Hannah Arendt, drei bedeutenden Denker*innen der Revolution. Die Theorie von Marx drängt sich im tunesischen Kontext geradezu auf, zumal die sozialen Bedingungen als ein Grund für den Ausbruch des Revolutionsprozesses gelten. Außerdem ist Marx für einige tunesische Akteur*innen eine aktuelle

Referenzfigur. Frantz Fanons Theorie eignet sich aufgrund der postkolonialen Situation Tunesiens, die für einige Akteur*innen des tunesischen Revolutionsprozesses von großer Bedeutung ist. Hannah Arendt führe ich als Denkerin politischer Freiheit an.

Schließlich weise ich darauf hin, dass die aktuellen sozialwissenschaftlichen Revolutionsverständnisse der imaginären und narrativen Dimension von Revolutionen wenig Beachtung schenken. Darauf werde ich im letzten Teil zu sprechen kommen.

2.1.1   Revolution – von der Rotation über die Restauration zum Neuanfang

Der Begriff der Revolution hatte keineswegs schon immer seine zeitgenössische Bedeutung als historische Zäsur, aus der eine tief greifende soziale und politische Transformation sowie eine neue politische und bisweilen gesellschaftliche Herrschaftsordnung resultiert. Vielmehr offenbart der europäische Sprachgebrauch von der Spätantike[31] über die Renaissance bis ins ausgehende 18. Jahrhundert verschiedene Vorstellungen politischen Wandels.

Das lateinische Wort *revolutio* (dt. Zurückwälzung) tritt erst in der Spätantike auf und wird zunächst nicht im politischen Vokabular, sondern in

---

31 Der Politikwissenschaftler Florian Grosser weist darauf hin, dass sowohl das Phänomen als auch der Begriff der Revolution der Antike fremd gewesen sind. Als antike Vorläufer des Revolutionsbegriffs gelten im Griechischen *stásis* und *kínesis* bzw. im Römischen *seditio*, *secessio* und *tumultus*. Anders als der neuzeitliche Revolutionsbegriff implizieren sie jedoch nicht die Gründung einer neuen politischen Ordnung, sondern deuten in erster Linie auf die Gefahr eines anarchischen, bürgerkriegsähnlichen Umsturzes der harmonischen Polis-Ordnung. Sie bleiben folglich auf den Machtwechsel zwischen bereits konstituierten Gruppen innerhalb der Bürgerschaft beschränkt (vgl. Grosser 2013: 15). Die Vorstellung eines Machtwechsels lässt sich auch im späten Mittelalter in der Idee der legitimen Rebellion gegen die bestehende Macht ausmachen, die einen Tyrann gegen einen rechtmäßigen Herrscher auswechselt (vgl. Arendt 2016 [1963]: 48). Dennoch, so Arendt, sind wir noch sehr weit von einer Idee der Selbstherrschaft und -bestimmung des Volkes entfernt. Schließlich entzieht das Volk mit der Rebellion zwar einem Herrscher die Legitimität. Aus der Erhebung resultiert aber kein Entscheidungsprozess, aus dem ein neuer Herrscher legitimiert hervorgeht (vgl. ebd.: 48f.). Den vormodernen Ideen der Aufruhr und der Rebellion fehlt im Vergleich zu ihren modernen Nachfolgern die Dimension der fundamentalen und dauerhaften Veränderung der politischen und sozialen Ordnung, die weit über den Austausch einzelner Persönlichkeiten hinausgeht.

der christlichen Literatur verwendet.[32] Die christliche *revolutio* bezeichnet das Wegwälzen des Steines vom Grabe Christi sowie die Seelenwanderung (vgl. Bulst u.a. 1984: 669). Mit der kopernikanischen Wende (*De revolutionibus orbium coelestium*, 1543) in der Renaissance schreibt sich der Begriff in die Astronomie ein und bezeichnet die zyklische Rotation der Himmelskörper (vgl. Traverso 2005: 1031). Der kreisförmige Umlauf impliziert die Rückkehr zum Ursprung (vgl. Rey u.a. 2004: 3238). Diese beiden Elemente, die Rückkehr und der Zyklus, der eine permanente Wiederkehr hervorbringt, wohnen spätestens seit dem 14. Jahrhundert dem vormodernen Geschichtsverständnis und der Wahrnehmung gesellschaftlichen Wandels inne. Sie verweisen auf einen notwendigen[33] und gesetzmäßigen Wandel, der – analog zu den Jahreszeiten oder zur Umkreisung der Sonne durch die Erde – als nicht von Menschen beeinflussbar gilt (vgl. Bulst u.a. 1984: 655). Der Wandel kann dementsprechend nur von vorübergehender Dauer sein. Er ist relativ, zumal in ihm stets das Ursprüngliche wiederkehrt. Als »Revolution« werden in diesem Zeitalter in erster Linie Bewegungen, Aufstände und Bürgerkriege bezeichnet, aus denen die Wiederherstellung vergangener Verhältnisse resultiert (vgl. ebd.). Dementsprechend bedeutet der Begriff »Revolution« in seinem historischen Gebrauch zunächst »Restauration« und steht folglich der heutigen Bedeutung diametral gegenüber (vgl. Arendt 2016 [1963]: 52).

Hannah Arendt weist in *Über die Revolution* darauf hin, dass sowohl der Begriff in seinem zeitgenössischen Verständnis als auch die Faszination für Revolutionen moderne Erscheinungen sind (vgl. Arendt 2016 [1963]: 53). Die Bedeutungsverschiebung von Revolution als Restauration hin zu Revolution als ein von Menschen eingeleiteter, radikaler Bruch mit der alten Ordnung wird zwar ideengeschichtlich auf die Französische Revolution datiert (vgl. Bulst u.a. 1984: 653). Arendt zeigt jedoch, dass die amerikanischen und französischen Revolutionär*innen nicht von Beginn an dieser Vorstellung revolutionärer Neuheit anhingen. Vielmehr betrachteten sie ihr Handeln zunächst als Restauration des *Status quo ante*. Sie waren davon überzeugt, lediglich den Prozess des Absolutismus zurückzudrehen. So ar-

---

32 Im politischen Sprachgebrauch tritt das Wort zum ersten Mal im späten Mittelalter in Italien auf (vgl. Bulst u.a. 1984: 653).

33 Der Historiker Reinhart Koselleck hebt hervor, dass die Idee der Notwendigkeit seit jeher dem Revolutionsbegriff inhärent ist und kein modernes Phänomen darstellt. Die Vorstellung eines zyklischen und vom Menschen unabhängigen Wandels deutet bereits auf die Unausweichlichkeit und auf die Notwendigkeit des Wandels hin (vgl. Bulst u.a. 1984: 717).

gumentierte Thomas Paine beispielsweise, dass die absolutistische Herrschaft die naturrechtlich verbürgten Menschen- und Bürgerrechte in Vergessenheit geraten lassen habe. Die Revolution sei dementsprechend lediglich eine Rückkehr zu diesen angeborenen Rechten (vgl. Arendt 2016 [1963]: 55; Bulst u.a. 1984: 749).

Erst im Zuge der Amerikanischen und der Französischen Revolution[34] werden die Neuheit und der Sinn des revolutionären Vorhabens deutlich und offenbaren sich auch den Revolutionär*innen (vgl. Arendt 2016 [1963]: 34): Das Konzept der Revolution tritt als historischer Bruch hervor und ersetzt jenes der Rückkehr. Insbesondere die Jakobiner verteidigten die Vorstellung der Revolution als regenerierenden Akt der Menschheit (vgl. Traverso 2005, 1032). Diese Vorstellung einer regenerierenden Dimension der Revolution, die einen Neuanfang ermöglicht, drückt sich ebenfalls in der arabischen Ideengeschichte aus, etwa bei dem libanesischen Schriftsteller Amin al-Rayhani (1876–1940). Ihm zufolge sei Revolution ein

»ruhmreiches Phänomen, die Revolution ist wie ein Bad für die Menschen: außer der Sauberkeit, die sie bereitet, erleichtert sie den Blutkreislauf und stimuliert die Energien. Die Lethargie, die die Regierungen des Orients umhüllt, die Korruption, die sie befleckt, und der Schmutz, der sich auf ihnen gesammelt hat, können nur durch ein Bad bereinigt werden: dem Bad der Revolution.« (al-Rayhani zitiert nach Borzarslan/Demelemestre 2016: 302)

Die revolutionären Erfahrungen radikaler Neuheit werden in Europa zudem von aufkommenden Ideen individueller Autonomie, rechtmäßiger Herrschaft, der Naturrechte, der Volkssouveränität, der Gewaltenteilung, des Rechts auf Eigentum und (unter bestimmten Umständen) auf Widerstand etc. begleitet. Nun wird Revolution im Sinne eines Bruchs mit der politischen und sozialen Herrschaftsordnung, einer *definitiven* historischen Zäsur und eines von der menschlichen Gestaltungskraft eingeleiteten Neubeginns erst denkbar (vgl. Tarragoni 2015: 31; Grosser 2013: 33ff.).

Die europäische Aufklärung schreibt das Ereignis der Revolution in eine neue, linear-progressive Geschichtsauffassung ein, welche Fortschritt als

---

34 Leider kann ich in diesem kurzen historischen Rückblick nicht auf andere als die westeuropäischen und nordamerikanischen Revolutionen eingehen. Dabei liegt es mir fern, den europäischen Meisterdiskurs der Moderne zu reproduzieren. Die verschwiegenen Revolutionen, wie etwa die Haitianische Revolution (vgl. Ehrmann 2018: 70), konnten jedoch – gerade weil sie verdrängt wurden – die Genese des hier skizzierten Revolutionsbegriffes nur wenig beeinflussen.

Grund und Ziel des geschichtlichen Prozesses begreift. Revolution erscheint in dieser Vorstellung als Triumph der Vernunft und folglich als weiterer Schritt der Menschheit nach vorn (vgl. Traverso 2005: 1032). Damit erfährt nicht nur der Revolutionsbegriff, sondern auch das Subjekt der Revolution eine positive Aufwertung (vgl. Bulst u.a. 1984: 719).[35] Diese teleologische Geschichtsvorstellung ersetzt die bis dato herrschende zyklische Idee von Zeitlichkeit und Geschichte. Der Geschichtsverlauf zeigt von nun an in die offene, ungewisse Zukunft und nicht mehr auf die Vergangenheit (vgl. Traverso 2005: 1032). Folglich richtet sich auch Revolution auf die zu gestaltende Zukunft: Der moderne Revolutionsbegriff ist in eine Fortschrittssemantik eingelassen. Diese Zukunftsorientierung ist keineswegs neutral, sondern birgt eine »Heilserwartung« in sich. Der moderne Revolutionsbegriff »rückte das Heil in die Perspektive politisch herstellbarer und geschichtlich erreichbarer Zukunft« (Bulst u.a. 1984: 655). Er zielt auf einen tief reichenden Wandel, der verspricht, über die Politik und Gesellschaftsordnung hinaus ebenfalls die Lebensbedingungen der Bürger*innen verbessern zu können.

Revolution ist, dem Historiker Reinhart Koselleck zufolge, ein vielschichtiger und semantisch ambivalenter Begriff, der sich – auch in seiner modernen Fassung – sowohl auf historische Neuheit und Einmaligkeit als auch auf Wiederholung oder Restauration beziehen kann (vgl. ebd.: 656). Das hängt ebenfalls mit der inhärenten Verbindung von moderner Revolution und *Konterrevolution* zusammen, einem von Nicolas de Condorcet im Laufe der Französischen Revolution geprägten Begriff (vgl. ebd.: 656). Als Antithese der modernen Revolution meint Konter- oder Gegenrevolution die Rücknahme der von der Revolution hervorgebrachten Ordnung und Verfassung (vgl. ebd.: 757f.). Auf diese Weise hält das Moment des »Zurück« erneut Einzug in den zukunftsorientierten Revolutionsbegriff (vgl. Geisser 2013: 125). Zwischen der Vergangenheitsfokussierung und dem Mittel, die Vergangenheit *revolutionär* zu retablieren, wird mit der Konterrevolution der Revolutionsbegriff »ebenso sehr als Vergangenheits- wie als Zukunftsbegriff« (ebd.) gebraucht. Im Gegensatz zur vormodernen Vorstellung der Rückkehr zum Ursprung strebt die konterrevolutionäre »kon-

---

35 Revolution wird, Koselleck zufolge, ebenfalls zu einem Kollektivsingular, der sich »von den einzelnen Menschen, ihren Taten und Gedanken« löst und »all diesen zusammen als eigenmächtiges Handlungssubjekt unterstellt« wird (vgl. Bulst u.a. 1984: 736). Der Kollektivsingular manifestiert sich beispielsweise, wenn von der »Vernunft« oder dem »Geist« der Revolution die Rede ist.

servative Revolution« des europäischen 19. Jahrhunderts weniger nach der genauen Wiederherstellung einer vorherigen politischen Herrschaftsordnung, sondern beabsichtigt vielmehr, eine bestimmte Dimension des Ursprünglichen zu rekonstruieren.[36] Dabei handelt es sich um ein konstruiertes, idealisiertes und vorgestelltes »Ursprüngliches«, das es aus Sicht der Konterrevolutionäre zu verteidigen gilt (vgl. Grosser 2013: 125f.).

Ich gehe von einem Revolutionsbegriff aus, der den Ausbruch des revolutionären Prozesses als historische Diskontinuität begreift (vgl. Tarragoni 2015: 87). Der skizzierte Rekurs auf die Geschichte verdeutlicht, dass nicht nur revolutionäre Erfahrungen und Ereignisse, sondern auch Revolutionsverständnisse der (zeitgenössischen und wissenschaftlichen) Beobachter*innen und Akteur*innen historisch kontingent sind. Auch wenn meines Erachtens jeder Versuch, Revolution theoretisch und konzeptionell zu erfassen, einen kontingenten Begriff hervorbringt, der stets aus der Analyse von Revolutionen in einem spezifischen, historischen Kontext entstand, plädiere ich nicht dafür, die theoretische Suche nach einem Revolutionsbegriff aufzugeben, sondern spreche mich dafür aus, sie historisch zu situieren. Folglich erscheint mir die weitverbreitete Rede von »Revolutionsmodellen«, die in der Amerikanischen, Französischen, Russischen oder Iranischen Revolution einen schematischen Ablauf zu erkennen meint (vgl. etwa Borzarslan 2011: 25f.), kaum überzeugend, zumal unterstellt wird, es handele sich um wiederholbare, modellierbare und letztlich vorhersehbare Phänomene (vgl. Tarragoni 2015: 71). Revolutionen als modellhafte Phänomene zu begreifen, nimmt weder die Kontingenz noch die spezifisch historische Konstellation jeder Revolution ernst.

2.1.2   Von der Schwierigkeit, Beobachterin gegenwärtiger Revolutionen zu sein

Wie wir Revolutionen begreifen und was wir als »revolutionär« bezeichnen, offenbart unweigerlich unseren normativ-subjektiven Standpunkt als Wissenschaftlerinnen und ist folglich keineswegs unumstritten (vgl. Rao 2016, 4; Tarragoni 2015: 21). Das scheint insbesondere dann der Fall zu sein, wenn es sich – wie in Tunesien – um eine aktuelle Revolution handelt, die

---

36 Eine ausführliche Diskussion zur konservativen Revolution findet sich bei Breuer (1995).

sich noch entfaltet und deren künftige Entwicklungen und Dynamiken sich dementsprechend schwer erfassen lassen.

Die Analyse aktueller Revolutionen muss mit der Tatsache umgehen, dass Revolutionen ihre eigene Zeitlichkeit begründen, indem sie Ereignisse in bestimmte Abfolgen und Chronologien bringen sowie ein spezifisches Verhältnis zur Zeit institutionalisieren (vgl. Bulst u.a.: 717).[37] Ferner setzen Revolutionen tendenziell eine teleologische Lesart der Revolution durch, in welcher die Revolution nicht mehr als das kontingente, politische Phänomen erscheint, das sie ist, sondern als unvermeidliche Notwendigkeit (vgl. Borzarslan/Demelemestre 2016: 23). Tatsächlich ist Revolution jedoch lediglich als eine Möglichkeitsform der menschlichen Gestaltung des geschichtlichen Prozesses zu begreifen. Die erste Herausforderung der Beobachterin aktueller Revolutionen liegt folglich darin, diese teleologische Perspektive einer »unausweichlichen Revolution« nicht unreflektiert zu übernehmen, sondern die mannigfachen und mitunter widersprüchlichen Dynamiken kritisch zu analysieren, die den Ausbruch revolutionärer Prozesse bedingen.

Im Gegensatz zur Historikerin, die mit großem zeitlichem Abstand inzwischen von der Haitianischen Revolution als *Revolution* sprechen kann, ist die zeitgenössische Beobachterin stets mit der Schwierigkeit konfrontiert, aktuelle Revolutionen begrifflich erfassen und analysieren zu wollen, ohne den weiteren Verlauf der Ereignisse oder die Entwicklungen des heterogenen Protestes zu kennen.

Offenkundig drängt sich bei der Analyse gegenwärtiger Revolutionen stets die Frage nach dem Ausgang und dem »Erfolg« der Revolution auf, die eine Reihe weiterer Fragen nach sich zieht: Wie lässt sich erfassen, ob eine – mit Charles Tilly gesprochen – »revolutionäre Situation« (Tilly 1993: 29), ausgelöst durch einen Umsturz der bisherigen politischen Ordnung, zu einem tatsächlich »revolutionären Ausgang«[38] führt und dementsprechend

---

37 Hier sei an das eingangs angeführte Zitat von Walter Benjamin und den von der Französischen Revolution geschaffenen Kalender erinnert. Die Dimension der revolutionären Zeit wird am empirischen Material im fünften Kapitel aufgezeigt.

38 Eine revolutionäre Situation kann auch dadurch bestimmt sein, dass zwar der Anspruch einer konkurrierenden Macht auf keinerlei Gehör der Regierung trifft, aber von einer breiten sozialen Protestbewegung getragen oder anerkannt wird (vgl. Aya 1979: 45). Wenngleich ich mich an dieser Stelle Tillys Terminologie und Unterscheidung zwischen revolutionären Situationen, in denen konkurrierende, unvereinbare Machtansprüche erhoben werden, und revolutionären Ergebnissen, die *de facto* einen Machtwechsel

die Bezeichnung »revolutionär« verdient? Und was wird in diesem Kontext »revolutionär« genannt? Bedeutet »revolutionär« lediglich, die alte politische Elite zu entmachten und durch eine andere, »bessere« zu ersetzen? Oder müssen vielmehr normativ anspruchsvollere Kriterien herangezogen werden, um den effektiv revolutionären Charakter eines revolutionären Prozesses zu ermessen, wie beispielsweise die Verwirklichung revolutionärer Ziele (die in der Regel höchst heterogen sind), die Gründung einer neuen politischen Ordnung oder die Institutionalisierung bestimmter Werte wie etwa Freiheit oder Gleichheit? Wie lässt sich ferner das Ende einer Revolution festmachen, ist sie doch in enger Beziehung zu konterrevolutionären Dynamiken grundlegend von einem Moment der Unabgeschlossenheit gekennzeichnet (vgl. Grosser 2013: 21)? Und wie viel zeitliche Distanz zum revolutionären Ereignis ist erforderlich, um es sozialwissenschaftlich erfassen zu können?

Im Kontext des politischen Wandels in Tunesien scheinen der unsichere Ausgang aktueller Revolutionen, die schwierige Frage nach der Begriffswahl und ihre implizit normative Dimension mit derart weitreichenden Konsequenzen verbunden zu sein, dass der Begriff »Revolution« in einigen Analysen geradezu aus dem sozialwissenschaftlichen Vokabular verbannt wird und durch den der »Revolte« ersetzt wird (vgl. exemplarisch Bennani-Chraïbi/Fillieule 2012: 767). Dabei ist eine grundsätzlich vorsichtige Haltung gegenüber gegenwärtigen »Revolutionen«, insbesondere im Hinblick auf ihre Fähigkeit, einen Systemwandel auf der Makroebene herbeizuführen, sicherlich nicht nur legitim, sondern absolut ratsam. Dennoch scheint mir die kategorische Ablehnung des Konzepts wenig überzeugend. Mounia Bennani-Chraïbis und Olivier Fillieules (2012) Vorschlag, von Revolte zu sprechen, bis genügend Zeit vergeht, um zu entscheiden, wie tiefgründig und weitgehend die durch den Aufbruch in Gang gesetzte Transformation ist, impliziert, dass ein objektiver Zeit- und Endpunkt definiert werden kann, an welchem sich diese Prüfung vollziehen lasse. Bennani-Chraïbi und Fillieule sagen uns jedoch nichts darüber, woran wir einen derartigen Zeitpunkt festmachen können, sondern scheinen dieses Problem kommenden Generationen von Sozialwissenschaftler*innen und Historiker*innen zu überlassen. Sie behaupten, auf diese Weise zu vermeiden, normativ den Ereignissen vorzugreifen und eine Revolution vorherzusagen, wo wohlmöglich keine war, ist oder sein wird. So überzeugend diese

---

hervorbringen (vgl. Tilly 1993: 29ff.), bediene, liegt dieser Arbeit nicht Tillys Revolutionsbegriff zugrunde.

Vorsicht und die eigene Absicherung gegenüber Urteilen, die sich in der Zukunft als falsch erweisen könnten, auch sein mag, so wird mit ihr doch übergangen, dass auch der Terminus »Revolte« sehr wohl eine normative Dimension in sich birgt und keinesfalls »neutral« ist. »Revolte« bezeichnet im Gegensatz zu »Revolution« einen Aufstand, der in seiner politischen und geografischen Tragweite begrenzt bleibt.[39] Ist es nicht ebenfalls ein normativer Eingriff, die gegenwärtigen Phänomene als Revolten zu bezeichnen und ihnen damit das Etikett eines limitierten Aufstandes zu verleihen? Hier zeigt sich meiner Auffassung nach erneut, dass der Revolutionsbegriff semantisch höchst vielschichtig ist und dementsprechend zumindest eine theoretische Eingrenzung verlangt.[40]

In Abgrenzung dazu plädiere ich dafür, im Fall Tunesiens den Begriff Revolution nicht vollkommen auszuschließen, sondern ihn lediglich in einem begrenzten Sinne zu verwenden: Ich spreche im Folgenden nicht von »Revolte«,[41] sondern von einem »revolutionären Prozess«. Die Betonung der Prozesshaftigkeit macht deutlich, dass wir es mit einem unabgeschlossenen, offenen Phänomen zu tun haben, das heterogen, ambivalent und unbestimmt ist (vgl. Ingram 2015: 17). Im Gegensatz zum Terminus »Revolte« trägt der Begriff »revolutionärer Prozess« dem grundsätzlich umwälzenden Charakter des Phänomens Rechnung – ohne von vornherein eine begrenzte Tragweite des Phänomens zu antizipieren oder ein »revolutionäres Endergebnis« anzunehmen.

Ein solcher Revolutionsbegriff erinnert an die Tatsache, dass über das Verständnis einzelner Ereignisse und Entwicklungen hinaus der langfristige

---

39 Der Politologe Charles Tilly merkt an, dass sich eine Revolte von einer Revolution vor allem durch ihr (begrenztes) Ausmaß und die zeitliche Abfolge der Ereignisse unterscheidet (vgl. Tilly 1993: 40f.).

40 Zur Verteidigung von Bennani-Chraïbi und Fillieule muss angemerkt werden, dass sie keine politischen Theoretiker*innen sind. Dennoch bin ich der Überzeugung, dass es problematisch ist, gegenwärtige Revolutionen zu analysieren, ohne sich auf einen Revolutionsbegriff zu stützen und damit zusammenhängend die eigene normative Positionierung transparent zu machen.

41 Der Soziologe Federico Tarragoni plädiert dafür, die Unterscheidung zwischen Revolte und Revolution gänzlich aufzugeben, da es seiner Ansicht nach kein anderes Unterscheidungskriterium als das Urteil des Betrachters gebe (vgl. Tarragoni 2015: 43). Obwohl ich Tarragonis pauschaler Abweisung des Begriffs Revolte nicht folge, bin ich jedoch ebenfalls der Auffassung, dass es sich um eine Unterscheidung handelt, die oftmals wenig differenziert gebraucht wird. Schließlich lässt sich auch von gescheiterten Revolutionen sprechen, denen dennoch nicht der Status der Revolution abgesprochen wird, wie beispielsweise der deutschen Märzrevolution 1848 oder der Ungarischen Revolution 1956.

Wandel, der auch von Rückschlägen geprägt ist und keinesfalls einen linearen Prozess darstellt, im Zentrum der Analyse steht. Dieser Revolutionsbegriff impliziert nicht, dass es keine revolutionären Ereignisse oder Momente kollektiven Handelns gäbe. Schließlich wird der revolutionäre Prozess von einer Reihe solcher Ereignisse ausgelöst. Ich lehne lediglich die Auffassung ab, Revolutionen ließen sich auf die Ereignisse reduzieren, die sie scheinbar auslösen. Im Anschluss an William Sewell lässt sich ein historisches Ereignis anhand von drei Aspekten fassen:

»A historical event [...] is (1) a ramified sequence of occurrences that (2) is recognized as notable by contemporaries, and that (3) results in a durable transformation of structures.« (Sewell 1996: 844)[42]

Ich stütze mein Verständnis von Revolution als Prozess auf Kosellecks ideengeschichtliche Rekonstruktion des Begriffs »Revolution«. Er stellt heraus, dass der moderne Revolutionsbegriff zwei Aspekte umfasst, die in der Theorie und in der Praxis der Revolution miteinander einhergehen können, aber keineswegs zwangsläufig miteinander in Verbindung stehen. Ein erster Aspekt, der den engeren Sinn des Begriffs umfasst, den Koselleck als »politischen Sinn« bezeichnet, besteht in einem mit Gewalt herbeigeführten, mitunter bürgerkriegsähnlichen Sturz des Herrschers bzw. einem Zusammenbruch der politischen Ordnung, in deren Folge die Verfassung geändert wird. Ein zweiter Aspekt bezieht sich auf einen »langfristigen Strukturwandel, der aus der Vergangenheit in die Zukunft reicht« (Bulst u.a. 1984: 653). In diesem weiten Sinn gleicht der Begriff Revolution, so Koselleck, unter anderem dem Begriff des Prozesses und bezeichnet eine länger andauernde historische Transformation, die sich nicht ausschließlich auf die politisch-institutionelle (Macht-)Ebene, sondern ebenfalls auf sämtliche gesellschaftliche Sphären auswirken kann (vgl. ebd.). Folglich betrifft er nicht nur die Gestaltung der Herrschaftsordnung sowie das Verhältnis der Subjekte zu dieser Herrschaftsordnung. Vielmehr kann der revolutionäre Prozess ebenfalls das Verhältnis der Subjekte untereinander verändern, das heißt sich auf politische und soziale Praktiken und Institutionen auswirken. Koselleck zeigt ferner auf, dass die Erfahrung von Revolution als gewalttätiger Umsturz bereits durch ältere Begriffe wie

---

42 Im Fall des tunesischen Revolutionsprozesses lässt sich noch nicht mit aller Gewissheit feststellen, ob wir es mit einem historischen Ereignis nach Sewells Definition zu tun haben, da sich noch nicht gänzlich ermessen lässt, ob eine dauerhafte Veränderung der Strukturen eingetreten ist. Dennoch verwende ich diesen Ereignisbegriff, zumal die ersten beiden Aspekte des Begriffs auf den tunesischen Fall zutreffen.

Tumult, Aufruhr, Aufstand, Rebellion etc. von der Antike über das Mittelalter bis in die Neuzeit erfasst wird, während sich der Revolutionsbegriff auf progressiven Strukturwandel sowie neue Erfahrungen und Realitäten bezieht, die bis dato noch nicht in anderen Begriffen resonieren.

Diese Unterscheidung zwischen einem engen und einem weiten Sinn von Revolution scheint mir überzeugender sowie methodisch operativer als die Unterscheidung zwischen einer politischen und einer sozialen Revolution. Als soziale Revolutionen werden Bewegungen und Prozesse bezeichnet, die sich auf bestimmte Gesellschaftsbereiche beschränken. Sie können zwar bedeutende, langfristige, gesellschaftliche Veränderungen zur Folge haben, sie führen jedoch nicht zur radikalen Umgestaltung der Regierungs- und Machtverhältnisse. Die 1968er-Bewegung wird oftmals als Beispiel einer solchen sozialen Revolution angeführt. Die politische Revolution hingegen verändert die politischen (Macht-)Institutionen dauerhaft (vgl. Tarragoni 2015: 42f.).[43] Die Unterscheidung zwischen politischen und sozialen Revolutionen berücksichtigt nicht, dass gesellschaftlicher und politischer Wandel nicht vollkommen unabhängig voneinander sind. Ich verwende den Begriff »revolutionärer Prozess« in Bezug auf Tunesien sowohl im engen als auch im weiten Sinne von Koselleck. Seine Unterscheidung hat im Gegensatz zu der von politischer und sozialer Revolution den Vorteil, dass sie auf verschiedene Temporalitäten (*punktueller* Umsturz versus *langfristiger* Strukturwandel) aufmerksam macht, ohne jedoch den Inhalt des Wandels festzulegen.

Der zentrale Vorteil eines prozesshaften Revolutionsbegriffes liegt meines Erachtens darin, dass aktuelle revolutionäre Erfahrungen und Prozesse analysiert werden können, ohne auf ihre »Abgeschlossenheit« warten zu müssen. Er trägt dazu bei, Revolutionen nicht als »reine« Phänomene zu betrachten, sondern anzuerkennen, dass sie von pluralen Logiken bestimmt sind und sich nicht auf einen kurzfristigen, punktuell verifizierbaren

---

43 Marx' Verständnis einer sozialen und politischen Revolution weicht von der hier vorgestellten Unterscheidung ab. Für Marx und Engels führt die soziale Revolution zu einer grundsätzlichen Transformation der materiellen Produktionsverhältnisse, während die politische Revolution lediglich auf die Veränderung des politischen und verfassungsrechtlich-juristischen Rahmens abzielt, »welche die Pfeiler des Hauses stehen lässt« (Marx 1956 [1843]: 388). Die politische Revolution ist demnach nicht in der Lage, die Eigentums- und Herrschaftsverhältnisse umzugestalten, und vermag das Emanzipationsversprechen folglich nicht einzuhalten. Iorio weist darauf hin, dass Marx die politische Revolution an einigen Stellen seines Werkes nur als ideologisches Anhängsel der sozialen Revolution fasst (vgl. Iorio 2012: 204).

Output reduzieren lassen. Die Analyse von revolutionären Prozessen kann infolgedessen an verschiedensten Erfahrungen von Akteur*innen sowie Entwicklungen im politischen, rechtlichen, sozialen und ökonomischen Bereich orientiert sein und ist nicht auf die Transformation des Staates und anderer Makrostrukturen beschränkt. Von einem prozesshaften Revolutionsbegriff auszugehen trägt in diesem Zusammenhang auch dazu bei, die »Heilserwartung« kritisch zu reflektieren, die nicht nur die Akteur*innen revolutionärer Prozesse hegen, sondern die sich ebenfalls in wissenschaftliche Analysen einschleichen kann. Der Politologe Jack Goldstone erinnert daran, dass – historisch betrachtet – revolutionär eingeleitete Wandlungsprozesse und neu gegründete Herrschaftsordnungen mindestens ein halbes Jahrzehnt benötigen, um sich zu konsolidieren, und warnt diesbezüglich vor unrealistischen Hoffnungen (vgl. Goldstone 2015: 402).

Abschließend möchte ich betonen, dass »Revolution« als Begriff meiner Ansicht nach grundsätzlich ein »*essentially contested concept*« ist, welches eine normative Positionierung erfordert und eine »neutrale« Analyse der Wissenschaftlerin unmöglich macht (vgl. Grosser 2013: 22). Das Problem liegt weniger in der normativen Dimension des Begriffs, wie es beispielsweise Bennani-Chraïbi und Fillieule behaupten. Vielmehr verlangt die normative und umstrittene Verfasstheit des Begriffs von der Autorin, ihre normative Haltung deutlich zu machen und einen überzeugenden und dem Untersuchungsgegenstand adäquaten Revolutionsbegriff heranzuziehen. Revolutionen sind folglich weder statische, repetitive Phänomene, die sich unabhängig von ihrem Entstehungskontext stets mit dem gleichen Revolutionsbegriff erfassen lassen; ihre Ausgestaltung ist epochen- und kulturabhängig (vgl. Rao 2016: 23; Tarragoni 2015: 29f.). Grosser macht zu Recht darauf aufmerksam, dass »zwischen Phänomen und Begriff der Revolution« notwendig eine Spannung bzw. Abweichung bestehen bleibt« (Grosser 2013: 21). Dieser Diskrepanz wird in der vorliegenden Arbeit durch die empirische Analyse Rechnung getragen.

2.1.3   Revolution – ein gewaltvolles Phänomen?

Nicht nur die Französische Revolution wird durch *La Terreur* (dt. die Schreckensherrschaft) untrennbar mit Gewalt verbunden. Revolution und Gewalt werden auch in den Revolutionstheorien von Machiavelli, Jefferson, Paine, Robespierre über Marx, Bakunin, Marcuse, Fanon bis hin zu zeitgenössischen Denkern wie Charles Tilly eng miteinander verknüpft.

Die Frage der Gewalt scheint sich nahezu systematisch jeder Analyse von Revolutionen zu stellen, dient sie doch in einigen Definitionen als Distinktionsmerkmal der Revolution. So definiert Tilly Revolution als

»[…] ein[en] mit Gewalt herbeigeführten Machtwechsel innerhalb eines Staates, in dessen Verlauf wenigstens zwei bestimmte Gruppen miteinander unvereinbare Ansprüche auf die Macht im Staat stellen […]. Aber oft bestehen sie [die um die Souveränität kämpfenden Gruppen, N.A.] aus Koalitionen zwischen Angehörigen der herrschenden Schicht und ihren Mitgliedern und/oder ihren Herausforderern.« (Tilly 1993: 29f.)

Revolution basiert demzufolge auf dem konkreten und strategischen Einsatz revolutionärer Gewalt zur Erlangung staatlicher Macht.[44] Revolutionäre Gewalt resultiert (notwendigerweise) daraus, dass die Revolution den Sturz der amtierenden Regierung anstrebt. Gegen ein solch instrumentelles Revolutionsverständnis lässt sich einwenden, dass diese Verkürzung von Revolution auf das punktuelle Ereignis des Umsturzes dazu beiträgt, dass Revolution und Putsch begrifflich kaum mehr unterscheidbar sind.[45] Revolution in erster Linie als einen rationalen Einsatz gewaltvoller Mittel zum Ziel des Machtwechsels zu begreifen, berücksichtigt ferner nicht ausreichend, dass das Bewusstsein der revolutionären Akteur*innen, dass es sich um eine Revolution handelt, oftmals nicht von Anfang an gegeben ist.

---

44 Die Politikwissenschaftler Goodwin und Jasper führen folgende Unterscheidung zwischen Protest, sozialer Bewegung und Revolution ein: »Protest refers to the act of challenging, resisting or making demands upon authorities, powerholders, and/or cultural beliefs and practices by some individual or group« (Goodwin/Jasper 2015: 3). »A Social movement is a collective, organized, sustained, and noninstitutional [sic!] challenge to authorities, powerholders, or cultural beliefs and practices. A revolutionary movement is a social movement that seeks, at minimum, to overthrow the government or state, and perhaps to change the economy and key institutions of the entire society« (ebd.: 4f.). Auch wenn Goodwin und Jasper sich nicht unmittelbar auf Gewalt beziehen, so scheint doch das Unterscheidungsmerkmal zwischen einer sozialen und einer revolutionären Bewegung für sie darin zu liegen, dass die revolutionäre Bewegung aktiv versucht, den gegenwärtigen Staat zu stürzen. Ich vertrete hier keinesfalls die Position, dass der Regierungssturz keinerlei Rolle in revolutionären Prozessen spielt. Dennoch scheint mir die Fokussierung dieser und anderer politikwissenschaftlicher Ansätze auf den Sturz staatlicher Autorität einen begrenzten Revolutionsbegriff hervorzubringen.

45 Eckstein (1964) verwischt gar den Unterschied zwischen Revolution und Krieg, indem er behauptet, dass Revolutionen »interne Kriege« seien. Auch Inwegen behauptet, dass sich die Bevölkerungsmassen nur schwerlich für Revolutionen mobilisieren lassen, da Revolutionen analog zu Kriegen zu hohe Kosten hätten (vgl. Van Inwegen 2011: 61f.) Revolution erscheint in dieser Perspektive kaum mehr als politisches, sondern lediglich als militärisches Phänomen.

Tillys Revolutionsverständnis suggeriert dahingegen, dass dieser Machtwechsel von Anfang an Ziel der Akteur*innen ist, zumindest begreift er
Revolution vom Umsturz her. Arendt macht darauf aufmerksam, dass sich
die amerikanischen Revolutionär*innen lange nicht bewusst waren, dass ihr
Handeln einer Revolution gleichkommt. Sie erinnert uns daran, dass während des Handelns den Akteur*innen der Sinn der Handlung noch nicht
zugänglich ist (vgl. Arendt 2016 [1963]: 34). Sie führt das auf die Kontingenz politischen Handelns und die Pluralität politisch Handelnder zurück,
die die Folgen politisches Handelns *in situ* schwer absehbar machen. Erst
als der Erfolg der Amerikanischen Revolution sich langsam abzeichnete,
wurde das Neue erkenntlich.

Fanon hat eine weniger instrumentelle und komplexere Analyse von
Gewalt im Zusammenhang mit Revolution vorgelegt. Als Denker der Revolution und der Dekolonisierung entwickelte er seine Thesen zur kolonialen und revolutionären Gewalt vor dem Hintergrund der afrikanischen,
karibischen und asiatischen antikolonialen Revolutionen des 20. Jahrhunderts, an denen er teilgenommen hat (vgl. Mbembe 2011: 14).[46] Er stellte
sich die Frage der Gewalt zunächst im Zusammenhang mit seiner Analyse
der kolonialen, auf Rassismus gründenden Gesellschaftsordnung und dachte sie weiter als ambivalentes Mittel des Dekolonisierungsprozesses.

Fanons Ausgangspunkt war die Erkenntnis, dass das koloniale System
durch vielfältige Gewaltformen charakterisiert ist. Gewalt und Rassismus
sind die Mittel der Kolonialherren zur Landnahme und zum Machterhalt
ihrer Gewaltherrschaft (vgl. Fanon 1960: 413). Rassismus begreift er im
kolonialen Kontext als Dispositiv, das auf eine Entmenschlichung durch
emotionale, physische und intellektuelle Erniedrigung sowie repressive

---

46 Der in der Martinique geborene Fanon (1925–1961) gilt als zentraler Vordenker der
Postcolonial Studies und wird auch in den Subaltern Studies in Indien sowie in den
Critical Race Studies und in afrokaribischen Philosophiestömungen rezipiert (vgl.
Mbembe 2011: 15). Seine Werke erhalten nicht lediglich in universitären Kreisen große
Aufmerksamkeit, sondern beeinflussen ebenfalls eine Reihe politischer Kämpfe und
Strömungen: Die Werke *Schwarze Haut, Weiße Masken* (1952) und *Die Verdammten der Erde*
(1961) gelten als wichtige Referenzen der Afro-Amerikanischen Bürgerrechtsbewegung,
des Anti-Apartheid-Kampfes Südafrikas, des Panafrikanismus, der karibischen
Bewegungen und nicht zuletzt der algerischen Revolution, in die er sowohl als Akteur
als auch als Denker interveniert (vgl. Fanon 1959, 1964). Sein Denken inspiriert nicht
nur diejenigen, die sich für Rassismus und antikoloniale Bewegungen interessieren,
sondern auch diejenigen, die im 20. Jahrhundert sowohl das US-amerikanische als auch
das sowjetische System ablehnen. Fanon selbst ist vom Marxismus und vom
Existenzialismus geprägt.

Beugung der kolonialisierten Subjekte zielt (vgl. Fanon 1961: 625).[47] Es handelt sich um ein Herrschaftssystem, das die Kolonialisierten durch ökonomische Versklavung, politische Beherrschung sowie psychologische Herabwürdigung regiert (vgl. Fanon 1964: 719ff.).

Neben der physischen, psychischen und symbolischen Gewalt, die den Alltag der Kolonialisierten charakterisiert, ist das koloniale System auch durch epistemische Gewalt gegenüber der Vergangenheit und der Zukunft der kolonisierten Bevölkerung geprägt. Durch den Mythos der (französischen) Kolonialisierung als »Zivilisierungsmission«, die vorgibt, »wilde« Menschen durch Kultur, Bildung, Wissen und überlegene Mittel in der Agrarwirtschaft und kapitalistischen Industrialisierung zu »zivilisieren«, wird die vorkoloniale Geschichte der Bevölkerung und des Landes negiert. Die Vergangenheit der kolonialisierten Bevölkerung wird jeglicher Substanz entleert und das kolonialisierte Subjekt von seiner eigenen Geschichte, Sprache und Kultur entfremdet, die vom kolonialen System als archaisch und rückständig erklärt wird. Die Gewalt gegenüber der Zukunft drückt sich darin aus, dass das koloniale System sich als ewig begreift und kein Ende dieser »Mission« akzeptiert. Der kolonial vermittelte Minderwertigkeitskomplex sowie das Abstreiten einer anerkennungswürdigen, vorkolonialen Vergangenheit und Kultur dienen dazu, die Negation des politischen Selbstbestimmungsrechts der Kolonialisierten und folglich die Kolonialisierung zu rechtfertigen (vgl. Fanon 1960: 413f.).

Diese dreidimensionale Gewalt (der Gegenwart, der Vergangenheit und der Zukunft) der kolonialen Gesellschaftsordnung erfolgt Fanon zufolge permanent, auch weil sie die koloniale Herrschaft, die nie absolut ist, durch

---

47 Fanon greift diese Idee von Aimé Césaire auf, der in *Cahier d'un retour au pays natal* (1939) auf die Erniedrigung, die sich in den Körper und Geist der kolonialisierten Subjekte einschreibt, hinweist. Der Appell Césaires mit diesem kolonial implementierten Minderwertigkeitskomplex sowie der kulturellen Assimilation zu brechen, konkretisiert sich in der literarisch-philosophischen Begründung der »Négritude«, die er maßgeblich beeinflusst. Die Négritude, dessen Anfang sich bereits in der Strömung der »Harlem Renaissance« und den Schriften von W.E.B. Du Bois 1903 ausmachen lässt, fordert eine Renaissance Schwarzer Kultur und Identität als Widerstandsform gegen das koloniale Narrativ, das behauptet, das kolonialisierte Subjekt habe vor der Kolonialisierung keine Kultur gekannt (vgl. Bouamama 2014: 81ff.). Fanon teilt zwar die Kritik der kulturellen Entfremdung. Für ihn läuft die Négritude jedoch Gefahr, die karibischen, afroamerikanischen und afrikanischen Kultureinflüsse zu einer Schwarzen Kultur zu essentialisieren und sie so identitär zu verkürzen und zu verschließen. Er begreift die Négritude eher als eine Etappe im antikolonialen Kampf sowie als kurzfristiges Mittel im Prozess der Emanzipation (vgl. ebd.: 149f.).

kontinuierliche Unterwerfungsakte durchsetzen muss. Fanon, der von 1953 bis 1956 ein psychiatrisches Krankenhaus im algerischen Blida leitete, protokollierte und analysierte nicht nur die Gewalterfahrungen der kolonialisierten Algerier*innen, sondern auch die der französischen Kolonialist*innen, welche als Polizist*innen, Soldat*innen und andere Angehörige der kolonialen Administration Gewalt (von Folter über Vergewaltigung bis hin zu Totschlag) ausübten. Fanon bemerkte, wie die Gewalt der Kolonialist*innen ihre Psyche bewohnt und sie bis in ihr Privatleben verfolgt (vgl. Fanon 1961: 627–672).[48] Zum einen erklärt dieser professionelle Einblick in die Gewaltmaschinerie des Kolonialismus seine Haltung gegenüber revolutionärer Gewalt. Zum anderen handelt es sich um eine historisch situierte Faszination für Gewalt, die viele Revolutionär*innen zu dieser Zeit teilen.

Die revolutionäre Gewalt antikolonialer Bewegungen und Kämpfe müsse, so Fanon, als Antwort auf die dem Kolonialismus inhärente und von den Kolonialisierten verinnerlichte Gewalt begriffen werden. Fanon ist überzeugt davon, dass die koloniale Gewalt, mit der das kolonialisierte Subjekt aufwächst, nicht einfach verschwinden könne. Sie zu verdrängen, würde nur dazu führen, dass die Kolonialisierten entweder depressiv erstarrten oder die erfahrene Gewalt immer wieder aufs Neue in Gewaltexzessen reproduzierten. Fanon zufolge sollte die Wut und das verinnerlichte Gewaltpotenzial der Kolonialisierten dementsprechend anerkannt und für den Befreiungskampf kanalisiert werden, um die Gewalt letztlich zu überwinden (vgl. Cherki 2011: 426). Diese revolutionäre Gegengewalt ist für die Subjektwerdung der Kolonialisierten entscheidend. Vor dem Dekolonisierungsprozess werden sie nicht einmal als Menschen oder Subjekte anerkannt, sondern verdinglicht. Als »Sache« wird ihnen auch der Status eines Rechtssubjekts vorenthalten (vgl. Fanon 1961: 452). Das kolonialisierte Subjekt kehre durch die Anwendung von Gewalt das »Minderwertigkeits«-

---

48 Meiner Auffassung nach sind diese Reflexionen Fanons ein Beweis dafür, dass er in Gewalt nicht nur ein »befreiendes« und »heilendes« Mittel erkennt. Im Gegenteil, er hat nicht zuletzt durch seine psychiatrische Tätigkeit ein genaues Bild der Konsequenzen der Gewaltanwendung. Er verteidigt jedoch im politischen Kontext der antikolonialen Befreiungskämpfe eine pragmatische und auf die spezifischen Bedingungen des Kampfes bezogene Haltung. Fanons Beobachtungen französischer Polizisten zeigen, dass diese durch ihre Foltertätigkeit eine ungeheuerliche Gewalt in sich entfesseln, die sich ebenso sehr gegen ihre eigene Frau und Kinder richten kann. Auch hier zeigt sich Fanons Bewusstsein darüber, dass die Anwendung von Gewalt kein unschuldiges Mittel ohne Konsequenzen ist (vgl. Fanon 1961: 638ff.).

Narrativ des kolonialen Systems um, wonach die Kolonialisierten aufgrund ihrer »intellektuellen Minderwertigkeit« lediglich auf Gewalt reagierten. Plötzlich erschienen die Kolonialherren, die jegliche diplomatische und politische Aushandlung ablehnen, als diejenigen, die lediglich die Sprache der Gewalt verstünden (vgl. Azar 2014: 56f.). Durch die revolutionäre Gewalt befreie sich das kolonialisierte Subjekt von seiner Beherrschung und seiner Entfremdung, in welcher es durch das jahrzehntelang herrschende Gewaltdispositiv passiv gehalten wird. Der antikoloniale Widerstand beginnt für Fanon in dem Moment, in dem die Kolonialisierten ihre Angst überwinden und ihre Freiheit und Gleichheit mit den Kolonialherren einfordern. Es handele sich um einen Emanzipationsprozess, in dem die Kolonialisierten sich selbst zunächst von der Beherrschung befreien und ausgehend davon daran arbeiteten, neue Menschen zu werden, die einen neuen Humanismus trügen.[49]

Revolutionäre Gewalt wird von Fanon folglich punktuell und pragmatisch gerechtfertigt. So stellt er heraus, dass die kolonialen Regierungen sich auf keinen Dialog zur kolonialen Frage einlassen und der antikoloniale Kampf somit gezwungen ist, auf gewaltvolle Mittel zurückzugreifen. Auf der psychischen Ebene macht Fanon geltend, dass erst die Gewalt die Kolonialisierten zu Akteuren ihrer Geschichte werden lässt. Gewalt ist für Fanon, anders als Jean-Paul Sartres Vorwort zu *Die Verdammten dieser Erde* suggeriert, jedoch kein Selbstzweck. Sie stellt vielmehr eine zeitlich begrenzte und zu überwindende Etappe im Emanzipationsprozess dar (vgl. Bessone 2011: 35).[50] Die revolutionäre Gewalt antikolonialer Kämpfe

---

49 Fanon ist sich sehr wohl bewusst, dass die Befreiung von kolonialer Beherrschung nicht ausreicht. Vielmehr muss die antikoloniale Emanzipation neben der notwendigen, aber nicht ausreichenden Etablierung eines unabhängigen Staates vor allem die tief verankerten rassistischen, auf Gewalt und Unfreiheit beruhenden Institutionen des Kolonialismus verändern, um zur Freiheit zu gelangen (vgl. Bessone 2011: 31). Fanon stirbt jedoch im Dezember 1961, das heißt zu einem Zeitpunkt, an dem die Welt noch längst nicht dekolonisiert ist. Dementsprechend ist er zunächst in seinem Denken und Handeln mit der Befreiung und weniger mit der zu gründenden Freiheit beschäftigt.

50 Anders als es Sartre behauptet, rechtfertigt Fanon Gewalt nicht *per se*. Sartre radikalisiert Fanons Aussagen, so rechtfertigt er auch den individuellen Mord an Europäer*innen und vernachlässigt jedoch Fanons Analyse verinnerlichter Gewalt (vgl. Cherki 2011: 426f.). Die erste Diskrepanz zwischen Sartre und Fanon liegt darin, dass Sartres Vorwort sich an die kolonialisierenden Europäer*innen richtet, während Fanon seinen Text an die »Verdammten« adressiert, die er zum Kampf ermutigen will. Sartres Vorwort, das stärker als Fanons eigener Text rezipiert wurde, hat dazu beigetragen, dass Fanon in weiten Teilen der westeuropäischen Ideengeschichte als bedingungsloser Prophet der

kommt in einem historischen Moment und unter spezifischen sozioökonomischen Bedingungen auf. Fanon ist jedoch bewusst, dass die entfesselte revolutionäre Gewalt, analog zur Gewalt der Kolonialherren, nach der Unabhängigkeit nicht einfach verschwinden wird, sondern weiterhin traumatisch wirkt. Ferner erkennt Fanon im Ordnungswechsel selbst einen gewaltvollen Akt, das heißt in der Tatsache, dass Revolutionen eine bekannte Ordnung durch eine unbekannte, zukünftige, imaginär-symbolische Ordnung ersetzen (vgl. ebd.: 36).

Fanons Analyse der historischen, politischen und psychischen Gründe und Konsequenzen der Gewalt repressiver Herrschaftsdispositive sowie der revolutionären Gegengewalt bietet eine höchst interessante Theoretisierung und zugleich eine Problematisierung der Möglichkeitsbedingungen von Emanzipation. Fanon lenkt unsere Aufmerksamkeit unter anderem auf die symbolische, psychische, epistemische und physische Gewalt des repressiven Staates, die spätestens beim Ausbruch revolutionärer Prozesse zutage tritt. Die Akteur*innen des tunesischen Revolutionsprozesses denken und verwenden Gewalt zwar nicht als Mittel der Emanzipation, sie sind jedoch unter Ben Alis Herrschaft und während der Proteste der von Fanon theoretisierten, staatlichen Gewalt ausgesetzt.[51] Die Frage, auf welche Weise sich die staatliche Gewalt in den Imaginären des revolutionären Prozesses ausdrückt und wie sie von den tunesischen Akteur*innen begriffen wird, muss dementsprechend Teil der Untersuchung sein. Um der historischen Situiertheit von Fanons Revolutionsbegriff sowie der Tatsache Rechnung zu tragen, dass der tunesische Revolutionsprozess nicht im gleichen Ausmaß wie die antikolonialen Kämpfe von Gewalt gekennzeichnet ist, gehe ich davon aus, dass Gewalt zwar eine Dimension revolutionärer

---

Gewalt gilt. Eine ausführliche Analyse zum Unterschied zwischen Sartres und Fanons Thesen findet sich bei Judith Butler (vgl. Butler 2006).

51 In dem Sinne bestätigt der tunesische Revolutionsprozess die Thesen von Sharon Nepstad (2011) und Timothy Ash (2009) zu »gewaltlosen Revolutionen« – zumindest, wenn man hier lediglich die revolutionäre und nicht die staatliche Gewalt betrachtet. Nepstad stellt fest, dass sich 70 Prozent der Umstürze autoritärer Regime zwischen 1972 und 2002 gewaltlos ereigneten. Mit den »klassischen« Revolutionen haben die gewaltlosen Revolutionen ihm zufolge gemein, dass sie ebenfalls auf einer Massenbewegung basieren. Jedoch unterscheiden sie sich wesentlich von den »klassischen Revolutionen« in ihrer Gewaltlosigkeit und ihrem klassenübergreifenden Charakter (vgl. Nepstad 2011: 4f.). Meiner Auffassung nach lässt sich politische Gewalt jedoch nicht ausschließlich am Blutvergießen ermessen, sondern muss auch vor dem Hintergrund der oben genannten Gewaltdimensionen reflektiert werden.

Prozesse umfassen kann. Jedoch schwäche ich ihre Bedeutung für einen dem Gegenstand adäquaten Revolutionsbegriff ab.

Darüber hinaus lehren uns Fanons Ausführungen zur Revolution, Gewalt nicht auf ein Mittel zur Erlangung staatlicher Macht zu reduzieren:

»Indebted to the insights of leading theorists and practitioners of anti-colonial revolution, many of whom regarded the violence of colonialism as both material and epistemic (Gandhi 1938, Fanon 1967), such analyses have extended our understanding of revolution as encompassing the transformation of not only external material structures, but internal psychic ones as well.« (Rao 2016: 15)

Fanon vermittelt uns, dass wir auch die inneren Vorgänge, die Emotionen, die Ideen und *agency* (Emirbayer/Mische 1998) der Akteur*innen revolutionärer Prozesse berücksichtigen müssen, um dem Phänomen Revolution gerecht zu werden. Fanons Analyse ist für mich auch deshalb so überzeugend, weil er die revolutionären Subjekte als treibende Kräfte der Revolution begreift. Seine Ausführungen lassen die radikale Wut und Leidenschaft erkennen, die Akteur*innen in revolutionären Kämpfen antreibt. Revolutionäre Prozesse erscheinen vor dem Hintergrund seiner Schriften nicht lediglich als Streben nach staatlicher Macht, sondern sind auch Ausdruck der Wut gegen die repressive Ordnung und das erfahrene Unrecht, das nicht länger akzeptiert werden kann.

Teodor Shanin weist auf diesen blinden Fleck vieler sozialwissenschaftlicher Revolutionstheorien hin (vgl. auch Lembcke/Weber 2010):

»Social scientists often miss a center-piece of any revolutionary struggle – the fervour and anger that drives revolutionaries and makes them into what they are. Academic training and bourgeois convention deaden its appreciation. The ›phenomenon‹ cannot be easily ›operationalised‹ into factors, tables and figures. Sweeping emotions feel vulgar or untrue to those sophisticated to the point of detachment from real life. Yet, without this factor, any understanding of revolutions falls flat. That is why clerks, bankers, generals, and social scientists so often fail to see revolutionary upswing even when looking at it directly. At the very centre of revolution lies an emotional upheaval of moral indignation, revulsion and fury with the powers-that-be, such that one cannot demur or remain silent, whatever the cost. Within its glow, for a while, men surpass themselves, breaking the shackles of intuitive self-preservation, convention, day-to-day convenience, and routine.« (Shanin 1986: 30f.)

Diese emotionale Dimension ist meiner Meinung nach konstitutiv, um Revolutionen als Ausdruck gesellschaftlicher Konflikthaftigkeit verstehen zu können. Ich werde sie daher in der Analyse der Imaginäre berücksichtigen. Ausgehend von diesem Postulat interessiere ich mich für die Akteur*innen von Revolutionen, deren Stellung in politikwissenschaftlichen Revolutionstheorien ich im folgenden Abschnitt diskutieren werde.

2.1.4   Wer ist das Subjekt von Revolution?

Die Frage nach dem Subjekt der Revolution, eine nahezu klassische Frage philosophischer Revolutionstheorien, wird in vielen politikwissenschaftlichen Ansätzen, vor allem in strukturellen Makroanalysen, vernachlässigt. Diese Theorien (vgl. etwa Moore 1967, Wolf 1969, Skocpol 1979) gehen von der Annahme aus, dass Revolutionen vor allem vor dem Hintergrund struktureller Konfigurationen verstanden werden müssen (vgl. Lawson 2015: 5). So steht die Frage nach den Gründen für den Zusammenbruch des Staates im Zentrum ihrer Aufmerksamkeit. Dabei werden die Beweggründe der Akteur*innen, sich gegen den Staat zu erheben, außer Acht gelassen.[52] Die vermutlich prominenteste politikwissenschaftliche Revolutionsdefinition stammt von Theda Skocpol. Sie begreift Revolutionen als

»rapid, basic transformations of a society's state and class structures; and they are accompanied and in part carried through by class-based revolts from below [...]. What is unique to social revolution is that basic changes in social structure and in political structure occur together in a mutually reinforcing fashion. And these changes occur through intense socio-political conflicts in which class struggles play a key role.« (Skocpol 1979: 4)

---

52 Hier sei ebenfalls auf die Theorie von Jeff Goodwin hingewiesen, die eine ähnlich ausgeprägte Staatszentriertheit aufweist. Jeff Goodwin analysiert die Revolutionen in Nicaragua, Guatemala und El Salvador, indem er Charakteristika der drei Staaten vor dem revolutionären Umbruch herausstellt. Ihm zufolge sind lediglich bestimmte Staaten, die ein starkes Militär aufweisen und zugleich infrastrukturell schwach, repressiv, exkludierend und nicht reformwillig sind, mit dem Aufkommen starker, revolutionärer Bewegungen konfrontiert (vgl. Goodwin 2001: 26ff.). Die staatliche Unterdrückung lässt den Oppositionellen demnach keine andere Wahl, als sich in revolutionären Bewegungen zu organisieren. Goodwin ist sich zwar bewusst, dass die revolutionären Akteur*innen verschiedene Motivationen haben können. Er betont aber, dass staatliche Institutionen und Praktiken einen entscheidenden Einfluss auf die Motivationen nehmen und es folglich ausreiche, sich ausschließlich mit dem Staat zu beschäftigen, um Revolutionen zu verstehen.

Auch wenn Skocpol in ihrer Definition auf Klassenkonflikte hinweist, kommen die Akteur*innen dieser Klassenkonflikte in ihren Analysen der Französischen, Russischen und Chinesischen Revolution kaum vor. Sie werden als maßgeblich durch gesellschaftliche Strukturen bestimmt begriffen. Skocpol ist darum bemüht, aufzuzeigen, dass sich Revolutionen aufgrund politischer Krisen in Staaten mit bestimmten landwirtschaftlichen und sozio-politischen Strukturen ereignen (vgl. Rao 2016: 8). Dabei teilt sie den Verlauf revolutionärer Prozesse in verschiedene, strukturelle Sequenzen und »logische Etappen« auf und zeichnet die durch Revolutionen verursachten makro-strukturellen Veränderungen nach (vgl. Tarragoni 2015: 75). Ihr Ansatz, der es vermag, theoretische Vergleichskriterien für das Aufkommen und die Konsequenzen von Revolutionen festzulegen, richtet sich dabei explizit gegen die Akteurszentrierung anderer Theorien, wie beispielsweise die von Michael Walzer (1979). Der Philosoph Walzer versteht Revolution als ideologisches Projekt von Akteur*innen, die durch die Revolution eine neue soziale und moralische Ordnung gründen. Skocpol wirft Walzer vor, ein voluntaristisches Verständnis von Revolution zu haben (vgl. Skocpol 1979: 17). Wenn ihre Kritik am Voluntarismus bestimmter Revolutionstheorien berechtigt ist, so verschwinden in ihrer eigenen Theorie jedoch die Akteur*innen hinter den Strukturen.

Michael Taylor bemerkt kritisch in Bezug auf Skocpols Analysen, dass der soziale Wandel, von dem sie spricht, durch Handlungen von revolutionären Akteur*innen eingeleitet wird. Für diese Handlungen bedarf es nicht lediglich bestimmter materieller Bedingungen und struktureller Voraussetzungen, sondern ebenfalls eines Wandels in den Werten, Erwartungen, Wünschen oder im Glauben der Akteur*innen, der aber von Skocpol nicht berücksichtigt wird (vgl. Taylor 1989: 121). Ihre Theorie konzentriert sich zu sehr auf *structure* und zu wenig auf *agency*. Auch John Foran erkennt, dass Skocpols Ansatz insbesondere auf die Eliten und den Staat fixiert ist:

»Again, belief systems, value orientations, and ideologies slip in through the back door in the empirical analyses, but their importance in actually moving people to respond to ›structural‹ crises is systematically ignored or downplayed.« (Foran 2005: 12)

Diesen Kritiken folgend, wird meine Analyse des tunesischen Revolutionsprozesses sich nicht mit einer Fokussierung auf den Staat begnügen können. Vielmehr werde ich den revolutionären Akteur*innen in der Analyse ein großes Gewicht beimessen.

Ein weiterer, stark auf Eliten fokussierender Ansatz wird vom Politologen Jack Goldstone formuliert. In seinen früheren Schriften (1982) geht er davon aus, dass ein revolutionärer Prozess in dem Moment beginnt, in dem Intellektuelle aufhören, den Staat zu unterstützen. Der Staat leite daraufhin Reformen ein. Den darauffolgenden Ausbruch von Protesten interpretiert Goldstone als Staatskrise, was zur revolutionären Machtergreifung führt. In den insgesamt zehn Etappen, die er als charakteristisch für Revolutionen zeichnet, kommen lediglich jene Akteur*innen vor, die als »Reformer« oder als »Radikale« die staatliche Macht ergreifen (vgl. Goldstone 1982: 189ff.).

Goldstone und Skocpol gehen nicht davon aus, dass weite Kreise der Bevölkerung oder untere soziale Schichten in revolutionäre Prozesse involviert sein können, zumindest sind ihre Beschreibungen diesbezüglich unterkomplex.[53] Auch die ideelle oder ideologische Dimension revolutionärer Prozesse bleibt bei ihnen unterbelichtet. So interessiert sich Goldstone für diese Dimension lediglich in Abhängigkeit zur Elite. In seinen jüngeren Schriften berücksichtigt er zwar vermehrt die ideellen und ideologischen Dimensionen revolutionärer Prozesse. Er behauptet allerdings, dass Werte, Ideen und gesellschaftliche Bedeutungen nur dann Einfluss auf die Bildung revolutionärer Situationen und Akteur*innen haben, wenn die gesellschaftlichen Eliten den Akteur*innen den Raum geben, diese neue ideelle Basis überhaupt zu entwickeln (vgl. Goldstone 2014: 12). Goldstone unterstellt in seinem Revolutionsbegriff folglich, dass ohne die Unterstützung der Eliten die Ideen revolutionärer Akteur*innen nicht wirksam werden können und dementsprechend nicht berücksichtigt werden müssen. Das mag auf einige Revolutionen zutreffen, aber es ist mehr als gewagt von einer allgemeinen, systematischen Abhängigkeit revolutionärer Akteur*innen von den Eliten auszugehen. Die Wertvorstellungen der Akteur*innen ausschließlich in Bezug auf den Staat und die Elite zu beachten, erweckt ferner den Eindruck, dass sie sich lediglich »negativ« definieren lassen und nicht unabhängig von diesen beiden Entitäten existieren können.

Meiner Ansicht nach führt das Vergessen der revolutionären Subjekte zu schematischen, abstrakten Theorien, die radikalen Wandel als Zusam-

---

53 Goldstone spricht zwar im Zusammenhang mit Revolution von »mass mobilization« (Goldstone 2014: 4) und auch Skocpol weist auf »class-based revolts from below« (Skocpol 1979: 4) hin, aber in ihren Analysen erfahren wir nichts Weiteres über die Massenmobilisierung und die Revolten »von unten«.

menspiel berechenbarer, ja nahezu voraussehbarer Faktoren begreifen, in denen der Mensch und seine Fähigkeit zur Gestaltung historischer, politischer und sozialer Prozesse kaum eine Rolle spielt. Die Fokussierung auf den Staat sowie auf staatsstützende oder »revolutionäre Eliten« übersieht die namenlosen Akteur*innen der breiten Bevölkerung, die jahrelang und in revolutionären Momenten politische, zivilgesellschaftliche oder alltägliche Widerstandshandlungen gegen repressive Staaten leisten, ohne dabei in den ersten Rängen der revolutionären Riege zu stehen. Ohne das Subjekt der Revolution substanziell und sozial festlegen zu wollen, möchte ich darauf hinweisen, dass nach meinem Revolutionsverständnis nicht lediglich die Eliten als Akteur*innen revolutionärer Prozesse berücksichtigt werden können. In Bezug auf Tunesien lasst sich feststellen, dass der revolutionäre Prozess vor allem in der ersten Phase (2008 bis 2010) von Akteur*innen eröffnet wurde, die eher dem »Lumpenproletariat«[54] von Fanon als den Eliten von Goldstone gleichen. Im Zuge der Proteste im Inneren des Lan des, die zunächst von armen und ländlichen Bevölkerungsschichten geführt wurden, kommt es zu einem solidarischen Zusammenschluss breiter und urbaner Bevölkerungsschichten, die sich – aus verschiedensten Beweggründen – den Protesten anschließen und ihn intensivieren. Eine Analyse des tunesischen Revolutionsprozesses muss möglichst alle Ak-

---

54 Fanon bezieht sich auf den von Marx geschaffenen Begriff des Lumpenproletariats, den Marx in seiner Schrift *Der 18. Brumaire des Louis Bonaparte* (1852) entwickelt und der die ländliche, besitz- und landlose Bevölkerung bezeichnet, die auf der Suche nach Arbeit in die Stadt zieht. Anders als Marx erkennt Fanon im Lumpenproletariat ein revolutionäres Subjekt (vgl. Worsley 1972: 207ff.). Wenn Fanon von den »Verdammten der Erde« spricht, dann handelt es sich nicht nur um eine Zitation des Manifests der kommunistischen Partei, sondern ist auch wörtlich gemeint: Die Verdammten sind diejenigen, die von ihrer Erde verjagt worden sind und die Erde als Quelle ihrer Würde betrachten. Fanons Fokussierung auf die Landbevölkerung als »revolutionäre Klasse« resultiert aus seiner Analyse der algerischen Situation (vgl. Lee 2015: 159f.). Er ist ferner von der revolutionären Kraft der (ländlichen) Massen überzeugt, er erweitert jedoch den Begriff auf sämtliche andere soziale Gruppen, die wir heute wahrscheinlich »Subalterne« nennen würden. Subalterne sind bei Gramsci, der den Begriff prägte, jene sozial »marginalisierte[n] Gruppen, die sogar von der Organisierung der Arbeiterklasse im nationalstaatlichen Rahmen ausgeschlossen waren« (Steyerl 2005: 24). Fanon ist besorgt, dass der Dekolonisierungsprozess im Besonderen und revolutionäre Prozesse im Allgemeinen von Eliten – sei es die koloniale Bourgeoisie oder die antikoloniale Parteiführung – usurpiert werden, die letztlich die Massen aus dem Prozess verdrängen (vgl. Fanon 1961: 514ff., 555ff.; Bessone 2011: 34). Für eine nähere Beschäftigung siehe Worsley (1972).

teur*innen, die zum Ausbruch des Prozesses beigetragen haben, in den Blick nehmen.

Die Ansätze von Skocpol (1979) und Goldstone (1982, 2014) gleichen Auflistungen generalisierbarer, kausaler Faktoren für den Ausbruch, Erfolg oder Misserfolg von Revolutionen (vgl. Tarragoni 2015: 77). Revolution erscheint in ihren Analysen als eine Konstellation, die sich letztlich auf eine Reihe quantifizierbarer Merkmale, Elemente und Variablen reduzieren lässt (vgl. Lawson 2015: 7). Die Sammlung multipler, substanzieller und statischer Merkmale soll dazu beitragen, eine Theorie zu entwickeln, die sich nahezu auf alle Revolutionen anwenden lässt. Diese »Checkliste« dient dazu, Revolutionsausbrüche vorhersehen zu können und zu entscheiden, ob es sich den aufgestellten Kriterien zufolge um eine Revolution handelt. George Lawson merkt zu Recht diesbezüglich an:

> »Requiring that revolutions fulfil a set of inalienable characteristics distorts understanding of how revolutions change according to historically produced circumstances. […] Rather, a substantialist baseline will see only conforming or nonconforming parts of a pre-existing script.« (Lawson 2015: 18)

Skocpol und Goldstone berücksichtigen nicht ausreichend, dass sie ihre Revolutionstheorien vor dem Hintergrund spezifischer und kontingenter Konstellationen entwickeln. Im Gegensatz zu diesen Ansätzen führe ich eine Fallstudie durch, die kein theoretisches Modell einer Revolution hervorbringt. Vielmehr nehme ich eine empirisch informierte und theoretisch reflektierte Interpretation eines historisch kontingenten Revolutionsprozesses vor. Ausgehend von der Analyse der Imaginäre der tunesischen Akteur*innen verkürze ich Revolution weder auf die Dimension des staatlichen Umsturzes noch auf die Makroebene.

2.1.5   Revolution zwischen historischer Notwendigkeit und Freiheit

Im Folgenden werde ich der Frage nach dem kontingenten Auftreten von Revolutionen anhand der Idee der historischen Notwendigkeit bei Marx und Engels nachgehen sowie die Arendtsche Kritik an dieser Idee skizzieren.

Karl Marx und Friedrich Engels formulieren die bis dato wohl einflussreichste Theorie der Emanzipation. Eine zentrale These des *Manifests der kommunistischen Partei* (1848) ist die historische Notwendigkeit von Revolutionen.[55] Der Verlauf der Geschichte wird von Marx und Engels als Geschichte der Klassenkämpfe begriffen. Im kapitalistischen Zeitalter stehen sich demzufolge die besitzlose, beherrschte Klasse des Proletariats und die besitzende, herrschende Klasse der Bourgeoisie im Kampf um Macht und Eigentum unversöhnlich gegenüber. Dem geschichtlichen Lauf ist selbst eine revolutionäre Dynamik inhärent, da er immer wieder für das Proletariat benachteiligende Zustände erzeugt, die das durch Massenarbeitslosigkeit, Niedriglöhne und Verelendung geschüttelte Proletariat dazu bewegen, sich gegen die sozialen Ausbeutungs- und politischen Herrschaftsstrukturen zu erheben (vgl. Grosser 2013: 95ff.). Das Proletariat – die einzige Klasse ohne klassenspezifische Interessen – ist das revolutionäre Subjekt *par excellence*, welches dazu fähig ist, die kapitalistischen Ausbeutungsverhältnisse und die damit zusammenhängende, gesellschaftliche Entfremdung zu überwinden: »Die Proletarier haben nichts in ihr [der kommunistischen Revolution, N.A.] zu verlieren als ihre Ketten. Sie haben eine Welt zu gewinnen« (Marx/Engels 1977 [1848]: 493). Das Proletariat verteidige letztlich das universelle Menschheitsinteresse, eine klassenlose Gesellschaft zu begründen, die soziale Gerechtigkeit und sämtliche Unterdrückung beende. Durch die viel zitierte »Klassendiktatur des Proletariats« – ein Kampfbegriff, den Marx der Arbeiterbewegung entlehnt – enteigne die emanzipierte Arbeiterklasse die Kapitalisten und beende somit die

---

55 Ich führe hier das Kommunistische Manifest an, um die Idee der historischen Notwendigkeit zu exemplifizieren. Das Kommunistische Manifest ist eine politisch äußerst wirksame Schrift, die im »traditionellen Marxismus«, in verschiedenen Arbeiterparteien sowie für verschiedene Revolutionsbestrebungen eine tragende Rolle spielt. Mir ist jedoch bewusst, dass sich die Theorie von Marx und Engels keineswegs auf das Manifest reduzieren lässt. Der Philosoph Michael Heinrich weist darauf hin, dass der Geschichtsdeterminismus sich vor allem im Manifest ausdrückt. Im Kapital sei Marx jedoch sehr viel vorsichtiger: »Ganz im Gegenteil, liefert das ›Kapital‹ doch die Elemente, um zu verstehen, warum revolutionäre Entwicklungen so selten sind, warum die ›Empörung‹ […] nicht gleich zum Kampf gegen den Kapitalismus führt« (Heinrich 2005: 200). Auf dieses Spannungsverhältnis in der Theorie von Marx und Engels zwischen der Vorstellung, dass sich Revolutionen aufgrund gegebener, objektiver Strukturwidersprüche von sozioökonomischen Formationen notwendigerweise ereignen, und der Idee, dass Revolutionen das Ergebnis von Kämpfen sind und folglich als kontingente und ergebnisoffene Phänomene zu begreifen sind, machen auch die Politikwissenschaftler Robin Celikates und Daniel Loick aufmerksam (vgl. Celikates/Loick 2016: 253). Der Politikwissenschaftler Andreas Hetzel bezeichnet das Revolutionsverständnis von Marx als Strukturwiderspruch als einen »Widerspruch ohne Antagonismus«, während die Revolution als Ergebnis von Kämpfen einem »Antagonismus ohne Widerspruch« gleichkomme (Hetzel 2017: 42).

»Diktatur der Bourgeoisie« (vgl. Marx 1960 [1850]: 33, 89). Es handelt sich um eine Übergangsphase, die in einen Aufhebungsprozess der Diktatur, der Klassen und Klassenkämpfe sowie in letzter Konsequenz des Staates mündet.

Der Ausbruch der Revolution bedarf zwar gewisser historischer sowie materieller Voraussetzungen, wie durch den hoch entwickelten, industriellen Kapitalismus hervorgebrachte sozioökonomische Krisen, die die Spannungen zwischen den verschiedenen Klassen einerseits und zwischen den Produktionsverhältnissen und den Produktivkräften andererseits unvereinbar werden lassen und die Revolution auslösen. Die Widersprüche zwischen den Produktivkräften und den Produktionsverhältnissen werden jedoch vom kapitalistischen System selbst erzeugt (vgl. Iorio 2012: 205). Dementsprechend schreitet die Geschichte in Marx und Engels Revolutionstheorie einem Naturereignis gleich unausweichlich fort.[56]

Arendt erkennt eine enge Verknüpfung zwischen der Logik der Notwendigkeit, die zunächst von den französischen Revolutionär*innen und später vehementer von den russischen Revolutionär*innen verteidigt und gelebt wird, und revolutionärer Gewalt:

»Es war die gleiche Erfahrung, der bekannte Anblick der Pariser Straßen während der Revolution und der Armen, die sich ihrer bemächtigt hatten, auf welche sich Robespierres Glaube an die Unwiderstehlichkeit der Gewalt und Hegels Glaube an die Unwiderstehlichkeit der Notwendigkeit gründeten, wobei eben entscheidend ist, daß sowohl die Gewalt wie die Notwendigkeit als Bewegungen gesehen wurden, als Ströme, die alles und alle überspülen.« (Arendt 2016 [1963]: 144f.)

Die von Hegel konzeptualisierte Logik der Notwendigkeit der Geschichte,[57] die Marx und Engels auf Revolutionen konkretisieren, impliziert für Arendt grundsätzlich und sogar zwangsläufig Gewalt, zumal sie Menschen in »Funktionsträger« und »Werkzeuge des geschichtlichen Verlaufs« (Förster 2009: 260) verwandelt. Arendt befürchtet, dass die Berufung auf Notwendigkeit, wie sie vor dem Hintergrund der Französischen Revo-

---

56 Grosser bemerkt hierzu: »Festzuhalten ist, dass für Marx' und Engels' Verständnis von Revolution eine gewisse Spannung zwischen der Geschichte in ihrer Notwendigkeit einerseits und andererseits dem Proletariat [...] kennzeichnend ist; zwischen derjenigen Kraft also, die den revolutionären Wandel heranreifen lässt, und jener Kraft, die diese seismischen Wellen [...] aufnimmt, weiterträgt und durch ihre revolutionäre Aktivität intensiviert« (Grosser 2013: 100f.).

57 Für Hegel realisiert sich in der Geschichte der Fortschritt der Vernunft: »Die Weltgeschichte ist der Fortschritt im Bewußtsein der Freiheit – ein Fortschritt, den wir in seiner Notwendigkeit zu erkennen haben« (Hegel 1992 [1837]: 32).

lution zeigt, ungeheuerliche, revolutionäre Gewaltausbrüche rechtfertigt sowie politische Pluralität und Freiheit erstickt. Die Notwendigkeit, in Arendts Deutung, bezieht sich nicht lediglich auf die historische Notwendigkeit revolutionären Wandels, sondern ebenfalls auf die drängende soziale, materielle Not der Bevölkerung, die durch die soziale Revolution behoben werden sollte und den Raum für die Freiheit verschließt und sie schließlich erstickt (vgl. Arendt 2016 [1963]: 75). Hier schleicht sich gleichsam die ökonomische Notwendigkeit in den politischen Raum ein und besetzt ihn. So habe »Marx die Freiheit an die Notwendigkeit ausgeliefert« (vgl. ebd.: 81).

Arendt entwickelt in *Über die Revolution* am Beispiel der Amerikanischen und Französischen Revolution eine Revolutionstheorie, die den Sinn von Revolutionen in der Gründung der Freiheit ausmacht.[58] Für sie sind Revolutionen nicht *per se* politischer Natur. Sie können nur dann als genuin politische Erscheinungen gelten, wenn sie die revolutionäre Erfahrung des In-Freiheit-Handelns institutionalisieren und Freiheit, verstanden als (positive) Freiheit politischen Handelns, als Leitmotiv der neu zu gründenden *polis* setzen (vgl. ebd.: 84ff.). Die Gründung einer politischen Ordnung, welche die Revolution durch den von ihr hervorgebrachten kontingenten Neuanfang einleitet, kann sich lediglich durch eine neue, auf Freiheit beruhende Verfassung als dauerhafte, institutionelle Ordnung konsolidieren:

»Die Verfassung und die durch sie begründeten politischen Institutionen begrenzen und ermöglichen politisches Handeln zugleich. Verfassungen sind die Bedingungen der Möglichkeit von Freiheit.« (Förster 2009: 355)

Ein entscheidender Verdienst der Marxschen Theorie liegt darin, die sozialen Ausbeutungsverhältnisse als eine soziale *und* politische Herrschaftsdimension erkannt sowie die genuine Konflikthaftigkeit des Politischen und des historischen Prozesses herausgestellt zu haben. Diese Konflikthaftigkeit, die von postmarxistischen und radikaldemokratischen Autor*innen, wie Etienne Balibar, Jacques Rancière oder Chantal Mouffe und Ernesto Laclau, in ihrem Politikbegriff erneut aufgegriffen wird, ist meines Erachtens eine wichtige Dimension des Revolutionsbegriffs, der in vielen sozialwissenschaftlichen Revolutionstheorien außer Acht gelassen wird (vgl.

---

58 Im Gegensatz zur Französischen Revolution gelingt der Amerikanischen Revolution nach Arendt nicht nur die Befreiung, sondern auch die darauffolgende Gründung der Freiheit, während die Französische Revolution am Versuch, die politisch unlösbare soziale Frage zu beantworten, zugrunde geht.

hierzu Briton 1965). Revolution wird in diesen sozialwissenschaftlichen Theorien lediglich als Umsturz staatlicher Institutionen betrachtet und nicht als Ausdruck gesellschaftlicher Konflikthaftigkeit, als Erzeugung neuer Konflikte oder neuer Verhältnisse und Bezüge zum Politischen und Kollektiven (vgl. Tarragoni 2015: 71, 134).

Arendts Reformulierung des Revolutionsbegriffes betont die zentrale Stellung positiver Freiheit, der (Neu-)Gründung sowie der Verfassungsordnung als wichtige Dimensionen gelungener revolutionärer Prozesse. Marx' und Engels' sowie Arendts Theorien weisen auf zwei zentrale Imaginäre revolutionärer Bewegungen hin, die zahlreiche revolutionäre Akteur*innen und Revolutionsprozesse in der Vergangenheit inspiriert haben: Emanzipation und Freiheit.

2.1.6 Die Leerstelle der Revolutionsforschung: Imaginäre und Narration

Die Autoren der aktuellen sozialwissenschaftlichen Revolutionsbegriffe interessieren sich wenig für die von den revolutionären Akteur*innen entwickelten Ideen, ihre (Selbst-)Deutungen, ihre Vorstellungen von Revolution oder ihre Kritik am gestürzten Regime. Der Soziologe Federico Tarragoni weist darauf hin, dass Revolutionen nicht nur neue politische und soziale Ordnungen hervorbringen, sondern auch ihnen inhärente, neue soziale Repräsentationen erschaffen (vgl. Tarragoni 2015: 23).

Revolutionsprozesse können aus meiner, von Cornelius Castoriadis inspirierten, Perspektive als konflikthafte Prozesse begriffen werden, in denen die Werte und Institutionen der zukünftigen, zu errichtenden Gesellschaft imaginiert, ausgehandelt und reflektiert werden.[59] Dieser schöpferische Akt, der als Bruch mit dem Status quo auf einer zeitlichen Ebene erfolgt, wird unter anderem von der Vorstellungskraft angeleitet und von der Narration begleitet (vgl. Tarragoni 2015: 43).

---

59 Borzarslan und Demelemestre kritisieren, dass der tunesische Revolutionsprozess sich mit Diskussionen über »Identität«, Werte und Normen der Gesellschaft aufgehalten habe, anstatt sich den politischen und institutionellen Herausforderungen zu stellen (vgl. Borzarslan/Demelemestre 2016: 311). Meiner Auffassung nach geht diese Kritik am genuinen Charakter revolutionärer Prozesse vorbei. Institutionen können schließlich nicht unabhängig von den Werten der Gesellschaft gedacht werden, was in der folgenden Diskussion zum Begriff des Imaginären deutlich wird.

Die Reflexivität sowie ideell-imaginäre Grundlage von Revolutionsprozessen rückt die Akteur*innen in den Vordergrund der Analyse. Ich folge an dieser Stelle Eric Selbins Plädoyer:

»We need to find a way to focus on the thoughts and feelings of people engaged in revolutionary processes, a perspective which binds the stories they convey of past injustices and struggles as they fight for the future (Selbin 2010: 9). [...] Revolutions, rebellion, and acts of resistance do not occur without the articulation of compelling stories that enable and empower people who seek to change the material and ideological conditions of their lives. People draw on the past to explain the present and predict the future, forecast a future predicated on the present, and refashion the past as necessary to the exigencies they face.« (ebd.: 194)

Selbin stellt die Narration von Revolutionen sowie die narrative Dimension revolutionärer Erfahrungen heraus.[60] Nach Selbin werden Revolutionen möglich, wenn es revolutionären Akteur*innen gelingt, bestimmte Narrative und Erzählungen von Revolutionen in Umlauf zu bringen, die auch diejenigen überzeugen, die eher skeptisch oder besorgt über die radikale Veränderung der materiellen und ideellen Grundlagen ihres alltäglichen Lebens sind (vgl. Selbin 2010: 5). Demnach haben sich Revolutionen historisch in vier Narrativen niedergeschlagen: erstens ein »zivilisatorisches und demokratisches Narrativ« der Akteur*innen, die demokratische Kontrolle statt absolutistischer Herrschaft verlangen (Englische oder Amerikanische Revolution), zweitens ein »soziales Revolutions-Narrativ« der Akteur*innen, die die soziale Gesellschaftsordnung gerechter gestalten wollen (Französische, Mexikanische oder Kubanische Revolution), drittens ein »Freiheits- und Befreiungs-Narrativ«, das die Emanzipation der Menschen von fremder Beherrschung erzählt (Haitianische, Vietnamesische oder Angolische Revolution), und viertens »vergessene und verlorene Narrative« über alltäglichen Widerstand (vgl. Selbin 2010: 19ff.).

Ich teile in diesem Zusammenhang Donna Haraways Überzeugung, dass keine wissenschaftliche Erkenntnis ohne Storytelling und Narrationen auskommt (vgl. Haraway 1988). Der Begriff des Imaginären, der im Folgenden vorgestellt wird, vermag es meiner Ansicht nach, die imaginäre, reflexive, narrative sowie emotionale Dimension von Revolutionsprozessen zu erfassen.

---

60 Ich folge Selbins Postulat, distanziere mich jedoch von der von ihm unterstellten Kausalität zwischen Narration und Ausbruch von Revolutionen, die ich als kontingent betrachte.

2.2   Das Imaginäre bei Castoriadis

>»And yet, the only exciting life is the imaginary one.«
>
> *Virginia Woolf*

Im Folgenden werde ich den Begriff des Imaginären klären und darlegen, warum die Analyse von Imaginären einen geeigneten Zugang zum Verständnis des tunesischen Revolutionsprozesses darstellt.

Betrachtet man den Kanon politischer Theorie zum Imaginären und allgemeiner zur Imagination,[61] so stellt man schnell fest, dass sie beispielsweise verglichen mit philosophischen Abhandlungen zur »Vernunft« oder »Wahrnehmung« kaum Beachtung finden (vgl. Poirier 2004: 91 f.; Bottici/ Challand 2011: 3).[62] Vorstellungskraft wird gemeinhin als Vermögen ver-

---

61 Imagination, Vorstellungskraft und Einbildungskraft (in kantischer Terminologie) werden im Deutschen in sehr ähnlichen Bedeutungskontexten verwendet, obgleich der Begriff »Imagination« eher fachsprachlich ist und »Einbildung« im gegenwärtigen Sprachverständnis stärker als der Begriff der »Vorstellung« eine manipulative und trügerische Dimension impliziert.

62 An dieser Stelle müssen neben Castoriadis zwei prominente Ausnahmen genannt werden, die sich ausführlich mit Vorstellungskraft und dem Imaginären auseinandergesetzt haben: Immanuel Kant und Jacques Lacan. In der Erkenntnistheorie von Kant kommt der Einbildungskraft eine äußerst wichtige Rolle zu: Einbildungskraft tritt als Vermittler zwischen den beiden Seiten menschlicher Erkenntnis – Sinnlichkeit und Verstand – auf. Während durch Sinnlichkeit passiv Vorstellungen und Eindrücke aufgenommen werden, verarbeitet der Verstand aktiv über Spontaneität das Wahrgenommene. Die Einbildungskraft dient dazu, eine Beziehung zwischen beiden Seiten der Erkenntnis aufzubauen und verschiedene Vorstellungen, sinnliche und durch den Verstand bearbeitete, zusammenzuführen (vgl. Blume 2003). Während Einbildungskraft bei Kant stets auf das Subjekt bezogen ist und eine individuelle Fähigkeit darstellt, wendet Castoriadis die Bedeutung von Vorstellungskraft und Imaginären gesellschafts-theoretisch (vgl. Bottici/Challand 2011: 3). Castoriadis setzt sich dabei an zahlreichen Stellen mit Kants Vorstellungsbegriff auseinander (vgl. etwa Castoriadis 2002: 78–97, 423 ff.; 1987a: 149-190; 1997a: 30–309). Die Philosophin Chiara Bottici erkennt darin einen ideengeschichtlichen und konzeptuellen Wandel von einem subjektorientierten Zugang zu einem kontextorientierten Verständnis des Imaginären (vgl. Bottici 2011: 27). Für Lacan stellt das Imaginäre, neben dem Realen und dem Symbolischen, eine fundamentale Struktur der menschlichen Psyche dar. Das Imaginäre hat seine Wurzeln in der Spiegelphase des Kindes (zwischen dem 6. und dem 18. Monat), in welcher das Kind sich selbst im Spiegel erkennt. Das Spiegelbild reflektiert ein einheitliches Selbstbild, eine Ganzheit, die im Gegensatz zu dem fragmentierten Bild seines Körpers aus der »Leibes-Perspektive« steht. Das Kind reagiert zwar in einer narzisstischen Geste mit Freude auf dieses einheitliche Spiegelbild. Dennoch birgt der Prozess eine Entfremdung. Das Spiegelbild ist in gewisser Weise eine Illusion, die sich nicht mit dem

standen, sich etwas Abwesendes oder nicht Existentes mental zu repräsentieren (vgl. Prat 2012: 90), und als Begriff vor allem im Bereich der Ästhetik gebraucht. In diesem engen Verständnis ist Imagination, so die Philosophen Chiara Bottici und Benoît Challand, in erster Linie ein Antonym zu Vernunft (vgl. Bottici/Challand 2011: 3). Die Referenz auf Vorstellungskraft wird somit in der klassischen politischen Theorie und Philosophie aus methodologischen Bedenken, auf ein »mystifizierendes«[63] Konzept zu rekurrieren, weitestgehend vermieden (vgl. Tomès/Caumières 2011: 131).

Cornelius Castoriadis hat in *L'institution imaginaire de la société* (1975) einen ersten, entscheidenden Grundstein zur Schließung dieser Forschungslücke gelegt. Von der Psychoanalyse Sigmund Freuds und der Phänomenologie Maurice Merleau-Pontys[64] beeinflusst, konzipierte er ab 1964 den Begriff des Imaginären (*l'imaginaire*). Dabei ist sein Interesse für das Imaginäre nicht lediglich theoretischer Natur, sondern speist sich in erster Linie aus der politischen Praxis. Castoriadis erkennt die Eigenlogik der politischen Massen und sozialen Bewegungen an, die im Widerspruch zu deterministischen Geschichtsphilosophien steht, wie sie beispielsweise in Teilen des Marxismus verbreitet sind. So beginnt er das Imaginäre als Quelle sozialer und historischer Veränderungen zu begreifen (vgl. Tomès 2015: 4).

Castoriadis, der zusammen mit dem französischen Philosophen Claude Lefort die marxistische und anti-stalinistische politische Gruppe sowie die gleichnamige Zeitschrift *Socialisme ou Barbarie* begründete, setzte sich sowohl in seinem marxistischen Frühwerk (1945–1965) als auch in seinen

---

Körpergefühl deckt, sondern den eigenen Körper in einem Außen situiert. Das Imaginäre ist für Lacan der Ort der Entfremdung und stellt ein Gegengewicht zum Realen dar (vgl. Bottici/Challand 2011: 6). Castoriadis wendet sich entschieden gegen die Lacansche Vorstellung des Imaginären als trügerische Illusion (vgl. Poirier 2004: 81).

63 Diese pejorative Konzeption von Imagination lässt sich in der philosophischen Tradition bereits bei Platon erkennen. Er begreift Imagination als letzte Fähigkeit in der Hierarchie der Erkenntnismodi. Platon beschreibt im VI. Buch in *Die Republik* (509d–511e) Imagination vor allem als Quelle für Fehler, Illusionen und trügerische Phantasmen, die mit der Realität verwechselt werden (vgl. Poirier 2004: 93).

64 Castoriadis interessiert sich u. a. für die sprachphilosophischen Überlegungen von Merleau-Ponty. Im Begriff des Symbolischen von Merleau-Ponty erkennt Castoriadis ein Moment der Schöpfung (vgl. Tomès 2007: 48). Auf den Einfluss von Merleau-Pontys Denken auf Castoriadis kann leider nicht näher eingegangen werden. Catherine Reas (2006) vertritt die These, dass sich Merleau-Pontys Wahrnehmungsbegriff und Castoriadis' Verständnis des Imaginären zusammendenken lassen.

späteren Arbeiten (1978–1999) mit der Frage nach den individuellen und gesellschaftlichen Bedingungen für autonomes Handeln und Autonomie als Gesellschaftsprojekt auseinander.[65] Die Begründung der Autonomie stellt unbestritten das normative Herzstück seiner politischen Theorie dar, die er nicht zuletzt durch Imagination als radikale Kraft des Neuen denkt. So stellt er zunächst die kollektive und soziale Dimension des Imaginären heraus, um sich anschließend für die psychologischen und individuellen Implikationen des Begriffs zu interessieren.

An Castoriadis' Definition des Imaginären als »unaufhörliche und (gesellschaftlich-geschichtlich und psychische) wesentlich *indeterminierte* Schöpfung von Gestalten/Formen/Bildern, die jeder Rede *von* ›etwas‹ zugrunde liegen« (Castoriadis 1990a: 12) lässt sich bereits erkennen, dass es sich um einen abstrakten und vielschichtigen Terminus handelt. Um der Komplexität des Begriffs gerecht zu werden, schlage ich vor, begrifflich zwischen erstens Imagination als Vorstellungskraft, zweitens gesellschaftlichen, imaginären Bedeutungen als Resultate dieser Vorstellungskraft, das heißt einzelnen gesellschaftlichen Vorstellungen (kollektive Imaginäre), die die Identität einer Gesellschaft prägen, sowie drittens der imaginären Institution von Gesellschaft und Geschichte zu unterscheiden. In meiner empirischen Untersuchung referiere ich dabei stets auf Imaginäre als gesellschaftliche, imaginäre Bedeutungen. Durch diese Unterscheidung werden die psychisch-individuellen sowie gesellschaftlich-geschichtlichen Dimensionen des Begriffs explizit.[66]

---

65 Castoriadis wendet sich ab Anfang der 1960er Jahre vom Marxismus ab. Bereits 1964 kritisiert Castoriadis in *Socialisme ou Barbarie* marxistische Verelendungstheorien und konstatiert, dass die Lebensqualität des Proletariats historisch zugenommen habe (vgl. Tomès 2007: 37). Castoriadis stellt den Status der Marxschen Theorie, ihren Geschichtsbegriff und die daraus resultierenden Konsequenzen bezüglich der Möglichkeit revolutionärer Transformationen infrage (vgl. ebd.). Castoriadis' Kritik an Marx ist am prägnantesten im ersten Teil von *L'institution imaginaire de la société* resümiert (vgl. Castoriadis 1975: 13–96). Weiterführende Literatur zu Castoriadis' Marx-Rezeption findet sich etwa in Karsenty (2015) und Vogel (2015).

66 In der Sekundärliteratur wird nicht genügend hervorgehoben, dass die psychologisch-individuelle und die gesellschaftliche Dimension des Begriffes sehr unterschiedlich von Castoriadis begründet werden und nicht vollkommen unabhängig voneinander gedacht werden können. Das hängt zweifelsohne damit zusammen, dass Castoriadis den im französischen Original verwendeten Begriff »imaginaire« wenig trennscharf gebraucht, da er ihn synonym für die psychologisch-individuelle und für die gesellschaftliche Ebene verwendet.

Drei Aspekte erscheinen mir dabei zentral: erstens die Bedeutung der Imagination für das Subjekt, seinen Zugang zur Welt und seine Sozialisierung, zweitens die Rolle von imaginären gesellschaftlichen Bedeutungen für die Einheit und (Selbst-)Veränderung der Gesellschaft und drittens die imaginäre Institution von Gesellschaft und Geschichte sowie ihre Bedeutung für die Revolution. Diese drei Dimensionen des Begriffs werden im Folgenden vorgestellt.

2.2.1 Die Bedeutung der Imagination für das Subjekt

Castoriadis zufolge gibt es keine Realität im Sinne einer objektiven, bereits konstituierten Welt, auf die das Subjekt ohne Weiteres zugreifen könnte. Vielmehr ist Realität das Resultat einer Konstruktion, die auf der Fähigkeit zur Imagination beruht:

»Der Rückgriff auf den Term ›Imagination‹ scheint mir aufgrund zweier Konnotationen des Wortes geboten: dem Bezug zur *imago*, zum Bild im weitesten (und keineswegs nur ›visuellen‹) Sinne des Wortes, d.h. zur Form (*Bildung, Einbildung*[67] usw.); und dem Bezug zum Gedanken der Erfindung oder besser und genauer gesagt, zur *Schöpfung*.« (Castoriadis 1997a: 293)

Wie Castoriadis anhand der deutschen Terminologie »Bildung« und »Einbildung« deutlich macht, handelt es sich um die Fähigkeit, Realität oder Wirklichkeit zu *bilden*: »Jeder konstruiert oder besser gesagt: erschafft seine Welt (ich nenne Welt, im Gegensatz zu Umwelt, das was aus und mit Schöpfung hervortritt)« (Castoriadis 1990b: 246). Diese Imagination nennt Castoriadis radikale Imagination (*l'imagination radicale*) und unterscheidet sie von der sekundären Imagination (*l'imagination secondaire*), die er als lediglich reproduktiv und kombinatorisch begreift (vgl. Tomès 2015: 62). Die sekundäre Imagination setzt vorhandene Vorstellungen, Symbole, Bilder und Mythen neu zusammen, aber schöpft sie nicht aus sich selbst heraus (vgl. Diehl 2015: 84).

Die radikale Imagination[68] hingegen erschafft etwas fundamental Neues und setzt nicht lediglich gegebene Elemente neu zusammen (vgl. Castoria-

---

67 Im französischen Original verwendet Castoriadis stellenweise die beiden Begriffe »Bildung« und »Einbildung« auf Deutsch (vgl. etwa Castoriadis 1975: 382).

68 Castoriadis gebraucht den Begriff »radikale Imagination« synonym zu den Begriffen »erstes Imaginäre« und »radikales Imaginäre« (vgl. Castoriadis 1975: 215; Poirier 2004:

dis 1996: 110). Diese Schöpfungen, wie sie Castoriadis nennt, bringen neue Bilder, Bedeutungen und Formen (*eidos*), das heißt Wörter, Ideen, Vorstellungen, Konzepte und Begriffe hervor, durch die Realität zum einen erst zugänglich wird und die zum anderen Realität neu gestalten und strukturieren (vgl. Poirier 2004: 96). Die radikale Imagination formt das, woraus erst die Strukturen resultieren, die jegliches Denken und jegliche sprachliche Darstellung ermöglichen. Sie stellt die »konstitutive Matrix« (Poirier 2004: 101) dar, nach welcher die Gegensätze »real/unreal, rational/irrational, universell/partikular« innerhalb einer Gesellschaft gebildet werden. Die radikale Imagination ist gleichsam die »transzendentale Bedingung« des Denk-, Sicht- und Sagbaren (vgl. ebd.: 97; Waldenfels 1989:146).

Durch die *schöpferische* Dimension der Imagination dekonstruiert Castoriadis das zuvor erwähnte Spannungsverhältnis zwischen »Vernunft« und »Imagination«, das die klassische Philosophie unterstellt. Denn das, was wir »Vernunft« oder »Rationalität« nennen, sei selbst Resultat des Imaginären (vgl. Castoriadis 1997b: 321; Tomès 2015: 82; Waldenfels 1989: 141).

»Es ist die Institution der Gesellschaft, die bestimmt, was ›real‹ ist und was nicht, was ›einen Sinn hat‹ und was keinen. Vor dreihundert Jahren in Salem war Hexerei real, heute nicht mehr.« (Castoriadis 1981: 31)

Für Castoriadis kommt unsere Wahrnehmung einer Wirklichkeitskonstruktion gleich, die selbst von Schöpfungen imaginärer Bedeutungen[69] bestimmt ist (vgl. Castoriadis 1997a: 299; Diehl 2015: 84).

Wichtig dabei ist, dass für Castoriadis Schöpfungen keine Spiegelbilder einer objektiv gegebenen Realität oder »Außenwelt« sind, sondern Vorstellungen oder *Darstellungen*, anhand derer sich Individuen ihre Welt erschaffen (vgl. Castoriadis 1997a: 310). Mit dem Begriff »Darstellung« weist Castoriadis auf die Fähigkeit der Imagination hin, Bilder im weitesten und keineswegs lediglich im »bildhaften« Sinne hervorzubringen (vgl. ebd.: 313). Imagination ist dementsprechend

»die Fähigkeit, ein Bild aufgrund eines bloßen Anstoßes und sogar – was das Wichtigste ist […] aufgrund von *nichts*, entstehen zu lassen; denn letztlich bezieht sich der Anstoß auf unser Verhältnis zu ›etwas‹, ›extern‹ oder ›intern‹, *bereits Vorhandenem*, während es eine autonome Bewegung der Imagination gibt.« (ebd.)

---

96). Um Missverständnisse zu vermeiden, spreche ich hier jedoch lediglich von radikaler Imagination.

69 Der Begriff »imaginäre gesellschaftliche Bedeutungen« wird im weiteren Verlauf des Textes näher bestimmt.

Dabei handelt es sich um die Fähigkeit der Psyche, Bilder zu erschaffen und Triebe in Symbole und Bilder umzuwandeln (vgl. Tomès 2015: 29). Er betont, dass Imagination nicht ausschließlich als eine Reaktion auf einen äußeren Reiz zu begreifen ist. Vielmehr sind wir auch ohne unmittelbare »Reize« und Stimuli dazu fähig, zu imaginieren – wie ein Komponist, der einen genialen Einfall für seine Sinfonie hat, ohne dass dieser Einfall zwangsläufig eine Reaktion auf etwas vorher Bestehendes darstellen muss.

Als von Freud[70] geprägtem Psychoanalytiker betont Castoriadis, dass Subjekte durch einen gewaltvollen Sozialisationsprozess geschaffen werden, der zur Verinnerlichung sozialer Normen und gesellschaftlicher imaginärer Bedeutungen führt (vgl. Castoriadis 1997a: 333). Imaginäre und gesellschaftliche Institutionen sind konstitutiv für die menschliche Psyche, zumal die Psyche bestimmte Imaginäre und Institutionen zunächst verinnerlichen muss, um erst als Individuum und als Subjekt hervortreten zu können (vgl. Castoriadis 1988a: 204; Condoleo 2015: 107).[71] Die Psyche ist der Ort vorbewusster, grenzenloser und unerreichbarer Verlangen, Begierden und Affekte. Sie ist zwar ohne den Sozialisierungsprozess nicht überlebensfähig (vgl. Castoriadis 1982a: 45). Jedoch bleibt dieser Sozialisierungsprozess stets fragmentarisch und kann nie »vollständig« gelingen (vgl. Enriquez 1989: 32): Das Subjekt wird gezwungen, seine radikale Imagination unter anderem durch Sprache[72] an so etwas wie »Logik« oder »Realität« zu koppeln, »ohne dass es diesem Sozialisierungsprozess jemals gelänge, die radikale Imagination der individuellen Psyche im Kern vollständig zu assimilieren« (Castoriadis 1993: 282). Diese Logik, von Cas-

---

70 Castoriadis zufolge verkennt auch Freud die Bedeutung der Imagination, die in Freud'scher Terminologie »Phantasie« heißt. Dabei kommt ihr, nach Castoriadis, bei Freud selbst eine zentrale Stellung zu, da sie die »wesentliche Macht der Psyche« sei (Castoriadis 1997a: 310). Von Freud lernt Castoriadis ohne Zweifel, dass Subjekte und Gesellschaften durch individuelle und kollektive Formen der kreativen Erschaffung hervorgebracht werden. Freud denkt das Subjekt nicht als von unveränderlichen Strukturen bestimmt. Vielmehr konstituiert sich das Subjekt in einer permanenten, dynamischen Praxis der Selbsterschaffung (vgl. Hetzel 2007: 30).

71 Castoriadis zufolge wird durch die psychische Verinnerlichung gesellschaftlicher Normen und Imaginäre im Sozialisierungsprozess die abgeschlossene, psychische Einheit, die er als *Monade* bezeichnet, aufgebrochen. Die einst geschlossene Psyche wird gezwungen, auf ein Außen, worauf die Institutionen und Normen hinweisen, zu blicken. Dieses Außen stellt ein erstes Imaginäres dar, das erst die Unterscheidung zwischen dem Individuum/Subjekt und der Gesellschaft ermöglicht (vgl. Condoleo 2015: 107f.).

72 Es sei angemerkt, dass Sprache für Castoriadis die erste und wichtigste gesellschaftliche Institution ist (vgl. Castoriadis 1999: 115).

toriadis als »Mengen- und Identitätslogik« bezeichnet, umfasst etwa mathematische, biologische und physische Gesetze und Logiken, die unabhängig von Imagination in allen Zeiten und Gesellschaften gelten (vgl. Labelle 2001: 79).

Die Psyche kann demzufolge nicht gänzlich an die gesellschaftlichen Erwartungen und Institutionen angepasst werden. Sie behält einen »präsozialen« Kern, der stets eine potenzielle Gefahr für den durch die Gesellschaft gestifteten Sinn darstellen kann (vgl. Poirier 2004: 139). Durch den Sozialisierungsprozess wird dem Individuum der Zugang »zu einer *Welt* gesellschaftlicher imaginärer Bedeutungen eröffnet« (Castoriadis 1988a: 205).

Durch seine Beschäftigung mit den Methoden der Psychoanalyse wird Castoriadis also auf die Kraft der Imagination aufmerksam. Sie konfrontiert die Subjekte unter anderem durch die Traumanalyse und die Analyse des freien Assoziierens mit ihren eigenen Phantasien. Diese Phantasmen analysiert Castoriadis als imaginäre gesellschaftliche Bedeutungen und Repräsentationen (vgl. Tomès 2015: 28f.): »ein Moment der Schöpfung im psychischen Prozess« (Castoriadis 1990b: 49). Castoriadis zufolge sind Phantasien keine simplen Erinnerungen – selbst wenn die analysierte Person »lediglich« ihre Erinnerungen erzählt, erfolgt keine einfache Wiedergabe des Erlebten. Vielmehr verleiht die Person in der Erzählung dem Erlebten Sinn, ordnet es und verändert es dadurch. Die Psyche nimmt folglich nicht einfach passiv Informationen der sinnlichen Welt auf, sondern gestaltet und organisiert sie nach imaginären Bedeutungen. An dieser Stelle wird das von Castoriadis begründete Primat der Imagination als ursprüngliche Fähigkeit deutlich, die sich nicht von Wahrnehmung, Erinnerung oder Vernunft ableiten lässt (vgl. Tomès 2015: 30). Imagination ist für Castoriadis hingegen selbst Quelle dieser Fähigkeiten (vgl. ebd.: 36).

Die von Castoriadis vertretene These, dass Erinnerungen und Erzählungen von imaginären Bedeutungen durchzogen sind, bildet die Grundlage meiner empirischen Studie. Ich betrachte die mit den tunesischen Akteur*innen geführten Interviews nicht ausschließlich und primär als Quelle überprüfbarer Fakten und »Wahrheiten«. Vielmehr gehe ich davon aus, dass sich die Erzählungen in den Interviews auf imaginäre Bedeutungen stützen und nicht in erster Linie Spiegelbilder objektiver Wahrheiten darstellen, die es genau zu rekonstruieren gilt. In meiner Studie steht dementsprechend die Analyse imaginärer gesellschaftlicher Bedeutungen und nicht ihr Wahrheitsgehalt im Vordergrund.[73]

Im Umkehrschluss impliziert das weder, dass es sich um *per se* unwahre Positionen[74] handelt, noch, dass die im Interview geäußerten imaginären Bedeutungen ausschließlich im Bereich des »Imaginären« existieren, ergo keinerlei realen Einfluss auf die tunesische Gesellschaft haben können. Im Gegenteil: Erinnern wir uns an Castoriadis' Beispiel der Hexerei als gesellschaftliches Imaginäre, so stellen wir fest, dass Imaginäre einen bedeutenden Einfluss auf die Institutionen und somit auch auf die effektive Gestaltung von Gesellschaft, Politik und Recht haben. Hexerei wird zur gesellschaftlichen »Realität«, wenn aus ihr gesellschaftliche, staatlich-rechtliche sowie religiöse Institutionen abgeleitet werden, die sie als einen zu ahndenden Tatbestand definieren. Hexerei wird folglich in dem Sinne *real*, als sie zwischen dem 15. und 18. Jahrhundert die Grundlage für die Verfolgung Tausender Menschen bildet. In dem Moment, in dem imaginäre gesellschaftliche Bedeutungen sich in Institutionen niederschlagen, neue Institutionen erschaffen oder bestehende Institutionen grundsätzlich infrage stellen, greifen sie auf substanzielle Art und Weise in die Gestaltung und imaginäre sowie symbolische Ordnung der Gesellschaft ein. Die Tatsache, dass imaginäre gesellschaftliche Bedeutungen in Institutionen, Handeln und Subjektivierungsweisen Gestalt annehmen können, macht sie zu wichtigen, sozialwissenschaftlichen Analysegegenständen.

Der skizzierte Zusammenhang von Imaginären und Institutionen wird im Folgenden näher dargelegt.

---

73 Eine ähnliche Vorstellung lässt sich ebenfalls bei Paul Ricœur wiederfinden, der auf die sprachliche Konstruktion von Erzählungen hinweist, die stets von der schöpferischen Imagination beeinflusst sind. Erzählen besteht demnach darin, einen Inhalt zu strukturieren, somit zu konstruieren, ja zu erschaffen. Dabei geben wir nicht nur eine Handlung oder eine Erfahrung wieder, vielmehr inszenieren wir uns auch selbst und erschaffen beim Erzählen permanent unser Ich. Der Unterschied zwischen einer »wahren« und einer erfundenen erzählten Geschichte besteht für Ricœur folglich nur graduell und nicht kategorisch (vgl. Wunenburger 1998: 94). Ricœur und Castoriadis vertreten dennoch sehr unterschiedliche Positionen in Bezug auf das Imaginäre: Während Castoriadis darauf besteht, Imagination als radikale Schöpfung zu denken, begreift Ricœur Imagination als Produktion und Reproduktion, die zuvor existierende Elemente neu konfiguriert (Castoriadis/Ricœur 2016: 41). Ein Dialog zwischen Castoriadis und Ricœur, den sie 1985 in Ricœurs Radiosendung »Le bon plaisir de Paul Ricœur« (Sender: France Culture) zu diesem Thema geführt haben, lässt sich bei Castoriadis/Ricœur (2016) nachlesen.

74 Dieser Aspekt wird im weiteren Verlauf des Textes klarer, wenn ich erläutere, dass »imaginär« sich in diesem Zusammenhang nicht auf eine Täuschung bezieht.

2.2.2   Die Rolle der imaginären gesellschaftlichen Bedeutungen in der
Gesellschaft

Neben der wirklichkeitskonstituierenden Dimension der Imagination
kommt Imaginären ebenfalls eine gesellschaftskonstituierende Funktion zu.
Castoriadis denkt Gesellschaft vornehmlich über ihre Kohärenz. Für
Castoriadis schafft sich jede Gesellschaft ihre eigene Welt (vgl. Castoriadis
1995: 81). Diese Welt ist in erster Linie eine der imaginären gesellschaftlichen Bedeutungen (*significations imaginaires sociales*) und ihrer Interpretationen, die zwar im ständigen Wandel, aber gleichzeitig durch tentative Fest-
legungen von Bedeutung charakterisiert sind. Die Einheit der Gesellschaft
wird durch die »Institution der Gesellschaft als Ganzes« gewährleistet.
Castoriadis bezieht sich hier auf einen sehr breiten Begriff von Institution,
der die Gesamtheit der gesellschaftlichen Einzelinstitutionen umfasst. Er
versteht unter Institutionen

»[…] Normen, Werte, Sprache, Werkzeuge, Verfahren und Methoden des Umgangs mit Dingen und ihrer Herstellung und natürlich das Individuum selbst, im
Allgemeinen wie in der jeweiligen Art und Form (und ihren Ausdifferenzierungen,
z. B. Mann/Frau), die ihm die betreffende Gesellschaft verleiht.« (Castoriadis 1981:
28f.)

Institutionen wirken dabei meist weniger durch Zwang und Sanktionen als
vielmehr durch Zustimmung, Legitimität, Glaube und die Verinnerlichung
gesellschaftlich geteilter Werte durch Subjekte (vgl. Castoriadis 1981:
28f.).[75]
Imaginäre gesellschaftliche Bedeutungen, die sich institutionalisieren,
stellen den »unsichtbaren Zement« (Castoriadis 1975: 215) dar, der die Gesellschaft zusammenhält. Was meint »imaginär« jedoch in diesem Kontext?

»Weil ich behaupte, dass die menschliche Geschichte, und folglich auch die verschiedenen Gesellschaftsformen, die wir aus der Geschichte kennen, wesentlich
durch imaginäre Schöpfung definiert ist. Imaginär bedeutet in diesem Zusammenhang natürlich nicht fiktiv, illusorisch, spektakulär, sondern bezeichnet die Setzung
neuer Formen. Diese Setzung ist nicht bestimmt, aber bestimmend; eine nicht begründete Setzung, für die es keine kausale, funktionale oder nur rationale Erklärung geben kann. Diese von jeder Gesellschaft geschaffenen Formen lassen eine
Welt entstehen, in die sich diese Gesellschaft einfügt und sich einen Platz zuweist.

---

75 Die Parallele zwischen Castoriadis' Institutionenverständnis und Max Webers
Legitimationstheorie drängt sich an dieser Stelle auf. Weber zufolge wird dauerhafte
Gefolgschaft dadurch erzielt, dass die Herrschaft als gerechtfertigt wahrgenommen wird
(vgl. Weber 2005: 726ff.).

Durch diese Formen bildet sie ein System von Normen, Institutionen im weitesten Sinne, Werte, Orientierungen, Zielen des kollektiven wie des individuellen Lebens heraus. Im Kern dieser Formen sind jeweils die gesellschaftlichen imaginären Bedeutungen zu finden, die von dieser Gesellschaft geschaffen wurden und sich in ihren Institutionen verkörpern (Castoriadis 1991: 93). Und ich nenne sie gesellschaftlich, weil sie nur als von einem unpersönlichen und anonymen Kollektiv instituierte und geteilte existieren.« (Castoriadis 1981: 30)

Imaginär deutet demnach darauf hin, dass es sich um von der Gesellschaft gesetzte und erschaffene Bedeutungen und Sinnzusammenhänge handelt, die es ihr ermöglichen, Kohärenz zu schaffen und sich als je spezifische Gesellschaft zu definieren. Imaginäre gesellschaftliche Bedeutungen ermöglichen den gesellschaftlichen Subjekten, sich eine »gemeinsame Welt« zu erschaffen. Die Einheit der Gesellschaft resultiert letztlich jedoch nicht aus der bewussten, vollständig explizierbaren Intention gesellschaftlicher Gruppen oder einzelner Akteur*innen, sondern ist das kontingente Ergebnis der Gesamtheit institutionalisierter, imaginärer gesellschaftlicher Bedeutungen der Gesellschaft oder mit Castoriadis gesprochen des »anonymen Kollektivs« (vgl. Castoriadis 1975: 66f.; Caumières 2011: 34). Die Macht des anonymen Kollektivs erlegt beispielsweise jedem Neugeborenen qua Sozialisation die Sprache und im Zusammenhang mit dieser ihre symbolische Welt auf (vgl. Castoriadis 1991: 93). Imaginäre gesellschaftliche Bedeutungen lassen sich nicht ausschließlich in ihrem rationalen oder funktionalen Sinn für die Gesellschaft erfassen, sondern sind stets von einem kontingenten und imaginären Surplus gekennzeichnet.[76]

Neben ihrer bereits skizzierten Funktion, einen Zugang zur Welt zu schaffen, sind imaginäre gesellschaftliche Bedeutungen sowohl für die Gesellschaft als Ganzes als auch für das Individuum sinn- und identitätsstiftend (vgl. Caumières 2011: 35).

»Die Gesellschaft muss ihre ›Identität‹ definieren: ihr Zusammenspiel; die Welt und ihre Bezüge zu ihr und zu den Dingen, die die Welt enthält; ihre Bedürfnisse und Verlangen. Ohne die ›Antwort‹ auf diese ›Fragen‹, ohne diese ›Definitionen‹, gibt es keine menschliche Welt, keine Gesellschaft und keine Kultur – da sonst alles unterschiedslos Chaos bleiben würde. Die Aufgabe der imaginären Bedeutungen ist es, eine Antwort auf diese Fragen zu geben, eine Antwort, die selbstverständlich weder die ›Realität‹ noch die ›Rationalität‹ geben können [...].« (Castoriadis 1975: 221)

---

76 Castoriadis plädiert an dieser Stelle dafür, das Streben nach einer vollkommen erschöpfenden Erklärung der Herausbildung von Gesellschaften und ihrer spezifischen Gestaltung aufzugeben (vgl. Caumières 2011: 33f.).

Imaginäre gesellschaftliche Bedeutungen beeinflussen die Gestaltung gesellschaftlicher Institutionen, Werte, Ziele und sozialer Beziehungen innerhalb der Gesellschaft und schaffen potenzielle und partielle Identifikationsflächen.[77] Die reellen und rationalen Elemente der Gesellschaft ergeben demnach nur Sinn und erfüllen bestimmte Funktionen, weil sie sich auf eine strukturierte und kohärente Gesamtheit imaginärer gesellschaftlicher Bedeutungen stützen (vgl. Tomès 2015: 44). Imaginäre gesellschaftliche Bedeutungen selbst sind weder real, da sie sich nicht aus der Wahrnehmung oder aus der neuen Anordnung bereits bestehender, wahrnehmbarer Elemente ableiten lassen, noch sind sie rational, da sie sich nicht logisch konstruieren oder auf logische Erfordernisse zurückführen lassen (vgl. Caumières/Tomès 2011: 136).[78] Als kontingente Schöpfungen entspringen sie der radikalen Imagination der Gesellschaft. Folglich ist imaginären gesellschaftlichen Bedeutungen stets eine gesellschaftlich-geschichtliche Dimension immanent: Sie verweisen auf einen gesellschaftlichen Gemeinsinn, um welchen herum die Gesellschaft organisiert ist.

Als imaginäre gesellschaftliche Bedeutungen lassen sich all diejenigen »Werte, Normen und Ideale« bezeichnen, die eine Gesellschaft notwendigerweise schafft, um auf drei fundamentale Fragen zu antworten: Wer sind wir als Gemeinschaft? Was sind wir füreinander? Was wollen wir und was fehlt uns? Imaginäre gesellschaftliche Bedeutungen strukturieren demnach die Gesellschaft und verleihen ihr ihre Identität (*eccéité*) (vgl. Castoriadis 1975: 205). Bereits die Definition des »Wir« verweist auf eine Reihe imaginärer Bedeutungen: sich beispielsweise als hebräisches Volk zu definieren, birgt demnach die Bedeutung »des auserwählten Volkes« (vgl. Tomès 2007: 53).

Imaginäre gesellschaftliche Bedeutungen machen auch auf die Ideale der Gesellschaft aufmerksam, mit ihnen lassen sich Aussagen darüber treffen, was in einer Gesellschaft als »gerecht« und »ungerecht« begriffen wird (vgl. Castoriadis 1975: 205; Tomès 2015: 45). Folglich lassen sich die imaginären gesellschaftlichen Bedeutungen ebenfalls als implizite gesellschaftliche Handlungsnormen verstehen.[79] So gilt die Akkumulation von Geld in

---

77 Identifikation kann für Castoriadis analog zur Sozialisation nie vollständig gelingen, sondern stellt immer einen Versuch der Identifikation dar.

78 Castoriadis unterscheidet zwischen Wahrnehmbares/Reales, Denkbares/Rationales und Vorstellbares/Imaginäres als Referenzbereiche für Bedeutungen (vgl. Kelbel 2005: 228).

79 Der Philosoph Hans Joas stellt fest, dass Castoriadis keinen funktionalen Zusammenhang zwischen Imagination und Handeln herausarbeitet (vgl. Joas 1989: 598). Tatsächlich lässt sich vermuten, dass Castoriadis von einer zumindest losen Verbindung

kapitalistischen Gesellschaften beispielsweise als erstrebenswert, während in stark religiösen Gesellschaften Frömmigkeit und Gottesverehrung zentrale Werte darstellen (vgl. Caumières 2013: 78). Schließlich bringen imaginäre gesellschaftliche Bedeutungen sogar für eine Gesellschaft charakteristische Typen von Emotionen, Affekten und sogar Subjekte hervor:

»Jeder Institution der Gesellschaft entspricht ein anthropologischer Typ, der ihr konkreter Träger und zugleich ihr Produkt und Bedingung für ihre Reproduktion ist.« (Castoriadis 1989a: 197)[80]

Ein Beispiel für eine zentrale imaginäre gesellschaftliche Bedeutung, die seit dem 19. Jahrhundert bis in die Gegenwart in Europa das Selbstbild und die Organisation politischer Gemeinschaften beeinflusst, ist die »Nation« (vgl. Tomès 2015: 45). Aus der imaginären Bedeutung der »Nation« als ethnisch-politisch konstruierter Identitätszusammenhang leiten sich Institutionen wie beispielsweise die Staatsbürgerschaft und das aus ihr resultierende, auf Staatsbürger*innen beschränkte Wahlrecht ab. Auch Geschlechterverhältnisse sind wesentlich von imaginären gesellschaftlichen Bedeutungen konstituiert: Die Einteilung von Geschlecht in binäre soziale Kategorien von »Frau« und »Mann« lässt sich nicht durch gegebene biologische Differenzen erklären, sondern auf imaginäre gesellschaftliche Bedeutungen zurückführen, die »Frau-« und »Mann«-Sein mit sozialen Identitäten und Rollen sowie ihnen attribuierten Charakteristika versehen. »Frau-« oder »Mann-Sein« bedeutet dementsprechend in Nordafrika, Südamerika, Westeuropa oder in der Feudalgesellschaft des 11. Jahrhunderts etwas anderes – je nach den instituierten gesellschaftlichen imaginären Bedeutungen.[81]

---

zwischen Imagination und Handeln ausgeht, ohne dass klar ist, woraus sie genau besteht.

80 Castoriadis gesteht, dass dieser Aspekt besonders schwierig zu beweisen ist. Als Beispiel führt er das christliche Credo und Frömmigkeit an, die den antiken Griechen als Gefühl beispielsweise fremd gewesen sei (vgl. Caumières 2013: 78). Ein anderes Beispiel könnte die imaginäre gesellschaftliche Bedeutung der »Kuh« sein, die im Hinduismus als heiliges Wesen verehrt wird. Der Kuh wird dementsprechend Respekt und Ehrfurcht entgegengebracht. Das Gefühl der Ehrfurcht resultiert hier aus der Bedeutung, die der »Kuh« als Imaginäre zugesprochen wird.

81 Das aktuelle Aufbrechen der Binarität geschlechtlicher Verhältnisse durch die anfängliche gesellschaftliche Anerkennung von Inter-, Queer- und Transgender deutet auf einen Wandel der imaginären gesellschaftlichen Bedeutung von Geschlecht hin. Eine erste Institutionalisierung dieser Veränderung in der deutschen Gesellschaft lässt sich an der Reform der Geburtsurkunde festmachen. Neben »weiblich« und »männlich« ist es seit

Castoriadis weist auf zwei Aggregatzustände imaginärer gesellschaftlicher Bedeutungen hin: instituierende und instituierte Imaginäre. Instituierende Imaginäre werden durch das »anonyme Kollektiv« geschaffen und bringen neue Formen und Bedeutungen hervor, während instituierte Imaginäre das Ergebnis der instituierenden Handlung darstellen (vgl. Poirier 2004: 86). Bei instituierten Imaginären handelt es sich um aktuale Imaginäre,[82] wie beispielsweise kollektive Vorstellungen, Mythen und (Selbst-) Bilder einer gegebenen Gesellschaft (vgl. Diehl 2015: 84). Gesellschaftliche Narrative und Mythen sind infolgedessen von zentraler Bedeutung, damit die Gesellschaft sich selbst begreifen, erzählen und imaginieren kann. Instituierte Imaginäre »bilden den gesellschaftlichen Raum, der in Institutionen, Konventionen und Normen ein soziales Gefüge konkretisiert« (Wieder 2016: 206). Castoriadis denkt an dieser Stelle die Gesellschaft in ihrer imaginierenden und produktiven sowie in ihrer formgebenden Dimension.

Das *Magma* der Gesellschaft, wie es Castoriadis mit einer aus der Geologie entlehnten Metapher ausdrückt, beinhaltet die Gesamtheit instituierender und instituierter Imaginäre, aber auch komplexe Seinsweisen der Individuen, Wahrnehmungsmuster, Symbole, Mythen, Traditionen und Institutionen der Gesellschaft (vgl. Castoriadis 1982b: 104f.).

»Dieses Gewebe ist das, was ich das *Magma* der *gesellschaftlichen imaginären Bedeutungen* nenne, die der sie tragenden und sie verkörpernden Institution der betreffenden Gesellschaft sozusagen Leben einhauchen. Solche gesellschaftlichen imaginären Bedeutungen sind zum Beispiel: Geister, Götter, Gott; polis, Bürger, Nation, Staat, Partei; Ware, Geld, Kapital, Zinssatz; Tabu, Tugend, Sünde usw. Aber auch: Mann/Frau/Kind [...] (Castoriadis 1981: 30). [...] Somit führen uns die gesellschaftlichen imaginären Bedeutungen einen in anderen Bereichen bislang unbekannten Organisationstyp vor. Ich nenne diesen Typ ein *Magma*. Ein Magma »enthält« Mengen – sogar unbegrenzte Zahl von Mengen –, ist aber nicht auf Mengen oder Mengensysteme, wie reichhaltig und komplex sie auch sein mögen, *reduzierbar.*« (ebd.: 36)

November 2013 ebenfalls erlaubt, die Eintragung für das Geschlecht bei Säuglingen, deren biologisches Geschlecht nicht eindeutig festzustellen ist, offen zu lassen. Daran lässt sich erneut erkennen, dass imaginäre gesellschaftliche Bedeutungen und ihr Wandel reale und handfeste Veränderungen zur Folge haben können.

82 Castoriadis nennt aktuelle imaginäre gesellschaftliche Bedeutungen, die bereits institutionalisiert sind, aktuale Imaginäre (vgl. Condoleo 2015: 59). Darüber hinaus unterscheidet er noch zwischen zentralen (wie Nation) und peripheren Imaginären (wie Flagge) (vgl. Castoriadis 1975: 193). Diese Unterscheidung ist für meine empirische Arbeit nicht wichtig, da ich keine Hierarchisierung der Imaginäre vornehme.

Castoriadis macht mit dem Begriff des Magmas auf die Fluidität und Ver-änderbarkeit imaginärer gesellschaftlicher Bedeutungen und der Gesell-schaft als Ganzes aufmerksam. Das Magma lässt sich ebenfalls als »Bedeutungsreservoir für schöpferische Akte« (Kelbel 2005: 239) begrei-fen. Wie das Gestein weist das gesellschaftliche Magma eine Form mit bestimmten Strukturen auf, die nicht statisch sind, sondern dynamisch werden können. Im Zuge der Dynamisierung verändert sich die Form des Magmas, wodurch sich ebenfalls die Beziehungen seiner einzelnen Ele-mente, das heißt der imaginären gesellschaftlichen Bedeutungen und In-stitutionen, wandeln. Dabei kann es zu unzähligen neuen Anordnungen seiner Elemente kommen. Castoriadis argumentiert, dass die Neuanord-nung bestehender Elemente etwas grundlegend Neues schafft: Die Ele-mente werden dadurch anders bestimmt und die Neuzusammensetzung kann nicht einfach auf die sie konstituierenden Elemente reduziert werden. Diese neuen Anordnungen haben eine Veränderung der Gesellschaft, ihrer Imaginäre und Institutionen zur Folge. Ihre Veränderung schöpft die Ge-sellschaft folglich aus sich selbst heraus. Das Magma deutet nicht nur auf das zeitgenössische Fundament der Gesellschaft, sondern weist darüber hinaus auf ihr Veränderungspotenzial und einen zukünftigen Möglichkeits-raum hin. Gesellschaftliche Wirklichkeit lässt sich dementsprechend nicht auf ihre gegenwärtigen Bestandteile (Institutionen, Imaginäre, Subjektivie-rungen etc.) reduzieren, sondern beinhaltet stets einen Überschuss.

Wie lässt sich nun der Zusammenhang von Imaginären, Gesellschaft und Subjekt denken? Castoriadis zufolge ermöglichen imaginäre gesell-schaftliche Bedeutungen erst gesellschaftliche Subjektivität. Als Individuen sind wir nicht nur grundsätzlich von sozialen Normen und Imaginären ge-prägt, wir schaffen und reproduzieren diese auch selbst (vgl. Condoleo 2015: 62). Zum einen bedeutet das, dass Individuen wesentlich von gesell-schaftlichen Institutionen sowie ihnen inhärenten gesellschaftlichen, ima-ginären Bedeutungen konstituiert werden. Zum anderen verändern gesell-schaftliche Kollektive imaginäre Bedeutungen kontinuierlich. Imaginäre wirken in gewisser Weise auf Subjekte und Kollektive, die sie erschaffen, zurück. Sie entziehen sich folglich einer vollkommen bewussten Schöp-fung, Intentionalität oder Zweck-Mittel-Rationalität (vgl. Hetzel 2007: 30). Demnach teilen Subjekte innerhalb einer Gesellschaft mit ihren Mitmenschen grundlegende Imaginäre ihrer Zeit (vgl. Condoleo 2015: 107f.).[83] Zugleich inkorporiert jedes Subjekt nahezu das gesamte Gefüge imaginärer Bedeutungen einer Gesellschaft (vgl. Castoriadis 1982a: 48). Subjekte können nen demzufolge »nur in der und durch die Gesellschaft« (Castoriadis 1981: 27) existieren.

Castoriadis' Begriff des Imaginären ist für die vorliegende Arbeit vor allem deshalb relevant, da mit ihm sowohl gesellschaftliche Einflüsse als auch das schöpferische Vermögen des Subjektes und der Gesellschaft erfasst werden. Die in den Interviews mit den tunesischen Akteur*innen geäußerten imaginären gesellschaftlichen Bedeutungen werden mit Castoriadis also nicht ausschließlich als individuelle, sondern vielmehr als gesellschaftliche Vorstellungen begriffen. Die Imaginäre können nicht zuletzt kollektiv neu formuliert und angeeignet werden.

Ein weiterer, entscheidender Vorteil des Konzepts liegt darin, dass imaginäre gesellschaftliche Bedeutungen uns nicht nur etwas über gesellschaftliche Werte, Ziele und Orientierungen verraten. Sie geben auch Aufschluss über imaginierte Alternativen (vgl. Bottici/Challand 2011: 3). Imaginäre Bedeutungen können imaginierte Zukunftsvorstellungen und Wünsche offenbaren, die ich für meine empirische Arbeit auf ihre soziopolitischen und normativen Prägungen befrage. Die imaginierten politischen Vorstellungen der Gesellschaft informieren darüber, wie sich diejenigen, die sich gegen das System von Ben Ali auflehnen, eine alternative Ordnung vorstellen. Solche imaginären Bedeutungen beziehen sich auf die Gegenwart, um von ihr ausgehend die Zukunft zu denken.

Das macht imaginäre gesellschaftliche Bedeutungen zu besonders interessanten Analysegegenständen des tunesischen Revolutionsprozesses. An ihnen lassen sich die Beständigkeit (fundamentale Werte, Institutionen) und der Wandel (neue politische Orientierungen) der tunesischen Gesellschaft untersuchen.

---

83 Die Fähigkeit des Subjekts zur eigenen Veränderung steht im Verhältnis mit dem jeweiligen historischen und gesellschaftlichen Kontext und den Transformationen des Kollektivs (vgl. Ansart-Dourlen 2005).

2.2.3 Imaginäre, Geschichte und Revolution

Castoriadis intendiert mit dem Begriff des Imaginären, der Kreativität der Gesellschaft[84] Rechnung zu tragen (vgl. Castoriadis 1981: 27; Caumières/ Tomès 2011: 132).

Das Gesellschaftlich-Geschichtliche (*le social-historique*), von Castoriadis auch das »gesellschaftlich-geschichtliche Feld« genannt, umfasst alle institutionellen und imaginären Strukturen, die sich in Symbolen und im menschlichen Handeln manifestieren (vgl. Condoleo 2015: 111). Das Gesellschaftlich-Geschichtliche ist gewissermaßen ein unbestimmtes Handlungsfeld, in welchem Subjekte in einem kontinuierlichen Kreationsprozess kollektive Institutionen erschaffen und sie verändern (vgl. Poirier 2004: 87).[85]

Gesellschaften errichten neue, symbolisch und imaginär vermittelte Formen und Ordnungen. Alle gesellschaftlichen Elemente sind demnach Kreationen und Institutionen, die das Ergebnis einer instituierenden Handlung darstellen (vgl. Vanni 2006: 151f.). Gesellschaft denkt er als instituierende und instituierte Gesellschaft (vgl. Van Eynde 2006: 71).

»Gesellschaft ist Schöpfung und Schöpfung ihrer selbst: Selbst-Schöpfung. Sie ist Auftauchen einer neuen ontologischen Form – eines neuen *eidos* – und einer neuen Seinsebene bzw. Seinsweise. Sie ist eine Quasi-Totalität, zusammengehalten von Institutionen (Sprache, Normen, Familie, Werkzeuge, Produktionsweisen usw.) und Bedeutungen, die diese Institutionen verkörpern (Totems, Tabus, Götter, polis, Ware, Reichtum, Vaterland usw.). Beide – Institutionen und Bedeutungen – stellen ontologische Schöpfungen dar. Nirgendwo sonst begegnen wir Institutio-

---

84 Gesellschaft und Geschichte denkt Castoriadis als untrennbar miteinander verbunden, da es keine Gesellschaft gibt, die nicht historisch ist, oder besser gesagt, die nicht ihre eigene Historizität institutionalisiert, sowie es keine Geschichte gibt, die nicht die historische Abfolge von Gesellschaften und ihrer Selbst-Veränderung ist (vgl. Tomès 2015: 40). Für Castoriadis kann es aufgrund dieser Verstrickung von Gesellschaft und Geschichte auch keine Perspektive geben, die sich *außerhalb* oder *vor* der Geschichte und Gesellschaft situiert: Jegliches Denken über Gesellschaft und Geschichte ist selbst von Gesellschaft und Geschichte geprägt und somit ein Resultat des Gesellschaftlichen und Geschichtlichen (vgl. Castoriadis 1975: 8).

85 Castoriadis' Idee der Kreativität des Gesellschaftlich-Geschichtlichen erinnert an Hannah Arendts Begriff des Neuanfangs als Fähigkeit handelnder Subjekte, Neues zu erschaffen und den Geschichtsverlauf zu beeinflussen (vgl. Delcroix 2008: 119; 2006: 223). Arendts Verständnis der Kreativität unterscheidet sich bei näherem Hinsehen jedoch von Castoriadis', da Kreativität für sie lediglich das Resultat gemeinsamen Handelns sein kann und nicht als einzelner, genialer Einfall zu begreifen ist (vgl. Straßenberger 2015: 86f.).

nen als Beziehungsmodus, der die Elemente einer Gesamtheit zusammenhält; und wir können weder die Form Institution an sich noch das Faktum Institution, noch die jeder Gesellschaft eigenen primären Institutionen ›erklären‹ – d. h. kausal erzeugen oder rational ableiten.« (Castoriadis 1997a: 331)

Jede Gesellschaft erfindet und passt kontinuierlich ihre Institutionen und Bedürfnisse an. Institutionen und gesellschaftliche Bedürfnisse sind nicht ausschließlich Ausdruck materieller Notwendigkeiten, wie es funktionalistische Ökonomen behaupten.[86] Vielmehr werden sie von imaginären gesellschaftlichen Bedeutungen konstituiert und als *soziale* Bedürfnisse artikuliert (vgl. Castoriadis 1975: 226). Das bedeutet, dass gesellschaftliche Bedürfnisse und Institutionen, geprägt von imaginären Bedeutungen, kollektiv verhandelt werden (vgl. Poirier 2004: 84ff.).

Nach Castoriadis verkennt die ökonomisch-funktionelle Perspektive vor allem die zentrale Bedeutung der symbolischen und somit auch imaginären Dimension des sozialen Lebens und gesellschaftlicher Institutionen (vgl. Caumières/Tomès 2011: 133).[87] Das Imaginäre kann erst durch das Symbolische seinen virtuellen Charakter verlieren und wirklich werden: Erst wenn es sich symbolisch ausdrückt, kann es existieren (vgl. Castoriadis

---

86 Diese Perspektive führt, nach Castoriadis, die Existenz jeglicher, gesellschaftlicher Institutionen und ihrer Merkmale auf eine bestimmte Funktion innerhalb der Gesellschaft zurück. Demnach erfülle jede Institution, jede Norm und Sitte eine lebenswichtige Funktion, die zum Fortbestand der Gesellschaft beitrage. Jede Funktion befriedige folglich ein gesellschaftliches Bedürfnis. Diese Position führt Castoriadis im Wesentlichen auf den Anthropologen Bronislaw Malinowski, Vorläufer von Parsons' soziologischem Systemfunktionalismus, zurück. Er fügt jedoch hinzu, dass der Marxismus auch darunter zu fassen ist, da er annehme, dass Institutionen adäquate Mittel der Gesellschaft darstellen, um bestimmte Forderungen der ökonomischen Infrastruktur zu befriedigen (vgl. Castoriadis 1975: 172). Castoriadis zweifelt dabei nicht an, dass Institutionen bestimmte Funktionen innerhalb der Gesellschaft erfüllen. Vielmehr kritisiert er die Auffassung, Institutionen lediglich funktional zu erklären (vgl. ebd.: 173). Castoriadis weist dagegen – neben dem funktionellen – auch auf den imaginären Charakter von Institutionen hin.

87 Einen anderen Determinismus erkennt Castoriadis in strukturalistischen Zugängen, wie beispielsweise in Lacans Sprachtheorie. Diese verabsolutiere die Bedeutung symbolischer Ordnungen, indem sie davon ausgehe, dass die Logik und Struktur der symbolischen Ordnung das soziale Leben unweigerlich determiniere (vgl. Castoriadis 1975: 205–211). Für Lacan sind wir der Sprache ausgeliefert. Castoriadis plädiert dafür, sich durch die Psychoanalyse gegenüber unbewusst herrschenden, imaginären Institutionen unabhängig zu machen, sie aufzudecken und zu bearbeiten (vgl. Condoleo 2015: 108). Der Artikel von Olivier Fressard deckt den ambivalenten Einfluss von Lacans psychoanalytischen und strukturalistischen Ideen auf Castoriadis' Denken auf (vgl. Fressard 2006: 119–150).

1975: 190; Condoleo 2015: 57). Das Imaginäre erschöpft sich jedoch nicht in Symbolen. Umgekehrt genügt auch das Symbolische sich selbst nicht, da es nicht autonom ist, wie Castoriadis gegen die strukturalistische Perspektive argumentiert. Vielmehr verweist es stets auf etwas, das selbst weder symbolisch noch real-rational ist: das Imaginäre (vgl. Castoriadis 1975: 219; Tomès 2015: 35). Das Symbolische »setzt die Fähigkeit voraus, in einer Sache etwas zu sehen, das sie nicht ist, sie anders zu sehen, als sie ist« (Castoriadis 1975: 177). Symbole drücken ergo imaginäre Bedeutungen aus (vgl. Condoleo 2015: 62). Das Imaginäre verleiht durch ein Symbolsystem jeder Institution seine spezifische Ausrichtung, kurz: seinen Sinn (vgl. Castoriadis 1975: 219). Durch die Referenz auf das Imaginäre gelingt es Castoriadis zum einen, darzulegen, dass Gesellschaften je nach imaginären gesellschaftlichen Bedeutungen unterschiedliche Institutionen errichten. Zum anderen verdeutlicht er den unbestimmten und somit stets veränderlichen Charakter von Institutionen und Gesellschaften (vgl. Tomès 2015: 36). Institutionen erscheinen in ihrer spezifischen Gestaltung folglich als »weder absolut notwendig noch vollkommen zufällig« (Castoriadis 1988b: 273).

Mit seinem Verständnis der radikalen Imagination intendiert Castoriadis, mit dem deterministischen Geschichtsverständnis zu brechen, das er Hegel und Marx zuschreibt. Demnach gibt es weder so etwas wie »historische Notwendigkeit« noch verfügt Geschichte über einen »Sinn« an sich. Folglich strebt sie nicht auf ein bestimmtes Endziel hin (vgl. Cervera-Marzal 2012: 311). Vielmehr gründet die Geschichte aufgrund der Schöpfungs- und Sprengkraft der menschlichen Imagination auf keinem letzten Grund (vgl. Poirier 2004: 84).[88] Moderner formuliert, lässt sich Geschichte als kontingent, unvorhersehbar und offen begreifen (vgl. Hetzel 2007: 28). Die Tatsache, dass radikale Neuheit in die Geschichte eintritt, beweist für Castoriadis, dass Geschichte letztlich eine nicht-kausale Selbst-Schöpfung (*autocréation*) und Selbst-Instituierung (*auto-institution*) ist.[89]

---

88 Der Verzicht auf das Prinzip der Kausalität zum Verständnis geschichtlicher Entwicklungen geht damit einher, auf vollkommen erschöpfende oder »analytische« Erklärungsentwürfe für das Entstehen von Gesellschaften zu verzichten. Castoriadis plädiert dafür, methodische Konsequenzen aus dieser Feststellung zu ziehen: Geschichte könne nicht kausal erfasst werden (vgl. Caumières 2011: 34).

89 Castoriadis betont die intrinsische Verbundenheit von Gesellschaft und Geschichte nicht zuletzt, da er davon ausgeht, dass Gesellschaft stets aus einer Selbst-Schöpfung hervorgeht und Schöpfung sich immer in einem historischen Zeitraum ereignet (vgl. Caumières 2011: 32). Zum castoriadischen Verständnis von Zeit siehe Castoriadis (1990c).

Die radikale Imagination stellt demnach das »selbstschöpferische Moment der Gesellschaft« (Diehl 2015: 85) dar, das sowohl die instituierende Instanz als auch das Vermögen der Gesellschaft, sich selbst zu verändern, impliziert (vgl. ebd.). In dieser anti-teleologischen Vorstellung entspricht der »Sinn« der Geschichte lediglich dem Sinn, den die Subjekte der Geschichte zuschreiben. Geschichte ist folglich das Feld, in und durch welches Bedeutung von Subjekten gestiftet wird (vgl. Castoriadis 1995: 70).

Das Argument der Nicht-Kausalität (*le non-causal*) sowie der Selbst-Schöpfung von Gesellschaft und Geschichte impliziert jedoch nicht, dass sich Gesellschaften voraussetzungslos und ohne jegliche Mittel auf einer *tabula rasa cum nihilo* (mit nichts) und *in nihilo* (in nichts) errichten (vgl. Castoriadis 1988a: 207). Vielmehr geht Castoriadis davon aus, dass Gesellschaften ihre Organisation als spezifische gesellschaftlich-geschichtliche Realität aus grundlosen Schöpfungen (*ex nihilo*) bilden (vgl. Poirier 2004: 85). Die Neuschöpfung bezieht sich demnach stets auf etwas zuvor Bestehendes, um das Neue zu schaffen. Die imaginären Bedeutungen sind kein »Abbild von« etwas, sondern als eine kontinuierliche und wesentlich unbestimmte Schöpfung zu begreifen (vgl. Castoriadis 1975: 8). Die Nicht-Kausalität der Geschichte meint nicht lediglich ihre Unvorhersehbarkeit, sondern vor allem das explizit schöpferische Element dieser Grundlosigkeit, die »Individuen, Gruppen, Klassen oder ganze Gesellschaften« (Castoriadis 1975: 65) hervorbringt.

An dieser Stelle erinnert Castoriadis' Plädoyer der Nicht-Kausalität der Geschichte an das Kontingenzargument, das von radikalen Demokratietheorien stark gemacht wird. Radikale Demokratietheoretiker*innen weisen die Vorstellung zurück, dass sich Demokratie anhand von festen, allgemeingültigen und kollektiv zustimmungswürdigen Prinzipien begründen ließe. Es wird ein letzter, ultimativer, nicht aber *jeder* Grund negiert (vgl. Marchart 2009: 134f.).[90] Sie postulieren also keine Form des Nihilismus, indem sie behaupten, dass gegenwärtige Gesellschaften ohne jegliche Fundamente auskämen. Judith Butler (1992) spricht daher auch von »contingent foundations« – einer Reihe kontingenter, umkämpfter und letztlich stets scheiternder Versuche, das Soziale mit festgelegten Fundamenten auszustatten (vgl. Butler 1992: 7). Die Betonung auf kontingente und vorläufige Gründe ist konstitutiv für die Möglichkeit *pluraler* Gründe: »Post« bezieht sich hier folglich nicht auf einen historisch letzten Moment.

---

90 Daher wird diese Position als »Postfundamentalismus« und nicht als »Antifundamentalismus« bezeichnet.

Wie bereits angedeutet, instituiert sich die Gesellschaft stets in einer bestimmten Umwelt, die sie nicht selbst kreiert, sondern vorfindet und die auch ihre Instituierung mit bedingt (vgl. ebd.: 221). Diese Umwelt bezeichnet Castoriadis als »primäre natürliche Schicht«,[91] an welcher sich die Gesellschaft anlehnt,[92] um sich zu instituieren (vgl. Castoriadis 1975: 512). Das bedeutet, dass die Instituierung der Gesellschaft und die aus ihr resultierenden imaginären Bedeutungen zumindest minimal mit der reellen Welt kongruent sein müssen (vgl. Tomès 2015: 82). Eine Gesellschaft, die ohne jegliche Verbindung zur natürlichen Umwelt und lediglich in Phantasmen lebt, ist nicht überlebensfähig. Castoriadis illustriert das am Beispiel einer Gesellschaft von Hirten, die nicht überleben kann, wenn sie davon ausgeht, dass ihre Schafe sich ausschließlich durch den Geist befruchten. Gesellschaft muss demzufolge in einem bestimmten Maß biologische Gesetze berücksichtigen (vgl. Castoriadis 1986: 434). Analog dazu müssen auch imaginäre gesellschaftliche Bedeutungen zu einem gewissen Grad bestimmte reale Elemente berücksichtigen – auch wenn sie Realität erst mit Sinn ausstatten. Der Politikwissenschaftler Paul Sörensen weist zu Recht darauf hin, dass Castoriadis' Gedanke, dass eine Gesellschaft zwar imaginär instituiert, was als »Natur« gilt, dabei aber stets eine vorgesellschaftliche Natur vorfindet, eine äußerst interessante Position »jenseits von ›Naturalismus‹ und radikalem Konstruktivismus« sei (Sörensen 2016: 300f.).

Castoriadis verwendet den Begriff des »instituierenden gesellschaftlichen Imaginären« (*l'imaginaire instituant*), um gleichzeitig die Selbst-Institution der Gesellschaft und ihre Entfremdung zu erläutern (vgl. Tomès 2015: 34) Das soziale oder instituierende Imaginäre umfasst die komplexe Gesamtheit aller imaginärer gesellschaftlicher Bedeutungen und Institutionen der Gesellschaft.[93] Dieses Imaginär ist sozial, da es von allen Subjekten der Gesellschaft geteilt wird (vgl. Tomès 2015: 40). Es handelt sich um das Gesellschaftlich-Geschichtliche »als anonymes Kollektiv und

---

91 Auf diese erste natürliche Schicht folgt die Schicht der Psyche und letztlich die Schicht der Gesellschaft (vgl. Tomès 2015: 48).

92 Castoriadis übernimmt den Begriff der »Anlehnung« (*l'étayage*) von Freud (vgl. Castoriadis 1975: 278). Freud verwendet den Terminus in seiner Triebtheorie, um darauf hinzuweisen, dass ursprünglich die Sexualtriebe von den Selbsterhaltungstrieben abhängen (vgl. Kelbel 2005: 236).

93 Beim sozialen Imaginären handelt es sich meines Erachtens nicht um *ein* Imaginär im Besonderen, sondern – trotz dieses ungewöhnlichen Gebrauchs des Singulars – um die Gesamtheit aller imaginärer gesellschaftlicher Bedeutungen.

seiner Seinsweise als instituierendes und Bedeutungen schöpfendes radikales Imaginäres« (Castoriadis 1988a: 206).

Castoriadis' Idee der instituierenden und instituierten Gesellschaft ist für die Analyse des revolutionären Prozesses in Tunesien von fundamentaler Bedeutung. In revolutionären Prozessen, »in denen die instituierende Gesellschaft in die instituierte einbricht« und »sich selbst als eine andere instituierende Gesellschaft schöpft« (Castoriadis 1990a: 342), offenbaren sich Castoriadis zufolge neue gesellschaftliche Imaginäre. Sie treten insbesondere in revolutionären Umbruchs- und Gründungsmomenten zutage, in denen die Gesellschaft ihre Form, ihr Wesen und ihren imaginären Gemeinsinn sucht und ihn erneut erfindet. Die Schöpfung von Imaginären wird in der vorliegenden Arbeit folglich als *ein* Teil des revolutionären Prozesses begriffen. Dieser Teil steht in der Analyse im Zentrum.[94] Wenn Revolutionen privilegierte Momente der Schöpfung imaginärer gesellschaftlicher Bedeutungen sind, so ist es entscheidend, diese zu analysieren, um ein Verständnis des revolutionären Prozesses zu erlangen. Hier stellt sich erneut die Frage nach dem Verständnis von »Revolution«. Mit Castoriadis ziehe ich zur Analyse des tunesischen Revolutionsprozesses zusätzlich zum bereits skizzierten Revolutionsverständnis folgenden Begriff von Revolution heran:

»Revolution means that most of the community enters a phase of *political* – meaning *instituting* – activity. The social instituting imaginary goes to work and explicitly tackles the transformation of the existing institutions. Inasmuch as it encounters resistance from the previous institutions, and therefore from the established government, it understandably tackles the governmental institutions, that is, the political institutions in the narrow sense. But this awakening of the social instituting imaginary naturally calls into question all sorts of other dimensions of social life, formally instituted or not. [...] Changes in those institutions [...] derive from another sort of labor performed by society on itself, a process with its own rhythms, its own time frame. Revolution is a hub in this process – both the out-

---

94 Es sollte jedoch nicht der Eindruck entstehen, dass ich Revolutionen ausschließlich als Momente der Schöpfung imaginärer gesellschaftlicher Bedeutungen begreife. Die Schöpfung von Imaginären, d. h. die imaginäre Dimension von Revolutionen, ist ein Teil der Revolution. Soziale Praktiken und das Handeln der Akteur*innen bilden einen weiteren, ebenso fundamentalen Teil, für den man sich interessieren muss, wenn das Phänomen der Revolution in Gänze erfasst werden soll. In dem vorliegenden Buch werde ich mich dem tunesischen Revolutionsprozess jedoch nur über die Analyse imaginärer gesellschaftlicher Bedeutungen annähern. In Kapitel 1.4 weise ich bereits auf bestehende Forschungen bezüglich der Praktiken des Widerstandes und der Handlungen diverser Akteur*innen hin.

come and a mediation enabling the self-transformation of society to proceed. [...] No revolution is the outcome of a tabula rasa, nor can it produce a tabula rasa, even if it wants to. It is socially/historically prepared; it occurs under specific conditions, often continues already existing trends – or falls back on them.« (Castoriadis 1987b: 144f.)

Zwei Aspekte dieser Definition sind für meine Forschung konstitutiv: Erstens geht für Castoriadis der Ausbruch einer Revolution mit dem Inkrafttreten instituierender Imaginäre einher, anhand derer existierende Institutionen neu gedacht werden. Die Imaginäre der Bevölkerung geraten hier in einen Konflikt mit den Staatsnarrativen und -institutionen. Die Erforschung instituierender Imaginäre des Revolutionsprozesses kann folglich *potenziell* Aufschluss über zukünftige, gesellschaftliche und politische Institutionen der tunesischen Gesellschaft geben. Natürlich lässt sich daraus noch nicht auf das tatsächliche *Gelingen* der Institutionalisierung der instituierenden Imaginäre schließen. Ich gehe nicht davon aus, dass sich die instituierenden Imaginäre des Revolutionsprozesses unmittelbar in bestimmten Institutionen niederschlagen müssen, um als zentrale Imaginäre für den revolutionären Prozess zu gelten.[95] Vielmehr trägt dieses Revolutionsverständnis auch der Tatsache Rechnung, dass Revolutionen hinter ihre Ziele zurückfallen können. Ferner entfernt sich dieser Revolutionsbegriff von einer Output-Perspektive auf Revolution, die in erster Linie daran interessiert ist, »revolutionäre Ergebnisse« zu evaluieren.

Im Hinblick auf meine Analyse des tunesischen Revolutionsprozesses ermöglicht mir dieser Revolutionsbegriff, die imaginären gesellschaftlichen Bedeutungen als Imaginäre des Revolutionsprozesses herauszustellen, ohne ihre Realisierung voraussetzen zu müssen. Mit Castoriadis lässt sich Revolution als Prozess begreifen: Die Veränderung politischer und gesellschaftlicher Institutionen sowie die Konstituierung neuer Institutionen erfordert Zeit und kann sich nicht in punktuellen Momenten des Umbruchs vollziehen.[96] Dieses Verständnis der Revolution als ein langjähriger Prozess, der zwar durch einen Moment des Ausbruches eines radikalen Konfliktes ausgelöst wird, sich darin jedoch nicht »erschöpft«, stellt wie bereits

---

95 Das eignet sich insbesondere für die Analyse des tunesischen Falls, da es sich um eine aktuelle Revolution handelt. Die von ihr hervorgebrachten Institutionen lassen sich daher noch nicht in Gänze erfassen.

96 Es muss darauf hingewiesen werden, dass Castoriadis selbst Revolution nicht explizit als Prozess bezeichnet. Vielmehr spricht er im Zusammenhang mit seiner Begründung der Autonomie von Revolution als (politisches) *Projekt* (vgl. Castoriadis 1989b).

erwähnt ebenfalls meine Ausgangsbasis für die Erforschung des tunesischen Revolutionsprozesses dar. Diese Vorstellung einer Revolution als Prozess wird zudem von den interviewten tunesischen Akteur*innen geteilt (vgl. Kap. 5).

Zweitens steht dieses Verständnis von Revolution im Gegensatz zu zahlreichen politikwissenschaftlichen Revolutionstheorien (vgl. Tilly 1993; Goldstone 1982, 2014; Skocpol 1979), die sich einzig auf den Sturz des politisch-staatlichen Systems, auf politische und gesellschaftliche Eliten sowie auf konkrete Veränderungen der Machtverhältnisse konzentrieren. Castoriadis' Revolutionsbegriff hingegen interessiert sich für die Veränderung politischer und gesellschaftlicher Institutionen, Ideen und Vorstellungen im weitesten Sinne. In dem Moment, in dem in einer konfliktuellen gesellschaftlichen Auseinandersetzung zentrale Institutionen radikal infrage gestellt werden und neue – von imaginären gesellschaftlichen Bedeutungen inspirierte – Institutionen versucht werden zu etablieren, können wir von Revolution sprechen. Ferner schließt dieses Revolutionsverständnis auch die Implikation weiter Teile der Bevölkerung in die Phase der Erschaffung instituierender Imaginäre ein. Dies lässt sich ebenfalls im tunesischen Revolutionsprozess beobachten, da dieser von weiten Teilen der Bevölkerung getragen wird (vgl. Chronologie im Anhang).

Abschließend kann resümiert werden, dass sowohl die Idee der Imagination als auch die gesellschaftliche Bedeutung des Imaginären Castoriadis dazu dient, Subjekte als kreativ-schöpferische Kräfte in gesellschaftlichen Formgebungsprozessen zu denken.

2.2.4   Die Imaginäre *revisité*

Aus den oben genannten Gründen erachte ich Castoriadis' Begriff imaginärer gesellschaftlicher Bedeutungen, kurz: Imaginäre, für geeignet, um die politischen und gesellschaftlichen Vorstellungen der tunesischen Akteur*innen zu erfassen. An vier Stellen werde ich jedoch von Castoriadis' Gebrauch des Begriffs abweichen.

Erstens behauptet Castoriadis, dass imaginäre gesellschaftliche Bedeutungen von einem anonymen Kollektiv instituiert werden, das sich letztlich nicht auf einzelne Akteur*innen zurückführen lässt. Diese Auffassung ist wenig überzeugend. Selbst wenn die Institutionalisierung von Imaginären bewirkt, dass die Gesellschaft als Ganzes das Imaginäre teilweise neu bestimmt, so lassen sich doch einige gesellschaftliche Vorstellungen in ihren

Grundzügen sehr wohl auf bestimmte Akteursgruppen zurückführen. Geschlechtergleichheit oder Umweltschutz beispielweise werden von bestimmten, zum Teil etablierten Akteur*innen zu institutionalisieren versucht. Einzig der Umstand, dass instituierte Imaginäre dem ständigen gesellschaftlichen Wandel unterliegen und folglich nicht von einzelnen Persönlichkeiten abhängen, scheint Castoriadis' Annahme eines anonymen, unpersönlichen Kollektivs zu rechtfertigen.

Jürgen Habermas hat in diesem Zusammenhang zu Recht kritisch angemerkt, dass Castoriadis durch die Rede des anonymen Kollektivs ein übergeordnetes Makrosubjekt des gesellschaftlichen Konstitutionsprozesses konzipiere, welches letztlich die gesamte Theorie von einer erfahrbaren Praxis handelnder Individuen, Gruppen und Akteure entferne (vgl. Kelbel 2005: 242). Anders als Castoriadis identifiziere ich die Imaginäre konkreter Akteur*innen und keine Imaginäre eines anonymen Kollektivs. Folglich werde ich von Imaginären einzelner Akteur*innen sprechen. Bei den von mir analysierten Imaginären handelt es sich nicht um instituierte, sondern um instituierende Imaginäre (im Plural). Sie werden daher von bestimmten Akteur*innen und sozialen Gruppen, nicht aber zwangsläufig von der gesamten Gesellschaft getragen. Ferner verbietet es die begrenzte Anzahl der von mir geführten Interviews, umstandslos Rückschlüsse auf die gesamte Gesellschaft zu ziehen. Die empirisch identifizierten Imaginäre geben einen Einblick in die Imaginäre der revolutionären Akteur*innen, sie können aber keinesfalls beanspruchen, repräsentativ für alle Imaginäre der tunesischen Gesellschaft zu sein.

Zweitens unterscheide ich in meinem Gebrauch des Terminus zwischen dem radikal Imaginären und sozial instituierenden Imaginären [97] Im Gegensatz zu anderen Autor*innen (vgl. etwa Diehl 2015: 85ff.) begreife ich die beiden Begriffe nicht als synonym. Meinem Gebrauch nach handelt es sich bei der radikalen Imagination um die »konstitutive Matrix« (Poirier 2004: 101) der Gesellschaft. Diese stiftet Wirklichkeit und Sinn, erlaubt aber auch, das Potenzial der Gesellschaft zur Selbstveränderung zu denken. Die sozial instituierenden Imaginäre hingegen umfassen die Gesamtheit aller imaginären gesellschaftlichen Bedeutungen der Gesellschaft. Die Vor-

---

97 Diese Unterscheidung findet sich bei Castoriadis nicht. Ich führe sie aus methodischen und pragmatischen Gründen ein, da andernfalls die sozialwissenschaftliche Analyse der Imaginäre unmöglich erscheint. Castoriadis verwendet das soziale und das instituierende Imaginäre synonym. Der Klarheit halber spreche ich hier lediglich vom sozialen Imaginären.

stellung, dass »in dem Moment, in dem es [das instituierende Imaginäre, N.Λ.] erfasst werden kann, [...] es schon instituiertes Imaginäres geworden« (Diehl 2015: 86) ist, mag auf das radikal Imaginäre zutreffen, wenn man mit »instituiert« »symbolisch manifest« oder »sprachlich konstituiert« meint. Diehl schließt aus, dass instituierende Imaginäre durch sozialwissenschaftliche Methoden analysiert werden können (vgl. ebd.). Dies lässt sich meines Erachtens lediglich für das radikal Imaginäre vertreten, findet auf die instituierenden imaginären gesellschaftlichen Bedeutungen allerdings keine Anwendung. Vergegenwärtigen wir uns erneut Castoriadis' Bestimmung der Revolution als einen Prozess, in dem »most of the community enters a phase of *political* – meaning *instituting* – activity. The social instituting imaginary goes to work and explicitly tackles the transformation of the existing institutions« (Castoriadis 1987b: 144f.). Angesichts dieser Aussage ist nur schwer vorstellbar, dass in revolutionären Prozessen das sozial instituierende Imaginäre – einer übernatürlichen, unfassbaren Kraft gleich – Institutionen infrage stellt oder neue Werte institutionalisiert, ohne bildliche, sprachliche oder symbolische Formen anzunehmen. Meiner Auffassung nach müssen wir unter dem sozial instituierenden Imaginären lediglich ein Ensemble verstehen, welches aus allen imaginären gesellschaftlichen Bedeutungen einer Gesellschaft zusammengesetzt ist. Es handelt sich auch bei instituierenden Imaginären notwendigerweise um Imaginäre, die sprachlich konstituiert sind und sich erfassen lassen. Wie bereits erwähnt, impliziert die sprachlich-symbolische Verfasstheit instituierender Imaginäre jedoch nicht, dass es sich um *institutionalisierte* Imaginäre handelt, die von der Gesellschaft als Ganzes anerkannt werden und sich in gesellschaftlichen und politischen Institutionen konkretisiert haben.

Ferner gehe ich von der Hypothese aus, dass instituierende Imaginäre sich insbesondere in revolutionären Gründungsphasen manifestieren. So bezieht sich etwa die Präambel der tunesischen Verfassung von 2014 auf die »Revolution der Freiheit und Würde« als ihrem Gründungsmoment. Mit dieser Referenz wird nicht nur die Selbst-Institution der Gesellschaft anerkannt. Vielmehr offenbart diese Bezeichnung auch zwei zentrale revolutionäre Imaginäre, Freiheit und Würde, die es im zweiten Teil der Arbeit näher zu untersuchen gilt.

Dabei möchte ich festhalten, dass die vorliegende Arbeit nicht dem radikal Imaginären der tunesischen *Gesellschaft*, sondern instituierenden Imaginären der Akteur*innen, die zum Ausbruch des tunesischen *Revolutionsprozesses* beigetragen haben, gewidmet ist. Die Untersuchung des radikal

Imaginären erfordert dagegen psychoanalytische und interdisziplinäre Methoden (vgl. Diehl 2015: 86), über die ich nicht verfüge. Zudem müsste die Analyse des radikal Imaginären der tunesischen Gesellschaft ebenfalls konterrevolutionäre Narrative und Imaginäre berücksichtigen. Meine Analyse der instituierenden Imaginäre der Akteur*innen des Revolutionsprozesses stellt heraus, gegen welche Staatsnarrative die Akteur*innen sich wenden und welche alternativen Gesellschafts- und Politikvorstellungen sie formulieren.

Drittens unterscheide ich – anders als Castoriadis – zwischen sozialkritischen und konstruktiven Imaginären. Dabei handelt es sich nicht um eine normative Unterscheidung. Vielmehr dient sie dazu, sowohl die dekonstruktiven als auch die konstruktiven Prozesse, die sich beide anhand des Begriffs des Imaginären beschreiben lassen, zu erfassen und folglich dem Moment der Kritik und dem Moment des Überschusses in Revolutionsprozessen gerecht zu werden. Sozialkritische Imaginäre nenne ich jene Imaginäre, die die gesellschaftlichen und politischen Verhältnisse infrage stellen, ohne schon eine Alternative zu diesen zu imaginieren. Konstruktive Imaginäre werden von Akteur*innen entwickelt, die ausgehend von einer solchen Kritik eine andere politische Ordnung imaginieren. Das ist gewiss keine trennscharfe Unterscheidung, sie ermöglicht es mir jedoch, auf diese beiden Prozesse aufmerksam zu machen.

Viertens führe ich eine zusätzliche Unterscheidung zwischen dem Begriff des Imaginären und dem Begriff der Ideologie sowie dem Utopiebegriff ein, die Castoriadis nicht vornimmt. Die Abgrenzung zum Ideologie- und Utopiebegriff soll in erster Linie deutlich machen, dass das Imaginäre keinen synonymen Begriff zur Ideologie oder zur Utopie darstellt. Das bedeutet gewiss nicht, dass Imaginäre nicht ebenfalls ideologische oder utopische Elemente beinhalten können. Angesichts der Vielfalt der Ideologiebegriffe greife ich für die Abgrenzung zwischen den Imaginären und der Ideologie nicht auf einen bestimmten Ideologiebegriff, sondern auf verschiedene Verwendungsweisen des Begriffs zurück, die Raymond Geuss (1981) analysiert. Geuss zufolge lassen sich ein deskriptives, ein positives und ein pejoratives Verständnis von Ideologie ausmachen.

In einem deskriptiven Gebrauch bezeichnet ein sehr weiter Ideologiebegriff die Gesamtheit gesellschaftsstrukturierender Überzeugungen, Konzepte, Haltungen, Wünsche, Werte, Vorlieben und Gesten. Geuss unterscheidet zwischen diesem sehr weiten Ideologiebegriff und der verbreiteten Vorstellung von Ideologie als Weltanschauung, die ebenfalls Teil des deskriptiven Gebrauches des Begriffs ist. Demnach ist Weltanschauung nicht synonym zum sehr weiten Ideologiebegriff zu setzen, da nicht alle gesellschaftlichen Überzeugungen einen kohärenten Zusammenhang im Sinne einer Weltanschauung bilden.

Das positive Verständnis des Ideologiebegriffs, wie es sich Geuss zufolge in den Schriften des amerikanischen Soziologen Daniel Bell wiederfinden lässt, geht von Ideologie als »a way of translating ideas into action« (Bell zitiert nach Geuss 1981: 11) aus. Ideologie bedeutet in dieser Hinsicht eine politische Programmatik, die auf einer expliziten und systematischen Theorie gründet, wie die Gesellschaft funktionieren sollte.

Das pejorative Ideologieverständnis, mit dem sich vor allem Ideologiekritiken auseinandersetzen, meint mit Ideologie im weitesten Sinne eine »Täuschung« (ebd.: 12) und beschäftigt sich mit ideologisch generierten Bewusstseinsformen. Nach Geuss führen Ideologiekritiker*innen erstens epistemische, zweitens funktionale oder drittens genetische Gründe an, um die Kritikwürdigkeit von Ideologien herauszustellen. Der epistemische Grund weist auf die Falschheit von Bewusstseinsformen und Vorstellungen hin, während anhand des funktionalen Grundes kritisiert wird, dass Ideologien gesellschaftliche und politische Herrschaftsverhältnisse reproduzieren. Ideologiekritiker*innen zeigen mithilfe des genetischen Grunds die Art und Weise auf, wie diese Bewusstseinsformen entstanden sind (vgl. ebd.: 13ff.).

Imaginäre lassen sich am deutlichsten von Ideologietheorien abgrenzen, die den funktionalen Aspekt von Ideologien betonen, wie sie beispielsweise Antonio Gramsci formulierte. Gramsci begreift Ideologie als »praktisches Instrument gesellschaftlicher Herrschaft und Hegemonie« (Gramsci 1991: 1245). Ungeachtet der Tatsache, ob es sich dabei (wie von Geuss behauptet) um täuschende Bewusstseinsformen oder aus der sozialen Sphäre aufgreifende Vorstellungen des »Alltagsverstandes« handelt, bezieht sich dieser Ideologiebegriff auf gesellschaftliche Macht- und Herrschaftsfragen (vgl. Eagleton 1993: 12). Während die Ideologie in diesem Verständnis Herrschaft legitimiert und stabilisiert, bezieht sich der Begriff des Imaginären erstens nicht nur auf bestehende Verhältnisse, sondern impliziert stets die Möglichkeit einer Alternative zu diesen Verhältnissen, und zweitens sind Imaginäre nicht lediglich auf Herrschaftsverhältnisse bezogen. Das lässt sich am bereits erwähnten, äußerst weiten Institutionenbegriff von Castoriadis erkennen.

Die Imaginäre unterscheiden sich zudem vom sehr weiten Ideologiebegriff, da der Begriff der Imaginäre als produktive gesellschaftliche Kraft auch auf die potenzielle Überschreitung der politischen Ordnung hinweist und sich nicht lediglich auf ein Set bestehender Vorstellungen reduzieren lässt. Imaginäre sind ferner weder im Sinne einer Weltanschauung noch einer politischen Programmatik zu begreifen, zumal Imaginäre im Gegensatz zur Weltanschauung und zur Programmatik keine kohärenten Ideen sind, die notwendigerweise in Verbindung zueinander stehen (vgl. Geuss 1981: 9f.). Während die Programmatik eine Verbindung zwischen Denken und Handeln unterstellt und als eine Art Handlungsplan zu begreifen ist, impliziert der castoriadische Imaginärenbegriff diese Verbindung nicht.

Politische Imaginäre beinhalten gewiss eine utopische Dimension, zumal anhand der Imaginäre »die gegebene Wirklichkeit negiert werden [kann, N.A.], weil sich noch nicht all das in ihr realisiert hat, was in ihrem Rahmen prinzipiell möglich ist« (Trautmann 2019: 560). Dennoch sind die Begriffe der Imaginäre und der Utopie nicht kongruent. Wenn wir mit Thomas Schölderle Utopien als »rationale *Fiktionen* menschlicher Gemeinwesen, die in kritischer Absicht den herrschenden Missständen gegenüber gestellt sind« (Schölderle 2012: 17, Herv. N.A.) begreifen, dann sind Imaginäre keine Utopien, weil sie erstens nicht ausschließlich rational, sondern auch unbewusst, affektiv und psychisch bestimmt sind, und zweitens sind sie weniger Fiktionen als vielmehr Projektionen. Utopien sind konstruierte, kohärente Gesellschaftsentwürfe, während Imaginäre einzelne Vorstellungen sind, die kein einheitliches gesellschaftliches Bild darstellen. Zudem sind Imaginäre nicht als Vorstellungen zu begreifen, die der sozialen Wirklichkeit entgegengesetzt sind, vielmehr sind sie zutiefst mit letzterer verwoben.

Abschließend möchte ich betonen, dass ich – im Anschluss an Castoriadis' Theorie – von der Ambivalenz der Imaginäre ausgehe und keinesfalls unterstelle, dass Imaginäre stets *per se* normativ wünschenswerte oder gar emanzipierende Vorstellungen sind. Imaginäre als Resultate der gesellschaftlichen Kraft der Imagination sind als vielschichtig und ambivalent zu begreifen (vgl. Trautmann 2017: 11). Die Ambivalenz der Imaginäre offenbart sich »als ein jeder Politik immanenter Wirkungszusammenhang« (ebd.: 13). Politisch wirksame Imaginäre erscheinen in dem Sinne »weder allein als Quelle subjektiver Unfreiheit noch als bloßer Ausdruck politischer Freiheit« (ebd.), sondern als Ergebnisse einer instituierenden, kollektiven Kraft. Paul Sörensen hebt in diesem Zusammenhang die

Ähnlichkeit zwischen Castoriadis' Denken des Imaginären und Judith Butlers These der heterosexuellen Matrix als »imaginäre Logik« hervor, die die Vorstellung dessen, was in der Gesellschaft möglich erscheint, einschränkt (vgl. Sörensen 2016: 298). Imaginäre sind in dem Sinne nicht lediglich Vorstellungen, die im progressiven Sinne Sedimentierungen von Institutionen aufbrechen.[98] Vielmehr können sie auch konservative, regressive und diskriminierende Vorstellungen und Projektionen umfassen, die gesellschaftliche und politische Veränderungen verhindern.[99]

---

[98] In der feministischen (Cornell 1995) sowie in der postkolonialen Kritik (Chakrabarty 2007) wird der Begriff des Imaginären zur Beschreibung hegemonialer Machtverhältnisse herangezogen. Der Philosoph Achille Mbembe (2016) beispielsweise verwendet den Begriff, um kritisch auf rassistische, gewaltvolle und diskriminierende Vorstellungen und Zuschreibungen hinzuweisen.

[99] Auf die »konservativen« Imaginäre geht Castoriadis jedoch wenig ein.

3. Die Staatsnarrative unter Bourguiba und Ben Ali

»Derjenige, der das dritte Kapitel des ersten Buches von Ibn Khaldun gelesen hat, hat die handfesten Beweise dafür erkennen können, dass Ungerechtigkeit und Willkür die Gründe für den Ruin von Staaten sind [...]. Es liegt in der menschlichen Natur, dass, wenn man dem Souverän eine absolute Handlungsfreiheit lässt, bald die Willkür in all ihren Formen herrscht.«
Khair Eddine Ettounsi, tunesischer Philosoph (um 1870)

»Qui impose le récit hérite de la terre du récit.«
Mahmoud Darwich, 1995

Tunesien genießt vor dem Ausbruch des Revolutionsprozesses die Reputation einer modernen, stabilen und westlich orientierten Nation, die zudem als säkular, ethnisch homogen und sozial befriedet gilt. Zur Vorstellung eines modernen Staates tragen insbesondere die fortschrittliche Frauenrechtslage und die Säkularisierung bei. Gleichwohl konsolidiert sich in Tunesien ein autoritärer Staat, der seit dem Ende des französischen Protektorats[100] 1956 lediglich zwei Präsidenten hervorbringt: Habib Bour-

---

100 Tunesien ist vor der Kolonialisierung eine Provinz des Osmanischen Reiches (seit 1574), die von einem »Bey« (türkisch: Statthalter) regiert wird. Der Bey gehört seit 1705 der husseinitischen Dynastie an, die sich durch eine erbliche Herrschaftstradierung zumindest symbolisch bis zur Ausrufung der Tunesischen Republik 1957 an der Macht hält (vgl. Martin 2003: 11). Frankreich zwingt am 12. Mai 1881 den tunesischen Bey Sadiq (Muhammad III al-Husain der husseinitischen Dynastie), der durch eine langjährige finanzielle Krise und eine gescheiterte Reform- und Modernisierungspolitik bereits in eine finanzielle, administrative und militärische Abhängigkeit von Frankreich, Großbritannien und Italien geraten ist, den Vertrag von Ksar Said zu unterzeichnen (vgl. Abadi 2013: 273). Dieser auch als Bardo-Abkommen bekannt gewordene Vertrag erlaubt es Frankreich, zunächst für eine gewisse undefinierte Dauer, die Verteidigungs- und Außenpolitik Tunesiens zu bestimmen. Zwei Jahre später werden die französischen Prärogative durch den Vertrag von La Marsa 1883 auch auf die Innenpolitik ausgeweitet: Die hierarchischen Strukturen der Osmanischen Provinz bleiben zwar *de jure* erhalten, der reelle Handlungsspielraum des Beys wird *de facto* allerdings auf eine rein symbolische, repräsentative Macht reduziert (vgl. Entelis 2004: 227). Parallel dazu etabliert Frankreich eine Protektoratsverwaltung, die von einem französischen General angeführt wird, der die Macht über den Staat ausübt und alle wichtigen Schlüsselpositionen auf französische Amtsträger überträgt. Das französische Protektorat beutet Tunesien (u. a. durch den Abbau von Bodenschätzen wie Phosphat und Eisenerz) vor allem wirtschaftlich aus, es wird jedoch nie zur Siedlungskolonie.

guiba und Zine El Abidine Ben Ali (vgl. Dakhlia 2011a). Wie lassen sich diese beiden Realitäten miteinander vereinen?

Ich möchte hervorheben, dass die Staatsgründung und -konsolidierung von Staatsnarrativen begleitet wird, die die tunesischen Verhältnisse nachhaltig prägen und einen Einblick in die Verschränkung zwischen der Moderne und dem Autoritarismus des Staates geben. Narrative, wie ich einleitend anhand der Ausführungen des Politologen Rainer Forst (2013) argumentiert habe, begründen Ansprüche auf Herrschaft, sie beeinflussen aber auch nationale Selbst- und Fremdbilder. In der folgenden Darstellung der Staatsnarrative der Moderne, der Demokratisierung, des Staatsfeminismus, der Säkularisierung und des »Wirtschaftswunders«, werde ich die spezifischen politischen, sozialen und ökonomischen Zusammenhänge erörtern, aus denen die Narrative hervorgehen. Diese Herangehensweise erlaubt es auch, die Infragestellung der Staatsnarrative durch die Imaginäre der Akteur*innen des Revolutionsprozesses, die ich in den folgenden Kapiteln (Kap. 4 bis 7) vorstelle, zu kontextualisieren.

3.1   Das Gründungsnarrativ der (autoritären) Moderne

Habib Bourguiba geht in die moderne Geschichte Tunesiens als Gründervater der Nation ein (vgl. Farag 2004: 505). Das Machtstreben des charismatischen Anwaltes hat seinen Ursprung im Unabhängigkeitskampf, der die französische Kolonialisierung beendet. Bourguiba prägt maßgeblich die antikoloniale Bewegung durch seine Implikation in der Gründung (zusammen mit Mahmud Materi, Bahri Guiga und Tahar Sfar) der Neo-Destour-Partei[101] im Jahr 1934, die mit der französischen Regierung eine

---

101 Die Neo-Destour-Partei geht aus der Abspaltung von der Destour-Partei (arab. Verfassung) hervor, die seit 1920 unter der Führung von Cheikh Abdelaziz Taalbi tunesische Intellektuelle vereint. Die Destour-Partei ist die parteipolitische Organisation der Bewegung der »Jung-Tunesier«, die sich seit 1905 für ein besseres Bildungssystem, die stärkere Durchmischung der arabischen und französischen Kultur sowie die Partizipation von Tunesiern an der Protektoratsverwaltung einsetzen (vgl. Entelis 2004: 228). Während die Destour-Partei eher eine reformistische Haltung vertritt und nicht den Sturz des kolonialen Systems anstrebt, fordern die Mitglieder der radikaleren Neo-Destour Partei die Unabhängigkeit vom französischen Protektorat (vgl. Ganiage 1994: 487f.). Obwohl ihre Parteispitze (bestehend aus den oben genannten Gründern) einer in Frankreich ausgebildeten, höheren Mittelschicht angehört, interessiert sich die Neo-Destour für die städtischen Arbeiterklassen und ruralen Schichten, die bis dato vernachlässigt werden und

schrittweise Unabhängigkeit von der Autonomie in inneren Angelegenheiten (1955) bis zur vollkommenen Souveränität im Jahr 1956 aushandelt.[102] Bereits in dieser nationalen Gründungsphase zeigt sich Bourguibas autokratische Haltung und so fällt die Geburtsstunde des unabhängigen Tunesiens mit der Geburtsstunde des tunesischen Autoritarismus zusammen (vgl. Entelis 2004: 231; Camau/Geisser 2003: 108). Bourguiba schließt 1955, unterstützt vom nationalen Gewerkschaftsbund »Union générale tunisienne du travail« (UGTT), den damaligen Generalsekretär der Neo-Destour-Partei, Salah Ben Youssef, aus der Partei aus, nachdem Letzterer ihn für die Unterzeichnung des Autonomieabkommens kritisierte (vgl. Martin 2003: 231; Pierrepont-de-Cock 2004: 32).[103] Mit dem Sieg über Ben Youssef geht auch ein programmatischer Sieg des modernistischen Flügels der Neo-Destour Partei über den traditionelleren, panarabischen Flügel einher. Dieser Sieg hat allerdings den Preis, dass das junge Tunesien in zwei Lager gespalten wird: Während Ben Youssefs Panarabismus, der die politische Einheit des Maghrebs anstrebt, vor allem die traditionelle, religiöse, ländliche Bevölkerung des Landesinneren sowie Teile der alten Elite, die dem osmanischen Bey nahestand, überzeugt, spricht Bourguiba den frankophilen Teil der Bourgeoisie sowie die urbane, neu entstehende Mittelschicht an (vgl. Bessis 2004a: 105).

Dieser Machtkampf, der die Geschichte Tunesiens nachhaltig prägen wird und den »Gründungsakt« (Geisser 2000: 17) des postkolonialen Tune-

---

sich als nützliche Mitstreiter*innen im antikolonialen Kampf erweisen (vgl. Perkins 2014: 101).

102 Die koloniale Erfahrung ist prägend für die neuzeitliche Geschichte des Landes. Die koloniale Aneignung des Territoriums 1881 und die Entkolonialisierung verlaufen – verglichen mit der marokkanischen oder algerischen Erfahrung – jedoch wenig gewaltvoll ab, wenn sie auch keineswegs vollkommen friedlich vonstattengehen (vgl. Entelis 2004: 227). So tritt der tunesische Unabhängigkeitskampf 1954 nach langjährigen Verhandlungen in eine kurze bewaffnete Phase ein. Geschwächt vom Anfang des algerischen Befreiungskampfes und der katastrophalen Niederlage von Diên Biên Phu in Vietnam, entschließt sich die französische Regierung unter Pierre Mendès France dazu, den Unabhängigkeitsbestrebungen Tunesiens nachzugeben (vgl. ebd.: 229).

103 Ben Youssef flieht nach misslungenen Guerillaaktionen im Süden des Landes 1956 ins lybische Exil und wird schließlich 1961 in Frankfurt im Auftrag von Bourguiba ermordet (vgl. Ben Hammouda 2012: 42). Er hinterlässt eine in den 1960er Jahren relativ starke Anhängerschaft im Süden des Landes, die sich 1962 an einem gescheiterten Putschversuch gegen Bourguiba beteiligt. Bourguiba entledigt sich 1957 des letzten husseinitischen Königs, Mohammed Lamine der Erste, den er bis einige Monate vor dessen Tod unter Hausarrest setzt. Im Zuge dessen lässt er in der Nationalversammlung die Monarchie abwählen und durch eine Republik ersetzen (vgl. Ganiage 1994: 562f.).

siens darstellt, markiert den Anfang einer langen Serie von politisch verfolgten Rivalen, Oppositionellen (vor allem Linke vom *Mouvement Perspectives*[104] und IslamistInnen) und zu Feinden erklärten Wegbegleitern, die in Komplizenschaft mit der Polizei und Justiz zu langen Haftstrafen verurteilt werden.[105]

1959 wird die Verfassung in der (seit 1956 konstituierten) Nationalversammlung verabschiedet, die sich in überwiegender Mehrheit aus Kandidaten der Neo-Destour-Partei zusammensetzt. Bourguiba wird als einziger Kandidat mit 99,8 Prozent der Stimmen zum Präsidenten gewählt (vgl. Ganiage 1994: 566). Eine lange während Tradition, Wahlen ohne aufgestellte Gegenkandidaten und legale Oppositionsparteien durchzuführen, ist geboren. Die Verfassung sieht ein präsidentielles System mit einem mächtigen Präsidenten vor, der sunnitisch-muslimischen Glaubens, mindestens 40 Jahre alt sein muss und für drei, jeweils fünfjährige Legislaturperioden kandidieren kann. Er konstituiert das Kabinett, das ausschließlich ihm gegenüber verantwortlich ist (Art. 37–43). Die aus 90 Sitzen bestehende Nationalversammlung teilt sich die Legislativgewalt mit dem Präsidenten, wobei beide Gesetzesinitiativen formulieren können. Tatsächlich verkommt die Nationalversammlung, dem Historiker Ganiage zufolge, jedoch zur »Akklamationskammer«, die ein Abbild der Partei Bourguibas ist. Eine weitere Hintertür, die die politische Bedeutung der Nationalversammlung erheblich einschränkt und die Exekutivlastigkeit des Systems verstärkt: Die Legislative kann dem Präsidenten erlauben, Gesetze per Dekret zu erlassen,[106] also an jeglichen demokratischen Verfahren und Kontrollen vorbei (Art. 21) (vgl. ebd.).

Bourguibas Herrschaft begründet einen Autoritarismus, der sich auf ambivalente Weise in eine Modernisierungs- und Entwicklungspolitik einschreibt (vgl. Chouikha 2004: 342). So attestiert er der tunesischen Bevöl-

---

104 Die linksradikale Bewegung »Perspectives tunisiennes« existiert von 1963 bis 1975. Sie versammelt viele Intellektuelle, wie beispielsweise den Schriftsteller Gilbert Naccache.

105 Ähnlich ergeht es auch dem damaligen Premierminister Mzali sowie seinem Nachfolger Tahar Ben Ammar, die verhaftet werden (vgl. Ganiage 1994: 565). Der 1956 inaugurierte oberste Strafgerichtshof dient in erster Linie der Sanktionierung politischer oder gewerkschaftlicher Akteur*innen und wird zum politischen Gericht. Die Verurteilungen von Habib Achour der UGTT (1965) und Ahmed Ben Salah vor diesem Gericht zeugen davon (vgl. Camau/Geisser 2003: 151, 174).

106 Nawel Gafsia merkt an, dass das Verfahren, Gesetze durch Dekrete zu verabschieden, das heißt durch die Entscheidung einer Exekutivmacht, in der Kontinuität zur kolonialen Zeit steht (vgl. Gafsia 2004: 69).

kerung einen zivilisatorischen Mangel, den zu beseitigen er sich zur Aufgabe macht:

»Eine starke Neigung zur Anarchie und zur Zwietracht, ein übertriebener Individualismus und ein Klan-Denken, die Unmöglichkeit, sich einer Regel zu unterwerfen […] das ist das, was man das tunesische Übel nennen könnte. (Bourguiba 1938 zitiert nach Ben Achour 1987)
Es wird deutlich, dass neue Ideen sukzessive dem durch überkommenes und anachronistisches Wissen beschränkten Geist [der Bevölkerung, N.A.] eingeprägt werden müssen.« (Bourguiba 1974 nach Redissi 2017a)

Bourguiba begreift seine Präsidentschaft als Erziehungsmission: Die Tunesier*innen müssen lernen, ihre »schlechten Instinkte« (Ben Achour 1987), ihren Mangel an Disziplin und ihre Leidenschaften zu kontrollieren sowie ihre fatalistische Gottesgläubigkeit zu überwinden, um einen Sinn für den Staat und die Staatsbürgerschaft zu entwickeln (vgl. Ben Achour 1987). Ihm kommt in dieser Mission eine zentrale Rolle zu, wie er – von sich selbst in der dritten Person sprechend – unterstreicht:

»[…] er ging zum Volk, er sprach gezielt in seiner Sprache mit ihm, um es zu erziehen […], um aus ihm den Schmied seines eigenen Schicksals zu machen.« (Bourguiba 1956 zitiert nach Ben Achour 1987)

Er regiert gleichsam, um die Bevölkerung von ihrer, von ihm attestierten »Rückständigkeit« zu befreien.

Dementsprechend rechtfertigt er die politische Exklusion der Bevölkerung damit, dass die Bürger*innen noch nicht die notwendigen Fähigkeiten und Kompetenzen haben, um politisch teilhaben zu können. Sie müssen erst durch seine »Aufklärungspolitik« dazu erzogen werden. Seine Wahlkampfkampagnen sind daher darauf ausgelegt, die Zustimmung möglichst vieler Tunesier*innen für seine Modernisierungsprojekte zu erhalten, indem sie auf paternalistische und entmündigende Art und Weise »aufgeklärt« und belehrt werden (vgl. Geisser 2000: 19f.; Camau/Geisser 2003: 231). Trotz der politischen Unterdrückung und Unfreiheit hält Bourguibas hohes Renommee zum Teil bis heute an. Seine Popularität verdankt er unter anderem der Einführung von Reformen im Bereich der Frauenrechte, des (gender- und sozial-egalitären) Bildungszugangs, des Gesundheitssystems, der Minderheitenrechte (für tunesische Jüd*innen) und des Verhältnisses von Staat und Religion, auf die ich im späteren Verlauf des

Textes zurückkommen werde (vgl. Ben Hammouda 2012: 42; Dakhlia 2011b: 42).[107]

Die Modernisierungsrichtung rückt spätestens 1962 nach dem gescheiterten Putschversuch gegen Bourguiba in den Hintergrund und wird sukzessive von einer repressiven Politik »der nationalen Einheit« eingeholt (vgl. Ben Hammouda 2012: 42). Auf den Zwang zur nationalen Einheit im antikolonialen Kampf folgt nun der Zwang zur nationalen Einheit zur Konsolidierung des Staates. Diese »Einheitspolitik« etabliert ein Ein-Parteien-System, das auf einen Zusammenschluss von Staat und Partei gründet (vgl. Redissi 2004: 216). Nach der von Bourguiba per Dekret verabschiedeten Verfassungsänderung, welche die Beschränkung auf drei Präsidentschaftsmandate aufhebt, lässt er sich zunächst 1974 mit 99,98 Prozent der Stimmen zu einem vierten Mandat und schließlich 1975 auf Lebenszeit zum Präsidenten wählen (vgl. ebd.: 214; Bessis/Belhassen 2012: 405f.). Die einzige legale Oppositionspartei (»Parti communiste tunisien«, PCT) wird verboten, die letzten unabhängigen Zeitungen werden entweder abgeschafft oder müssen aufgrund fehlender Anzeigenkunden eingestellt werden (vgl. Ben Hammouda 2012: 81).

Der politische Autoritarismus trifft nicht nur die parteipolitische und staatliche Sphäre. Bourguiba übt auch eine repressive Politik gegenüber der Zivilgesellschaft und den sozialen Bewegungen aus. Die 1970er Jahre sind von heftigen sozialen Protesten in einem bis dato noch nie gekannten Umfang geprägt. Allein 1977 kommt es zu 452 Streiks. Der UGTT wird zum Auffangbecken verschiedenster parteipolitischer Oppositioneller und junger Universitätsabsolvent*innen, die in dem Gewerkschaftsbund den einzigen Ort für politische Diskussionen außerhalb des PSD sehen (vgl. Bessis/Belhassen 2012: 410f.). An den Streiks nehmen ebenfalls sozial schwächere Klassen und Arbeiter*innen teil, die gegen sehr niedrige Löhne und schlechte Beschäftigungsverhältnisse protestieren (vgl. ebd.). Die tunesische Soziologin Ihlem Marzouki bemerkt, dass es zu diesem Zeitpunkt der Zivilgesellschaft zum ersten Mal nach der Unabhängigkeit Tunesiens gelingt, sich vom postkolonialen Zwang zur nationalen Einheit zu befreien

---

107 Bourguiba lässt auch eine Reihe von unliebsamen Reformen verabschieden, wie beispielsweise das Bodenvergesellschaftungsprogramm, das 1970 zu Armut und Arbeitslosigkeit führt (vgl. Marks 2013: 227). Die Historikerin Dakhlia erinnert daran, dass Bourguibas Ansehen in den letzten Jahren erheblich angestiegen ist. Diese wieder entflammte Popularität verdankt er, Dakhlia zufolge, der Tatsache, dass Ben Alis Regime eine derartige Empörung hervorruft, dass Bourguiba im Vergleich zu Ben Ali retrospektiv wie ein »aufgeklärter Fürst« erscheint (vgl. Dakhlia 2011b: 41).

und die autokratische Macht infrage zu stellen (vgl. Marzouki 1993: 223ff.).[108] Die umfangreiche Beschlagnahmung und »Verstaatlichung der politischen, sozialen, ökonomischen und kulturellen Bereiche führt zu einer aufgezwungenen »Einheit« zwischen der Partei Bourguibas[109] und dem Gewerkschaftsbund (vgl. Camau/Geisser 2003: 156). Der UGTT büßt nach dem ersten nationalen Generalstreik am 26. Januar 1978 seine politische Unabhängigkeit stark ein und muss sich unter die Vormundschaft des Staates stellen (vgl. Chouikha 2004: 341; Mizouni 2012: 71; Yousfi 2015: 42).

3.2   Die (kurzlebige) Demokratisierung

Ben Ali ist der tunesischen Öffentlichkeit bis zu seiner Machtergreifung vor allem als Staatssekretär für nationale Sicherheit unter Bourguiba bekannt. In dieser Funktion lässt er 1978 den Generalstreik des UGTT und 1984 die sogenannten Brotrevolten[110] blutig niederschlagen (vgl. Khiari 2003: 23).

Ben Ali, der von Bourguiba 1986 zum Innenminister und 1987 zum Premierminister ernannt wird, setzt Bourguiba nur fünf Wochen später,

---

108 Zur gleichen Zeit bildet sich eine unabhängige feministische Bewegung heraus, die sich in dem intellektuellen Kreis »Club d'Études de la Condition des Femmes (Club Tahar Haddad)« in Tunis formiert. Die Initiatorinnen, Ihlem Marzouki und Nedra Driss, sind marxistisch inspirierte Feministinnen. Sie machen wie viele andere Tunesierinnen ihrer Zeit die Erfahrung, dass sie für ihre Rechte als Frauen jenseits von einem gewerkschaftlichen oder parteipolitischen Kontext kämpfen müssen, in welchem andere Themen stets priorisiert und Diskriminierungen von Frauen lediglich zweitrangig behandelt werden (vgl. Marzouki 1993: 223ff.). Sie setzen sich für die Reformierung des Personenrechtskataloges (CSP) ein, indem die Frauenrechte garantiert sind, und führen bis zur Gründung feministischer Vereinigungen (Mitte der 1980 Jahre) Kampagnen zur Sensibilisierung der tunesischen Bevölkerung durch. Sie sind darüber hinaus in Parteien und Gewerkschaften aktiv. Auf die feministischen Vereinigungen werde ich im späteren Verlauf des Textes noch zu sprechen kommen.

109 Bourguibas Partei wird 1964 in »Parti socialiste destourien« (PSD) umbenannt.

110 Die »Brotrevolten« brechen am 3. Januar 1984 aus, nachdem die Regierung entscheidet, den Preis für Grundnahrungsmittel signifikant anzuheben. Nachdem 70 Menschen bei den Protesten ums Leben kommen, nimmt Bourguiba die Entscheidung am 6. Januar 1984 zurück (vgl. Ben Hammouda 2012: 177).

am 7. November 1987, durch einen »medizinischen Staatsstreich«[111] ab und erklärt sich selbst zum Präsidenten (vgl. Ganiage 1994: 689). Dieser Putsch wird auch »konstitutioneller Putsch« genannt, weil er unter Rückgriff auf den Artikel 57 der Verfassung erfolgt. Der Artikel ermöglicht es, dass im Falle des Todes oder der Verhinderung des Präsidenten der Premierminister unmittelbar das Präsidentenamt übernimmt (vgl. ebd.: 690: Entelis 2004: 224). Ben Ali ist darauf bedacht, zu betonen, dass seine Machtergreifung kein Putsch, sondern vielmehr angesichts des Gesundheitszustandes Bourguibas seine durch die Verfassung verbürgte Pflicht ist. Im Zuge dessen kündigt er an, dass seine Machtergreifung einen Bruch mit der autoritären Ära Bourguibas und den Beginn eines demokratischen Prozesses, den er als »Jasminrevolution«[112] bezeichnet, einleiten wird (vgl. Allal/Geisser 2011: 63; Belkaïd 2012):

»In der heutigen Zeit, in der wir leben, können wir weder eine Präsidentschaft auf Lebenszeit noch eine automatische Nachfolge an der Staatsspitze, die beide das Volk ausschließen, dulden. Unser Volk ist einer elaborierten und institutionalisierten Politik würdig, die auf einem wirklichen *Parteienpluralismus* und *der Vielfalt von Massenorganisationen* gründet. (Ausschnitt aus Ben Alis Erklärung zu seinem Machtantritt, 7.11.1987, zitiert nach Borsali 2012: 253, Herv. N.A.)

Bürger, Bürgerinnen, unser Volk hat ein solches Niveau an Verantwortung und Reife erreicht, dass alle seine Elemente und Bestandteile – konform zur republikanischen Idee, die [...] die Bedingungen einer *verantwortungsvollen Demokratie* garantiert [...] – ihren konstruktiven Beitrag für die Verwaltung öffentlicher Angelegenheiten leisten können [...]. (Ausschnitt aus Ben Alis Erklärung zu seinem Machtantritt, 7.11.1987, zitiert nach Espace Tunisie, Herv. N.A.)

---

111 Ben Ali lässt 1987 den bereits 84-jährigen Bourguiba von sieben Ärzten als unzurechnungsfähig erklären und erteilt ihm lebenslänglichen Hausarrest (vgl. Entelis 2004: 224). Ben Ali, der damals 51 Jahre alt ist, ist der erste General, der Teil der postkolonialen, zivilen Regierung Tunesiens wird. Seine Ernennung zum Premierminister hat er vor allem dem Umstand zu verdanken, dass er als unpolitisch und ungefährlich gilt: Weder die um die Nachfolge streitenden PSD-Kader noch Bourguiba selbst trauen ihm eine Machtübernahme zu und werden letztlich von Ben Alis Putsch überrascht (vgl. Entelis 2004: 237; Ganiage 1994: 690; Ben Hammouda 2012: 87). Der Putsch stößt in der internationalen Arena auf wenig Empörung, zumal er angesichts des langjährigen Machtkampfes, der sich in den 1980er Jahren hinter den Kulissen der Regierung ereignet, »friedlich« und vor allem unblutig abläuft (vgl. Entelis 2004: 237).

112 Angesichts dieser Tatsache erscheint mir die in der europäischen Presse und Wissenschaft verwendete Bezeichnung »Jasminrevolution« für den tunesischen Revolutionsprozess unpassend (vgl. Belkaïd 2012).

[...] Wissen Sie, vor dem 7. November wurden die Gesetze verhöhnt, die Institutionen lagen lahm und *ich war gezwungen, den Rechtsstaat wiederherzustellen.* Ich habe gemacht, was ich machen musste, das heißt auf den Appell des Rechts und auf die bürgerlichen Erwartungen zu antworten. Das ist in der *strikten Einhaltung der Verfassung und dem Gesetz* erfolgt, ohne dass ein Tropfen Blut vergossen wurde [...].« (Ben Ali im Interview mit französischen Journalist*innen, im September 1988, zitiert nach Youtube 1988, Herv. N.A.)

Seine Diskurse zur Demokratisierung der politischen Sphäre und zum Rechtsstaat, den er demnach zu gründen intendiert, wecken die Hoffnung auf eine Öffnung des politischen Systems (vgl. Khiari 2003: 26). Um sich vom alten Regime auch auf der symbolischen Ebene zu distanzieren, benennt er 1988 die PSD in »Rassemblement constitutionnel démocratique« (RCD) um und führt die Beschränkung der präsidialen Amtszeit auf drei (fünfjährige) Mandate erneut ein (vgl. Entelis 2004: 239).[113]

Ben Ali unterstreicht seinen Demokratisierungswillen durch einen »Nationalen Pakt« (*mītaq al watani*), den er mit verschiedenen politischen, gewerkschaftlichen sowie zivilgesellschaftlichen Vereinigungen am 7. November 1988[114] abschließt. Der Pakt, der den Frieden zwischen den Oppositionskräften und dem Staat garantieren soll, betont, dass der fehlende politische Pluralismus und die autoritäre Monopolisierung der Macht unter Bourguiba gegen die Verfassung und die Menschenrechte verstoßen haben (vgl. Ben Hammouda 2012: 91). Ben Ali legalisiert im Zuge dessen zunächst eine Reihe verbotener Parteien[115] und integriert so einige politi-

---

113 Der Regimewechsel macht sich auch auf symbolischer Ebene bemerkbar: Öffentliche Plätze, Straßen und Monumente werden in »7. November«, »neue Ära« oder »Veränderung« umbenannt. Die Porträts Ben Alis sind in der Öffentlichkeit omnipräsent. Ein Rundschreiben des Innenministeriums erinnert daran, dass das Aufhängen des Präsidentenporträts in allen öffentlichen und privaten Institutionen sowie im Handel Pflicht ist. Selbst in Gerichtssälen, Richterbüros, Notar- und Anwaltskanzleien thronen die präsidialen Bilder (vgl. Bensedrine/Mestiri 2004: 75). Dabei handelt es sich eher um einen staatlich verordneten Personenkult als um eine authentische Popularität.

114 Bis zur Flucht Ben Alis 2011 findet jährlich am 7. November eine staatlich organisierte Feier zu seinen Ehren statt. Sadri Khiari merkt an, dass Ben Ali versucht, einen neuen Gründungsmythos zu kreieren, der das Narrativ Bourguibas in Vergessenheit geraten lassen soll (vgl. Khiari 2003: 18).

115 Insgesamt werden drei neue Parteien und die tunesische Sektion von Amnesty International legalisiert (vgl. Khiari 2003: 27): die panarabische Partei »Rassemblement socialiste progressiste« (RSP wird 2001 in »Parti démocrate progressiste«, kurz: PDP, umbenannt) von Néjib Chebbi, die arabisch-nationalistische »Union démocratique unioniste« (UDU) von Abderrahman Tlili und die wirtschaftsliberale »Parti social

sche Feinde Bourguibas in den Staatsapparat. Er begnadigt 1988 zentrale Oppositionsführer wie Rached Ghannouchi, Begründer der islamistischen Partei »Mouvement de la tendance islamique« (MIT, später Ennahdha)[116] oder Ahmed Ben Salah, Parteigründer der sozialistischen »Parti d'unité populaire« (PUP) (vgl. Entelis 2004: 239; Camau/Geisser 2003: 238). Zudem setzt er das Verfassungsgericht außer Kraft, das seit dem gescheiterten Putsch 1962 Oppositionelle jeglicher ideologischer Couleur verurteilte.[117] Gewerkschaftliche und zivilgesellschaftliche Organisationen, wie die Menschenrechtsorganisation »Ligue tunisienne des droits de l'Homme« (LTDH), genießen von nun an ebenfalls einen größeren Handlungsspielraum. Die studentische linke Gewerkschaft »Union générale des étudiants de Tunisie« (UGET) kann 1989 – zum ersten Mal seit dem Verbot 1971 – ihren Kongress abhalten.

Auch die Medienlandschaft wird durch die Legalisierung der Zeitung *El-fajr* der Ennahdha und der Zeitung *La voix du peuple* der kommunistischen Partei »Parti communiste des ouvriers tunisiens« (PCOT) von Hamma Hammami geöffnet. Der UGTT steht allerdings aufgrund seiner historischen Koalition mit dem Staat trotz neuer Freiheiten unter dem ständigen Druck, sich der Parteilinie anzupassen und den Wahlkampf der RCD zu unterstützen (vgl. Ben Hammouda 2012: 92).

---

libéral« (PSL). Die islamistische Partei erhält zwar keinen legalen Status, ihren unabhängigen Kandidaten wird aber erlaubt, sich als Kandidaten zu den ersten Wahlen unter Ben Ali 1989 aufzustellen (vgl. Ben Hammouda 2012: 91). Während die Partei Chebbis die einzige legale Partei ist, die ihre Autonomie gegenüber dem Regime bewahren kann, handelt es sich bei der UDU und der PSL um Schein-Oppositionsparteien, die sich absolut der Parteilinie des RCD unterordnen und weder eine Parteibasis noch ein Oppositionsprogramm aufweisen (vgl. Camau/Geisser 2003: 239). Sie schmücken vor allem das Regime, welches durch die Existenz oppositioneller Parteien eine demokratische Fassade vor nationalen und internationalen Audienzen aufrechterhalten kann.

116 Nachdem religiöse, ethnische oder regionale Referenzen im Parteinamen verboten werden, nennt sich 1988 die MIT (»Mouvement de la tendance islamique«/Bewegung islamischer Tendenz) in »Hizb Ennahdha« (Partei der Renaissance) um (vgl. Entelis 2004: 239). Dieses Verbot ist klar gegen die islamistische Bewegung gerichtet, die gezwungen ist, die religiöse Referenz in ihrem Parteinamen zu tilgen. Ennahdha bezeichnet die liberale, moderne Reformbewegung des Islams im 19. Jahrhundert.

117 Ferner wird die Untersuchungshaft zeitlich beschränkt sowie die Anti-Folter-Konvention (CAT) der UN ratifiziert (vgl. Khiari 2003: 27).

Ben Alis Demokratisierungspolitik, die selbst die kritischsten Oppositionellen[118] anfänglich überzeugt, erfährt spätestens mit den Wahlen im April 1989 ein abruptes Ende. So lässt er sich als einziger Präsidentschaftskandidat mit 99,27 Prozent der Stimmen wählen (vgl. Entelis 2004: 239). Zwar treten viele oppositionelle Parteien freiwillig nicht zur Präsidentschaftswahl an, da sie ihren Wahlkampf auf die Parlamentswahlen konzentrieren. Dennoch erinnert dieses Ergebnis stark an Bourguibas Zeiten. Auch die Parlamentswahlen sind vom überwältigenden Erfolg der RCD gekennzeichnet, die mit 80,48 Prozent der Stimmen alle Parlamentssitze alleine besetzt. Die IslamistInnen, die den offiziellen Angaben[119] zufolge mit 14 Prozent der Stimmen die stärkste Oppositionskraft darstellen, scheitern am Mehrheitswahlsystem, welches eine absolute Mehrheit der Stimmen im ersten Wahlgang fordert (vgl. Ben Hammouda 2012: 92). Der französische Politikwissenschaftler Vincent Geisser erachtet Ben Alis erste Wahl 1989, analog zu Bourguibas erster Wahl 1956, als fundamentalen, für seine Herrschaft bezeichnenden Akt (vgl. Geisser 2000: 20).

Das Wahlergebnis von 1989 macht Ben Ali vor allem auf seine stärksten Konkurrent*innen aufmerksam: die islamistische Opposition.[120] Ennahdha ist die einzige Partei Tunesiens, die trotz ihres prekären Status auf eine breite Sympathisanten- und Mitgliederbasis in allen Regionen Tunesiens zurückgreifen kann (vgl. Camau/Geisser 2003, 240). Dementsprechend stellt Ennahdha eine ernst zu nehmende politische Konkurrenz für Ben Ali dar. Er schürt die Angst vor den IslamistInnen, verfolgt sie und schafft den Mythos einer »Republik in Gefahr« (Geisser 2000: 25).

Die kurzzeitige Öffnung und Legalisierung politischer, gewerkschaftlicher und zivilgesellschaftlicher Organisationen offenbart sich als geschickt eingefädelte Strategie Ben Alis, um gesellschaftliche Akzeptanz für seine Machtergreifung zu schaffen, die alsbald eine autoritäre Wende erfährt (vgl.

---

118 Ghannouchi gesteht im Interview mit der im Pariser Exil ansässigen, tunesischen Zeitschrift *L'audace*, dass er tatsächlich an Ben Ali geglaubt hat und aus diesem Grund Anfang 1989 zur Wahl Ben Alis aufgerufen hat. Einen Aufruf, den er bereits im April 1989 zurücknimmt (vgl. Ghannouchi nach *L'audace* 1996: 6). *L'audace* ist eine monatlich erscheinende Zeitschrift von exilierten Regimekritiker*innen (Initiator und Chefredakteur: Slim Bagga), die in der Schweiz, Belgien, Großbritannien, Deutschland, Frankreich und auch in Tunesien – wenn sie nicht von den lokalen Behörden beschlagnahmt wird – erhältlich ist.

119 Inoffizielle Angaben schätzen das tatsächliche Wahlergebnis der IslamistInnen auf 20 bis 30 Prozent (vgl. Khiari/Lamloum 1999: 107).

120 Marks gibt an, dass Ben Ali die Wahllisten der IslamistInnen dazu verwendet, die Kandidaten zu identifizieren, um sie politisch zu verfolgen (vgl. Marks 2013: 228).

Khiari 2003: 42). Der Frieden zwischen Ben Ali und den oppositionellen, gewerkschaftlichen und zivilgesellschaftlichen Vereinigungen ist folglich nur von kurzer Dauer. Die demokratische und die islamistische Opposition rufen zum Boykott der im Juni 1990 stattfindenden Kommunalwahlen auf (vgl. ebd.: 45).

An seine islamistischen KontrahentInnen gerichtet, verkündet Ben Ali in seiner Rede am 7. November 1989:

>»Wir sagen denjenigen, die Religion und Politik verwechseln, dass es keinen Platz für eine religiöse Partei gibt. […] Der Islam ist die Religion aller, er kann nicht zum Gegenstand der Konkurrenz oder der Überbietung erklärt werden und er dient erst recht nicht als Sprungbrett, um die Herrschaft zu erlangen. Es gibt keinen anderen Verteidiger der Religion der Tunesier als den Staat, den Staat aller Tunesier, der darauf achtet, den Glauben zu wahren und zu beschützen.« (Ben Ali 1989 nach Ben Hammouda 2012: 98)

Mit der politischen Repression gegen die IslamistInnen geht auch die Unterdrückung der demokratischen Opposition einher. Linke Oppositionelle, Gewerkschafter*innen und Menschenrechtler*innen erfahren spätestens ab den 1990er Jahren auch Folter, unrechtmäßige Festnahmen und politisch motivierte Prozesse. Die politischen Freiheiten, die eingangs anerkannt wurden, werden allesamt zurückgenommen (vgl. ebd.).

Um die politischen Bedingungen unter der Herrschaft Ben Alis zu verstehen, ist es von Bedeutung, darzustellen, wie sich eine dennoch existierende Opposition einen prekären Handlungsspielraum verschafft.

3.2.1   Eine unwirksame Opposition

Die Tendenzen Bourguibas und seiner Partei PSD, die Politik zu monopolisieren, werden durch Ben Alis RCD noch verstärkt. Auch wenn beide Regime die Bürger*innen konsequent aus politischen Entscheidungsprozessen ausschließen, so unterscheiden sich ihre Argumentationen für ihre Alleinherrschaft. Für Ben Ali stellt demokratischer Pluralismus in erster Linie eine Gefahr für seinen autokratischen Machtanspruch dar, dem er ein demokratisches Antlitz zu geben versucht. Das wirkt sich auch auf die Gestaltung der Wahlkämpfe aus: Bourguibas Erziehungskampagnen werden durch Ben Alis festliche Kolonnen ersetzt, die mit Gesängen, Theaterstücken und humoristischen Aufführungen durch das Land ziehen und den Wahlkampf entpolitisieren (vgl. Geisser 2000: 20).

Durch die Verfassungsreform 1993 gelingt es Ben Ali, die Einheit des Ein-Parteien-Staates zu verstärken und zugleich bei einigen internationalen Beobachter*innen den Eindruck zu erwecken, es handele sich um eine pluralistische Öffnung des Systems. Die Reform toleriert einige Oppositionsparteien und gewährt ihnen eine *feststehende* Partizipation im Parlament von 20 Prozent der Sitze.[121] Im Umkehrschluss bedeutet das, dass er seiner eigenen Partei eine 80-prozentige Sitzverteilung im Parlament garantiert (vgl. Khiari/Lamloum 1999: 107). Jedoch bleiben sowohl die Legalisierung der Oppositionsparteien als auch ihr Status und ihre Gestaltungsmacht extrem prekär und der Willkür einer politisch bestimmten Administration und Justiz unterworfen (vgl. Chouikha 2004).

Diese Festlegung der Sitzverteilung, die unabhängig von den tatsächlichen Wahlergebnissen erfolgt, erscheint insbesondere deswegen verwunderlich, als sie nicht die periodischen Wahlvorgänge ersetzt, sondern komplementär zu diesen gedacht ist. Die Quote soll demnach als Gegengewicht zum uninominalen Wahlsystem wirken, das kleineren Parteien den Einzug ins Parlament verwehrt. Ben Ali beabsichtigt mit dieser partiellen, kontrollierten Integration der oppositionellen Kräfte, sich demokratisch zu zeigen und gleichzeitig der Opposition ihre subversive Kraft zu entziehen, indem er sie zu »Komplizen« des Systems erklärt. Die legale »parlamentarische« Opposition besteht mehrheitlich aus Parteien, die gegenüber dem Regime loyal sind und keine authentische Kritik an ihm äußern.[122] Im Gegenteil, die meisten im Parlament vertretenen Oppositions-

---

121 Für die Legislaturperiode von 1994 kommen der Opposition 19 Sitze von 163 Sitzen zu. Mit dem Anstieg der Sitzanteile 1999 auf insgesamt 182 Sitze wird auch der Anteil der Oppositionsparteien auf 34 Sitze angehoben (vgl. Geisser 2000: 26). Khiari und Lamloum weisen darauf hin, dass die korrekte Berechnung von 20 Prozent der 182 Sitze 36,6 Sitze ergebe (Khiari/Lamloum 1999: 109). Ab der Legislaturperiode 2009 haben die Oppositionsparteien einen Anteil von 50 Sitzen (vgl. Chouikha/Gobe 2009: 15).

122 Zu dieser »parlamentarischen« und politisch korrumpierten Opposition gehören in erster Linie folgende Parteien: »Mouvement des démocrates socialistes« (MDS), »Union démocratique unioniste« (UDU), »Parti de l'unité« populaire (PUP, zuvor unter dem Namen »Mouvement d'unité populaire« bekannt), »Parti social libéral« (PSL, zuvor unter dem Namen »Parti social pour le progrès« bekannt) (vgl. Chouikha 2004). Wie bereits erwähnt, gehört die PDP (zuvor unter dem Namen »Rassemblement socialiste progressiste«) von Néjib Chebbi bis 2001 zur einzigen legalen Partei, die ihre Unabhängigkeit gegenüber dem Regime wahren kann. Die Partei geht aus Teilen der linksradikalen Bewegung »Perspectives tunisiennes« hervor, die als wichtigste Oppositionskraft der 1960er und 1970er Jahre gilt (vgl. Khalfaoui 2012: 71). Chebbi gehört zu den wenigen Oppositionellen, die jenseits ihrer eigenen ideologischen Überzeugungen nach Zusammenschlüssen mit anderen Oppositionellen, wie

parteien rufen zur Unterstützung der Politik der RCD auf (vgl. Ben Hammouda 2012: 106). Die Quote zwingt die Oppositionsparteien in einen scharfen Konkurrenzkampf um die wenigen, privilegierten »Plätze« im Parlament. Dabei treten sie in ein klientelistisches Verhältnis zur RCD, die sie zur treuen Dankbarkeit für ihre Integration ins Parlament verpflichtet. Ben Alis Regime entscheidet dadurch nach eigenem Belieben, welche Partei einen Sitz verdient. Auf diese Weise gelingt es dem Regime, kritische Positionierungen weitestgehend zu neutralisieren, wenn nicht gänzlich zu unterdrücken (vgl. Chouikha 2004).

Die zweiten Wahlen unter Ben Alis Herrschaft im Jahr 1994 finden – ebenso wie die bereits erwähnten ersten Wahlen 1989 – ohne Gegenkandidaten für das Präsidentenamt statt. Der Menschenrechtler und Gründer

---

beispielsweise mit den IslamistInnen (im Exil), streben. Die linksextreme, legale Oppositionspartei »Ettajdid« (zuvor unter dem Namen »Parti communiste tunisien« bekannt) verfolgt bis 2001 eine komplexe und ambivalente Strategie zwischen Loyalitätsbekundungen und Kritik an Ben Ali. Auf diese Weise versucht sie, ihre Parteistrukturen und -Mitglieder vor Angriffen des Regimes zu schützen und dennoch ihre politischen Ziele zu verfolgen. Im Zuge des Führungswechsels der Partei nimmt »Ettajdid« eine klare, regimekritische Linie ein und versucht nicht mehr, die Gunst Ben Alis zu gewinnen. Im Folgenden werden die Oppositionsparteien, die sich nicht dem System Ben Alis assimilieren, sondern eine kritische Haltung bewahren und eine eigene politische Programmatik verfolgen, »unabhängige Opposition« genannt. Neben Ettajdid und PDP gehören auch »Parti communiste des ouvriers tunisiens« (PCOT), »Forum démocratique pour le travail et les libertés« (FDTL), die islamistische »Ennahdha«, »Congrès pour la République« (CPR) und die Bewegung Perspectives tunisiennes zur unabhängigen Opposition. Die PCOT ist eine linksradikale Partei, die auf 50 aktive Mitglieder zurückgreifen kann. Sie wird von dem charismatischen Hamma Hammami geleitet, dessen Frau die einflussreiche Menschenrechtlerin und Anwältin Radhia Nasraoui ist (vgl. Camau/Geisser 2003: 239). Die sozialdemokratische FDTL gehört neben der PDP zur wichtigsten unabhängigen Oppositionspartei und wurde von dem Arzt Mustapha Ben Jaafar gegründet. Sie ist international vernetzt, insbesondere mit der französischen »Parti socialiste« (PS). Die islamistische Ennahdha, von Rached Ghannouchi, Abdelfattah Mourou, Fadhel Beldi und Saleh Karker gegründet, kann als einzige Oppositionspartei in ihren Hochzeiten (1987–1990) 10.000 aktive Mitglieder auf sich vereinigen. Aufgrund ihrer rigorosen politischen Verfolgung durch Ben Ali ist jegliche politische Auseinandersetzung mit dem Regime oder gar Machtkampf um parlamentarische Sitze unmöglich für die Ennahdha. Ihre Verhandlungen mit dem Regime beziehen sich vornehmlich auf die Befreiung ihrer politischen Gefangenen. Die CPR wird 2001 von dem ehemaligen Vorsitzenden der »Ligue tunisienne des droits de l'Homme«, Moncef Marzouki, gegründet. Er ist eine der berühmtesten Figuren der tunesischen Opposition. Seine Partei versammelt sowohl Oppositionelle in Tunesien als auch im Exil, die sich vom linksradikalen, national-arabischen, sozialdemokratischen bis zum islamistischen Spektrum erstrecken (vgl. Camau/Geisser 2003: 240).

der Partei »Congrès pour la République« (CPR), Moncef Marzouki, wird inhaftiert, nachdem er 1994 seine Kandidatur ankündigte (vgl. Ben Hammouda 2012: 105). Trotz erheblicher Wahlfälschungsvorwürfe, die von der Opposition erhoben werden, deren Wahlbeobachter weder Einsicht in den Wahlverlauf noch Zugang zur Auszählung in den Wahlbüros haben, lässt Ben Ali sich 1994 mit 99,91 Prozent der Stimmen im Amt bestätigen.

Die Wahlen 1999 sind von zwei besonderen Merkmalen gekennzeichnet: Es sind nach geltendem Verfassungsrecht die letzten Wahlen, zu denen Ben Ali antreten darf, und die ersten »pluralistischen« Wahlen, die konkurrierende Präsidentschaftskandidaten erlauben. Die wenigen Oppositionsparteien, die zur Wahl zugelassen werden, können jedoch keine Wahlwerbung betreiben (vgl. Khiari 2003: 192). Der autoritär strukturierte öffentliche Raum erlaubt es den oppositionellen Kräften weder zu Wahlkampfzeiten noch während der Legislaturperioden, ihre programmatischen Positionen öffentlichkeitswirksam zu verbreiten (vgl. Chouikha 2004).[123] Dementsprechend bleiben sie der breiten Bevölkerung nahezu unbekannt. Obwohl das Regime ausländische Wahlbeobachter einlädt, um seine demokratische Ambition zu unterstreichen (vgl. Chouikha/Gobe 2000: 29), kommt es erneut zu Wahlfälschungen. Nach offiziellen Angaben wird Ben Ali mit 99,52 Prozent der Stimmen wiedergewählt. Die Gegenkandidaten, Mohammed Belhaj Amor (Vorsitzender der PUP) und Abderrahmane Tlili (Vorsitzender der UDU), sind nicht nur politisch unbedeutend, sondern rufen selbst zur Unterstützung (PUP) oder zur Wahl Ben Alis auf (UDU). Ihre Kandidatur dient vor allem dazu, die Fassade des demokratischen Spiels der Wahl aufrechtzuerhalten (vgl. ebd.).

Nachdem Ben Ali eine Verfassungsreform 2002[124] veranlasste, die die Begrenzung auf drei Präsidentschaftsmandate (Art. 39) aufhebt und seine

---

123 Dieses mediale Embargo gegenüber Oppositionellen wird 2003 dadurch verstärkt, dass ihnen unter Androhung einer Geldbuße von 25.000 tunesischen Dinar (ca. 18.000 Euro) verboten wird, während des Wahlkampfes Stellungnahmen für private (tunesische) Sender oder vom und ins Ausland sendende Medien (zum Beispiel *Al Jazeera*) zu geben (vgl. Chouikha 2004).

124 Es sei daran erinnert, dass Ben Ali selbst die Begrenzung auf drei Präsidentschaftsmandate 1988 wiedereinführt und eine dezidierte Kritik an Bourguiba für die Anhäufung der Mandate formuliert. Khiari weist darauf hin, dass Ben Ali das angespannte Klima der westlichen Weltgemeinschaft nach den Anschlägen vom 11. September 2001 dazu nutzt, um diese Reform zu verabschieden. Denn der »Kampf gegen den islamistischen Terror« führt zu diesem Zeitpunkt dazu, dass sicherheitspolitische Maßnahmen demokratischen Belangen vorgezogen werden (vgl. Khiari 2003: 193). Für Ben Ali stellt das ein leichtes Spiel dar, schließlich erhält er für seinen rigorosen Kampf gegen die IslamistInnen

Präsidentschaftskandidatur erneut ermöglicht, tritt er 2004 sein viertes Mandat mit einem Wahlerfolg von 94,49 Prozent an. Stets um sein demokratisches Image bemüht, lässt er die Bevölkerung über diese Verfassungsreform per Referendum abstimmen, die ihr laut offiziellen Angaben mit 99,52 Prozent zustimmt (vgl. Chouikha 2004). Die Verfassungsreform sieht ferner vor, dass Ben Ali die Präsidentschaftskandidat*innen selbst auswählt.

Aus Anlass des »Weltgipfels über die Informationsgesellschaft«, der von der UNO in Tunis 2005 organisiert wird, treten Ahmed Néjib Chebbi sowie acht weitere Persönlichkeiten der parteipolitischen und zivilgesellschaftlichen Opposition in einen Hungerstreik. Der Hungerstreik zielt darauf ab, auf die unabhängige Opposition aufmerksam zu machen (vgl. Chouikha/Gobe 2009: 14). Sie weisen auf die beißende Ironie hin, einen Weltgipfel zur Förderung des freien Informations- und Wissensflusses und des Internets in einem Land zu organisieren, in dem die Meinungsfreiheit fundamental beschnitten wird und der Internetzugang zensiert wird. Im Zuge des Hungerstreiks entsteht das »Bündnis des 18. Oktober 2005« zwischen dem linken und dem islamistischen Lager, das heißt zwischen Anhänger*innen der Ennahdha, PDP, PCOT, FDTL und CPR (vgl. Khalfaoui 2012: 74). Das Bündnis fordert demokratische Partizipationsrechte und spricht sich ferner deutlich gegen die vehemente Repression der Ennahdha-AnhängerInnen aus.

Die Wahlen 2009 sind von heftigen sozialen und politischen Protesten im Südwesten des Landes[125] begleitet, die jedoch aufgrund des medialen »Blackouts« kaum im restlichen Land Beachtung finden. Es handelt sich um die letzten Wahlen, zu denen der damals 73-jährige Ben Ali antreten darf, da die Altersgrenze für Präsidenten bei 75 Jahren liegt.[126] Die Tatsa-

---

internationale Rückendeckung. Es genügt, dass er der westlichen Staatengemeinschaft versichert, ihr stärkster Verbündeter in der arabischen Welt gegen den Islamismus in Nordafrika zu sein, damit diese gutmütig über die Missachtung demokratischer und menschenrechtlicher Standards hinwegschaut (vgl. Geisser/Gobe 2005: 311). Der politische Kontext in Tunesien wird zudem durch einen von der *Al Qaida* verübten Anschlag auf eine Synagoge in Djerba mit insgesamt 21 Toten im April 2002 verschärft (vgl. Ben Hammouda 2012: 116).

125 Auf die Proteste in der Region um das Phosphatbecken in Gafsa werde ich im weiteren Verlauf des Textes eingehen.

126 Angesichts der Tatsache, dass die Legislaturperiode von 1999 ebenfalls Ben Alis letzte sein sollte und letztlich durch eine Verfassungsänderung weitere Mandate ermöglicht worden sind, erwarten 2009 viele Tunesier*innen, dass er die Altersgrenze kurz vor den Wahlen aufheben lässt – falls seine Frau nicht die Regentschaft übernimmt. Hartnäckig

che, dass seine Frau, Leila Trabelsi, im Wahlkampf – sei es in den (staatlich kontrollierten) Medien, sei es auf Wahlkampfveranstaltungen – omnipräsent ist, lässt bei vielen Tunesier*innen den Verdacht aufkommen, dass sie anstrebt, 2014 seine Nachfolge anzutreten (vgl. Chouikha/Geisser 2010a; Barrouhi 2009). Ben Ali »gewinnt« diese Wahl mit dem bis dato niedrigsten Ergebnis in der Geschichte Tunesiens: 89,62 Prozent der Stimmen.

Die Schwierigkeit für die unabhängigen Oppositionsparteien, sich gegen das Regime zu positionieren, liegt darin, dass ihre Legalität und ihr damit verbundener Handlungsspielraum auf die Gunst der Regierung angewiesen sind. Die Oppositionsparteien, die sich trauen, die politischen, sozialen und ökonomischen Verhältnisse öffentlich zu kritisieren, sind zu einer Schattenexistenz verdammt. Ihnen wird außerhalb ihrer Parteibüros, die nicht selten unter staatlicher Überwachung stehen, verwehrt, Tagungen abzuhalten. Ihre Parteianhänger*innen werden überwacht, verfolgt sowie polizeilichen Drangsalierungen und willkürlichen Verhaftungen ausgesetzt (vgl. Chouikha/Gobe 2000: 30). Außerdem gelingt es ihnen aufgrund der polizeilichen Restriktionen des öffentlichen Raumes kaum, ihre politischen Positionen bekannt zu machen. Folglich versetzt ihr materiell, finanziell und juristisch prekärer Status sie in eine dauerhafte Situation politischer Ohnmacht (vgl. Camau/Geisser 2003: 231).

Die begrenzte politische Wirkungsmacht ist jedoch auch der Struktur und Arbeitsweise der unabhängigen Oppositionsparteien geschuldet. Die meisten Oppositionsparteien gleichen Kaderparteien: Ihnen fehlt eine breite Mitglieder- und Anhängerbasis, sie sind stark hierarchisch organisiert und ihre programmatische Ausrichtung wird meist von einem patriarchisch regierenden Parteichef dominiert, der nicht selten seit der Gründung der Partei den Vorsitz innehat.

Wie die Politologen Chouikha und Gobe betonen, neigen die Oppositionellen dazu, die autokratischen, politischen Verhältnisse in der Struktur ihrer Parteien, Bewegungen und Gruppierungen zu reproduzieren: Die ewig herrschenden Vorsitzenden verfügen über viel Macht innerhalb ihrer Organisation, die wenig reglementiert ist, sodass die wichtigen Entscheidungen hauptsächlich von ihnen im Alleingang getroffen werden.

---

bestehende Gerüchte über seinen schlechten Gesundheitszustand bekräftigen die Vermutung, dass seine Frau die Machtübernahme plant (vgl. Chouikha/Geisser 2010a). Die Altersgrenze kam ihm bislang gelegen, da sie den Ausschluss bestimmter Oppositionsführer (zum Beispiel Mohamed Harmel vom *Ettajdid*) rechtfertigte (vgl. Chouikha/Gobe 2009: 14).

Dabei gelingt es den Parteien oft nicht, innerparteiliche Konflikte diskursiv oder gar demokratisch zu lösen. Dementsprechend gründen die »Abweichler« ihre eigene Partei, was zur Zersplitterung der Parteienlandschaft führt. Die autoritär regierten Oppositionsparteien sind auch untereinander in Konkurrenzkämpfe verwickelt, die sie von einer gemeinsamen Mobilisierung gegen Ben Ali abhalten (vgl. Chouikha/Gobe 2000: 30).

3.2.2   Eine unterwanderte Gewerkschaft

Der UGTT ist mit aktuell 750.000 Mitgliedern,[127] 24 regionalen Einzel- und 19 Branchengewerkschaften und 21 Basisorganisationen der größte Gewerkschaftsbund Tunesiens, der vor allem Arbeitnehmer*innen des öffentlichen Dienstes sowie Staatsbetriebe vertritt. Dem 1946 gegründeten Gewerkschaftsbund kommt nicht nur eine zentrale Bedeutung in der Verankerung der gewerkschaftlichen Tradition in Tunesien zu. Vielmehr gilt er ebenfalls als einer der wenigen Orte politischen Protests für Arbeitnehmer*innen verschiedenster politischer Orientierungen, sozialer Hintergründe und Regionen (vgl. Yousfi 2015: 45; Kübler 2014).[128]

Die sozialen Forderungen des UGTT sind seit seiner Entstehung als Verbündeter der Neo-Destour-Partei im antikolonialen Befreiungskampf untrennbar mit nationalen, staatlichen und politischen Belangen verbunden. Dieser Gründungskontext führt zu einem engen Verhältnis zwischen dem Staat und der Partei auf der einen Seite und dem Gewerkschaftsbund auf der anderen Seite (vgl. Yousfi 2015: 37). Daraus erwachsen zwei höchstunterschiedliche Strömungen innerhalb des UGTT, die seit der Gründung bestehen und teilweise die gegensätzlichen Positionierungen des Gewerkschaftsbundes, der sich als Einheitsgewerkschaft versteht, erklären:

---

127 Die Mitgliederzahlen haben sich mit dem Beginn des revolutionären Prozesses 2011 von 350.000 auf 750.000 verdoppelt. Die Implikation verschiedener lokaler und regionaler UGTT-Gewerkschaften im Inneren des Landes in den Aufständen im Dezember 2010 hat das Image des UGTT als »revolutionäre Gewerkschaft« geschaffen. Viele Arbeitnehmer*innen, die zuvor von der Kooperation des UGTT mit dem Regime Ben Alis enttäuscht waren, treten nach 2011 in den Gewerkschaftsbund ein (vgl. Kübler 2014).

128 Frauen sind insbesondere in den Chefetagen des UGTT außerordentlich gering repräsentiert. Das Ziel von Leila Hazem, Gewerkschafterin der Post, ist es, zwei Frauen in dem 15-köpfigen Vorstand zu platzieren, der erst 2017 die erste Frau in seinen Rängen zählt (vgl. Hazem 26.03.2015, Tunis).

erstens die Strömung der »gewerkschaftlichen Bürokratie«,[129] die für eine folgsame Kooperation mit dem Staat eintritt, und zweitens die Strömung, die sich eher als Gegenmacht zum Staat begreift und linke und arabisch-nationalistisch inspirierte Gewerkschafter*innen der Basis vereint. In Krisensituationen nimmt vor allem die zweite Strömung Überhand, die in einzelnen Branchengewerkschaften, wie in der Post, der Bildung, der Telekommunikation und der Gesundheit sowie in bestimmten regionalen oder lokalen Gewerkschaften stark vertreten ist (vgl. ebd.: 26). Diese beiden Strömungen verfolgen derart unterschiedliche Ziele und Verfahrensweisen, dass manche Forscher*innen dazu verleitet sind, von »zwei UGTT« zu sprechen (vgl. ebd.: 24).

Die relative Unabhängigkeit[130] des UGTT vom Staat, die im Maghreb einzigartig bleibt, musste der Gewerkschaftsbund sich jedoch erst erkämpfen (vgl. Mizouni 2012: 71f.). Bis in die 1970er Jahre hinein entstammen die hohen Verantwortlichen des UGTT der Neo Destour Partei.[131] Bourguiba behielt sich das Recht vor, die Generalsekretäre auszuwählen, sie zu wechseln und ihnen inhaltliche Vorgaben zu machen. Mit den ersten Autonomieforderungen Ende der 1970er Jahre gingen die Gewerkschafter*innen in die Offensive. Während des ersten tunesischen Generalstreikes 1978 drängten sie nicht nur verstärkt auf sozioökonomische Reformen, sondern verurteilten auch zum ersten Mal offen den politischen Autoritarismus. Sie forderten gemeinsam mit der aufstrebenden demokratischen Bewegung individuelle und politische Freiheitsrechte. Erstmals schlossen

---

129 Mit »gewerkschaftlicher Bürokratie« kann, laut Yousfi, in einem engen Sinne der Exekutivausschuss des UGTT oder in einem weiten Sinne die gesamte administrative Kommission gemeint sein (vgl. Yousfi 2015: 26).

130 Diese Unabhängigkeit ist – abgesehen vom politischen Klima der Unfreiheit – wesentlich durch die finanzielle Abhängigkeit des UGTT vom Staat eingeschränkt: Die Mitgliederbeiträge des UGTT werden vom Staat eingezogen und anschließend an die Zentrale des UGTT ausgezahlt. Diese Prozedur lädt zur politischen Manipulation ein. Wenn das Regime einen unliebsamen Kandidaten an der Kandidatur innerhalb der Gewerkschaft hindern will, behauptet es, dass dieser seine Mitgliederbeiträge nicht bezahlt habe. Und umgekehrt belohnt es gehorsame Gewerkschaften mit höheren Mitgliederbeiträgen, als ihr eigentlich zustehen. Außerdem erhält der UGTT punktuelle Subventionen vom Staat, die laufende Verhandlungen oftmals beeinflussen (vgl. Hibou 2006a: 148f.).

131 Das Regime Bourguibas versucht vergeblich durch die Bildung paralleler Gewerkschaftsorgane (»Union tunisienne du travail«), den UGTT zu schwächen. Eine andere und gängige Art des direkten Eingriffs in die gewerkschaftlichen Strukturen ist die Inhaftierung hoher Verantwortlicher sowie des Generalsekretärs (vgl. Hibou 2006a: 148).

sich IslamistInnen dem Streik des UGTT an. Trotz der harten Repression des Streikes, der mit etwa 200 Toten als »schwarzer Donnerstag« in die tunesische Geschichte eingeht, wurde der UGTT spätestens ab diesem Zeitpunkt zum Zufluchtsort für all diejenigen, die an politischen Diskussionen interessiert sind, wie die Sozialwissenschaftlerin Hèla Yousfi betont (vgl. Yousfi 2015: 42).

Mit der Verpflichtung zur (partei-)politischen Neutralität des UGTT 1988[132] büßte der Gewerkschaftsbund jedoch teilweise seinen regimekritischen Charakter und seinen Einfluss auf die Regierung ein. Das Verhältnis zwischen dem Regime und der Führung des Gewerkschaftsbundes beruht seitdem auf einem impliziten Tauschgeschäft: Das Regime akzeptiert, dass der UGTT das Monopol der Repräsentation der Arbeiterinteressen innehat und lässt ihm relative Freiheiten hinsichtlich der internen Gewerkschaftsorganisation. Im Gegenzug zügelt der UGTT seine Protestpolitik und gibt sein Einverständnis für ökonomische Reformen, die eine Liberalisierung und Privatisierung weiter Teile des Marktes und vor allem der Staatsbetriebe anstreben (vgl. Camau/Geisser 2003: 221; Ruf 2011).

Der starke Anstieg des privaten Sektors, in dem der UGTT kaum implementiert ist und der allgemein eine sehr geringe Anzahl an Gewerkschaften aufweist, führt zu einem deutlichen Machtverlust des UGTT (vgl. Yousfi 2015: 52; Hibou 2006a: 150).[133] Sein sinkender Einfluss geht aber auch mit einem Richtungswechsel in der Führung des Gewerkschaftsbundes einher, die verstärkt eine Vermittlerposition zwischen dem Regime und der Gesellschaft einnimmt und den »sozialen Frieden«, das heißt den Status quo der Diktatur, sichert (vgl. Hibou 2006a: 147f.; Khiari 2003: 33f.). Die Legitimation des Gewerkschaftsbundes schöpft sich von nun an aus seiner Rolle als bedeutendster sozialer Partner des Regimes, wie ein interner Bericht des UGTT 2006 bekannt gibt (vgl. Zemni 2013: 138).[134]

---

132 Ab 1988 verzichtet das Regime offiziell darauf, den Gewerkschaftsbund mit Parteianhänger*innen zu besetzen. Im Gegenzug verpflichtet sich der UGTT zur »Neutralität« dem RCD und allen anderen Parteien gegenüber (vgl. Camau/Geisser 2003: 220).

133 Die Politikwissenschaftlerin Béatrice Hibou weist darauf hin, dass in der Textilbranche Gewerkschaften *de facto* verboten waren (vgl. Hibou 2006a: 151). In einigen Betrieben müssen die Arbeiter*innen mindestens vier Jahre Arbeitserfahrung in dem Betrieb aufweisen, um einer Gewerkschaft beitreten zu können (vgl. Sonia Jebali und Monia Dridi 23.09.2015, Tunis).

134 Bestimmten Branchengewerkschaften, wie den bereits genannten Post-, Bildungs- und Telekommunikationsgewerkschaften, sowie lokalen und regionalen Gewerkschaften (zum Beispiel Sfax) gelingt es dennoch, ein bestimmtes Ausmaß an Autonomie dem

Die stark zentralisierte, hierarchische Struktur des UGTT verleiht dem nationalen Vorstand und dem Generalsekretär nahezu hegemoniale Macht »zum Nachteil radikalerer Funktionäre, die kaltgestellt oder gleich ausgeschlossen wurden« (Ben Abdallah El Alaoui/Allal 2011). Diese undemokratische Zentralisierung der Entscheidungsstrukturen macht eine politische Unterwanderung des UGTT »von oben nach unten« leicht (vgl. Ruf 2011). Die materiellen und symbolischen Belohnungen[135] der Gewerkschaftsführung durch das Regime sowie die Korruption innerhalb der bürokratischen Gewerkschaftshierarchie bringen den regimekritischen Diskurs regelrecht zum Verstummen (vgl. Hibou 2006a: 150f.). Gewerkschafter*innen, die unerwünschte Positionen vertreten oder gar in der Opposition parteipolitisch oder zivilgesellschaftlich engagiert sind, werden von leitenden Positionen enthoben, verlieren ihren Arbeitsplatz oder werden in abgelegene Regionen befördert (vgl. Khiari/Lamloum 1999: 112). Viele UGTT-Gewerkschafter*innen sind zudem Anhänger*innen der RCD, was zumindest teilweise erklärt, warum der UGTT auf nationaler Ebene zahlreiche Proteste, wie beispielsweise die Gafsa-Revolten 2008, nicht unterstützt (vgl. Ben Abdallah El Alaoui/Allal 2011).

Dennoch ist der Gewerkschaftsbund auch in den letzten Jahren des Ben Ali-Regimes nicht vollkommen der Staatsmacht unterworfen (vgl. Chouikha/Gobe 2015: 62). Der Vorstand, der durch zahlreiche Gefälligkeiten vom Regime besänftigt wird,[136] sowie die Basis, die sich je nach Region und Branche mehr oder weniger erfolgreich den politischen Vereinnahmungsversuchen widersetzt, koexistieren im UGTT (vgl. Gobe 2008: 279). Einzelne Gewerkschaften und Gewerkschafter*innen wehren sich gegen ihren Vorstand: Sie streiken (ohne sein Einverständnis),[137] zeitweilig bis zum mehrwöchigen Hungerstreik, und verbünden sich mit menschenrechtlichen Organisationen in ihrem Kampf gegen Outsourcing, ungerechtfertigte Kündigungen, prekäre Arbeitsverhältnisse und niedrige Löhne.

---

nationalen Vorstand gegenüber aufrechtzuerhalten und regimekritische Positionen oder die Interessen der Arbeiter*innen zu vertreten.

135 Zu den materiellen Belohnungen gehören beispielsweise Beförderungen, Karrierechancen, Urlaube und spendierte Ferienlager für die Kinder der Gewerkschafter*innen.

136 Die Tatsache, dass Ben Ali 1999 den Kongress des UGTT eröffnet, ist ein deutliches Indiz für die Zähmung des UGTT durch Ben Alis Regierung. Der UGTT unterstützt zudem Ben Ali für sein viertes Mandat 2004 (vgl. Yousfi 2015: 53).

137 1999 entscheidet der Vorstand des UGTT, dass jeder Streik einer Gewerkschaft vom Generalsekretär des UGTT genehmigt werden muss (vgl. Khiari/Lamloum 1999: 112).

3.2.3   Eine zum Schweigen gebrachte Zivilgesellschaft

Eine weitere Sphäre politischen Handelns stellt der zivilgesellschaftliche Raum dar. Der rasante Anstieg an Sportvereinen, sozial-karitativen Einrichtungen, Nachbarschaftshilfen sowie an politisch und ökologisch orientierten NGOs in der Zeit von 1987 bis 2000 wird vom Regime als Erfolg der »Demokratisierung« durch Ben Ali verbucht (vgl. Camau/Geisser 2003: 217).[138] So behauptet Ben Ali 2007 in einem Interview mit der französischen Tageszeitung *Le Figaro*, seine Demokratisierungspolitik weiterzuführen und der Zivilgesellschaft kollektive Freiheitsrechte für ihre Entfaltung einzuräumen:

»Ich habe stets betont, dass der demokratische Prozess, der seit dem 7. November 1987 eingeleitet wurde, ein irreversibler Prozess ist. Ich bekräftige erneut meine Überzeugung, dass Demokratie und [wirtschaftliche, N.A.] Entwicklung die zwei Säulen unserer Vorgehensweise für die Bildung einer offenen, toleranten und humanistischen Gesellschaft darstellen. In unserem Land werden die Meinungs- und Äußerungsfreiheit, die Versammlungs- und Vereinigungsfreiheit voll und ganz durch Gesetze garantiert und in der alltäglichen Realität erfahren. [...] Noch nie wurde in Tunesien jemand für seine politische Meinung festgenommen oder verfolgt [...].« (Ben Ali 2007 nach Michel 2007)

Diese laut Ben Ali »florierende Zivilgesellschaft« ist jedoch nicht unabhängig. Vielmehr werden zahlreiche »zivilgesellschaftliche« Organisationen von RCD-Anhänger*innen gegründet, die sowohl staatliche Projekte unter dem zivilgesellschaftlichen Deckmantel ausführen als auch vom Staat vernachlässigte Aufgaben, insbesondere im Hinblick auf sozial und regional benachteiligte Bevölkerungsgruppen, übernehmen (vgl. Desmères 2000: 12).[139] Dieser staatliche Eingriff in die Zivilgesellschaft dient der Kontrolle

---

138 Zwischen 1987 und 2000 ist die Anzahl an zivilgesellschaftlichen Organisationen von 1.976 auf 7.321 verzeichnete Organisationen angestiegen (vgl. Camau/Geisser 2003: 217).

139 Diese NGOs werden von den Oppositionellen verächtlich »OVGs«, das bedeutet »Organisation vraiment gouvernementale« (wirkliche Regierungsorganisation) genannt (vgl. Hibou 2002: 39). Zu den bekanntesten zählen die tunesischen »Médecins sans frontières«, »Avocats sans frontières«, »Association tunisienne pour la défense des victimes du terrorisme« und die bereits genannte »Association tunisienne des mères«, die allesamt den Wahlkampf Ben Alis 2004 unterstützt haben (vgl. Bensedrine/Mestiri 2004: 70). Die Tatsache, dass soziale und regionale Probleme nicht vom Staat selbst, sondern von NGOs übernommen werden, ist in dem Sinne problematisch, als dass der Staat sich auf diese Weise der Verantwortung für diese Bereiche entzieht. Dabei umfassen die »sozialen und regionalen Probleme« diverse Politikfelder – von der Gesundheitssorge

und Durchdringung der Gesellschaft und soll zur höheren Akzeptanz der Politik der RCD beitragen.

Neben den staatlichen »Service-NGOs« (Ben Achour 2011a: 293) bildet sich eine nach autonomer Selbstbestimmung strebende Zivilgesellschaft heraus, die sich einen prekären Raum politischen Handelns erstreitet und trotz der Repression in einem bestimmten Ausmaß Widerstand gegen Ben Ali leistet. Die unabhängigen und regimekritischen NGOs setzen sich für Menschenrechte (LTDH; Conseil national pour les libertés en Tunisie, CNLT; Organisation contre la torture en Tunisie, OCTT; Amnesty International-Tunisie), für Frauenrechte (Association Tunisienne des Femmes Démocrates, ATFD; Association des femmes tunisienne pour la recherche sur le développement, AFTURD), für Rechte von politischen Gefangenen (Association internationale de soutien aux prisonniers politique-Tunisie, AISPP-T; Liberté et Équité und Association de défense des prisonniers politique), für Rechte von Arbeitslosen (Union des diplômés chômeurs, UDC) und für sozioökonomische Rechte im Rahmen der Globalisierung ein (Rassemblement pour une alternative international de développement, RAID-ATTAC). Diese zivilgesellschaftlichen Organisationen werden durch die Berufsvereinigungen der Anwält*innen (Ordre des avocats), der Staatsanwaltschaft (Associations des magistrats tunisiens, AMT) und durch die Gewerkschaft der Journalist*innen (Syndicats national des journalistes tunisiens, SJT) in ihrem Kampf für Meinungs- und Äußerungsfreiheit, für die Unabhängigkeit der Justiz und für die Einhaltung grundlegender Justizrechte unterstützt. Eine politisch aktive Diaspora in Frankreich lenkt außerdem die Aufmerksamkeit in Europa auf Menschenrechtsverletzungen in Tunesien (Comité pour le respect des libertés et des droits de l'Homme en Tunisie, CRLDTH; Fédération des Tunisiens pour une citoyenneté des

---

und dem Kampf gegen Aids über die Mikrokreditvergabe bis zur Alphabetisierung der Bevölkerung (vgl. Ben Achour 2011a: 297f.). Zudem verfügen die NGOs nur über geringe finanzielle Mittel und können dementsprechend nur »erste Hilfe« leisten, ohne dass eine grundsätzliche Veränderung der Situation oder staatliche Anerkennung der sozialen Probleme herbeigeführt wird. Die Finanzierung der sozialen und karitativen Einrichtungen entstammt einer Art »sozialen Steuer« (nationaler Solidaritätsfond, FSN), die *theoretisch* freiwillig von Bürger*innen und Unternehmen entrichtet wird. Jedoch ist die Freiwilligkeit stark durch den Druck des Regimes eingeschränkt und entspricht eher einer rechtlich bindenden Steuerabgabe (vgl. Camau/Geisser 2003: 219). Ich werde den Solidaritätsfond näher im Unterkapitel zum Wirtschaftswunder thematisieren.

deux rives, FTCR, und die internationale NGO: Réseau euro-méditerra-néen des droits de l'Homme, REMDH).[140]

Das Regime versucht, die oben genannten Vereinigungen, unabhängig von ihrer legalen Anerkennung,[141] durch ständige Drangsalierungen von ihrer Tätigkeit abzuhalten. Die Meinungs-, Versammlungs- und Vereini-gungsfreiheit werden auf massive Art und Weise verletzt. Die aktive Mit-gliedschaft in einer der oben genannten Vereinigungen führt nicht selten dazu, polizeilichen Übergriffen ausgesetzt zu sein. Internationale Men-schenrechtsorganisationen, wie die »Fédération internationale des droits de l'Homme« (FIDH), Amnesty International und Human Rights Watch, be-richten über willkürliche Festnahmen von Aktivist*innen und ihren Ange-hörigen ohne juristische Mandate, illegale Beschlagnahmungen von Privat-besitz, Einbrüche in Lokale von NGOs oder in Privatunterkünfte, Gewaltdrohungen (u. a. Vergewaltigungs- und Morddrohungen) und tat-sächliche Gewalttaten (vgl. FIDH 2007; Amnesty International 2008; Beau/Tuquoi 2011: 106).

Ben Ali nimmt die Anschläge vom 11. September 2001 zum Anlass, Verurteilungen von Bürger*innen vor Militärgerichten auszuweiten, die be-reits 1992 gegen zahlreiche IslamistInnen erfolgten (vgl. CNLT 2007: 3).

---

140 Ebenfalls in der europäischen Diaspora aktiv sind die tunesischen Regimeanhä-nger*innen, die zahlreiche NGOs gründen, um für ein positives Bild Tunesiens im Ausland zu werben. Bensedrine und Mestiri nennen zum Beispiel folgende regimetreue Vereinigungen: »Association tunisienne parents première génération«, »L'Ère de l'excellence«, »RTF persévérance«, »Espoir méditerranéen« und »Association nouvelle ère de la femme tunisienne en France« (vgl. Bensedrine/Mestiri 2004: 68).

141 Vereinigungen können erst durch die Genehmigung des Staatssekretärs des Innenministeriums legal existieren. Dabei sind die Richtlinien, wonach Vereinigungen genehmigt oder abgelehnt werden, nicht transparent (vgl. Desmères 2000: 3). Einigen NGOs, wie zum Beispiel der CNLT, ACTT, AISPP-T, RAID oder SJT, wird, trotz jahrelanger Anträge und langem Bestehen, kein legaler Status verliehen, um ihr Versammlungsrecht einzuschränken und Anhänger*innen, Mandant*innen und Hilfesuchenden den Zugang zu ihren Lokalen verbieten zu können. Das Regime hat acht verschiedene administrative Einstufungskategorien für NGOs geschaffen. Demnach kann es feminine, sportliche, wissenschaftliche, kulturell-künstlerische, soziale, entwicklungsfördernde, freundschaftliche und »generelle« Vereinigungen geben (vgl. ebd.: 5). Menschenrechtlich und politisch agierende NGOs sind in der »generellen« Kategorie (franz. caractère général) eingestuft. Diese Einstufung macht es den NGOs juristisch unmöglich, Mitglieder auszuschließen. Auf diese Weise verschafft sich das Regime die Möglichkeit, Vereinigungen mit Mitgliedern des RCDs zu besetzen, um sie von innen heraus zu beeinflussen. Feministische Vereinigungen fallen nicht in diese Kategorie, sondern sind unter der Kategorie »feminin« verzeichnet.

Aus der Kooperation mit der EU in puncto »Islamismusbekämpfung« schöpft Tunesien internationale Rückendeckung, um Militärgerichte zur Bekämpfung der tunesischen IslamistInnen einzuführen (vgl. Lamloum 2003: 140; Lamloum 2002: 111).[142] Durch ein im Dezember 2001 verabschiedetes Gesetz legalisiert das Regime eine Ausnahmejustiz, die hinter geschlossenen Türen tagt: Die Fristen für Verjährungen werden verlängert, das Recht, Aussagen zu verweigern oder einen Richter wegen Besorgnis der Befangenheit abzulehnen, werden abgeschafft und mit einer Strafe belegt. Die Beschlagnahmung von materiellen Gütern wird von nun an bereits auf Tatverdacht hin möglich (vgl. Bensedrine/Mestiri 2004: 61).

Im Zuge dessen geraten nun nicht mehr lediglich politische Aktivist*innen der Oppositionsparteien oder der Menschenrechtsorganisationen, sondern vermehrt auch Bürger*innen ins Visier, die sich im öffentlichen Raum politisch ausdrücken oder andere Praktiken ausüben, die das Regime nicht duldet. Diese Politik führt zur vehementen Ausbreitung von Folterpraktiken in Haftanstalten, auf Polizeistationen und in den Kerkern des Innenministeriums in Tunis. Dabei werden oftmals sogar Minimalstandards der Rechtsprechung verletzt. Die Angeklagten werden im Sinne einer »Präventiv-Justiz« mitunter ohne offizielle Anklage, Beschuldigung oder Tatverdacht inhaftiert und müssen in diesen Haftanstalten für unbegrenzte Zeit verweilen (vgl. ACAT 2015: 7ff.). Einigen Angeklagten verwehrt die Polizei das Recht auf Verteidigung durch einen Anwalt. Unter Folter erzwungene oder mit gefälschten Unterschriften versehene Geständnisse werden vor Gericht gegen die Angeklagten verwendet, auch wenn Letztere den Aussagen vor Gericht widersprechen und die Spuren der Folter vorweisen. Klage gegen die erlittene Folter zu erheben, ist nicht nur aufgrund der administrativen Barrieren schwierig, sondern führt oftmals zur Verschlimmerung der Haftbedingungen.[143] Juristische Urteile, die

---

142 Diese Kooperation schwächt auch das Vertrauen der tunesischen Bevölkerung in die EU, die zwar stets Demokratieförderung anpreist, in bestimmten Fällen jedoch von der Abwesenheit von Demokratie und Rechtsstaat abstrahieren kann und zudem die tunesische Regierung in ihrer menschenrechtsverachtenden Politik unterstützt (vgl. Bensedrine/Mestiri 2004: 23f.).

143 Der Bericht der Organisation ACAT und »Freedom without Borders« zeigt auf, dass die meisten inhaftierten Personen, die vor (in Polizeigewahrsam), während nach ihrer Haft eine Anklage gegen Folter erheben, diese aufgrund von Morddrohungen und erhöhter polizeilicher Gewalt ihnen und ihren Angehörigen gegenüber fallen lassen (vgl. ACAT 2015, 23). Ferner hat es bis dato noch keine einzige Verurteilung von Polizist*innen, Gefängniswärter*innen oder anderen, beteiligten Personen (bspw. Mediziner*innen, die Folterspuren auf den Körpern der Inhaftierten dokumentieren

sich gegen die Interessen des Regimes richten, werden zudem trotz ihrer Verkündung nicht ausgeführt (vgl. Human Rights Watch 2011; FIDH 2011; LTDH 2002).

Im Alltag wird vor allem die Bewegungsfreiheit der Aktivist*innen eingeschränkt: Einigen Aktivist*innen wird grundlos der Reisepass oder der Ausweis entzogen oder nicht erneuert (vgl. FIDH 2007).[144] Diese Schikanen machen die Mitgliedschaft in einer NGO nicht nur unattraktiv, sondern auch relativ gefährlich und hindern die NGOs wesentlich daran, eine breite Basis aufzubauen.

In den 2000er Jahren geht das Regime vermehrt dazu über, die Justiz heranzuziehen, um kritische NGOs durch juristisch bindende Urteile zum Verstummen zu bringen (vgl. FIDH 2011). Die Menschenrechtsorganisation »Ligue Tunisienne des droits de l'Homme« (LTDH) beispielsweise wird jahrelang durch richterliche Entscheidungen davon abgehalten, Mitgliedervollversammlungen einzuberufen (vgl. Geisser/Gobe 2005: 316f.). Infiltrierte LTDH-Mitglieder, die dem RCD anhängen, ziehen hierfür mehrfach vor Gericht, um Vollversammlungen, regionale Neugründungen (zum Beispiel in Sfax) oder Zusammenschlüsse (etwa zwischen Hammam-Lif-Ezzahra und Radès) der LTDH zu annullieren und gegen die Interessen und die kollektiv getroffenen Entscheidungen der LTDH vorzugehen (vgl. ebd.).[145]

Die Besetzung regimekritischer Vereinigungen durch regierungstreue »Mitglieder« ist eine beliebte Strategie des Regimes, um die Aktivitäten der Vereinigungen einzuschränken, wie die Erfahrung der Anwalts- und Rich-

---

sollten) aufgrund von Folterhandlungen oder komplizenhafter Maskierungen von Folterspuren gegeben. Die Verfahren werden stets ohne Verurteilung und aufgrund »fehlender Beweise« eingestellt. Folglich erfahren die Opfer von Folter keinerlei Gerechtigkeit, zumal die Täter vollkommen ungestraft ihre Taten fortsetzen. Diese Straffreiheit lässt sich nur durch eine Komplizenschaft großer Teile der Justiz mit dem Regime im Allgemeinen und der Polizei im Besonderen erklären (vgl. ebd.: 43f.).

144 *L'audace* startet 1997 einen Aufruf gegen diese Ausweis-Konfiskation des Regimes und publiziert regelmäßig die Namen und Aufenthaltsorte der Personen, denen eine Erneuerung ihrer Ausweisdokumente verweigert wird. Die Zeitschrift spricht von schätzungsweise 2.000 bis 4.000 Personen, die aufgrund dieser Beschlagnahmungspraktik 1997 keine Ausweisdokumente haben. Dementsprechend können sie je nach Wohnort entweder nicht in Tunesien ein- oder ausreisen und werden ihrer Staatsbürgerrechte beraubt (vgl. L'audace 1997: 23).

145 Die LDTH ist dem Regime ein besonderer Dorn im Auge, da sie am vehementesten die Menschenrechtsverletzungen gegen IslamistenInnen anklagt und sich durch ihre internationale Vernetzung weltweit Gehör verschafft (vgl. Khiari 2003: 48; Ben Hammouda 2012: 102).

tervereinigungen (ODA; AMT) und der LTDH zeigen. Auch die Berufsvereinigung der Richter (AMT) erfährt 2005 eine grundlegende Infiltration
durch RCD-Mitglieder, die in die Lokale des AMT einbrechen, gegen den
gewählten Vorstand putschen und sich durch die Komplizenschaft des
Justizministers, Béchir Tekkari, erfolgreich als »wahre« Vertretung der
Richter durchsetzen (vgl. FIDH 2011: 11). Der Kampf der AMT für mehr
Unabhängigkeit und Handlungsspielraum der Justiz wird vom Regime als
besondere Gefahr wahrgenommen, gehört doch eine politisch korrumpierte Justiz – neben dem Polizeiapparat – zum Handlanger des Regimes
von Ben Ali.[146]

Der einflussreiche Polizeiapparat, der aus dem Innenministerium hervorgeht, wird fortwährend von Menschenrechtsorganisationen als eines der
deutlichsten Zeichen der Repression angeprangert (vgl. Hibou 2006a: 95).
Mit Ben Alis Machterlangung professionalisiert sich der Polizeiapparat und
befreit sich verstärkt von juristischen Einschränkungen. Camau und Geisser erachten, dass die Polizeistrukturen parallel zu den staatlichen Strukturen existieren und sie in gewisser Weise »verdoppeln« (vgl. Camau/Geisser
2003: 205). Die zunehmende Autonomie der Polizei[147] hat auch die Herab-
setzung der Autorität der Justiz zur Folge (vgl. Hibou 2006a: 96; Bensedri-
ne/Mestiri 2004: 61): Urteile können von Polizist*innen ignoriert werden,

---

146 Einige Richter der AMT sind in die Missgunst des Regimes gefallen, weil sie die
    gewalttätigen Angriffe der Polizei auf regimekritische Anwält*innen im Gerichtssaal im
    März 2005 im Prozess gegen den Anwalt Mohamed Abbou kritisiert haben. Außerdem
    hat die Vorsitzende der AMT, Kalthoum Kannou, öffentlich beanstandet, dass der
    Präsident Ben Ali als Vorsitzender des Obersten Rates der Staatsanwaltschaft (franz.
    Conseil supérieur de la magistrature) die Richter auswählt, kündigt oder versetzt. Die
    Staatsanwältin Kannou wurde wiederholt aufgrund ihrer regimekritischen Haltung in
    abgelegene Regionen versetzt. Auf diese Weise hat das Regime versucht, sie aus der
    Öffentlichkeit zu drängen und ihr wichtige Fälle (in denen die Familie Ben Alis und
    seine Gattin Trabelsi verwickelt waren) zu entziehen. Der Staatsanwalt Mokhtar
    Yahyaoui wurde aufgrund eines an Ben Ali adressierten Briefes, in dem er die politische
    Vereinnahmung und Instrumentalisierung der Justiz verurteilt, 2001 des Amtes
    enthoben (vgl. RSF 2011: 63). Er konnte seine Berufstätigkeit erst nach der Flucht Ben
    Alis 2011 wiederaufnehmen. Diese beiden Beispiele zeigen, dass Richter, die nicht die
    politischen Richtlinien des Regimes befolgen, mit Karrierenachteilen, Ausübungsverbot
    ihres Berufs oder polizeilichen Schikanen bestraft werden (vgl. Kennou 17.09.2014,
    Tunis).
147 Die Tatsache, dass die Polizei autonomer wird, hängt auch damit zusammen, dass die
    polizeilichen Sicherheitsapparate nicht mehr unter der Aufsicht der politischen Elite
    stehen, sondern unter der Kontrolle der polizeilichen Behörde (vgl. Camau/Geisser
    2003: 206), insofern fehlt es an einer externen Kontrollinstanz.

Verhaftungen ohne juristisches Mandat ausgeführt werden, unbeugsame Richter physisch und psychologisch eingeschüchtert werden. Insbesondere in ärmeren Wohnvierteln und gegenüber jungen Bevölkerungsschichten vermittelt die Polizei den Eindruck, über den Gesetzen zu stehen:

»Denn das staatliche Signal an die ärmeren Wohnviertel ist nicht, dass das Gesetz geachtet wird. Vielmehr ist es Folgendes: Die Polizei ist den staatlichen Institutionen der Macht übergeordnet, sie hat alle Rechte und steht über den Gesetzen, ihr wird eine absolute Straffreiheit zuteil. Die Polizei zu fürchten und mit ihr zusammenzuarbeiten, das ist das Gesetz.« (Khiari 2003: 104)

Der Polizei kommt demnach im Ensemble der staatlichen Institutionen eine übergeordnete, dominierende Stellung zu. Trotz der Kritik an einer permanenten, polizeilichen Präsenz in der Öffentlichkeit, können sich die Oppositionellen auf keine genauen Zahlen der Polizeikräfte berufen, zumal diese geheim sind. Die polizeiliche Omnipräsenz und Kontrollen im öffentlichen Raum, die Verfolgung von Oppositionellen sowie die Überwachung der Kommunikationskanäle (einschließlich des Internets) lassen darauf schließen, dass es sich um ein relativ hohes Aufgebot handeln muss (vgl. Camau/Geisser 2003: 204). Hibou weist auf Schätzungen hin, welche von 80.000 bis 133.000 Polizist*innen[148] für eine zehn Millionen starke Bevölkerung reichen. Zu diesen Schätzungen müsse man bestimmte, im zivilen Raum agierende Militärkräfte, Mitarbeiter*innen des Innenministeriums sowie RCD-Parteimitglieder hinzuzählen, die eine polizeiliche Kontrolle der Bevölkerung ausüben, so Hibou. Jenseits der Körperschaft der Polizei erkennt die Politikwissenschaftlerin Hibou in nahezu allen sozialen Sphären Kontroll- und Überwachungspraktiken:

»[…] überall im Land, in den Regionen, in den Behörden, in den staatlichen Unternehmen und selbst in den großen, privaten Unternehmen, auf den Straßen und in den öffentlichen Verkehrsmitteln, auf den Arbeitsplätzen sowie in den Bars […] alle überwachen sich […].« (Hibou 2006a: 96)

---

148 Die Angabe von 133.000 Polizisten kommentiert Hibou als sicherlich übertriebene Schätzung und fügt hinzu, dass diese Statistik der tunesischen Opposition entstammt (vgl. Hibou 2006a: 96). Lutterbeck legt dar, dass das Budget des Innenministeriums von 1980 bis 2010 explosionsartig angestiegen ist. Mit der großzügigen finanziellen Ausstattung des Innenministeriums geht eine Privilegierung des Innenministeriums und somit auch der Polizei gegenüber dem Militär einher, das ebenfalls vom Innenministerium überwacht wurde – aus Angst vor einem Militärputsch gegen Ben Ali (vgl. Lutterbeck 2015: 816).

Der Eindruck der Omnipräsenz des Polizeiapparates wird auch durch die Vielfalt der Dienste und Behörden vermittelt, die Aufgaben einer politischen Polizei übernehmen: der Staatssicherheitsdienst, die speziellen Sicherheitsdienste, die allgemeinen Geheimdienste, die Ortspolizei, der präsidentielle Sicherheitsdienst, die Nationalgarde, die Zollbehörden, die Steuerbehörden, die Behörden des Außenhandels, die RCD-Parteibüros, die Stadtteilversammlungen (»comité de quartier«)[149], die Gemeindeeinrichtungen, die staatliche Krankenversicherungskasse sowie Zentren öffentlicher Gesundheitspflege. Hibou führt an, dass es in dem Sinne keiner institutionalisierten »politischen Polizei« bedarf, zumal potenziell alle administrativen Dienststellen zur politisch motivierten Überwachung, Kontrolle, Einschüchterung, Abschreckung und Bestrafung der Bevölkerung instrumentalisiert werden können (vgl. Hibou 2006a: 97; Hanlon 2012: 6).[150]

Eine besondere Stellung bei der Überwachung der Bevölkerung nehmen Taxifahrer*innen ein, die bekanntlich ihre Passagiere abhören und beliebte Informanten der Polizei sind. Sie überwachen nicht nur die Passagiere und ihre Fahrtwege, sondern machen ihnen auch deutlich, dass sie abgehört werden – unabhängig davon, wie unbedeutend die Konversation zwischen ihnen und ihren Passagieren auch sein mag. Ihre Aufgabe besteht darin, die Vorstellung zu verbreiten, dass alles unter »Lauschangriff« steht, um das Klima der Angst zu schüren (vgl. Hibou 2006a: 98).

---

149 Der Artikel von Isabelle Berry-Chikhaoui erinnert daran, dass die Stadtteilversammlungen vom Regime nicht im Anliegen einer lokalen, partizipativen Demokratie einberufen worden sind. Vielmehr handelt es sich um Institutionen sozialer Kontrolle, die die Bürger*innen näher an die lokale Administration binden sollen. Umgekehrt kann es für die Bürger*innen von Vorteil sein, einen näheren Kontakt zur Administration zu haben, um bestimmte soziale, finanzielle oder administrative Leistungen und Ressourcen zu erfragen, zu denen sie sonst keinen Zugang hätten (vgl. Berry-Chikhaoui 2011: 37).

150 Näheres zur Funktionsweise der Polizei unter Ben Ali sowie zu den Reformanfängen und den polizeilichen Strukturen nach dem Sturz Ben Alis lässt sich in Derek Lutterbecks Artikeln lesen (vgl. Lutterbeck 2015, 2013, 2012). Allgemein kann festgehalten werden, dass die polizeilichen Verhältnisse und ihre Arbeitsweise ein wahrhaftes Forschungsdesiderat darstellen, zu welchem kaum wissenschaftliche Literatur und empirisches Datenmaterial vorliegt.

3.3 Der (paternalistische) Staatsfeminismus

Insbesondere die Einführung progressiver Frauenrechte durch den »Code du Statut Personnel« (CSP)[151], der bereits 1956 von Bourguiba per Dekret promulgiert wurde, und das ebenfalls 1956 eingeleitete Säkularisierungsprojekt verleihen Tunesien seit der frühen Gründungsphase den Ruf des liberalsten und »westlichsten« Staates der arabischen Welt (vgl. Charrad 2011: 105f.; Gafsia 2004: 69; Abadi 2013; Perkins 2014: 11). Die Soziologin Charrad erläutert, dass der mangelnde demokratische Charakter dieser Reform sich darin manifestiert, dass ihr keine zivilgesellschaftliche Aushandlung oder öffentliche Diskussion vorausgeht (vgl. Charrad 2011: 107). Das ist auch dem Umstand geschuldet, dass es zu diesem Zeitpunkt noch keine feministische Bewegung in Tunesien gibt. Frauen, die vor den 1950er Jahren politisch aktiv waren, engagierten sich in erster Linie im antikolonialen Kampf.[152]

Die staatlichen Reformen leiten das Dispositiv des sogenannten Staatsfeminismus ein – eine Politik, die, wie ich im Folgenden darstellen werde, Frauen emanzipieren will, ihnen gegenüber aber auch eine paternalistische Position einnimmt und ihre Rechte bisweilen zu Machterhaltungszwecken instrumentalisiert.

3.3.1 Die rechtliche und ideelle Grundlage

Was beinhaltet nun der *Personenrechtskatalog* (CSP)? Der CSP formuliert eine moderne Interpretation islamischer Gesetze und Praktiken und sichert Frauen bestimmte Rechte innerhalb der Familie zu. So stellt das Gesetzespaket Polygamie unter Haftstrafe, führt das Prinzip des gegenseitigen Einverständnisses sowie des Mindestalters von 15 Jahren[153] zur Eheschließung ein, legalisiert die Scheidung, die von beiden Geschlechtern gleichermaßen

---

151 Der arabische Name *maǧallat al ahwal ašaḥṣiya* ist in Tunesien nicht geläufig, deswegen zitiere ich ihn im Folgenden auf Französisch.

152 Selbst die erste Frauenvereinigung, »Union musulmane des femmes de Tunisie«, die 1936 von Bèchira Ben Mrad gegründet wurde, interessiert sich in erster Linie für die Unabhängigkeitsfrage (vgl. Bessis 2004a: 104). Für eine tiefgründige Lektüre der komplexen Verstrickung von feministischen und antikolonialen Kämpfen siehe Leyla Dakhli (2016).

153 Das Mindestalter für eine Heirat wird 1964 auf 17 Jahre erhöht, was dennoch unter der legalen Volljährigkeit liegt, die erst mit dem 20. Lebensjahr erlangt wird (vgl. Gafsia 2004: 69).

eingefordert werden kann, und verbietet die muslimische Praktik des *talaq*,[154] die Verstoßung der Frau durch den Mann (vgl. Ben Achour 2007a: 6).

Die Verabschiedung von Frauenrechten in dieser ersten postkolonialen Stunde kann auf dem ersten Blick erstaunlich erscheinen, zumal sie der Verabschiedung der Verfassung vorausgeht, die erst 1959 vorgenommen wird. Das erweckt den Anschein einer Dringlichkeit und Priorität der Frauenrechte vor der vollwertigen Konstituierung der Nation (vgl. Ben Achour 2007a). Bourguiba erklärt 1958, dass die Einführung des CSP Teil einer umfassenden »Sittenreform« (zitiert nach Ben Youssef Zayzafoon 2005: 106) sei, durch die die Dekolonisation durchgeführt werde. Demnach bedeute der Dekolonialisierungsprozess nicht nur die Gründung eines unabhängigen Staates, sondern auch die Bekämpfung der »Gründe«, die Bourguiba zufolge zur Kolonialisierung führten (vgl. Marzouki 2002: 78f.). ein schwacher Staat, der auf überkommenen Traditionen und archaischen, religiösen Praktiken beruhe (vgl. Ben Youssef Zayzafoon 2005: 106).[155] Die Einführung der Frauenrechte dient Bourguiba jedoch auch dazu, seinen Sieg gegenüber seinen politischen Gegnern, den Youssefisten, zu besiegeln, die eine traditionellere Frauenrolle verteidigen (vgl. Charrad 2011: 107).

Bourguiba begründet diese Reformen zudem mit der desolaten Frauenrechtslage, die er als »Befreier der Frau« (Borsali 2012: 237), wie er sich selbst nennt, grundlegend zu verändern intendiert:

»Mir ist vor 35 Jahren die Bedeutung der Emanzipation der Frau bewusst geworden. Dieses Problem beschäftigt mich seit meiner jüngsten Jugend, da ich die Situation der Frau von damals kannte. [...] Es herrschte die Vorstellung, dass die Frau ein niedrigeres Wesen sei. Deswegen habe ich die Rehabilitierung der Frau ganz oben auf die nationale Prioritätenliste gesetzt und eine adäquate Gesetzgebung ausgearbeitet, um die Lebensbedingungen der Frau und ihre Rechte in der Gesellschaft zu verbessern.« (Bourguiba 1965 zitiert nach Borsali 2012: 224)

---

154 Es sei angemerkt, dass der Begriff *talaq* im Arabischen sowohl eine juristisch eingeleitete Scheidung als auch die einseitige Verstoßung durch den Mann bezeichnet (vgl. Gafsia 2004: 73).

155 Bourguiba übernimmt hier den kolonialen Rechtfertigungsdiskurs, indem er die Ursachen für die Kolonialisierung Tunesiens nicht in einem expandierenden Imperialismus Frankreichs, sondern in den »Schwächen« Tunesiens selbst sucht. In dieser Hinsicht könnte die Kolonialisierung nahezu als »Zivilisationsmission« erscheinen.

Abgesehen von der humanistisch-modernistischen Motivation Bourguibas dient der CSP vor allem der staatlichen Durchdringung der Gesellschaft und der Etablierung einer zentralistischen Macht (vgl. Marzouki 2013: 210). Der CSP etabliert die Hegemonie staatlichen Rechts gegenüber muslimischem Recht und ruralen Stammesstrukturen und -praktiken, die bis dato mit kolonialen und osmanischen Strukturen konkurrieren und von nun an entmachtet werden (vgl. Ben Achour 2007b; Charrad 2011: 109).

In den 1960er und 1970er Jahren gesteht Bourguiba zunehmend ein, dass es ihm nicht lediglich um das Schicksal der Frauen ging. Seine Reformen sollen eine soziale Kohäsion innerhalb der Gesellschaft schaffen:

»[…] es ging nicht nur um die Frau, aber um die Gesamtheit der Gesellschaft, da der Fortschritt der Frau mit dem des Mannes und der des Mannes mit dem der sozialen Strukturen zusammenhängt.« (Bourguiba 1966 zitiert nach Labidi 2006)

»Eine Gesellschaft kann nicht gesund und ausgeglichen sein, solange die Hälfte ihres sozialen Körpers, das weibliche Element, weiterhin unterdrückt, ausgebeutet und gedemütigt wird.« (Bourguiba 1972 zitiert nach Labidi 2006)

Bourguiba spielt hier auf die Berufstätigkeit von Frauen an, die er als Grundlage für die moderne Entwicklung des Landes betrachtet. Seine diesbezügliche Haltung schwankt jedoch je nach Konjunktur: Während er in den 1950er Jahren Frauen dazu ermutigt, berufstätig zu sein, und Gesetze verabschiedet, damit sie ohne die Erlaubnis ihres Mannes Konten eröffnen und Unternehmen gründen können (vgl. Jomier 2011), fordert er Frauen in Wirtschaftskrisenzeiten dazu auf, den Männern nicht die Arbeitsplätze wegzunehmen und sich eher auf ihre familiäre Rolle zu besinnen.

Trotz seines für den Zeitgeist revolutionären Charakters bleibt der CSP einer patriarchalen Vorstellung von männlicher Überlegenheit innerhalb der Familie verhaftet (vgl. Charrad 2011: 108). Nicht nur dass Frauen vor allem im Rahmen der Familie Rechte zugestanden werden, sie bleiben ferner dem männlichen Familienoberhaupt zu Gehorsam (Art. 23) verpflichtet (vgl. Ben Youssef Zayzafoon 2005: 107). Außerdem werden sie beispielsweise in Bezug auf das Sorgerecht, die Vormundschaft für die Kinder oder das Recht auf eine Heirat mit einem Nicht-Muslim benachteiligt; Männern dagegen ist es gestattet, eine Nicht-Muslimin zu heiraten.[156] Das

---

156 Im November 2015 beschließt das Parlament eine wichtige Änderung des CSP, die vorsieht, dass Frauen nun mit ihren Kindern verreisen dürfen, ohne eine schriftliche Einverständniserklärung vom Vater des Kindes vorlegen zu müssen – ein Recht, das bislang den Vätern vorbehalten blieb (vgl. HRW 2015). Bis September 2017 ist es

inegalitäre, muslimische Erbrecht, das Frauen lediglich die Hälfte des männlichen Erbanteils zuspricht, bleibt vom CSP unangetastet und bis heute bestehen (vgl. Charrad 2011: 109).[157]

Der Staatsfeminismus wird stark von der Persönlichkeit Bourguibas geprägt. Mit seinem Amtsabtritt stellt sich vielen Bürgerinnen die Frage, ob die Frauenrechte unter Ben Ali erhalten bleiben.

3.3.2 Die Instrumentalisierung des Staatsfeminismus

Während Bourguiba im Pathos eines »aufgeklärten Fürsten« regiert, wird Ben Ali nicht diese intellektuelle Attitüde attestiert. Ben Ali übernimmt jedoch, anders als befürchtet, auf der programmatischen Agenda die wichtigsten Leitlinien der Politik Bourguibas, darunter auch die Frauenrechte (vgl. Dakhlia 2011b: 43). Er erklärt, dass der »CSP eines der fundamentalen Elemente des republikanischen Systems« sei (Ben Ali 2006 zitiert nach Jomier 2011).

In der Tradition von Bourguiba eignet sich Ben Ali die Reform der Frauenrechte von 1993 an, um seine Macht zu konsolidieren. Dabei wurde die Reform – im Unterschied zur Erklärung des CSP von 1956 – maßgeblich von feministischen Vereinigungen in einem jahrzehntelangen Kampf erstritten, wie die tunesische Juristin und Feministin Sana Ben Achour bemerkt (vgl. Ben Achour 2007b). Die Reform ermöglicht die Vererbung der tunesischen Nationalität durch die Mutter und sie schafft die Klausel ab, die Frauen ihren Ehemännern gegenüber zu Gehorsam verpflichtet. Sie sichert geschiedenen Frauen ein Mindestmaß an staatlicher finanzieller Unterstützung zu und die Möglichkeit, nach einer Scheidung eine neue Ehe einzugehen, ohne das Sorgerecht für ihre Kinder zu verlieren (vgl. Marks 2013: 230; Charrad 2011: 110).

Ben Ali schmückt sich gerne in internationalen Zusammenhängen mit den Errungenschaften der Frauenrechte, wie aus dem Interview mit der französischen Tageszeitung *Le Figaro* hervorgeht:

»Von 1999 bis 2004 hat sich die Anzahl der Frauen in der Abgeordnetenkammer verdoppelt [...]. Außerdem ist ein Drittel der Mitglieder von den insgesamt 9.000

Frauen verboten, Nicht-Muslime zu heiraten, während tunesische Männer dieses Recht beanspruchen konnten (vgl. Bobin 2017).

157 Auf diesen Aspekt werde ich im siebten Kapitel bezüglich der Imaginäre der Feminist*innen zurückkommen.

Vereinigungen, die das Land zählt, weiblich. Dem können Sie hinzufügen, dass Frauen 21 Prozent der Führungspositionen in beruflichen und nationalen Vereinigungen und Organisationen bekleiden, dass 59 Prozent der Studierenden junge Frauen sind und dass unser Land 10.000 Frauen hat, die Unternehmen leiten.« (Ben Ali 2007 nach Michel 2007)

Die Frauenrechte ermöglichen es Ben Ali, Tunesien als ein fortschrittliches Land darzustellen und sich vor Vorwürfen bezüglich seiner autoritären Politik zu immunisieren.

Im Vergleich zu Menschenrechtsorganisationen oder politischen Parteien sind die Frauenrechtsorganisationen zwar geringeren Repressalien ausgesetzt, sie gehören jedoch als Kritikerinnen des diktatorischen Regimes gleichermaßen zu seinen Feinden (vgl. Marks 2013: 229). Die staatliche Vereinnahmung der feministischen Bewegung geht so weit, dass die Gattin Ben Alis, Leila Trabelsi, mehreren pseudo-zivilgesellschaftlichen Organisationen für Frauenrechte wie der tunesischen »Association Tunisienne des Mères« oder der arabischen »Organisation de la femme arabe« (OFA) vorsitzt.[158] Sie leitet im Jahr 2000 auch den in Tunis stattfindenden 48. Weltkongress der Unternehmerinnen (vgl. Marks 2013: 234).

Ben Ali instrumentalisiert die Frage der Frauenrechte auch, um zwei seiner Gegner*innen, die IslamistInnen und die Feminist*innen, gegeneinander auszuspielen. So gelingt es ihm, selbst in den regimekritischen Kreisen der Frauenvereinigungen (ATFD; Center for Arab Women Training and Research, CAWTAR, und AFTURDE) die Überzeugung durchzusetzen, dass er der beste Hüter der Frauenrechte sei und IslamistInnen eine Gefahr für den CSP darstellen (vgl. Marks 2013: 229).

Die Begründung der Frauenrechte ist mit dem Verhältnis, das der tunesische Staat zur Religion und zu religiösen Einrichtungen unterhält, eng verschränkt. Neben den Frauenrechten konstituiert die Auslegung des »rationalen Islams« (Bourguiba 1974 zitiert nach Redissi 2017a) die zweite Säule der tunesischen Moderne, mit der ich mich im Folgenden beschäftigen werde.

---

158 Außerdem ist sie die Vorsitzende der humanitären Organisation »Basma«, die sich für die Schaffung von Arbeitsplätzen für Menschen mit körperlichen Behinderungen einsetzt (vgl. Marks 2013: 230).

3.4 Der vernunftgeleitete Islam

Bourguiba erklärte, wie bereits erwähnt, dass Säkularisierung und Moderne untrennbar miteinander verbunden sind (vgl. Marzouki 2013: 210). Dabei pflegte er ein ambivalentes Verhältnis zur Religion, die er sowohl als Hindernis als auch als Bedingung dieser Moderne begreift. Im Folgenden gehe ich zunächst auf Bourguibas (religiöse und säkulare) Begründung des Staates ein und stelle darauf aufbauend die Haltung Ben Alis zur Religion vor.

3.4.1 Das säkular-religiöse Fundament der Stabilität des Staates

Wenngleich Bourguiba stark von einem säkularen Modernisierungs- und Fortschrittsglauben inspiriert ist, ist er ebenfalls sehr darum bemüht, seine Politik – auch bezüglich der »staatlichen Emanzipation« der Frauen – nicht im Gegensatz zum Islam zu positionieren (vgl. Frégosi 2004: 89).[159] Viel mehr stellt er seine Reformpolitik als eine an moderne Zeiten angepasste Interpretation des Islams dar (vgl. Bessis 2004b: 259):

»Alle Reformen, die ich zugunsten der Frau eingeführt habe, sind das Resultat einer Exegese« (Bourguiba 1972), denn »die Türen der Interpretation des göttlichen Rechts zu verschließen bedeutet, sich zur Rückständigkeit und zum Verfall zu verdammen.« (Bourguiba 1963) (zitiert nach Borsali 2012: 54)

In Referenz auf den *iğtihad*, der rechtlichen Auslegungs- und Interpretationspraktik des Islams, begreift Bourguiba den CSP als vernunftgeleitete Adaptation islamischen Rechts (vgl. Bessis 2004a: 107f.):

»Eines der Merkmale des Islams ist, dass er auf Vernunft […] basiert.« (Bourguiba 1972 zitiert nach Labidi 2006) »Man darf nicht aus den Augen verlieren, dass der Islam in seiner Essenz das moralische Niveau des Menschen anzuheben intendiert. Er hatte zum Ziel, eine arabische Nation zu gründen, die den Kämpfen zwischen

---

159 Dieses Bemühen ist paradoxerweise von provokativen und mitunter beleidigenden Aussagen Bourguibas gegenüber Muslim*innen begleitet. Er bezeichnet beispielsweise das Kopftuch als »Lumpen«, von dem sich die tunesische Frau befreien solle. Er lässt kaum eine Gelegenheit aus, Glauben mit »kultureller Rückständigkeit« in Verbindung zu bringen. Der Höhepunkt seiner offenen Konfrontation mit muslimischen Praktiken ereignet sich 1960, als er während des Fastenmonats Ramadan tagsüber im Fernsehen ein Glas Wasser trinkt und diese Handlung als Engagement für die Modernisierung des Landes darstellt. Bourguiba ruft im Zuge dessen die Tunesier*innen dazu auf, nicht zu fasten, um gegen die ökonomische »Unterentwicklung« des Landes zu kämpfen (vgl. Frégosi 2004: 90).

sich bekämpfenden Stämmen [...] ein Ende setzen sollte.« (Bourguiba 1974 zitiert nach Redissi 2017a)

Diese Adaptation legt er weniger als Neuschöpfung islamischen Rechts als vielmehr als »Rückkehr zu den fundamentalen Werten des Islams« aus (vgl. Gafsia 2004: 71). Durch dieses »Rückkehr«-Motiv versucht Bourguiba, sich in die intellektuelle Tradition der Nahḍa-Bewegung (Renaissance des Islams) einzuschreiben und von ihrem Ansehen als progressive, aber dennoch im Islam verankerte Kraft zu profitieren.[160]

Sein Bemühen, eine zu starke Distanzierung zum Islam zu vermeiden, ihn aber gleichzeitig staatlich zu vereinnahmen, bestimmt auch seine Reformen bezüglich des Verhältnisses von Staat und Religion. Er leitet sie 1956 durch die Abschaffung religiöser Gerichte (*šarī'a* und rabbinische Gerichte) sowie der *ḥabūs* ein – Güter, die weder zum Kauf noch zum Verkauf stehen, deren Mieteinnahmen jedoch an eine karitative, religiöse Einrichtung oder Stiftung gehen (vgl. Jomier 2011). Zudem wandelt er 1958 die Universität Zitouna, die das wichtigste Zentrum für die islamische Ausbildung von Imamen im Maghreb ist, in eine säkulare Bildungseinrichtung um, welche sodann ihren unabhängigen Status verliert und in die Universität von Tunis als »Fakultät für Theologie« integriert wird (vgl. Ganiage 1994: 565; Bessis 2004a: 106; Camau/Geisser 2003: 148). Theologen (*'ulamā'*), Lehrende und Rechtsberater verlieren auf diese Weise sowohl ihre finanziell-materiellen Ressourcen als auch ihren Einflussbereich (vgl. Jomier 2011). Diese institutionelle und materielle Entmachtung religiöser Kräfte stellt gleichzeitig den Versuch dar, die in der Universität Zitouna vertretene Anhängerschaft Ben Youssefs zu zerschlagen (vgl. Ganiage 1994: 565). Diese Politik dient ferner dazu, eine systematische staatliche Kontrolle über religiöse Diskurse, Geistliche und Moscheen auszuüben (vgl. Markers 2013: 233; Béji 1982: 96). Die Verbeamtung von Imamen beispielsweise ermöglicht die direkte inhaltliche Kontrolle der Freitagspredigten, die gelegentlich von staatlichen Vertreter*innen selbst verfasst werden (vgl. Jomier 2011; Frégosi 2004: 83). Die Inklusion des Islams in staatliche Strukturen und Institutionen führt folglich sukzessive zur staatlichen Vormundschaft über die Religion.

---

160 Bourguiba behauptet ferner, dass Cheikh Tahar Ben Achour (damaliger Direktor der islamischen Universität Zitouna) und Abdelaziz Djaït (damaliger Mufti Tunesiens) ihn bezüglich des CSP unterstützt hätten. Gafsia weist allerdings darauf hin, dass Djaït sich in Wirklichkeit vehement gegen Bourguibas Projekt ausspricht (vgl. Gafsia 2004: 71).

Bourguibas Rechtfertigungsnarrativ bezüglich seiner Säkularisierungs-
politik schwankt zwischen einem Bekenntnis zu einer von Kemal Atatürk
inspirierten, strikten Trennung von Staat und Religion und einer islamisch
inspirierten Modernisierungsreform. Dabei greift er selbst auf religiöse
Narrative und Symbole zurück. So verkündet er 1962, dass der Islam »die
erste Grundlage [war, N.A.], auf der sich der tunesische Staat gebildet hat«
(Bourguiba zitiert nach Jomier 2011). Gleichzeitig verweist er darauf, dass
der tunesische Staat seine Institutionen und seine Gesetzgebung auf einer
»vollkommenen Autonomie« (ebd.) von der Religion gegründet habe.

Unter Rückgriff auf den Islam rechtfertigt er ebenfalls den präsidentiellen Charakter des tunesischen Systems, indem er behauptet, dass die präsidentielle Herrschaft »tiefgründige Ursprünge« (ebd.) im Islam habe. Der
Islam, der im ersten Artikel der Verfassung als Staatsreligion festgelegt ist,
dient Bourguiba an vielen Stellen als Legitimationsgrundlage für seine alleinige Machtposition,[161] und umgekehrt zieht er aus seiner Position des
Staatsoberhauptes die Rechtfertigung dafür, sich als höchsten Interpreten
des Islams ausgeben zu können (vgl. Bessis 2004b: 260):

»Wir haben die Polygamie ausgehend von der Exegese eines Koranverses abgeschafft [er bezieht sich auf die Sure 4:129, N.A.]. Es ist in der Tat die Aufgabe des
Machthabers als Emir der Gläubigen, das [islamische, N.A.] Recht weiterzuentwickeln.« (Bourguiba 1974 zitiert nach Redissi 2017a)

Wie ich dargelegt habe, begreift sich Bourguiba als ein authentischer Reformer des Islams. Er trägt durch einige Reformen tatsächlich zur (teilweisen) Verbesserung der tunesischen Verhältnisse bei. Dennoch kann nicht
davon abgesehen werden, dass er sowohl seine Säkularisierungs- als auch
seine Frauenrechtspolitik zu machterhaltenden Zwecken missbraucht.

---

161 So konfisziert Bourguiba zu seinen Gunsten den antikolonialen Unabhängigkeitskampf,
den er, seiner Geschichtsschreibung nach, nahezu ausschließlich geprägt hat. Er
bezeichnet sich als »obersten Kämpfer« (al mŏǧahad al akbar). Diese Bezeichnung ist aus
dem Islam inspiriert und hat ferner eine djhadistische Konnotation (vgl. Dakhlia 2011b:
42).

3.4.2   Der moderne Islam zwischen politischer Verfolgung und
staatlicher Bemächtigung

Ben Alis Politik dämonisiert einerseits die Ennahdha und betont andererseits kontinuierlich die arabisch-muslimischen Wurzeln der tunesischen
Gesellschaft (vgl. Jomier 2011), wie aus dem folgenden Zitat hervorgeht:

»Tunesien ist stets das Land eines toleranten Islams gewesen, der offen für den Dialog zwischen den Kulturen ist, dem Frieden und der Brüderlichkeit zwischen den
Menschen verpflichtet, und der jegliche Form des Extremismus und der Gewalt
ablehnt. Unser Land wurde durch den islamistischen Extremismus bedroht und
wir haben, um uns davor zu schützen, eine umfassende und mehrdimensionale
Methode angewendet, um den Extremismus an seiner Wurzel zu bekämpfen.«
(Ben Ali 2007 nach Michel 2007)

Sein Diskurs ist von einer Reihe liberalisierender Maßnahmen gegenüber
der Religion begleitet. Er erklärt die von Bourguiba entmachtete Universität Zitouna wieder zur islamischen Lehrstätte und erhebt 1992 das einstige
Amt des Staatssekretärs für Religion zum Ministerium für religiöse Angelegenheiten. Das Ministerium erlaubt es ihm, eine stärkere administrative
Kontrolle über religiöse Riten auszuüben, gleichzeitig soll es betonen, dass
er der islamischen Religion einen besonderen Stellenwert einräumt (vgl.
ebd.). Er führt den im Fernsehen übertragenen Aufruf zum Gebet wieder
ein und lässt 2007 die islamische Radiostation Zitouna FM auf Sendung
gehen, an deren Spitze er einen seiner Schwiegersöhne, Sakher El Materi,[162] setzt, der später auch die erste islamische Bank Tunesiens, Zitouna,
leitet (vgl. Missaoui/Khalfaoui 2011: 30). Für den Programmdirektor von
Zitouna FM, Kamel Omrane, kommt der Radiostation ein doppelter Bil-
dungsauftrag zu: Sie soll die Religion und die ihr inhärenten Werte verbreiten und gleichzeitig soll sie Extremismus vorbeugen:

---

162 Auch *Zitouna TV* wird von Sakher El Materi gegründet, der 2009 ins Parlament einzieht.
2008 hat er bedeutende Anteile (70 %) der Verlagsgruppe *Dar Assabah* gekauft, die u. a.
die wichtigste tunesische Tageszeitung *Assabah* verlegen. *Assabah* dient als
Propagandamedium für den RCD und Ben Ali. El Materi wird trotz seines jungen Alters
(geb.1981) als Nachfolger Ben Alis gehandelt (vgl. Chouikha/Geisser 2010a). In den von
Wikileaks aufgedeckten und von der tunesischen regimekritischen Internetplattform
Nawaat publizierten Dokumenten kritisiert der damalige US-Botschafter in Tunis,
Robert F. Godec, diesen Medienkauf El Materis, den er vor dem Hintergrund, dass
einige Medien im Besitz von Personen sind, die Ben Ali nahestehen, als deutlichen
Rückschritt in puncto Presse- und Meinungsfreiheit wertet (vgl. Nawaat 2010: 66, 15).

»Diese Radiostation wurde in der Absicht gegründet, den Koran zu verbreiten und ihn […] allgemein zugänglich zu machen […], um die Menschen über den Islam, die Hadithe des Propheten und kleine historische Anekdoten aufzuklären. Ein weiteres, nicht zu unterschätzendes Ziel ist es, den jungen Menschen beizubringen, den Koran zu psalmodieren und ihnen eine *arabisch-muslimische Kultur zu geben, die gegenwärtig zugunsten der westlichen Kultur verblasst.* […] Die Station Zitouna ist die *Stimme der Toleranz und nicht des Extremismus.* Ihre Gründung hat zum Ziel, den Menschen zu zeigen, dass *extremistische Ideen eine Bedrohung für die ganze Welt darstellen.*« (Omrane zitiert nach Geisser/Gobe 2008, Herv. N.A.)

Diese Ausrichtung soll dem Islam mehr Raum in der Öffentlichkeit zugestehen, diesen »toleranten« Islam aber deutlich als Opposition zu den IslamistInnen abgrenzen. Ben Ali bemüht sich außerdem, selbst als fromm wahrgenommen zu werden, beispielsweise sorgt er für eine mediale Berichterstattung seiner Pilgerfahrt nach Mekka. Diese Maßnahmen zielen darauf ab, eine religiöse Bevölkerungsschicht zu umwerben und aufzuzeigen, dass es keiner islamistischen, politischen Kraft bedarf, da ihre Politik bereits durchgeführt wird. Auf diese Weise intendiert er, die islamistische Bewegung *ideologisch* zu entkräften. Schließlich bilden sich die IslamistInnen in erster Linie als Oppositionskraft gegen die säkulare Modernisierungspolitik heraus, die sie als eine Entfremdung von arabisch-muslimischen Werten und Traditionen begreifen (vgl. Ben Hammouda 2012: 99). Ben Ali führt gewissermaßen aus Machterhaltungsgründen eine »Islamisierung von oben« durch.

Diese Islamisierung der Politik ist gleichzeitig von der vehementen Unterdrückung der IslamistInnen begleitet. Die Bombenattentate im August 1987 auf vier Hotels in Monastir und Sousse und der Brandanschlag auf ein Parteibüro der RCD in Tunis 1991, die Ennahdha-AnhängerInnen[163] angelastet werden (vgl. Bahri 2011; Essid 2013), sowie die Proteste der islamistischen Studentengewerkschaft »Union générale tunisienne des étudiants« (UGTE) 1989 nutzt Ben Ali dazu, die Verfolgung der islamistischen Bewegung zu rechtfertigen (vgl. Khiari 2003: 43ff.; Ben Hammouda

---

163 Rached Ghannouchi behauptet, dass die Attentate nicht von Mitgliedern von Ennahdha, sondern von »jungen Personen, die isoliert gehandelt haben«, verübt worden sind (Ghannouchi nach L'audace 1996: 7). Die Führung der Partei sei bereits zu dieser Zeit zwischen Exil, Haft und Untergrund zerstreut. Dementsprechend sei die Basis der Partei von ihrer Führung abgeschnitten. Er versichert, dass die Attentate nicht von der Parteiführung angeordnet worden sind und dass Letztere sich bereits am Folgetag von ihnen distanziert hat. Die darauf folgende massenhafte Inhaftierung der Ennahdha-Anhänger*innen empfindet er folglich als unrechtmäßige Bestrafung der Bewegung (vgl. ebd.).

2012: 102). Die Proteste der UGTE in den Universitäten in Tunis richten sich gegen die Bildungsreform 1989, die vom damaligen Bildungsminister Mohammed Charfi[164] im Auftrag Ben Alis eingeleitet wird. An dieser Reform, die religiöse Referenzen aus den Schulbüchern und Lehrplänen tilgen soll, lässt sich ebenfalls die zwiespältige Politik Ben Alis erkennen.

Ben Alis Propaganda gegen den politischen Islam wird zusätzlich Anfang der 1990er Jahre durch den politischen Kontext des Nachbarlandes Algerien unterstützt, das einen langjährigen Krieg zwischen der islamistischen Opposition und dem Militärregime[165] ausficht (vgl. Khiari 2003: 45). Vor diesem Hintergrund rechtfertigt Ben Ali seine »Hexenjagd« (Ben Hammouda 2012: 102) gegen die islamistischen AkteurInnen. In Gerichtsverfahren, die, wie Khiari betont, lediglich pro forma abgehalten werden und von vornherein politisch entschieden sind, werden Tausende BürgerInnen zu Haftstrafen verurteilt, die von einer einjährigen bis zur le-

---

164 Mohammed Charfi ist bis zu seinem Amtsantritt Vorsitzender der LTDH und eine der Galionsfiguren der demokratischen Bewegung. Seine Ernennung zum Bildungsminister 1989 wird als Annäherung Ben Alis an die demokratische Opposition interpretiert. Ben Ali gelingt es so allerdings auch, IslamistInnen und Demokrat*innen gegeneinander auszuspielen, indem er die Reformen, die den Unmut der IslamistInnen auf sich ziehen, nicht von seinen eigenen Parteianhänger*innen, sondern von einem unabhängigen Demokraten durchführen lässt. Die islamistische Bewegung, bestehend aus der studentischen Gewerkschaft und der Partei, fordert nach monatelangen Streiks in den Universitäten den Rücktritt von Charfi. Die säkulare demokratische Bewegung, die sich aus verschiedensten Akteur*innen, Parteien und zivilgesellschaftlichen Vereinigungen konstituiert, nimmt die Verteidigung Charfis auf sich, sodass es zu heftigen Auseinandersetzung zwischen islamistischen und demokratischen Aktivist*innen kommt (vgl. Khiari 2003: 43). Das lenkt beide Bewegungen zunächst für eine gewisse Zeit von ihrem gemeinsamen Feind, Ben Ali, ab. Der Eindruck, dass Charfi vor allem zur Durchsetzung dieser unliebsamen Reformen eingesetzt wird, verstärkt sich 1994, zumal er nicht erneut ernannt wird (vgl. Ben Hammouda 2012: 99ff.). Das ist insbesondere deswegen erstaunlich, als dass Charfi vorgeworfen wird, dass er seine Menschenrechtsideale zeitweilig *ad acta* legt, um zum Hauptideologen des Regimes zu mutieren, der die »demokratische Repression des Fundamentalismus« (Khiari 2003: 43) rechtfertigt. 1991 wird die studentische, islamistische Gewerkschaft verboten. Zahlreiche StudentInnen werden aufgrund ihrer Mitgliedschaft in der UGTE zu mehrjährigen Haftstraften verurteilt (vgl. ebd.: 43f.)

165 Der Krieg ereignet sich zwischen der islamistischen Partei »Front islamique du salut« (FIS), die von ihrem Wahlsieg in der ersten Wahlrunde 1991 abgehalten wird, und dem Militärregime. Dieser sogenannte Bürgerkrieg (1991–2002) zwischen der bewaffneten Guerilla der islamistischen Extremisten (»Armée islamique du salut« (AIS, bewaffneter Arm der FIS), »Groupe islamique armé« (GIA), »Groupe salafiste pour la prédication et le combat« (GCPC) und dem Staat hat schätzungsweise 200.000 Todesopfer zur Folge (vgl. Vermeren 2015: 168; Semiane 2005: 128).

benslangen Haft reichen können. Das Regime macht kaum Unterschiede zwischen SympathisantInnen, einfachen AnhängerInnen, AnführerInnen der Bewegung oder ihren Familienangehörigen, auch ihre tatsächliche Implikation in politischen Aktionen ist kaum von Interesse (vgl. Chouikha/Gobe 2015: 51f.). Nachdem sie ihre Haft abgesessen haben, können sie ferner zu täglichen administrativen Kontrollen auf dem Polizeirevier gezwungen werden, die ein Berufsleben unmöglich machen. Auf diese Weise werden sie sozial isoliert und in Abhängigkeitsverhältnisse gebracht (vgl. Khiari 2003: 103).

Die Ambivalenz des Staatsfeminismus zeigt sich am vehementesten im Umgang des Staates mit religiösen Frauen. Frauen, die verdächtigt werden, in familiärer oder politischer Verbindung mit Ennahdha-Mitgliedern zu stehen, können ohne Gerichtsverfahren inhaftiert, gefoltert und sexuell misshandelt werden oder werden gezwungen, sich von ihren islamistischen Ehemännern scheiden zu lassen. Auch Anwält*innen, die IslamistInnen vertreten, werden schikaniert und eingeschüchtert (vgl. Marks 2013: 230).

Eine staatlich initiierte Anti-Kopftuch-Kampagne (Anti-*ḥiǧab*) verstärkt 2003 das islamophobe Klima.[166] Die Kampagne wird von den staatlichen Medien vorbereitet, indem sie intensiv über die »gefährliche Rückkehr des Kopftuchs« berichten, die sie als Zeichen religiösen Fanatismus deuten. Auf diesen inszenierten »medialen Aufschrei« folgen eine Reihe staatlicher Verordnungen, die das Kopftuch zunächst in Bildungsinstitutionen und staatlichen Behörden verbieten. Der Minister für religiöse Angelegenheiten, Boubakr Al Akhzouri, bezeichnet Kopftuch tragende Frauen als »antiislamisch« und »unpatriotisch« und behauptet, dass

»die Vergangenheit und die Gegenwart zeigen, […] dass das Phänomen [des Kopftuchtragens, N.A.] Konflikten Tür und Tor öffnet, die das Gleichgewicht der Gesellschaften und ihre Fähigkeit zur Entwicklung […] gefährden.« (Akhzouri 2003 zitiert nach Geisser/Gobe 2007)

Im Laufe des Jahres 2003 werden weitere Bestimmungen verabschiedet, die Kopftuch tragenden Frauen und bärtigen oder religiös gekleideten

---

166 Den Politikwissenschaftlern Geisser und Gobe fällt auf, dass die tunesische Anti-Kopftuch-Kampagne in kurzer zeitlicher Abfolge nach der französischen Diskussion um das Kopftuch 2003–2004 steht. Geisser und Gobe vermuten, dass sich das tunesische Regime zum Verbündeten der französischen Regierung machen will, indem es ihre Politik unterstützt und sie sogar teilweise imitiert. Innenpolitisch findet der rigorose Umgang mit dem muslimisch praktizierenden Teil der Gesellschaft dadurch eine »internationale Rechtfertigung« (vgl. Geisser/Gobe 2005: 309).

Männern den Zugang zu öffentlichen Institutionen verbieten, darunter auch Krankenhäuser und regionale Gesundheitseinrichtungen. Die Ausweitung des Verbots führt zu Übergriffen der Ordnungskräfte auf Kopftuch tragende Frauen, die in der Öffentlichkeit gezwungen werden können, ihr Kopftuch abzulegen. Sie werden nicht selten beschimpft und körperlich angegriffen. Die unabhängige Opposition (PDP, CPR und FDTL) sowie Menschenrechtsorganisationen (vor allem LTDH) kritisieren zu Recht dieses Verbot. Es verletzt nicht nur individuelle Freiheitsrechte, sondern rechtfertigt ebenso eine wachsende polizeiliche Überwachung der gesamten Bevölkerung und infolgedessen eine Ausweitung des Polizeistaates (vgl. Geisser/Gobe 2005: 309f.).

Die soziale Lage in Tunesien ist nicht lediglich aufgrund der politischen Unterdrückung schwierig. Die sozioökonomischen Bedingungen, die die Lebens- und Arbeitsverhältnisse der Tunesier*innen prägen, erhöhen die Spannungen zwischen dem Regime und der Bevölkerung. Dabei steht Ben Alis Herrschaft unter dem Zeichen des »Wirtschaftswunders«, wie ich im Folgenden aufzeigen werde.

3.5 Im Schatten des Wirtschaftswunders

Ben Alis Regime genießt nicht nur aufgrund seiner repressiven Politik gegenüber der islamistischen Bewegung internationales Ansehen, sondern auch aufgrund seiner Wirtschaftspolitik, die sowohl von den internationalen Finanzinstitutionen (Internationaler Währungsfonds, IWF; Weltbank; Welthandelsorganisation) als auch von den europäischen Regierungen als Vorbild für eine erfolgreiche neoliberale Strukturanpassung gelobt wird (vgl. Ben Hammouda 2012: 8; Ruf 2011), wie Ben Ali gerne unterstreicht:

>»In ökonomischer und sozialer Hinsicht bezeugen alle Wirtschaftsindikatoren den Fortschritt, den wir erreicht haben: ein jährliches Wirtschaftswachstum von 5 Prozent, eine kontinuierliche Entwicklung der modernen Sektoren der Wirtschaft, die heute 57 Prozent des Bruttoinlandsprodukts ausmachen, eine regelmäßige Steigerung des Individualeinkommens, das viermal höher ist als 1987, die Senkung der Auslandsverschuldung […] und der Rückgang der Armut, die bei 3,8 Prozent liegt. Heute bildet die Mittelschicht mehr als zwei Drittel der tunesischen Bevölkerung und mehr als 99 Prozent der tunesischen Kinder […] gehen zur Schule. […] Die Evaluierungen durch glaubwürdige Institutionen und Foren, wie der Internationale Währungsfonds, die Weltbank oder das Forum von Davos, die Tunesien an der

Spitze der wettbewerbsstärksten Ökonomien in Afrika und der arabischen Welt und weltweit auf dem 29. Rang platzieren, bestätigen uns in unserer Vorgehensweise und ermutigen uns, voranzuschreiten.« (Ben Ali 2007 nach Michel 2007)

Das Wirtschaftswunder-Narrativ ist keine bloße, von Ben Ali konstruierte Rhetorik. So ernennt der »Global Competitiveness Report«, der vom Weltwirtschaftsforum publiziert wird, Tunesien mehrfach zum wettbewerbsfähigsten Land Afrikas, zuletzt 2009 (vgl. Ruf 2011: 7). Die neoliberale, globalisierungsfreundliche Ausrichtung der Wirtschaft wird seit den 1990er Jahren international und national als maßgeblicher Faktor für die politische Stabilität des Landes angesehen. Dementsprechend wird die unermüdlich bejubelte wirtschaftliche »Erfolgsstory«[167] (Zorob 2011: 31) des Regimes – neben der Säkularisierung, den progressiven Frauenrechten und der Unterdrückung der islamistischen Bewegung – zu einer seiner Legitimationsgrundlagen (vgl. Ben Hammouda 2012: 8; Hibou 2011a: 136; Gherib 2012: 23,vgl. Murphy 2013: 35f.)

Ben Alis Wirtschaftspolitik konzentriert sich vor allem auf Wachstum und makroökonomische Stabilität, das heißt auf Währungsgleichgewicht, Defizit-, Staatsverschuldungs- und Inflationskontrolle.[168] Von dieser gleichsam orthodoxen Anwendung des neoliberalen Paradigmas verspricht sich Ben Ali die Unterstützung der internationalen Finanzinstitutionen und der europäischen Staaten – eine Strategie, die, wie sich im weiteren Verlauf des Textes zeigen wird, von Erfolg gekrönt ist (vgl. Hibou 2011a: 127; Rivlin 2001: 130). Um das Bild einer florierenden Wirtschaft aufrechtzuerhalten, ist er gezwungen, bestimmte Zahlen, insbesondere bezüglich der Beschäftigungsverhältnisse, der Produktion und Exporte, die nicht auf

---

167 Die deutsche Bundestelle »Germany Trade and Invest« bezeugt 2010 der tunesischen Wirtschaft ein fortwährendes Wachstum von fast 4 Prozent während der letzten zehn Jahren (vgl. Ruf 2011: 7). Auch der ehemalige IWF-Direktor, Dominique Strauss-Kahn, lobt 2008 Ben Ali für seine Wirtschaftspolitik und erklärt Tunesien als Modell für andere aufsteigende Länder (vgl. Riché 2011). Der von den internationalen Finanzinstitutionen attestierte Wirtschaftserfolg Tunesiens muss aber auch im regionalen Kontext betrachtet werden, der von schwachen Nationalökonomien geprägt ist (vgl. Murphy 2013: 40). Eine Analyse des wirtschaftspolitischen Diskurses des Regimes von Ben Ali bietet der Artikel von Cavallo (2002).

168 Der siebte Entwicklungsplan (1987–1991) des tunesischen Staates sieht die makroökonomische Stabilisierungspolitik vor. Der achte Entwicklungsplan (1992–2006), der stark vom Strukturanpassungsplan des IWF geprägt ist, soll vor allem legislative Veränderungen einleiten, um ausländische Direktinvestitionen anzuziehen (vgl. Murphy 2013: 37).

makroökonomische Prosperität schließen lassen, zumindest zu kaschieren, wenn nicht zu fälschen (vgl. ebd.).[169]

Erst der Ausbruch des revolutionären Prozesses und die von den Protestierenden hervorgebrachte Kritik an der nepotistischen Ausbeutung der Wirtschaft durch die Familie Ben Alis und seiner Gattin Leila Trabelsi, die unter anderem zu Massenarbeitslosigkeit und ungerechter Reichtums- und Ressourcenverteilung zwischen den Bevölkerungsschichten und Regionen führt, leiten eine öffentliche und grundsätzliche Infragestellung des »wirtschaftlichen Erfolgsmodells« ein.[170] Das Wirtschaftswunder-Narrativ wurde zuvor auch in der Wissenschaft verbreitet. Die politische Ökonomin Emma C. Murphy gesteht selbstkritisch, dass sie den »optimistischen« Diskurs über den wirtschaftlichen Erfolg Tunesiens wie viele andere Wissenschaftler*innen geteilt hat (vgl. hierzu Murphy 1999). Mit dem Sturz Ben Alis und der Analyse anderer Entwicklungen, die nicht nur makroökonomischer Natur sind, wie zum Beispiel die Armut oder der demografische Wandel, kommt sie zu einem kritischeren Urteil und distanziert sich von dem herrschaftsstabilisierenden Diskurs (vgl. Murphy 2013: 36f.).

Im Folgenden werde ich die sozioökonomischen Bedingungen vor dem revolutionären Prozess erörtern. Dabei werde ich veranschaulichen, wie die Reformen und Strukturanpassungsprogramme des Internationalen Währungsfonds und der Weltbank die tunesische Wirtschaft auf Exporte ausrichten und folglich abhängig vom internationalen und insbesondere vom

---

169 Eine ausführliche Analyse der Methoden und Techniken des Regimes, Statistiken zu vertuschen, temporär oder gänzlich unzugänglich zu machen oder falsch und selektiv darzustellen, findet sich in Hibou (2011a). Die Autorin beschreibt ebenfalls, dass sich die internationalen Geldgeber, insbesondere der IWF, in gewisser Weise als Komplizen Ben Alis herausgestellt haben, da sie über Zahlen und Statistiken bezüglich der Arbeitslosigkeit und der Armut, die auf gefälschten oder auf verkürzten Kalkulationen basieren, großzügig hinwegschauten (vgl. Hibou 2011a: 143). Béatrice Hibou erfährt von einem hohen Funktionär eines europäischen Landes, dass der EU-Handelskommissar Peter Mandelson 2003 angesichts des homogenen Diskurses seiner tunesischen Gesprächspartner der offiziellen Delegation perplex und ironisch fragt: »Gab es eine Generalprobe vor meiner Ankunft?« (vgl. Hibou 2011a: 137).

170 Die Infragestellung des tunesischen Wirtschaftsmodells ist gewiss nicht vollkommen neu, mit dem Ausbruch des revolutionären Prozesses wird sie jedoch zum ersten Mal öffentlich von einer breiten Bevölkerungsmasse getragen. Schließlich haben die Revolten 1984 und vor allem 2008 bereits eine heftige Kritik an der Korruption und am regelrechten Ausrauben der Ressourcen und der Bevölkerung durch das Regime formuliert. Trotz der seit 2011 eingeleiteten Infragestellung des Narratives des Wirtschaftswunders bleibt es, Hibou zufolge, auch nach dem Ausbruch des revolutionären Prozesses teilweise wirksam (vgl. Hibou 2011a: 127).

europäischen Markt machen (vgl. Zorob 2011: 32). Darauf aufbauend werde ich darstellen, dass die Monopolisierung und Plünderung der Wirtschaft durch den Familienklan[171] Ben Alis auf Kosten der Bevölkerung erfolgt. Abschließend skizziere ich die Revolten von Gafsa 2008, die die sozioökonomischen Verhältnisse kritisieren und von den tunesischen Akteur*innen des Revolutionsprozesses als Auslöser des Revolutionsprozesses genannt werden.

---

171 Wenn ich vom »Familienklan« spreche, dann sind damit vor allem Familien gemeint, die mit dem Präsidenten oder seiner Frau in familiärer Verbindung stehen (vgl. Hibou 2011b: 18). Keinesfalls sind darunter tatsächliche Stammesstrukturen zu verstehen. Dieser in der wissenschaftlichen Literatur geläufige Begriff assoziiert mit dem Familienklan ebenfalls einige Geschäftsmänner (Hédi Jilani, Mabrouk Gruppe, Youssef Zarrouk), die aus den Beziehungen zum präsidialen Familienklan erhebliche finanzielle Vorteile ziehen (vgl. ebd.). Darüber hinaus können auch angeheiratete Verbindungen zwischen diesen Geschäftsmännern und der Präsidentenfamilie bestehen: So ist beispielsweise die Tochter von Hédi Jilani (Präsident des Arbeitgeberverbandes UTICA), Zohra Jilani, mit dem mächtigen Bruder von Leila Trabelsi, Belhassen Trabelsi, verheiratet. Hédi Jilani werden nach dieser Hochzeit auf Beschluss des Ministerrates seine Schulden von 54 Millionen Dinar ebenso wie die Zinsen erlassen. Belhassen Trabelsi gilt als Chef der Trabelsi-Familie, er hat die Gruppe Kartago gegründet, die aus Hotels, Fluggesellschaften, Banken und Kommunikationsunternehmen besteht. Die Trabelsi-Familie gelangt durch die Heirat von Leila Trabelsi mit Ben Ali zu wichtigen Anteilen in der Landwirtschaft, in der Tourismus- und Immobilienbranche sowie in der Treibstoffverteilung und im Management. Youssef Zerrouk ist wiederum der Onkel von Zohra Jilani (vgl. Sbouai/Khadhraoui 2015). *L'audace* spricht von fünf mächtigen Familien, die in Verbindung zur Ben Ali- und Trabelsi-Familie stehen: Die wohl einflussreichste Familie ist die Familie Chiboub: Slim Chiboub heiratet die Tochter Ben Alis, Dorsaf Ben Ali. Die Familie Létaïef unterhält eine Baufirma, welche bis 1992 alle Bau- und Renovierungsarbeiten öffentlicher Gebäude, Einrichtungen und Unternehmen erhält. Die Familie Ammar wird von Habib Ammar angeführt, der Ben Alis Staatsputsch mit plant und dessen Sohn, Douarid Ammar, illegale Importe verschiedenster verbotener Waren betreibt. Die Familie Jeri hat jahrzehntelang vom Monopol auf die Importe von Lastwagen der Marke Scania profitiert und unterhält schätzungsweise vierzig Unternehmen in verschiedensten Branchen. Die bereits genannte Familie Zarrouk gehört ebenfalls zum engeren Kreis der finanziellen Macht. Ghazoua Ben Ali, eine weitere Tochter von Ben Ali, heiratet Slim Zarrouk, der zwei Drittel des Plastik-Recycling-Marktes beschlagnahmt und zwischenzeitlich den Vorsitz einer der beiden Verbände des UTICA übernimmt (vgl. L'audace 1997: 4ff.). Darüber hinaus ist die Familie Zarrouk sehr präsent in der Textilbranche (vgl. Beau/Tuquoi 2011: 156).

3.5.1   Die Liberalisierung ohne Liberalismus

Während die tunesische Wirtschaft unter Bourguiba weitestgehend auf Staatsbetrieben basiert und von einer interventionistischen Planungspolitik gelenkt wird,[172] richtet Ben Ali seine Politik auf die Liberalisierung der Wirtschaft aus, die mit dem Inkrafttreten des Strukturanpassungsplans des IWF 1986 beginnt (vgl. Gherib 2012: 30).[173] Tunesien befindet sich zu diesem Zeitpunkt kurz vor dem Staatsbankrott (vgl. Murphy 2013: 36). Der Fall des Ölpreises 1986 verschlimmert die heikle Wirtschaftssituation:[174] Das Haushaltsdefizit beträgt zu diesem Zeitpunkt 8 Prozent des Bruttoinlandsproduktes (BIP) und die Auslandsverschuldung sogar 56 Prozent des BIP (vgl. Tamzini 2013: 81; Rivlin 2001: 125).[175] Seit den 1970er Jahren ist der tunesische Staat in eine massive, internationale Verschuldungspolitik verstrickt, die vorerst mit relativ geringen Kosten der Schulden aufgrund niedriger Zinssätze und dem niedrigen Dollarwechselkurs beginnt. Spätestens in den 1980er Jahren gerät die Verschuldungspolitik jedoch in die Krise, da unter anderem die Zinssätze und der Dollarkurs auf den internationalen Märkten steigen. Die inflationären Entwicklungen in den Industrieländern führen zur Erhöhung der Geldmarktzinsen, die einen schwindelerregenden Anstieg der Schulden nach sich ziehen, da alte, variabel verzinste Kredite nun zu den neuen, höheren Zinssätzen refinanziert werden (vgl. Ben Hammouda 2012: 75). Darüber hinaus sinken in den 1980er Jahren die Exportkosten, während die Importpreise steigen, was für

---

172 Für eine ausführliche Darstellung der ökonomischen Entwicklungen Tunesiens unter Bourguiba siehe Alexander (2010).

173 Der damalige Premierminister Rachid Sfar unterzeichnet den Strukturanpassungsplan mit dem IWF. Ben Ali macht die Liberalisierung der tunesischen Wirtschaft zu einer seiner wichtigsten Missionen – eine Mission, die, wie sich noch herausstellen wird, zu einer bedeutenden Bereicherung Ben Alis, der Familie seiner Frau Leila Trabelsi und seiner Freunde und Bekannten führt (vgl. Tamzini 2013: 81).

174 Tunesien kann nur auf geringe Erdölreserven zurückgreifen, sie leisten dennoch einen wirtschaftlichen Beitrag in die Staatskasse. So beläuft sich die Höhe des Erdölvorkommens 1988 auf 1,8 Milliarden Barrel, 2004 sind es nur noch 0,4 Milliarden Barrel (vgl. Statista 2015). Anfang der 1970er Jahre profitiert der tunesische Staat vom steigenden Erdölpreis auf dem internationalen Markt (sogenannter Erdölpreisschock 1974) und hebt im Zuge dessen die Löhne der Beamt*innen und Arbeiter*innen des öffentlichen Sektors an (vgl. Rivlin 2001: 125). Im Jahre 2011 produziert Tunesien täglich nahezu 70.000 Barrel Rohöl (vgl. Tamzini 2013: 31).

175 Im Jahre 2004 beträgt die Auslandsverschuldung 61 Prozent des BIP (vgl. Hibou 2006b: 11). Hibou schätzt für dasselbe Jahr die Höhe der Hinterziehung unterschiedlichster Steuern auf circa 50 Prozent (vgl. ebd.).

viele arabische Länder aufgrund ihrer hohen Abhängigkeit von importierten Gütern mit finanziellen Verlusten verbunden ist (vgl. Rivlin 2001: 97). Eine Rückzahlung oder Einschränkung der Schulden wird folglich immer schwieriger.

Der Strukturanpassungsplan des IWF fordert – im Sinne des Washington Consensus – vom tunesischen Staat, erhebliche Einschnitte im öffentlichen Haushalt vorzunehmen und die Wirtschaft für ausländisches Kapital und Warenhandel zu öffnen (vgl. Tamzini 2013: 81). Diese Liberalisierung versetzt die tunesische Industrie in die schwierige Lage, in Konkurrenz mit einer technologisch fortschrittlicheren Massenproduktion aus dem europäischen Ausland zu treten. Dieses vom IWF geförderte Wirtschaftsentwicklungsmodell richtet die tunesische Industrie auf Exporte aus, die einen technologisch geringen Wert haben und ihre Wettbewerbsfähigkeit auf dem Weltmarkt lediglich aus niedrigen und künstlich niedrig gehaltenen Lohn- und Arbeitskosten (etwa durch die kontinuierliche Währungsabwertung) einer gering qualifizierten Arbeiterschaft ziehen (vgl. Gherib 2012: 31). Die internationale Konkurrenzfähigkeit der tunesischen Ökonomie beruht demnach im Wesentlichen auf Niedriglöhnen und der Schwächung sozialer Rechte (vgl. ebd.). Die tunesische Wirtschaft ist zudem extrem abhängig von den Schwankungen des europäischen Marktes,[176] was sich in erster Linie in Bezug auf Exporte, Einnahmen aus der Tourismus- und Textilbranche und ausländische Direktinvestitionen bemerkbar macht (vgl. Murphy 2013: 39; Khiari 2003: 88). Aus der Wahrung der Niedriglöhne als Garant für die Exportfähigkeit der tunesischen Industrie resultiert eine notwendige Intervention des Staates in die Subvention von Grundnahrungsmitteln: Die staatliche Institution »Caisse générale de compensation« (CGC) sorgt dafür, dass die Grundnahrungsmittel trotz der Preisschwankungen auf dem Weltmarkt für die Arbeitnehmer*innen zugänglich bleiben (vgl. Ben Hammouda 2012: 69; Cavallo 2002: 51).

Im Zuge der Öffnung des Marktes muss die tunesische Agrarwirtschaft, die neben der Tourismus- und Textilbranche einen Hauptsektor der tunesischen Wirtschaft ausmacht, ebenfalls entscheidende Einbußen hinnehmen (vgl. Murphy 2013: 36). Die europäischen Exporte von Getreide,

---

176 Laut Angaben des Auswärtigen Amtes ist die EU »Tunesiens wichtigster Handelspartner, wobei Frankreich, Italien und Deutschland für den größten Anteil an den Im- und Exporten sowie der Direktinvestitionen stehen« (Auswärtiges Amt 2015). Insgesamt 70 Prozent des Handels erfolgen mit der EU.

Milch, Milchprodukten, Zucker und Rindfleisch, die durch die Direktzahlungen der »Gemeinsamen Agrarpolitik« (GAP) der EU subventioniert werden, werden zu Preisen auf dem afrikanischen Kontinent verkauft, die unter ihren Erzeugerkosten liegen (vgl. Spence 2015).[177] Die lokale Landwirtschaft und der Binnenmarkt Tunesiens können weder mit der Massenproduktion noch mit dem »Preisdumping« mithalten. Die Konsequenz dieser handelsverzerrenden Subventionspolitik für den tunesischen sowie für den afrikanischen Markt[178] ist eine stärkere Abhängigkeit von Nahrungsmittelimporten, welche die ohnehin instabile lokale Wirtschaft weiter schwächt.

Darüber hinaus genießen ab 1993 ausländische Investoren und Unternehmen, die auf Exporte oder Hochtechnologien spezialisiert sind, zehnjährige Steuerfreiheit und einen freien Gewinntransfer (vgl. Murphy 1999: 138; Ruf 2011: 8). Aus diesen staatlichen Anreizen für ausländisches Kapital resultiert ein Wettbewerbsvorteil, der tunesische Firmen benachteiligt. Ferner ermöglichen die »Freien Produktionszonen« (auch Sonder-

---

177 Die Kontinuität dieser Liberalisierungs- und Privatisierungspolitik lässt sich auch am Europa-Mittelmeerabkommen beobachten. Tunesien unterzeichnet im Juli 1995, einige Monate vor dem Barcelona-Prozess, der das Europa-Mittelmeerabkommen einleitet, als erstes Land ein Assoziierungsabkommen mit der EU und tritt der Welthandelsorganisation bei (vgl. EUR-LEX 1998). Das Europa-Mittelmeerabkommen, das zwischen Tunesien und der EU am 1. März 1998 in Kraft tritt, soll die »Zusammenarbeit im politischen, wirtschaftlichen und sozialen Bereich« (vgl. ebd.) stärken. Dabei wurde der Schwerpunkt insbesondere auf die wirtschaftliche Kooperation gelegt: auf den »Handelsverkehr, die [sic!] zur schrittweisen Liberalisierung des Warenverkehrs, zur nachhaltigen Entwicklung der Region und der Investitionen führen« soll (vgl. ebd.). Für Industrieprodukte besteht bereits seit 2008 Freihandel zwischen Tunesien und der EU, ausgenommen sind bis dato Agrarprodukte und Dienstleistungen. Verhandlungen über ein vertieftes und umfassendes Freihandelsabkommen wurden im Oktober 2015 wieder aufgenommen. Das Abkommen, das nicht nur eine wirtschaftliche Kooperation instaurieren soll, steht u. a. aufgrund des mangelnden politischen Projektes in der Kritik. Die EU, so Hibou, interessiert sich für die Mittelmeerstaaten vor allem, wenn es darum geht, sie als Auffangbecken von (illegalen, islamistischen oder aus anderen Gründen unerwünschten) Migrant*innen zu verstehen. Dieser »Tausch« von »abgesicherten« europäischen Grenzen gegen einen Freihandel geht ihrer Meinung nach auf Kosten der mediterranen Südstaaten (vgl. Hibou 2002: 48).

178 Näheres zur Agrar- und Handelspolitik der EU und zu ihren Konsequenzen für den afrikanischen Markt lässt sich im Artikel von Sarah Lempp (2014) nachlesen. Zur europäischen Mittelmeerpolitik kann der Überblick von Jünemann/Simon (2015) empfohlen werden.

wirtschaftszonen genannt)[179] eine zusätzliche Steuererleichterung sowie die Zollbefreiung für Im- und Exporte für ausländische Unternehmen. Die freien Produktionszonen klammern die nationale Arbeits- und Sozialgesetzgebung aus. Es gelten beispielweise nur eingeschränkte Gewerkschaftsrechte. Soziale Mindeststandards (vor allem bezüglich des Arbeitspensums und der Löhne) werden regelrecht ignoriert (vgl. Ruf 2011).

Der massive finanzielle Rückzug des Staates aus der Wirtschaft und die Privatisierung öffentlicher Unternehmen[180] seit 1987 sind Teil der Strategie des IWF und der Weltbank, auf Privatinvestitionen zu setzen, die 52 Prozent der gesamten Wirtschaftsinvestitionen ausmachen sollen (vgl. Murphy 1999: 134). Die tunesische Privatwirtschaft kann jedoch in den 1990er Jahren diese Investitionslücke nicht alleine kompensieren (vgl. Rivlin 2001: 129). Die staatlichen und volkswirtschaftlichen Einnahmen aus den ausländischen Kapitalinvestitionen fallen weniger hoch aus als erwartet, da der Profit in der Regel nicht in Tunesien investiert wird, sondern ins Ausland zurückfließt (vgl. Ruf 2011). Die Veränderungen in den rechtlichen Rahmenbedingungen für tunesische und ausländische Investoren, die vom IWF im Strukturanpassungsplan gefordert werden, werden von der Regierung nur teilweise und zu langsam durchgeführt (vgl. Murphy 1999: 132).

Die ausländischen Investoren sind insbesondere von der starken Einmischung der Regierung in die Wirtschaft, der geringen ökonomischen Performanz der tunesischen Wirtschaft und dem Klientelismus abgeschreckt (vgl. Murphy 2013: 40; Khiari 2003: 94). Hibou spricht in diesem Zusammenhang treffenderweise von einer »Liberalisierung ohne Liberalismus« (Hibou 2002: 26): einer Politik, die offenkundig nach ökonomischer Prosperität strebt und hierfür eine Liberalisierung bestimmter Teile des Marktes vornimmt. Die Liberalisierung schließt jedoch nicht die Öffnung des politischen Systems ein. Dabei schreibt der Strukturanpassungs-

---

179 Die Anzahl der Sonderwirtschaftszonen wird weltweit von der Internationalen Arbeitsorganisation auf 3.800 geschätzt. Ausführliche Darstellungen zu diesen Zonen und zu Fragen der Nord-Süd-Gerechtigkeit im Rahmen der Globalisierung finden sich in den Arbeitspapieren von Terre des hommes/DGB-Bildungswerk (2010) und vom DGB-Bildungswerk (1996).

180 Nach Khiari wird die Privatisierung öffentlicher Dienstleistungen in diversen Formen vollzogen, beispielsweise durch Outsourcing oder durch die Vergabe von Nutzungsrechten. Spätestens ab 1997 sind auch die Telekommunikationsbranchen, die Wasserversorgung (Reinigung verschmutzten Wassers und Entsalzung), die Elektrizitätsversorgung, die Hafenanlagen, die Gesundheits-, Bildungs- und Verkehrsmittelsektoren von Privatisierungen betroffen (vgl. Khiari 2003: 89).

plan von 1992 bis 2006 eine ökonomische Liberalisierung und Modernisierung vor, die ausdrücklich Hand in Hand mit der Demokratisierung der politischen Sphäre einhergehen soll (vgl. Bensedrine/Mestiri 2004: 19). Die Entscheidung des Ben Ali-Regimes, nur die ökonomische Liberalisierung durchzusetzen, wird nicht von den internationalen Finanzinstituten sanktioniert.

3.5.2   Arbeitslosigkeit und Korruption

3.5.2.1   Die Zahlen der Arbeitslosigkeit

Armut ist in Tunesien unter Ben Ali »the single biggest ›missed story‹« (Murphy 2013: 41). Ben Alis Wirtschaftswunder-Narrativ wird von der Behauptung begleitet, dass unter seiner Herrschaft die Armut zurückgegangen sei und es durch neue Sozialstaatseinrichtungen zur erheblichen Verbesserung der materiellen Lebensbedingungen der tunesischen Bevölkerung gekommen sei.[181]

Diese Vorstellung wird nicht zuletzt durch die Einrichtung des nationalen Solidaritätsfonds »26.26« geprägt. Der 1993 geschaffene Fonds, der vornehmlich durch »freiwillige«[182] Abgaben von Bürger*innen und Unternehmen finanziert wird, soll den ärmeren Bürger*innen in industriellen »Dunkelzonen« (»zones d'ombre«) zugutekommen. Die Art und Weise, wie der Solidaritätsfonds verwendet wird, ist jedoch höchst intransparent: Der Staatssekretär, der für die Verwaltung des Fonds zuständig ist, ist weder dem Parlament noch dem Kabinett, sondern nur Ben Ali persönlich Rechenschaft schuldig. Die Höhe der Einnahmen und der Ausgaben sind nicht öffentlich einsehbar (vgl. Beau/Tuquoi 2011: 148f.; Bensedri-

---

181 Dennoch muss erwähnt werden, dass dieser Diskurs nicht nur eine illusionäre Konstruktion des Regimes ist, sondern zum Teil auch durch die Konjunkturperiode Ende der 1990er Jahre entsteht, die durch Touristenanstürme und heftige Regenfälle geprägt ist. Letztere wirken sich sowohl günstig auf die Tourismusbranche als auch die Landwirtschaft aus (vgl. Beau/Tuquoi 2011: 145).

182 Wie bereits angedeutet, wird die »Freiwilligkeit« von mehreren Wissenschaftler*innen und Autor*innen angezweifelt (vgl. Hibou 2011c: 44; Camau/Geisser 2003: 219; Bensedrine/Mestiri 2004: 74). Unternehmen und Privatpersonen, die sich vorerst weigern, die Abgabe zu entrichten, müssen dies in einer Steuernachzahlung nachholen, Beamte können sogar aufgrund dessen gekündigt werden. Selbst Schulkinder müssen einen Beitrag leisten und werden sanktioniert – zum Beispiel mit dem Verbot, an Prüfungen teilzunehmen, oder mit physischen Züchtigungen wie Ohrfeigen – wenn sie dem nicht nachkommen (vgl. Bensedrine/Mestiri 2004: 74).

ne/Mestiri 2004: 75; Camau/Geisser 2003: 218f.). Über die Verwendung der Gelder hat dementsprechend keine öffentliche Institution die Kontrolle, sodass in erster Linie Ben Ali die Freiheit hat, über die Summen nach Belieben zu verfügen. Wissenschaftler*innen gehen davon aus, dass ein Teil des Fonds tatsächlich zur Bekämpfung von Armut verwendet wurde und ein anderer Teil, dessen Umfang aufgrund der Intransparenz des Verfahrens schwierig zu ermessen ist, auf die schwarzen Konten Ben Alis floß (vgl. Bensedrine/Mestiri 2004: 75).

Die stagnierende Wirtschaftslage führt ab Ende der 1990er Jahre zu massiver Arbeitslosigkeit (vgl. Weltbank 2014a: 38). Sie lässt sich jedoch nur schwierig beziffern, da die von der Regierung veröffentlichten Zahlen tendenziell Arbeitslosigkeit und Armut »unterschätzen«. Laut den offiziellen Berechnungen beträgt die Arbeitslosigkeit für das Jahr 2008 14,2 Prozent. Dabei ist Arbeitslosigkeit je nach Alter, Geschlecht und Bildungsgrad höchst unterschiedlich verbreitet: Junge Arbeitseinsteiger*innen, Frauen und Hochschulabsolventen*innen sind davon im besonderen Maße betroffen (vgl. OECD 2015: 4; Murphy 2013: 43; Gherib 2012: 24). Unter den 15- bis 24-Jährigen sind 30 Prozent arbeitslos, bei den 24- bis 29-Jährigen sind es 24 Prozent, wohingegen unter den 40- bis 49-Jährigen weniger als 4 Prozent arbeitslos sind (vgl. AFDB 2012: 29). Frauen sind stärker von Arbeitslosigkeit betroffen (19 Prozent) als Männer (11 Prozent). Das lässt insbesondere angesichts der Tatsache, dass 60 Prozent der Hochschulabsolvent*innen im Jahre 2008 Frauen sind,[183] aber nur 25 Prozent der Arbeitsplätze von Frauen besetzt sind, auf eine Geschlechterdiskriminierung auf dem Arbeitsmarkt schließen (vgl. ebd.: 30; Bousnina 2013: 48) und stellt aus meiner Sicht das Narrativ des Staatsfeminismus infrage.[184]

Die wohl erstaunlichste Entwicklung auf dem tunesischen Arbeitsmarkt lässt sich mit der Formel »Je höher der Bildungsgrad, desto höher die Arbeitslosigkeit« auf den Punkt bringen (vgl. AFDB 2012: 29; OECD 2015: 8; Kraushaar 2012: 106f.). Die Weltbank berechnet, dass 40 Prozent der tunesischen Arbeitslosen Abitur und 30 Prozent der Arbeitslosen einen Hochschulabschluss aufweisen (vgl. Weltbank 2014a: 38).[185] Im Zeitraum

---

183 Die Angaben der Weltbank bezüglich der höheren Zahl an Hochschulabsolventen bei den Frauen gelten für den Zeitraum von 2002 bis 2010 (vgl. Weltbank 2014a: 38).

184 Die Zahl der Hochschulabsolventinnen liegt im Dezember 2013 bei 41,9 Prozent (vgl. Weltbank 2014a: 39).

185 Die Anzahl der Arbeitslosen mit einem Hochschulabschluss (franz. *diplômés chômeurs*) ist im gesamten Maghreb außerordentlich hoch. Mehr als die Hälfte der Arbeitslosen im Maghreb ist unter 29 Jahre alt, ein steigender Anteil unter ihnen hat einen

von 1990 bis 2010 hat sich die Zahl der jungen Personen mit einem Hoch-schulabschluss von 3,7 auf 12,3 Prozent nahezu vervierfacht (vgl. ebd.). Die Wirtschaft hätte zwischen 2005 und 2025 jährlich um 8,6 Prozent wachsen müssen, um die steigende Zahl der Hochschulabsolventen*innen in den Arbeitsmarkt integrieren zu können (vgl. Murphy 2013: 43). Die Konzentration der Wirtschaft auf den Exporthandel, der vor allem eine ge-ring qualifizierte Arbeiterschaft benötigt, sowie der schrittweise Abbau des öffentlichen Dienstes, der 60 Prozent aller Hochschulabsolventen*innen einstellt, verstärken jedoch die Arbeitslosigkeit unter den Hochschulabsol-venten*innen (vgl. Weltbank 2014a: 38).

Die hohe Arbeitslosigkeit unter Hochschulabsolventen*innen stellt eine fundamentale Herausforderung für die tunesische Gesellschaftsordnung dar, da Bildung und in erster Linie universitäre Bildung seit der postkoloni-alen Gründung des Staates als sozialer Aufstiegsgarant galt (vgl. Gherib 2012: 32). Diese soziale Krise wird von den arbeitslosen Hochschulabsol-venten*innen als Bruch mit dem sozialen Vertrag wahrgenommen, der so-zialen Aufstieg durch hohe Bildungsabschlüsse versprach (vgl. Ca-tusse/Destremau 2010: 29).

Die regionalen Unterschiede spiegeln sich auch in der Arbeitslosigkeit wider: So weisen die ärmeren, ländlichen Regionen im Nord- und Süd-westen des Landes deutlich höhere Arbeitslosenzahlen auf. Die Afrikani-sche Entwicklungsbank schätzt die Arbeitslosigkeit landesweit für das Jahr 2010 auf 13 Prozent. In Kasserine (21 Prozent), Gafsa (28 Prozent) und Tataouine (24 Prozent) liegt sie jedoch deutlich höher. Das gilt auch für die Arbeitslosigkeit unter Hochschulabsolvent*innen, die in Sidi Bouzid (41 Prozent), Kébili (43 Prozent) und Jendouba (40 Prozent) fast doppelt so hoch ist wie im landesweiten Durchschnitt (23 Prozent) (vgl. AFDB 2012: 29; Bousnina 2013: 53). Das rapide demografische Wachstum sowie die technologische Umstrukturierung der Wirtschaft weg von der arbeitsplatz-reichen Agrarwirtschaft hin zu kompetitiveren Wirtschaftsteilen mit weni-ger Arbeitsplätzen führen unter anderem zu einer stetig wachsenden Mas-senarbeitslosigkeit (vgl. ebd.).

Die skizzierte Darstellung der Armut innerhalb der tunesischen Bevöl-kerung steht nicht nur im Kontrast zum offiziellen Diskurs der tunesischen Regierung, sondern auch zu der Tatsache, dass Tunesien die breiteste Mit-telschicht auf dem afrikanischen Kontinent aufweist. Murphy bemerkt

---

Hochschulabschluss und circa die Hälfte der Arbeitslosen sind Langzeitarbeitslose (vgl. Catusse/Destremau 2010: 28).

jedoch, dass 45,6 Prozent dieser Mittelschicht, die von 2 bis 4 US-Dollar am Tag pro Person lebt, vom ständigen Abstieg in die Armut durch externe ökonomische Veränderungen (wie beispielsweise erhöhte Lebensmittel- oder Benzinpreise) bedroht ist (vgl. Murphy 2013: 42).

Die explosive Preissteigerung der Lebensmittel auf dem Weltmarkt 2008 trifft vor allem die arme Bevölkerungsschicht Tunesiens, die 50,4 Prozent ihres Einkommens für Nahrungsmittel verwendet (vgl. ebd.). Durch die massive Liberalisierung der ehemals staatlichen Agrarunternehmen, die ab Anfang der 1990er Jahre von privaten Unternehmen gepachtet werden, werden 87 Prozent der Nahrungsmittelpreise nicht mehr reguliert.[186] Einen Eindruck von den Konsequenzen dieser Politiken vermittelt die Entwicklung der Lebensmittelpreise: Zwischen 2000 und 2011 vervierfacht sich der Preis für Speiseöl, verdreifachen sich die Preise für Zucker und Getreide und verdoppeln sich die Preise für Fleisch und Milchprodukte. Dabei bleiben die Löhne auf dem gleichen Niveau, sodass der Konsum überwiegend über Kredite finanziert werden muss, die zur Verschuldung und Überschuldung breiter Bevölkerungsschichten, nicht zuletzt der Mittelschicht, führen (vgl. Hibou 2006a: 56f.; Beaugé 2010: 79; Murphy 2013: 42).[187]

3.5.2.2 Die Korruption

Das Regime beherrscht die Bevölkerung nicht nur durch die Anwendung von Überwachungs- und Repressionspraktiken, sondern auch durch den Einfluss, den es auf die Wirtschaft und auf die Akteure in der Privatwirtschaft ausübt (vgl. Hibou 2002: 41). Sihem Bensedrine und Omar Mestiri bezeichnen Repression und Korruption als die »zwei Pfeiler des tunesischen Modells« (2004: 91). Hierbei müssen zwei Erscheinungsformen der Korruption unterschieden werden: einerseits die Plünderung der Wirtschaft durch den Familienklan von Ben Ali und Trabelsi, die nur wenige,

---

186 Preiskontrollen sind nur für lebenswichtige Nahrungsmittel aufrechterhalten geblieben (vgl. Murphy 2013. 42).

187 Hibou weist darauf hin, dass es unmöglich sei, herauszufinden, wie viele tunesische Haushalte unter Ben Ali verschuldet sind, zumal diese Information politisch höchst brisant ist, da sie den Wirtschaftswunderdiskurs infrage stellen kann. Sie erfährt dennoch, dass sogar Staatsfunktionäre und Behörden von dieser Tendenz beunruhigt sind (vgl. Hibou 2006a: 56). Der regimekritische Journalist Taoufik Ben Brik berichtete bereits 1999 von den konsumanregenden Strategien der Kaufhäuser und Banken, die mit horrenden Zinssätzen die Schuldner in den Ruin treiben (vgl. L'audace 1999).

aber ökonomisch und politisch mächtige Akteure betrifft, und andererseits die »alltägliche« Korruption, die von der notwendigen Bestechung, um administrative Dokumente oder eine Arbeitsstelle zu erhalten, bis zur Bestechung, um Steuerabgaben zu vermeiden, reicht (vgl. Hibou 2011b: 19).

Die massive »Loyalität«, die vom Regime gefordert wird, mündet in eine korrumpierte Gesellschaftsordnung, in welcher lediglich die treuen Anhänger*innen Ben Alis mit Spitzenposten belohnt werden – private und staatliche Unternehmen, Banken, Verwaltungen, Polizei- und Zollstrukturen, Schulen, Universitäten, die UGTT-Sektionen und selbst Fußballvereine (zum Beispiel »L'espérance de Tunis«)[188] werden von Personen geführt, die Ben Ali familiär oder persönlich nahestehen und gutgesinnt sind (vgl. Ruf 2011; Beau/Tuquoi 2011: 99). Die Korruption und der extreme Nepotismus lassen sich exemplarisch[189] an der Verwaltung und Führung der Banken Tunesiens illustrieren, die hauptsächlich unter staatlicher Kontrolle stehen und die Ben Ali unter die Führung des Familienklans und seiner Gefolgsleute stellt. Auf diese Weise kann der Klan ungestraft öffentliche Fonds ins Ausland abführen, Bankkredite ohne Hypotheken an »die Familie«[190] vergeben und Druck auf Unternehmen ausüben, die sich weigern, dem Klan finanzielle Abgaben zu leisten (vgl.

---

188 Der Präsident des berühmten Fußballvereins der Hauptstadt *L'espérance de Tunis*, Slim Chiboub, ist einer der Schwiegersöhne Ben Alis. Neben seiner Tätigkeit im Fußballverein vermittelt er zwischen ausländischen Firmen, die sich in Tunesien niederlassen wollen, und dem tunesischen Staat und nimmt hierfür nicht unwesentliche Provisionen ein. *L'audace* berichtet, dass die Entscheidung Ben Alis, welche ausländische Firma das Rennen um den Bau des Stadions in Radès 1997 macht, nicht nach dem Preis-Leistungs-Verhältnis des Angebots getroffen wird, sondern danach, ob sein Schwiegersohn mit der Vermittlungsgebühr zufrieden ist, die das Unternehmen ihm zahlt (vgl. L'audace 1997: 5). Die Höhe der von Chiboub veruntreuten Gelder wird laut *L'audace* bereits Ende der 1990er Jahre auf mehrere Hundert Millionen US-Dollar geschätzt, die auf europäischen und lateinamerikanischen Bankkonten liegen. Dabei kommt ihm seine Nähe zu Kadhafi und seinen Söhnen zugute (vgl. ebd.; Beau/Tuquoi 2011: 154). Er wird ebenfalls beschuldigt, Geldwäsche für Drogenhandel-Klans aus Lateinamerika zu betreiben (vgl. L'audace 1997: 5).

189 Wenn ich von exemplarischen Fällen spreche, dann bedeutet das keineswegs, dass es sich um Ausnahmefälle handelt. Zum einen sind die Dunkelziffern in den Korruptions- und Enteignungsfällen hoch und zum anderen sind die bekannten Fälle zu zahlreich, um sie sinnhaft rekonstruieren zu können.

190 Der Ben Ali- und Trabelsi-Familienklan wird im Volksmund in Anlehnung an den Film *Der Pate* (1972) lediglich »die Familie« genannt, um auf die mafiaähnlichen Funktionsweisen des Klans anzuspielen (vgl. Nawaat 2010: 9).

Ruf 2011; AFDB 2012: 18; L'audace 1997: 5f.; Nawaat 2011; Bensedrine/Mestiri 2004: 94).

Der Ben Ali- und der Trabelsi-Klan begnügen sich jedoch nicht damit, Führungspositionen in der Wirtschaft zu besetzen und öffentliche sowie private Gelder zu veruntreuen. Vielmehr nehmen sie eine quasi-monopolhafte Stellung in weiten Teilen der tunesischen Wirtschaft ein:[191] Sämtliche Genehmigungen – von der Vergabe von Sendelizenzen (Radio/TV) über Baugenehmigungen, Import- und Exportzulassungen bis hin zu Vertrieben ausländischer Supermarktketten (*Carrefour, Monoprix, Géant*) – erhalten Verwandte und Freunde Ben Alis (vgl. L'audace 1997: 6f.; Camau/Geisser 2003: 212ff.; Nawaat 2010).[192]

Diese klientelistischen Praktiken werden nicht nur in Bezug auf Lizenz- und Subventionszuweisungen wirksam, sondern haben ebenfalls einen Einfluss auf die Einstellungspraktiken und -bedingungen der Arbeitnehmer*innen: Ob eine arbeitssuchende Person eine Arbeitsstelle findet oder nicht, wird maßgeblich davon bestimmt, ob sie einflussreiche Kontakte hat. Ferner geht der Familienklan spätestens seit 1990 ebenfalls dazu über, Kapitalanteile an erfolgreichen Unternehmen zu reklamieren – ohne eine Kapitalbeteiligung zu leisten. Diese quasi-mafiöse[193] Verfahrensweise kann bis zur tatsächlichen Enteignung oder zum Konkurs der Eigentümer*innen führen.

Beau und Tuquoi erläutern, dass Klientelismus und Vetternwirtschaft unter Ben Ali nicht nur seiner unersättlichen Habgier entspringen, sondern auch das Resultat eines machtstrategischen Kalküls sind. So sei Ben Ali der Überzeugung, dass jegliche politische Macht der Komplizenschaft der

---

191 Ein 2014 veröffentlichter Bericht der Weltbank gibt an, dass allein die Ben Ali- und Trabelsi-Familie 220 Unternehmen besitzen. In diese Rechnung werden nur die direkten Verwandten der Familie einbezogen, nicht die Freunde und Bekannten, die von den Beziehungen zum Klan wirtschaftliche Vorteile ziehen (vgl. Rijkers u.a. 2014: 1).

192 So besitzt Cyrine Ben Ali, eine Tochter Ben Alis, das wichtigste Internetanbieter-Unternehmen *Planet.tn* sowie den privaten Radiosender *Shams FM*. Durch den Vertrag mit der französischen Telekommunikationsfirma *Orange* hat sie auch Anteile in der Mobilfunk-Branche. Folglich bringt sie drei Kommunikationskanäle (Internet, Radio und Mobilfunk) unter ihre Kontrolle, die zum einen die Verbreitung der Propaganda des Regimes erleichtern. Zum anderen ermöglicht vor allem das Internetanbieter-Unternehmen den Zugang zu sensiblen Daten und erleichtert die Internet-Zensur. Belhassen Trabelsi besitzt die beiden Radiosender *Radio Mosaïque* und *Express FM* sowie den Fernsehsender *Carthage FM*.

193 Sogar der US-Botschafter Robert F. Godec verweist darauf, dass der Klan »quasi-mafiös« ist (vgl. Nawaat 2010: 9).

Wirtschaft bedarf, um sich konsolidieren zu können (vgl. Beau/Tuquoi 2011: 157).

Letztlich nährt das Narrativ des Wirtschaftswunders auch die Erwartungen und Forderungen der Bevölkerung nach besseren sozioökonomischen Bedingungen gegenüber dem Staat: Der Staat hat sich als Verantwortlicher für eine gute Wirtschaftslage präsentiert. So erscheint es nur folgerichtig, dass er in schlechten ökonomischen Zeiten zur Verantwortung gezogen wird (vgl. Gherib 2012: 23). Die frustrierten Erwartungen an den Staat und die vehemente Kritik an der korrumpierten Wirtschafts- und Gesellschaftsordnung spiegeln sich auch in den ersten Slogans der Gafsa-Revolten 2008 wider.

3.5.3   Ein Land am Rande der sozialen Explosion (Gafsa)

Der skizzierte sozioökonomische Kontext der Korruption und des Klientelismus führte 2008 im Westen des Landes zu den bis dato wohl stärksten Protesten der Bevölkerung.

Die Kritik an korrumpierten Einstellungsmethoden wird am deutlichsten im Januar 2008 von der Protestbewegung rund um das Phosphatbecken der Kommune von Gafsa[194] geäußert. Diese ländliche Region im Südwesten Tunesiens ist von hoher Arbeitslosigkeit und extremer Armut[195] gekennzeichnet, obwohl die Region hohe Phosphatvorkommen

---

194 Das Phosphatbecken Gafsas ist 6.000 Quadratmeter groß. Tunesien ist in 24 Kommunen (franz. *Gouvernorat*) aufgeteilt, die jeweils den Namen der Hauptstadt der Kommune tragen. Es handelt sich nicht um ein föderales Prinzip, sondern um eine administrative Aufteilung, die der besseren Durchdringung durch die Zentralmacht dient. Jede Kommune wird von einer Person geleitet, die von der zentralen Regierung ernannt wird (vgl. Tamzini 2013: 76).

195 Die Ursachen für die Armut in der Region Gafsas sind vielfältig. Zum einen gehört die Region historisch bereits zu den von Bourguiba und später von Ben Ali vernachlässigten Landesteilen. So stellen Camau und Geisser fest, dass die sozioökonomischen Entwicklungen sowie Modernisierungsprogramme zur Entstehung von »zwei Tunesien« geführt haben: Ein »erstes«, zentrales Tunesien, das als modern, ökonomisch stark und produktiv gilt. Auf dieses Tunesien, das auf Tunis und die Ostküste begrenzt wird, referieren die Politiker*innen positiv. Im Kontrast dazu steht das »zweite«, periphere Tunesien, das sich im Inneren des Landes befindet, ökonomisch schwach ist und als »rückständig und hilfsbedürftig« gilt (vgl. Camau/Geisser 2003: 199). Die Erträge aus der Gewinnung und Verarbeitung der Rohstoffe aus Gafsa kommen beispielsweise kaum der Region selbst zugute, sondern werden in anderen Teilen Tunesiens reinvestiert (vgl. Allal 2010b: 177). Die im Phosphatbecken extrahierten Rohstoffe werden

aufweist und zu den weltweit größten Phosphatexporteuren gehört (vgl. Allal 2010a: 108). Der Protest, der retrospektiv als Vorreiter der revolutionären Bewegung 2011 gilt, hält nahezu sechs Monate an (vgl. ebd.; Dakhli 2014: 4; Geisser 2012: 16; Chouikha/Gobe 2015: 73). Die Bewegung, die in verschiedenen Städten der Kommune Gafsas ausbricht, wird von Arbeitslosen (mit und ohne Hochschulabschluss), prekären Arbeiter*innen in Zulieferer-Unternehmen, aber auch von Student*innen, Gymnasialschüler*innen und Lehrer*innen sowie Angehörigen von Minenarbeitern[196] getragen (vgl. Chouikha/Gobe 2015: 73). Den Ausgangspunkt des Protestes stellt die Veröffentlichung der Resultate des Bewerbungsverfahrens des Phosphat-Unternehmens CPG (*Compagnie des phosphates de Gafsa*) dar. Dem Unternehmen und Hauptarbeitgeber in der Region wird vorgeworfen, klientelistische und korrumpierte Einstellungsverfahren zu unterhalten. In ihren Slogans beschuldigen die Protestierenden den Generalsekretär der regionalen Gewerkschaftssektion des UGTT, der gleichzeitig Abgeordneter der RCD und Chef eines Zulieferer-Unternehmens für das CPG ist, vorrangig seine Freunde und Verwandten aus anderen Regionen eingestellt

---

zur Weiterverarbeitung und zum Export nach Sfax geschickt (vgl. Tamzini 2013: 31). Sfax gehört zur ökonomisch prosperierenden östlichen Küste. Das bestärkt das Gefühl der Bewohner*innen des Südwestens, vernachlässigt und aus der nationalen Gemeinschaft ausgeschlossen zu werden (vgl. Ayari 2013: 244). Außerdem haben die neoliberalen Reformpläne der Weltbank 1985 und später der Afrikanischen Entwicklungsbank die Technisierung der Phosphatgewinnung und zahlreiche Budgetkürzungen des Phosphatunternehmens CPG entschieden. Im Zuge dessen kürzt das CPG massiv Arbeitsplätze (von 1985 bis 2008 werden 10.000 Arbeitsplätze abgebaut) und stellt kaum mehr neue Arbeiter*innen ein (vgl. Allal 2010a: 108; Chouikha/Gobe 2015: 73). Heute werden nur noch 5.200 Arbeiter vom CPG beschäftigt. Weder der Staat noch die Privatwirtschaft haben in die Region investiert, sodass die wirtschaftliche Abhängigkeit von den Phosphatminen und dem CPG sehr hoch bleibt. Ferner kann nur wenig Landwirtschaft betrieben werden, nicht zuletzt, weil es sich um eine sehr trockene, wasserarme Region handelt. Zudem wird das vorhandene Wasser für das Waschen des Phosphats des CPGs verwendet, sodass die landwirtschaftlichen Aktivitäten zurückgegangen sind. Die Arbeitslosenzahlen der Kommune Gafsas gehören zu den höchsten landesweit und sind fast doppelt so hoch wie der nationale Durchschnitt (vgl. Allal 2010b: 175f.). Interpretationen der Gafsa-Revolten von 2008 finden sich bei Chouikha/Geisser (2010b), Chouikha/Gobe (2009), Allal/Bennafla (2011).

196 Hier wird nicht auf die feminine Form verwiesen, da die Minen fast ausschließlich maskuline Arbeiterschaften aufweisen (vgl. Allal 2010b: 178).

zu haben.[197] Die Protestierenden sehen in diesem Einstellungsverfahren einen weiteren Beweis dafür, dass der Zugang zum Arbeitsmarkt nicht von Leistungskriterien abhängt, sondern ausschließlich von klientelistischen Verhältnissen bestimmt wird und für diejenigen, die weder enge Kontakte zum RCD pflegen noch für einen Arbeitsplatz zahlen können, verschlossen bleibt (vgl. Zemni 2013: 129; Clancy-Smith 2012: 18ff.).

Tausende Menschen demonstrieren zunächst in Redeyef, dann in Oum El Araïes, M'hila und Métlaoui.[198] Den Politikwissenschaftlern Chouikha und Gobe zufolge, nehmen die Proteste von Beginn an eine politische Form an: Die Demonstrant*innen blockieren den Verkehr der Lastwagen und Züge für alle Aktivitäten, die mit dem Phosphatunternehmen in Verbindung stehen, sie organisieren Sit-ins vor den Sitzen des Unternehmens, vor den Büros des UGTT sowie vor kommunalen Regierungsvertretungen und klagen ihr Recht auf Arbeit ein (vgl. Chouikha/Gobe 2015: 74; Allal 2010a: 110).[199] In der Stadt Redeyef, wo Adnane Hadji, Generalsekretär der Basisgewerkschaft der Grundschulbildung, und sein Gewerkschaftsgenosse, Béchir Labidi, jeden Sonntag eine Demonstration organisieren, halten die Proteste am längsten an. Die Regierung unterdrückt die Bewegung, indem sie die Anführer sowie Hunderte Sympathisant*innen verhaftet und Redeyef im Juni 2008 von der Armee umzingeln lässt.[200] Die harte polizei-

---

197 380 Arbeiter*innen, Techniker*innen und Führungskräfte werden im Januar 2008 rekrutiert (vgl. Chouikha/Gobe 2015: 74). Insgesamt bewerben sich über 1.000 Arbeiter*innen in diesem Einstellungsverfahren (vgl. Allal 2010a: 110).

198 Redeyef hat 26.000, Oum El Araïes 24.500, M'dhila 12.500 und Métlaoui 37.000 Bewohner*innen (vgl. Allal 2010a: 110).

199 Sie verspotten auch den offiziellen Wahlaufruf »Ben Ali für 2009«, indem sie »Ben Ali für 2999« skandieren, um auf den machtmonopolisierenden Charakter der Herrschaft hinzuweisen (vgl. Allal 2010a: 110).

200 Es kommt zu circa zehn Verletzten und drei Toten (vgl. Allal 2010a: 107). Das einzige Medium, das über die Proteste berichtet, ist der Satelliten-Fernsehsender *El Hiwar Ettounsi* (Der tunesische Dialog). Der Fernsehsender konnte die Bilder des Protestes lediglich übertragen, da er über die Frequenzen des ökologischen italienischen Senders *Arco iris stivo* gesendet hat. Die Redaktion vom *El Hiwar Ettounsi* saß zu diesem Zeitpunkt in Tunis, während der Chefredakteur und Besitzer des Senders, Tahar Ben Hassine, von Paris aus gearbeitet hat. Der Sender hat mit lokalen Kameramännern und Fotografen zusammengearbeitet, die ihn mit Bildmaterial und Informationen ausgestattet haben, zumal der Zugang zum gesamten Phosphatbecken während der sechs Monate des Protestes extrem schwierig war. Menschenrechtsaktivist*innen, Anwält*innen, Feministinnen und engagierte Journalist*innen wurden in der Regel von den lokalen Behörden und der Polizei abgehalten, in die Region vorzudringen. Die unabhängige Opposition ist zunächst auf den eigenen Wahlkampf 2009 konzentriert

liche Repression der Proteste verstärkt die enttäuschte und frustrierte Haltung der Bewohner*innen der Region. Die Protestbewegung bleibt regional verankert und ist aufgrund der staatlich kontrollierten Medien zur Zeit des Protestes der restlichen Bevölkerung Tunesiens nahezu unbekannt. Dennoch leiten die Proteste eine sukzessive Infragestellung der Herrschaft Ben Alis ein, wie ich im vierten Kapitel anhand der Imaginäre der Cyberaktivist*innen aufzeigen werde.

3.6 Von den Staatsnarrativen zur tunesischen Identität

Bourguiba behauptete, einen modernen Staat durch progressive Frauenrechte, Säkularisierung und Bildungsmaßnahmen, aber ohne Freiheitsrechte und politische Selbstbestimmung gründen zu können. Ben Ali bringt eine Variation dieses Narratives hervor: Er verspricht, die modernen Errungenschaften der Herrschaft Bourguibas zu bewahren (insbesondere die Frauenrechte und teilweise die Säkularisierung), sie aber durch die Demokratisierung der politischen und zivilgesellschaftlichen Sphäre zu berichtigen. Ben Alis Herrschaftsdispositiv umfasst in erster Linie die Narrative des Staatsfeminismus, der Demokratisierung und des Wirtschaftswunders. Die Narrative und ihre Entstehungsbedingungen zeigen aber auch, dass die viel gelobte Stabilität des Ben Ali-Regimes relativ und prekär ist, zumal sie durch Repression und Korruption als Säulen des Regimes konsolidiert werden muss. Die Säulen können meines Erachtens aber auch durch zwei weitere Säulen ergänzt werden: die Vorstellung des »geringeren Übels« des Regimes (gegenüber den IslamistInnen) und der relativen ökonomischen Prosperität (für einige Bevölkerungsschichten).

Bourguibas und Ben Alis Regime halten sich dementsprechend nicht lediglich durch die Etablierung eines autoritären Staates an der Macht. Vielmehr werden die verschiedenen, an die politischen Verhältnisse angepassten Rechtfertigungen ihrer Herrschaft, die sich in den Staatsnarrativen widerspiegeln, über einen bestimmten Zeitraum zumindest teilweise als überzeugend wahrgenommen.

---

und interessiert sich zu spät für die Vorgänge im Süden des Landes. Darüber hinaus kennen die oppositionellen Parteien die Realitäten vor Ort nur schlecht, da die meisten Parteien in Tunis ansässig sind (vgl. Allal/Bennafla 2011: 38).

Abschließend ist festzuhalten, dass die vorgestellten Staatsnarrative die nationale Identität des postkolonialen Tunesiens bestimmen. Diese Identität prägt – sowohl unter Bourguiba als auch unter Ben Ali – entscheidend die Selbstbeschreibung als »tunesische Ausnahme« (Jomier 2011). Der »Ausnahme«-Diskurs unterscheidet Tunesien von einer als arabisch-muslimisch definierten »Norm«, die sich aus (Militär-)Diktaturen und religiösen Monarchien konstituiere, die Frauen keinerlei Rechte zusprechen.[201] Im Gegensatz zu den anderen Nationen der arabischen Welt erscheint Tunesien durch die Staatsnarrative weltoffen, fortschrittlich und seit den Reformvorstößen Ben Alis 1988 auf dem Weg zur demokratischen Transformation, die Pluralismus und politische Freiheiten verspricht (vgl. Chouikha/Gobe 2000: 29). Diese Vorstellung einer Sonderstellung Tunesiens wird – trotz der durch den Revolutionsprozess eingeleiteten Infragestellung – zum zentralen Selbstbild der tunesischen Bürger*innen (vgl. Abbassi 2009: 6; Pierrepont-de-Cock 2004: 32; Perkins 2014: 11). Die eigene überlegene Sonderstellung und Besonderheit in Differenz zu anderen zu unterstreichen, ist aus meiner Sicht die genuine Definition eines nationalistischen Narrativs.

In den folgenden Kapiteln werde ich nun die Imaginäre der Akteur*innen darstellen, die zum Ausbruch des Revolutionsprozesses beigetragen haben.

---

201 Dieses Narrativ wirkt sich auch grundlegend auf das Selbstbild Tunesiens als Brücke zwischen Orient und Okzident aus (vgl. Abbassi 2009: 6). Abbassi untersucht Schulgeschichtsbücher sowie wichtige Reden von Bourguiba und Ben Ali. Er identifiziert auf diese Weise die Schaffung der nationalstaatlichen und nationalistischen Imaginäre. Abbassi macht ferner auf die Imaginäre des Maghrebs und des Mittelmeers als kultureller und politischer Raum und »melting pot« aufmerksam (vgl. Abbassi 2009: 17–44). Die reklamierte »Sonderstellung« Tunesiens als Kreuzung von West und Ost scheint mir jedoch in der nationalen Identitätsbildung zentraler, um die zeitgenössischen Entwicklungen zu verstehen.

Teil II
Kartografie der tunesischen Imaginäre

4. Wann entstehen die tunesischen Imaginäre?

»Ich denke etwa so – von Zeit zu Zeit, vielleicht einmal in jedem Jahrhundert, gibt es eine Art – Glaubensakt. Ein Glaubensbrunnen füllt sich, und es gibt in dem einen oder anderen Land eine riesige Woge nach vorn, und das ist eine Vorwärtsbewegung für die ganze Welt. Weil es ein Akt der Imagination ist – dessen, was für die ganze Welt möglich ist. In unserem Jahrhundert war es 1917 in Rußland. Und in China. Dann trocknet der Brunnen aus, weil, wie du sagst, die Grausamkeit und Häßlichkeit zu stark sind. Dann füllt sich der Brunnen langsam wieder. Und dann gibt es den nächsten schmerzhaften Ruck nach vorn [...] weil der Wunschtraum jedesmal stärker wird. Wenn Leute sich etwas vorstellen können, dann wird auch die Zeit kommen, wo sie es vollbringen.«

Doris Lessing, Das goldene Notizbuch, 1993

Verstehen wir mit Castoriadis Revolution als einen autonomen Selbstveränderungsprozess der Gesellschaft, der durch neue instituierende Imaginäre eingeleitet wird, dann liegt die Vorstellung nahe, dass instituierende Imaginäre *vor* dem Ausbruch des Revolutionsprozesses bestehen.

Vor dem Hintergrund dieser Annahme befrage ich meine tunesischen Interviewpartner*innen nach ihren alternativen Zukunftsvorstellungen und ihren Hoffnungen auf eine andere politische Ordnung während der Herrschaft Ben Alis. Erinnern sie sich an die Zeit ihres politischen Engagements unter Ben Ali zurück, so äußern die meisten Interviewpartner*innen kaum konkrete, politische Imaginäre. Im Gegenteil, sie betonen eher, dass sie sich zu diesem Zeitpunkt keine genaue Vorstellung von der Zukunft machen konnten. Mich erstaunt diese erste Feststellung: Erfolgt ihre Kritik der Diktatur nicht zwangsläufig auf Grundlage alternativer Vorstellungen von politischen Herrschaftsordnungen oder zumindest alternativer Ideale und Werte? Entwickeln sie keine erwünschten, projizierten Gegenentwürfe zur erfahrenen Realität? Stellen sie sich nicht ein anderes, »besseres« Tunesien vor?

4.1   Wenn das Regime stürzt

»Wir haben nicht mehr an die Revolution gedacht, als sie sich in Tunesien
ereignet hat. Seit Langem ist das Wort selbst aus unserem Vokabular
verschwunden. Sie war mehr als nur unwahrscheinlich: unvorstellbar. Dann als
sie eingetreten ist, […] haben wir viel Zeit damit verbracht, zu versuchen, uns
vorzustellen, dass sie wirklich passiert ist. Mehr noch, wir haben zusammen
versucht, sie im Nachhinein zu träumen, wir haben unermüdlich den Film der
Ereignisse abgespielt. Wir konnten sie nicht verlassen, weil wir gemeinsam
träumen mussten. […] das stärkste Gefühl, das ich am Tag nach der Erhebung
verspürt habe, war, dass ich mich in einem Traum, der von jemand anderes
geträumt wurde, befand.«
Fethi Benslama, Soudain la révolution, 2011

Die Schwierigkeit, sich während der Diktatur eine alternative Herrschaftsordnung vorzustellen, veranlasst mich dazu, die Genese und die Entstehungsbedingungen der tunesischen Imaginäre zu analysieren sowie
Castoriadis' theoretische Annahme vor dem Hintergrund der historischen
Erfahrung der Akteur*innen zu reflektieren. Hierfür skizziere ich zunächst,
ob und in welchem Ausmaß die Akteur*innen bereits während der Diktatur imaginäre Entwürfe der zukünftigen gesellschaftlichen und politischen
Ordnung entwickeln.

4.1.1   Von der Schwierigkeit, jenseits der Diktatur zu denken

Der Sturz Ben Alis ist für die meisten Akteur*innen lange Zeit unvorstellbar: »Allein zu denken, früher hat man sich das ja gar nicht getraut, […] zu
denken, dass der [Ben Ali, N.A.] irgendwann mal nicht ist!«, so die 37-jäh-
rige Bürgerin Abir Tarssim (20.04.2017, Tunis). Mohamed Jmour, der 61-
jährige stellvertretende Parteivorsitzende der marxistisch-panarabischen
Partei »Parti des patriotes et démocrates unifiés« (PPDU)[202], weist auf den

---

202 Jmour gehört zu den so genannten »Arabischen Nationalisten«. Die tunesischen, arabischen Nationalisten sind von verschiedenen Strömungen des Panarabismus geprägt, u. a.
von Gamal Abdel Nasser und von der irakischen Baath' Partei sowie vom Marxismus.
Die Historikerin, Leyla Dakhli, macht das Aufkommen des arabischen Nationalismus an
der Entstehung des palästinensischen Widerstandes gegen die israelische
Besetzungspolitik fest, die sie auf das Jahr 1936 festlegt (vgl. Dakhli 2015, 37). Der
Begriff des Nationalismus ist im arabischen Kontext in erster Linie vom Kontext der
antikolonialen Kämpfe bestimmt: »Hier ist der Ausdruck ›Nationalismus‹ […] positiv

paradox anmutenden Umstand hin, dass ein politischer Wandel aufgrund der desolaten politischen und sozioökonomischen Lage zwar absolut notwendig erschien, der Ausbruch des Revolutionsprozesses aber dennoch als unverhofft, plötzlich und überraschend empfunden wurde:

»Die politischen und sozioökonomischen Indikatoren waren reif für eine Explosion, aber wir konnten uns nicht vorstellen, dass es diese Ausmaße annehmen wird. Zweitens war die politische Klasse, die politischen Parteien [Oppositionsparteien, N.A.] ehrlich gesagt nicht auf den Sturz von Ben Ali vorbereitet. Wir haben nicht erwartet, dass er so schnell stürzt. Tatsächlich waren die Bedingungen des Kampfes der politischen Parteien, ihre Mittel und ihr Einfluss so begrenzt, dass ich behaupten kann, dass wir keine richtige Vorstellung des Hasses hatten, den die Bevölkerung gegen das Regime gehegt hat. Die Tunesier beklagten sich über ihre soziale und wirtschaftliche Lage, sie beklagten sich über die Diktatur, aber wir haben ihren Hass nicht ermessen können. Und aus diesem Grund haben sich die politischen Parteien nicht vorbereitet, und auch weil sie verfolgt wurden, sie wurden stets durch einen sehr gefährlichen und sehr starken Polizeiapparat kontrolliert.« (Jmour 29.08.2014, Tunis)[203]

Ein Umsturz des Regimes durch die revoltierende Bevölkerung erschien den oppositionellen Akteur*innen nicht als möglicher und noch weniger als wahrscheinlicher Ausgang der Diktatur. Revolution als Möglichkeit lag nicht in der Luft, sondern überrumpelte sogar Akteur*innen, die wie Jmour seit Mitte der 1970er Jahre in der Opposition aktiv waren. Dabei handelt es sich um ein parteiübergreifendes Phänomen: Auch die 46-jährige Abgeordnete der islamistischen Partei Ennahdha, Farida Labidi, er-

---

konnotiert: National zu sein bedeutet, gegen eine repressive Besetzungsmacht zu kämpfen« (Abbas 2015d, 49f.).

203 Mit Ausnahme des Interviews mit Abir Tarssim, das ich auf Deutsch geführt habe, sind alle zitierten Interviewausschnitte aus dem Französischen oder dem Arabischen übersetzt. Die Zitate aus dem Textkorpus sind mit Ausnahme des Buches und einzelner Blogeinträge von Lina Ben Mhenni, die auf Deutsch vorliegen, aus dem Französischen übersetzt. Im Anhang findet sich eine Liste der Interviews, wobei auch die Sprache vermerkt ist, in der sie geführt worden sind. Die Interviews sind anhand des Ortes und Datums, an dem ich sie geführt habe, gekennzeichnet. Ich gebe zudem zur soziologischen Situierung oftmals das Alter und den Beruf meiner Interviewpartner*innen an. Die zitierten Ausschnitte aus dem Textkorpus sind wie klassische Literaturangaben angeführt und im Literaturverzeichnis unter Textkorpus vermerkt. Arabische Eigennamen führe ich nicht in der Transliteration an, sondern nach ihrem gewohnten und von der Person privilegierten Gebrauch. Französische Begriffe führe ich lediglich an, wenn meiner Einschätzung nach ein Bedeutungsunterschied zwischen dem französischen Terminus und seiner deutschen Übersetzung vorliegt.

wähnt, dass weder ihre Partei noch andere Parteien auf diesen Umsturz vorbereitet waren (vgl. Labidi 13.09.2014, Tunis).

Dass Jmour betont, die Opposition hätte die Frustration und den Hass der gesamten Bevölkerung nicht angemessen einschätzen können, lässt ebenfalls darauf schließen, dass es unter anderem einer kollektiven Dimension des Widerstandes bedarf, um Imaginäre als gesellschaftlich-soziale Bedeutungen zu denken. Solange Jmour und seine Genoss*innen sich in der absoluten Minderheit glaubten, die aufgrund der polizeilichen Unterdrückung eine äußerst begrenzte politische Reichweite aufweist, entwickelten sie kaum konkrete, politische Vorstellungen eines anderen Tunesiens. Schließlich erscheint ihnen die Diktatur Ben Alis unerschütterlich.

Auch die marxistisch inspirierte, 49-jährige Feministin Ahlem Belhadj erläutert, dass sie unter der Diktatur zwar wusste, wogegen sie kämpft, ohne jedoch konkrete Vorstellungen einer anderen politischen Ordnung entwickelt zu haben:

»Belhadj: […] meiner Meinung nach sollte das demokratische Modell an die Macht kommen. Aber welcher Typ von Demokratie? Eine Basisdemokratie, in der die Menschen direkt repräsentiert sind, was man heute partizipative Demokratie nennt? Wir waren [unter Ben Ali, N.A.] noch nicht bereit, uns Modelle vorzustellen, aber wir waren gegen die Diktatur. Zu diesem Zeitpunkt war es schon revolutionär, freie Wahlen zu fordern. […] Zu dem Zeitpunkt waren wir gegen die Diktatur, wir waren gegen die Korruption, weil es ein grundlegender Mechanismus der Verwaltung ist […]

N.A.: […] der politischen Verwaltung?

Belhadj: Ja, der politischen Verwaltung, aber auch der Ökonomie. Und für mich sollte die Verteilung des Reichtums selbstverständlich einem anderen, gerechteren und faireren Entwicklungsmodell folgen.« (Belhadj 24.08.2014, Tunis)

Aus Belhadjs Zitat wird deutlich, dass sie während der Diktatur vor allem klare Vorstellungen davon hat, gegen welche politischen, sozialen und gesellschaftlichen Mechanismen der Diktatur sie sich positioniert. Das erfolgt gewiss auf einer ideellen und imaginären Grundlage, diese bleibt jedoch in Bezug auf alternative Herrschaftsvorstellungen noch implizit. Die Vorstellungen und Forderungen, die die Akteur*innen formulieren, sind stets relativ zum Bestehenden und davon determiniert, was auf dem Horizont des Möglichen *realistisch* erscheint. Wenn bereits freie Wahlen oder bloße Meinungsäußerungen revolutionären Errungenschaften gleichkommen, dann ist es wenig opportun, direktere politische Teilhaberechte zu elaborieren.

So beschreibt Youad Ben Rejeb, 31-jährige Feministin, bereits die Möglichkeit, auf der Hauptstraße von Tunis zu demonstrieren, als einen unwirklichen »Traum«, dessen Erfüllung sie nicht in absehbarer Zeit erwartet:

»Ben Rejeb: […] wir haben angefangen, in Richtung der Avenue Habib Bourguiba zu laufen [für die Demonstration am 14.01.2011, N.A.], die wie ein Traum für mich war! Ein Traum! Die Avenue Habib Bourguiba zu besetzen, auf ihr zu demonstrieren, […] das war ein Traum, ein Ding der Unmöglichkeit! Das Unmögliche erreichen?! Damals konnte man dafür nicht nur verprügelt werden, mehr als verprügelt, mehr als gefoltert werden! Die Tatsache, daran zu denken, auf diese Avenue zu gehen, das war […]
N.A.: Welche alternative Vorstellung von Tunesien hatten Sie unter Ben Ali?
Ben Rejeb: Unter Ben Ali? Ich dachte nicht, dass wir eines Tages soweit kommen werden [zum Sturz, N.A.], *bel haq* [im Ernst, N.A.]. Das war für mich ein bisschen utopisch, aber wir haben es trotzdem gemacht [gekämpft, N.A.], weil wir glauben. Wenn wir nichts machen, erreichen wir nichts. Wenn du mir damals gesagt hättest, [ ] er wird fliehen, er wird Tunesien verlassen, hätte ich dir nicht geglaubt. […] Wir hatten es [eine andere Vorstellung von Tunesien, N.A.] im Kopf, aber es war wirklich ein Traum […]. Deswegen erleben wir heute, was wir erleben, weil niemand das ›Nach‹-Ben-Ali vorbereitet hat, es war wirklich eine Überraschung für alle – ohne Ausnahme.
N.A.: Ich verstehe. Auch wenn es utopisch war, könnten Sie mir diese Utopie beschreiben?
Ben Rejeb: Wir stellten uns das ein bisschen so vor, wie es heute bereits ist. Ich war damals Journalistin, [ich habe mir vorgestellt, N.A.], dass der Sender nicht illegal ist, dass die Journalisten frei ihren Beruf ausüben können […], dass wir Pluralität haben auch in Bezug auf die Parteien […], dass wir [politisch, N.A.] aktiv sein können, ohne gefoltert zu werden, ohne auf Listen zu stehen, ohne abgehört zu werden, also war es das Unmögliche, was wir wollten! Wir wollten aktive Bürger sein, ohne zensiert oder verbannt oder ich weiß nicht was zu werden.« (Ben Rejeb 27.08.2014, Tunis)

Allein der Gedanke, auf der Avenue Habib Bourguiba vor dem Innenministerium – einem der zentralen Orte, der Macht, Unterdrückung und Folter symbolisiert – öffentlich zu protestieren, überschreitet für Ben Rejeb alles bis dahin Vorstellbare. Der »unmögliche Traum«, auf der Avenue zu demonstrieren, weist zugleich auf den Handlungsspielraum des Protests hin, den die Akteur*innen unter Ben Alis Herrschaft als äußerst begrenzt empfinden, als auch auf die letztlich unverhoffte Erfüllung ihres Wunsches. Demonstrieren stellt zu diesem Zeitpunkt eine ungehorsame Handlung dar, mit der man sich der polizeilich durchgesetzten Depolitisierung und Repression widersetzt und folglich der Gewalt des Regimes aussetzt.

Ben Rejeb realisiert zusammen mit den anderen Demonstrant*innen gleichsam etwas Traumhaft-Utopisches, in dem sie sich der Logik des Reellen, des Erwartbaren, des Möglichen verweigert, um zu ihrem eigenen Erstaunen »das Unmögliche« (demonstrieren) anzustreben. Ihre Handlung ist eher von der Hoffnung getragen, etwas Sinnvolles und in ihren Augen das Richtige zu tun, als vom Glauben, ein konkretes Ziel (die Flucht Ben Alis oder der Sturz des Regimes) erfolgreich zu verfolgen.

Mit dieser »utopischen« Überschreitung der polizeilich festgelegten Grenzen der Wirklichkeit eröffnet sich die plötzliche Möglichkeit, ein anderes Tunesien zu denken – eine Vorstellung, die unter Ben Ali noch so unwirklich und verschwommen wie ein »Traum« bleibt. Unter Ben Ali sind in erster Linie die Ablehnung des Bestehenden und die Überzeugung greifbar, dass die bestehenden Verhältnisse sowie die gesellschaftliche und politische Ordnung inakzeptabel sind. Ihre politischen Vorstellungen richten sich gegen das Regime und die erfahrene Realität. Ihr Engagement ist vor allem von dieser tiefen Unzufriedenheit und der Weigerung motiviert, sich dem Status quo zu beugen. Der konturlose, utopische »Traum« dient ihr als Grundlage der Kritik am Regime Ben Alis und drückt ein starkes Verlangen nach einer anderen, wenn auch relativ unbestimmten, da als kaum erreichbar empfundenen Realität aus. Weit mehr als konkrete, kohärente Imaginäre einer politischen Herrschaftsordnung treibt Ben Rejeb die Hoffnung und der Glaube an andere als die durch das Regime verkörperten Werte an. Diese Werte und Prinzipien, beispielsweise ihre Bürger*innen-Rechte ausüben zu können, ohne verfolgt zu werden, überschreiten deutlich die Grenzen der Diktatur Ben Alis und bilden einen klaren Kontrast zum Staatsnarrativ der Demokratisierung. Dabei nimmt sie, wie die allermeisten Akteur*innen der unabhängigen Zivilgesellschaft, keine auf die Macht fokussierte Perspektive ein, Ben Ali zu stürzen. Vielmehr geht es ihr darum, die starren Grenzen der Diktatur zurückzudrängen und sich so bestimmte Freiräume zu schaffen, wie wir im weiteren Verlauf des Textes noch erfahren werden. Die Werte, die ihrer Kritik des Regimes unterliegen, bilden unter der Diktatur noch keine konkrete Grundlage für eine alternative Herrschaftsvorstellung.

Sami Souihli, 55-jähriger Notarzt und trotzkistisch inspirierter Gewerkschafter, spitzt das von Ben Rejeb hervorgebrachte Argument zu, dass die politische Vorstellungskraft vom empfundenen und realen Möglichkeitsraum des Momentes abhängt, in dem sich die Akteur*innen befinden:

»Die Vision, die wir damals [unter Ben Ali, N.A.] hatten, war, die Diktatur zu stürzen und die soziale Ungleichheit abzuschaffen […]. Die Modelle, die du dir vorstellst, hängen von den Umständen ab. Als wir in einer revolutionären Situation waren, in der Kasbah [Kasbah-Sit-ins I und II im Februar und März 2011, N.A.], auf der Straße usw., haben wir versucht, anzufangen, uns in Komitees zu organisieren, in Sowjets in den Fabriken etc. Wir haben uns gedacht, jetzt bewegt sich was! […] Dementsprechend waren wir in dem Moment für die Selbstverwaltung, für die Stadtviertel-Komitees, die Sowjets.« (Souihli 22.08.2014, Tunis)

Souihli betont, dass er sowie die linke Bewegung im Allgemeinen unter Ben Ali vor allem den Sturz der Diktatur ersehnen. Ihre primäre Beschäftigung dreht sich um die Frage, wie gegen die Diktatur gekämpft werden kann. Das Ideal der Selbstregierung und -verwaltung steht nicht im Vordergrund ihres Kampfes, sondern stellt lediglich einen unbestimmten und impliziten Fluchtpunkt ihres Engagements dar. Für Souihli ermöglicht erst die »revolutionäre Situation«, andere Vorstellungen politischer Gemeinschaft wie beispielsweise die Selbstverwaltung[204] zu konkretisieren. Mit den Kasbah-Sit-ins I und II eröffnet sich ein Raum, in welchem Selbstverwaltung nicht mehr lediglich als weit entferntes Ideal, sondern als kollektive *Erfahrung* tatsächlich *denkbar* und somit potenziell möglich wird. Die Demonstrationen, Proteste und Platzbesetzungen, die sich ab 2010 massiv vervielfältigen und den Anfang des revolutionären Prozesses darstellen, verändern *performativ* das Reale: Die plurale Performanz der Proteste bricht neue, ideelle Horizonte des Denkbaren und des Möglichen auf und befreit gleichsam die politische Imagination. Erst durch die revolutionäre Erfahrung kann das Imaginäre der Selbstverwaltung entwickelt und konkretisiert werden.

Die tunesische Philosophin Emna Belhaj Yahia betont, dass erst der Zusammenbruch der institutionellen Diktatur erneut erlaubt hat, zu »träumen«: »Wir haben angefangen, daran zu glauben, zu denken, dass Wunder existieren […]« (vgl. Belhadj Yahia 2014: 21). Auch die Gymnasiastin Hela Ben Youssef beschreibt, dass sie – nachdem sie ihr gesamtes Leben lang Politik gemieden hat – jetzt »eine utopische Vision der Zukunft« hat (Ben Youssef zitiert nach Bettaïeb[205] 2011: 53).[206] Belhaj Yahias und Ben

---

204 Das Imaginäre der Selbstverwaltung wird im sechsten Kapitel näher ausgeführt.
205 Viviane Bettaïeb rief am 28. Januar 2011 Tunesier*innen dazu auf, ihr einen Text zu schicken, der Zeugnis über deren Leben unter der 23-jährigen Herrschaft Ben Alis und über die 29 Protesttage zwischen 2010 und 2011 ablegt und auf die Frage eingeht, was sie von der Zukunft Tunesiens erwarten. Die Texte wurden bis zum 28. Februar 2011

Youssefs Aussagen hängen sicherlich auch mit einem für Revolutionen typischen, starken Politisierungsprozess weiter Bevölkerungsteile zusammen, den Foued Sassi schmunzelnd wie folgt zusammenfasst:

»Der einzige Unterschied vor 2011 und nach 2011 ist, dass wir vorher 10 Millionen Tunesier hatten, die sich für Fußball interessiert haben, jetzt haben wir 10 Millionen Tunesier, die sich für Politik interessieren.« (Sassi 18.08.2014, Tunis)

Dennoch ist es bemerkenswert, dass dieses neue, befreite oder wiedererwachte Interesse an Politik durch Begriffe wie »träumen« und »utopische Visionen« ausgedrückt wird.

Die politische Vorstellungskraft hängt nicht nur vom individuellen und kollektiven Erfahrungsraum sowie Möglichkeits- und Erwartungshorizont[207] ab, ihr werden, wie bereits Jmour andeutet, auch durch die polizeiliche Drohkulisse und Gewalt deutliche Grenzen gesetzt. Der 30-jährige Arbeitslosenaktivist (UDC) Ahmed Sassi weist darauf hin, dass die Polizei unermüdlich versuchte, die Aktivist*innen sowohl mit psychologischer als auch mit physischer Gewalt zu entmutigen. Sie versuchte, sie davon zu überzeugen, dass ihr Kampf und ihre Ideen zum Scheitern verurteilt sind:

»Später wurde ich Sprecher der Vereinigung der kommunistischen Jugend Tunesiens, ich wurde also von der Polizei als kommunistischer Student identifiziert. ›Ihn muss man verhaften, ihn muss man zusammenschlagen!‹ [sagten die Polizisten, N.A.] Wenn sie uns verhafteten, sagten sie uns, ›du wirst nichts erreichen, du wirst dich umbringen, deine Ideen werden dich nirgendwohin führen. Es gibt keine Revolution, die Revolution ist zu Ende, es gibt keine Revolutionen mehr!‹ Es gab sogar politische Parteien – was heißt Parteien? Also Marionetten des Systems, die so etwas behaupteten.« (Sassi 26.03.2015, Tunis)

Die Polizei als eine der grundlegenden politischen Institutionen des Regimes versuchte, oppositionelle Kräfte einzuschüchtern, indem sie ihnen deutlich macht, dass sie einen hohen, persönlichen Preis für ihre dissidenten Ideen zahlen werden, der sich nicht auszahlen kann, da die Möglichkeit

---

gesammelt und anschließend publiziert. Ich zitiere diese Zeugnisse als Teil meines Textkorpus.

206 Die Aussagen von Belhaj Yahia und Ben Youssef lassen sich nicht mit denen der anderen, zuvor zitierten Akteur*innen vergleichen, da es sich nicht um unter Ben Ali politisch aktive Akteurinnen handelt. Dennoch zitiere ich sie an dieser Stelle, um zu verdeutlichen, dass verschiedene, in unterschiedlichem Ausmaß politisierte Akteur*innen bezeugen, dass es im Zuge des Ausbruches des Revolutionsprozesses zu einer Befreiung der *politischen* Vorstellungskraft kommt.

207 Ich komme später auf diese Begriffe zurück.

einer Revolution anachronistisch ist. Der Diktatur gelingt es weitestgehend, jegliche politische Veränderung vom Horizont des Erhoffbaren zu tilgen, sie dringt in die Psyche der Bürger*innen ein.

4.1.2 Wenn die revolutionäre Erfahrung den imaginären Erwartungshorizont öffnet

Die Analyse der zitierten Interviewausschnitte verdeutlicht, dass die Akteur*innen sich zunächst und primär gegen die Diktatur positionieren, bevor sie Imaginäre von einer alternativen zukünftigen politischen Ordnung entwickeln. Folglich gehen die Kritik und die Ablehnung des Bestehenden der Imagination des Zukünftigen voraus. Gleichwohl muss auch im negativen Akt der Kritik des Bestehenden die Ahnung der Veränderbarkeit, der vagen Alternative und des Nicht-Notwendigen bereits enthalten sein. Im Sinne von Albert Camus, der den revoltierenden Menschen durch sein »Nein«, das heißt durch seine Ablehnung der vorherrschenden Verhältnisse begreift, verweigern sich die tunesischen Akteur*innen zunächst der Diktatur. Ihre Kritik an der Diktatur ist von bestimmten Werten geprägt, wie das Recht auf ein Leben ohne willkürliche Beherrschung und Gewalt, das Recht auf soziale Gerechtigkeit, Würde und Freiheit. In dem »Nein« von Camus ist gewiss stets ein »Ja« für eine Alternative impliziert, die jedoch im tunesischen Fall zu dem Zeitpunkt teilweise unausgesprochen und unterbestimmt bleibt. Die später entstehenden Imaginäre, wie die partizipative Demokratie, stehen im Zusammenhang mit diesen Werten, die die Akteur*innen ihrer Kritik der Diktatur voranstellen. Dennoch konkretisieren sich diese Ideale und Wertvorstellungen unter der Diktatur noch nicht zu einem imaginären Horizont, der eine konkrete Alternative zum Bestehenden darstellt.

Aus den Äußerungen von Jmour, Souihli, Belhadj und Sassi wird deutlich, dass sich die politische Imagination nicht gleichsam bedingungslos und unabhängig von bestehenden, gegenwärtigen Verhältnissen, Erfahrungen, empfundenen Möglichkeiten und Erwartungen entfaltet, wie es Castoriadis' Theorie annehmen lassen könnte. Im tunesischen Fall kommt politische Vorstellungskraft nicht aus dem Nichts. Vielmehr bedarf sie eines Raumes, um sich entfalten zu können. Die Beschreibungen der tunesischen Akteur*innen deuten darauf hin, dass ihre politische Vorstellungskraft in Verbindung mit ihren Erfahrungen mit politischem Protest und Wandel sowie ihrem damit zusammenhängenden Erwartungshorizont der Zukunft steht. Imagination hängt ferner von den Reaktionen der Herrschaft ab. Vorstellungskraft scheint folglich trotz ihrer offensichtlichen Ausrichtung auf die Zukunft stets in der Gegenwart verankert und von ihr bedingt.

Ich schlage an dieser Stelle vor, Castoriadis' Revolutionsverständnis sowie seinen Begriff der Imaginäre anhand des bereits genannten Begriffspaars »Erfahrungsraum« und »Erwartungshorizont« von Reinhart Koselleck zu spezifizieren und zu bereichern. Die von Koselleck entwickelten Erkenntniskategorien dienen dazu, »die Möglichkeit einer Geschichte [zu] begründen« (Koselleck 2013a: 351), und beachten dabei sowohl die sich verändernden als auch die statischen Elemente von Geschichte (vgl. Schinkel 2005: 42f.). Castoriadis reflektiert zwar in seiner Bestimmung des Imaginären die Dimensionen der Vergangenheit sowie der Zukunft. Sie bleiben jedoch in ihren Wirkungsweisen relativ unterkomplex. Zudem denkt er nicht darüber nach, inwieweit erinnerte Vergangenheit und projizierte Zukunft *als Erfahrung* nicht nur Folien menschlicher Kreativität sein können, sondern diese auch einschränken, hemmen oder gar verhindern können. Dieser »blinde Fleck« in der Castoriadischen Theorie lässt sich darauf zurückführen, dass er den konkreten Bedingungen der Imagination wenig Beachtung schenkt, zumal insbesondere das Schöpferisch-Eruptive im Zentrum seines Denkens steht. Es handelt sich hier auch um ein klassisches Spannungsverhältnis zwischen Theorie und Praxis, zumal die Theorie nicht alle in der Praxis aufkommenden Schwierigkeiten reflektieren kann.

Was bedeutet nun Erfahrung Koselleck zufolge?

»Erfahrung ist vergegenwärtigte Vergangenheit, deren Ereignisse einverleibt worden sind und erinnert werden können. Sowohl rationale Verarbeitung wie unbewußte [sic!] Verhaltensweisen, die nicht oder nicht mehr im Wissen präsent sein müssen, schließen sich in der Erfahrung zusammen. Ferner ist in der je eigenen Erfahrung, durch Generationen oder Institutionen vermittelt, immer fremde Erfahrung enthalten und aufgehoben.« (vgl. Koselleck 2013a: 354)

Die Erfahrung des Protests während der Diktatur Ben Alis ist mit Koselleck gesprochen »wirklichkeitsgesättigt« (vgl. ebd.: 357) und gerade deshalb wirkt sie bis Ende 2010 eher entmutigend und lähmend auf die Akteur*innen: Ben Rejebs und Sassis Darstellungen verdeutlichen, dass Demonstrieren mit der Erfahrung verbunden ist, sich der Gewalt des Staates auszusetzen, ohne etwas Nennenswertes zu erreichen. Die 57-jährige Feministin Helima Souini resümiert die Situation unter der Diktatur Ben Alis zugespitzt: »[…] keine Träume, keine Alternativen, keine Debatten. Isolierte Menschen, die noch nicht mal im Café frei sprechen konnten. Das ist das Resultat der Diktatur« (Souini 23.09.2014, Tunis). Vor diesem Hintergrund erstaunt es kaum, dass auf Basis ihres Erfahrungsraumes, in dem neben ihren individuellen Erfahrungen auch die Erfahrungen vorausgehender Generationen politisch aktiver Bürger*innen erinnert werden, der Sturz Ben Alis kaum auf ihrem Erwartungshorizont gegenwärtig ist. John Dewey expliziert die von Koselleck angedeutete intersubjektive Natur von Erfahrungen. Demnach vollziehen sich Erfahrungen nicht lediglich auf einer individuellen Ebene, sondern sind stets in intersubjektive und interaktive Beziehungsgeflechte eingebunden. Sie enthalten folglich historische, kulturelle, soziale und kognitive Elemente (vgl. Gimmler 2008: 151). Ohne dass sich die Möglichkeit politischen Handelns und Wandels am Horizont abzeichnet, gibt es weder Anlass noch Mittel, politisch-konstruktive Imaginäre zu entwickeln.

Erst der Ausbruch des revolutionären Prozesses lässt einen radikalen Wandel, begleitet von gesellschaftlichen Gestaltungs- und Aushandlungsprozessen, tatsächlich möglich und durch die Bevölkerung gestaltbar erscheinen. Im Zuge dessen öffnet sich der individuelle sowie kollektive Erwartungshorizont als »vergegenwärtigte Zukunft«[208] für politische und soziale Veränderungen (Koselleck 2013a: 355). Es kommt Hoffnung auf und ein neuer Horizont des Möglichen zeichnet sich ab (vgl. Dakhlia 2011b: 54). In Hannah Arendts Worten lässt sich argumentieren, dass erst das politische Handeln eine erfahrungsgestützte Wirklichkeit des Neuanfangs hervorbringt. Handeln beruht auf Initiative. Arendt begreift das gemeinsame Anfangen als genuin politische Erfahrung, die etwas Neues hervorbringt und den Erfahrungshorizont fundamental verändert:

»Durch das Freisein, in dem die Gabe der Freiheit, des Anfangenkönnens zu einer *greifbaren weltlichen Realität* wird, entsteht zusammen mit den Geschichten, die das Handeln erzeugt, der eigentliche Raum des Politischen.« (Arendt 1959: 460, Herv. N.A.)[209]

---

208 Koselleck zufolge zielt der Erwartungshorizont auf »das Noch-Nicht, auf das nicht Erfahrene, auf das nur Erschließbare. Hoffnung und Furcht, Wunsch und Wille, die Sorge, aber auch rationale Analyse, rezeptive Schau oder Neugierde gehen in die Erwartung ein, indem sie diese konstituieren« (Koselleck 2013a: 355).

209 Die Parallelen zwischen Reinhard Koselleck Historik und Hannah Arendts Kritik einer providenziellen Geschichtswissenschaft werden in dem Aufsatz von Stefan-Ludwig

Die Öffnung des politischen, sozialen und auch privaten Raumes ermöglicht, dass verschiedenste Imaginäre hervortreten, sich entwickeln und konkretisieren. Das bedeutet nicht, dass Jmour, Souihli, Ben Rejeb und Belhadj vor dem Ausbruch des Revolutionsprozesses keinerlei konstruktive Imaginäre haben. Sie nehmen jedoch vor dem Hintergrund ihrer Erfahrung der Repression und dem als äußerst unwahrscheinlich empfundenen Regimesturz (ihrem Erwartungshorizont) keine primäre, konkrete Bedeutung in ihrem Kampf gegen die Diktatur ein, sondern existieren zuvor lediglich in sozialkritischer oder diffuser Form.

Politische Imagination ist meines Erachtens und im tunesischen Fall an den kollektiven Glauben einer reellen, greifbaren Möglichkeit zur Veränderung der sozialen Wirklichkeit gebunden. Dieser Glaube entwickelt sich aufgrund der erfahrenen Marginalisierung und Unterdrückung der Aktivist*innen, der weitverbreiteten Angst vor dem Regime (siehe Kap. 4.2), der fehlenden politischen Räume (siehe Kap. 4.3) und der daraus resultierenden Vereinzelung der Bürger*innen kaum während der Diktatur und entsteht erst durch die kollektive Performanz der Proteste, die initiierte Erfahrung politischen Handelns und des Neuanfangs.[210]

Im Hinblick auf Castoriadis' These der Revolution als ein von neuen Imaginären eingeleiteter Selbstveränderungsprozess lässt sich schlussfolgern, dass im Fall der tunesischen Akteur*innen nicht die Imaginäre den revolutionären Wandel einleiten, sondern der revolutionäre Prozess verschiedenste Imaginäre entfesselt, die zuvor lediglich in unklaren Umrissen vorherrschten. Von der Vorstellung geleitet, dass »menschliche Voraussicht, menschliche Pläne und ihre Durchführungen im Ablauf der Zeit immer auseinandertreten« (Koselleck 2013b: 272), ließe sich auch argumentieren, dass nicht vorrevolutionäre Strategien genau kalkulierte revolutionäre Situationen hervorbringen, sondern die Erfahrung des politischen Protests selbst erst heterogene Prozesse eröffnet und verschiedene Möglichkeiten befreit, die Gesellschaft, ihre Werte und ihre Zukunft zu denken. Diese Einschränkung, die sich aus dem tunesischen Fall ergibt, relativiert zwar die Bedeutung konkreter Imaginäre für den *Ausbruch* des Revolutionsprozesses, sie negiert sie jedoch keinesfalls für dessen weiteren Verlauf.

Hoffmann (2011) aufgezeigt. Leider kann ich im Rahmen dieser Arbeit nicht näher darauf eingehen.

210 Es sei darauf hingewiesen, dass Hannah Arendt soziale Erfahrungen wie die hier zitierte Vereinzelung von politischen Erfahrungen wie das gemeinsame Handeln unterscheidet (vgl. Straßenberger 2005: 28).

4.2   Wenn die Angst vor dem Regime überwunden wird

»Werden wir sagen, daß diese Knechte Tröpfe und Hasen sind? Wenn zwei, wenn drei, wenn vier sich eines Einzigen nicht erwehren, dann ist das seltsam, aber immerhin möglich; dann kann man schon und mit gutem Recht sagen, es fehle ihnen an Herzhaftigkeit; wenn jedoch hundert, wenn tausend unter einem Einzigen leiden, dann sagt man doch wohl, daß sie sich nicht selbst gehören wollen, nein, daß sie es nicht wagen; und das nennt man nicht mehr Feigheit, sondern Schmach und Schande. Wenn man aber sieht, wie nicht hundert, nicht tausend Menschen, sondern hundert Landschaften, tausend Städte, eine Million Menschen sich eines Einzigen nicht erwehren, der alle miteinander so behandelt, daß sie Leibeigene und Sklaven sind, wie könnten wir das nennen? Ist das Feigheit? Alle Laster haben ihre natürlichen Grenze, die sie nicht überschreiten können: zwei Menschen, vielleicht auch noch zehn, können Einen fürchten; aber wenn tausend, wenn eine Million, wenn tausend Städte mit Einem nicht fertig werden, dann ist das keines Weges Feigheit; soweit geht sie nicht, ebenso wenig wie sich die Tapferkeit so weit erstreckt, daß ein Einziger eine Festung stürmt, eine Armee angreift, ein Königreich erobert. Welches Ungeheuer von Laster ist das also, das nicht einmal den Namen Feigheit verdient? Das keinen Namen findet, weil die Natur keinen so scheußlichen gemacht hat, weil die Zunge sich weigert, ihn auszusprechen?«
Étienne de La Boétie, Von der freiwilligen Knechtschaft der Menschen, 1549

Dem Historiker Patrick Boucheron zufolge ist die Evokation von Angst eines der ältesten, ja klassischen Instrumente, um die Unterwerfung unter eine Autorität zu erlangen und Gehorsam zu erzwingen (vgl. Boucheron/Robin 2015: 32f.).[211] Angst zu verbreiten bedeutet, Subjekte darauf

---

211 Bedeutende Denker von Thucydides, Thomas Hobbes, Niccolò Machiavelli über Max Weber bis hin zu Jean Dulmeau und Carlo Ginzburg haben sich mit Angst als politisches Beherrschungsinstrument auseinandergesetzt. Der Politikwissenschaftler Veith Selk zeichnet die politische Bedeutung von Angst in der Ideengeschichte von der Tyrannis bis ins 17. Jahrhundert hinein nach (vgl. Selk 2016). Die Objektivierung von Gefühlen und die grundsätzliche Frage, inwiefern emotionale und subjektive Erfahrungen uns Aufschluss über gesellschaftliche Zusammenhänge und politische Ordnungen geben können, beschäftigt seit einiger Zeit verstärkt die Sozialwissenschaften (vgl. Corbin 2016; Dakhli u.a. 2007; Lordon 2016; Payre 2015). Ich interpretiere hier Angst als kollektives Gefühl, das nicht lediglich die Stabilität des Ben Ali-Systems begründet, sondern auch dazu beiträgt, dass sich die Bürger*innen kaum ausdrücken oder gar miteinander austauschen können. Ich gehe im späteren Verlauf des Textes auch auf die Emotionen Empörung, Wut und Hass ein. Dabei lehne ich mich an Emmanuel Fureix an, der erklärt, dass anhand öffentlich inszenierter, kollektiver Emotionen Subjekte sowohl auf die soziale Welt reagieren als auch versuchen, auf sie

vorzubereiten, gehorsam zu sein. Die Instrumentalisierung der Angst der Bevölkerung wird insbesondere dann zum systematischen Beherrschungsinstrument, wenn ein uneingeschränktes Bekenntnis zu einem politischen Gemeinwesen gefordert wird und dieses nicht durch Zustimmung oder Glauben eingeholt werden kann. Wollen wir Boucherons Vorschlag folgen, die staatliche Instrumentalisierung von Angst sowie die empfundene Angst der Bevölkerung als Prüfstein anzusehen, um die autoritäre Dimension eines Regimes zu ermessen, so fällt die Antwort hinsichtlich Tunesiens Regime deutlich aus: Die Angst im Tunesien Ben Alis ist kein individuelles, subjektives Empfinden, sondern eine politische Institution, einer der Grundpfeiler des Regimes. Die tunesische Diktatur beherrscht die Menschen durch Angst: Die Angst vor einem Regime, das in der Vergangenheit nicht davor zurückgeschreckt ist, dissidente Bürger*innen zu verfolgen, zu unterdrücken, einzusperren, zu foltern, zu vergewaltigen, ihnen ihre materielle und psychische Lebensgrundlage zu nehmen, wie die Aussage der 61-jährigen Menschenrechtlerin und Rechtsanwältin Radhia Nasraoui erahnen lässt:

»Nach einer gewissen Zeit haben sie [Polizisten in Zivil, N.A.] uns mit Gewalt aus dem Weg geschafft. Mich haben 17 oder 18 Polizisten umzingelt, einige haben mich unter den Armen gepackt, andere haben mich von hinten angeschoben. Und da sie mich gezwungen haben, in einem Rhythmus zu laufen, der nicht meiner war, hatte ich die Füße in der Luft. Ich schrie und schrie, aber die Leute [Passanten auf der Straße, N.A.] waren [vor Angst, N.A.] terrorisiert, sie konnten nicht reagieren. Ich sagte zu den Polizisten: ›Sie werden mich umbringen.‹ Es stimmt, dass ich wirklich Angst hatte, dass sie mich töten werden, weil die Art und Weise, wie sie mich behandelten, wirklich brutal war. Sie sagten: ›Nein! Sie töten? Wir töten niemanden.‹ Ich antwortete: ›Ich kenne Sie.‹ Später haben sie mich in eine verlassene Ecke [der Stadt, N.A.] geworfen.« (Nasraoui 20.09.2014, Tunis)

Nasraouis Beschreibung der polizeilichen Räumung eines Sit-ins lässt erkennen, dass sie das Regime zu allem fähig hält. Die Angst der Bevölkerung gründet gleichsam auf dem impliziten Wissen um die Natur des Regimes, die sich unverkennbar hinter der »demokratiefreundlichen« Fassade abzeichnen. Die polizeilichen Strukturen, die für die Kontrolle, Überwachung und Verfolgung der Bürger*innen in den sozialen und virtuellen Räumen zuständig sind, erhalten eine regelrechte Infrastruktur der Angst aufrecht, die Angst als kollektives und alltägliches Lebensgefühl

---

einzuwirken (vgl. Fureix 2016: 308). In dem Sinne können Emotionen politische Bedeutung haben (vgl. Bargetz/Freudenschuss 2012: 109ff.).

instauriert. Überdimensionale Porträts von Ben Ali, die in etlichen Administrationen, Hotels, Geschäften und Restaurants hängen, appellieren im Alltag an diese Angst. Die Präsidentschaftsporträts können ebenfalls durch ihre bildhafte, ästhetische Dimension beeindrucken und durch die Bewunderung Ehrfurcht in den Subjekten auslösen.[212]

4.2.1   Von der Angst, über Politik zu sprechen

Die Angst vor Repression hält die Tunesier*innen nicht nur jahrzehntelang davon ab, sich gegen diese Herrschaft aufzulehnen. Sie wirkt noch fundamentaler, indem sie ihnen im wahrsten Sinne des Wortes die Sprache verschlägt.[213] Schließlich bedeutet, über Themen zu sprechen, die in Ver-

---

212 Eine ausführliche Reflexion zur Verbindung zwischen Bewunderung, Angst und Unterwerfung findet sich in Boucherons Arbeiten zur politischen Kraft von Bildern (vgl. Boucheron 2013). Neben den Porträts Ben Alis symbolisieren auch fliederfarbene Motive die Herrschaft Ben Alis und erinnern in den unterschiedlichsten Kontexten an seine Macht. So lässt sich Ben Ali vor fliederfarbenen Hintergründen für seine Fernsehreden ablichten und auch die Parteitage spielen sich oftmals in einem fliederfarbigen Dekor ab. Geschäfte und Restaurants, die sich regimefreundlich zeigen wollten, richteten ihre Räume in hellviolett ein, wie die 30-jährige Bürgerin Aroua Baraket berichtet. Die Luxus-Konditorei »Masmoudi«, die in verschiedenen Städten Tunesiens und Frankreichs niedergelassen ist, macht beispielsweise die Farbe zu ihrem Markenzeichen. Für Aroua Baraket haben sowohl die Porträts als auch die Farbe die Funktion, das Gefühl einer Omnipräsenz und -potenz der Herrschaft zu vermitteln, die sie als erstickend und zuweilen angsteinflößend empfindet (Feldnotizen, 15.04.2017).

213 Die Französische Revolution wird ebenfalls von einer kollektiven Angst begleitet. Die »große Angst« (*Grande peur*) umfasst verschiedene Ängste des dritten Standes, die im Sommer 1789 in der Angst der Bauernschaft vor einem »Komplott des Adels« kulminieren (vgl. Lefebvre [1932] 1970: 54-78). Dem Historiker Georges Lefebvre zufolge politisiert sich die Bauernschaft in großen Teilen durch ihre Angst vor dem Adel, dem sie vorwirft, Räuberbanden zu engagieren, um ihre Felder kurz vor der Ernte zu zerstören und sich auf diese Weise am dritten Stand zu rächen. Die Angst vor dem Adel veranlasst die Bäuer*innen zur Revolte, die z. T. ebenfalls eine politische, soziale Kritik und Rechtsforderungen formuliert (vgl. ebd.: 33). Für den Historiker Guillaume Mazeau handelt es sich eher um eine »große Wut« (*Grande colère*) der ländlichen Bevölkerung gegen die Sonderrechte des Adels. Die Wut hat ihren Ursprung zwar teilweise aus diffusen Ängsten, sie kanalisiert sich jedoch auf einen konkreten, politischen Feind. Mazeau zufolge ist die Französische Revolution sowohl eine Revolution der Wut als auch der Angst (vgl. Mazeau 2016: 110ff.). Während die Angst im Kontext der Französischen Revolution subversiv wirkt, zeigen meine Interviews sowie zahlreiche Gespräche mit Tunesier*innen aus verschiedenen Regionen, sozioökonomischen und politischen Milieus und Altersgruppen, dass die Angst vor Ben

bindung mit dem Regime gebracht werden können, Gefahr zu laufen, sich der Gewalt des Regimes auszusetzen. So beschreibt der 29-jährige Bürger aus Kasserine, Tamer Saehi, die Unterdrückung des Regimes mittels Überwachung, die sogar in die Privatsphäre eindringt:

»Wenn du die Stimme auch nur ein wenig erhebst, hast du selbst Angst [ḥawaūf] vor der Wand, die neben dir ist. Du denkst dir, die Wand wird meine Rede übermitteln, irgendjemand kann mich hören und ich kann geknebelt werden, im Gefängnis oder irgendeinem Ort enden. […] Selbst zu Hause mit deinen Eltern, deinen Geschwistern, wenn du zum Beispiel im Fernsehen etwas siehst, wenn Ben Ali spricht, dann musst du ruhig sein, du darfst nicht reden. Du musst respektieren, was Ben Ali gemacht hat […]. Ich sage dir […], sobald du etwas sagst, wirst du von deinem Vater unterbrochen: ›Ah, hier ist die Grenze, sei ruhig, sie hören uns!‹ Wir wurden gezwungen, nicht zu sprechen, du kannst deinen Gedanken noch nicht einmal eine Stimme verleihen. Das hat dazu geführt, dass die Leute sich von der Politik distanziert haben. Du kannst weder in einem Café noch zu Hause noch nicht einmal mit deiner Mutter und deinen engsten Leuten reden.« (Saehi 25.03.2015, Tunis)

Die Angst vor dem Regime, die die Bürger*innen zum Schweigen nötigt, richtet sie sozial ab: Sie wirkt disziplinierend, unterwerfend und entpolitisierend. Das polizeilich instituierte Gefühl, dass es strikte Grenzen des Sagbaren und dementsprechend auch des Denkbaren gibt, konditioniert die Beziehungen unter den Menschen und sogar das eigene Verhältnis zu sich selbst. Auch Héla Ben Youssef beschreibt die »Angst, laut zu denken« als etwas, das ihr gleichsam zu ihrem eigenen Wohl eingeprägt wurde. Sie wurde dazu konditioniert, lediglich in bestimmten intimen Kreisen ihre Meinung kundzutun (vgl. Ben Youssef nach Bettaïeb 2011: 53).

Im Sinne von Michel Foucaults Machtkonzeption wirkt die Macht sozialkonstitutiv und generiert produktiv Subjektivierungen und soziale Praktiken: Das angstvolle, erzwungene Schweigen nistet sich in den sozialen Raum ein und wird zur normierten Art und Weise, sich in der Gesellschaft zu verhalten.

Das Gefühl, jederzeit überwacht und abgehört werden zu können, festigt die Angst vor dem Regime und macht sie zu einem Phänomen, welches sich in den Alltag der Bürger*innen einschreibt.[214] Von der Angst, zu

---

Alis Regime, ganz im Gegenteil, lange herrschaftsstabilisierend ist. Sie erstickt jeglichen Protestwillen.

214 Die Schriften von Christa Wolf sind sehr lehrreich, um die Verbindung zwischen staatlicher Überwachung und empfundener Alltagsangst zu verstehen, die nicht durch ihre Wiederholung an Wirkungskraft verliert. Wolf beschreibt in ihrer autobiografischen

sprechen und von »der Wand gehört zu werden«, regiert, wenden sich weite Teile der Bevölkerung von politischen und öffentlichen Angelegenheiten ab: Die Angst vor dem Regime wird zur Angst vor Politik, so die Feministin Helima Souini (Souini 23.09.2014, Tunis).

Nicht zu sprechen, bedeutet nicht nur, nicht zu widersprechen, sondern auch in der Unterwerfung zu leben, der eigenen Haltung und der eigenen Gedanken beraubt zu werden, wie aus Saehis Formulierung hervorgeht, dass seine Gedanken »keine Stimme« haben: Die Angst, zu sprechen, impliziert auch die Angst, zu denken. Die hier angedeutete Verbindung zwischen Freiheit und Denken äußern auch andere Interviewpartnerinnen, beispielsweise die 34-jährige Bürgerin Inès Tlili, die die mangelnde Redefreiheit als klare Freiheitsberaubung empfindet: »[…] man kann noch nicht einmal nachdenken, wenn man nicht frei ist« (Tlili 29.03.2015, Tunis). Die Diktatur beherrscht demnach nicht nur das Handeln, sondern auch das Denken der Subjekte. Es braucht ein Mindestmaß an Freiheit und Mut, um sich von der Angst zu befreien und kritische Alternativen zum Bestehenden zuzulassen. Schließlich birgt Denken das freiheitliche Potenzial, sich von vorgegebenen Perspektiven und Diskursen zu emanzipieren und sich zumindest geistig staatlicher Bevormundung zu entziehen. Selbst die wenigen Subjekte, denen es gelingt, ihre Angst größtenteils zu überwinden, sind mit der komplexen Situation konfrontiert, ihre Gedankenwelt verstecken und in Diskrepanz zwischen dieser und der sozialen Welt leben zu müssen. Offene Gespräche und Austausche über die Zukunft Tunesiens können in diesem Kontext kaum aufkommen.

4.2.2 Von der politischen Instrumentalisierung der Angst

Wie tief die Angst vor dem Regime im Alltag und in den Subjekten verwurzelt war, lässt sich auch daran erkennen, dass selbst Tunesier*innen, die im Ausland lebten, ihr nicht entkamen. Abir Tarssim wächst in Deutsch-

---

Erzählung *Was bleibt* (1989) unter anderem, wie die nahezu dauerhafte Überwachung ihrer Person in der DDR ein Angstgefühl in ihr auslöst, welches sie in Beschlag nimmt und letztlich nur durch die Wut gegen das Regime, von der sie ab und an ergriffen wird, abgelöst wird.

land auf[215] und erläutert, dass ihr Vater auch in Deutschland diese Angst vor Politik verspürte:[216]

»Tarssim: Mein Vater hat eher so eine angepasste, tunesische, politische Meinung und bloß nichts sagen! Und auch in Deutschland, als wäre Ben Ali in jeder Blumenvase! Und meine Mutter war absolut gegen das ganze System, gegen Ben Ali und hat das dann auch gesagt. Keine Ahnung, jedes Mal wurde er dann panisch, wenn sie das dann sagt, als ob sie bei uns zu Hause wären (Lachen). Wirklich!

[…] Ich glaube, die [RCDisten, N.A.] haben es geschafft, dass manche denken, dass die [RCDisten, N.A.] Gedanken lesen können. Dass die Politik deine Gedanken liest und die am Zoll dann wissen, welche politische Einstellung du hast. […]

N.A.: Was hat dich an der Herrschaft Ben Alis am meisten gestört?

Tarssim: Dass die Menschen Angst haben. Dass man sich der Angst gebeugt hat. Für mich war das eigentlich absurd, dass das in den Räumen angekommen ist. Dass dann dein Vater dir sagt: ›Pscht!‹ Wir sind in Deutschland, in Mönchengladbach, und du sagst mir hier ›pscht‹? Wie kann er [Ben Ali, N.A.] so viel Macht über das Bewusstsein und das Unterbewusstsein haben? Das ist das, was mich so unheimlich aufgeregt hat, diese Unterwerfung, auch diese psychische Unterwerfung durch Angst. Also wie gut das funktioniert hat! […] Diese Freiheitsberaubung, die bis nach Rheydt in Mönchengladbach kam, war für mich unglaublich.« (Tarssim 20.04.2017, Tunis)[217]

---

215 Sie zieht nach ihrem Abitur 1999 nach Tunis.

216 Der Fall des 28-jährigen Cyberaktivisten Hamadi Kaloutcha zeugt davon, dass die Angst im Ausland lebender Tunesier*innen nicht gegenstandslos ist. Er studiert 2004 in Brüssel Politikwissenschaft, wo er an einer Podiumsdiskussion mit Oppositionellen, wie Radhia Nasraoui und Nejib Chebbi, als Zuhörer teilnimmt. Zu diesem Zeitpunkt ist er noch nicht politisch aktiv. Gesandte der tunesischen Botschaft in Brüssel widersprechen den Oppositionellen auf dem Podium, um sie vor dem belgischen Publikum zu diskreditieren, und behaupten, es herrschten wahrhaft freiheitlich-demokratische Zustände in Tunesien. Nachdem Kalouchta ihnen aus dem Publikum heraus widerspricht und die Perspektive der Oppositionellen verteidigt, stehen wochenlang zwei Botschaftsmitarbeiter auf der Straße gegenüber seiner Wohnung. Sie versuchen ihn dadurch einzuschüchtern, dass er sich überwacht fühlt (vgl. Kaloutcha 28.08.2014, Tunis).

217 Es fällt auf, dass sowohl Tarssim als auch Saehi eine Autoritätsperson ihrer Familie erwähnen – jeweils den Vater –, die gleichsam die Autorität des Staates durchsetzt. Die Angst ist dementsprechend nicht lediglich eine polizeiliche Institution, die ausschließlich durch Zwang und Einschüchterung funktioniert. Vielmehr setzt sich Angst ebenfalls in Subjektivierungsprozessen fest und wird durch familiäre (Macht-)Strukturen und zwischenmenschliche Beziehungen gestützt. Boucheron erläutert, dass das Regime der Angst lediglich dann funktioniert, wenn mit der Angst auch Schuldgefühle erweckt werden (vgl. Boucheron/Robin 2015: 32). Im vorliegenden Fall sind es die Väter, die in ihren Familienmitgliedern Schuldgefühle erwecken, indem sie sanktionieren, wenn die Grenzen des »Sagbaren« übertreten werden.

Die Angst macht nicht nur stumm, wie die Haltung von Tarssims Vater verdeutlicht, der davon überzeugt ist, nicht dazu berechtigt zu sein, frei zu denken. Sie wirkt auch lähmend und resignierend, da sie mit dem Gefühl der Ohnmacht einhergeht, die politischen Autoritätsverhältnisse ohnehin nicht verändern zu können (vgl. Ben Brik 2015: 26).[218] Die »ängstliche Apathie« (Bendana 2011: 118) beeinträchtigt folglich ebenfalls die Wirkungskraft und Tragweite sozialer und politischer Proteste, wie der 42-jährige Gewerkschafter Slah Brahmi schildert:

»Damals [vor 2010, N.A.] gab es täglich soziale Aufstände. [...] Aber die extreme Angst vor dem diktatorischen Regime war ein wesentlicher Grund, weswegen diese Widerstände gescheitert sind.« (Brahmi 02.09.2014, Sidi Bouzid)

Die Proteste und Streiks werden aufgrund der Angst lediglich durch wenige Bürger*innen unterstützt, dementsprechend ist auch ihre Tragweite begrenzt.

Dieses Ohnmachtsgefühl ist deswegen so wirkungsvoll, weil politisches Denken und Handeln für den Großteil der Tunesier*innen kaum einen positiven Erwartungshorizont hervorruft. Die Anwältin Dalila Ben Mbarek Msaddek erläutert, dass für sie Politik unter Ben Ali einem »ohnmächtigen Dogma« glich: »Sie verspricht nichts, außer der Inhaftierung« (Ben Mbarek Msaddek 2013: 12). Der 32-jährige Cyberaktivist Aymen Rezgui bringt das auf die Formel: »[...] Opposition gleich Gefängnis gleich Entlassung aus dem öffentlichen Dienst« (Rezgui 13.09.2014, Tunis).

Neben der Angst vor physischem und psychischem Leiden sowie sozialer Isolation[219] hält die soziale Abstiegsangst viele Bürger*innen davon ab, sich politisch zu positionieren (Anissa Ben Aziza 18.08.2014, Tunis). Das Regime Ben Alis sanktioniert politisches Engagement unter anderem damit, dass es politisch aktiven Akteur*innen erschwert, ihren Lebensunterhalt zu verdienen, und instrumentalisiert so die Angst, um politischen Widerstand im Keim zu ersticken. So findet Arbi Kadri beispielsweise nach

---

218 Die Anwältin Dalila Ben Mbarek Msaddek schildert im ersten Kapitel ihres Buches, dass sie sich aus Angst vor dem Regime Ben Alis in die Privatsphäre zurückgezogen hat und sich vehement bis zu seinem Sturz gegen jegliches, politisches Engagement wehrt, obwohl sie in einem stark politisierten, familiären und beruflichen Milieu aufwächst (vgl. Ben Mbarek Msaddek 2013: 7–27).

219 Einige Akteur*innen, wie Aymen Rezgui oder Wannes Msaddek (12.04.2017, Ektar/Gafsa), berichten davon, dass ihnen nach ihrer politisch motivierten Inhaftierung Bekannte, Freund*innen und selbst Familienangehörige aus Angst vor der Polizei aus dem Weg gehen. Die Angst vor dem Regime vereinzelt die Bürger*innen und erschwert die Solidarität unter ihnen.

seinem Studium elf Jahre lang keinen Arbeitsplatz (vgl. Kadri 03.09.2014, Sidi Bouzid). Andere Akteur*innen werden davon abgehalten, ihren Berufswunsch zu realisieren, indem sie zum Beispiel dazu gezwungen werden, ihr Studium vorzeitig abzubrechen, wie es dem 52-jährigen Gewerkschafter und Grundschullehrer Tarek Hlaïmi widerfährt (vgl. Hlaïmi 12.04.2017, Redeyef). Radhia Nasraoui wird es fast unmöglich gemacht, ihre Tätigkeit als Rechtsanwältin auszuüben, da ihre Mandant*innen regelmäßig von der Polizei daran gehindert werden, zu ihrem Büro zu gelangen. Zudem wird ihr Büro mehrmals von der Polizei zerstört, dabei werden alle ihre Akten und Arbeitsmaterialien entwendet (vgl. Nasraoui 20.09.2014, Tunis). Lina Ben Mhenni, die Cyberaktivistin und Englisch-Dozentin an der Universität von Tunis ist, wird ein Jahr lang kein Gehalt ausgezahlt (vgl. Ben Mhenni 2011: 13). Die Staatsanwältin Kalthoum Kennou wird mehrmals in abgelegene Regionen versetzt, um sie von ihrer Familie zu trennen und ihr heikle Rechtsakten, die die Familie Ben Alis betreffen, zu entziehen (vgl. Kennou 17.09.2014, Tunis).

Die Angst unter dem Regime Ben Alis wird zudem gegen einen »inneren Feind« geschürt, die IslamistInnen.[220] Die tunesischen IslamistInnen werden von Ben Alis Regime nicht nur als grundlegende Bedrohung der modernen und friedlichen Gesellschaftsordnung Tunesiens sowie der Frauenrechte dargestellt, sondern indirekt auch als Argument gegen Demokratie instrumentalisiert, wie die 49-jährige Feministin Ahlem Belhadj erläutert:

»Das Argument des tunesischen Staates zu diesem Zeitpunkt war: Von den [demokratischen, N.A.] Freiheiten werden die Islamisten als Erste profitieren! Das war immer das Argument, dass sie [die RCD, N.A.] uns vor dem Islamismus schützen und dass wir deswegen Ben Ali akzeptieren sollten. Lieber Ben Ali als [die Islamisten, N.A.], zwischen Pest und Cholera, zwischen Islamismus und Ben Ali haben die Leute sich ein bisschen für Ben Ali entschieden.« (Belhadj 24.08.2014, Tunis)

---

220 Die Intensität der Repression und der staatlich propagierten Angst vor islamistisch inspirierten AkteurInnen lässt sich auch daran exemplifizieren, dass ausnahmslos alle von mir interviewten IslamistInnen entweder ins Exil gegangen sind (Meherzia Labidi), (bisweilen mehrmals) inhaftiert worden sind (Wannes Msaddek, Habib Khedher, Farida Labidi) oder in engen Verwandtschaftsverhältnissen zu politischen Gefangenen stehen (der Ehemann von Amel Azzouz verbringt 14 Jahre im Gefängnis, der Vater von Imen Triki ist ein politischer Gefangener, ihr Ehemann erhält politisches Asyl in Frankreich, einige Familienmitglieder von Meherzia Labidi verbüßen Haftstrafen, während sie im Exil lebt).

Wenn Demokratie bedeutet, dass islamistischen Kräften auf legalem Wege an die Macht verholfen wird, dann geht für weite Teile der säkularen Opposition mit diesem demokratischen Szenario keine substanzielle Verbesserung zum Regime Ben Alis einher. Im Gegenteil, für die Säkularen vereint eine islamistisch inspirierte Macht eine politische Diktatur mit einer religiös-sittlichen Diktatur. Die Vorstellung, dass die IslamistInnen sich an demokratische oder rechtsstaatliche Spielregeln halten könnten, erscheint ihnen bis zum Ausbruch des Revolutionsprozesses äußerst unrealistisch. Das liegt zum einen daran, dass aufgrund der starken Repression der IslamistInnen gleichsam mit ihrer Rache gerechnet wird. Zum anderen glauben die Säkularen den IslamistInnen – unter anderem aufgrund des islamistischen Imaginäres der Iranischen Revolution – nicht, dass sie an freiheitsgewährenden und demokratischen Zuständen interessiert sind.[221] Ben Alis Propaganda gelingt es somit, Angst vor der demokratischen Zukunft Tunesiens zu verbreiten. Die Propaganda der Angst vor islamistisch inspirierten Akteur*innen wirkt herrschaftsstabilisierend und beschränkt ebenfalls die Vorstellungskraft nicht-islamistischer Akteur*innen, die sich unter diesen Prämissen kaum eine demokratische Zukunft ausmalen können und wollen. Islamistische AkteurInnen hingegen sind durch jahrzehntelange Haftstrafen und das Exil geografisch sowie organisatorisch derart zersplittert, dass wenig Raum für Zukunftsperspektiven bleibt (vgl. Farida Labidi 15.08.2014, Tunis).

Resümierend lässt sich feststellen, dass die in meinen Interviews sehr präsente und viel zitierte Angst vor dem Regime ein zentraler Faktor ist, der das Entstehen konkreter Imaginäre alternativer Herrschaftsordnungen hemmt. Der zentrale Stellenwert, den die Angst vor dem Regime Ben Alis einnimmt, lässt sich auch daran erkennen, dass viele Interviewpartner*innen das Ende der Angst als wichtigste Errungenschaft des Revolutionsprozesses nennen (vgl. etwa Tlili, Tarssim, Chennaoui, Brahmi, Rezgui, Nasraoui, Foued Sassi, Souihli; Borsali 2012: 281; Tlili 2011). Auch der berühmt gewordene Rechtsanwalt Abdel Nasser Laaouini, der am 14. Januar 2011 auf die Hauptstraße Tunis (Avenue Bourguiba) stürmt, um in einer flammenden Rede seinen Mitbürger*innen anzukündigen, dass Ben Ali geflohen ist, erwähnt bereits im dritten Satz seiner Rede die Angst: »Habt keine Angst mehr – vor niemandem!« (Laaouini zitiert nach Ben Achour 2016: 91).

---

221 Der Frage, ob das Imaginäre der Iranischen Revolution für die tunesischen IslamistInnen stets aktuell ist, wird im Unterkapitel 6.3 nachgegangen.

Nun drängt sich unweigerlich die Frage auf, wie es dennoch zu den Protestwellen kommen konnte, wenn die Angst vor dem Regime doch so lähmend auf die Tunesier*innen gewirkt hat.

4.2.3 Das Paradox der Überwindung der Angst

Die Aufstände gegen das Regime können sich erst effektiv ausbreiten und eine subversive Kraft entwickeln, als die Angst vor dem Regime *kollektiv* – und nicht lediglich von einzelnen, besonders mutigen Akteur*innen – überwunden wird. Die öffentlichen und politisch gedeuteten Suizide junger Menschen[222] sowie die gewaltvolle Reaktion des Regimes, das ab dem 24. Dezember 2010 auf Demonstrant*innen mit scharfer Munition schießt, tragen dazu bei, dass die Angst vor dem Regime in den Hintergrund rückt, zumal das eigene Leben relativiert wird, wie der 29-jährige Bürger Tamer Saehi aus Kasserine andeutet:

»In dem Zeitraum [2010/2011, N.A.] war es so, dass *jeder* unterdrückt wurde, einen Maulkorb trug und still sein musste. Aus ihm ist unwillkürlich etwas rausgekommen, von innen, was er unbedingt rauslassen musste. Das war der Moment, indem die Revolution zur Revolution wurde. [...] Wir hatten keine Angst mehr. Warum wir keine Angst hatten? Wegen etwas in deinem Inneren. Man sagt sich, entweder leben alle ein gutes Leben oder es sterben alle. Das heißt, entweder lebst du in Würde mit all deiner Persönlichkeit und mit all deinen Rechten oder warum solltest du sonst leben? Warum sollte ich leben? Wenn ich nicht genug zu essen habe, wenn ich nicht arbeiten kann, obwohl ich studiert habe. [...] Man geht auf die Straße, unbewusst, und überlegt nicht mehr, wie oder warum man geht, wie man einen Stein genommen hat und ihn geschmissen hat. [...] Die Leute sind auf der Straße vor deinen Augen durch die Patronen der Polizei gestorben, dann suchst du

---

222 Wie aus der Chronologie im Anhang hervorgeht, hat es bereits vor 2010 Suizide in der Öffentlichkeit gegeben. Dennoch haben u. a. aufgrund einer weitläufigeren Online-Berichterstattung die Suizide Ende 2010 die größte Öffentlichkeitswirksamkeit erhalten und sind am folgenreichsten. Sie werden sowohl in der wissenschaftlichen Literatur als auch systematisch in den Interviews mit den tunesischen Akteur*innen als primäre Auslöser der Massenproteste zitiert (vgl. Slah Brahmi, 02.09.2014, Sidi Bouzid; Khaled Aouainia, 01.09.2014, Sidi Bouzid). Im Sinne des Öffentlichkeitsbegriffs von John Dewey lässt sich argumentieren, dass erst die Deutung von Bouazizis Selbstmord durch die Bürger*innen als nicht private Handlung sowie die gesellschaftlichen Konsequenzen auf diese Wahrnehmung den Selbstmord zur öffentlichen Handlung machen (vgl. Selk/Jörke 2012: 261). Dewey verzichtet auf eine strikte Trennung zwischen öffentlich und privat: Er macht den Öffentlichkeitsgrad einer Handlung von der Wahrnehmung ihrer Konsequenzen abhängig (vgl. ebd.).

nach deinem Kopf und findest ihn nicht mehr [Redewendung im tunesischen Arabisch, um Entsetzen und Fassungslosigkeit auszudrücken, N.A.]. Das bewegt in deinem Inneren Dinge, ohne dass du es willst.« (Saehi 25.03.2015, Tunis)[223]

Die Symbolik der schwer bewaffneten Polizei-Spezialeinheiten, die gegen waffen- und wehrlose Bürger*innen vorgehen, führt – mit Claude Lefort gesprochen – zur Erosion der Legitimität in ihrem symbolischen Fundament (vgl. Lefort 1980: 334ff.).[224] Als das Regime auf die Verzweiflung und Wut der Bürger*innen mit Geschossen reagiert, verliert es jedoch nicht lediglich seinen ohnehin äußerst fragilen Rückhalt in der Bevölkerung. Vielmehr erlischt auch die Wirkungskraft der Angst.

Die Selbstverbrennung Bouazizis »verursacht Risse in der Wand der Angst«[225] (Astrubal 2011). Das Regime überschreitet eine Grenze, die kein Zurück mehr erlaubt (vgl. Sghiri 2013: 19). Angesichts der brutalen Handlungen des Regimes kommt sozialen Abstiegsängsten keinerlei Bedeutung mehr zu: In dem Moment, in dem es kaum mehr etwas zu verlieren gibt, weicht die unterwerfende Angst der revoltierenden Wut und dem Hass[226] auf das Regime. Die 31-jährige Cyberaktivistin Lina Ben Mhenni beschreibt diese Zeitspanne wie folgt: »Im ganzen Land übte man allmählich Solidarität, während die Angst angesichts der tragischen Ereignisse von der Wut verdrängt wurde« (Ben Mhenni 2011: 28). Der Slogan »Wir haben keine Angst«, der am 9. Januar 2011 von Demonstrant*innen in Kasserine,

---

223 Eine sehr ähnliche Stellungnahme eines jungen Mannes aus Meknessy bezüglich der Relativierung des Todes und der Angst in diesem Moment lässt sich bei Naccache (2016) nachlesen.

224 Der französische Philosoph Lefort führt an, dass durch Revolutionen nicht lediglich im Sinne von Charles Tilly »unvereinbare Machtansprüche auf die Macht im Staat« (Tilly 1993: 29f) gestellt werden. Vielmehr betont Lefort, dass das alte Regime ebenfalls auf einer symbolischen Ebene seine Legitimität verliert und dadurch überhaupt erst angreifbar wird. Eine Revolution entsteht ihm zufolge, wenn die »Transzendenz der Macht« und mit ihr zusammenhängend ihre symbolische Wirkungskraft erlischt (vgl. Lefort 1980: 336).

225 An dieser Stelle zitiert der Cyberaktivist Astrubal den tunesischen Islamwissenschaftler Mohamed Talbi, der 2002 dazu aufruft, die Wand der Angst einzureißen, um die Diktatur Ben Alis zu bekämpfen (vgl. Talbi nach Astrubal 2011).

226 Der Hass, den die Bevölkerung auf das Regime verspürt, ist keineswegs mit der Flucht Ben Alis vergangen. Im Kontext der Repression der im Januar 2018 erneut aufflammenden Proteste unter dem Schlagwort *Fesh Nestenaw* (*worauf warten wir*) gegen die Korruption und die ökonomische und politische Amnestie der Regimeanhänger*innen Ben Alis schreibt Inès Tlili am 15.01.2018 auf ihrem Facebook-Account: »Keine politische Unterdrückung kann unseren Hass auf das System unterdrücken.« Hass bleibt weiterhin eine politische Kategorie in Tunesien.

Regueb und Thala skandiert wird, während sie von schwer bewaffneten polizeilichen Spezialeinheiten eingekesselt wurden, pointiert das.

Anhand der Ausführungen des Politologen Matthias Iser lässt sich argumentieren, dass die Empörung zu diesem Zeitpunkt in Tunesien in zweifacher Hinsicht politisch ist: Erstens manifestiert sie sich in der Öffentlichkeit, da die Akteur*innen die Missstände öffentlich kritisieren. Ferner hat die Empörung, die Ben Mhenni beschreibt, einen kollektiven Charakter, da sie sich nicht lediglich auf die individuell erfahrenen Menschenrechtsverletzungen bezieht, sondern ebenfalls auf solche, die andere Mitglieder der Gesellschaft erleiden (vgl. Iser 2008: 8).[227] Und zweitens richtet sich die Empörung nicht lediglich gegen einzelne Personen, beispielsweise gegen den Präsidenten und seine Gattin, sondern gegen das gesamte politische Herrschaftsgefüge.

Die kollektive Wut, die Empörung und der Hass entstehen nicht lediglich im Hinblick auf den als tragisch empfundenen öffentlichen Selbstmord, die sozioökomische Situation oder die mangelnden Freiheiten. Vielmehr sind sie auch eine Antwort auf die jahrzehntelange Unterdrückung und Verachtung, die der Staat und seine Institutionen den Bürger*innen entgegenbringen.[228] Die Bevölkerung hasst das Regime aufgrund der »Ausbeutung, der Beraubung der Menschen und auch der Beraubung von Möglichkeiten« (Abir Tarssim 20.04.2017, Tunis). Neben der offenen, brutalen Repression schockiert auch die verachtende Gleichgültigkeit, mit der das Regime auf den Tod zahlreicher Bürger*innen reagiert, wie die Cyberaktivistin Lina Ben Mhenni in ihrem Blogeintrag vom 19. Dezember 2010 wütend beklagt (vgl. Ben Mhenni 2010). Es handelt sich um kollektiv geteilte und politisch kanalisierte Emotionen, die durch den kontingenten Anlass des Selbstmordes gegen den verantwortlich gemachten Staat ausbrechen.[229]

---

227 Das ist Iser zufolge das entscheidende Kriterium, um Empörung von Wut zu unterscheiden.

228 Inès Tlili verweist darauf, dass sie wiederholt Zeugin des Hasses der Polizei auf die Bevölkerung und insbesondere auf die Jugendlichen aus armen Wohnvierteln war, die die Verachtung der Polizist*innen nicht lediglich verbal, sondern auch durch physische Gewalt zu spüren bekommen haben. Sie ist selbst in einem armen und, wie sie sagt, »politisch brisanten« Vorort von Tunis (Dubosville) aufgewachsen, in welchem in den 1980er und 1990er Jahren eine starke Präsenz der islamistischen Bewegung zu verzeichnen war (Tlili 29.03.2015, Tunis).

229 Es sei angemerkt, dass Empörung, Wut und Hass zahlreiche politische Proteste und Ausbrüche revolutionärer Prozesse begleiten. In diesem Sinne sind sie nicht spezifisch für die tunesische Erfahrung, sondern nahezu »klassische Emotionen«, die am Anfang

Mohamed Bouazizi erweist sich zudem als eine starke Identifikationsfigur (vgl. Jrad 2012). Junge Menschen sehen in ihm ihresgleichen, Ältere erkennen in seinem Lebensweg nicht selten das Schicksal ihrer eigenen Kinder. Bouazizi steht für die Hoffnungslosigkeit einer gesamten Generation ohne Arbeit, ohne Perspektiven und ohne Träume, wie der 32-jährige Firas Hamda aus El Guettar (Gafsa) betont:

»[…] sobald ich im Internet und durch meine Genossen gehört habe, dass es eine Bewegung gibt, habe ich mich gefühlt, als ob ich diese Person [Mohamed Bouazizi, N.A.] wäre, die nach [Arbeit und Freiheit, N.A.] fragt. Wir sind in der gleichen Lage, wir leben in der gleichen sozialen Situation, wir sind unter dem gleichen Regime, es sind die gleichen Gründe, weswegen wir immer noch arbeitslos sind. Wir fordern die gleichen Freiheiten! Das waren die Faktoren, die dazu geführt haben, dass ich mit meinen Genossen auf die Straße gehen musste […].« (Hamda 26.03.2015, Tunis)

Für Hamda, wie für viele andere Demonstrant*innen, symbolisiert der Tod Bouazizis die Unmöglichkeit, unter dem Regime von Ben Ali in akzeptablen sozioökonomischen Verhältnissen und in Freiheit zu leben. Sein Tod wird folglich als Ausdruck der in vielfacher Hinsicht desolaten Lage der Jugend betrachtet, die keineswegs selbstverschuldet ist, sondern einen durch das Regime verantworteten Missstand darstellt. Diese Lage betrifft sehr weite und unterschiedliche Teile der Bevölkerung, nämlich alle Geschlechter, in urbanen wie ländlichen Räumen, Menschen mit hohen und niedrigen Bildungsabschlüssen, politisch aktive und wenig politisierte Bürger*innen, die nachempfinden können, was Bouazizi erfahren hat. Der Tod Bouazizis vereint zudem einen großen Teil der Bürger*innen in ihrer Empathie mit marginalisierten und verarmten Bevölkerungsschichten und wirkt in diesem Sinne mobilisierend. Bouazizis Selbstverbrennung ist durch seinen hohen Bekanntheitsgrad der erste Suizid, dem kollektiv eine eindeutige politische Konnotation zugeschrieben wird. Das bedeutet nicht, dass die Tunesier*innen ihm unterstellen, sich umgebracht zu haben, *um* eine Revolte auszulösen. Vielmehr werden die Gründe, die ihn in den Selbstmord getrieben haben, unbestritten als politisch anerkannt. Im Sinne

---

revolutionärer Erfahrungen stehen (vgl. Mazeau 2016: 109ff.). Der Hass, auf den sich die tunesischen Akteur*innen beziehen, ist stark auf die staatliche Autorität und ihre Symbole, wie Polizeistationen oder Parteibüros der RCD, fokussiert. Verglichen mit der Französischen Revolution bleibt der tunesische Revolutionsprozess seitens der Bevölkerung wenig gewaltvoll, zumal er weder in Racheexzessen noch in Morden politischer Regimeanhänger*innen ausartet.

der Marxschen Interpretation des Suizids von Subalternen in *Peuchet: vom Selbstmord* (1846) erscheint der Suizid Bouazizis den Tunesier*innen folglich nicht lediglich als Symptom schwieriger Lebensbedingungen, sondern als Pathologie der gesamten Gesellschaft.[230] Anders als inhaftierte Oppositionelle beispielsweise, symbolisiert Bouazizi einen »normalen« Bürger, der vom Regime davon abgehalten wird, seinen Lebensunterhalt zu verdienen, obwohl er lediglich das Recht auf Arbeit fordert. Oppositionelle hingegen sind den meisten Bürger*innen unter Ben Ali aus Prinzip suspekt, da sie – im Gegensatz zu den Bürger*innen – nach Macht streben (vgl. Azyz Amami 19.09.2014, Ariana).[231]

Die politische Deutung der Selbstverbrennung Bouazizis lässt sich ferner daran festmachen, dass er nach seinem Tod als »Märtyrer« (*šahid*) bezeichnet wird. Eine durchaus streitbare Bezeichnung, zumal sich »Märtyrer« im Arabischen auf die *intentionale* Aufopferung eines Subjektes für das Kollektiv bezieht, wobei es sich doch in Bouazizis Fall in erster Linie um eine verzweifelte, individuelle Reaktion auf ein erfahrenes Unrecht handelt – auch wenn sein Tod letztlich ähnliche Auswirkungen wie »klassische Protestsuizide« hat (vgl. Graitl 2012: 37). Die unter anderem religiös konnotierte Bezeichnung »Märtyrer« (*šahid*) macht die öffentlichen Suizide, die eigentlich tabuisiert sind und durch die islamische Religion

---

230 Marx' Deutung der Selbstmorde von Frauen und Arbeiter*innen des 19. Jahrhunderts zeugt zum einen davon, dass der Selbstmord subalterner Subjekte und die politische Deutung dieser keine neuen Phänomene darstellen. Zum anderen wird in Marx' Exzerpt ebenfalls deutlich, dass ihm zufolge Subjekte nicht ausschließlich durch rein ökonomische Beherrschungsformen, sondern auch durch andere Formen sozialer Ungerechtigkeit und Herrschaftsformen, wie das Patriarchat, in den Selbstmord getrieben werden können (vgl. Löwy 2001: 10f.). Marx leitet daraus ab, dass die Privatsphäre ebenfalls vom Politischen durchdrungen ist. Auch wenn es müßig erscheinen mag, den genauen Gründen Bouazizis für seinen »selbstgewählten« Tod nachzugehen, lässt sich doch annehmen, dass nicht ausschließlich seine desolate wirtschaftliche Lage, sondern auch die Tatsache, dass er kein Gehör für sein Leid findet, seine Verzweiflung verstärken. Der Anwältin und Menschenrechtlerin aus Gafsa, Dorsaf Chouaibi zufolge, versucht er, bevor er sich mit Benzin übergießt, sein Anliegen an die Stadtverwaltung zu richten, wo er jedoch nicht angehört wird, woraufhin er sich vor dem Verwaltungsgebäude anzündet. Darin lässt sich auch eine anklagende Geste erkennen, die der staatlichen Repräsentation die Verantwortung für seinen Zustand zuweist (vgl. Chouaibi 12.04.2017, Gafsa).

231 Auf dieses grundlegende Misstrauen gegenüber institutioneller Politik und Berufspolitiker*innen werde ich im sechsten Kapitel noch eingehen.

ausdrücklich verboten werden, sicherlich auch gesellschaftlich akzeptabler.[232]

Tamer Saehis Darstellung macht deutlich, dass seine Entscheidung, an den Demonstrationen teilzunehmen, wenig kontrolliert oder bewusst ist, sondern vor allem impulsiv und emotional motiviert ist: Die Erniedrigungen, die er persönlich durch den Kontext der Diktatur erfährt, spiegeln sich in den Szenen auf der Straße wider und zwingen ihn gleichermaßen dazu, sich den Protesten anzuschließen. Sein jahrelang verstummtes, missachtetes Innenleben erhebt seine Stimme und lässt seiner Wut und seinem drängenden Willen nach Wandel freien Lauf – unabhängig von der Gefahr der Situation oder den Konsequenzen seines Handelns. Saehi beschreibt das Gefühl, dass »etwas aus dem Inneren« von jedem, der unterdrückt worden ist, »rauskommen musste«, als etwas Unvermeidliches, das sich in jedem Fall eines Tages den Weg an die Oberfläche gebahnt hätte. Nachdem eine bestimmte »Toleranzgrenze« an Erniedrigungen überschritten worden ist, rächt sich das unterdrückte, verdrängte, erniedrigte Ich, das

---

232 Es sei angemerkt, dass es sich im Arabischen beim Wort »Märtyrer« stets um eine positive Positionierung gegenüber der Person sowie der politischen oder religiösen Sache, für die sie eintritt, handelt. Mit der Bezeichnung wird die Angelegenheit, für die sich die Person opfert, als legitim anerkannt und der Person posthum Respekt gezollt. So werden alle während der Proteste von 2010/2011 durch die staatlichen Ordnungskräfte verletzten oder getöteten Bürger*innen von den »pro-revolutionären« Kräften als »Märtyrer und Märtyrerinnen« bezeichnet. Im Zuge des Gesetzes Nr. 2012-4, Art. 3 vom 22. Juni 2012, das einem Familienmitglied pro getöteten »Märtyrer« sowie den schwerverletzten Bürger*innen eine Priorität in der Rekrutierung im öffentlichen Sektor einräumt, wird der Begriff ferner zu einer administrativen Statuskategorie (vgl. Journal officiel de la république tunisienne 2012, Nr. 50). Arbi Kadri beispielsweise erhält auf diese Weise seine Beschäftigung (Kadri 03.09.2014, Sidi Bouzid). Selbst die Präambel der tunesischen Verfassung von 2014 greift den Begriff auf, indem sie verspricht, dass die »Repräsentanten des tunesischen Volkes«, die die Verfassung ausarbeiten, »dem Blut unserer tapferen Märtyrer treu« sind (vgl. Verfassung 2014). Der Begriff ist äußerst vieldeutig und wird in Bezug auf ebenso diverse wie konträre Angelegenheiten und Personen verwendet. Im Zuge der antikolonialen Kämpfe im arabischsprachigen, maghrebinischen Raum erfährt der Begriff, der aus dem religiösen Kontext des Islams stammt, eine Säkularisierung, zumal er ebenfalls für Personen gebraucht wird, die ihr Leben für eine »rein« politische Sache opfern. Seine religiöse Konnotation, die auf den »Heiligen Krieg« verweist, herrscht dennoch bis heute vor (vgl. Khoury 1991a: 350ff.). So bezeichnen auch djhadistische Gruppierungen ihre SelbstmordattentäterInnen als »Märtyrer«. Die Journalistinnen Hédia Baraket und Olfa Belhassine weisen darauf hin, dass je nach eingenommener Perspektive der Titel des Märtyrers im gegenwärtigen Tunesien mal den Attentätern und mal ihren Opfern zuteilwird (vgl. Baraket/Belhassine 2016: 70).

hier kollektiv gedacht wird. Saehi erhebt diesen Widerstand, der sich aus dem Inneren der Unterdrückten aufdrängt, geradezu zum Merkmal *par excellence* der Revolution.[233] Die Tatsache, dass das Leben unter dem Regime Ben Alis vielen, vor allem jungen Tunesier*innen wenig lebenswert erscheint, schränkt zusätzlich die Angst ein und drängt sie zum Handeln. Ferner übersteigen die Proteste das eigene Leben und machen jegliche Reflexion über das rein individuelle Ergehen obsolet.

Die Selbstverbrennung von Bouazizi hat auf die 34-jährige Inès Tlili einen Katharsis-ähnlichen Effekt, der den Horizont für die aufkeimende Revolte eröffnet:

»Mir war es [die Gefahr, verhaftet zu werden, N.A.] ziemlich egal. Als ich damals gehört habe, dass sich ein junger Mann in Sidi Bouzid selbst verbrannt hat, war ich selbst gerade in einer großen Depressionsphase, weil ich mein Filmstudium beendet habe, ein Praktikum gemacht habe und [...] überhaupt keinen Horizont gesehen habe. Ich fing an, es wirklich sattzuhaben. [...] Und als ich gehört habe, jemand hat sich verbrannt, war das, als ob ich aufatmete. Ich habe den Eindruck, dass es mir komischerweise geholfen hat, zu atmen und mir zu sagen: ›So *jetzt* machen wir etwas und Pech gehabt, sei's drum‹ Wirklich, es war der absolute Überdruss.« (Tlili 29.03.2015, Tunis)

Das tragische Ereignis des öffentlichen Suizids hilft ihr, sich vom lähmenden Schrecken der Diktatur zu befreien, da sie erkennt, dass die Selbstverbrennung einen kollektiven Ausgangspunkt darstellt, von dem aus gegen das Regime gekämpft werden kann. Sie kann aufatmen, weil sie weiß, dass dieses Ereignis dramatisch genug ist, um den »normalen« Lauf der Diktatur zu unterbrechen und andere Mitbürger*innen zu motivieren, sich gegen diese Herrschaft zu mobilisieren. Sie kann endlich ihrem Drang nachgeben, ihrer Wut gegen das Regime Ausdruck zu verleihen.

Mit der Entscheidung Bouazizis, sich öffentlich umzubringen, entzieht er sich definitiv der arbiträren und inhumanen Beherrschung und zwingt die Gesellschaft gleichzeitig dazu, sich mit bestimmten gesellschaftlichen Realitäten zu konfrontieren. Es handelt sich dabei um einen »fatalen Widerstand [...]«, dem sich »keine Tyrannis der Welt entziehen kann«, wie es der Cyberaktivist Astrubal (2011) ausdrückt. In dieser Hinsicht ist der Selbstmord nicht lediglich ein Zeichen der Ohnmacht gegenüber gesellschaftlichen, politischen und ökonomischen Beherrschungsformen. Durch die öffentliche Zurschaustellung ist er vielmehr paradoxerweise auch ein

---

233 Auf den Revolutionsbegriff und die zirkulierenden Imaginäre zur Revolution werde ich im fünften Kapitel näher eingehen.

Akt der Wiederaneignung einer Handlungsmacht – auch wenn Letztere sich gegen das eigene Leben richtet. Diese unerwartete Handlungsmacht Bouazizis überträgt sich gleichsam auf die anderen Bürger*innen und entfesselt ihren Handlungsdrang.

Tlili macht deutlich, dass der Selbstmord Bouazizis ein Gefühl und Dispositiv der extremen Dringlichkeit einleitet.[234] Diese zeitliche Dimension, die die revolutionäre Erfahrung eröffnet, verändert grundlegend das Verhältnis der Akteur*innen zum Status quo: Nach 23 Jahren wird die Herrschaft Ben Alis schlagartig als keine Minute länger haltbar erfahren. Es muss »jetzt« gehandelt werden – unabhängig von der Angst der Bürger*innen angesichts der Gewalt des Regimes und der fundamentalen Ungewissheit bezüglich der ins Rollen gebrachten Entwicklungen. In diesem »Jetzt« offenbart sich die Erfahrung der Verdichtung und Beschleunigung der Zeit. Auch die 30 jährige Bürgerin Henda Chennaoui empfindet im Zuge der Wut und der Empörung einen unaufhaltsamen Drang zum Handeln, der sich ihr gleichsam aufzwingt:

»N.A.: Was hat dich in dem Moment [ab 17.12.2010, N.A.] motiviert, auf die Straße zu gehen?

---

234 Diese zeitliche Ebene wird auch von anderen Interviewpartner*innen, wie Abir Tarssim, hervorgehoben. »*Jetzt* ist die Gelegenheit und die darf man nicht verpassen! Das war das Gefühl: Es muss jetzt sein!« (20.04.2017, Tunis). Die Philosophin Emna Belhaj Yahia bemerkt, dass das kollektive Gefühl der Dringlichkeit erst durch den Revolutionsprozess Einzug in Tunesien erhält. Sie begreift die Dringlichkeit als eine Artikulation des Gefühls, betroffen zu sein, und des Gefühls der starken Beschleunigung der Zeit: »Welche Dringlichkeit? [...]: Daraus [aus dem dringenden Bedürfnis, zu verstehen, N.A.] entstehen sicherlich viele Dinge auf natürliche Art und Weise: sprechen, handeln, aber auch vorstellen, arbeiten, sich austauschen, kreieren, lieben, besser leben und besser sterben« (Belhaj Yahia 2014: 11). Die Anwältin Ben Mbarek Msaddek macht darauf aufmerksam, dass dieses kollektiv artikulierte Dringlichkeitsgefühl auf der individuellen Ebene nicht von allen Subjekten auf die gleiche Art und Weise verarbeitet und empfunden wird: Während sie vom Dringlichkeitsgefühl vollkommen vereinnahmt wird und sich dem Revolutionsprozess »mit Haut und Haar« verschreibt, reagiert ihr Ehemann mit einer distanzierteren Haltung. Er versteht sich selbst eher als sympathisierenden Beobachter des Geschehens (vgl. Ben Mbarek Msaddek 2013: 93). Auch die Historikerin Kmar Bendana beschreibt das durch den revolutionären Prozess ausgelöste Dringlichkeitsempfinden, die Beschleunigung der Zeit sowie den »Rausch der Ereignisse und Diskurse« (Bendana 2011: 101), als einen deutlichen Kontrast zu den letzten zwanzig Jahren, die durch die Vereinnahmung der politischen Sphäre durch den Staat nahezu stillzustehen schienen. Die Proteste im Januar 2018, die in der Kontinuität zu den Protesten vom Januar 2011 stehen, bringen diese zeitliche Dringlichkeitsdimension im Namen der Bewegung *Fesh Nestenaw* (*worauf warten wir*) auf den Punkt.

Chennaoui: Es war die Wut, die Empörung – bevor man daran denkt, was man alles haben könnte, wenn das Regime abdankt. […] Ich wusste unabhängig davon, ob Ben Ali geht oder nicht geht […], dass es ein historischer Moment ist und dass man etwas tun musste – und wenn es nur für mich ist. (Lachen) Also, sich zu sagen ›Ich habe getan, was ich tun musste‹, und das ist alles, ungeachtet der Konsequenzen. Wir waren unser gesamtes Leben lang verzweifelt, frustriert und dann ist der richtige Moment gekommen. […] Ich habe auch andere Leute gesehen, die gar keine Verbindung zur Politik, zur Opposition oder zum Regime hatten, die das Regime zuvor noch nicht mal als diktatorisch bezeichneten, aber sie fühlten, dass es ungerecht ist und dass man etwas tun musste […]. Es war wie eine Offenbarung für sie.« (Chennaoui 30.03.2015, Tunis)

In Chennaouis Darstellung taucht, wie bereits bei Saehi, das Motiv des Handelns als unwiderstehliche, ja nicht zu unterdrückende Tatkraft auf. Der »historische Moment« birgt dementsprechend revolutionäres Potenzial, weil er nicht nur der eigenen, seit jeher unterdrückten Frustration freien Lauf lässt, sondern sich wie eine »Offenbarung« vielen Bürger*innen als Moment aufdrängt, in dem sich unmissverständlich herauskristallisiert, dass diese Herrschaft nicht länger hingenommen werden kann: Die Offenbarung kennt kein Zurück, kein Später und kein Vielleicht. Auch der Moment der »Offenbarung« impliziert folglich eine zeitliche Dimension der extremen Dringlichkeit, die sich als ein inneres Bedürfnis nach Wandel und Gerechtigkeit herausstellt, wie Chennaoui durch den Hinweis, dass sie »getan hat, was sie tun musste«, betont.

Das Gefühl, dass es kein Zurück mehr geben kann, beschreibt auch der 46-jährige Gewerkschafter Slah Brahmi. Brahmi deutet darauf hin, dass sich nach den ersten Nachtdemonstrationen bei den Demonstrant*innen in Sidi Bouzid[235] das Gefühl durchsetzt, dass sie gezwungen sind, ihren Protest weiterzuführen. Sie wissen, dass das Regime sich schmerzlich an den Bürger*innen rächen wird, wenn es nach den Protesten nicht stürzt. Spätestens ab dem 31. Dezember 2010 wird den Bürger*innen rund um Sidi Bouzid, Gafsa und Kasserine bewusst, dass sie alles daransetzen müssen, dass das Regime kapituliert (vgl. Brahmi 02.09.2014, Sidi Bouzid), zumal bereits die ersten, gezielt von der Polizei durch Hartgeschosse getöteten Bürger*innen in der Region zu beklagen sind. Die 28-jährige

---

235 Das von Brahmi geschilderte Gefühl ist in Sidi Bouzid besonders ausgeprägt – einer Stadt, in der sehr viele RCD-Mitglieder ansässig sind. Brahmi weist darauf hin, dass es eigentlich ein Paradox ist, dass ausgerechnet in der Stadt, in welcher »die Mehrheit der Bewohner der Partei RCD« angehören, die ersten Proteste ausbrechen, die zum Sturz des Regimes und der Partei führen (vgl. Brahmi 02.09.2014, Sidi Bouzid).

Bürgerin Sonia Charfi beschreibt diesen Moment, der die Hauptstadt erst ab dem 6. Januar 2011 durch die breiteren, von der Anwaltschaft unterstützten Demonstrationen einholt, mit der Metapher eines sich öffnenden Fensters, das die Möglichkeit bietet, etwas zu verändern. Dabei hat sie das Gefühl, dass viele Bürger*innen und insbesondere politische Aktivist*innen auf diesen historischen Moment gewartet haben, der es ihnen ermöglicht, sich kollektiv der Beherrschung zu erwehren (Charfi 11.09.2014, Tunis).

Mit Machiavelli gesprochen, ließe sich behaupten, dass die zitierten Akteur*innen die *occasione* erkennen, etwas zu bewegen. Der Zeitpunkt des Ausbruchs des Revolutionsprozesses wird als »reif« und »richtig« empfunden. Die Perspektivlosigkeit der Akteur*innen findet in den Suiziden und den darauffolgenden Protesten Resonanz. Durch diese Parallele, die die Akteur*innen zwischen ihrem persönlichen Leben und der kollektiven Dimension ihres Daseins ziehen, erscheint ihnen der Bruch mit dem Regime, das dringende, intrinsische Bedürfnis nach radikalem Wandel und Emanzipation als einziger Ausweg sowohl aus ihrer individuellen als auch aus der kollektiven Lage. Das Gefühl und die Vorstellung, dass das »Schicksal« des Landes und das eigene Wohlergehen untrennbar miteinander zusammenhängen, scheint durch den Revolutionsprozess selbst ausgelöst zu sein, wie Belhaj Yahia andeutet (vgl. Belhaj Yahia 2014: 15). Die 30-jährige Bürgerin Aroua Baraket und die 31-jährige Feministin Youad Ben Rejeb ziehen ebenfalls diese Analogie zwischen ihrem Privatleben und den Entwicklungen des Landes. Das liegt zum Teil auch daran, dass einige Missstände, wie die Massenarbeitslosigkeit, große Auswirkungen auf das Privatleben haben und gleichzeitig politisch bedingt sind sowie des Eingriffs des Staates bedürfen. Aroua Baraket schildert darüber hinaus, dass sich ihre persönliche Sinnsuche mit dem sozialpolitischen Wandel Tunesiens überschneidet. Sie erkennt darin die Notwendigkeit, sich uneingeschränkt für diesen Wandel zu engagieren, indem sie Ende 2010 mit ihrem Studium pausiert, um sich der Online-Berichterstattung der Ereignisse zu widmen. Sie versteht sich als partizipierende Zeitzeugin. Später sieht sie in der Orientierungslosigkeit der mitunter turbulenten Post-Ben-Ali-Phase eine weitere Überschneidung mit ihrer individuellen Lage: Ganz so, als ob ihr Puls dem Zeitgeist folgt, fühlt sie sich gegenwärtig desorientiert. Stärker als es alle anderen Interviewpartner*innen ausdrücken, hat sie das Gefühl, dass ihr persönliches Wohl, ihre physische und psychische Stabilität von der politischen Lage des Landes abhängen. Ihr Drang nach Wandel ist dementsprechend sowohl politisch als auch persönlich motiviert (Feldnotizen, 15.04.2017).[236]

Die Tage der Diktatur sind ab dem Moment gezählt, ab dem sich die kollektive Empörung, die Wut, der Hass auf das Regime, aber auch die Empathie mit den marginalisierten Bevölkerungsschichten und die Hoffnung auf eine andere, bessere Zukunft als stärker erweisen als die Angst vor dem Regime. Youssef Seddik, Philosoph, bringt die zentrale Bedeutung positiver, negativer und gemischter Emotionen im Zeitraum des revolutionären Ausbruches auf den Punkt: »ein unbeschreiblicher Moment des Aufs und Abs zwischen Angst und Hoffnung, Niedergeschlagenheit und Stolz, der Versuchung des Wahnsinns und dem Verlangen danach, Vernunft walten zu lassen« (Seddik 2011: 17).

Dieser durch Emotionen eingeleitete Emanzipationsprozess verleitet weite Bevölkerungsschichten dazu, den Status quo vehement infrage zu stellen und sich politische Alternativen vorzustellen. Der Intellektuelle Abdelmajid Charfi beschreibt diesen Prozess im Sinne der Freudschen Rückkehr des Verdrängten:

»Was verdrängt wird, bleibt, es verschwindet nicht, weil man ihm jegliches Erscheinen verbietet. Diese verdrängten Gefühle, die die Forderung nach Freiheit und Würde darstellen, wurden bereits von der reformistischen Bewegung des 19. Jahrhunderts in Tunesien initiiert […]. Das haben die Tunesier verinnerlicht, und als sie die Möglichkeit hatten, die ihnen durch die Repression und die mangelnde Meinungsfreiheit angelegten Ketten zu sprengen, haben sie die verdrängten Gefühle befreit. Das ist der Beweis dafür, dass die Revolution nicht zufällig passiert ist.« (Charfi 2012: 35)

Neben den materiellen Bedingungen und »objektiven« Gründen, spielen die psychischen und emotionalen Dimensionen des Handelns der Ak-

---

236 Der Historiker Mazeau beschreibt, dass Zeitzeug*innen die Französische Revolution auch als einen emotionalen Schock erfahren. So berichtet er, dass Babeuf in den ersten Tagen der Französischen Revolution seinen Augen nicht trauen kann. Er bleibt zunächst fassungs- und orientierungslos angesichts eines Wandelungsprozesses, der sich schneller entfaltet, als er nachvollziehen kann (vgl. Mazeau 2016: 103). Revolutionsprozesse aus einer partizipativ-beobachtenden Perspektive zu verfolgen, bedeutet stets, mit der Schwierigkeit konfrontiert zu sein, ein schwieriges Verhältnis zwischen Nähe und Distanz zu diesen Prozessen zu haben. Laufende revolutionäre Prozesse sind unberechenbar. Diese Schwierigkeit der konstitutiven und radikalen Kontingenz des Politischen bedeutet aus der Perspektive der Akteur*innen, nicht wissen zu können, wohin das kollektive Handeln führt, und kann Ohnmachts- oder Frustrationsgefühle generieren.

teur*innen ebenfalls eine Rolle für den Ausbruch des Revolutionsprozesses. Das zuvor erwähnte »Nein« von Camus ist demnach zunächst einmal emotional motiviert, bevor es sich in alternativen Herrschaftsvorstellungen konkretisiert.

Dieser emotional initiierte Prozess ist ferner von der allmählichen Schaffung politischer Denk- und Erfahrungsräume sowie von der Befreiung der Sprache begleitet, die sich unter anderem im Internet vollziehen, wie im Folgenden deutlich wird.

4.3   Wenn das Internet sich zur Stätte des Widerstandes entwickelt

Die massive politische Repression, die staatlich-polizeiliche Vereinnahmung des öffentlichen Raumes und die Angst führten dazu, dass die Bürger*innen sich kaum in der Öffentlichkeit ausdrücken, untereinander austauschen oder versammeln konnten. In diesem Kontext erstaunt es wenig, dass unter der Herrschaft Ben Alis wenige konstruktive und zukunftsgewandte Imaginäre entstehen. Einige Akteur*innen begaben sich auf die Suche nach Räumen, in denen sie sich politisch ausdrücken und austauschen können.

4.3.1   Die Suche nach geschützten Räumen des Politischen

Im Tunesien Ben Alis fehlte es an geschützten Orten und Räume, in denen Akteur*innen eine politische Identität entwickeln, sich ausdrücken und streiten können. Der Mangel an Informations-, Ausdrucks- und Kommunikationsmöglichkeiten führte dazu, dass die Suche nach alternativen, geschützten Räumen, in denen eine politische Reflexion und Diskussion möglich ist, insbesondere für jüngere Akteur*innen sehr wichtig wird (vgl. auch Foued Sassi 18.08.2014, Tunis):

»Es gab nichts! Die Tatsache, sich zu versammeln, war ein Akt des Terrorismus, das war schon unmöglich. Deswegen waren uns die Lokale so wichtig [...], dieses Lokal hier [der ATFD, N.A.] und das Lokal von Amnesty International, weil das Orte waren, in denen wir uns ausdrücken konnten, in denen wir uns versammeln konnten [...], selbst wenn es Wände sind und du in einem geschlossenen Raum bist, waren es für uns Räume der Freiheit [...] auch für die Jugendlichen, die kein

Recht darauf hatten, Vereinigungen zu gründen, kein Recht hatten, sich zu versammeln. Dementsprechend war die Tatsache, hierher zu kommen und unsere Programme zu besuchen, wirklich ein kämpferischer Akt. Es war nicht wirklich wegen der Informationen, auch wenn es Informationen gab, aber es war auch einfach, um sich frei zu fühlen.« (Youad Ben Rejeb 27.08.2014, Tunis)

Wie Ben Rejeb betont, sind es vor allem die wenigen Räume zivilgesellschaftlicher Organisationen,[237] die fast ausschließlich in Tunis ansässig sind, sowie einzelne Parteibüros der Opposition (wie der PDP), in denen sich die Akteur*innen begegnen können. Diese politischen Orte erreichen jedoch nur eine sehr begrenzte Anzahl an Akteur*innen und bleiben für all diejenigen Bürger*innen, die nicht in Tunis wohnen oder nicht in bestimmten Vereinigungen und den damit zusammenhängenden sozialen und politischen Milieus verkehren, verschlossen.

Einen anderen, unerwarteten und zugänglicheren Ort politischer Diskussionen finden die jungen Menschen hingegen in den Filmvereinen (»Ciné Clubs«), wie Cyberaktivist und Ciné-Club-Mitglied Aymen Rezgui darlegt (vgl. auch Aroua Baraket 22.08.2014, Tunis):

»Einige Monate bevor [in der zweiten Hälfte des Jahres 2010, N.A.] in Sidi Bouzid die Revolten ausbrachen, haben wir einen Filmverein gegründet. Es war unmög-

---

237 Hier sei angemerkt, dass es sich hierbei auch nicht um durchweg sichere Orte handelt. Die Lokale zivilgesellschaftlicher Organisationen werden nicht selten von der politischen Polizei überwacht und mitunter gesperrt oder geräumt. So berichtet der 64-jährige Rechtsanwalt Mokhtar Trifi, der zwischen 2000 und 2011 Vorsitzender der Menschenrechtsorganisation LTDH ist, dass ab 2005 das Lokal der LTDH Tag und Nacht von der Polizei überwacht wird. Nicht nur Bürger*innen, die sich an die Menschenrechtsorganisation wenden wollen, sondern auch Mitgliedern der LTDH aus anderen regionalen Vertretungen wird ab diesem Zeitpunkt der Zutritt zum Lokal verwehrt. Die Personen, die die Organisation aufsuchen, fallen der Polizei auf, was es grundsätzlich zu vermeiden gilt (vgl. Trifi 23.09.2014, Tunis). Einzelne Sektionen von Amnesty International organisieren Diskussionsabende eher bei den Vorsitzenden zu Hause als in den Lokalen der Organisation. Die Cyberaktivistin Lina Ben Mhenni schildert, dass ihr Vater unter der Diktatur Versammlungen von Amnesty International stets im Wohnzimmer ihres Familienhauses organisiert (vgl. Ben Mhenni 16.09.2014, Tunis). Es fällt der Polizei offenbar schwerer, den Zugang zu privaten Wohnräumen als zu Lokalen zu versperren. Das liegt vor allem daran, dass es in Wohnvierteln mehr Aufmerksamkeit (der Nachbarn beispielsweise) auf sich zieht, Privatpersonen zu verbieten, in private Räume einzutreten. Auch Imen Triki, 35-jährige, islamistisch inspirierte Menschenrechtlerin der Organisation »Liberté et Equité« und Rechtsanwältin, schildert, dass ein zentrales Problem unter Ben Ali darin lag, dass viele Bürger*innen aus Angst, sich selbst und ihre Verwandten in Gefahr zu bringen, nicht wagten, Hilfe bei Menschenrechtsorganisationen zu suchen (vgl. Triki 22.09.2014, Tunis).

lich, Versammlungen zu organisieren, noch nicht mal im Redaktionsbüro des *At-tariq Aljadid* [Zeitung der Oppositionspartei Ettajdid, N.A.] oder im Parteibüro Ettajdid! Vor der Tür standen Polizisten, die niemanden reingelassen haben, niemanden! Den einzigen Ausweg, den wir gefunden haben, war, dass wir Veranstaltungen im Stil ›Der Filmverein Basma Khalil lädt zur Filmvorführung *Liebes Tagebuch* von Nanni Moretti ein‹ organisiert haben. Das hat funktioniert, die Bullen haben die Jugendlichen nicht davon abgehalten, Filme zu schauen. Sie [die Polizisten, N.A.] haben gedacht, wir lassen sie Filme schauen und über Kino sprechen, das ist besser, als wenn sie über Politik sprechen. Aber in Wirklichkeit wurde im Kinosaal kein Film abgespielt. Wir haben dort Treffen abgehalten, um zu überlegen, wie wir der Jugend in Sidi Bouzid und Regueb helfen können, die von den Bullen und Snipern von Ben Ali umzingelt wurden.« (Rezgui 13.09.2014, Tunis)

Das Kino als politisches Refugium ist eine kreative, aber lediglich vorübergehende und prekäre Lösung für den mangelnden Raum kollektiver politischer Debatten, zumal die in der Intimität des Kinosaals gehaltenen Diskussionen und Entscheidungen sich schwer in andere Stadtviertel verbreiten lassen.

Ein mächtigeres Mittel der Kommunikation und Verbreitung politischer Diskurse stellt das Internet dar,[238] das im Folgenden hinsichtlich seiner politischen Nutzung und seiner Kapazität, einen Raum für das Entstehen von Imaginären zu schaffen, diskutiert wird.

4.3.2　Das Internet als Raum der Politisierung

Das Internet ist bis 2009 eine politisch wenig genutzte Sphäre, in der erst im Zuge der Gafsa-Revolten politische Debatten und eine alternative Berichterstattung entstehen. Zu dem Zeitpunkt nimmt jedoch auch die von der Cyberpolizei ausgeübte Zensur und Überwachung zu, sodass viele Akteur*innen, die nicht über die technischen Fähigkeiten verfügen, die Zensur zu umgehen, das Internet nicht als politische Sphäre nutzen können.

---

238 Die Suche nach Räumen, in denen eine freie Meinungsäußerung und der Austausch zwischen politisch interessierten Bürger*innen möglich ist, beginnt natürlich nicht erst mit dem Internet. Sie wird jedoch von der technischen Entwicklung des Internets begleitet und findet u. a. im Internet einen Raum der politischen Diskussion sowie der Politisierung, obgleich die Nutzung des Internets sich selbstverständlich nicht lediglich auf diese Funktion reduzieren lässt. Hier soll keineswegs die Vorstellung genährt werden, dass der tunesische Revolutionsprozess vordergründig durch oder gar wegen des Internets ausgebrochen ist. Kritiken dieser verabsolutierenden Lesart finden sich beispielsweise bei Ayari (2011b), Achcar (2013) und Abbas (2015b).

Einige Cyberaktivist*innen machen es sich daraufhin zur Aufgabe, einen möglichst breiten Zugang für alle Bürger*innen zum Internet zu schaffen und dieses zu politisieren. Die Cyberaktivisten Sami Ben Gharbia und Lina Ben Mhenni erläutern die Bedeutung des Internets im autoritären Kontext wie folgt:

»In der arabischen Welt resultierte der Rückgriff auf digitale Medien im Kampf für gesellschaftlichen und politischen Wandel nicht aus einem Interesse am Medium […], [sondern, N.A.] aus dem Bedürfnis nach einem starken politischen Engagement in der Verteidigung von Menschenrechten. Dieses Bedürfnis ist eine unmittelbare Antwort auf den herrschenden autoritären Kontext und die Abwesenheit einer offenen Sphäre, in welcher die Aktivisten ihre Staatsbürgerschaft[239] hätten ausüben können. (Ben Gharbia 2011)
In den offiziellen Medien war die einzige Stimme die der Regierung, des Regimes. Deswegen musste man die Wahrheit suchen und diese Information weiterleiten.« (Ben Mhenni 16.09.2014, Tunis)

Das Internet erweist sich vielen Bürger*innen durch seine vielfältigen technischen Möglichkeiten (Bearbeitung von Text, Bild, GIF, Video, schneller Datentransfer durch FTP) als kreativer Raum, in welchem sie sich sowohl politisch äußern und miteinander austauschen können als auch bis dato unzugängliche Presseartikel, Petitionen, Demonstrationsappelle

---

239 Im französischen Original spricht Ben Gharbia von »citoyenneté« – einem u. a. von der Französischen Revolution geprägten Begriff (vgl. Ross 2015: 23), für den es m. E. im Deutschen keine exakte Entsprechung gibt. Während der gegenwärtige deutsche Begriff »Staatsbürgerschaft« das rechtliche Verhältnis benennt, das die Zugehörigkeit zum Staat (Staatsangehörigkeit) definiert, wird im französischen Terminus diese Konnotation zwar ebenfalls impliziert. »Citoyenneté« weist jedoch in diesem hier zitierten Kontext ferner auf die Rolle einer aktiven, partizipativen Bürgerin hin, die an der kollektiven Meinungs- und Willensbildung teilnimmt. Der französische Begriff reflektiert die Bürgerin hinsichtlich ihrer politischen Freiheiten, Rechte und Pflichten. Hier sei auf diese semantische Differenz zwischen »citoyenneté« und »Staatsangehörigkeit« hingewiesen, zumal sie im Verlauf des Textes an weiteren Stellen wichtig ist. Im Arabischen lässt sich kein entsprechendes Äquivalent für »Bürger« im Sinne von »citoyen« finden. Der tunesische Politikwissenschaftler Hamadi Redissi macht darauf aufmerksam, dass keiner der arabischen »Bürger-Begriffe« die semantische Dimension einer freien Bürgerin mit politischen und teilhabenden Rechte umfasst: »Weil er keine politischen Rechte hat, ist der Bürger allenfalls derjenige, der jenes Land bewohnt« (Redissi 2017b: 33). So sei in der arabischen Ideengeschichte auf den Bürger als Menschen ('insān), als Bewohner (ahlī) und als Zivilist (madanī) referiert worden (vgl. ebd.). Der Begriff des Staatsbürgers (waṭani) bezieht sich in erster Linie auf die nationale Zugehörigkeit des Bürgers. Im antikolonialen Kontext bedeutet watani »Nationalist« und bezeichnet u. a. einen politischen Unabhängigkeitskämpfer.

und Satire usw. lesen, kommentieren und sogar selbst verfassen können. »Das Internet war damals [unter Ben Ali, N.A.] der einzige Ort oder Raum, in dem ich mich frei ausdrücken konnte«, erklärt Ben Mhenni (16.09.2014, Tunis). Diese virtuelle alternative Öffentlichkeit ermöglicht eine authentischere öffentliche Debatte und politische Meinungs- und Willensbildung, die von den traditionellen, politisch kontrollierten Sphären der Medien und Politik nicht geleistet wird und aufgrund der Repression ebenso wenig von der Zivilgesellschaft erbracht werden kann. Die Foren, Blogs, Informationsseiten und sozialen Netzwerke bilden im autoritären Kontext eine »alternative Öffentlichkeit« (Youad Ben Rejeb 27.08.2014, Tunis).[240]

Diese Informations- und Mobilisierungsfunktion kommt dem virtuellen Raum keineswegs von Anfang an zu. Schließlich ist der Internetzugang bis 2011 zum (großen) Teil zensiert und variiert je nach geografischer Lage,[241]

---

240 Das Regime von Ben Ali hat auf vielfältige Art und Weise auf Zensur im Internet zurückgegriffen: Nicht nur, dass eine Reihe an Websites (zum Beispiel regimekritische, tunesische Blogs und Internetseiten wie Tunisian News, aafaq.org oder Nawaat.org, Informationsseiten internationaler Zeitungen oder Portale wie Dailymotion und YouTube usw.) aus Tunesien heraus nicht zugänglich waren, das Regime hat ferner einzelnen Nutzer*innen den Zugang zu bestimmten Websites verwehrt oder ihren Internetzugang für eine bestimmte Zeit außer Kraft gesetzt. Außerdem sind gezielt bestimmte Inhalte von Blogs oder Facebook-Seiten gelöscht worden. Alle von mir interviewten Cyberaktivist*innen berichten davon, dass die Cyberpolizei ihre Blogs oder Facebook-Accounts entweder komplett gelöscht hat, sie mit anderem Inhalt überspielt hat oder einzelne Beiträge entfernt hat. Kaloutcha betont, dass Bloggen einem »Katz und Maus«-Spiel mit der Cyberpolizei glich, in dem es darum ging, technische Mittel zu finden, die Inhalte dennoch publizieren zu können oder nach der Löschung durch die Polizei wiederherstellen zu können. Facebook erweist sich als geeignete Plattform für seinen Cyberaktivismus, weil Facebook ihm seinen Account, nachdem die Cyberpolizei ihn löscht, auf Anfrage wiederherstellt und er auf diese Weise auch seine Publikationen stets wieder erlangen kann. Die physische Überwachung und Verfolgung einzelner Cyberaktivist*innen, die bis zur Verhaftung führen kann, beginnt jedoch erst ab 2010, sodass der Cyberaktivismus im Vergleich zum klassischen Aktivismus dennoch sicherer ist: Ben Mhenni und Aymen Rezgui werden ab 2010 täglich von der Polizei verfolgt. Rezgui wird, vor allem aufgrund seiner Tätigkeit als Journalist für *El Hiwar Ettounsi*, mehrfach von der Polizei physisch misshandelt und zeitweilig inhaftiert. Kaloutcha und Azyz Amami werden für ihren Cyberaktivismus am 6. Januar 2011 verhaftet, Kaloutcha wird am 10.01.2011 und Amami am 13.01.2011 entlassen. Auch nach dem Sturz Ben Alis wird Amami wiederholt inhaftiert und von der Polizei geschlagen. Er begreift sich stets als »Feind« der Polizei, die er weiterhin bekämpft.

241 Ich möchte daran erinnern, dass in den verarmten und sich revoltierenden Regionen des Landesinneren (Sidi Bouzid, Kasserine, Thala, Gafsa, Siliana) der Internetzugang fast zehnfach geringer ist als in den Küstenregionen und in der Hauptstadt (vgl. Lecomte

sozioökonomischen Verhältnissen und Bildungsgrad der Nutzer*innen. Nur wenige Internetsciten, wie das Forum *Takriz*, der Blog *Débat Tunisie* des Karikaturisten Z, das Cyberaktivmus- und Bürgerjournalismus-Portal *Nawaat*, die Informationsseite *Tunisnews*, die Facebook-Seite *Anti-Bhema* (dt. Anti-Dummheit) von Aymen Rezgui oder die Facebook-Seite von Hamadi Kaloutcha, sind von vornherein in der Intention entstanden, einen politischen Raum zu schaffen, in welchem sich die Rebellion vor allem junger Akteur*innen gegen die Diktatur entfalten kann und auch über die politische Lage reflektiert wird. So erläutert Lina Ben Mhenni, dass sie zunächst ihren Blog *Night-Clubbeuse*[242] wie ein Tagebuch führt, in welchem sie lediglich über private Themen schreibt (Ben Mhenni 16.09.2014, Tunis): »Ich hatte die Barriere der Angst noch nicht überschritten« (Ben Mhenni nach Bettaïeb 2011: 120). Da die Angst vor dem Regime auch im Internet vorherrscht, bedarf es einer regelrechten Politisierung des virtuellen Raumes, bevor im Internet ein politischer Austausch möglich wird:

»Es gab eine ziemlich starke Blogosphäre, aber diese sogenannten bekannten Blogger [...] haben nur Blödsinn geredet, Witze erzählt, von allem gesprochen – nur nicht von dem, was wirklich im Land passiert. Sie trauten sich nicht, die Regierung und Ben Ali zu kritisieren oder von dem, was sich in Gafsa im Phosphatbecken ereignet hat, zu reden. Meine Idee für meinen Blog[243] [...] war ein wenig, die Freundschaft dieser bekannten Blogger zu gewinnen und sie nach und nach dazu zu bringen, von Gafsa zu sprechen. [...] Ich habe versucht, ihre eigenen Methoden zu verwenden: Witze machen, Fotos publizieren [...], aber in den Kommentaren und den Posts habe ich versucht, über Politik zu sprechen oder den ein oder anderen Blogger davon zu überzeugen, über Politik zu reden [...].[244] Manchmal gelang es

---

2013: 161f.). Die Internetcafés, auf Tunesisch »Publinet« genannt, machen ab Mitte der 2000er Jahre das Internet allen Bevölkerungsschichten zugänglich.

242 Aus *Night-Clubbeuse* (2007) entsteht ihr politischer Blog *A Tunisian Girl* (2008), auf welchem sie die staatliche Zensur anprangert. Anfang 2010 beginnt sie für den Fernsehsender *France 24* (in der arabischen Version) über Skype-Schaltung von der politischen Lage Tunesiens zu berichten. Während der Aufstände im Dezember 2010/Januar 2011 ist sie eine beliebte und verlässliche Informationsquelle für zahlreiche ausländische Medien, zumal sie Englisch, Französisch und Arabisch spricht. Sie wird in Tunesien sowie international mit ihren Reportagen berühmt, in denen sie beispielsweise vor Ort über die Lage in Sidi Bouzid nach der Selbstverbrennung Bouazizis 2010 berichtet. In Deutschland erhält sie 2011 den Blogger-Preis der Deutschen Welle.

243 Rezgui nennt seine Facebook-Seite »Blog«. Von Kaloutcha inspiriert, differenziere ich Blogs von Facebook-Seiten, zumal Facebook-Seiten wie Netzwerke funktionieren, während Blogs von den Nutzer*innen gezielt gesucht werden müssen.

244 Rezgui überzeugt so beispielsweise die Bloggerin Fatma Riahi (Pseudonym: *Fatma Arabicca*), die einen Blog über Kunst und Natur führte, über die Menschenrechtsverletzun-

mir, sie zu beschimpfen, in dem ich ihnen sagte: ›Ihr seid nicht mutig, ihr macht nur Blödsinn, ihr seid die Kehrseite von Ben Ali.‹ Nach und nach haben auch sie angefangen, über Politik zu sprechen. Ab dem Moment [Anfang 2009, N.A.] hat sich die tunesische Blogosphäre in ein enormes Forum der politischen Diskussion verwandelt. Ich habe alle Videos, die ich aus Redeyef [die Stadt, in der die Revolte um das Phosphatbecken Gafsas am stärksten war, N.A.] erhalten habe, in die Foren, sozialen Netzwerke, auf Facebook und in die Blogosphäre geschickt.« (Rezgui 13.09.2014, Tunis)

Auch der Cyberaktivist Hamadi Kaloutcha verfolgt die Strategie, aus seiner Facebook-Seite einen dissidenten, politischen Raum zu machen und Bürger*innen gezielt mit Politik zu konfrontieren:

»Man muss die Informationen und den [oppositionellen, N.A.] Diskurs zu den Leuten bringen, die ihn vermeiden. […] Für mich hatte Facebook, viel mehr als alle anderen Blogs und Foren, das Potenzial, Menschen zu erreichen, die sich nicht mit Politik auseinandersetzen wollten. […] Wenn ich etwas geschrieben habe und es wurde von jemandem geteilt, konnte das auch von ihren oder seinen Freunden gesehen werden. Vielleicht gab es unter den Freunden jemanden, der normalerweise anti-politisch war, der eine Heidenangst vor Politik hatte und Angst hatte, diese oder jene Internetseite zu öffnen […], dann hat die Person die Informationen dennoch erhalten und die Polizei konnte ihr nichts vorwerfen, zumal sie die Information nicht selbst gesucht hat. […] Da Facebook nicht zensiert war, habe ich Artikel, die der Linie der Diktatur widersprachen, die von Armut, von der Verletzung von Menschenrechten und Freiheiten usw. sprachen, kopiert und in meine Chronik auf Facebook eingefügt. Die Leute, die keinen Proxy-Server [technisches Mittel, um die Zensur zu umgehen, N.A.] hatten, konnten eigentlich keinen Zugang zu diesen Artikeln erhalten. Ich publizierte diese Artikel, die das Regime zensierte und folglich als gefährlich für sich einstufte. […] Für mich stand das Urteil fest, dass von dieser Diktatur nur eine kleine Minderheit profitiert. Es ging also nur noch darum, die Mehrheit zu überzeugen, ihre Zunge zu lösen, ihre Angst zu überwinden und anzufangen, ›Nein‹ zu sagen.« (Kaloutcha 28.08.2014, Tunis)

Kaloutcha nutzt den multiplizierenden Netzwerk-Effekt von Facebook, der es ihm erlaubt, von Nutzer*innen gelesen zu werden, die nicht mit ihm »befreundet« sind und so Nutzer*innen zu erreichen, die nicht zwingend ins Internet gehen, um politische Artikel zu lesen. Er versucht Politik durch den offenen Zugang zu freier Information aus dem autoritären Kontext der Angst zu lösen und zu einem zentralen, den Staatsnarrativen wi-

---

gen in Gafsa zu schreiben. Sie wird infolgedessen 2009 verhaftet und nach einer siebentägigen Haft im Innenministerium unter Hausarrest gestellt. Erst die Internetkampagne »Ich bin Fatma« zwingt das Regime dazu, den Arrest aufzuheben (vgl. Rezgui, 13.09.2014; Ben Mhenni 2011: 12).

dersprechenden Diskussionsgegenstand zu machen. In den Kommentaren unter seinen Publikationen diskutiert er mit seinen Leser*innen und verwendet Facebook nicht lediglich als Informationsquelle, sondern auch als Raum politischer Debatten.[245] Seine offensive Strategie geht ferner mit dem Willen einher, die staatliche Zensur zu umgehen und auf diese Weise zur allgemeinen Informations- und Meinungsfreiheit beizutragen.

Die durch die Gafsa-Revolten initiierte Politisierung des Internets konkretisiert sich jedoch erst, als das Regime Ende 2009 entscheidet, sämtliche Informationsseiten, Blogs, Video-Plattformen und Facebook-Seiten zu zensieren, wie Rezgui erläutert:

»Der Tag, an dem das Regime entschieden hat, die tunesische Blogosphäre auszuschalten, war der Tag, an dem das Regime sein politisches Todesurteil unterschrieben hat. Ende 2009, Anfang 2010 hat es eine enorme Zensurwelle gegeben, die sich auf alle Blogs erstreckt hat, sogar Blogs über Küchenrezepte und Fußball, alle wurden zensiert! Alle Blogger haben sich an uns, die 20 oder 30 Cyberaktivisten gewendet, die von der Zensur und den Handlungen der Regierung gesprochen haben. Nachdem sie unsere Blogs durchforstet haben, haben sie Antworten auf ihre Fragen gefunden. Diese Jugend hat angefangen, das Regime zu kritisieren.« (Rezgui 13.09.2014, Tunis)

Diese Politisierung leitet die allmähliche Überwindung der Angst durch die Blogosphäre ein, die in einer Demonstration am 22. Mai 2010 in der Innenstadt von Tunis kulminiert, in der die Internetuser ihren Widerstand gegen die Zensur manifestieren (vgl. Rezgui, Kaloutcha, Amami).

Das Internet erweist sich an dieser Stelle nicht lediglich als politischer Diskussionsraum, sondern stellt ebenfalls einen *Erinnerungsraum* dissidenter Diskurse und Argumente dar, die zu unterschiedlichen Zeitpunkten rezipiert werden. Nachdem die Internet-Szene selbst massive Zensur erfährt, ist sie bereit, sich dem dissidenten Diskurs zu öffnen und staatskritische Argumente zu »hören«. Die Texte und das Foto- und Videomaterial der Gafsa-Revolten werden in einem neuen Kontext erinnert und mobilisieren auf diese Weise jene, zuvor wenig politisierten Teile der Jugend, die sich nun mit den marginalisierten Bevölkerungsschichten des Landesinneren rund um die Ungerechtigkeit der erfahrenen Zensur identifizieren.

---

245 Er übersetzt ebenfalls die im November 2010 publizierten *Wikileaks* Dokumente aus dem Englischen ins Arabische und Französische. Die Dokumente enthalten die Korrespondenz zwischen den US-Botschaftern Godec und Grey mit ihren Vorgesetzten aus dem *State Departement* in Washington D.C. (vgl. Chronologie im Anhang).

4.3.3 Das Internet als Raum einer realitätsnahen Berichterstattung

Rezgui, der Sympathisant der kommunistischen Partei *Ettajdid* ist, räumt ein, dass »selbst die Tunesier nicht darüber informiert waren, dass es legale Oppositionsparteien gab« (Rezgui 13.09.2014, Tunis).[246] Der Diskurs der Oppositionsparteien ist hauptsächlich darauf fokussiert, den polizeistaatlichen Charakter des Regimes sowie den Mangel an politischen Freiheiten anzuprangern (vgl. Naccache 2016) – eine verschwiegene, aber nichtsdestotrotz allseits bekannte Wahrheit:

»Alle Tunesier wussten, dass Ben Ali ein Diktator war, sie wollten davon nichts hören. Sie wollten von ihren Problemen, von sozialen Problemen, von ihren Lebensbedingungen reden hören.« (Rezgui 13.09.2014, Tunis)

Die Lebensbedingungen und Erfahrungen der Alltagswelt hingegen existieren kaum in öffentlichen Diskursen: Während die Mainstream-Medien sich weigern, über Armut, Arbeitslosigkeit und jegliche Themen zu berichten, die die Regierung für Missstände verantwortlich machen konnten, sind die Medien der Opposition vor allem damit beschäftigt, über ihren eigenen Ausschluss und den ungerechten Umgang der Regierung mit ihrer Anhänger*innen zu berichten. Die Belange der Bevölkerung werden dabei in beiden medialen Sphären kaum beachtet.

Aus der mangelnden medialen Repräsentation der Bevölkerung sowie der Diskrepanz zwischen den Ereignissen und ihrer medialen Berichterstattung leitet der 31-jährige Cyberaktivist Azyz Amami die Notwendigkeit ab, die »authentischen Informationen und Geschichten der Leute« aufzuspüren und in den sozialen Netzwerken »nachzuerzählen«:

»Als ich in Hammam Sousse war [ab 2005, während seines Studiums N.A.], habe ich angefangen, […] zum Beispiel die ›wilden‹ Festnahmen[247] der Arbeiter, die nicht von der UGTT [landesweiter Gewerkschaftsbund, N.A.] unterstützt wurden, zu beobachten. Das waren keine ›organisierten‹ Gewerkschafter, sondern einfach nur Arbeiter. Für mich war es wichtig, zu wissen, warum sie revoltieren. Unangenehm am Diskurs der Oppositionellen war, dass sie von Dingen sprachen, die nicht in Verbindung mit der Realität und den Bedürfnissen der Menschen standen. Zum Beispiel wenn sie von Repression sprachen, dann sprachen sie nur von der Repression, die politische Aktivisten betraf, und nicht von der wirklichen Repres-

---

246 Er kreiert 2007 den Web-Fernsehsender *Ettajdid TV*, »damit die Tunesier erfahren, dass die Opposition nicht nur im Ausland oder verboten ist« (ebd.) und hilft auf diese Weise der Partei, sich ein attraktiveres, »jüngeres« Image zu verschaffen. Er bleibt jedoch lediglich Sympathisant, ohne der Partei beizutreten.

247 Unrechtmäßige Verhaftungen werden in Tunesien als »wilde« Festnahmen bezeichnet.

sion, die alle betraf, wie die Arbeiter zum Beispiel. Für die Oppositionellen war Repression, eine Ohrfeige [von der Polizei, N.A.] zu bekommen, wenn sie über Politik sprechen wollten, wohingegen der Durchschnittsbürger, der nicht über Politik sprechen wollte, auf andere Art und Weise unterdrückt wurde [...].[248] Damals war es sehr wichtig für mich, mich an die Orte zu begeben, an denen sich Streiks und Demonstrationen ereignen, und zu verstehen, warum die Leute demonstrieren – bevor die oppositionellen Medien das Thema vereinnahmen und in ihre Sprache übersetzen [...]. Für mich ist es sehr wichtig geworden, diese Geschichten [online, N.A.] zu erzählen. [...] Vorher [vor 2011, N.A.] haben die Oppositionsparteien den Jugendlichen und den Regionen im Landesinneren nicht genug Aufmerksamkeit geschenkt. Wenn die Arbeiter gestreikt haben, haben sie [die oppositionellen Medien, N.A.] sofort vom ›proletarischen Klassenbewusstsein‹ usw. gesprochen [dabei waren das weder die wirklichen Sorgen noch die Sprache der Arbeiter*innen, N.A.]. Ich habe versucht, die Rede dieser Leute, so wie sie ist, zu verteidigen, damit sie weder von den Polizisten noch von den Gewerkschaftern diskriminiert werden. Als 2008 in Redeyef die Revolte begann, war es sehr, sehr wichtig für mich, erneut die authentischen Informationen zusammenzustellen.« (Amami 19.09.2014, Ariana)

Amami stellt die sozialen, ökonomischen und politischen Wirklichkeiten Tunesiens auf seiner Facebook-Seite dar, um »die Menschen zu berücksichtigen« (ebd.). Die Tatsache, dass die Missstände, unter denen Teile der tunesischen Bevölkerung leiden, kollektiv verschwiegen oder ihm zufolge verzerrt dargestellt werden, ruft bei Amami das Bedürfnis hervor, den Jugendlichen und Ausgeschlossenen eine alternative mediale Repräsentation ihrer Forderungen, Bedürfnisse und Ausdrucksweisen zu verschaffen.[249]

---

248 Eine »klassische«, nicht zwingend politisch motivierte Unterdrückung der Bevölkerung erfolgt zum Beispiel, wenn die Bürger*innen davon abgehalten werden, ihren Lebensunterhalt zu bestreiten, oder wenn sie ohne weitere Entschädigung enteignet werden. Amami und Rezgui zufolge sind sich die damaligen linken Oppositionsparteien durch den Ausbruch des Revolutionsprozesses des Problems bewusst geworden. Seitdem kooperieren sie verstärkt mit Jugendlichen und mit der Bevölkerung des Südwestens sowie des Zentrums Tunesiens, um stärker in Verbindung mit den Problemen und Belangen der Bevölkerung zu stehen. Diese Realitätsferne ist sicherlich zum Teil auch Resultat der Repressionspolitik Ben Alis, die dazu führt, dass die Parteien oftmals lediglich in Tunis ansässig sein konnten.

249 Natürlich sind auch seine Berichte, wie jegliches Schreiben, von seiner Perspektive auf die Wirklichkeit beeinflusst. Dennoch gibt er sich Mühe, die Aufstände, die er beobachtet, etwa anhand der von den Akteur*innen verwendeten Sprache zu beschreiben. Amami verbindet ferner durch seine Reisen, auf denen er Demonstrationen und Streiks beobachtet, und seine Online-Berichterstattung über letztere, einen Online- mit einem Offline-Aktivismus. Neben Ben Mhenni und Sofiane Chourabi, die sich nach Sidi Bouzid und Kasserine begeben, um Foto- und

Die 30-jährige Journalistin und Cyberaktivistin Henda Chennaoui beschreibt diese Diskrepanz zwischen der Lebenswirklichkeit und der medialen Repräsentation der sozialen Wirklichkeit wie folgt: »Wir hatten den Eindruck, zwischen zwei Welten zu leben, [Lachen, N.A.] zwei total unterschiedliche Welten« (Chennaoui 30.03.2015, Tunis). Amamis und Channaouis Suche nach »Authentizität« lässt sich auch als Versuch deuten, eine eigene Bestandsaufnahme der empirischen Realität Tunesiens zu machen.

Dieses Bedürfnis, die Lebenswirklichkeit und die real existierenden, sozialen Verhältnisse öffentlich anzuprangern, ist nicht nur bei den Cyberaktivist*innen, sondern allgemein bei den jungen Akteur*innen[250] tief verankert. Die Kritik erlaubt es den Akteur*innen, sich politisch zu positionieren, ohne sich zwangsläufig einem parteipolitischen oder ideologisch klar definierten Lager zu verschreiben. Der 30-jährige Arbeitslosenaktivist Ahmed Sassi antwortet auf meine Frage, was ihn hauptsächlich motiviert habe, sich unter Ben Ali politisch zu engagieren, folgendermaßen:

»Die Realität! […] Die Realität der Armut, die Realität der Unterdrückung in unseren Wohnvierteln[251] durch die Polizei, die Realität der Ungleichheit, die himmelschreiend und sehr ergreifend ist! Wir haben von den Trabelsi, der Familie an der Macht, denjenigen, die das politische und das ökonomische Leben in Tunesien beherrscht haben, reden gehört. Außerdem wurden wir selbst als Fußballfans mehrmals von den Polizisten zusammengeschlagen. Die Repression durch die Dienste des Innenministeriums und der Polizei war eng mit unserem Alltag verwoben. Es gab täglich Festnahmen in unserem Viertel. Die Leute starben auch bei der Verfolgung durch die Polizei, sie wurden so lange geschlagen bis sie starben. Und niemand hört von ihnen und niemand verteidigt sie! Es ist diese Willkür und diese Ungerechtigkeit *(ḍulm)*,[252] die man jeden Tag sieht, weswegen ich mich primär

---

Videomaterial aus erster Hand zu produzieren, oder Aroua Baraket, die die Aufstände in Tunis filmt, beweist auch der Fall von Amami, dass die Vorstellung, dass Cyberaktivist*innen ausschließlich vor ihrem Bildschirm politisch aktiv sind, nicht angemessen ist.

250 Sicherlich handelt es sich nicht um ein exklusives Bedürfnis der jüngeren Akteur*innen. Dennoch fällt in meinen Interviews auf, dass es vor allem jüngere Akteur*innen sind, die dieses Bedürfnis aussprechen und in ihren Aktivismus integrieren.

251 Er wurde während der Proteste Dezember 2010 aufgrund seiner Tätigkeit in der Gewerkschaft für arbeitslose Hochschulabsolventen (UDC) fünfmal verhaftet. Zuletzt wird er im Januar 2018 verhaftet, als er friedlich demonstrierende Jugendliche in seinem Wohnviertel filmt, die von der Polizei drangsaliert werden. Er gehört als Vorstandsmitglied des UDC zu einer der zentralen Figuren der Protest-Kampagne *Fesh Nestenaw* im Januar 2018.

252 *ḍulm* bezeichnet sowohl eine individuell erfahrene Ungerechtigkeit als auch ein Unrecht. Der Begriff wird oft von den Akteur*innen als Charakteristikum der Herrschaft Ben

engagiert habe! Das war die Basis. Später, als ich auf die Straße gegangen bin, nachdem ich mich in einer politischen Organisation engagiert habe, war das der gleiche Grund [...].« (Sassi 26.03.2015, Tunis)

Sassi ist in dem ärmeren Vorort von Tunis, El Kabaria, aufgewachsen, wo er heute noch lebt. Die von Polizeigewalt und Willkür gekennzeichneten Verhältnisse, die Teil seiner Alltagserfahrung sind, bilden die kritische Grundlage seines politischen Engagements gegen das Regime Ben Alis. Für Sassi ist es von zentraler Bedeutung, die soziale und ökonomische Wirklichkeit und die ihr inhärente, erfahrene Gewalt, sichtbar zu machen: Die Armut und Unterdrückung sprachlich zu fassen, bedeutet, sie als Missstand anzuerkennen, sodass sie anschließend bekämpft werden können. Für die tunesische Linguistin Nabiha Jrad vollzieht sich darin die performative Wirkung der Sprache, »die Fähigkeit, die politische Situation durch die einfache Tatsache, sie zu benennen, zu verändern« (Jrad 2012).

Den Staatsnarrativen der Demokratisierung und des Wirtschaftswunders, die im krassen Gegensatz zur Lebenswirklichkeit der großen Mehrheit der Tunesier*innen stehen, kann auch nach Auffassung von Ben Mhenni nur begegnet werden, indem über die bestehenden Verhältnisse aufgeklärt wird:

»Es gab [vor dem Sturz Ben Alis, N.A.] einen großen Unterschied zwischen dem offiziellen Diskurs und der alltäglichen Realität der Tunesier. Und das in jeder Hinsicht, in ökonomischer Hinsicht, aber auch bezüglich der Menschenrechte. Die Arbeit, die ich gemacht habe und die ich weiterhin mache, besteht vor allem darin, zu versuchen, denjenigen, die keine Stimme haben, eine Stimme zu geben [...]. (Ben Mhenni 16.09.2014, Tunis)
Ich habe lange Diskurse von Demokratie, Freiheit und Gerechtigkeit gehört. Gesehen habe ich jedoch nur Leute, die inhaftiert, gefoltert oder sogar getötet worden sind, weil sie auf Internetseiten oder in zensierten Zeitungen eine andere Meinung als die des Königs ausgedrückt haben [...], Geschäftsmänner, die Bankrott gegangen sind, weil sie sich geweigert haben, mit der Königsfamilie und Co. zu kooperieren, hungernde Leute, obwohl man von nachhaltiger Entwicklung und Wirtschaftswunder sprach, Masterabsolventen und sogar Doktoren ohne Arbeit [...], Mütter, die um ihre ertrunkenen Kinder trauern, die das Land [...] auf der Suche nach Würde verlassen haben.« (Ben Mhenni nach Bettaïeb 2011: 120)

In der Atmosphäre des polizeilich durchgesetzten Schweigens erstaunt es wenig, dass die Priorität regimekritischer Akteur*innen zunächst darin

---

Alis verwendet, sodass darauf geschlossen werden kann, dass er sich an dieser Stelle auch auf eine Herrschaftsweise beziehen lässt und eine kollektive Dimension umfasst.

liegt, sich das Recht, über elementare Verhältnisse zu sprechen, zu erkämpfen, um die Diskrepanz zwischen den staatlichen Diskursen und den tatsächlichen Verhältnissen offenzulegen. In dem autoritären Kontext wird die Thematisierung noch so unbedeutend erscheinender Belange und Verhältnisse zum brisanten Politikum (vgl. Gherib 2012: 12), wie Ben Mhenni beklagt: »Wir konnten noch nicht mal über einen Stromausfall sprechen. Alles wurde [durch das Regime, N.A.] politisiert« (Ben Mhenni 16.09.2014, Tunis). Eine Berichterstattung über einen Stromausfall greift implizit den Staat an, der für die schlechte Versorgung verantwortlich gemacht wird. Sich auszudrücken und selbst über einen Stromausfall zu sprechen, wird unter Ben Ali gleichsam zu einem dissidenten Akt, aber auch zu einer ernsthaften Notwendigkeit für die Akteur*innen. Der Kampf für eine »realitätsgetreue« Darstellung der sozialen Wirklichkeit positioniert sie zudem deutlich als Kritiker*innen des Regimes.[253] Die Akteur*innen verankern sich durch die Thematisierung der herrschenden Lebensbedingungen in ihrer erfahrenen Wirklichkeit, die der zentrale Ausgangspunkt für ihre gesellschaftskritische Reflexion ist.

4.3.4   Das Internet als generationsspezifischer Raum politischer Vernetzung

Der Ausbruch des Revolutionsprozesses enthüllt einen länger währenden Generationenkonflikt, der sich in erster Linie darin ausdrückt, dass es der oppositionellen Elite nicht gelingt, der jüngeren Generation genügend Entfaltungsmöglichkeiten und einen eigenen, autonomen Platz innerhalb der zivilgesellschaftlichen Organisationen und politischen Parteien einzuräumen:[254]

---

253 Dabei lassen sich mit Ernesto Laclau gesprochen politische Kämpfe im Allgemeinen als Kämpfe um Deutungshoheit und um Definitionsmacht begreifen (vgl. Laclau 1990: 28ff.).

254 Es handelt sich um ein Problem, das heute stets – nicht nur in Bezug auf die Zivilgesellschaft, sondern auch gesamtgesellschaftlich – von aktueller Brisanz ist. In meinen Interviews kommt immer wieder die Forderung (der jüngeren, aber auch teilweise der älteren Generation) auf, dass den jungen Menschen mehr Raum, mehr Entfaltungsmöglichkeiten und mehr Anerkennung in der Gesellschaft gegeben werden sollte – eine Forderung, die dadurch gerechtfertigt wird, dass die Jugend durch ihre Vorreiterrolle im Revolutionsprozess bewiesen hat, wozu sie fähig ist, und es nun auch verdient, dass man ihr endlich ihren hart erkämpften Platz zugesteht (vgl. Bendana 2011: 91). So Abir Tarssim: »Ich glaube, das ist das Problem, dass [...] die Älteren nicht den

»Wir haben bemerkt, dass wir, die Jugendlichen, in verschiedenen Vereinigungen, [...] damals ein bisschen frustriert waren, weil wir nicht das Gefühl hatten, unseren Platz zu haben. [...] hier in der Vereinigung [ATFD, N.A.] gab es die Gründerinnen, die nicht Irgendwer waren, bei Amnesty oder der Liga [LTDH, N.A.] waren es Politiker und Aktivisten, die im Gefängnis waren, die gefoltert wurden, dementsprechend haben wir natürlich nicht die gleichen Dinge erlebt. [...] Es stimmt, dass es einen Generationenkonflikt gab [...].« (Youad Ben Rejeb 27.08.2014, Tunis)

Das Gefühl der jungen Akteur*innen, keinen eigenen Platz innerhalb der politischen Organisationen und Parteien zu finden, in welcher sie aktiv sind, wird dadurch erweckt, dass ihre Bedürfnisse, Erfahrungen und auch ihre eigene Sprache und Ausdrucksweise nicht ausreichend Berücksichtigung finden.

Im Kontext der Diktatur definiert die ältere Generation politischer Akteur*innen politisches Kapital durch Gefängnisaufenthalte und polizeiliche Überwachung – Erfahrungen, von denen vorwiegend die ältere Generation in ihrem politischen Handeln geprägt ist. Diese Definition politischen Kapitals innerhalb der NGOs und Parteien benachteiligt die jüngere Generation, die aufgrund ihrer jüngeren Aktivitäten seltener Gefängnisaufenthalte aufweist, und oftmals lediglich als Unterstützer*in der älteren Generation und deren Belange auftreten kann. Die Gerontokratie Tunesiens spiegelt sich auch in der gerontokratisch organisierten Zivilgesellschaft wider, in welcher die Älteren die zentralen Machtpositionen[255] besetzen und den Jüngeren einen beruflichen, politischen und sozialen Aufstieg weitestgehend verschließen. Dieser fehlende generationelle Übergang der Machtpositionen hat unter anderem zur Folge, dass sich weniger Jugendliche parteipolitisch und zivilgesellschaftlich organisieren. Zu Zeiten Ben Alis interpretiert die ältere Generation diesen Umstand

---

Platz frei machen wollen für diese Revolution, die ja eigentlich aus der Jugend entstand, die aber von den älteren Dinosauriern belagert worden ist« (Tarssim 20.04.2017, Tunis). Auf der Ebene der institutionellen Politik hält sich stets die Macht der älteren Generation: Abgesehen von seinem Alter (91 Jahre), gehört der aktuelle Präsident Béji Caïed Essebsi durch seinen politischen Werdegang und seinen Regierungsmethoden ohne Zweifel dem alten Regime an.

255 Die Gründer*innen der NGOs bleiben meist über Jahrzehnte hinweg ihre Vorsitzende. Der Fall der kommunistischen Partei *Ettajdid* ist diesbezüglich äußerst lehrreich: Der Leader der Partei, Mohamed Harmel, wird 1956 in den Parteivorstand gewählt und ist von 1981 bis 2007 Parteivorsitzender. Er hat also rund 50 Jahre lang Schlüsselpositionen der Partei inne. Seine Absetzung erfolgt erst, als eine Minderheit der Partei beschließt, die Partei der Jugend zu öffnen, die ihn letztlich 2007 abwählt (vgl. Rezgui 13.09.2014, Tunis).

als Politikverdrossenheit der Jugend, dabei handelt es sich in erster Linie um eine Parteien- und Politikerverdrossenheit.

In diesem Zusammenhang erstaunt es nicht, dass insbesondere jüngere Akteur*innen das Bedürfnis verspüren, sich ihre eigenen Denkräume zu schaffen, die nicht von älteren Kadern der Opposition präfiguriert sind. Das Internet bietet der jüngeren Generation politisch aktiver Akteur*innen die Möglichkeit, in einen Raum zu investieren, den sie relativ unabhängig gestalten können. Auch wenn es zu karikaturistisch erscheint, den Generationenkonflikt auf eine Spaltung zwischen jenen, die hauptsächlich online, und jenen, die offline politisch aktiv sind, zu reduzieren, ist jedoch nicht von der Hand zu weisen, dass vornehmlich die jüngere Generation das Internet für *potenziell* subversive Ziele nutzt,[256] wie Hamadi Kaloutcha erläutert:

»Ich habe in Brüssel [2004, N.A.] die Gelegenheit gehabt, mit einer Person des ›traditionellen Aktivismus‹, Radhia Nasraoui, zu sprechen. Sie gehört einer anderen Generation an, die nicht mit dem Internet aufgewachsen ist und dem äußerst misstraut. Für sie war das Internet ein Mittel der repressiven Überwachung der Polizei und nicht ein Mittel, das zur freien Meinungsäußerung und Freiheit dienen kann. Natürlich standen ihre E-Mails unter Überwachung und es gab insgesamt viel Überwachung im Netz, daher auch ihr Misstrauen. Ich wiederum bin davon ausgegangen, dass es sicherlich diese Überwachungsmöglichkeiten gab […], aber dass man das Internet auch gegen das Regime verwenden konnte, so wie das Regime es gegen uns verwenden konnte. Ich befand mich in einem Generationenkonflikt, wir hatten nicht die gleichen Wahrnehmungen.« (Kaloutcha 28.08.2014, Tunis)

Dieser Generationenkonflikt beschränkt sich nicht lediglich auf die Frage nach den technischen Mitteln und Räumen des Aktivismus. Vielmehr versucht der Cyberaktivismus, eine effektivere Alternative zum klassischen Aktivismus der älteren Generation zu bilden. Für Kaloutcha stellt sich die Frage, wie zivilgesellschaftliche Opposition und Kritik gegen Ben Alis Regime gestaltet sein müssen, damit sie eine möglichst große Bandbreite an

---

256 Dem *Arab Social Media Report* zufolge sind im Jahr 2011 77 Prozent der tunesischen Facebook-Nutzer*innen zwischen 15 und 29 Jahren alt (vgl. Dubai School of Government 2011: 8). Selbstverständlich nutzen auch ältere Akteur*innen das Internet als politischen Informations- oder Diskussionsraum, das Medium bleibt dennoch von jüngeren Akteur*innen dominiert. Mokhtar Trifi (23.09.2014, Tunis), Kalthoum Kennou (17.09.2014, Tunis), Mohamed Jmour (29.08.2014, Tunis) oder Farida Labidi (15.08.2014, Tunis) beispielsweise gehören unter meinen Interviewpartner*innen der älteren Generation an und verwenden das Internet zu politischen Informationszwecken.

Bürger*innen anspricht und sich gleichzeitig vor der Repression des Regimes schützt:

»Ihr Diskurs [der oppositionellen Zivilgesellschaft und Parteien, N.A.] war den normalen Tunesiern nicht zugänglich. Dafür musste man in einen wirklich sehr begrenzten, misstrauischen und überwachten Kreis eintreten. Das war ein Spießrutenlauf, um einer solchen [oppositionellen, N.A.] Gruppe beitreten zu können. In Tunesien bin ich diesen Leuten nie begegnet und selbst wenn ich ihnen begegnet wäre, ist es nicht sicher, dass ich sie als Gruppe identifiziert hätte, weil sie immer um die allergrößte Geheimhaltung bemüht waren. […] Für mich war der ›traditionelle Aktivismus‹ wirkungslos, da konnte man sich gleich ins Gefängnis werfen lassen, das kam auf das Gleiche raus. Meiner Meinung nach musste man wirklich einen anderen Raum finden. Alle oppositionellen Kreise waren Splittergruppen […]: Alle waren von der gleichen Sache überzeugt, sie pflegten ihre Frustration, nichts machen und ihren Diskurs nicht demokratisieren zu können. Das war nicht sehr wirksam. Ich für meinen Teil glaubte, dass man den *Geist* der Opposition und schlicht die Möglichkeit, ›Nein‹ zu sagen, demokratisieren sollte. […] Meiner Meinung nach musste man auch die Leute des RCD [Partei Ben Alis, N.A.] überzeugen, die Partei zu verlassen, man musste alle Leute überzeugen [die Herrschaft Ben Alis zu hinterfragen, N.A.].« (Kaloutcha 28.08.2014, Tunis)

Kaloutcha versucht, den regimekritischen Diskurs zu demokratisieren, das heißt möglichst vielen Bürger*innen zugänglich zu machen, indem er sie dazu auffordert, Kritik am Regime auf seinem Online-Diskussionsforum zu üben.[257] Dem polizeilichen Schweigen setzt Kaloutcha die Rede entgegen, die sich der Beherrschung widersetzt. Das Wort auf Facebook zu ergreifen und Position gegen das Regime zu beziehen, so Kaloutcha, ist im Internet um einiges leichter als im öffentlichen Raum oder im Milieu der klassischen Opposition, zumal es weniger voraussetzungsreich ist. Die Demokratisierung des Protests im virtuellen Raum vollzieht sich für Kaloutcha vor allem dadurch, dass den Bürger*innen ermöglicht wird, minimale Widerstandshandlungen zu vollziehen, indem sie ihre regimekritische Meinung online kundtun, sie mit anderen teilen und sich dadurch gegenseitig ermutigen, die Grenzen des »Sagbaren« zu erweitern.[258] Durch die Publikationen und Diskussionen im Internet wird ihm zufolge eine autonome

---

257 Diese Möglichkeit zur Kritik hängt selbstverständlich von der Fähigkeit ab, lesen und schreiben zu können.

258 Kaloutcha schafft damit eine der wenigen virtuellen Plattformen, auf der sich Bürger*innen politisch austauschen können. Bei seiner Festnahme Anfang Januar 2011 wird ihm vorgeworfen, ein »Meinungsführer« auf Facebook zu sein. Seine letzte Publikation vor seiner Inhaftierung wurde den polizeilichen Angaben zufolge innerhalb von zwölf Stunden 35.000 Mal geteilt.

Haltung des (zivilen) Ungehorsams – wenn auch niedrigschwellig – kultiviert. Der regimekritische Diskurs und eine oppositionelle Haltung vervielfältigen sich so in verschiedenen Stätten und rund um verschiedenste Themen, anstatt in einem begrenzten Milieu zu versiegen.

Jenseits der Möglichkeit, sich zu informieren und auszudrücken, bietet das Internet ebenfalls die rare Möglichkeit, sich untereinander zu vernetzen, »lose« Kollektive zu gründen und somit geografische und polizeiliche Grenzen des Regimes relativ ungestraft zu überschreiten (vgl. Dakhli 2011: 96). Das Internet ermöglicht Cyberaktivist*innen, wie Ben Mhenni, die sich als »Freigeist«[259] bezeichnet, in enger Verbindung und Kooperation mit anderen (Cyber-)Aktivist*innen sowie oppositionellen Parteien und Bewegungen zu stehen – ohne sich den organisatorischen Zwängen einer politischen Vereinigung unterordnen zu müssen (vgl. Ben Mhenni 16.09.2014, Tunis). Cyberaktivist*innen umgehen pyramidale Hierarchien und strenge Agenden politischer Parteien, Gewerkschaften und NGOs und schaffen sich einen bis dato unbekannten Freiraum politischen Denkens und Handelns (vgl. Ben Mhenni 2011: 8; Ben Gharbia 2011).

Der Cyberaktivismus als Bindeglied zwischen der individuellen und der kollektiven Dimension politischen Handelns trägt dazu bei, gegen die vom Regime angestrebte Vereinzelung und Isolation politischer Akteur*innen anzukämpfen. Schließlich gelingt es dem Cyberaktivismus zu diesem Zeitpunkt, effektiver zu kämpfen als »klassische« parteipolitische, zivilgesellschaftliche und gewerkschaftliche Vereinigungen. Zudem schalten sich die Cyberaktivist*innen auf verschiedenen Ebenen und bei diversen Themengebieten ein, »lokal, regional, panarabisch und global«, wie Ben Gharbia unterstreicht (Ben Gharbia 2011). Auf diese Weise entstehen Solidaritäten und Vernetzungen zwischen verschiedenen Protesten, Akteur*innen und Regionen, die sich ohne das Internet kaum hätten bilden können.[260]

---

259 Im französischen Original verwendet sie die Bezeichnung »électron libre«. Die exakte, wortwörtliche Übersetzung »freies Elektron« schien mir jedoch im Deutschen kaum gebräuchlich.

260 Leila Khaled, Aktivistin aus Redeyef, berichtet, dass sie während der Gafsa-Revolten 2008, in der sie und ihre gesamte Familie an vorderster Front engagiert waren, über das Internet von den sich gleichzeitig ereignenden Revolten in Sidi Ifni in Marokko erfährt. Nachdem ihr Ehemann und ihr Sohn inhaftiert werden, erhält sie Nachrichten von marokkanischen Frauen aus Sidi Ifni, die sie ermutigen, weiter zu kämpfen (Khaled 17.04.2017, Tunis).

Das Internet und insbesondere Facebook setzen sich auch aufgrund ihres ambivalenten Charakters zwischen privater und öffentlicher Sphäre als
wertvolle Räume des Politischen durch, wie Hamadi Kaloutcha erläutert:

»Für mich war [das Internet, N.A.] ein sehr, sehr mächtiges Mittel […], denn wenn
Sie einen normalen Bürger auf der Straße angesprochen haben, um über Politik zu
sprechen, war es sehr wahrscheinlich, dass er eine Kehrtwendung gemacht oder
nicht geantwortet hat. Es war auch für Sie nicht möglich, Leute auf der Straße anzusprechen, um mit ihnen über Politik zu sprechen. Sie antworteten nicht, weil sie
Angst hatten. Wohingegen die Leute im Internet anzusprechen, bedeutet, in ihre
Privatsphäre einzudringen: Sie sind bei sich zu Hause, sie liegen im Bett und sind
in ihrem Milieu. Jedenfalls haben sie mehr Vertrauen und sind offen dafür, […]
sich ein bisschen fallen zu lassen und es zu wagen, über diese Dinge [Politik, N.A.]
nachzudenken. Dementsprechend etabliert sich ein viel intimerer Kontakt, der
dazu führt, dass sich die Zungen lösen.« (Kaloutcha 28.08.2014, Tunis)

Das Internet schafft in gewisser Weise eine Intimität, die sich im öffentlichen Leben und auf der Straße zwischen den Bürger*innen nicht etablieren
lässt. Durch das interaktive und dezentralisierte »Web 2.0«, das die Inter-
netnutzer*innen immerfort auffordert, ihr Privatleben in allen Facetten im
Internet zu teilen, entsteht bei vielen Nutzer*innen der Eindruck, dass es
sich im Gegensatz zur »klassischen« öffentlichen Sphäre tatsächlich um
eine intimere, vertraulichere, ja fast geheime Sphäre handelt. Dieser Eindruck wird in Tunesien durch die Tatsache verstärkt, dass die politische
Polizei bis 2009 sehr viel präsenter und sichtbarer auf den Straßen ist als
im virtuellen Raum (vgl. Abbas 2015b).

4.3.5   Wenn das Internet als Raum politischer Satire die Angst entschärft

Die Cyberaktivist*innen pflegen auch einen humoristischen Umgang mit
der sozialen Wirklichkeit. Während die öffentlichen Selbstmorde die Angst
vor dem Regime auf punktuelle und eruptive Art und Weise aussetzen,
verwandelt der im Internet kursierende Humor die Angst in einer Langzeit-
Perspektive in Satire und entschärft sie somit sukzessiv.[261] So erläutert
Rezgui, »[…] später ist das Regime, das uns Angst gemacht hat, ein Regime
geworden, das uns zum Lachen bringt. Wir haben die Zensur ›Ammar

---

261 Zur politischen Bedeutung des Lachens siehe Antoine de Baecques Studie (2000) zum
Lachen als Waffe gegen das französische *Ancien Régime*.

404«[262] genannt, also ist sie ein bisschen etwas Satirisches geworden« (Rezgui 13.09.2014, Tunis). »Ammar« ist der Name, den die Cyberaktivist*innen einem fiktiven, für die Zensur zuständigen Beamten geben. 404 steht für die Nachricht »Not found 404«, die erscheint, wenn man versucht, zensierte Seiten zu öffnen. Der Cyberaktivist Z karikiert »Ammar« in einer Reihe von Zeichnungen als einen dümmlichen, gehorsamen Beamten, der zwischen seiner Aufgabe, sämtliche Internetseiten mit seiner großen Schere unzugänglich zu machen, und seinem Begehren, pornografische Inhalte im Internet zu konsumieren, hin- und hergerissen ist, sich aber letztlich stets für die Zensur entscheidet (vgl. Z 2011a: 9–25).[263] Die Cyberaktivist*innen rächen sich mit diesen karikierenden Schöpfungen an der Cyberpolizei, die ihnen nicht lediglich den freien Zugang zum Internet verwehrt, sondern ihnen außerdem anhand der »404«-Anzeige vortäuscht, dass die Seite überhaupt nicht existiert anstatt anzugeben, dass sie vom Staat gesperrt wurde (vgl. Baraket/Belhassine 2016: 23). Der junge Satire-Sänger *Bendir Man* macht sich im tunesischen Dialekt in seinem Lied (»Ammar«) über diesen infantilisierenden Umgang des Staates mit den Bürger*innen lustig: »Ammar, oh du Esel, haben sie dir nichts von Proxys erzählt? […] Wir sind alle online! […] Und wenn sie eine Tür aus Eisen einbauen, springe ich drüber und verbinde mich mit *YouTube,* und wenn sie eine Tür aus Eisen einbauen, springe ich drüber und verbinde mich mit Blogs!« (Bendir Man zitiert nach YouTube 2011a).

In einem anderen Lied (»100 Prozent Demokratie gesättigt«) ironisiert *Bendir Man* die »florierenden« demokratischen Verhältnisse und bezieht sich so humoristisch auf die Staatsnarrative Tunesiens als Demokratie und als Wirtschaftswunder:

»Wie viele Jahre sitze ich schon auf dem Thron, kauernd? Und sag mal, Bürger, warum willst du politisch partizipieren? Es gibt weder Hungernde noch Arbeitslose noch Arme, Weder Gefangene im Gefängnis noch Kranke in den Krankenhäusern. Wohl genährt, sich wohlfühlend, immer im Überfluss lebend, und in

---

262 Ein weiteres Hashtag der Jugend gegen die Zensur im Internet ist #*Sayeb Sala7 ya Ammar* (Lass uns in Frieden, Ammar). Es handelt sich dabei um einen allgemeinsprachlichen Ausdruck des tunesischen Dialekts, um eine Ablehnung auszudrücken.

263 Z thematisiert derart den Umstand, dass die ersten Internetseiten – bevor Internetseiten aus politischen Gründen zensiert werden –, die der Zensur zum Opfer fallen, pornografische Seiten sind. Die Karikaturen von Z sind auch auf seinem Blog einzusehen: http://www.debatunisie.com/tag/Ammar.

voller Freiheit, schwimmen zu 99 Prozent in Demokratie, in Hülle und Fülle!«
(Bendir Man zitiert nach YouTube 2011b)

Das Bedürfnis, die Zensur und die mangelnden Freiheiten zu verspotten,
verschafft der Jugend einen der wenigen Freiräume, in dem sie aufatmen
können. Die Ironie schützt sie in einem gewissen Ausmaß auch vor polizeilicher Verfolgung, zumal sie die Verhältnisse lediglich indirekt kritisieren.

Azyz Amami macht Humor in seinem *Manifest des Lachens* zum »ideologischen Rahmen« seines Cyberaktivismus:

»Diese magische, notwendige Distanz. Eine Distanz, die das Lachen gewährleistet.
Betont. Lasst uns lachen, wir Jugendlichen von Tunesien. Alte: lacht oder haut ab!
Das Lachen bringt Kritik, Distanz mit sich. Lasst uns alles mit dem feinen Tran-
chiermesser sezieren, schwarzer Humor, verspottendes Mikroskop der Karikatur.
Alles wird anfangen, sich aufzuklären. Lachen ist eine absolute Waffe. Das Lachen
hält diese Lebensfreude lebendig, die das gute Funktionieren des Körpers und des
Gehirns garantiert. Wir können handeln, aber wir müssen erst wissen. Wissen was
tun, warum, wie, wann und alle anderen äußeren Umstände. Aber wir können nicht
wissen, ohne zu sehen. Lasst uns lachen, um besser zu sehen. Persiflieren erlaubt
es, einen Akzent zu setzen. […] Zu erkennen. Lachen ist die Divise, die wahre, die
revolutionäre, die aktuelle. Diejenigen, die uns das Leben zur Hölle machen, haben
ein einfacheres Spiel, sobald wir unsere Lebensfreude verlieren, sobald wir aufhören, zu sehen, zu wissen, vorauszusehen und schließlich zu handeln. […] Lachen
ist eine absolute Waffe. Lachen ist eine Widerstandshandlung. Lachen ist eine
befreiende Tat. Lachen ist ein revolutionärer Akt. Lasst uns lachen, um aus dieser
Welt das zu machen, was sie sein sollte […].« (Amami 2009)

Humor in autoritären Zeiten zu verbreiten, bedeutet für Amami sich die
Freiheit zu nehmen, eine alternative Subjektivierung zu realisieren als die
polizeilich erwartete Subjektivierung des ängstlich-resignierten Gehorsams.
Die Tatsache, dass sich der Humor, der das Regime verspottet, überhaupt
entfalten kann, weist zu diesem Zeitpunkt bereits auf einen allmählich ein-
tretenden Autoritätsverlust des Regimes hin.

4.4   Die Befreiung der Imaginäre

Am Anfang der Widerstandshandlungen gegen Ben Alis Herrschaft stehen
weder zwingend eine ideologische oder utopische Haltung noch notwendigerweise ein konstruktives Imaginär einer anderen Herrschaftsordnung

Tunesiens. Vielmehr drückt sich in ihnen in erster Linie das Bedürfnis aus, sich vom polizeilich verhängten »Maulkorb« (Saehi 25.03.2015, Tunis) zu befreien, über die herrschenden Verhältnisse zu sprechen und auf diese Weise die Angst vor dem Regime zu überwinden. Die unter Ben Ali politisch aktiven Akteur*innen versuchen in erster Linie, sich Freiräume zu verschaffen und die Grenzen der Diktatur zurückzudrängen. Das Internet dient in vielfältiger Hinsicht als Gegenöffentlichkeit, in der eine alternative Deutungshoheit vertreten wird und politische Meinungs-, Informations- und Äußerungsrechte in reduzierter Form ausgeübt werden können. Im Internet kommt es zur Synergie heterogener, sozioökonomisch und politisch motivierter Proteste gegen das Regime.

Für viele Cyberaktivist*innen und im Internet aktive Akteur*innen fängt der Widerstand gegen Ben Ali damit an, die »Realität« zu benennen, sie somit als Wirklichkeit zu etablieren und sie gegen die verzerrenden Staatsnarrative zu verteidigen.[264] Dabei handelt es sich zwar auch, aber nicht ausschließlich, um eine Protesthandlung gegen das verordnete Schweigen. Vielmehr tragen das Sprechen und Lachen über die soziale, ökonomische und politische Wirklichkeit dazu bei, dass die Akteur*innen den schizophrenen Status zwischen ihrer Lebenswirklichkeit und der öffentlich-medialen Repräsentation dieser überwinden können und eine Basis für den politischen Kampf etablieren. Diese »Narration des Leides« (Bendana 2011:125) erhält vor und nach dem Ausbruch des Revolutionsprozesses eine zentrale Bedeutung: Während die Narration der Erfahrungen unter der Diktatur lediglich im Internet erfolgen kann, konstituiert sie sich nach der Flucht Ben Alis zu einer konkreten Forderung nach »Wahrheit und Gerechtigkeit«. Die Vorstellung, dass Gerechtigkeit durch die Aussprache der »Wahrheit« über die Verbrechen des Regimes geschaffen

---

[264] Um zu verstehen, dass die Kenntnis der »Realität« auch in der Post-Ben-Ali-Phase stets eine zentrale Rolle spielt, sei exemplarisch darauf hingewiesen, dass die Kasbah Sit-ins u. a. dem Interimspräsidenten Mohamed Ghannouchi sowie den RCD-Mitgliedern eine »tiefe Unkenntnis der Wirklichkeit des Landes« (Essid 2012: 12) vorwerfen. Sie machen auf diese Weise die präzise Kenntnis der Realität, über die sie als Bürger*innen selbst verfügen, zu einem dezisiven Kriterium für die politische Eignung von Politiker*innen. Vor den Wahlen 2011 wird den IslamistInnen auch vorgeworfen, dass sie die tunesischen Lebensverhältnisse nicht genügend kennen, da sie die letzten zwanzig Jahren im Gefängnis oder im Exil verbracht haben und dementsprechend keinen rechtmäßigen Regierungsanspruch formulieren können (vgl. etwa Arbi Kadri 03.09.2014, Tunis).

wird (vgl. ebd.: 118ff.), stellt das Fundament der Wahrheitskommission für transitionelle Gerechtigkeit (»Instanz Wahrheit und Würde«) dar.[265]

Die kritische Auseinandersetzung mit der erfahrenen Realität und das Miteinander-Sprechen im Internet lässt imaginäre Fragmente erkennen, die sich nach dem Ausbruch des Revolutionsprozesses zu konkreteren, konstruktiven Imaginären entfalten: der vehemente Kampf gegen die Zensur und die damit einhergehende Vorstellung, dass die Grundlage einer gerechten und demokratischen Gesellschaft im freien Zugang zur Information sowie in der Meinungs- und Ausdrucksfreiheit liegt; die Kritik an den sozioökonomischen Verhältnissen und der Kampf für soziale Gerechtigkeit, die Kritik an der Diktatur und die Forderung nach demokratischen Teilhaberechten.

Erst nachdem durch die emotionale Überwindung der Angst und durch die Aussprache der sozialen Wirklichkeit (durch die sozialkritischen Imaginäre) die Fähigkeit des Regimes, die sozialen und ökonomischen Bedürfnisse der Bevölkerung sowie die Forderung nach politischen Teilhaberechten zu befriedigen, kollektiv infrage gestellt wird, wird der Horizont für die konstruktiven Imaginäre der tunesischen Gesellschaft geöffnet. Hierfür ist es zentral, sich zunächst einmal über den jahrzehntelang verschwiegenen oder durch die Propaganda verzerrt dargestellten Zustand des Landes zu verständigen. Für den tunesischen Intellektuellen Yadh Ben Achour haben die Tunesier*innen eine der »strengsten Diktaturen der heutigen Zeit« durch »die Waffe der Sprache« gestürzt (Ben Achour 2016: 86).

Wann entstehen nun Imaginäre? In Tunesien können sich Imaginäre herausbilden, als der Wandel möglich erscheint, die Angst vor dem Regime kollektiv überwunden wird und es Bürger*innen gelingt, sich Räume zu schaffen, in denen sie sich über die erfahrene soziale Wirklichkeit verständigen können. Durch den Ausbruch des Revolutionsprozesses entwickeln sich Imaginäre, oder wie es die französisch-tunesische Historikerin Jocelyne Dakhlia ausdrückt »Träume einer anderen Zukunft«, die aus ihrer und meiner Sicht den tunesischen Revolutionsprozess deutlich von einer »bloßen Hungerrevolte« (Dakhlia 2013a) unterscheiden (vgl. auch Ben Achour 2016: 85; Wael Nouar 29.08.2014, Tunis).

Erinnern wir uns an die Ausgangsfrage, ob die Kritik an der Diktatur auf Grundlage von konstruktiven zukunftsorientierten Vorstellungen einer

---

[265] Auf die transitionelle Gerechtigkeit werde ich im fünften Kapitel zu sprechen kommen.

alternativen politischen und sozialen Ordnung erfolgt, so muss ich mich revidieren. Die oben geführte Diskussion zeigt, dass die Vorstellung, die Akteur*innen würden in Ordnungskategorien denken, inadäquat ist. Mir wird bewusst, dass die Imaginäre der Akteur*innen sich oftmals aus einer Collage imaginärer Referenzen zusammensetzen und nur sehr vereinzelt einem einheitlichen Bild entsprechen. Das bedeutet, dass die Akteur*innen sich während der Diktatur kein kohärentes imaginäres Konstrukt einer alternativen Herrschaftsordnung vorstellen, aber verschiedene imaginäre Bezüge und Ideale aufweisen, an der sie ihre Kritik orientieren. Die sozialkritischen Imaginäre, die die erfahrene Wirklichkeit hinterfragen, wie die Kritik an der Zensur und an der politischen Repression, sind vor dem Sturz Ben Alis sehr viel präsenter als die konstruktiven Imaginäre einer anderen Herrschaftsordnung.

Der Politikwissenschaftler Yaron Ezrahi macht darauf aufmerksam, dass politische Vorstellungskraft einen Charakter der Zusammenstellung und der Anordnung aufweist:

»I regard the process of imagining as basically that of composing, decomposing and recomposing the fabrics of images, metaphors, narratives, symbols, metaphysics, fantasies, commonsense facts, popular views of science, social values, shared fears and emotions, and other cultural and experiential materials – a process that continually produces configurations that fulfill diverse needs and functions. These configurations, these imaginaries, which from a philosophical perspective may appear as accidental, half-conscious, eclectic, and muddy assemblages of incommensurable elements, constitute [...] a valuable form of public knowledge [...].« (Ezrahi 2012: 37)

Ezrahis Vorschlag folgend, Imaginäre als »muddy assemblages« zu begreifen, werde ich in den folgenden Kapiteln (5 bis 7) die imaginären Fragmente und Kompositionen vorstellen, die meiner Einschätzung nach den Revolutionsprozess maßgeblich charakterisieren. Dabei wird sich herausstellen, dass Imaginäre bereits in der vorrevolutionären Phase verankert sind, sich aber erst durch den Ausbruch des Revolutionsprozesses explizit und bewusst artikulieren. Sie werden zum Teil von neuen Akteur*innen re-aktualisiert und verändern auch teilweise ihre Bedeutung.

5. Talking about revolution

»Wenn eines Tages das Volk sich danach sehnt, zu leben
dann muss sich das Schicksal beugen,
dann muss sich die Finsternis lichten
und die Ketten gesprengt werden.
Und wer von der Sehnsucht nach Leben
nicht ergriffen wird,
der fällt der Vergessenheit anheim.«
Abou Kacem Al-Chabbi, Der Wille zum Leben, 1933[266]

Im Folgenden werde ich die Imaginäre der Revolution darstellen. Welche Vorstellungen von Revolution überwiegen bei den Akteur*innen? Konstituierten sie sich *vor* der revolutionären Erfahrung, sind sie von Imaginären anderer historischer Revolutionen beeinflusst oder sind sie vielmehr das Ergebnis einer Reflexion über die sich ereignende revolutionäre Erfahrung? Sind die Akteur*innen ihrer Vorstellung nach Zeug*innen einer Revolution geworden? Und wenn es eine Revolution gegeben hat, wo steht sie heute? Ist sie gescheitert, von anderen Kräften vereinnahmt worden oder womöglich noch im Gange? Handelt es sich um ein spontanes, singuläres Ereignis oder um einen langjährigen Prozess? Welche Gründe geben die Akteur*innen für den Ausbruch der Revolution an? Welche Ideale und Ziele verfolgen sie?

---

266 Al-Chabbi ist ein berühmter tunesischer Dichter (1909–1934). Der in Tunesien skandierte Slogan »Das Volk will den Sturz der Ordnung/des Regimes« (*ša'b yurīd isqāṭ a niṭām*), der sich 2011 nahezu im gesamten arabischsprachigen Raum verbreitet, wurde von dem oben genannten Gedicht inspiriert (vgl. Baraket/Belhassine 2016:12). »Das Volk will« ist seither konstitutiver Bestandteil der politischen Sprache sozialer Bewegungen in Tunesien.

5.1   Die »Revolution der Würde und der Freiheit«

>>Mein Wort ist frei
ich bin eine von denen, die frei sind, die keine Angst haben
Ich bin die Geheimnisse, die niemals sterben werden
Ich bin ein Sinn inmitten des Chaos
Ich bin das Recht der Unterdrückten
das von den Hunden verkauft wurde
die den Menschen ihr tägliches Brot rauben
und die Türen vor Ideen verschließen
[…]
Ich bin ein Stern, der in der Dunkelheit leuchtet
Ich bin ein Dorn in der Kehle des Unterdrückers
Ich bin ein Wind vom Feuer berührt
Ich bin die Seele derer, die nicht vergessen wurden
Ich bin die Summe derer, die nicht gestorben sind
[…]
Aus Stahl mache ich Lehm
und baue mit ihm eine neue Liebe
die zu Vögeln wird, die zu Häusern wird, die zu Wind und Regen wird
Ich bin wie alle freien Menschen der Welt zusammen
[…].«
Emel Mathlouthi, Mein Wort ist frei (Kelmti horra), 2012[267]

Die »Revolution der Würde und der Freiheit«, wie der Revolutionsprozess in der Präambel der Verfassung genannt wird, bringt zweifelslos Würde (*karama*) und Freiheit (*ḥurriya*) als zwei zentrale Forderungen der Bürger*innen hervor. Während Freiheit selbsterklärend erscheint, ist der Begriff der Würde komplexer.

Viele Interviewpartner*innen begegnen der erfahrenen Verachtung und Demütigung durch den Staat mit ihrer Forderung nach Würde. Sie fühlen sich vom Regime entwürdigt und fordern in den Protesten den Respekt ihrer Würde. Doch was bedeutet »Würde« in diesem Kontext und worauf bezieht sie sich? Handelt es sich dabei um ein politisches oder um ein moralisches Prinzip?

Die Forderung nach »Würde« der Demonstrant*innen in Tunesien und anderen Teilen der arabischen Welt[268] hat in den Kommentaren europäi-

---

267 Die tunesische Sängerin Mathlouthi singt dieses Lied, das sie den Opfern der Ben Ali-Diktatur widmet, auf einem Sit-in in Tunis kurz nach dem Sturz Ben Alis. Es ist eines der bekanntesten Lieder des Revolutionsprozesses.

scher Beobachter*innen, wenn nicht für Verwirrung, dann zumindest für
Unverständnis gesorgt. Im deutschsprachigen Raum entspricht »Würde«
kaum einem politischen Kampfbegriff, der von sozialen Bewegungen pro-
klamiert wird, sondern gehört eher dem rechtlichen und philosophischen
Vokabular der Menschenrechte an, die durch die Menschenwürde fundiert
werden (vgl. Allgemeine Erklärung der Menschenrechte von 1948). Während im deutschen Grundgesetz der Würdebegriff sich in erster Linie auf
einen absoluten und unantastbaren *Status* bezieht, der weder eingeschränkt
noch durch die staatliche Gewalt verletzt werden darf, umfasst der tunesische Würdebegriff des Revolutionsprozesses, je nachdem, von welchen
Akteur*innen er in welchem politischen Kontext geäußert wird, verschiedene, mitunter stark differierende Dimensionen und Bedeutungsum-
fänge.[269] Vor diesem Hintergrund und angesichts der Tatsache, dass der
Begriff der Würde in der neuen tunesischen Verfassung (2014) aufgegriffen
wird (Präambel, Art. 4, 21, 23, 30, 47), scheint mir eine Analyse des Begriffs unentbehrlich. Den Freiheitsbegriff werde ich im Verhältnis zur
Würdekonzeption diskutieren.

Bevor ich die einzelnen Dimensionen des Würdebegriffs vorstelle, sei
ein kurzer Rückblick in die neuzeitliche tunesische Geschichte vorgenommen, der zeigt, dass es sich keineswegs um ein neues politisches Schlagwort handelt. So fordert der antikoloniale Aktivist und Gewerkschafts-
gründer des UGTT, Farhat Hached, Ende der 1940er Jahre mit dem
Slogan »Würde vor Brot« die Unabhängigkeit von Frankreich (vgl. Mosbah
2012: 111). »Würde« verweist im antikolonialen Kampf Tunesiens auf das
Bedürfnis, nicht mehr von einer äußeren Besatzungsmacht unterdrückt zu
werden und die Unabhängigkeit zu erlangen (vgl. Ayari 2011a: 211).
Würdevoll zu sein, bedeutet demnach, sich politisch selbstbestimmen zu
können. In den 1960er und 1970er Jahren wird »Würde« im Modernisie-
rungs- und Entwicklungsparadigma Bourguibas zum Leitmotiv des Kampfes gegen die »Unterentwicklung« des Landes. Bourguiba fordert, dass die
tunesische Bevölkerung einen »Sinn für Würde« entwickeln muss, um sich

---

268 In Ägypten ist »Würde« ebenfalls ein zentraler Bestandteil der Slogans der Protestbewe-
    gung von 2011, die Hosni Mubarak stürzt.
269 Das bedeutet nicht, dass nicht auch der deutsche und der europäische Würdebegriff
    verschiedenste Interpretationen hervorbringen (vgl. exemplarisch Bieri 2013; Sandkühler
    2014). Gewiss lassen sich auch Überschneidungen zwischen dem tunesischen und dem
    europäischen Würdebegriff ausmachen. Es soll an dieser Stelle keinesfalls behauptet
    werden, es handele sich um zwei kategorisch unterschiedliche Begriffe, sondern lediglich
    auf die tunesischen Spezifika eingegangen werden.

durch (mehr) Arbeit zu besseren Lebensbedingungen zu erheben (vgl. ebd.). Die linksradikale Bewegung *Perspectives tunisiennes* (1963–1970) knüpft an die durch Hached initiierte Interpretation der Würde an und kritisiert Bourguibas Modernisierungspolitik, indem sie argumentiert, dass Tunesien die tatsächliche Unabhängigkeit mit dem formellen Ende des Kolonialis mus noch nicht erlangt habe. Hierfür müsse Tunesien sich von den internationalen kapitalistischen Institutionen emanzipieren, die die Ausrichtung der Politik Tunesiens stets dominieren, und ferner müsse sie eine sozialistische und demokratische Programmatik verfolgen. Die Bewegung prägt den Begriff der »nationalen Würde«, der aktuell immer noch von Bedeutung ist (vgl. ebd.). Der Slogan des Revolutionsprozesses »Arbeit, Freiheit und nationale Würde« (*šuġl, ḥurrīya, karāma waṭanīya*), der im späteren Verlauf des Textes noch thematisiert wird, bezeugt das. Schließlich deutet das politische Schlagwort der »nationalen Würde« ebenfalls darauf hin, dass der tunesische Revolutionsprozess sich in eine eigene Historizität des politischen Widerstandes einschreibt und nicht »aus dem Nichts« auftritt, wie manch ein Beobachter gewillt ist anzunehmen.

Im Folgenden unterscheide ich die menschliche Würde, die bürgerliche Würde, die nationale Würde, die sozial-materielle Würde und den religiös begründeten Würdebegriff.[270] Dabei sei angemerkt, dass »menschliche« und »nationale« Würde tatsächlich politische Kampfbegriffe in den tunesischen Diskursen der Akteur*innen sind, es sich bei »bürgerlicher«, »sozialmaterieller« und »religiös begründeter« Würde aber um Klassifikationen handelt, die ich vornehme, um die verschiedenen Forderungen voneinander zu unterscheiden. Darauf aufbauend diskutiere ich das Verhältnis von Würde und Freiheit im Diskurs der Akteur*innen. Abschließend skizziere ich den Diskurs, der in der »Revolution der Würde« die Vollendung der Dekolonisierung Tunesiens begreift.

---

270 Die Analyse der verschiedenen Dimensionen des Würdebegriffs soll keinesfalls suggerieren, dass sich die Akteur*innen in ihrer Diskurspraxis jeweils nur auf eine Dimension des Begriffs beziehen. Von einigen – aber weitaus nicht allen – Akteur*innen werden beispielsweise die sozial-materielle und die nationale Dimension des Würdebegriffs in Verbindung miteinander gebracht. Ich analysiere den Würdebegriff hinsichtlich seiner verschiedenen Dimensionen, um die Vielschichtigkeit des Begriffs herauszuarbeiten.

5.1.1   Menschliche Würde als Recht auf ein Leben ohne willkürliche
         Gewalt

Die erste Dimension des Würdebegriffs, die menschliche Würde (*karama insaniya*), steht dem deutschen Würdebegriff vermutlich am nächsten und lässt sich aus dem Wortstamm des arabischen Wortes *karama* ableiten, welchen er mit anderen arabischen Begriffen wie Achtung und Großzügigkeit teilt (vgl. Mosbah 2012: 111; Lötscher 2011: 228). Die menschliche Würde wird von den Akteur*innen angeführt, um daran zu erinnern, dass sie als Menschen und als Bürger*innen vom Staat in ihrer physischen und moralischen Integrität geachtet werden sollten (Nasraoui 20.09.2014, Tunis; Art. 23, 30, 47 der Verfassung, 2014). Der 55-jährige Gewerkschafter Wannes Msaddek erläutert, dass ihm vor allem durch seine Foltererfahrung,[271] die seine Würde massiv verletzt hat, der Stellenwert der menschlichen Würde bewusst geworden ist:

»Ich habe das selbst erlebt, 29 Tage lang, ich wurde 13-mal [von der Decke kopfüber, N.A.] gehängt. Ich habe jede Art der Folter (*ta'ḏib*) gesehen. Die wahre Bedeutung der Würde des Menschen (*karama insaniya*) kennt nur derjenige, der das erfährt.« (Msaddek 12.04.2017, El Guettar/Gafsa)

Msaddek verweist auf die menschliche Würde, um für ein absolutes Folterverbot zu argumentieren.

Wenn Folter auch ein extremes Beispiel der Verletzung der menschlichen Würde ist, so mahnt der 56-jährige Gewerkschafter und Lehrer Néjib Sellami, dass der Mensch unter der Herrschaft von Ben Ali auch in weniger existenziellen Situationen nicht gewürdigt wird:

»Für die Polizisten und für das Regime von Ben Ali, bist du nichts wert, wenn es keine Leute gibt, die dich verteidigen, wenn du nicht bekannt bist. Der tunesische Bürger wird nicht respektiert […]. Wenn du zur Polizei gehst, wirst du schlecht behandelt, und wenn es auch nur darum geht, einen Pass zu erneuern. Man kann dich beschimpfen, man kann dich schlagen. Sie [die Polizisten, N.A.] haben voll und

---

271 Wannes Msaddek wird aufgrund seines Engagements in der islamistischen (1980–1985) und anschließend in der linken Bewegung 1987 unter der Herrschaft Bourguibas zu fünf Jahren Haft verurteilt. Er verbüßt im Alter von 25 Jahren eine sechsmonatige Haftstrafe in der berüchtigten Haftanstalt »Borj Erroumi«, in der zahlreiche politische Häftlinge während der beiden postkolonialen Regime gefoltert werden. Ben Ali, der in der Zwischenzeit an die Macht kommt, begnadigt ihn und viele andere politische Häftlinge zu Beginn seiner Amtszeit. Eine nähere Beschreibung der Foltermethoden erfolgt im Buch des Schriftstellers Mohamed Lamine Nasraoui, der eindrücklich von der erfahrenen Folter während seiner Inhaftierung 1975 erzählt (vgl. Nasraoui 2013).

ganz das Recht, mit dir zu machen, was sie wollen! Darin liegt bereits eine Verletzung der Würde.« (Sellami 18.08.2014, Tunis)

Sellami macht deutlich, dass unter dem Herrschaftsdispositiv Ben Alis den Bürger*innen elementare Grundrechte verweigert werden. Menschliche Würde zu fordern, bedeutet zunächst, menschenverachtende Praktiken im Spezifischen und Rechtlosigkeit im Allgemeinen zu kritisieren, die weniger eine Ausnahme als vielmehr eine Norm darstellen. Würde bedeutet in diesem Kontext das Recht auf ein Leben ohne staatliche, willkürliche Gewalt und impliziert das Recht, als Rechtsperson oder überhaupt als Subjekt anerkannt zu werden.

Durch die Referenz auf menschliche Würde machen Akteur*innen wie Sellami außerdem darauf aufmerksam, dass Bürger*innen ein allgemeines »Recht auf Rechte« (Arendt) haben. Die 35-jährige Rechtsanwältin und Vorsitzende der islamischen Menschenrechtsorganisation *»Association Liberté et Equité«*, Imen Triki, betont:

»Es muss einen Zugang zu einem fairen [politisch unabhängigen, N.A.] Strafverfahren geben! Unabhängig von der Beschuldigung muss man den Beschuldigten das Recht garantieren, von einem Anwalt verteidigt zu werden, man muss Folter (*ta'dīb*) verbieten! [...] Mein Vater wurde stark gefoltert, er hat sechs Monate in einer Folterzelle verbracht. Wir haben die Nachricht bekommen, dass er gestorben sei, aber in letzter Minute hat er doch überlebt.« (Triki 22.09.2014, Tunis)

An dieser Stelle tritt das Imaginäre der Rechtsstaatlichkeit hervor, das als Grundlage des Gemeinwesens begriffen wird. Der Rechtsstaat ist in den tunesischen Imaginären das Fundament für jegliche demokratische Gesellschaftsform. Ohne Rechtsstaatlichkeit können die Bürger*innen ihre Grundrechte nicht in Anspruch nehmen und sich ihrer physischen, moralischen Integrität nicht sicher sein.[272] Angesichts der diktatorischen Zustände, in denen Bürger*innen der Gewalt des Staates ausgeliefert waren, die von unrechtmäßigen Verhaftungen bis zur Tötung von Oppositionellen reichen konnte, wird das Imaginäre der Rechtsstaatlichkeit als deutliche Kritik an der Herrschaft Ben Alis angeführt.

---

272 Die Notwendigkeit der Rechtsstaatlichkeit wird im siebten Kapitel in Bezug auf Frauenrechte erneut thematisiert.

5.1.2   Bürgerliche Würde als Recht auf politische Teilhabe

Für die 34-jährige Bürgerin Inès Tlili ist Würde nicht lediglich eine menschliche Eigenschaft, die der Mensch gleichsam qua Geburt besitzt und die der Staat schützen muss. Vielmehr realisiert sich menschliche Würde darüber hinaus in der aktiven Ablehnung jeglicher Unterdrückungs- und Autoritätsverhältnisse:

»Würde kann sich nicht ohne Freiheit und soziale Gerechtigkeit manifestieren. Wenn man arm ist,[273] wenn man unter einer Diktatur lebt, dann wird man verachtet und kann fundamentale Grundrechte nicht in Anspruch nehmen. [...] Würdevoll sein bedeutet, sich nicht von der regierenden Macht missbrauchen zu lassen. Das bedeutet, nicht zu akzeptieren, unterdrückt zu werden, weil man eine Frau ist oder weil man schwarz oder homosexuell oder sonst etwas ist.« (Tlili 29.03.2015, Tunis)

In Würde zu leben, heißt demnach nicht nur, nicht in repressiven Verhältnissen zu leben, sondern sich der erfahrenen Unterdrückung im Rahmen des Möglichen zu widersetzen und unwürdige Lebensverhältnisse abzulehnen.[274] In dem Sinne verknüpft Tlili Würde mit Freiheit (ḥurriya), die sie als notwendige Bedingung für würdige Lebensbedingungen begreift. Würde bedeutet für die Tunesier*innen, auf individueller und auf kollektiver Ebene ein Selbstbestimmungsrecht in Anspruch nehmen zu können. Das bedeutet zum einen, ihr Leben materiell bezwingen und frei bestimmen zu können, sowie zum anderen, in einem demokratischen Sinne politisch teilhaben zu können.

Ist man geneigt, Freiheit an dieser Stelle vor allem mit einer negativen Freiheit zu assoziieren, die die Bürger*innen vor der (potenziell gewaltvollen) Intervention des Staates und willkürlicher Beherrschung schützt, so stellt der 42-jährige Rechtsanwalt Khaled Aouainia aus Sidi Bouzid heraus, dass es sich ebenfalls um positive Freiheit handelt. Für Aouainia referiert Würde auf ein »würdiges Leben, in dem das Individuum das Recht hat, seine Meinung frei zu äußern, am politischen Leben teilzunehmen und sich gewerkschaftlich zu organisieren« (Aouainia 01.09.2014, Sidi Bouzid). Diese »bürgerliche Würde«, wie ich sie nennen möchte, impliziert stärker als die menschliche Würde ein Verständnis einer politisch partizipierenden,

---

273 Auf die sozial-materielle Dimension des Würdebegriffs, die sich ebenfalls in der Aussage von Inès Tlili manifestiert, gehe ich im späteren Verlauf des Textes ein.

274 Der Titel des Buches (»Der Weg der Würde«), das 2002 zur Unterstützung des linken Oppositionellen Hamma Hammami publiziert wird, weist ebenfalls auf diese Dimension der Würde als Ablehnung politischer Unterdrückungsverhältnisse hin.

aktiven Bürgerin. Ähnlich bezeichnet auch der 64-jährige Mokhtar Trifi, langjähriger Präsident der tunesischen Liga für Menschenrechte (*Ligue tunisienne de droits de l'Homme*) und Rechtsanwalt, die Würde der Bürger*innen als ein Recht, am öffentlichen Leben teilzuhaben (Trifi 23.09.2014, Tunis). Die »bürgerliche Würde« wird ferner verletzt, wenn den Bürger*innen Informationen vorenthalten bleiben, wenn sie gezielt manipuliert werden und wenn ihre Gleichheit und ihr Anspruch auf Rechte nicht respektiert werden. In dieser Hinsicht lässt sich die Forderung nach menschlicher Würde in Verbindung mit bürgerlicher Würde als eine Antwort auf den erniedrigenden, postkolonialen Staat begreifen, der den Bürger*innen einen freien und mündigen Bürgerstatus verweigert. Der 60-jährige Historiker Amira Aleya Sghaier macht auf den bis 2011 fehlenden Bürgerstatus in Tunesien aufmerksam: »Ich habe mich [unter Ben Ali, N.A.] nicht als Bürger betrachtet. Ich habe mich lediglich als Bewohner gesehen, weil ich keine politischen Rechte hatte. [...] Für mich ist ein Bürger nicht lediglich jemand, der in einem Land wohnt und sich dort reproduziert, er kann seine Repräsentanten auswählen, sie kritisieren usw.« (Sghaier 25.08.2014, La Marsa). Diese Konzeption der Staatsbürgerschaft wird für die Tunesier*innen erst seit 2011 erfahrbar.[275]

Abschließend möchte ich darauf hinweisen, dass sich die in der Forderung nach menschlicher und bürgerlicher Würde konkretisierte Ablehnung arbiträrer und diktatorischer Herrschaftsverhältnisse als gesellschaftlicher Konsens in Tunesien durchgesetzt hat, wie die Aussage der 61-jährigen Menschenrechtsanwältin Radhia Nasraoui verdeutlicht:

»Ich glaube, dass die Tunesier überhaupt nicht mehr akzeptieren, in einer Diktatur zu leben – welcher Natur auch immer sie sein mag, religiöser oder anderer Natur. Ich denke, das ist die wichtigste Errungenschaft. Die Menschen haben ihre Angst überwunden.« (Nasraoui 20.09.2014, Tunis)

5.1.3   Nationale Würde zwischen Kritik am internationalen Kapitalismus und an sozialer Ungleichheit

Der Begriff der »nationalen Würde« wird gegenwärtig in zwei unterschiedlichen Diskurskontexten verwendet: Der erste Kontext umfasst die vom

---

275 Der Menschenrechtsaktivist Moncef Guellaty beschreibt auf sehr ähnliche Weise, dass er sich erst durch seine Teilhabe an den Protesten 2011 als ein Bürger Tunesiens erfahren hat (vgl. Guellaty 2012).

Panarabismus geprägte Kritik am internationalen Kapitalismus, die sich bereits in den 1970er Jahren entwickelt hat und bis heute aktuell ist. Im zweiten Kontext bezieht sich die Arbeitslosenbewegung auf »nationale Würde«, um Kritik an den ungerechten sozialen Verhältnissen in Tunesien zu äußern. Die »nationale Würde«, die die Arbeitslosenaktivist*innen reklamieren, nenne ich im Folgenden sozial-materielle Würde.

Diese beiden Zusammenhänge, in denen »nationale Würde« gefordert wird, stehen keineswegs im Gegensatz zueinander und können sich auch ergänzen, sie sollten der Klarheit halber meines Erachtens dennoch voneinander unterschieden werden.

5.1.3.1 Nationale Würde als Kritik am internationalen Kapitalismus

Der Begriff der »nationalen Würde« (*karama waṭaniya*) knüpft an die Kritik des Kolonialismus sowie des Postkolonialismus an und spitzt sie auf die Souveränität des Landes zu: Für Teile der linken Bewegung, die aus der *Perspectives*-Bewegung[276] der 1970er Jahre entsteht, ist Tunesien gegenwärtig noch eine »Semi-Kolonie« oder ein »neokoloniales Land« (Jmour 29.08.2014, Tunis), das weder in wirtschaftlichen noch innen- oder außenpolitischen Angelegenheiten souverän ist. Von nationaler Würde zu sprechen bedeutet in diesem Zusammenhang, eine absolute Unabhängigkeit in den Entscheidungen Tunesiens zu fordern und die Abhängigkeit Tunesiens vom Internationalen Währungsfonds, von der Weltbank sowie der EU und der USA zu kritisieren. Der 61-jährige Rechtsanwalt und stellvertretende Vorsitzende der marxistisch-panarabischen Partei *PPDU*, Mohamed Jmour,[277] spezifiziert den nationalen Würdebegriff als Teil seines Panarabismusverständnisses:

---

276 Der Begriff der »nationale Würde« wird von den beiden marxistisch-leninistischen Splitterparteien, die sich aus der *Perspectives* Bewegung herausbilden, übernommen. Die Partei »Parti communiste des ouvriers tunisiens« (PCOT) skandiert »Brot, Freiheit, nationale Würde« (*ḫobz, ḥurriya, karama waṭaniya*), während die *»Parti des patriotes et démocrates unifiés«* (arab. watad) (PPDU) den Slogan »Boden, Freiheit, nationale Würde« (*ard, ḥurriya, karama waṭaniya*) entwickeln. Die Partei *PCOT* nennt sich 2012 in *Parti des travailleurs* (Partei der Arbeiter) um. Die Partei *Watad* heißt heute auf Französisch *Parti des patriotes et démocrates unifiés* (PPDU, Partei der vereinten Patrioten und Demokraten). Die beiden Parteien bilden den Kern der radikalen Linken bis heute und kooperieren unter dem Parteienzusammenschluss des *Front Populaire* miteinander.

277 Der Exaktheit halber sei angemerkt, dass der Rechtsanwalt Mohamed Jmour unter der Diktatur ebenfalls als Menschrechtsaktivist tätig ist. Er teilt sich seine Anwaltspraxis mit Mokhtar Trifi, der sehr lange Vorsitzender der tunesischen Liga für Menschenrechte

»Nationale Würde bedeutet zunächst, dass die Tunesier ihr eigenes Schicksal in die Hand nehmen sollten. Das bedeutet, dass die Tunesier frei sein müssen zu entscheiden, welche Entwicklung sie für ihr Land für angemessen und richtig halten. Das heißt, dass die Tunesier und Tunesien nicht Teil der militärisch-politischen […] Allianz […] vor allem gegen die arabischen Völker und Palästina sein sollten. Nationale Würde bedeutet auch [zu sagen, N.A.]: ›Ja wir sind Teil der Menschheit, aber wir sind auch eine unterdrückte Nation, die sich befreien möchte und die um ihre Einheit kämpft‹. Diese nationale Würde ist die Ablehnung der Einmischung ausländischer Ministerien und Kräfte in unsere Angelegenheiten und in die Ernennung unserer Herrscher.« (Jmour 29.08.2014, Tunis)

Der Panarabismus, den Jmour verteidigt, ist keineswegs ethnisch oder gar »rassistisch«, sondern aus der postkolonialen Position der arabischen Länder heraus begründet. Er versteht sich als »anti-imperialistische« Haltung, die sich weigert, sich dem »politischen Diktat« der europäischen und nordamerikanischen Mächte zu unterstellen. Das Misstrauen gegenüber den »westlichen« Ländern ist im linken Milieu sehr weit verbreitet und gründet in erster Linie darauf, dass die Tunesier*innen nicht vergessen, dass eben diese »westlichen« Demokratien »die Diktaturen in unseren [arabischen, N.A.] Ländern ein gesamtes Jahrhundert lang unterstützt haben« (Msaddek 12.04.2017, El Guettar/Gafsa). Das panarabische Ziel, eine arabische Nation zu etablieren, die alle arabischen Länder föderal vereint, bleibt dabei eher ein imaginärer Horizont als eine konkrete Absicht. Es geht vor allem darum, eine Solidarität unter unterdrückten Bevölkerungen zu bilden, die sich anhand eines sozialistischen Programms gegen die Institutionen und Agenden des weltweiten Kapitalismus wehren.

Diese Kritik an der internationalen Herrschaft des Kapitalismus sowie an der Intervention europäischer und nordamerikanischer Kräfte in die Innenpolitik Tunesiens wird auch von vielen linksorientierten Akteur*innen geteilt, die keine Panarabisten sind, wie beispielsweise der internationalistisch-trotzkistisch inspirierte, 29-jährige Foued Sassi. Für Sassi bedeutet Würde, »Nein zur Intervention der Imperialisten in die politische Entscheidung des tunesischen Souveräns!« zu sagen (Sassi 18.08.2014, Tunis). Die Tatsache, dass der politische Kampfbegriff der »nationalen Würde« aus den 1970er Jahren re-aktualisiert wird, deutet darauf hin, dass trotz der veränderten politischen Bedingungen weiterhin bzw. erneut das Gefühl vorherrscht, von einer internationalen Staatengemeinschaft beherrscht zu

---

war. Jmour ist zudem der Ehemann der Feministin Bakhta Cadhi, die ich ebenfalls interviewt habe.

werden, die weder in sozialen noch in politischen Fragen genug Raum für die politische Selbstbestimmung der Tunesier*innen lässt. Die 53-jährige Politikerin der Partei »Demokratischer und sozialer Weg« (arab. Al Massar), Nadia Chaabane, weist darauf hin, dass diese Beherrschung nicht lediglich durch die nordamerikanischen und europäischen Staaten ausgeübt wird:

»Weder die westlichen Länder noch die Diktaturen des Mittleren Ostens wollen, dass das Bestehende umgeworfen wird. Aber die Zeit der alten Nord-Süd-Verhältnisse ist vorbei: Sie werden von den Völkern [des Südens, N.A.] infrage gestellt.« (Chaabane 2011: 21)

Sie erkennt in der Infragestellung der »alten Nord-Süd-Verhältnisse« ein Motiv der bürgerlichen Erhebung in Tunesien.

Während der nationale Würdebegriff als Kritik am Interventionismus der westlich dominierten Staatengemeinschaft und an den internationalen Kapitalismusinstitutionen auf die äußeren Bedingungen der tunesischen Politik ausgerichtet ist, ist der nationale, sozial-materielle Würdebegriff als Kritik an der sozialen Ungleichheit stärker auf die Innenpolitik Tunesien fokussiert.

5.1.3.2 Sozial-materielle Würde als Kritik an sozialer Ungleichheit

Der heutige Bedeutungsumfang des Begriffs der »nationalen Würde« wird im Vergleich zu seinem Entstehungskontext der 1960er und 1970er Jahre erweitert. Diese Erweiterung erfolgt insbesondere durch die politische Formierung der arbeitslosen Hochschulabsolvent*innen (UDC), die den Begriff teilweise umdeuten. Wird die »nationale Würde« von den Demonstrant*innen im Rahmen des Revolutionsprozesses evoziert, handelt es sich zwar, wie bereits erwähnt, stets um eine linke, jedoch nicht mehr zwangsläufig um eine panarabische Kritik an internationalen, kapitalistischen Herrschaftsstrukturen. Die Arbeitslosenbewegung bezieht sich anhand des Begriffs in erster Linie auf das Recht auf Arbeit, das eine weitaus zentralere Stellung einnimmt als in den Forderungen nach »nationaler Würde« in den 1960er Jahren. Diese »erweiterte« Begriffsdeutung lässt sich auch dadurch erklären, dass der arabische Begriff *karama waṭaniya* sowohl als nationale als auch als landesweite oder bürgerliche Würde verstanden werden kann:

waṭan ist die Nation oder das Land, *waṭani* bezeichnet denjenigen, der der Nation oder dem Land angehört.[278]

Die Union der arbeitslosen Hochschulabsolvent*innen verwendete den Slogan »Arbeit, Freiheit und nationale Würde« erstmals 2007, um gegen die wenig transparenten Resultate des Staatsexamens für das Lehramt zu protestieren. Die arbeitslosen Hochschulabsolvent*innen skandierten den Slogan erneut im Zusammenhang mit den Gafsa-Revolten von 2008, die die korrupten Einstellungsmethoden des Phosphat-Unternehmens (CPS) kritisieren.[279]

Die Bewegung der Arbeitslosen kritisiert anhand des Würdebegriffs, dass ihnen aufgrund der Korruption und der Massenarbeitslosigkeit der faire Zugang zum Arbeitsmarkt verwehrt wird und sie folglich gezwungen werden, in unwürdigen Verhältnissen zu leben. Vielen jungen Menschen gelingt es auch Jahre nach ihrer Berufsausbildung nicht, aus dem Elternhaus auszuziehen, da sie lange nach ihrem Studium keine Arbeitsstelle finden. So betont etwa Arbi Kadri, 38-jähriger Arbeitslosenaktivist der UDC aus Regueb, dass er aufgrund seiner langjährigen Arbeitslosigkeit noch keine Familie gründen konnte und letztlich in unwürdigen Lebensverhältnissen lebt (vgl. Kadri 03.09.2014, Sidi Bouzid).

Dem 42-jährigen Gymnasiallehrer und Gewerkschafter Slah Brahmi zufolge fordern die Demonstrant*innen »Würde, um zu arbeiten« (Brahmi 02.09.2014, Sidi Bouzid). Ähnlich versteht Fadel Zouhair, 39-jähriger Verwaltungsbeamter und Gewerkschafter aus Menzel Bouzaiane, unter Würde die Tatsache, dass »der Bürger seine Rechte genießt, vor allem das Recht auf Arbeit« (01.09.2014, Sidi Bouzid). Mit Würde wird an dieser Stelle vor allem assoziiert, dass die Bürger*innen ihren Lebensunterhalt bestreiten können. Nach Yadh Ben Achour, tunesischer Jurist und Intellektueller, deutet Würde auf Verteilungsgerechtigkeit der Güter und Reichtümer des Landes, das heißt auf soziale Gerechtigkeit (*'adala iğtima'iya*) hin (vgl. Ben Achour 2016: 88). Die Forderung nach Arbeit, die diese sozial-materielle

---

278 So spricht beispielsweise der Philosoph Salah Mosbah in Bezug auf den Slogan »Arbeit, Freiheit, (nationale) Würde« stets von menschlicher Würde (vgl. Mosbah 2012: 105). Meine auf Französisch geführten Interviews zeigen, dass die Akteur*innen auch auf Französisch von »dignité nationale« (nationale Würde) sprechen, sodass es sich nicht lediglich um eine durch die Übersetzung aus dem Arabischen hervorgetretene Ambivalenz handeln kann. Meiner Meinung nach herrschen schlicht verschiedene Würdebegriffe vor.

279 So heißt zum Beispiel der Dokumentarfilm, der 2009 zur Unterstützung der Gafsa-Revolten gedreht wird, »Redeyef: Der Kampf um Würde«.

Dimension des Würdebegriffs umfasst, richtet sich demnach in erster Linie *innenpolitisch* an den Staat.

Die Arbeitslosenbewegung bringt Würde mit sozialen und ökonomischen Menschenrechten in Verbindung, die eine Teilhabe am öffentlichen Leben ermöglichen und eine Existenzsicherung garantieren sollen (vgl. Abbas 2015c: 49). Der 32-jährige Firas Hamda, Arbeitslosenaktivist der UDC aus El Guettar (Gafsa), erläutert, dass Würde für ihn sich nicht lediglich auf das Recht auf Arbeit beschränken lässt. Vielmehr können Bürger*innen lediglich in Würde leben, wenn der Staat ein Mindestmaß an sozialer Absicherung schafft:

»Bezüglich der Arbeitslosen kann man nicht von Würde ohne Arbeit sprechen, weil man ohne Arbeit nichts machen kann! […] Man kann nicht von Würde ohne Sozialhilfe sprechen, man kann nicht von Würde sprechen ohne soziale Absicherung! Wusstest du, dass die Hochschulabsolventen sich nicht im Krankenhaus untersuchen lassen können, weil sie nicht genug Geld haben?« (Hamda 26.03.2015, Tunis)

Hamda reklamiert einen Sozialstaat, der die Würde der Bürger*innen in dem Sinne schützt, dass er sie vor existenzieller Not bewahrt. Die UDC kämpft unter anderem dafür, dass die medizinische Versorgung, die öffentlichen Verkehrsmittel sowie kulturelle Veranstaltungen für Arbeitslose kostenlos zugänglich werden, sodass sie am öffentlichen Leben teilhaben und ihre formalen Rechte tatsächlich ausleben können (vgl. Sassi 26.03.2015, Tunis). In einem Land, in dem weder Arbeitslosengeld noch eine umfassende Krankenversicherung existieren und die Sozialhilfe längst nicht zum Überleben reicht, kommt diese Forderung nach einer materiell garantierten Würde einer Infragestellung der gesamten Gesellschaftsordnung gleich. Schließlich fordern Akteur*innen wie Hamda eine tief reichende Umgestaltung der staatlichen Institutionen, die gewährleisten sollen, dass die Bürger*innen trotz der Arbeitslosigkeit geschützt und selbstbestimmt leben können.

Der 56-jährige Gewerkschafter und Lehrer Néjib Sellami macht deutlich, dass die Korruption die Würde der Bürger*innen in dem Sinne verletzt, als sie ungleich behandelt und in diskriminierende Hierarchien eingeteilt werden:

»Sellami: Wenn du mir meine Arbeitsstelle wegnimmst und sie jemand anderem gibst, weil er 10.000 Dinar [aktuell ca. 3.500 Euro, N.A.] bezahlt hat, dann ist das Korruption (*rašwa*)! Das ist auch eine Verletzung meiner Würde. Würde bedeutet nicht nur ›respektier mich‹, natürlich gibt es diesen Mangel des Respekts der Bürger, aber es gibt auch Bürger, denen das Leben einfach gemacht wird und anderen nicht.

N.A.: Dann ist ›Würde‹ auch das Streben danach, eine Gleichheit zwischen den Bürgern zu etablieren?

Sellami: Genau!« (Sellami 18.08.2014, Tunis)

Das Verlangen nach sozial-materieller Würde umfasst demnach auch das Verlangen nach Gleichheit und Gleichstellung der Bürger*innen. In dem Sinne besteht ein Zusammenhang zwischen der sozial-materiellen Würde und der bürgerlichen Würde. Die korrupten Verhältnisse führen nicht nur zur Benachteiligung der Personen, die es sich nicht leisten können, für eine Anstellung zu bezahlen, sondern verletzen auch diejenigen in ihrer Würde, die sich durch Bestechungen gleichsam eine Arbeitsstelle erbetteln und sich hierfür in asymmetrische zwischenmenschliche Machtverhältnisse begeben müssen. Die Tatsache, dass die nepotistischen und korrupten Praktiken insbesondere im öffentlichen Sektor weit verbreitet sind, nährt die Wut gegen den Staat, der für die hohe Arbeitslosigkeit sowie für den unfairen Zugang zur Arbeit verantwortlich gemacht wird. Diese Wut drückt sich in der moralischen Verurteilung der Korruption und in der politischen Kritik an der extrem ungleichen Verteilung der Reichtümer und an der sozialen Ungleichheit aus.

Der sozial-materielle Würdebegriff verweist zudem auf die innenpolitische Problematik des ausgeprägten Reichtumsgefälles zwischen der Küstenregion und der zentral-westlichen Region des Landes (Kasserine, Sidi Bouzid, Gafsa), die eine doppelte so hohe Armutsquote aufweist wie die landesweite Quote. Akteur*innen aus der verarmten Region beziehen sich auf die »nationale Würde«, um die eklatanten regionalen Differenzen zu thematisieren und auf ihre soziale, ökonomische und politische Marginalisierung aufmerksam zu machen. Für den 52-jährigen Grundschullehrer und Gewerkschafter Tarek Hlaïmi[280] aus Redeyef sind die strukturellen Unterschiede zwischen den Regionen durch die einseitige staatliche Politik entstanden, die seit jeher ausschließlich in die Küstenregion (Sahel) investiert und sich die Reichtümer der zentral-westlichen Region (vor allem das Phosphat) aneignet, ohne sie ausreichend zu entschädigen: »Es gab eine große Willkür gegen unsere Region und ihre Bürger. [...] Die schlechten

---

280 Hlaïmi gehört zum engeren Kreis den regionalen Anführer der Gafsa-Revolten 2008. Er wird aufgrund seiner Implikation in den Revolten zu sechs Jahren Gefängnis verurteilt, wovon er knapp ein Jahr in Haft verbringt. Nach seiner Freilassung verliert er zudem seinen Arbeitsplatz und wird täglich von der Polizei überwacht.

Verhältnisse, in denen wir leben, sind die Folge des diktatorischen Regimes«, so Hlaïmi (12.04.2017, Redeyef). Die 33-jährige Englischlehrerin aus Redeyef, Essya Khlaifi, betont ebenfalls die vielschichtige Diskriminierung der Bevölkerung der Gafsa-Region, die aus den fehlenden staatlichen Investitionen resultiert:

»Wir fordern Würde! Wir, die Bewohner von Redeyef, fühlen uns am stärksten diskriminiert. [...] Wenn du nach Redeyef gehst, siehst du die Armut, aber auch die durch das Phosphat ausgelösten Krankheiten, die fehlende Infrastruktur. [...] Keine Regierung, sei es die Ben Ali-, Ennahdha- oder Essebsi-Regierung, will unser Recht anerkennen, uns einen Anteil an unseren Bodenschätzen zuzugestehen.« (Khlaifi 26.03.2015, Tunis)

Die Forderung nach »nationaler Würde« bezieht sich in diesem Zusammenhang auf die Schaffung gleichwertiger und sozial-gerechter Lebensverhältnisse sowie auf eine gerechtere Vermögensverteilung in den Regionen Tunesiens.

Die von den Akteur*innen beklagte Beschneidung ihrer sozialen und ökonomischen Menschenrechte und die daraus resultierende Armut lassen sich anhand der Ausführungen der deutschen Politikwissenschaftlerin Regina Kreide als Verletzung der sozialen Autonomie erfassen:

»Autonomie bedeutet [...], den Lebensplan so lange und so umfangreich wie möglich selbstbestimmt, das heißt, ohne fremde Hilfe und unzulässige Einmischung durch andere entwickeln und ausführen zu können. ›Soziale‹ Autonomie meint, seinem eigenen Lebensplan und seinen Befähigungen selbst unter physiologischen, sozialen und psychologischen (Alter, Krankheit, Arbeitslosigkeit, Behinderung) Einschränkungen mit der Unterstützung anderer Mitglieder der Gesellschaft folgen zu können. [...] All dies kann nicht nur durch andere eingeschränkt oder unmöglich gemacht werden, sondern auch durch bestehende Institutionen, die verhindern oder erschweren, dass Ressourcen genutzt werden können: fehlende oder unzureichende Sozialstaatsreglungen etwa, eine nationale Steuerpolitik, die die unteren Einkommensgruppen stark belastet und die oberen entlastet, ein Gesundheitssystem, das einen Teil der Bevölkerung ausschließt, eine Versorgung mit Trinkwasser und Grundnahrungsmitteln, die für einen Teil der Bevölkerung unerschwinglich ist, eine Lohnpolitik, die zulässt, dass Menschen von ihrer Arbeit nicht würdig leben können.« (Kreide 2008a: 62)

Die von Kreide herausgestellten Verhinderungen der sozialen Autonomie durch den Staat treffen nahezu alle auf den tunesischen Staat unter Ben Ali zu, wie die Aussagen der Akteur*innen bezeugen. Kreide weist darauf hin, dass dem Staat drei wesentliche Pflichten für die Wahrung sozialer Autonomie zukommen. Erstens sollte der Staat auf keine Art und Weise in die

Privatsphäre eingreifen, die die Bürger*innen davon abhält, ihre sozialen und ökonomischen Rechte ausüben zu können. Zweitens muss der Staat darauf achten, dass Dritte, beispielsweise Unternehmen, nicht die Bürger*innen in ihren Rechten beschneiden. Drittens sollte der Staat juristische Vorkehrungen treffen und Haushaltsmaßnahmen einführen, damit die soziale Sicherheit gewährleistet werden kann (vgl. Kreide 2008b: 54f.).

5.1.4 Religiöse Würde als Religionsfreiheit

Islamistische Akteur*innen ergänzen den menschlichen, bürgerlichen und sozial-materiellen Würdebegriff um die Dimension der staatlich garantierten Religionsfreiheit, die sich im Artikel 6 der neuen Verfassung niederschlägt.[281] In einer islamistisch inspirierten Perspektive wird auf Würde hingewiesen, um die gesellschaftliche Stellung und Bedeutung der Religion sicherzustellen (vgl. Ben Achour 2016: 148f.; Ben Achour 2011b: 31f.).

Für Meherzia Labidi, 50-jährige Ennahdha-Abgeordnete, bedeutet Würde, dass

»man seine Entscheidungen [des Bürgers, N.A.] respektiert. Dass man ihm nicht sagt, was er denken soll, wie er sich anziehen soll, glauben oder nicht glauben soll, seinen Glauben ausüben soll oder nicht ausüben soll, dass man seine Stimme berücksichtigt [...]. Und natürlich gibt es keine Würde ohne Freiheit« (Meherzia Labidi 22.09.2014, Tunis)

Labidi macht auf die Tatsache aufmerksam, dass unter dem Ben Ali-Regime IslamistInnen in ihrem Recht beschnitten wurden, ihre Religion durch äußerliche Symbole offen darzulegen, beispielsweise durch das Kopftuch. »In Würde leben« drückt sich in der islamistischen Vorstellung darin aus, dass die Bürger*innen die Freiheit haben, ihre Religion nach ihrem Ermessen auszuleben. Auch die 46-jährige Ennahdha-Abgeordnete Farida Labidi betont: »Es ist eine Revolution gegen *ḍulm* [den Despotismus, N.A.]! Eine Revolution für die Würde, die wir nicht leben konnten« (Farida Labidi 13.09.2014, Tunis).

---

281 Meherzia Labidi verteidigt ebenfalls einen sozial-materiellen Würdebegriff, indem sie argumentiert, dass die Würde eines Menschen verletzt wird, wenn er zum Betteln gezwungen wird. Die anderen von mir interviewten, islamistisch inspirierten Personen betonen jedoch vielmehr die Religionsfreiheit, sodass mir dieses Element konstitutiver für den religiös begründeten Würdebegriff erscheint, der jedoch nicht im Gegensatz zu den anderen Dimensionen steht.

In der muslimischen Auslegung umfasst Würde Selbstachtung und Selbstbeherrschung durch den Islam, den Respekt vor den anderen und das Verbot erniedrigender Praktiken der Züchtigung (mit Ausnahme jener, die im islamischen Recht, *šari'a,* erlaubt sind). Die Religionsfreiheit ist auch deshalb so bedeutungsvoll, da eine angemessene Würde sich erst durch das Praktizieren des Glaubens erlangen lässt: Zwar wird die Würde als eine metaphysische Eigenschaft des Menschen begriffen, die jedoch ähnlich wie andere menschliche Fähigkeiten erst durch die Praxis, das heißt durch eine gelebte Frömmigkeit, weiterentwickelt werden muss (vgl. Boisard 1984: 54).

Für Meherzia Labidi und Farida Labidi hängen Würde und Freiheit unmittelbar zusammen, zumal sie ihre Religion lediglich in vollen Zügen ausleben können, wenn sie ein Mindestmaß an individuellen und öffentlichen Freiheiten genießen können. Meherzia Labidis und Farida Labidis Aussagen richten sich gegen das Staatsnarrativ des vernunftgeleiteten Islams, den sie als freiheitsgefährdend empfinden. In dieser Perspektive wird der Würdebegriff in erster Linie mit der Meinungs-, Religions- und Gewissensfreiheit in Verbindung gebracht.[282] In ihrer islamistischen Lesart der Menschenrechte (*ḥuquq alinsān*) beziehen sie sich auf den Menschen anhand der Begriffe »Mensch« (*'insān*) und »Person« (*shakhṣ*), sie sprechen aber kaum von »Individuen« (*fard*), zumal der Individualismus diametral der islamistischen Gesellschaftsvorstellung gegenübersteht (vgl. Marzouki 2013: 216). Die islamistische Gesellschaftsordnung gründet fundamental auf der Familie als Sockel der Gemeinschaft und verfolgt kollektive und nicht eine Reihe individueller Ziele (vgl. ebd.; Ghannouchi 2015: 107). Der *'insān* hat in der islamischen Deutung von Yadh Ben Achour das allgemeine Recht auf ein »gutes Leben« auf Erden, aber erst der *shakhṣ* ist Träger konkreter, positivierter Rechte.[283] Die Menschenrechte, wie die Würde, haben in dieser theologischen Interpretation die Funktion, die Menschheit

---

282 Auf die islamistische Deutung dieser Rechte gehe ich im Kapitel 6 näher ein.

283 Nach Yadh Ben Achours humanistisch inspirierter Lektüre des Korans lassen sich im islamischen Denken vier verschiedene Begriffsdimensionen des Menschen unterscheiden, aus welchen sich unterschiedliche Einzelrechte ableiten lassen (vgl. Abbas 2015c: 48). Neben dem bereits genannten *'insān* und *shakhṣ*, ist der *abd* zur Anrufung, zum Gebet und zur Unterwerfung angehalten. Der *bashar* vereinigt auf sich das Recht auf Leben, auf Gleichheit und auf körperliche Unversehrtheit. Diese Begriffsdimensionen vom Menschen sind untrennbar miteinander verbunden und nähern sich erst in ihrem Zusammenwirken der Komplexität des Menschen an (vgl. ebd.; Ben Achour 2011b: 79).

durch Rechte und Pflichten aus ihrem ursprünglichen Naturzustand zu befreien (vgl. Marzouki 2013: 210).

5.1.5 Das Verhältnis von Würde und Freiheit

In den zuvor zitierten Interviewausschnitten wird Würde oftmals mit Freiheit assoziiert, die als Bedingung für würdevolle Verhältnisse genannt wird.
Kurz nach der Flucht Ben Alis breitete sich eine schwindelerregende Euphorie über die neu errungene und zuvor unbekannte Freiheit aus. Slogans
wie »Tunesien, Tunesien ist frei und Ben Ali draußen«, »Freiheit, Freiheit«,
»Endlich frei«, »Es lebe die Freiheit« erschallen in den Straßen und dekorie-
ren zahlreiche Wände in den Städten Tunesiens. Die Gründung Hunderter
politischer Parteien und zivilgesellschaftlicher Organisationen sowie das
explosive Entstehen diverser Diskussionsforen auf der Straße, im Internet
und in den Medien bezeugen ebenfalls die Freude über die lang ersehnten
Freiheiten.

Dem Intellektuellen Gilbert Naccache zufolge kommt Freiheit insbesondere in Bezug auf den demokratischen Pluralismus eine zentrale Bedeutung zu. Schließlich lassen die neuen politischen Freiheiten keinen Raum
mehr für eine Einheitspartei und ein Einheitsdenken und ermöglichen das
Aufkommen einer neuen, politisch heterogenen und widerstreitenden
Kultur (vgl. Naccache 2016; auch Remili 2011: 92).

Für die Intellektuelle Hélé Béji kommt Tunesien erst durch diese Freiheiten vollständig in der Moderne an: »Die Sache, die den Tunesiern ge-
fehlt hat, ist der zentrale Wert der Moderne: die Freiheit. Die Tunesier
waren nur zur Hälfte modern [...]« (Béji 2013: 74). Béji widerspricht somit
dem Gründungsnarrativ der Moderne von Bourguiba, der behauptete, eine
moderne Gesellschafts- und Herrschaftsordnung ohne politische Freiheitsrechte begründen zu können. Die feministische Menschenrechtlerin und
Juraprofessorin Hafidha Chekir unterstreicht ebenfalls den Stellenwert der
Freiheit:

»Wir haben von Freiheit geträumt, vor allem von der Versammlungs- und Organisationsfreiheit. Als Reaktion auf das, was wir in der Zeit von Bourguiba und Ben
Ali erlebt haben, wollen wir auf keinen Fall wieder in eine restriktive Situation verfallen, was dieses Prinzip [Freiheit, N.A.] angeht.« (Chekir nach Baraket/Belhassine
2016: 133)

Nach der ersten Euphorie, die die Zeit der *Befreiung* kennzeichnet, wird die Schwierigkeit ersichtlich, eine egalitäre und gerechtere Gesellschaft auf Freiheit basierend neu zu gründen und Freiheit zu institutionalisieren. Das wirft Fragen auf, die Revolutionen grundsätzlich immanent sind: Wie lässt sich die neu errungene politische Freiheit (*ḥurriyāt siyāsāt*) mit der Bildung eines neuen normativen Gemeinwesens vereinbaren? Und wie kann eine egalitäre Gesellschaft geschaffen werden, die auf soziale Gerechtigkeit abzielt, ohne politische Freiheiten einzuschränken?

Während von nahezu allen Akteur*innen anerkannt wird, dass bisher die zentrale konkrete Errungenschaft des Revolutionsprozesses die Freiheitsrechte sind (vgl. exemplarisch Baraket, Kennou, Nasraoui, Sellami, Zouhaïr), bleibt ihre Bedeutung und Stellung kontrovers. Inès Tlili erkennt in der Freiheit die Grundlage für jeden politischen Kampf. Sie macht jedoch auf den Diskurs von einigen politischen Aktivist*innen aufmerksam, die behaupten, dass es einen Vorrang der (sozial-materiellen)[284] Würde gegenüber der Freiheit gäbe:

»Ohne Freiheit gibt es nichts. Und es ist nicht leicht, frei zu sein, das ist das, was mir auffällt. Und frei sein zu wollen und zu wollen, dass ein Land, ein Volk frei ist, ist nicht einfach, niemand gibt dir das einfach so [...]. Im Übrigen gibt es viele Märtyrer, die für die Meinungsfreiheit (*ḥurriyāt taʿbir*) gekämpft haben und getötet worden sind. [...] Man kann nichts erreichen, wenn man nicht frei ist [...]! Es braucht Zeit, um frei zu sein, weil Freiheit eine Praktik und nicht nur eine Idee ist. [...] und auch wenn es Leute gibt, die sagen, mir ist Freiheit egal, wenn ich Hunger habe, für mich steht das eine [Freiheit, N.A.] nicht im Gegensatz zum anderen [Würde/soziale Gerechtigkeit, N.A.].« (Tlili 29.03.2015, Tunis)

Obwohl, wie Tlili betont, der Kampf um politische Freiheiten eine lange Liste an Opfern fordert, scheint es fast so, als ob Freiheit heute der sozialen Gerechtigkeit untergeordnet wird. Viele Tunesier*innen beklagen sich, dass sie durch den Revolutionsprozess *nur* individuelle und kollektive Freiheiten errungen haben, die sozioökonomischen Probleme des Landes jedoch unverändert geblieben sind oder sich weiterhin verschlechtern (vgl. Baraket/Belhassine 2016: 134). Insbesondere Akteur*innen der ärmeren Regionen unterstreichen, dass die Bevölkerung in erster Linie für ihre sozialen und ökonomischen Rechte demonstrierten, wie etwa der Gewerkschafter Hlaïmi aus Redeyef:

---

284 Ich verwende im Folgenden den Begriff der sozial-materiellen Würde und der sozialen Gerechtigkeit synonym.

»Ja, sowohl die Freiheit als auch die Zivilgesellschaft (muǧtamaʿ madanī) sind wichtig, aber die Revolution ist ursprünglich durch arme, einfache und arbeitslose Leute herbeigeführt worden. Diese Schicht wird leider bis heute marginalisiert.« (Hlaïmi 12.04.2017, Redeyef)

Hlaïmi ruft diese Tatsache in Erinnerung, da er wie viele Tunesier*innen das Gefühl hat, dass die Post-Ben-Ali-Regierungen die Forderung nach einer gerechten Verteilung der Reichtümer zwischen den sozialen Klassen und den Regionen Tunesiens in Vergessenheit geraten lassen wollen und stattdessen ausschließlich die errungenen Freiheiten rühmen. Nachdem Akteur*innen wie Hlaïmi individuelle und kollektive Freiheitsrechte erlangten, versuchen sie, anhand dieser Freiheit eine neue, auf gerechteren Prinzipien basierende Gesellschaftsordnung zu gründen, die den ärmeren, bis dato marginalisierten Schichten einen anerkennenden Platz einräumt. Politische Freiheitsrechte sind zwar aus seiner Perspektive fundamental, um für soziale Gerechtigkeit zu kämpfen, sie stellen jedoch kein ausreichend zufriedenstellendes »Endziel« dar.

Die Vorstellung einer Priorität der Würde gegenüber der Freiheit kann auch dadurch entstehen, dass die ersten Slogans sowohl der Gafsa-Revolten 2008 als auch der Aufstände ab 2010, die zum Ausbruch des Revolutionsprozesses führen, vordergründig die Arbeitslosigkeit, die Korruption und die schlechten Beschäftigungsverhältnisse thematisieren. Der französischen Soziologin Sarah Ben Nefissa zufolge lässt sich das darauf zurückführen, dass die Demonstrant*innen die polizeilichen Grenzen der Diktatur des Sagbaren verinnerlicht haben und wissen, dass politische Rechte zu fordern einem größeren Tabu gleichkommt als Armut anzuprangern. Die Demonstrant*innen streiten zunächst sogar ab, dass ihre Forderungen einen politischen Charakter aufweisen und skandieren lediglich Slogans unter »sozialem Vorwand«, wie es der Arbeitslosenaktivist Arbi Kadri ausdrückt (vgl. Kadri 03.09.2014, Sidi Bouzid). Auf diese Weise versuchen sie, sich vor der staatlichen Gewalt zu schützen (vgl. Msaddek 12.04.2017, El Guettar/Gafsa). Der primär »soziale« Fokus lässt sich außerdem darauf zurückführen, dass in Tunesien »politisch« oftmals mit »parteipolitisch« assoziiert wird und bedeutet, dass konkrete Machtansprüche gestellt werden, die die Protestierenden in den ersten Stunden tatsächlich nicht stellen.

Ist man geneigt, an dieser Stelle ein Primat der sozialen Gerechtigkeit über die Freiheit zu erkennen, so greift diese Schlussfolgerung jedoch zu kurz. Die 49-jährige ATFD-Feministin Ahlem Belhadj erläutert, dass Freiheit ein hohes Gut darstellt: »Wir haben die Freiheit und die Tunesier sind nicht bereit, auf ihre Freiheit zu verzichten. Diese Freiheit wird es vielleicht den Tunesiern erlauben, ihren Kampf weiterzuführen« (24.08.2014, Tunis). Ähnlich begreift auch der 32-jährige Arbeitslosenaktivist Firas Hamda aus El Guettar (Gafsa) Freiheit als Grundlage, um in einer Langzeitperspektive für bessere sozioökonomische Bedingungen zu kämpfen:

»Wir sind alle damit einverstanden, dass ein Ziel [des Revolutionsprozesses, N.A.] wirklich erreicht worden ist: Das ist die Freiheit, sich auszudrücken, und die [politische, N.A.] Organisationsfreiheit. Diese beiden Errungenschaften, die wir in Tunesien erstritten haben, [...] bilden die Grundlage, auf der wir fortfahren können. Mit dem Recht, sich auszudrücken und sich zu organisieren, können wir gegen den Kapitalismus, gegen die Schulden [des Staates, N.A.], gegen die Arbeitslosigkeit, gegen das Regime kämpfen. [...] Auf das aufbauend, was wir bereits erhalten haben, werden wir weiterkämpfen, bis die Revolution ihre Ziele erreicht haben wird.« (Hamda 26.03.2015, Tunis)

Für Hamda sind Freiheit und soziale Gerechtigkeit folglich untrennbar miteinander verbunden. Wenn es keine Würde ohne Freiheit geben kann, dann stellt Freiheit ohne Würde ebenso wenig die politischen Erwartungen der tunesischen Bürger*innen zufrieden.

Die Verschränkung beider Forderungen nach Freiheit und Würde erinnert an die von Etienne Balibar konzipierte Figur der »égaliberté« (Gleichfreiheit) (Balibar 1997; 2010), die auf die Verbindung von Gleichheit und Freiheit hinweist. Balibar geht es dabei nicht darum, ein vereinendes, positiv bestimmtes Prinzip zwischen Gleichheit und Freiheit auszumachen. Vielmehr stellt er fest, dass in Situationen der politischen Unterdrückung Gleichheit und Freiheit stets zusammen verletzt werden (vgl. Balibar 2007: 136). Balibar bestreitet, dass es eine sinnvolle Begründung einer bürgerlichen Freiheit geben kann, die auf Diskriminierungen und Privilegien basiert. Ebenso wenig ist es möglich, eine auf Despotismus gründende Gleichheit zwischen den Bürger*innen zu institutionalisieren und ihnen folglich nicht die gleichen Freiheitsrechte zuzugestehen.[285] Analog zur Gleichfreiheit zeigt meines Erachtens der tunesische Revolutionsprozess, dass Würde und Freiheit unauflösbar miteinander verschränkt sind und zusammengedacht werden müssen. Wenn die Akteur*innen die Verletzung ihrer menschlichen, bürgerlichen und religiösen Würde beklagen, dann

---

285 Die Kritik Balibars an Lesarten des Sozialismus und des Liberalismus, die ein Prinzip (entweder Gleichheit oder Freiheit) auf Kosten des anderen Prinzips realisieren wollen, ist an dieser Stelle offenkundig.

äußert sich in ihrer Kritik stets auch die Verletzung ihrer Freiheit, und andersherum bedeutet die unrechtmäßige Verletzung ihrer Freiheit auch die Nichtbeachtung ihrer menschlichen und bürgerlichen Würde.[286]

Der Kampf um Würde in Verbindung mit Freiheit schließt meines Erachtens den Kampf gegen die politische Entmündigung und Enteignung der Bürger*innen mit ein. Durch ihre Ablehnung, willkürlich und unrechtmäßig beherrscht zu werden, treten die Bürger*innen als Akteur*innen der Politik und als »Meister ihres Schicksals« auf (Ben Achour 2016: 81). Sie behaupten, mit Balibar gesprochen, ihr »Recht auf Politik« (Balibar 1992: 137).[287] In dem Sinne lässt sich der Kampf für Würde und Freiheit als ein Kampf um Selbstbestimmung deuten, in welchem die Bürger*innen sich konstituieren, indem sie sich ihre Rechte nehmen.

Eine ähnliche Idee der Selbstbestimmung des *demos* lässt sich im Denken von Jacques Rancière wiederfinden. Der Ausgangspunkt für Politik liegt für Rancière in der Inszenierung eines »Unrechts« (*le tort*) (vgl. Rancière 2002: 50), welches grundsätzlich dadurch charakterisiert ist, dass Subjekten die Anerkennung ihrer Gleichheit[288] verweigert wird (vgl. Rancière 1998: 113.). Rancière nennt die ausgeschlossenen Subjekte die »Anteillosen« (*les sans-parts*) (vgl. Rancière 2002: 24).[289] Die Anteillosen konstituieren sich als politische Subjekte, wenn es ihnen gelingt, Positionen und Themen entgegen den polizeilichen Zuschreibungen[290] durch den geäußer-

---

286 Ich wage diese Analogie, da ich versucht habe, herauszustellen, dass Würde in vielen Aspekten und Hinsichten ein anderer Begriff für Gleichheit ist (vgl. etwa 5.1.2), auch wenn Würde über den Gleichheitsbegriff hinausgeht.

287 Auf dieses radikaldemokratische Recht auf politische Teilhabe werde ich erneut im sechsten Kapitel (6.2) zu sprechen kommen.

288 Gleichheit verweist an dieser Stelle auf einen »leeren« Begriff, der kein substanzielles Merkmal des *demos* beschreibt, sondern hervorhebt, dass es keinen rechtmäßigen Anspruch zum Regieren geben kann und demokratische Politik auf der »Fähigkeit jedes Beliebigen« beruht (Rancière 2018: 56). Wenn die Rede davon ist, dass den Subjekten ihre Gleichheit verweigert wird, bedeutet das folglich, dass ihr radikalegalitärer Anspruch auf politische Teilhabe nicht anerkannt wird. Dieser radikalegalitäre Anspruch auf politische Teilhabe ist das einzige, was den *demos* ausmacht – nicht etwa die Zugehörigkeit zu einer bestimmten Gemeinschaft, der Glaube an bestimmte Werte oder seine vermeintliche Souveränität. Gleichheit dient Rancière ebenfalls als Figur der Kontingenz (vgl. Abbas 2019).

289 Die Anteillosen bilden keine feststehende, sozioökonomisch determinierte Entität, vielmehr konstituieren sie sich im politischen Konflikt durch die Inszenierung ihres Ausschlusses als Marginalisierte.

290 Polizei als hierarchische Gesellschafts- und Herrschaftsordnung umfasst zum einen die staatlichen Institutionen und Prozesse, anhand derer Gemeinschaften regiert werden,

ten Dissens[291] als politisch relevant zu setzen und so andere Wahrnehmungen des Gemeinsamen sichtbar zu machen. Sie beweisen durch ihr politisches Handeln ihre Fähigkeit, politisch handeln zu können und folglich ihre Gleichheit mit anderen Bürger*innen. Auf diese Weise üben sie – so das Argument von Rancière – *performativ* und *punktuell* bereits ihre politischen Freiheitsrechte aus, indem sie öffentlich erscheinen, politische Forderungen stellen und auf Unrechtserfahrungen aufmerksam machen, wenngleich ihnen das Recht aus juristischer Perspektive verweigert wird.

In dieser punktuellen, konfliktuellen und paradoxalen Performanz von Subjekten, die Rechte ausüben, die ihnen bisweilen weder *de jure* noch *de facto* zugestanden werden, die gesellschaftliche Plätze besetzen, die nicht ihre eigenen sind, und dadurch die Gleichheit beweisen, die ihnen abgestritten wird, ereignet sich für Rancière Politik, die eine öffentliche Bühne oder eine »Szene« zur gesellschaftlichen Aushandlung politischer Konflikte schafft (vgl. Rancière 2005a: 66ff.; Rancière/Jdey 2018: 15). In diesem Sinne weisen die tunesischen Bürger*innen nicht lediglich auf die Ausschlüsse der politischen Ordnung hin. Vielmehr erzeugen sie dabei gleichzeitig alternative Interpretationen der Gesellschaft, sie zeigen einen neuen Möglichkeitshorizont sowie das kreative Selbstveränderungspotenzial der Gesellschaft auf (vgl. Rancière 2009a: 60ff.). Gleichzeitig konstituieren sie sich durch den Konflikt als politische Subjekte und eigenen sich autonom ihre Rechte an.[292]

Abschließend kann festgehalten werden, dass die »Revolution der Freiheit und der Würde« sowohl durch das Bedürfnis nach individuellen und

---

und zum anderen die Verfahren, anhand derer Subjekten feste Plätze und damit zusammenhängende soziale Funktionen, Identitäten, Fähigkeiten und Tätigkeiten zugewiesen werden (vgl. Rancière 2008: 31). Rancière entlehnt den Begriff von Foucault, anders als Foucault betont Rancière jedoch kaum die disziplinierende, kontrollierende oder repressive Funktion der Polizei (vgl. Rancière 2002: 40).

291 Gleichheit und Dissens sind im Denken Rancières zwei zentrale, intrinsisch zusammenhängende Denkfiguren, die seinen Politikbegriff grundlegend bestimmen. Gleichheit steht notwendigerweise in einem dissensuellen Verhältnis zur Polizei, die auf Hierarchie und Ungleichheit beruht. Der Dissens ist gleichsam der Modus, in welchem sich die Forderung der Gleichheit vollzieht: Er stellt der Welt, die auf der Idee der Gleichheit gründet, die Welt gegenüber, die auf der hierarchischen Verteilung von Plätzen, Identitäten und Kompetenzen basiert (vgl. Rancière 2018: 56; Abbas 2019, 393).

292 Es sei angemerkt, dass für Rancière der *demos* im Besonderen und politische Subjekte im Allgemeinen nicht *per se* existieren. Sie sind keine feststehende Entität, die sich etwa durch den Staat und ihre Staatsangehörigkeit definieren lassen. Vielmehr konstituieren sie sich in jedem politischen Konflikt, der ein Unrecht inszeniert, von Neuem (vgl. Rancière 2013; Rancière 2009b: 98f.; Rancière 2017a).

kollektiven Freiheiten als auch durch die Frustration über die sozioökonomische Lage gekennzeichnet ist, die als elementare Ungerechtigkeit
wahrgenommen wird und eine reale Not darstellt. Die Frage, wie der Revolutionsprozess eine Ordnung hervorbringen kann, die individuelle und
kollektive Freiheitsrechte sowie das Verlangen nach sozialer Gerechtigkeit
(Würde) respektiert, steht im Herzen der aktuellen politischen Auseinandersetzungen und lässt sich nicht definitiv beantworten.

5.1.6 Die »Revolution der Würde« als Vollendung der Dekolonialisierung?

In seinem Blogeintrag »Auf dem Weg zur Revolution« vom 8. Januar 2011
ruft der Cyberaktivist Z dazu auf, das noch regierende Regime Ben Alis zu
stürzen. Interessant ist dabei weniger sein Appell selbst, als vielmehr die
Parallele, die er zwischen dem Regime Ben Alis und der Kolonialherrschaft
zieht:

»Es ist immer noch nicht die Revolution, aber wir sind fast am Ziel […]. Was ich
als Revolution bezeichne, ist weniger das Emporflammen des Landes oder das
Blutvergießen, etwas, das niemand seinem Land wünschen kann. Was ich unter
diesem symbolisch sehr aufgeladenen Begriff – Revolution – verstehe, ist der
radikale Umsturz unserer politischen Paradigmen. Wir müssen uns in die Einstellungen unserer Vorfahren versetzen, denen es gelungen ist, die französische Besetzung zu stürzen, als sie eingesehen haben, dass das Wohl des Landes den
sofortigen Rauswurf der Kolonialherren erfordert. Denn wir sind tatsächlich von
unseren eigenen Landsleuten von innen heraus kolonialisiert. […] Abschließend
zeige ich den Mittelfinger an alle im Westen, die in den tunesischen Revolten lediglich ein fundamentalistisches [islamistisches, N.A.] Phantom sehen. Diese Verdach-
te verraten erneut, wie lebendig die rassistischen Vorurteile gegenüber den
›Barbaren‹ sind, die nur fähig scheinen, aufzubegehren, wenn es um Allah geht.
Seht her, wie dieses rassistische Vorurteil ungeniert von den ›Fliederfarbenen‹ [Ben
Ali-Anhänger, N.A.] übernommen wird, um die Diktatur zu rechtfertigen. Das
zeigt, wie sehr Letztere die Ureinwohner, die wir erneut geworden sind, verachten,
wie unsere vorherigen Kolonialherren.« (Z 2011b, Herv. N.A.)

Für Z symbolisiert die Herrschaft Ben Alis eine »Kolonialisierung von innen«, die sich unter anderem in der Verachtung manifestiert, die das politische System, seine Institutionen und seine Vertreter*innen, den
Bürger*innen entgegenbringt. Der tunesische Philosoph Salah Mosbah
vertritt ebenfalls die These einer »inneren Kolonialisierung« durch die
postkolonialen Regime Bourguibas und Ben Alis. Er ordnet den Revoluti-

onsprozess folglich in eine längere historische Zeitspanne ein und betrachtet ihn in gewisser Weise als Teil des dekolonialen Emanzipationsprozesses der tunesischen Bevölkerung gegenüber einem kolonialisierenden Staat:

»Die Revolution der Würde fährt fort [...], um eine politische, ›postkoloniale‹ Revolution gegen einen postkolonialen Staat – wahrhafter Erbe des kolonialen Staates – zum Erfolg zu führen, der (seit der Ära Bourguibas) die äußere Kolonialisierung durch eine ›innere Kolonialisierung‹ ersetzt hat.« (Mosbah 2012: 113)[293]

Der islamistische Anführer Rached Ghannouchi argumentiert in seiner postkolonialen Kritik ähnlich. Ihm zufolge besteht die erste Etappe der Dekolonialisierung in der formellen Unabhängigkeit, die durch die antikoloniale Bewegung erstritten worden ist. Eine weitere, dekolonisierende Etappe müsse nun die Moderne um die fehlende Demokratie, soziale Gerechtigkeit und den »Respekt der arabisch-muslimischen Identität« (Ghannouchi 2015: 136) ergänzen. Seine Kritik zielt darauf ab, die kulturellen, arabisch-muslimischen Wurzeln Tunesiens, die durch den Kolonialismus diskreditiert worden sind, zu rehabilitieren. Er formuliert eine klare Kritik am vernunftgeleiteten Islam, den er nicht als befriedigende Interpretation der arabisch-muslimischen Werte erachtet.[294]

Auch die 34-jährige Bürgerin Inès Tlili erkennt eine Kontinuität zwischen der kolonialen und der postkolonialen Herrschaft.[295] Sie interpretiert die Herrschaftsbeziehung zwischen den staatlichen Vertreter*innen und den Bürger*innen als eine Art der »Kolonialisierung«:

»Ich definiere den tunesischen Staat als einen Polizeistaat, durch und durch. Das ist das Erbe der Kolonisierung. Die erste Institution, die als Kontinuität der Kolonisierung geschaffen wurde, ist das Innenministerium. [...] Wenn du siehst, wie die

---

293 Es sei angemerkt, dass der Iranspezialist Hamid Dabashi in »The Arab Spring. The End of Postcolonialism« (2012) eine sehr ähnliche These formuliert. Dabashi spricht von einer »zweiten Kolonialisierung« durch die postkolonialen Regime der arabischen Staatengemeinschaft. Die Revolten und Revolutionen in Nordafrika und Westasien 2011 interpretiert Dabashi als Versuch, den Postkolonialismus, seine Ideologien, Narrative und die durch ihn gerechtfertigten Regime zu überwinden (vgl. Abbas 2013: 355ff).

294 Im sechsten Kapitel komme ich auf das islamistische Imaginäre zurück.

295 Eine ähnliche Ansicht vertritt auch der 30-jährige Arbeitslosenaktivist Ahmed Sassi. Er erläutert: »Es gibt sehr viele Erfahrungen, von denen wir lernen können, selbst unsere eigenen. Wir waren alle kolonisierte Länder und wir haben daraus gelernt.« Er unterscheidet den klassischen, von ihm als »direkt« bezeichneten Kolonialismus von einer »indirekten Kolonialisierung«, »die Ungerechtigkeit ausgeübt hat durch diejenigen, die später [postkolonial, N.A.] das Land aufgebaut haben und die das Blut des Landes saugen« (Sassi 26.03.2015, Tunis).

Polizisten die verschiedenen Demonstranten behandeln, vor allem im Inneren Tunesiens, könnte man denken, es seien Besatzungskräfte gegen Ureinwohner. Das ist unglaublich!« (Tlili 29.03.2015, Tunis)

Die Bürger*innen gleichen in dieser Vorstellung Entrechteten, die der Gewalt einer regierenden Minderheit ausgesetzt sind.

Für die tunesische Linguistin Nabiha Jrad entspringt der auf Französisch gerufene Slogan »Dégage« (Hau ab) dem kollektiven Gedächtnis der tunesischen Bevölkerung, die erneut – wie bereits rund 50 Jahre zuvor – Freiheit und Volkssouveränität fordert. Nun richtet sich dieser Ruf nicht mehr an die französische Besatzungsmacht, sondern an eine Macht, die ebenso sehr die Freiheiten der Bevölkerung und das Recht auf Selbstbestimmung verletzt. Die Tatsache, dass sich Demonstrant*innen mit der tunesischen Flagge umhüllen und die Nationalhymne singen, ist ein Symbol dafür, dass »diese Revolution wie eine zweite Unabhängigkeit oder vielmehr die wirkliche Unabhängigkeit erlebt wird, wie die Revolutionäre betonen« (Jrad 2012). Durch die Aneignung der nationalen Symbolik positionieren sich die Demonstrant*innen als der Nation Zugehörige, während die Machthaber als unrechtmäßige Besatzer wahrgenommen werden. Jrads Interpretation ist in dem Sinne ebenfalls eine Spielart der Kolonialismus-Lesart des Revolutionsprozesses, die diesen in einen Dekolonialisierungsprozess einschreibt.[296]

Dabei handelt es sich gewiss nicht, wie im »klassischen« Kolonialismus, um ein Herrschaftsverhältnis, in welchem eine kulturell-ethnische Differenz zwischen Herrschern und Beherrschten besteht (vgl. Osterhammel 2006: 21). Vielmehr wird die Herrschaftsordnung Ben Alis als eine kolonialisierende Macht wahrgenommen, in der eine Minderheit (der Familienklan sowie das politische Machtmilieu der RCD) die Gesellschaftsordnung, ihre Funktionsweise und ihre Normen nach ihren ökonomischen und politischen Interessen ausrichten und die Mehrheit zwingt, sich ihnen zu unterwerfen. Die Bevölkerung wird gleichsam von einer usurpierenden Minderheit »besetzt« (vgl. auch Khiari 2011). Die Tatsache, dass die Bevölkerung keinerlei Einfluss auf ihre politischen Repräsentant*innen und deren Regierungsweise hat, verstärkt dieses Gefühl, von einer »fremdartigen«

---

296 Auch für die tunesische Linguistin Mariem Guellouz entspringt der auf Französisch gerufene Slogan »Dégage!« dem sprachlichen kollektiven Gedächtnis und schreibt sich in einen neuen, nun gegen einen tunesischen Usurpator gerichteten Dekolonisierungsprozess ein (vgl. Guellouz nach Baraket/Belhassine 2016: 83).

Macht besetzt zu sein.[297] Das Äquivalent zum rassistischen Rechtfertigungsnarrativ, das die Kolonialherrschaft wesentlich konstituiert, erkennt Z in Ben Alis Narrativ, einen Schutz vor dem Islamismus darzustellen. Letztlich stehen die postkolonialen, tunesischen Regime von Bourguiba und von Ben Ali in der Kontinuität des Kolonialismus, indem sie – wenn auch anhand unterschiedlich begründeter Rechtfertigungsnarrative – behaupten, die tunesische Bevölkerung könne sich nicht selbst regieren und sei folglich »demokratieunfähig« (vgl. auch Essid 2012: 64). Allein dieses Narrativ zeugt für Z bereits von der Verachtung der staatlichen Entscheidungsträger gegenüber der Bevölkerung, die in einer infantilisierenden Position gehalten wird. Aus der Sicht einiger Tunesier*innen bestätigt sich Frantz Fanons Sorge, dass die aus der antikolonialen Revolutionsführung entstehenden postkolonialen Eliten den postkolonialen Staat vereinnahmen und der Bevölkerung erneut ihr politisches Selbstbestimmungsrecht verwehren. Der Revolutionsprozess wird in dem Sinne als ein Prozess begriffen, in dem die Bürger*innen sich dieses Selbstbestimmungsrecht erneut erkämpfen.

Schließlich lässt sich auch erkennen, dass auf Würde als ein Resultat der Revolten gegen die Diktaturen im arabischsprachigen Raum 2011 Bezug genommen wird. Für den französisch-tunesischen Intellektuellen Abdelwahab Meddeb widerlegt der Ausbruch des tunesischen Revolutionsprozesses die stereotypen Vorstellungen von den »arabischen Völkern«, die bis zu diesem Zeitpunkt aus eurozentrisch-orientalistischer Sicht als unterwürfig und gehorsam galten. Im Zuge der Rebellion zahlreicher Bevölkerungen in Nordafrika und Westasien gegen die Diktaturen erlangen sie Meddeb zufolge erneut Würde (vgl. Meddeb 2011b).

5.1.7   Würde als »leerer Signifikant«

Das Imaginäre der »Revolution der Würde und der Freiheit« bringt eine komplexe Kritik an den herrschenden politischen, sozioökonomischen und gesellschaftlichen Verhältnissen Tunesiens hervor. Würde dient als Prinzip, das teilweise eine moralische Verurteilung, aber vor allem eine politische Kritik am Regime Ben Alis fundiert. Die Bevölkerung verurteilt das Ben

---

297 Die Frage, ob ein solcher Begriff der »Kolonialisierung von innen« konzeptuell und
    inhaltlich überzeugend ist, werde ich im Rahmen dieser Arbeit nicht diskutieren können.
    An dieser Stelle geht es eher darum, zu erkennen, dass dieses Imaginäre existiert.

Ali-Regime moralisch für die unverhohlene Plünderung der materiellen Ressourcen und Reichtümer des Landes. Der Staat verliert angesichts dessen jegliche moralische Autorität gegenüber der Bevölkerung (Khiari 2011): Er gilt als »Ganovenstaat« (Kefi 2018). Zugleich wird Würde von den Akteur*innen als normative Grundlage für höchst heterogene politische Forderungen herangezogen. Würde kann sich auf das Recht auf ein Leben ohne willkürliche Staatsgewalt und die Ablehnung diktatorischer Herrschaftsverhältnisse, auf das Recht auf politische Teilhabe, auf das Recht auf sozial gerechte und (regional) gleichwertige Lebensverhältnisse sowie auf das Recht auf Religionsfreiheit beziehen.

Der 60-jährige Historiker Amira Aleya Sghaier fasst den tunesischen Würdebegriff wie folgt zusammen:

> »Würde zu fordern, bedeutet, ein vollwertiger Bürger sein zu wollen. [...] Würde heißt, mit gewissen Rechten zu leben, das Recht auf Arbeit, das Recht auf Respekt, das Recht, nicht von den Repräsentanten des Staates und der Verwaltung angegriffen zu werden. Denn die Repression wird nicht nur von der Polizei ausgeübt, sondern auch von der Bürokratie und von der Korruption, die eine Regel geworden ist und die wie ein Angriff auf die Person ist.« (Sghaier 25.08.2014, La Marsa)

Werden die Menschenrechte zunächst als kritische Kontrastfolie zur erfahrenen Wirklichkeit unter der Diktatur und zur Rechtfertigung des bürgerlichen Protestes, das heißt »als Platzhalter für die öffentliche Thematisierung von Unterdrückung, Demütigung, Ausgrenzung und Willkür« (Kreide 2013: 81), zitiert, so konkretisiert sich dieser Würdeanspruch erst durch den Ausbruch des Revolutionsprozesses zu einem ausgeprägten Bewusstsein für Rechte. Durch den Revolutionsprozess machen die tunesischen Bürger*innen zum ersten Mal in ihrer Geschichte die Erfahrung, sich ihre Rechte tatsächlich kollektiv erstreiten zu können. Ihr Erwartungshorizont wird durch die Erfahrung des revolutionären Umsturzes verändert, wie die 49-jährige Feministin Ahlem Belhadj erläutert:

> »Es gibt ein politisches Bewusstsein, das relativ ausgeprägt ist, weil die Leute es sich erkämpft haben und nicht mehr alles Mögliche akzeptieren! Es gibt diesen Widerstand, den Willen zur Veränderung und das Bewusstwerden für Rechte: Wir haben Rechte! Das Recht auf Arbeit, das Recht zum Demonstrieren.« (Belhadj 24.08.2014, Tunis)

Im Sinne John Deweys handelt es sich hier um eine reflexive Erfahrung, die in einem Handlungskontext das Verhältnis der Akteur*innen zur Gesellschaft verändert und »einen Bezug zu unserem Wissen über uns selbst« aufweist (Gimmler 2008: 154).

Die unterschiedlichen Dimensionen des Würdebegriffs tragen nicht nur dazu bei, dass der Begriff schwer zu definieren ist. Vielmehr stellt gerade die Vieldeutigkeit des »Zauberwortes der ›Revolution der Würde‹« (Redissi 2016: 34) seine Stärke in der politischen Praxis (bis zum Sturz Ben Alis) dar. Mit Ernesto Laclau lässt sich argumentieren, dass »Würde« als »leerer Signifikant« (Laclau 2002: 40) im Kampf gegen das Regime von Ben Ali fungiert. Laclau zufolge können temporäre Allianzen zwischen sehr unterschiedlichen Oppositionsgruppen eingegangen werden, die in ihrer Ausrichtung gegen einen gemeinsamen politischen Gegner eine Äquivalenzkette bilden und sich derart zu einem Bündnis vereinigen. Es ist der gemeinsame Gegner, in diesem Fall also das Regime von Ben Ali, der die Äquivalenz zwischen den unterschiedlichen Forderungen stiftet und nicht etwa ein geteilter, »positiver« Gehalt ihrer politischen Perspektiven oder Interessen (vgl. ebd.: 70). Die tendenzielle und weitgehende, aber nicht völlige Entleerung des Signifikanten erlaubt es, unterschiedlichste Positionierungen miteinander zu artikulieren (vgl. Laclau 2005: 72–83) und »die Kette als solche zu repräsentieren« (Marchart 2017: 58). Die Funktion, die Signifikanten wie »Würde« oder »Freiheit«[298] erfüllen, besteht darin, zur Vereinheitlichung von Positionen beizutragen, deren partikulare Aspekte differieren (vgl. Laclau 2002: 65–78). Der Begriff der Würde vereint im tunesischen Kontext die vielschichtigen Forderungen von Menschenrechtsaktivist*innen, Bürger*innen, Arbeitslosen, IslamistInnen, nationalistischen und international ausgerichteten Kapitalismuskritiker*innen und Gewerkschafter*innen aus allen Regionen des Landes, die in der Herrschaft Ben Alis eine Beeinträchtigung ihrer Würde erkennen.

5.2   Die leader-lose Revolution

Wenn auch die politischen Prinzipien und Ziele des Revolutionsprozesses heterogen und kontrovers sein mögen, so scheint es keinen Zweifel daran zu geben, wer das »Subjekt der Revolution« ist: Die »Volksrevolution« (*ṯawra šaʿbiya*) (Bendana 2011: 62) vollzieht sich »spontan, nicht im Voraus

---

298 Gewiss ist auch das Imaginäre der »Freiheit« als leerer Signifikant zu begreifen. Ich beziehe mich hier vordergründig auf das Imaginäre der Würde als leeren Signifikanten, weil es »Würde« stärker noch als »Freiheit« gelingt, höchst unterschiedliche Positionen im Kampf gegen das Regime von Ben Ali zu vereinen.

geplant, ohne Eliten, besser noch: gegen die Eliten« (Mosbah 2012: 112;
vgl. auch Ben Gharbia 18.09.2014, Tunis). Auch die tunesische Intellektuelle Nora Borsali unterstreicht die horizontale Gestaltung des Aufstandes:

>»Es ist wichtig, zu betonen, dass diese Revolution ohne Leader und vollkommen
unabhängig von allen politischen Parteien erfolgt ist, die von der spontanen, jegliche Bevormundung ablehnenden Volksbewegung[299] überrascht wurden.« (Borsali
2012: 281)

Diese Überraschung herrscht nicht nur in der politischen und intellektuellen Elite, sondern auch in der Bevölkerung selbst vor:

»Was uns am meisten beeindruckt hat, war, dass das tunesische Volk nicht auf das
Auftreten eines Chefs oder einer Partei gewartet hat, um sich in Bewegung zu setzen. Es hat alleine die Dinge in die Hand genommen, ist auf die Straße gegangen
und hat der polizeilichen Repression, der Gewalt und dem Tod die Stirn geboten.«
(El Boussaïri Bouebdelli nach Bettaïeb 2011: 51)

Das »tunesische Volk« wird hier nicht lediglich in den Gegensatz zur gesellschaftlichen Elite gesetzt, sondern auch zum Staat und zur politischen
Klasse. Das Volk bezeichnet diejenigen ärmeren und mittleren Bevölkerungsschichten, die sich der autoritären Herrschaft widersetzen. Mehr noch
als ihre soziale Position definiert sie ihr politischer Antagonismus zur staat-
lich-politischen Elite, die aus ihrer Sicht vollkommen illegitim ist.

Die Tatsache, dass der Aufstand ohne eine anführende Elite aus der
Zivilgesellschaft oder der politischen Parteienlandschaft erfolgt (vgl. Essid
2012: 28f.), erstaunt insbesondere vor dem Hintergrund, dass lange die
Vorstellung dominierte, dass in den arabischen Ländern Politik unweiger-
lich mit Autorität und Führerschaft (za'īm) konvergiert. Diese »Führungslo-
sigkeit« bricht vollkommen mit den historischen und politischen
Erfahrungen der tunesischen Bürger*innen, die seit der postkolonialen
Gründung Tunesiens gezwungen waren, ihre politischen Ambitionen staat-

---

299 Im französischen Original spricht sie von einem »mouvement populaire«. Ich habe
»populaire« an dieser Stelle mit »Volks-« übersetzt. Die Bezeichnung impliziert
keineswegs eine ethnische oder »völkische« Dimension, sondern verweist vielmehr
darauf, dass die Bewegung aus der »einfachen« Bevölkerung hervorgeht, die nicht in
politischen Parteien oder Vereinigungen organisiert ist und auch sozioökonomisch nicht
der Elite angehört. Es sei angemerkt, dass viele tunesische Akteur*innen von einer
klassenübergreifenden Revolution sprechen (vgl. Souini 23.03.2014, Tunis), sie meinen
damit mehrheitlich die untere und mittlere Schicht und nicht die höheren Schichten,
zumal die ökonomische Elite vom Regime profitiert und oftmals mit ihm kooperiert.
Das gilt natürlich auch für Teile der Mittelschicht und lässt sich schwer pauschalisieren.

lichen Anführern unterzuordnen (vgl. Abir Tarssim 20.04.2017, Tunis). Die Horizontalität des Aufstandes wird ferner als Argument gegen die Gefahr herangezogen, dass sich jemand anmaßt, die alleinige Autorschaft der Revolution für sich zu beanspruchen (vgl. Mezghani 2011).

Diese Horizontalität des Aufstandes wird in den Imaginären der Bürger*innen unterschiedlich bewertet, wie im Folgenden dargestellt wird. Während die meisten von mir interviewten Bürger*innen die erfahrene Horizontalität positiv bewerten und sie zum Prinzip der Selbstregierung erheben, zeigen sich einige Bürger*innen skeptisch gegenüber der Möglichkeit, den Revolutionsprozess ohne politische Führer*innen und hierarchischere Organisationsformen weiterführen zu können.

5.2.1   Die Laudatio der Horizontalität und der Selbstregierung

Die Ablehnung von Autoritätsverhältnissen etabliert sich als wichtiges Imaginär des tunesischen Revolutionsprozesses durch den spontanen und horizontalen Ausbruch der ersten Massenproteste im Dezember 2010. Das bedeutet jedoch keineswegs, dass die ersten Demonstrant*innen protestieren, *um* die politische Autorität anzuzweifeln. Vielmehr zweifeln sie die politische Autorität *durch* ihren Protest an. Das Imaginäre tritt erst nach der Flucht Ben Alis und am deutlichsten nach den Kasbah-Protesten im Februar 2011 zum Vorschein. Die Bürger*innen werden sich durch die Flucht Ben Alis und die internationalen Reaktionen auf ihren Protest ihrer eigenen Handlungsfähigkeit und ihres Potenzials bewusst, sich autonom und kollektiv formieren zu können. Der französisch-tunesischen Historikerin Jocelyne Dakhlia zufolge weitet sich diese Haltung auch auf Bereiche jenseits der Politik aus, »[…] die Rebellion drückt sich gegen jede Form der Autorität aus, ja sogar gegen Autorität im Allgemeinen. Die Autorität der Chefs und Anführer wird systematisch untergraben« (Dakhlia nach Baraket/Belhassine 2016: 85).

Aus der Erfahrung der massenhaften Proteste und der selbstverwalteten Praktiken in den Januar- und Februarwochen 2011, in denen die Bürger*innen beispielsweise spontan entscheiden, ihre Wohnviertel zu bewachen und die (konterrevolutionäre und unter anderem gewaltvolle) Polizei zu ersetzen (vgl. Foued Sassi; Sghaier; Aouainia; Jmour), ziehen sie ein vollkommen neues, ausgeprägtes Selbstbewusstsein bezüglich ihrer eigenen Rolle in der Gesellschaft. Sie fordern nun nicht lediglich, dass ihre Stimme gehört wird, sondern dulden grundsätzlich keinerlei politische

»Bevormundung« mehr, wie es Nora Borsali ausdrückt. Ferner lehnen die aufständischen Bevölkerungsteile politische Autoritätsverhältnisse ab, da sie den Revolutionsprozess weiterführen wollen und hierfür die bestehenden politischen Eliten entmachten müssen. Folglich impliziert die Ablehnung von Autoritätsverhältnissen zum einen die Ablehnung unterdrückender Verhältnisse, die im tunesischen Kontext unweigerlich mit politischer Autorität assoziiert werden, und zum anderen die Affirmation, sich selbst regieren zu können, die sich durch die revolutionäre Erfahrung etabliert.[300]

5.2.1.1 Kasbah-Sit-in zwischen initiierter Selbstverwaltung und elitärer Vereinnahmung

Vom Imaginären der Ablehnung von Autoritätsverhältnissen geleitet, weisen einige Akteur*innen, beispielsweise der 38-jährige Arbeitslosenaktivist Arbi Kadri aus Regueb, die Idee der Wahlen in der unmittelbaren Post-Ben-Ali-Phase 2011 zurück. Kadri betrachtet diese Wahlen als intentionale Unterbrechung und Umleitung des Revolutionsprozesses, der den Bürger*innen damit erneut entrissen wird, um ihn einer elitären Logik zu unterstellen.[301] Für Kadri ist die einst radikal basisdemokratische Bewegung der Bürger*innen der Kasbah-Besetzungen durch die Parteien entmachtet worden, die die Idee der Neuwahlen durchgesetzt haben. Seiner Meinung nach hätte die bürgerliche Bewegung ihr Potenzial ausschöpfen müssen:

»Ich war gegen die Idee, Wahlen für eine verfassungsgebende Versammlung durchzuführen, aber wirklich völlig dagegen! Weil wir in Tunesien eine Verfassung hatten von 1959 [...], die war nicht so katastrophal! [...] Gut, die Präsidenten haben sie ihrem Belieben nach missbraucht. [...] Aber in diesem revolutionären Moment gab es andere Dinge zu tun! Es gab ein Volk, das mitten in einer revolutionären Bewegung war! [...] Das erste Kasbah-Sit-in war eine wirkliche Volksbewegung mit wirklichen Slogans vom Volk aus Menzel Bouzaiene, Regueb [...]. Sie [die Jugendlichen aus den genannten Regionen, N.A.] haben versucht, den Platz

---

300 In der Hinsicht lässt sich eine Verbindung zwischen der Ablehnung von Autoritätsverhältnissen und der Forderung der Würde erkennen.

301 Die Journalistinnen Baraket und Belhassine machen darauf aufmerksam, dass die Entscheidung, Wahlen durchzuführen, für viele Akteur*innen bereits bedeutet, dass der Revolutionsprozess von der politischen Elite beschlagnahmt wird, zumal die Wahlen lediglich eine Antwort auf die politischen Forderungen nach Freiheits- und Teilhaberechten sind, die sozioökonomischen Forderungen dabei jedoch vollkommen ausklammern (vgl. Baraket/Belhassine 2016: 196).

[der Regierung in der Kasbah, N.A.] zu besetzen, einen Platz, der symbolisch ist [für die politische Macht, N.A.]! Während des zweiten Kasbah-Sit-ins haben sich die politischen Parteien eingemischt, […] und das war das Ende der Bewegung! […] Warum gibt es [gegenwärtig, N.A.] keine Diskussionen, die bei der Basis anfangen, so wie die Revolution von der Basis aus erfolgt ist?« (Kadri 03.09.2014, Sidi Bouzid)

»In Tunesien sowie in der gesamten arabischen Welt verhindert die Autorität momentan, dass die Autonomie der sozialen Bewegung sich weiter ausbreitet. Die Leute sind nach all den Jahren [der Diktatur, N.A.] von der Autorität erdrückt!« (Kadri nach Octave/Chamekh 2013: 109)

Kadri zufolge stellt die Idee der Autorität stets eine grundlegende Gefahr für den laufenden Revolutionsprozess dar, da sie die Bürger*innen verdrängt, die keinerlei spezifische Autorität oder Erfahrung für sich beanspruchen können und doch die kollektiven, ja authentischen »Autoren« des Revolutionsprozesses sind, ohne die die Diktatur immer noch bestehen würde. Für ihn bedeuten Wahlen daher, eine ausschließende Selektionslogik in das politische Geschehen einzuführen, die das politische Prinzip der Gleichheit und den egalitären Zugang zur politischen Gestaltung verletzt, den sich insbesondere die marginalisierten Bevölkerungsschichten durch ihren wichtigen Beitrag zum Ausbruch des Revolutionsprozesses erkämpft haben. Politische Repräsentation wird an dieser Stelle im diametralen Verhältnis zur horizontalen Selbstregierung gesehen. Diese Ablehnung politischer Autorität und die kritische Haltung gegenüber politischer Repräsentation erinnert an den bereits angedeuteten Politik- und Demokratiebegriff von Rancière.[302] Demokratie im Sinne Rancières gründet auf der Herrschaft derjenigen, »die genau deshalb herrschen, weil sie nicht besser geeignet sind, zu herrschen als beherrscht zu werden« (Rancière 2006). Sie ist die Herrschaft von »irgendjemand, das heißt von niemand« (Rancière 2017a). Demokratie widerspricht folglich der polizeilich-elitären Logik der Beherrschung, die behauptet, es gebe bestimmte Erfahrungen und Fähigkeiten, die Subjekte zum Herrschen und andere zum Beherrscht-Werden prädestiniere. Vielmehr bedeutet Demokratie, dass dem *demos* als

---

302 Rancière gebraucht Politik und Demokratie synonym, zumal er lediglich demokratische Politik als Politik anerkennt, für andere Politikformen reserviert er den Begriff der Polizei. Demokratie offenbart sich für Rancière lediglich in der performativen, konfliktuellen Behauptung und Realisierung der radikal gleichen Fähigkeit aller und kann sich nicht innerhalb eines institutionellen Settings erschöpfen. Vielmehr muss sie kontinuierlich durch das Handeln politischer Subjekte bewiesen und re-kontextualisiert werden.

politisches Subjekt ein radikalegalitäres Anrecht auf die Gestaltung von Politik zukommt (vgl. Rancière 2012: 177ff.). Demokratie beruht auf der »Abwesenheit jeglicher Überlegenheit« (Rancière 2006). Die »Fähigkeit«, aufgrund derer Subjekte herrschen oder beherrscht werden, ist ihre kollektiv geteilte Freiheit und Gleichheit zum politischen Handeln – de facto gründet Politik demnach auf keinerlei Fähigkeiten. Diese unmögliche Begründung demokratischer Herrschaft bedeutet auch, dass es keine rechtmäßige politische Autorität geben kann: Es gibt kein Prinzip, keine Fähigkeit, kein Recht und keinen »Titel«, wie es Rancière ausdrückt, der einen Herrschaftsanspruch legitimer als einen anderen erscheinen lässt. Die repräsentative Demokratie bleibt dementsprechend für Rancière ein Oxymoron, eine prekäre Allianz zwischen zwei gegensätzlichen Logiken, der per definitionem ein krisenhafter Zustand inhärent ist (vgl. Rancière 2005a: 60; Rancière 2017b: 16). Kadri begreift die im Zuge des Revolutionsprozesses errichtete repräsentative Demokratie in Tunesien in dem Sinne als politische Enteignung der Bürger*innen.

Kadri zeigt sich ferner enttäuscht darüber, dass die basisdemokratische Erfahrung während des Ausbruchs des Revolutionsprozesses nicht zu einer politischen Ordnung führt, die das Prinzip der Horizontalität institutionalisiert. An dieser Stelle manifestiert sich die Kontingenz und Unabsehbarkeit der kollektiven, politischen und vor allem revolutionären Erfahrung, die Kadri frustriert. Hannah Arendt weist darauf hin, dass das Miteinander-Handeln ungewiss ist, zumal auf Freiheit basierende, kollektive Handlungen stets von unvorhersehbaren, auf individueller Ebene unkontrollierbaren Entwicklungen und Ereignissen beeinflusst werden (vgl. Förster 2009: 261). Albert O. Hirschmann macht in diesem Zusammenhang darauf aufmerksam, dass Ideale auch unrealistische Erwartungen wecken können. Wenn die Diskrepanz zwischen der erfahrenen Realität und dem Ideal zu groß ist, können Ideale auch zur Abkehr von politischem Engagement führen (vgl. Hirschmann 2002: 14ff.). Die hohen Erwartungen an den Revolutionsprozess sowie die schmerzhafte Einsicht in die Grenzen der eigenen Handlungsmacht rufen diese neue Enttäuschungserfahrung hervor, die Kadri beschreibt. Die Enttäuschung ist bislang jedoch weitaus weniger tief verankert und stark verbreitet als die durch das Ben Ali-Regime verbreitete Ohnmacht.

Die Gefahr, dass politische Autoritätsverhältnisse lediglich von einigen, meist jungen Demonstrant*innen abgelehnt werden, aber die Elite an ihnen festhält, beschreibt auch der 31-jährige Cyberaktivist Azyz Amami hinsichtlich der Kasbah-Sit-ins im Februar und März 2011:

»Das war eine außergewöhnliche Bewegung der Solidarität und Selbstverwaltung, während der wir die völlige Abwesenheit von Autorität erlebt haben. [...] Die Leute haben sich zu dieser Zeit vorbildlich verhalten. Zum Beispiel wurde keine Entscheidung getroffen, ohne dass das Einverständnis von allen eingeholt wurde, und zwar durch die Vermittler, die alle Gruppen koordinierten. [...] Unser Misserfolg resultiert aus unserer eigenen Unterschätzung unserer wirklichen Fähigkeiten. Am Anfang von Kasbah II haben wir die politischen Parteien dazu aufgefordert, daran [am Sit-in, N.A.] teilzunehmen, durch ihre jungen Aktivisten. Anschließend haben uns diese gleichen Parteien ausgeschlossen, indem sie das schicksalsschwere Argument der politischen Erfahrung verwendet haben. Zu dieser Zeit haben die Vermittler, die die Entscheidungsfindung koordiniert haben, sich nicht für fähig erachtet, mit der Macht zu verhandeln und den Wandel im Palast der Kasbah zu steuern. Dabei sind sie [die Demonstrant*innen, N.A.] in der Kasbah, weil die Revolution der handfeste Ausdruck für das politische Scheitern eben dieser politischen Parteien und der Gewerkschafter ist.« (Amami zitiert nach Channaoui 2015)

Das Imaginäre der Ablehnung autoritärer politischer Verhältnisse verfestigt sich demnach auf zweifache Weise: erstens durch die konstruktive Erfahrung der Kasbah-Besetzung, in der Bürger*innen eine breites, basisdemokratisches Kollektiv gründen, das einen politischen Reflexions- und Entscheidungsprozess über die Zukunft Tunesiens einleitet, und zweitens *ex negativo* durch die Reflexion über ihre Entmachtung und die elitäre Vereinnahmung der Bewegung. Amami und Kadri machen die Erfahrung, dass die Parteien und die während der Kasbah-Bewegung entstandene »Hohe Instanz für die Verwirklichung der Ziele der Revolution«[303] den Willen der Bürger*innen, die »Revolution« eigenständig und nach ihren Vorstellungen voranzutreiben, unterbinden und den revolutionären Elan in weniger radikale Bahnen lenken, indem sie Neuwahlen anordnen.[304] Diese als konter-

---

303 Die Instanz macht es sich zur Aufgabe, zu gewährleisten, dass die Wahlen von 2011 in einem freien, demokratischen Rahmen abgehalten werden können. Zum einen versucht sie zu verhindern, dass alte politische Mandatsträger*innen der Ben Ali-Ära sich erneut zur Wahl für die verfassungsgebende Versammlung stellen können. Zum anderen setzt sie die Gender-Parität auf den Wahllisten durch (vgl. Charfi 2012: 70).

304 Selbstverständlich handelt es sich lediglich um einen Teil der in den Kasbah-Revolten aktiven Bürger*innen, der von ihrem Ausgang enttäuscht ist. Der 55-jährige Gewerkschafter Sami Souihli weist darauf hin, dass trotz der bestehenden Kritik, dass die Wahlen vor allem denjenigen nutzen werden, die gute Finanzierungsmöglichkeiten und Organisationsstrukturen aufweisen, auch breite Teile der linken Parteien die Wahlen im Oktober 2011 befürwortet haben (vgl. Souihli 22.08.2014, Tunis).

revolutionär wahrgenommene Dynamik bestätigt sie letztlich in ihrer anti-institutionellen und antiautoritären politischen Haltung. In ihren selbstkritischen Retrospektiven stellen sie fest, dass es der Bewegung nicht gelungen ist, ihre Ziele zu verteidigen und ihre Organisationsform dem politischen Tagesgeschehen anzupassen.[305]

In dem von Amami beschriebenen politischen Moment wird zudem der Generationen- und Machtkonflikt deutlich zwischen der revoltierenden Jugend, die sich selbst organisieren und das Joch der politischen Autorität endlich abschütteln will, und der älteren Generation, die diesen Prozess in stärker institutionalisierte und hierarchisierte Bahnen lenken will, die sie selbst dominiert.

Wenn die Kasbah-Erfahrung aus Sicht einiger Akteur*innen hinsichtlich ihres Ergebnisses und der weiteren Entwicklung des Revolutionsprozesses ein Misserfolg ist, so bildet sie doch zweifellos eine prägende Erfahrung und erfindet im tunesischen Kontext eine neue politische Praxis. Mithilfe von Kollektiven wie *Manich Msamah* (*Ich vergebe nicht*) 2015 oder *Fesh Nestenaw* (*Worauf warten wir*) 2018, die selbstverwaltet und basisdemokratisch sind sowie politische Repräsentation ablehnen, korrigieren Bürger*innen die Gesetzentwürfe, die die ehemaligen ökonomischen und politischen Regimeanhänger*innen Ben Alis ohne Gerichtsverfahren freisprechen und so den Revolutionsprozess gefährden. Viele der jungen, in der Kasbah-Besetzung aktiven Akteur*innen, wie Aroua Baraket, Inès Tlili und Wael Nouar, engagieren sich in den oben genannten Kollektiven und versuchen durch diese neue Praxis politischer Freiheit und Gleichheit, die sich in den horizontalen Bewegungen realisiert, den Revolutionsprozess weiterzuführen. Der Kampf gegen Korruption und gegen das Vergessen der staatlichen Verbrechen wird in erster Linie von diesen Kollektiven in Kooperation mit einigen zivilgesellschaftlichen Organisationen thematisiert, die sich als bürgerliches Korrektiv der institutionellen Politik begreifen.

Diese Suche nach neuen politischen Praktiken, die sich nicht ausschließlich in Momenten der Subversion erschöpfen, erinnert an das anarchistische Konzept der präfigurativen Politik. Diese anarchistische Strö-

---

305 Das antiautoritäre Imaginäre ist in erster Linie bei den Akteur*innen verbreitet, die zum Ausbruch des Revolutionsprozesses beitragen und wird gewiss nicht von allen gesellschaftlichen Schichten geteilt. Der tunesische Historiker Yassine Essid kritisiert diesbezüglich in seinem Buch, dass die Ablehnung von Autorität im Namen der »Macht des Volkes« in nihilistische Zustände führen kann (vgl. Essid 2012: 16).

mung ist nicht auf den Umsturz des Staates fokussiert. Vielmehr bringen die Anarchist*innen ein Verständnis politischen und sozialen Wandels hervor, der um die Schaffung neuer politischer Institutionen und alltäglicher, nicht-autoritärer Praktiken bemüht ist, die im Sinne des Slogans der mexikanischen Zapatisten »Fragend schreiten wir voran« (*Preguntando caminamos*) experimentell ausprobiert werden (vgl. Raekstad 2017: 4). Um die alte Gesellschaft zu überwinden, müssen im Hier und Jetzt neue Formen basisdemokratischer Selbstorganisation, horizontaler Vernetzung und kollektiver Produktion erfunden werden (vgl. Loick 2017: 208ff.; Kreide 2017: 30). Erst die politischen Praktiken in der »alten« Gesellschaft können die »neue« Gesellschaft antizipieren und hervorbringen. Die Möglichkeit der Revolution hängt in dieser Perspektive nicht von objektiven äußeren Bedingungen, sondern in erster Linie von den egalitären Praktiken der Bürger*innen ab. Die horizontale Vernetzung der oben genannten Kollektive sowie der Glaube an die »gewöhnlichen Bürger*innen«, den ich im Folgenden erörtern werde, lässt sich in gewisser Weise als präfigurative Politik begreifen, in welcher die Bürger*innen versuchen, den revolutionären Wandel selbstständig und in einem bestimmten Ausmaß jenseits des Staates voranzubringen (vgl. auch Kakogianni/Rancière 2014: 183; Rancière 2018: 60). Sie versuchen hierfür, verschiedene Formen des Protests, aber auch der Kooperation zu entwickeln. Diese präfigurative Praxis ist jedoch erst nach dem Sturz Ben Alis möglich, zumal sie individueller und kollektiver Freiheitsrechte sowie eines geschützten Rahmens politischen Handelns (wie das Ende politischer Verfolgung, vgl. Kap. 4) bedarf.[306]

Obwohl also der Revolutionsprozess eine fundamentale Infragestellung der politischen Autorität eröffnet, ist die Vorstellung politischer Autorität gesellschaftlich noch tief verankert. Die Werbeanzeige eines anonymen Ägypters in der viel gelesenen tunesischen Tageszeitung »La Presse de Tunisie« 2011 verdeutlicht, dass im »arabischen Imaginären« (Essid 2012: 63) die Vorstellung des Anführers *(za'īm)* keineswegs ihre Wirksamkeit verloren hat: »An den großen arabischen *Zaim*: das große tunesische Volk: Danke!« (zitiert nach Essid 2012: 62). Diese paradox anmutende Formulierung, die in der heterogenen Masse einer Bevölkerung *einen* Anführer sieht, verschiebt jedoch das klassische Verständnis eines aufgeklärten Anführers, der das unmündige Volk an die Hand nimmt. Es findet eine Umkehrung statt:

---

306 Die Reflexion über die psychosozialen Bedingungen für politischen Widerstand im Allgemeinen und für präfigurative Politik im Spezifischen wird ebenfalls in der Psychologie geführt (vgl. Cornish u.a. 2016).

Die rebellierende Bevölkerung erscheint nun als »weiser Anführer«. Das konstituiert das Imaginäre der tunesischen Bürger*innen als revolutionär-progressives Subjekt *par excellence*.

5.2.1.2 Der Glaube an »einfache Bürger*innen« als politische Subjekte

Die Horizontalität und die mit ihr einhergehende Spontaneität des revolutionären Ausbruches sowie die allmählich entstandene Ablehnung von Autoritätsverhältnissen lässt das Imaginäre der »einfachen Bürger*innen« oder mit Jacques Rancière gesprochen »der Anteillosen« als zentrale Akteur*innen des Revolutionsprozesses hervortreten.[307]

Die Horizontalität offenbart sich zwischenmenschlich in der Gleichheit unter den Bürger*innen, die sie im Zuge ihrer politischen Handlung erfahren. Gleichheit ist kein abstraktes, rein ideelles Konstrukt, sondern stellt eine positive Erfahrung dar, die viele Bürger*innen in ihren zukünftigen politischen Handlungen erneut zu reproduzieren versuchen. Für die 30-jährige Henda Chennaoui geht es dabei um »kollektive Entscheidungen und um Horizontalität [...]: das bedeutet, all diejenigen in die Entscheidungsfindung einzubinden, die von ihr betroffen sind« (Chennaoui 30.03.2015, Tunis). Die kollektive, horizontale Entscheidungsfindung findet Chennaoui zufolge nicht genügend statt in einer repräsentativen Demokratie und erfordert – wie wir noch im sechsten Kapitel sehen werden – direktere Teilhabe- und Selbstregierungsmöglichkeiten der Bürger*innen.

Durch den Ausbruch des Revolutionsprozesses entsteht ein regelrechter Glaube an Akteur*innen, die in der »unteren« gesellschaftlichen, beruflichen und politischen Hierarchieleiter stehen, wie die Aussage der 57-jährigen ATFD-Feministin Helima Souini illustriert (vgl. auch Baraket 22.08.2014, Tunis):

»Heute gibt es kein Leadership mehr, das ist eine überkommene Vorstellung. Jeder kann ein Vorbild sein, daran glaube ich. Und warum können nicht die Frauen, die

---

307 Die »Einfachheit« der Bürger*innen besteht auch in ihrer politischen Unabhängigkeit. Das bedeutet jedoch nicht, dass niemand von den in den Protesten involvierten Bürger*innen in einer Gewerkschaft oder zivilgesellschaftlichen Vereinigung aktiv ist. Sie treten dem Protest nicht als Gewerkschafter*innen, sondern lediglich als Bürger*innen bei, dementsprechend bleiben – der Idee nach – auch hierarchische Organisationsweisen der jeweiligen Vereinigungen dem Protest außen vor. Akteur*innen wie Inès Tlili oder Lina Ben Mhenni beispielsweise treten keiner Organisation bei, um ihre Unabhängigkeit zu wahren. Sie partizipieren dennoch aktiv an verschiedenen politischen Kollektiven.

um 5 Uhr morgens aufstehen, die die Straßen putzen oder die es schaffen, mit dem absoluten Minimum ihre Kinder zu ernähren, Vorbilder sein? Und wenn das System all diesen Frauen und ihren Potenzialen Raum geben würde, was für ein [politisches, N.A.] Modell hätten wir dann? [...] Das Positive [am Revolutionsprozess, N.A.] ist, dass wir das Leadership zerstört haben: die Einheitspartei, den Präsidenten, der alle Macht hat.« (Souini 23.09.2014, Tunis)

Durch die »Revolution des Blutes, der Armen, der Marginalisierten, der Prekären« (Foued Sassi 18.08.2014, Tunis), die das Leadership grundsätzlich infrage stellt und eine harsche Kritik an den führenden Eliten ausdrückt, rücken in den politischen Imaginären der Akteur*innen die ärmeren Bevölkerungsschichten in den Mittelpunkt und erfahren eine gesellschaftliche Aufwertung. Souini kehrt die herrschenden Umstände in ihrer kritisch-utopischen Vorstellung einer egalitären Gesellschaft um, indem sie die ärmeren, hart arbeitenden und wenig anerkannten Frauen zu potenziellen gesellschaftlichen Vorbildern erklärt. Diese Vervielfältigung der »Vorbilder« entmachtet die Vorstellung *einer* politischen Führungsfigur, einer führenden Gruppe oder Institution, da »jeder ein Vorbild sein« kann (Souini 23.09.2014, Tunis). Darin drückt sich ein radikaldemokratisierter Zugang zum Recht auf politische Teilhabe aus.

Diesen Glauben an Akteur*innen, die gegen die arbiträre Beherrschung der höheren Hierarchie und Bürokratie kämpfen, teilt auch der 37-jährige Arbeitslosenaktivist Kadri Arbi. Für ihn sind politische Akteur*innen *par excellence* keine Politiker oder Parteien, sondern Bürger*innen und Mitglieder zivilgesellschaftlicher Vereinigungen:

»Kadri: Ich bin antiautoritär [...], ich lehne auch die Autorität innerhalb von politischen Parteien ab. [...] Ich bin nicht für politische Parteien, weil es die politischen Parteien sind, die an einem gewissen Punkt verantwortlich dafür waren, dass Tunesien so geworden ist, wie es ist, und wir in dieser Situation sind. [...] Es gab innerhalb der Parteien keine echte Demokratie [...], keine wirklichen Debatten!

N.A.: Für Sie sind also die Aktivisten der Zivilgesellschaft die wichtigeren Akteure?

Kadri: Ja! Für mich sind die Aktivisten das Wichtigste! Und wenn wir von der UGTT sprechen [...], dann interessiere ich mich für die Gewerkschaftsbasis und nicht für die Bürokratie [der Gewerkschaft, N.A.]. [...] Am 13. Januar [2011, N.A.] haben sie [der Vorstand des Gewerkschaftsbundes, N.A.] noch eine Pressemitteilung herausgebracht, in der sie ihre Unterstützung für Ben Ali aussprechen, so ist die Bürokratie.« (Kadri 03.09.2014, Sidi Bouzid)[308]

Auch der 28-jährige Cyberaktivist Hamadi Kaloutcha betont die politisch prägende Rolle der Zivilgesellschaft, die während des verfassungsgebenden Prozesses – im Gegensatz zu den gewählten Repräsentant*innen – die »wahren« revolutionären Ziele verfolgt:

»Als ich die Ergebnisse der Wahlen [von 2011, N.A.] gesehen habe, hätte ich mir die Augen ausreißen können. Angesichts der Leute, die gewählt wurden, um die Verfassung zu schreiben, war es im Voraus verloren! Aber durch die Arbeit der Zivilgesellschaft, die ihre »Waffen« [im übertragenen Sinne, N.A.] mobilisiert hat, die Druck [auf die verfassungsgebende Versammlung, N.A.] ausgeübt hat, haben wir jetzt immerhin eine Verfassung, die nicht die Frucht der verfassungsgebenden Versammlung, sondern vielmehr das Produkt der Zivilgesellschaft ist [...]! Wir haben eine recht revolutionäre Verfassung [...] zum Beispiel ist das Recht auf Information in die Verfassung eingeschrieben [...], wir haben sogar das Recht auf Wasser.« (Kaloutcha 20.08.2014, Tunis)

Kaloutcha spricht die weitverbreitete Auffassung aus, dass die Bürger*innen politisch verantwortlich und progressiv sind, und nicht die politische Elite. Der neuen Verfassung wird in meinen Interviews von 2014 – abgesehen von den Politiker*innen, die sie maßgeblich mitgestaltet haben (Habib Khedher, Farida Labidi, Meherzia Labidi) – mehrheitlich wenig Bedeutung beigemessen.[309] Der 52-jährige Gewerkschafter Tarek Hlaïmi

---

308 Alle von mir interviewten Gewerkschafter betonen, dass vor allem die Gewerkschaftsbasismitglieder gegen das Ben Ali-Regime kämpfen (vgl. auch Borsali 2012: 279). Der Arzt und Gewerkschafter Sami Souihli vertritt vehement die Ansicht, dass der Gewerkschaftsbund (UGTT) nicht als Organisationsstruktur zum Ausbruch des Revolutionsprozesses beiträgt, sondern lediglich durch seine Basismitglieder, die ebenso wie andere Bürger*innen auf die Straße gehen. Seiner Meinung nach habe der UGTT nicht in besonderem Maße zum Ausbruch des Revolutionsprozesses beigetragen.

309 Einige Akteur*innen wie die 57-jährige Feministin Helima Souini oder Kaloutcha sprechen der Verfassungsänderung doch eine wichtige, symbolische Bedeutung zu, um mit der Vergangenheit zu brechen (vgl. Souini 23.09.2014, Tunis). Ein kleiner Kreis an Intellektuellen interessiert sich auch für die juridische Verfassungsgestaltung. So arbeitet beispielsweise die zivilgesellschaftliche Bewegung *Doustourna* einen ersten Verfassungsentwurf aus, womit sie sich zur Wahl für die verfassungsgebende Versammlung im Oktober 2011 stellen. Sie erhalten jedoch keinen einzigen Sitz und lösen im Zuge dessen ihre politische Formierung auf (vgl. Ben Mbarek Msaddek 2013). Der Philosoph Youssef Seddik entwirft ebenfalls in seinem Buch eine potenzielle Präambel der Verfassung, die pluralistisch und freiheitgewährend ist (vgl. Seddik 2011: 89–98). Die verfassungsgebende Versammlung beschließt jedoch zu Beginn ihrer Tätigkeiten 2012 unter dem Stichwort »weißes Blatt« (*warqa bayda*), dass sie keinerlei

spricht die weitverbreitete Meinung aus, dass »die beste Verfassung der Welt, die nicht in die Realität umgesetzt wird, [...] keine Rolle« spielt und keinen Einfluss auf die soziale und politische Wirklichkeit hat (Hlaïmi 12.04.2017, Redeyef). Die 35-jährige islamistische Menschenrechtlerin Imen Triki macht darauf aufmerksam, dass zu Zeiten Ben Alis sämtliche juristische Texte vorlagen, die die Menschenrechte garantierten, diese jedoch keineswegs respektiert wurden (vgl. Triki 22.09.2014, Tunis). Der geringe Stellenwert, der der neuen Verfassung zukommt, hängt damit zusammen, dass es vielen Tunesier*innen schwerfällt, dem Versprechen von Demokratie, Freiheit und Gleichheit zu trauen, das die Verfassung formuliert.

Jedoch wird auch von den Akteur*innen, die argumentieren, dass die Verfassung keine konkrete Wirkungskraft auf die zentralen Probleme (Korruption, Armut, Migration, Rückkehr des alten Regimes) des Landes hat und lediglich ein »Stück Papier« darstellt, systematisch betont, dass das Positive an der Verfassung ist, dass sie durch die »Straße«, durch den Protest der Zivilgesellschaft und die »einfachen« Bürger*innen mitgeschrieben wurde (vgl. Ben Gharbia, Ben Rejeb, Kannou, Khlaifi). Während der verfassungsgebende Prozess ohne ein innovatives, institutionelles Setting durchgeführt wird, werden die Bürger*innen als kreative Kraft wahrgenommen, die den klassischen Parlamentsprozess durch ihre Intervention fortschrittlicher gestaltet (vgl. Chebbi 2015).[310] Der 29-jährige Foued Sassi akzentuiert ebenfalls die entscheidende Rolle der Bevölkerung in der Verteidigung der Ziele des Revolutionsprozesses (vgl. auch Seddik 2011: 23):

»Das Volk übernimmt bereits seine Verantwortung und spielt [...] seine politische Rolle: Es stellt von morgens bis abends Forderungen! Es ist das Volk, dass die tunesische politische Elite weitertreibt.« (Sassi 18.08.2014, Tunis)

---

vorgefertigte Verfassungsentwürfe annimmt, weder von der Zivilgesellschaft, von politischen Parteien, von der UGTT noch von nationalen oder internationalen Experten (vgl. Baraket/Belhassine 2016: 337). Sie führt als Grund für diese Ablehnung an, dass sie ihren Wählerauftrag ernst nimmt und nicht-gewählten Expert*innen keinen Einfluss gewährt.

310 Die weitverbreitete, wenig enthusiastische Haltung gegenüber der Verfassung, die 2014 vorherrscht, erfährt ab 2016 insbesondere durch die feministische und LGBT+-Bewegung einen Wandel. Die Bewegungen beziehen sich explizit auf die neue Verfassung, um für die Ausweitung ihrer Rechte zu kämpfen, und machen auf diese Weise deutlich, dass die Verfassung doch einen konkreten Einfluss auf die soziale Wirklichkeit haben kann. Sie machen zum ersten Mal die Erfahrung, welche Stellung eine demokratische Verfassung in politischen Aushandlungsprozessen einnehmen kann.

Nach dieser Vorstellung, die viele zivilgesellschaftlich aktive junge Aktivist*innen teilen, gelten repräsentative Politik und staatliche Vertreter*innen stets als reaktionäre und sogar als konterrevolutionäre Kräfte, gegen die der Revolutionsprozess verteidigt werden muss.

5.2.1.3 Das Misstrauen gegenüber institutioneller Politik

Die Horizontalität des revolutionären Protestes macht zwar für einige Akteur*innen das demokratische Imaginäre des revolutionären Prozesses aus. Henda Chennaoui und Hamadi Kaloutcha vergleichen beispielsweise den politisch-normativen Charakter des tunesischen Revolutionsprozesses mit der spanischen Bewegung »Democracia real ya«, den Protesten gegen die Austeritätspolitik in Griechenland oder mit der weltweiten Occupy-Wall-Street-Bewegung, in denen sie ebenso basisdemokratische Bewegungen erkennen, die eine Kritik am neoliberalen Kapitalismus formulieren (vgl. Kaloutcha 28.08.2014, Tunis, Chennaoui 30.03.2015, Tunis) [311]

Allerdings verweist das Imaginäre des »normalen, einfachen Bürgers« nicht lediglich auf ein basisdemokratisches Ideal, sondern nimmt auch deshalb eine derart zentrale Stellung ein, da die Bevölkerung ein tief verankertes Misstrauen gegenüber der institutionellen Politik, staatlichen Institutionen, Parteien und Berufspolitiker*innen hegt (vgl. Borsali 2012: 181). Das Misstrauen geht über die aktuelle politische Personalia hinaus, es handelt sich folglich nicht nur um einen akuten Mangel an populären oder geeigneten Leadern, sondern um ein grundsätzliches Vertrauensproblem, das gewiss das Resultat der jahrzehntelangen Diktatur ist. Es verstärkt sich jedoch durch die Enttäuschung, die die bisweilen turbulente und unklare Post-Ben-Ali-Phase generiert. Von den zu zaghaften und bisweilen als konterrevolutionär empfundenen Entwicklungen des Revolutionsprozesses frustriert, wendet sich insbesondere die hoch politisierte Jugend von der institutionalisierten Politik ab und setzt ihre Hoffnung in die Zivilgesellschaft, so die arbeitslose 30-jährige Bürgerin Rabiaa Nciri aus Sidi Bouzid: »Für mich kann nur die Zivilgesellschaft schrittweise die Dinge verändern, aber nicht die Politik« (Nciri zitiert nach Blaise 2018a).

Die folgende Aussage der 33-jährigen Englischlehrerin Essya Khlaifi aus Redeyef verdeutlicht, dass mit diesem Misstrauen nicht zwangsläufig

---

311 Horizontalität und flache Hierarchien innerhalb sozialer Bewegungen stellen ein Ideal dar, das viele verschiedene Bewegungen weltweit verfolgen. Es handelt sich selbstverständlich nicht um ein genuin tunesisches Phänomen.

Resignation, sondern ebenfalls eine kämpferische, agonistische Politikvorstellung einhergehen kann:

»Wenn du eine Forderung hast, musst du für sie kämpfen. Unsere Regierung wird uns unsere Rechte nicht auf einem Silbertablett servieren und sagen: bitte schön! [...] Und wenn einige von uns dafür sterben müssen, egal! Wir müssen unsere Rechte dem Staat entreißen!« (Essya Khlaifi 26.03.2015, Tunis)

Ihre Haltung ist durch ihr Engagement während der Gafsa-Revolten 2008 geprägt, in denen sie die Erfahrung eines extrem repressiven Staates macht, der aus ihrer Perspektive in den Grundzügen heute noch besteht. Für Khlaifi kann es keine institutionalisierte, rechtlich-politische Aushandlung mit dem Staat geben. Ihr zufolge findet die politische Auseinandersetzung zwischen Bürger*innen und Staat lediglich im konkreten, bürgerlichen Widerstand gegen diskriminierende Verhältnisse und Institutionen statt, um den Staat langfristig dazu zu zwingen, bestimmte Problemlagen wahrzunehmen. Ihre Rechte müssen sich Bürger*innen durch ihr zivilgesellschaftliches Engagement erkämpfen.

Die Vorstellung von der Zivilgesellschaft, die die Akteur*innen an dieser Stelle äußern, entspricht weniger einer liberalen Konzeption der Zivilgesellschaft als Sphäre der negativen Freiheit der Bürger*innen und der Legitimation des demokratischen Rechtsstaats (vgl. Klein 2000: 13). Auch wird hier Zivilgesellschaft nicht als ein Vermittlungszusammenhang zwischen Staat und Gesellschaft, das heißt im Sinne einer »Vergesellschaftung des Staates« (Schmalz-Bruns 1995) gedacht. Vielmehr drücken die Akteur*innen ein konfliktzentriertes Zivilgesellschaftsverständnis aus, das auf eine vom Staat getrennte Sphäre hindeutet. Diese lässt sich anhand der Ausführungen von Claude Lefort erfassen und weiterentwickeln (vgl. Lefort 1990a: 49). Lefort unterscheidet zwischen der äußeren und der inneren Teilung demokratischer Gesellschaften: Während die äußere Teilung die Abspaltung des Ortes der Macht bzw. des Staates von der Zivilgesellschaft bezeichnet, manifestiert sich die innere Teilung im antagonistischen Konflikt innerhalb der Gesellschaft (vgl. Abbas 2015e: 141). Es handelt sich um einen primordialen Konflikt, da »der antagonistische Gegensatz der Gesellschaft zu sich selbst auf keine vorgängig konstituierte Grundlage in der Gesellschaft bezogen werden kann« (Gauchet 1990: 224). Dieser strukturelle Antagonismus umfasst den allgemeinen Kampf um politische Freiheit und gegen jegliche Form der Herrschaft. Die Gesellschaft kann sich erst durch ihre äußere Abspaltung von der Macht als solche begreifen und wird auch erst durch ihre innere, antagonistische Dimension begründet.

Die Zivilgesellschaft ist der öffentliche Ort, an dem es durch die Existenz von Menschenrechten zur konfliktuellen Aushandlung gesellschaftlicher Belange und zur Selbstinstitution der Gesellschaft kommt (vgl. Lefort 1980: 412). Menschenrechte ermöglichen (unter anderem) die gesellschaftliche Selbstinstitution, da sie von der Zivilgesellschaft selbstständig erklärt und eingefordert werden. Werden die Menschenrechte anerkannt, so kann sich die Zivilgesellschaft als eine Sphäre außerhalb der staatlichen Politik konstituieren, indem Akteur*innen durch die Referenz auf Menschenrechte ihren Einschluss in die Kategorie »Mensch« der Menschenrechte einfordern und ihren Kampf gegen willkürliche Herrschaft und Unterdrückung führen. Der zivilgesellschaftliche Kampf um Menschenrechte stellt für Lefort das »generative Prinzip« demokratischer Gesellschaftsformen dar, da Menschenrechte keine abgeschlossenen Prinzipien sind. Vielmehr bedarf ihr relativ offener und unbestimmter Inhalt der kontinuierlichen (Neu-)Interpretation durch zivilgesellschaftliche Akteur*innen (vgl. Lefort 1984: 57; 1990b: 262). Menschenrechte generieren in dem Sinne die demokratische Gesellschaft neu, als durch die Integration stets neuer Akteur*innen und ihrer Forderungen die einstige Formulierung der Menschenrechte sowie die Sphäre des Rechts innerhalb der Demokratie kontinuierlich erweitert werden (vgl. Abbas 2011: 37). Menschenrechte können dabei auch positives Recht korrigieren und auf diese Weise die Grenzen des konstituierten Rechtsstaates überschreiten. Nur das »Recht, Rechte zu haben«, wie Lefort (1984: 55) in Anlehnung an Arendt argumentiert, entzieht sich der Infragestellung. Der Staat muss sich demnach fortwährend mit den rechtlichen und politischen Ansprüchen zivilgesellschaftlicher Akteur*innen auseinandersetzen. Erst in dieser konfrontativen Auseinandersetzung um die Erweiterung politischer Institutionen und Rechte konstituieren sich die sozialen Akteure, wodurch die Form und Legitimität der politischen Gemeinschaft stets von Neuem verhandelt wird.[312] Bürgerin zu sein, impliziert in dieser Hinsicht unter

---

312 Der entscheidende Unterschied zwischen der hier skizzierten Position von Lefort und der von den tunesischen Akteur*innen vertretenen Haltung liegt darin, dass Lefort im Gegensatz zu einigen Akteur*innen die Institution der demokratischen Wahl als Mittel anerkennt, um gesellschaftliche Konflikte symbolisch auszutragen und so ihre Radikalisierung zu verhindern. Die politische Bühne – sei es durch demokratische Wahlen oder durch zivilgesellschaftliche Aushandlungsprozesse – bildet Lefort zufolge gleichsam das symbolische Ventil, das der Selbstzerstörung der Gesellschaft entgegenwirkt.

anderem »the active declaring, claiming and producing of rights« (Ingram 2015: 23).

Im Sinne von Lefort begreifen die tunesischen Akteur*innen die Zivilgesellschaft als privilegierten Ort für ihren Kampf gegen die verengten Grenzen und verkrusteten Strukturen institutioneller Politik, den sie durch ihre Erfahrung während des Ausbruchs des Revolutionsprozesses zudem horizontal denken.

Inès Tlili, Aroua Baraket, Aymen Rezgui, Azyz Amami, Foued Sassi, Hamadi Kaloutcha, Ahmed Sassi, Henda Chennaoui, Arbi Kadri und Firas Hamda gehören dieser Jugend an, die wenig Vertrauen in einen durch staatliche Institutionen und Politiker*innen herbeigeführten Wandel hat – ungeachtet dessen, dass Letztere demokratisch gewählt wurden.[313] Es ist auch die Macht selbst und ihre Konzentration, die das Misstrauen generiert, wie Inès Tlili erläutert:

»Man darf weder auf politische Parteien noch auf große Institutionen zählen, weil einmal an die Macht gekommen – du weißt, Macht korrumpiert, sie besticht! Es sind wirklich die gewöhnlichen Leute auf der Straße, die sich als politische Gruppe, als Vereinigung organisieren müssen und die jeweils an einem Ort kämpfen und sich dann koordinieren sollten. Sonst wird das nicht möglich sein, diese Maschine [das politische Regime und die neoliberale Wirtschaft, N.A.] ist zu riesig.« (Tlili 29.03.2015, Tunis)

Die korrumpierende Macht, vor der Tlili warnt, bezieht sich vor allem auf die Machtposition, die sich aus einem politischen Mandat ableitet, und weniger auf Machtbeziehungen innerhalb politischer Kollektive.[314] Dieser generelle Vorbehalt gegenüber der Macht und die Angst davor, einmal an die Macht zu kommen, die eigenen revolutionären Ideale zu verraten, erinnert an die Überzeugung der anarcho-feministischen Kommunardin Loui-

---

313 Aroua Baraket, Aymen Rezgui und Foued Sassi treten 2011 der trotzkistischen Partei »Ligue de la Gauche ouvrière« (LGO) bei. Die hierarchische Organisationsweise, innerparteilichen Machtstrukturen und »Egospielchen«, wie Baraket sarkastisch anmerkt, veranlassen sie alle drei jedoch recht schnell dazu, aus der Partei auszutreten und sich definitiv für ein parteiloses Engagement zu entscheiden. Baraket kritisiert ferner das sexistische und misogyne Verhalten der männlichen Parteimitglieder.

314 Diese Absage an institutionelle Politik und die Dialektik zwischen einem reaktionären Staat und einer fortschrittlichen Zivilgesellschaft wird während der ersten landesweiten Kommunalwahlen im Mai 2018 zum Beispiel von Bürger*innen aus Regueb (Nähe Sidi Bouzid) teilweise aufgebrochen. Die Bürger*innen bilden parteiunabhängige Wahllisten und engagieren sich auf kommunaler Ebene in der institutionellen Politik– ohne Berufspolitiker*innen werden zu wollen (vgl. Blaise/Tlili 2018).

se Michel, »dass selbst die Redlichsten, könnten sie die Macht ausüben, den Schurken ähnlich würden, die sie einst bekämpften« (Michel [1886] 2001: 104). Den tunesischen Akteur*innen erscheinen die Macht- und Beherrschungsverhältnisse, die unter den »gewöhnlichen Bürger*innen« entstehen könnten, verglichen mit dem Machtmissbrauch durch Politiker*innen jedenfalls als geringeres Übel.

Dieses Misstrauen gegenüber staatlichen Institutionen wirkt sich ebenfalls auf die Bezeichnung des revolutionären Prozesses aus, wie ich nun darstellen werde.

5.2.1.4 Revolutionärer Wandel versus demokratische Transition

Revolutionärer Wandel kann aufgrund des zuvor genannten Misstrauens gegenüber institutioneller Politik für viele Akteur*innen, die zum Ausbruch des Revolutionsprozesses beigetragen haben, nahezu ausschließlich »von unten« und nicht durch staatliche Vertreter*innen und Institutionen oder internationale Instanzen erfolgen. Aus diesem Grund lehnen sie die in der medialen und politischen Öffentlichkeit hegemonial gewordene Bezeichnung »demokratische Transition« (intiqal dimuqrati) ab und insistieren darauf, dass es sich um einen *revolutionären* Prozess handelt.

Die unterschiedlichen Begrifflichkeiten offenbaren zwei sich diametral gegenüberstehende Perspektiven auf die gegenwärtige politische Situation, wie der 32-jährige Arbeitslosenaktivist Hamda aus El Guettar betont, wenn er sagt:

»[...] es stimmt, dass es eine Umleitung des revolutionären Wegs gegeben hat. Wir sind für die Würde [ ] auf die Straße gegangen und jetzt hören wir von einer ›transitorischer Phase‹ [verstellt seine Stimme spöttisch, N.A.] sprechen!« (Hamda 26.03.2015, Tunis)

Durch die Bezeichnung »demokratische Transition« versucht sowohl die Ben Ali nahestehende als auch die neue politische Elite (wie die Hohe Instanz für die Verwirklichung der Ziele der Revolution), die Vorstellung durchzusetzen, dass Tunesien durch Wahlen und wirtschaftspolitische Maßnahmen in erster Linie »von oben« umgestaltet wird.

Während, wie die französisch-tunesische Historikerin Jocelyne Dakhlia darlegt, »demokratische Transition« auf eine durch staatliche Reformen geleitete Veränderung abzielt, die den revolutionären Kontext vollkommen ausklammert, wird mit »Revolution« ein radikalerer Wandel des Bestehenden assoziiert (vgl. Dakhlia 2016). Die Transition ist zudem zeitlich begrenzt und nicht ergebnisoffen, sondern auf die Errichtung einer liberalen Demokratie ausgerichtet (vgl. Andrieu 2012: 24ff.). Inès Tlili kritisiert, dass anhand des Begriffs »demokratische Transition« versucht wird, den Tunesier*innen ein bestimmtes neoliberales Modell aufzuzwingen, das weder ihre Erfahrungen noch ihre politischen Präferenzen berücksichtigt, sondern »von außen« an sie herangetragen wird:

»In letzter Zeit werden wir ständig mit dem Modell der demokratischen Transition aus Osteuropa vollgetextet! Wir kennen die Konsequenzen [des Modells, N.A.] sehr gut und wenn man ein bisschen schaut, was heute in Polen [hinsichtlich der Einschränkung demokratischer Rechte, N.A.] passiert, dann ist das kein Vorbild, verstehst du? Das sind Beispiele, die uns das neoliberale System aufzwingen will. […] Mit ›aufzwingen‹ meine ich die Logik des Prêt-à-porter [Konfektionskleidung, N.A.]: So, nimm das Modell, das wird passen.« (Tlili 29.03.2015, Tunis)

Tlili macht auf die Absurdität des unkritischen Diskurses zur demokratischen Transition aufmerksam: In dem Moment, in dem sich nicht nur in Polen, sondern in weiten Teilen der europäisch-nordamerikanischen, westlichen Welten demokratische Teilhaberechte, politische Repräsentation und neoliberale Wirtschaftspolitiken in der Krise befinden, werden diese Länder Tunesien als zu befolgende Vorbilder aufgezeigt.[315] Dakhlia kritisiert ebenfalls die zwanghafte Uniformität des Transitionsmodells:

»Insbesondere die Ökonomen kennen diese Realität gut: die plötzliche Mobilisierung einer beachtlichen Zahl an Experten, vor allem ausländische und vor allem westliche, die kommen, um den richtigen Diskurs zu predigen und schlüsselfertige Modelle von Demokratie vorzuschlagen. […] Der Vorbehalt, den man [gegenüber der Transition, N.A.] empfinden kann […], ist also folgender: Unsere Geschichte ist gespielt, die Transition bedeutet eine Fremdbestimmung. Von jeder demokratischen Revolution wird von nun an erwartet, dass sie einen einzigen, aufgezwungenen Weg einschlägt, das ist ein gleichzeitig und gleichermaßen demokratischer, liberaler oder neoliberaler Weg. Ein mehr oder weniger nicht verhandelbares ›Package‹.« (Dakhlia 2016)

Wenn demokratische Transition bedeutet, dass Tunesien einen vorgezeichneten, schablonenhaften Wandel befolgen muss, auf den die Bevölkerung kaum Einfluss hat, dann geht mit Transition eine »paternalistische

---

315 Ich gehe im sechsten Kapitel näher darauf ein, dass viele Tunesier*innen in Europa kein Vorbild für eine Demokratie sehen.

und neokoloniale« (ebd.) Bevormundung einher und keine Demokratisierung.[316]

Im Mittelpunkt dieser Debatte steht nicht nur die Frage nach der demokratischen Ausrichtung des tunesischen Revolutionsprozesses, sondern auch die Frage, wer den Wandel gestaltet und wie radikal dieser ist. Für die genannten Akteur*innen bedeutet »demokratische Transition«, dass die Bürger*innen einen durch nationale und internationale Eliten (das heißt Delegationen von »Wirtschafts- und Demokratieexperten«) dominierten Wandel bestenfalls begleiten können. Ferner werden in einer Transition die alten Eliten nicht zur Rechenschaft gezogen, sondern mit den neuen Eliten versöhnt. Nach den erfahrenen Diktaturen und dem maßgeblich durch die Bürger*innen herbeigeführten Umsturz des Regimes erscheint es ihnen unerträglich, dass sie auf eine zweitrangige, in sehr begrenztem Maße selbstbestimmte Rolle zurückgeworfen werden.

Aus meiner, hier radikaldemokratischen Perspektive ist das Transitionsparadigma ebenfalls problematisch. Schließlich kann erst dort demokratische Politik entstehen (vgl. Flügel-Martinsen 2017: 18), wo kein definitiver Zustand erreicht werden kann und es weder einen vorgezeichneten Weg noch ein Programm zu befolgen gilt, wie Jacques Derrida in *Politik der Freundschaft* argumentiert. Dieser auch von Lefort, Rancière, Balibar sowie Laclau und Mouffe prominent theoretisierte Gedanke der Unabschließbarkeit des demokratischen Streites um die Einrichtung der Gesellschaft wird damit begründet, dass es keine ultimativen Letztbegründungen der demokratischen Gesellschaft geben kann, zumal es sich stets um kontingente und somit sozial anfechtbare Wahrheitsansprüche handelt. Demokratie auf bestimmte, dem demokratischen Konflikt äußerliche Prinzipien festlegen zu wollen, bedeutet, sie zu verschließen und sie letztlich den gesellschaftlichen Aushandlungen unverfügbar zu machen. Die Idee der demokratischen Transition verschließt sich der Kontingenz, dem Konflikt und der Unabschließbarkeit des demokratischen Prozesses, indem sie im Voraus den Weg, die Mittel sowie das Ziel des Revolutionsprozesses vorgibt und dabei die Bürger*innen weitestgehend ausschließt.

Auffällig ist, dass gerade die »einfachen Bürger*innen« und die Jugend nun als paradigmatische Träger revolutionärer Veränderung wahrgenommen werden. Galten doch sowohl Bürger*innen als auch Jugendliche vor dem Ausbruch des Revolutionsprozesses als unpolitisch und apathisch.

---

316 Dakhlia zufolge ist es jedoch auch wichtig, dass Tunesien nicht *per se* ablehnt, von weltweiten demokratischen Erfahrungen zu lernen, und offen für sie bleibt.

Erstaunlicherweise führt die revolutionäre Erfahrung der tunesischen Akteur*innen nicht dazu, dass die Bürger*innen sich primär als *Revolutionär*innen* identifizieren, wie beispielsweise der italienische Historiker Haïm Burstin (2010) in seiner Forschung zu den Akteur*innen der Französischen Revolution oder der französische Soziologe Federico Tarragoni (2015) in seinen Arbeiten zu Akteur*innen der bolivarischen Revolutionen herausstellen. Vielmehr deutet das Imaginäre der leader-losen Revolution darauf hin, dass die Tunesier*innen sich durch ihre Teilhabe am Revolutionsprozess zum ersten Mal in ihrer Geschichte als *Bürger*innen* erfahren.[317]

Das Imaginäre verfestigt sich durch ihre anhaltende Mobilisierung und politische Wachsamkeit während des verfassungsgebenden Prozesses und zu vielen weiteren Momenten (vgl. Chronologie im Anhang). Das antiautoritäre Argument gegen die Hierarchie- und Machtbesessenheit politischer Parteien und das normative Argument der demokratischen Partizipation konstituieren das Imaginäre der Horizontalität und der demokratischen Selbstregierung.[318]

Viele Bürger*innen behaupten mithilfe des Imaginären einer Revolution, die ohne *za'īm* (Führer) und gegen den *rais* (Präsident) geführt wurde (Charfi 2012: 40), ihre politischen Fähigkeiten in kritischer Abgrenzung zu den politischen Autoritätsverhältnissen der Vergangenheit, die sie nicht lediglich politischer Teilhabe enteigneten, sondern auch in einer infantilisierten Position gefangen hielten.

---

317 Die hier skizzierte Position bildet die Haltung unabhängiger Akteur*innen und nicht zwangsläufig die der Elite ab. Der Jurist Yadh Ben Achour, der der »Hohen Instanz für die Verwirklichung der Ziele der Revolution« vorsitzt, verteidigt in seinem Buch die Auffassung, dass die Bürger*innen nicht in einer ständigen politischen Mobilisierung bleiben können und das politische Geschehen legitimen Institutionen wie der verfassungsgebenden Versammlung und der oben zitierten Instanz überlassen müssen. Er vertritt zwar ebenfalls die Ansicht, dass dank des Einsatzes der Bevölkerung die Diktatur zum Sturz gebracht worden ist. Diese Implikation der Bevölkerung muss jedoch seiner Meinung nach in institutionalisierte Formen der Partizipation überführt werden und sollte nicht in eine Dauermobilisierung ausarten (vgl. Ben Achour 2016: 151ff.). Es sind insbesondere die zivilgesellschaftlichen und unabhängigen Akteur*innen, die diese Dauermobilisierung vertreten. Während viele zivilgesellschaftliche Akteur*innen wie etwa Gewerkschafter*innen oder Feminist*innen eng mit dem Staat kooperieren, konzentrieren sich unabhängige Akteur*innen vor allem auf eine außerparlamentarische und außerinstitutionelle Opposition.

318 Das Argument wird insbesondere von Akteur*innen vertreten, die eine Vorstellung einer partizipativen und selbstverwalteten Demokratie entwickeln, die im sechsten Kapitel von Bedeutung sein wird.

Sie entdecken durch und während des Revolutionsprozesses ihre Fähigkeiten, politisch handeln und über die Gestaltung der Gesellschaft nachdenken zu können. Diese Erfahrung verändert ihren Erwartungshorizont grundsätzlich und führt mit Rancière gesprochen zu einer »Neuverteilung des Sinnlichen«: Es öffnet das Feld des Möglichen, in dem viele Bürger*innen ihren Status einst gehorsamer Untertanen gegen ihre neue Rolle als politisch engagierte Bürger*innen eintauschen, wie Rancière betont:

> »[..] man konnte die Bewegung [in Tunesien, N.A.] wachsen sehen, man konnte diese Leute sehen, die man resigniert nannte, und das aufgrund der Diktatur und aufgrund des Islams und aufgrund aller möglichen Gründe, die man haben kann, um resigniert zu sein; und man konnte sehen, wie sie Schritt für Schritt Formen erfunden haben, auf der Straße zu sein, Slogans erfunden haben, und am Ende eine Bewegung erfunden haben, die stark genug war, um einen Diktator abzusetzen [...]. Es gibt ständig Neues in dem Sinne, dass es ständig gleiche Erfindungen gibt, die genauso gut Erfindungen kleiner Gesten sein können, Erfindungen ungekannter Leidenschaften, wie im engeren Sinne politische Erfindungen, mittels derer sich die Menschen auf der Straße versammeln und entscheiden: ›Wir machen keine Demonstrationen nach alter Väter Sitte mehr, wir werden keine Forderungen mehr äußern, wir werden Zelte aufstellen, wir werden sagen, dass wir da sind‹ [...].« (Rancière 2017c: 759)

Die Bürger*innen emanzipieren sich von ihrer ohnmächtigen Rolle, die ihnen unter der Diktatur aufgezwungen wurde, und erfahren sich als (einzige) verantwortungsvolle, politische Akteur*innen, die den gesellschaftlichen und politischen Wandel voranbringen können. Sami Ben Gharbia begreift diese anti-institutionelle Haltung der Bürger*innen als »anarchistisch in ihrem Willen zur Veränderung und zur Revolution« (Ben Gharbia 18.09.2014, Tunis).

Die skizzierte radikale Opposition gegenüber institutionalisierter Politik einiger Akteur*innen mag übertrieben wirken, sie ist jedoch das Abbild der Erfahrung vieler, vornehmlich junger Bürger*innen. Die Gefahr, dass der Protest aufgrund der fehlenden Führung zerrinnt, keine dauerhafte institutionelle Form annimmt und dementsprechend kein hegemoniales Projekt werden kann, wie die Kritiker*innen der leader-losen Revolution hervorheben, besteht zweifellos und ist auch Teilen der basisdemokratischen Bewegung bewusst.[319] Auch das grundsätzliche Misstrauen gegenüber

---

319 Einige der Jugendlichen, die sich in der Kampagne *Manich Msamah* engagieren, äußern die Hoffnung, dass die tunesische Bewegung – analog zur spanischen Erfahrung der

institutioneller Politik kann als problematisch angesehen werden: Wie soll eine neue Demokratie gegründet werden, wenn die Bürger*innen weder den Institutionen noch den Politiker*innen vertrauen?

Dennoch ist meines Erachtens dieses neue Selbstverständnis der Bürger*innen fundamental für das radikaldemokratische Ideal, das sich aus dem Revolutionsprozess herausbildet. Ihre Überzeugung, die politischen, sozialen und gesellschaftlichen Zustände selbstständig verändern zu können, begründet ihre Rolle als aktive Bürger*innen.

Für den tunesischen Politologen Hamadi Redissi liegt die Originalität des tunesischen Revolutionsprozesses weniger in seinem Inhalt als vielmehr im »Modus« des leader-losen Revolutionsprozesses, der sich in einem »radikalen Bruch von unten« vollzieht (vgl. Redissi 2017b: 21). Im Sinne Leforts befreien die Bürger*innen durch ihre revolutionäre Erhebung den »Ort der Macht« vom präsidentiellen Körper, der ihn zuvor besetzt hat:

»Gemessen an diesem Modell [der Monarchie, N.A.] zeichnet sich der revolutionäre und beispiellose Zug der Demokratie ab: Der Ort der Macht wird zur Leerstelle.« (Lefort 1990c: 293)

Indem die tunesischen Bürger*innen anstelle des diktatorischen Herrschers die »gewöhnlichen Bürger*innen«, das heißt »jedermann« an die Macht setzen, setzen sie im Grunde genommen substanziell *niemanden* an seine Stelle: Niemand hat einen rechtmäßigen Anspruch auf die Macht. Die Leerstelle wird zur Sphäre, in der sich das Gemeinwesen selbst begegnet, indem es sich instituiert und darauf reflexiv Bezug nimmt. In dieser Leerstelle vollziehen sich der gesellschaftliche Aushandlungsprozess, die symbolische Reproduktion der Gesellschaft und ihre Selbstthematisierung. Das bedeutet nicht, dass der durch die tunesische Bevölkerung befreite Ort der Macht nun ewig »leer« bleibt, vielmehr bedarf es einer permanenten Anstrengung, ihn leer zu halten (vgl. Abbas 2015e: 141).[320]

»Democracia real ya«-Bewegung, die in »Podemos« eine parteipolitische Institutionalisierung findet – eine eigene Partei gründet, um den Jugendlichen eine dauerhafte Partizipation und Einflussnahme zu ermöglichen (vgl. Blaise 2016a).

320 Die Besetzung ist stets temporär und wechselt periodisch, da sie einem institutionell verankerten Verfahren unterworfen ist: Es handelt sich um die Institution der freien, allgemeinen, gleichen und geheimen Wahl, die Lefort ebenfalls als symbolisches Ventil für die Konflikthaftigkeit der Gesellschaft begreift. Demnach werden Macht und Konflikt in demokratischen Wahlen symbolisch inszeniert und markieren auf diese Weise die Kontingenz politischer, sozialer und gesellschaftlicher Verhältnisse (vgl. Abbas 2015e: 140ff.).

Dieses dominante Imaginäre der horizontalen Revolution wird jedoch auch von einigen Akteur*innen kritisiert, die darin ein unmögliches Unterfangen sehen, wie wir nun erfahren werden.

5.2.2 Das Oxymoron der leader-losen Revolution

Während die »Führungslosigkeit« und Spontaneität des Ausbruchs des Revolutionsprozesses von einigen Akteur*innen als positives Merkmal erwähnt wird, das zum Teil das demokratische Ideal konstituiert, steht für andere Akteur*innen die mangelnde Führerschaft paradigmatisch für die strategische und programmatische Ziel- und Orientierungslosigkeit des Prozesses. Für die 47-jährige Anwältin und Menschenrechtlerin Dorsaf Chouaibi und für den 55-jährigen Gewerkschafter Wannes Msaddek gehören politische Führung und Organisation sogar zu einem wesentlichen, ja notwendigen Kriterium von Revolutionen:

»Die Revolution [...] muss organisiert, im Voraus geplant sein und sie wartet den richtigen Moment ab, um zu explodieren. Bei uns gab es keine Vorgeschichte, die Leute waren nicht organisiert, sie haben keine Trakte verteilt! Nein, nein, nein! Das ist so passiert, spontan! [...] Das bedeutet, dass die Revolution eine Vorgeschichte und Konsequenzen haben muss, sie hat eine Kontinuität. Jede Revolution, selbst wenn du dir die französische Revolution anschaust, [...] ist die Beseitigung der Wurzeln des Schlechten (*fasd*)[321] und nicht lediglich des Schlechten. Aber bei uns sind die Wurzeln des Schlechten so geblieben, wie sie waren. (Chouaibi 12.04.2017, Gafsa)

Meines Erachtens gab es keine Revolution. Soweit ich weiß, hat jede Revolution eine Basis, das heißt Anführer, Aktivisten und Kämpfer, Ideen und Ziele! Die einzige Revolution, die sich in den letzten fünfzig Jahren ereignet hat, war die Iranische Revolution. [...] Aber das, was in Tunesien geschah, war eine Art von Volksbewegung und Aufstand (*intifada*) [...]. Es war eine soziale Bewegung, die gegen die Diktatur war. Hier in Tunesien haben wir keine Ziele und keine Programme. [...] Wir können keine klare [politische und parteipolitische, N.A.] Vision erkennen, die den Staat aus dieser heiklen Situation holt.« (Msaddek 12.04.2017, El Guettar/Gafsa)

Während Chouaibi Revolution mit einem revolutionären *Ergebnis*[322] (die »Beseitigung der Wurzeln des Schlechten«) gleichsetzt, das in Tunesien

---

321 *fasd* bedeutet auch Korruption oder Verschwendung.
322 Auf die Vorstellung der Revolution als revolutionäres Ergebnis gehe ich im späteren Verlauf des Textes erneut ein.

noch nicht eingetreten sei, assoziiert Msaddek mit Revolution eine Bewegung, die auf die Machtübernahme ausgerichtet ist und demgemäß eine geplante hierarchische Organisationsform und politische Programmatik haben muss, die er im tunesischen Revolutionsprozess nicht erkennen kann. Die Tatsache, dass der tunesische Revolutionsprozess vor seinem Ausbruch kein konzipiertes politisches Projekt aufweist, wird auch vom Cyberaktivisten Sami Ben Gharbia als Argument dafür herangezogen, dass es sich nicht um eine »klassische« Revolution handelt (Ben Gharbia 18.09.2014, Tunis).

Die Spontaneität des Ausbruchs und die radikale Horizontalität der Bewegung scheinen in einem unvereinbaren Widerspruch zur Vorstellung einiger Tunesier*innen von Revolution zu stehen. Interessanterweise vergleichen sowohl Chouaibi als auch Msaddek den tunesischen Revolutionsprozess mit anderen historischen Revolutionen, die ihren Idealtypus von Imaginären von Revolutionen ausmachen. Sie beurteilen ihn gleichsam auf Grundlage ihrer Revolutionsimaginäre, die bereits *vor* der tunesischen Erfahrung bestehen. Im Gegensatz zum antiautoritären Imaginären, das sich aus der revolutionären Erfahrung herausbildet, fungieren hier die Französische und die Iranische Revolution folglich als imaginäre Norm, an der die tunesische Wirklichkeit gemessen wird. Das bedeutet, dass einige Imaginäre – entgegen der These, die ich bisher betont habe – der revolutionären Erfahrung und Handlung vorausgehen und nicht erst durch die revolutionäre Erfahrung und Öffnung der politischen Sphäre entstehen.

Auch die 35-jährige islamistische Anwältin und Menschenrechtlerin Imen Triki kritisiert, dass aufgrund der mangelnden politischen Führung der Revolutionsprozess von nicht-revolutionären Kräften vereinnahmt werden konnte:

»Es hat eine intifada (Aufstand) des Volkes gegeben. Das Volk hat sich erhoben, das war das Resultat der starken Repression. Die Sache mit Bouazizi hat das Fass zum Überlaufen gebracht. Warum ich davon ausgehe, dass es sich um einen Aufstand gehandelt hat, ist, dass es nicht im Voraus geplant war, es wurde durch keine Partei angeführt. Es hat spontan angefangen, aber es ist nicht spontan ausgegangen. Natürlich haben sich die politischen Kräfte, die inneren und die äußeren [internationalen, N.A.], eingemischt und den Aufstand umgelenkt. Das Volk hat sich erhoben und dann aber nicht mehr seinen Weg verfolgt. [...] Der Prozess hat seine Richtung verändert und seine Klarheit verloren. Daraus sind normale, politische Konflikte entstanden [...]. Es gibt zum Beispiel Kräfte, die gegen die Revolution sind, und es gibt [aus ihrer Sicht revolutionäre, N.A.] Kräfte, die sind für Menschenrechte, [...] für demokratische Werte und Freiheiten. Das wird Tunesien zu einer zweiten Revolution führen, die [...] uns in die richtige Richtung bringen wird.« (Triki 22.09.2014, Tunis)

Der Aufstand (*intifada*) wird hier als ein spontaner, durch überbordende Emotionen eingeleiteter Protest beschrieben, der jedoch kaum zu einer beständigen Organisationsform oder zur Erreichung der Ziele der revolutionären Bewegung führt, sondern sich eher als momentanes, flüchtiges Ereignis erweist. Triki äußert die unter den im Revolutionsprozess involvierten Akteur*innen verbreitete Hoffnung, dass die weiterhin bestehende, prekäre soziale und politische Lage sowie die Dualität zwischen den antagonistischen, revolutionären und konterrevolutionären Kräften zu einer »zweiten Revolution« führen wird, die dann die konterrevolutionären Kräfte besiegt (vgl. Ahmed Sassi, Arbi Kadri, Hamadi Kaloutcha). Eine derartige Vorstellung löst im Gegensatz zum demokratischen Transitionsmodell die politische Konflikthaftigkeit widerstreitender Kräfte nicht durch institutionalisierte Politik oder die Institution einer neuen Verfassung auf, sondern schreibt sie in die Logik einer radikaleren, revolutionären Erhebung ein.[323] Das Imaginäre Revolution als reinigendes und befreiendes Bad, das al-Rayhani benennt, tritt hier zutage: ein Bad, das »die Lethargie [...], die Korruption, [...] und den Schmutz« (al-Rayhani zitiert nach Borzarslan/Demelemestre 2016: 302) der alten Ordnung bereinigt und der Gesellschaft neue Energien verleiht.

Der Grundschullehrer und Gewerkschafter aus Redeyef, Tarek Hlaïmi, geht in seiner Kritik des leader-losen Aufstandes noch weiter:

»Aufstand (*intifada*) bedeutet, dass die Leute ohne Anführung demonstrieren. Das Scheitern des tunesischen Aufstandes ist auf die Abwesenheit von Anführern und die Schwäche der politischen Parteien zurückzuführen.« (Hlaïmi 12.04.2017, Redeyef)

Seiner Meinung nach hätte der »führungslose« Aufstand der Bevölkerung von politischen Parteien aufgenommen und angeleitet werden müssen, um

---

323 Diese Position herrscht in unterschiedlichen Nuancen bis heute vor: Einige Akteur*innen hoffen zwar auf eine »zweite Revolution«, das hindert sie jedoch nicht daran, sich ebenfalls in stärker institutionalisierten Politikformen zu engagieren. Diese Debatte wird rund um zwei prototypische Positionen auf Facebook während der Kommunalwahlen im Mai 2018 deutlich: Während Azyz Amami beispielsweise die Ansicht vertritt, dass die Wahlen die »demokratische Transition« legitimieren, die eine Art von Konterrevolution darstelle, vertreten andere Akteur*innen, wie Jimmy Liman, die Meinung, dass die Demokratie auch Wahlen und ein »neues politisches Personal« benötigt (vgl. Amami und Liman Facebook-Posts 5. Mai 2018).

eine revolutionäre Bewegung bilden zu können. Auch an dieser Stelle wird Revolution mit einer dirigierten Machtübernahme assoziiert.

Die Spontaneität wird für den nicht ausreichend revolutionären Charakter des bürgerlichen Aufstandes und für die bis heute anhaltende, mangelnde Dauerhaftigkeit der revolutionären Bewegung verantwortlich gemacht, wie die Aussage der 31-jährigen Feministin Youad Ben Rejeb illustriert:

>»Es war spontan, das war keine organisierte Bewegung und deshalb haben wir heute auch keine Bewegung, die sich organisiert. Wir haben keine Strukturen, selbst heute noch, weil alles spontan war! Es gab weder politische Parteien noch zivilgesellschaftliche Vereinigungen hinter all dem [dem Ausbruch des Revolutionsprozesses, N.A.].« (Ben Rejeb 27.08.2014, Tunis)

Die fehlenden Strukturen machen es schwierig, den Protest zu kanalisieren und die politische Partizipation der Bürger*innen jenseits punktueller Momente beständig sicherzustellen.

Der trotzkistisch inspirierte, 55-jährige Notarzt und Gewerkschafter Sami Souihli weitet die Kritik Ben Rejebs an den fehlenden Strukturen auf die programmatische Leere und mangelnde Kreativität der linken Parteien aus:

>»Es ist kein Zufall, dass es heute kein revolutionäres Projekt gibt, da die tunesische Linke zuvor [unter der Diktatur, N.A.] kein klares Projekt hatte. Es handelt sich um ein Projekt basierend auf Forderungen gegen die Staatsgewalt, Protest-Forderungen etc., aber es ist kein Projekt einer alternativen Macht. Es hat nie ein wirklich klares Programm gegeben [...]. (Souihli 22.08.2014, Tunis)
> Man muss daher ein Mittel finden, die bürgerliche Bewegung weiterzuführen, um sich der aktuellen Politik [des Neoliberalismus, N.A.] zu widersetzen. Das ist der Vorschlag, den ich innerhalb der UGTT gemacht habe.« (Souihli 2016)

Durch die fehlende Führerschaft kann sich die polyphone revolutionäre »Stimme« des Protests nicht genügend in politischen Institutionen oder Strukturen konkretisieren. Dementsprechend bewirkt die Führungslosigkeit, dass die revolutionären Ziele keine explizite Artikulation finden und sich in gewisser Weise verlieren. Gäbe es Führungspersönlichkeiten, die revolutionäre Ideen vertreten, könnten die Forderungen des revolutionären Prozesses in ein politisches Projekt übertragen werden, das dann um politische Repräsentation und Macht konkurrieren könnte – so die Kritik. Wenn die Bürger*innen enttäuscht darüber sind, dass staatliche Vertreter*innen stets reaktionär reagieren, dann liegt das auch an der Schwäche linker Parteien, wie Souihli selbstkritisch anmerkt, die sich zwar theoretisch für die revolutionäre Bewegung aussprechen, aber denen es nicht gelingt, aus den verschiedenen Strömungen ein klar umrissenes, politisches Projekt zu formulieren. Dementsprechend sind im Parlament und in der Regierung mehrheitlich Kräfte vertreten, die den Revolutionsprozess einzudämmen versuchen.

Während Akteur*innen wie Msaddek und Hlaïmi tatsächlich für eine hierarchischere Führung der revolutionären Kräfte plädieren, sprechen sich Souihli und Ben Rejeb keineswegs für eine »von oben« angeleitete Revolution aus. Souihli entwickelt die Idee, dass Gewerkschafter*innen, Mitglieder zivilgesellschaftlicher Organisationen und linker Parteien zusammen mit »einfachen« Bürger*innen Komitees bilden sollten, die sich in einzelnen Bereichen, beispielsweise im Gesundheits- oder im Bildungssystem, gegen die Privatisierungs- und Austeritätspolitiken einsetzen. Für Souihli, Vorsitzender der Gewerkschaft der Ärzt*innen, handelt es sich um eine Möglichkeit, die verschiedenen, bereits existierenden bürgerlichen, zivilgesellschaftlichen, gewerkschaftlichen und parteipolitischen Initiativen zusammenzuschließen.

»In diesem Rahmen ist es nicht nur die UGTT, die entscheiden würde, dies oder jenes zu tun. Sie [die Gewerkschaft, N.A.] sollte meiner Meinung nach dazu beitragen, bürgerliche Strukturen zu bilden, um die Errungenschaften zu verteidigen sowie Rechenschaft von den Entscheidern [Politiker*innen, N.A.] zu verlangen. [...] Jede Organisation oder jedes Individuum entscheidet, ob es diesen Strukturen angehören will oder nicht. Ich bin überzeugt, dass die politischen Parteien daran teilnehmen werden, aber sie müssen so wie alle anderen daran teilnehmen. Es kommt nicht infrage, dass sie versuchen, ihren spezifischen Standpunkt durchzusetzen. [...] Die Idee ist, mit den Bürger*innen, die kämpfen wollen, im Alltag zu handeln. [...] Solche Zusammenschlüsse gibt es schon überall, auch wenn sie nicht in Komitees institutionalisiert sind, wie in Sidi Bouzid, Gafsa, Kasserine usw. Mein Ziel ist es nicht, auf einen Knopf zu drücken und die Leute zum Bewegen zu animieren, es geht vielmehr darum, an einer echten sozialen Bewegung teilzunehmen, die bereits [...] existiert, und dazu beizutragen, sie weiterzuentwickeln. [...] Ich möchte lediglich, dass wir erklären können, womit wir konfrontiert sind, und dass wir kollektiv definieren, wie wir handeln können. [...] Die Leute haben genug von Gelehrten-Diskursen, von politischen Diskursen, die keinerlei Einfluss haben. [...] Man muss sicherlich mit ihnen über Imperialismus, Finanzkapitalismus, den IWF und die Weltbank usw. sprechen. Aber was noch wichtiger ist, ist ihnen vorzuschlagen, sich mit ihnen zu versammeln, um den Zustand des Krankenhauses [...] zu verbessern. Das, was die Leute brauchen, ist Handlung, vor Ort zu sein und ihr Schicksal in die Hand zu nehmen.« (Souihli 2016)

Souihlis Idee überwindet die strikte Dichotomie zwischen spontanen, basisdemokratischen und organisierten, hierarchischen Handlungsformen. Die Kooperation zwischen Bürger*innen, Politiker*innen, Gewerkschafter*innen und Anhänger*innen zivilgesellschaftlicher Organisationen hat zudem das Potenzial, die binäre Opposition zwischen einem ausschließlich »von oben« oder »von unten« herbeigeführten Wandel zu entschärfen.

5.3 Die Historizität der Revolution

Im Folgenden stelle ich vor, mit welchen Bezeichnungen und Konzepten die Akteur*innen ihre Protesterfahrung erfassen und welchen Stellenwert sie der Revolution in der Geschichte Tunesiens beimessen: Handelt es sich um ein flüchtiges, singuläres Ereignis oder um einen Wendepunkt? Ist es überhaupt ein Ereignis oder eher ein langwieriger Prozess?

Einleitend sei zunächst darauf hingewiesen, dass es – trotz der heterogenen Deutungen – unter den Tunesier*innen keinen Zweifel daran gibt, dass der Revolutionsprozess eine historische Zäsur darstellt. So macht Mohamed Jmour auf die Kraft des Ereignisses der tunesischen Revolution aufmerksam, die nicht nur einen Diktator gestürzt, sondern auch Wissensparadigmen umgewälzt hat:

»Diese Revolte hat der Behauptung widersprochen, die seit dem Zusammenbruch der Sowjetunion ständig wiederholt wird, dass die Ära der Revolution vorbei sei. Nein, die Ära der Revolutionen ist nicht vergangen! Was in Tunesien passiert ist, ist ein universelles Ereignis, nicht lediglich ein lokales. [...] Ein Volk, das sich erhebt, um den Präsidenten und seinen Klan in die Flucht zu schlagen, das ist großartig! [...] Selbst in Lateinamerika wurde Chavez[324] gewählt, dann wurde er durch einen Staatsputsch abgesetzt und dann hat er durch einen Volksaufstand [...] die Macht wiedererlangt. [...] Die erste Lektion ist also, dass Völker Ausbeutung und Unterdrückung jahrelang erleiden können, aber letztlich erheben sie sich. Die zweite Lektion ist, dass der Sturz von Diktaturen nicht notwendigerweise durch Wahlen erfolgt, sondern das Resultat eines Volksaufstandes, einer Revolution sein kann. Und das ist aktuell der Fall. Und wer Revolution sagt, meint nicht das Ergreifen von Waffen. Tatsächlich gehören diejenigen, die zu den Waffen gegriffen haben, zur Reaktion. Es ist nicht das Volk, das in Tunesien zu den Waffen gegriffen hat.« (Jmour 29.08.2014, Tunis)

---

324 Auf das Imaginäre bezüglich Venezuelas komme ich im sechsten Kapitel zurück.

Für Jmour rehabilitiert die tunesische Revolution die Idee der Revolution als zeitgenössische Praxis *demokratischen* Wandels und entmachtet die bis dato hegemoniale Vorstellung des demokratischen Transitionsprozesses, welcher autoritäre Staaten (in erster Linie) durch Wahlen in institutionelle Demokratien umwandelt. Die spätestens seit der Iranischen Revolution aufgegebene Vorstellung einer revolutionär gegründeten Demokratie im muslimischen Raum (vgl. Borzarslan/Demelemestre 2016: 324) wird durch den Ausbruch des tunesischen Revolutionsprozesses aktualisiert. Durch seine Betonung, dass die »unterdrückten Völker« letztlich gegen die arbiträre Beherrschung aufbegehren, verweist er ebenfalls darauf, dass der Ausbruch des tunesischen Revolutionsprozesses die These der »autoritären Ausnahme« und ihre fatalistische Implikation falsifiziert.

Jmours Hinweis auf die Universalität des Ereignisses lässt sich als Versuch deuten, die tunesischen Missstände sowie die Ideale und Rechte, für die die tunesischen Akteur*innen kämpften, ihrer rein lokalen Dimension zu entziehen und ihnen eine größere, ja weltweite Bedeutung zuzuschreiben. In dem Sinne argumentiert Jocelyn Dakhlia, dass gerade aufgrund der vage bleibenden Programmatik und der fehlenden Leader das tunesische Ereignis eine »universelle Hoffnung« generiert (vgl. Dakhlia 2013b).

5.3.1 Die Revolution als langjähriger Prozess

Nun stellt sich die Frage, in welche Zeitlichkeitsdimensionen die Akteur*innen die Revolution einschreiben. »Eine Revolution ist kein Schlag mit einem Zauberstab, das ist ein Prozess«, so die 61-jährige Menschenrechtsanwältin Radhia Nasraoui. Die Vorstellung, dass es sich um einen langjährigen revolutionären Prozess (*'amaliya tawriya*) handelt, der sich nicht etwa in einer punktuellen Machtübernahme oder einer revolutionären Situation erschöpft, trifft auf einen erstaunlich breiten Konsens unter den von mir interviewten Akteur*innen.

So kritisiert die 47-jährige Menschenrechtlerin Chouaibi anhand des Arguments der Prozesshaftigkeit der Revolution den verschwörungstheoretischen Diskurs, der behauptet, dass die tunesischen Aufständischen von westlichen Geheimdiensten manipuliert worden seien:[325]

---

325 Baraket und Belhassine weisen darauf hin, dass es seit der Flucht Ben Alis zu einer Explosion an Verschwörungstheorien kommt und nahezu jedes wichtige politische

»Ich bin gegen die Leute, die sagen, ihr seid bezahlt worden oder ihr kommt aus dem Ausland und führt die internationale Agenda aus. Die internationale Agenda existiert seit Jahren, aber man kann nicht den Leuten, die die Geschosse mit ihrer Brust abgefangen haben und gestorben sind, sagen, dass sie eine Agenda verwirklichen. Entschuldige, aber dann bin ich selbst dabei, eine Agenda zu realisieren. Und meine Mutter, eine ältere Frau, die [während der Proteste, N.A.] von einem Polizisten geschlagen wurde, führt also auch eine Agenda aus? [...] Das ist nicht überzeugend. Natürlich gibt es eine Agenda, sie hat sich später den Ereignissen aufgezwungen und von der Situation profitiert, [...] aber der Bewegung [ab 2010, N.A.] ist die Bewegung von 2008 [in Gafsa, N.A.] vorausgegangen, die Leuten haben bereits gegen die Korruption und die Ausbeutung der Reichtümer einer marginalisierten Region revoltiert.« (Chouaibi 12.04.2017, Gafsa)

Chouaibi wehrt sich dagegen, dass den Bürger*innen durch dieses Narrativ erneut ihre Handlungs- und Reflexionsfähigkeit abgesprochen wird: Sie werden als Marionetten angesehen, die etwas ausführen, das durch andere durchdacht wurde und nicht ihren eigenen Interessen dient. Die Forderung nach politischer Selbstbestimmtheit, die viele tunesische Bürger*innen durch die Proteste ausdrücken, wird durch diesen verschwörungstheoretischen Diskurs negiert und entweder auf ihre Verblendung oder auf ihre geheimen Interessenslagen (»ihr seid bezahlt«) zurückgeführt.

Viele Akteur*innen datieren, wie Chouaibi, den Beginn des Revolutionsprozesses retrospektiv auf die Gafsa-Revolten 2008 und argumentieren, dass die sechsmonatigen Revolten fundamental das Bewusstsein und Selbstverständnis der Tunesier*innen verändert haben – auch wenn breite Gesellschaftsschichten außerhalb der Gafsa-Region und der Nach-

Ereignis von einer verschwörungstheoretischen Erzählung begleitet wird (vgl. Baraket/Belhassine 2016: 260). Die unsicheren und gleichzeitig hoch emotionalen Zeiten begünstigen alternative Erzählungen der Realität. Mit Lefort gesprochen lässt sich feststellen, dass es in der Demokratie zur »Auflösung aller Grundlagen der Gewissheit« (Lefort 1982: 463) kommt. Die Grundlagen der Gewissheit werden aufgelöst, wenn der einst vom Monarchen besetzte Ort der Macht durch die »demokratische Erfindung«, die für Lefort mit der Französischen Revolution eingeleitet wird, entleert wird. Die einst durch den König symbolisierte Einheit der Gesellschaft, die ebenfalls die Sphären der Macht, des Wissens und des Rechts umfasst, wird somit aufgelöst. In dem Moment, in dem die Machtinstanz nicht mehr das generische und organisatorische Prinzip einer Gesellschaft verkörpert, lassen sich aus ihr nicht mehr vermeintlich transzendente Vernunfts- und Gerechtigkeitskonzeptionen ableiten: Die Autonomisierung der drei Sphären (Macht, Wissen und Recht) führt dazu, dass die Grundlegungsversuche der Gesellschaft stets unabschließbar und revisionsoffen bleiben (vgl. Lefort 1990c: 293). Das ist gleichzeitig die Bedingung dafür, dass sich Demokratie instituieren und neu erfinden kann (vgl. Abbas 2015e: 138ff.).

barregionen von Sidi Bouzid und Kasserine erst nach 2011 von der Revolte erfahren (vgl. etwa Baraket, Chennaoui, Cherni, Jmour, Ahmed Sassi, Foued Sassi, Rezgui). Darin drückt sich bereits ein prozesshaftes Revolutionsverständnis aus.

5.3.1.1   Die Prozesshaftigkeit als revolutionäre Erfahrung

Für den 49-jährigen Rechtsanwalt und Menschenrechtler Mondher Cherni entsteht das Bewusstsein, die Umstände verändern zu können, erst sukzessive:

»Der revolutionäre Prozess ist das Resultat all der Jahre des Aktivismus. Das Volk hat dieses Bewusstsein, das Regime verändern zu können, nicht von einem Tag auf den anderen entwickelt.« (Cherni 13.09.2014, Tunis)

Cherni weist darauf hin, dass der revolutionäre Prozess erst aufkommen kann, wenn sich das Bewusstsein der Bevölkerung verändert und ihr Erwartungshorizont sich wandelt. Mit Castoriadis lässt sich sagen, dass das »Bewusstsein«, von dem Cherni spricht, eine Veränderung auf der kollektiven, imaginären Ebene der Gesellschaft einleitet: Durch das »Bewusstsein, das Regime verändern zu können«, erkennt die Bevölkerung schrittweise ihre eigene Handlungsmacht und gleichsam die Selbstinstituierung der Gesellschaft an. Die radikale Infragestellung zentraler Machtinstitutionen durch breite Gesellschaftsschichten erfolgt »nicht von einem Tag auf den anderen«, sondern stellt – aus den bereits genannten Gründen (vgl. Kap. 4) – selbst einen intellektuellen, psychologischen und emotionalen (Überwindungs-)Prozess dar.

Die Prozesshaftigkeit der Revolution offenbart sich den Akteur*innen gleich zu Beginn der Protesterfahrung, wie die 31-jährige Feministin Youad Ben Rejeb erläutert:

»Ich wusste überhaupt nicht, ob es funktionieren wird oder ob wir wieder bei Null anfangen werden, […] ich habe eher damit gerechnet, dass die Leute nach dem Diskurs von Ben Ali [am 13. Januar 2011, N.A.] Angst haben und nicht auf die Straße gehen werden. […] Am Anfang waren wir [am 14. Januar 2011, N.A.] vor dem Platz Mohamed Ali, wir waren sehr wenige […], ich habe die Aktivisten erkannt, die immer da waren und die wir kannten, aber das Volk war nicht anwesend. […] Zu einem bestimmten Zeitpunkt war die Polizei da, aber wir waren so zahlreich, dass sie sich nicht getraut haben, etwas zu machen, verstehst du? Und wir, wir haben auch jedes Mal entdeckt [was vor Ort vor sich ging, N.A.], das war nicht ein organisiertes Ding [nach dem Motto, N.A.] ›Lasst uns alle zu Abertausenden auf die Straße gehen!« Wir haben nicht entschieden, die Revolution zu machen! [...] Und irgendwann haben wir verstanden, dass das Volk jetzt anwesend ist, man kann sagen, dass war mehr oder weniger der Beginn der Revolte [...].« (Ben Rejeb 27.08.2014, Tunis)

Ben Rejeb schildert – wie bereits Hannah Arendt für die Amerikanische Revolution feststellt –, dass in der Performanz politischer Handlungen die Konsequenzen und Tragweite dieser Handlungen kaum intelligibel oder absehbar sind. Auch die 30-jährige Henda Chennaoui unterstreicht:

»Es gab keinerlei Gewissheit. In einigen Momenten habe ich persönlich gedacht, das ist das Ende des Regimes, und in anderen Momenten, die ebenso zahlreich waren, war ich der festen Überzeugung, dass das wieder im Keim erstickt wird wie 2008.« (Chennaoui 30.03.2015, Tunis)

Auch die politischen Forderungen der Akteur*innen radikalisieren sich erst schrittweise, wie Firas Hamda akzentuiert:

»Zunächst wurden Beschäftigung und Würde und danach Beschäftigung, Würde und Freiheit [...] gefordert und am Ende wurde verlangt, dass das System abgeschafft wird. Aber damit das klar ist und die Geschichte richtig geschrieben wird, Tunesien ist nicht am ersten Tag auf die Straße gegangen und hat gerufen: Nieder mit dem System!« (Hamda 26.03.2015, Tunis)[326]

Ferner trägt die bereits diskutierte Horizontalität und Spontaneität des Ausbruches des Revolutionsprozesses zur Ungewissheit bei, zumal es keine »Ansprechpartner*innen« gibt, die sich zu den verfolgten Zielen und Mitteln befragen ließen. Ben Rejebs Aussage »Wir haben nicht entschieden, die Revolution zu machen!« verdeutlicht, dass der Revolutionsprozess durch eine Reihe von kontingenten Ereignissen und Umständen ausbricht, aber nicht voluntaristisch entschieden und herbeigeführt werden kann. Vielmehr manifestiert er sich unter anderem in dem Moment, in dem den Akteur*innen die kollektive Dimension des Protests bewusst wird und sie erkennen, dass das »Volk jetzt anwesend ist« (vgl. auch Baraket/Belhassine 2016: 28).

---

326 Dieser allmähliche Prozess lässt sich auch an der Entwicklung des Slogans »Das Volk will den Sturz der Ordnung« (*ša'b yurīd isqāṭ a niṭām*) nachzeichnen, der auf der Demonstration am 10. Januar 2011 in der Tuniser Innenstadt (Stadtteil Le Passage) in einer ersten, weniger radikalen Version skandiert wurde: »Das Volk will einen Regierungswechsel« (*ša'b yurīd tadawūl 'ala as-sulta*) (vgl. Baraket/Belhassine 2016: 11).

5.3.1.2 Die Prozesshaftigkeit als Argument für die Kontinuität und die Grenzen der Revolution

Die Erkenntnis der Prozesshaftigkeit wird durch die Erfahrung der Akteur*innen verstärkt, dass die revolutionären Ziele und Ideale, für die sie kämpfen, auf starke Widerstände stoßen und nur schwer umzusetzen sind:

»Es ist das ganze Regime, das sich verändern muss, nicht nur die Köpfe, und das ist nicht geschehen. [...] Seit 2011 ist es nicht einfach, das [die Neugründung Tunesiens, N.A.] war wirklich kein Zuckerschlecken, vielleicht sogar sehr viel schwieriger als die Revolution selbst, wirklich es ist ein tagtäglicher Kampf.« (Ben Rejeb 27.08.2014, Tunis)

Youad Ben Rejebs Einsicht, dass die Neugründung der politischen Ordnung letztlich eine größere Herausforderung darstellen könnte als der Sturz des Regimes, kristallisiert sich für die meisten Akteur*innen erst im Laufe des Revolutionsprozesses heraus und ist für sie überraschend und zum Teil auch frustrierend. Schließlich sind sie zu Zeiten der Diktatur vor allem auf den Sturz Ben Alis fokussiert, der ihnen bereits äußerst schwierig erscheint (vgl. Kap. 4).

Die Betonung der Prozesshaftigkeit der Revolution impliziert eine Reflexion über ihre (eingeschränkten) Möglichkeiten, das heißt die unüberwindbare Diskrepanz zwischen den revolutionären Zielen und den real vorgefundenen politischen, rechtlichen und gesellschaftlichen Institutionen und sozioökonomischen Strukturen sowie den tatsächlichen Veränderungspotenzialen. In gewisser Weise handelt es sich um die »wirklichkeitsgesättigte« (Koselleck 2013a: 357) Einsicht, dass viele Veränderungen, die die revolutionären Akteur*innen anstreben, angesichts des internationalen und regionalen Kontextes, der Interessen der landesweiten, konterrevolutionären Eliten, des unterschiedlich stark ausgeprägten Selbstveränderungswillens der Gesellschaft sowie der divergierenden Strömungen innerhalb der Revolutionsbewegung und der Gesellschaft punktuell schwierig durchzusetzen sind: Sie sind – wenn überhaupt – lediglich über einen längeren Zeitraum hinweg zu erreichen. Auch die dialektische Dynamik zwischen revolutionären und konterrevolutionären Kräften macht die Prozesshaftigkeit der Revolution aus.

Die 61-jährige Menschenrechtsanwältin Radhia Nasraoui betont hingegen die Prozesshaftigkeit der Revolution, um zu argumentieren, dass der revolutionäre Prozess weitergeführt werden muss, »um die Ziele dieser Revolution zu verwirklichen« (Nasraoui 20.09.2014, Tunis). Auch der 28-

jährige Cyberaktivist Hamadi Kaloutcha und der 30-jährige Arbeitslosen-aktivist Ahmed Sassi sprechen von einem revolutionären Prozess, um konterrevolutionären Narrativen zu entgegnen, dass die Revolution noch nicht vorbei ist oder gar als gescheitert erklärt werden kann:

»Der revolutionäre Prozess geht weiter, auch wenn er heute vom Weg abgekom-men ist [...], das kann zu jedem Zeitpunkt erneut explodieren und muss fortfah-ren! [...] Deswegen sage ich, dass für mich Revolution ein Prozess ist. Für mich ist es abwegig, zu denken, dass sich die Revolution vom 17. [Dezember 2010, N.A.] bis zum 14. [Januar 2011, N.A.] ereignet hat. Die Verfassung ist für mich ein fester Bestandteil des revolutionären Resultats. (Kaloutcha 28.08.2014, Tunis)

Man kann nicht von einer Bewegung, von einer eintägigen Revolution spre-chen, in der alles erledigt wird! Nein, das ist ein Prozess, eine Akkumulation!« (Sassi 26.03.2015, Tunis)

Die revolutionären Ziele in die Dauer einzuschreiben, bedeutet in dem Sinne, ihnen mehr Zeit zu lassen, sich zu entfalten und zu verwirklichen. Es handelt sich folglich um ein Plädoyer dafür, den revolutionären Prozess nicht zu verurteilen, während er sich noch ereignet (vgl. auch Chennaoui 30.03.2015, Tunis).

Der Begriff der »Akkumulation« deutet ferner darauf hin, dass in dieser Vorstellung Revolution nicht einem schlagartigen Wandel gleichkommt, sondern eine sich *peu à peu* anhäufende Veränderung der Gesellschaft und Politik einleitet, die »letztendlich« in revolutionär veränderte Verhältnisse mündet.[327] Die Revolution wird im Gegensatz zum Transitionsparadigma als ein *offener*, langer und progressiver Prozess imaginiert. Die Insistenz auf die Prozesshaftigkeit der tunesischen Revolution drückt ebenfalls die Überzeugung aus, dass jegliche Revolution von einer prinzipiellen Unab-schließbarkeit und Unvollständigkeit charakterisiert ist, die angesichts ihrer heterogenen Akteur*innen, Triebkräfte und Dynamiken stets hinter ihren Ambitionen zurück bleibt, wie die 30-jährige Aroua Baraket hervorhebt: »Im Übrigen wurde keine Revolution erfolgreich abgeschlossen. Ich kann mehrere Beispiele anführen: die Französische Revolution, die Russische

---

327 Auch der 56-jährige Gewerkschafter und Lehrer Néjib Sellami spricht von »Akkumula-tion«, um zu erläutern, dass die Revolution durch den kontinuierlichen Protest der Zivilgesellschaft (seit den 1970er Jahren) entsteht und nicht »vom Himmel fällt« (Sellami 18.08.2014, Tunis). Während Sellami von einer Akkumulation spricht, die zur Revolution führt (vgl. auch Charfi 2012: 19), argumentiert Sassi, dass sich die Revolution als Prozess des Wandels einer Akkumulation entsprechend ereignet.

Revolution oder selbst Mai 68 [im Französischen synonym für die 68er-Bewegung, N.A.]« (Baraket 22.08.2014, Tunis).

Die 30-jährige Journalistin Henda Chennaoui deutet Revolution als Kontinuität der sozialen und politischen Kämpfe der Bürger*innen, worin sich ebenfalls eine Prozesshaftigkeit der Revolution bekundet:

»Meiner Meinung nach ist es verfrüht, die Situation oder das, was zwischen 2010 und 2011 in Tunesien passiert ist, zu evaluieren. […] Ich spreche nicht vom Regime, nicht von der politischen Macht, das ist etwas anderes. Ich spreche von den sozialen Bewegungen und den Bevölkerungen Tunesiens als [politisches, N.A.] Volk und als soziale und gewerkschaftliche usw. Bewegung. Ich kann behaupten, dass 2010/2011 eine Kontinuität dessen ist, was wir in den letzten zwanzig Jahren erlebt haben und was sich im Phosphatbecken Gafsas 2008 ereignet hat. Die Revolte von 2008, die für mich eine entscheidende Etappe des Umsturzes des Regimes war, hat zwei Jahre später in Sidi Bouzid und Kasserine ein Echo gefunden. Heute gibt es eine Kontinuität und eine Entwicklung der sozialen Bewegungen, und das ist im Grunde genommen das Wichtige für mich heute 2015, vier Jahre, nachdem Ben Ali gegangen ist. Nicht wer an der Macht ist und wer das Land regiert, sondern was wir auf der Ebene der sozialen Bewegungen machen. Und […] ich bin mir sicher, weil ich die sozialen Bewegungen von Nahem beobachte, dass wir uns entwickeln, Fortschritte machen, um einen wirklichen Wandel im Land herbeizuführen, und das ist ganz schlicht eine Revolution. Es ist eine Revolution, wenn die Leute anfangen, sich zu versammeln, miteinander zu arbeiten, zusammen zu entscheiden und nicht mehr Angst zu haben, von zivilem Ungehorsam […] zu sprechen.« (Chennaoui 30.03.2015, Tunis)

Chennaouis Aussage zeigt erneut, dass ihr Fokus auf den sozialen Bewegungen liegt, die in erster Linie »revolutionäre« Veränderungen erwirken können, während die institutionellen Macht- und Politikbesetzungen lediglich zweitrangig sind. Ihre Definition einer Revolution ist von ihrer Perspektive auf die revolutionäre Zeitlichkeitsdimension beeinflusst: Revolution bezieht sich hier weniger auf einen absoluten, akut durchzusetzenden Bruch mit der politischen Herrschaftsordnung, sondern ereignet sich vielmehr auf der zwischenmenschlichen Ebene fortwährender politischer Handlungen. Chennaoui nimmt eine Perspektive auf Revolution ein, die der historischen *Diskontinuität*, die »klassischerweise« mit Revolutionen assoziiert wird, die *Kontinuität* sozialer Bewegungen sowie die Performanz der politischen Handlung entgegensetzt. Das bedeutet jedoch nicht, dass für sie der Bruch mit der Herrschaftsordnung Ben Alis nicht relevant ist. Dieser Bruch erfolgt aus ihrer Sicht jedoch eher durch das Engagement der sozialen Bewegungen als auf der politisch-institutionellen Ebene. Revolution weist demnach nicht lediglich eine lang- oder mittelfristige Dimension auf, sondern manifestiert sich ebenfalls in der Performanz der politischen Handlung, wenn die Akteur*innen ihre Angst überwinden und zusammen agieren. Sie formuliert derart einen Revolutionsbegriff, der Revolution als Prozess begreift, der durch eine Reihe von Ereignissen und Momenten ausgelöst wurde. Ihr Revolutionsbegriff umfasst sowohl eine Akteursperspektive als auch die Ebene der längerfristigen, prozeduralen Veränderung der Gesellschaft.

Auch die 49-jährige Ärztin und Feministin Ahlem Belhadj schreibt die Revolution in eine mittelfristige Perspektive ein:

»Die Revolution hat eine neue Ära eröffnet und diese neue Ära kann Erfolg haben. [...] es [die Revolution, N.A.] wird kommen, aber in welchem Zeitraum? Das ist die große Frage, aber das ist nicht, was wir früher [während ihres marxistischen Engagements der 1970er und 1980er Jahre N.A.] immer gesagt haben, ›es [die Revolution, N.A.] wird in der Absolutheit kommen‹. Es ist ein Prozess im Gange, der in den kommenden Jahren – weder in den kommenden zehn noch in fünf Jahren – [Früchte zeigen kann, N.A.]. Ich positioniere mich in einer mittelfristigen Perspektive.« (Belhadj 24.08.2014, Tunis)

Von einem revolutionären Prozess auszugehen, verringert in dem Sinne ebenfalls die Erwartungen an eine Revolution und unterbindet die Hoffnung auf *die* »absolute Revolution«, die durch einen »Zauberschlag« die gesamte Gesellschaft von Grund auf verändert. Diese Reformulierung des Revolutionsbegriffs deutet darauf hin, dass Belhadj durch die Erfahrung des tunesischen Revolutionsprozesses ihre Ideale an die soziale Wirklichkeit anpasst.

5.3.1.3 Der revolutionäre Prozess als individueller und kollektiver Selbstveränderungsprozess

Ähnlich wie Chennaoui und Belhadj begreift die 61-jährige Feministin und Logopädin Bakhta Cadhi Revolution nicht als einen »ereignishaften« Einbruch, sondern als einen kontinuierlichen Veränderungsprozess, der sich auf individueller Ebene sowie auf zwischenmenschlicher und kollektiver Ebene ausdrückt:

»Es ist in diesem Sinne, in dem wir von *ṯawra* [Revolution, N.A.] sprechen: die Tatsache, dass wir die Sprache befreit haben! Wenn Sie heute hören, wie Frauen sprechen! [...] Wie sie sich ausdrücken, wie sie alle familiären Zwänge zurückweisen! Für mich ist das eine kulturelle Revolution, wenn Sie so wollen, sie ist noch nicht zu Ende [...], sie wurde von den Regierungen nach dem 14. Januar [2011, N.A.]

unterdrückt, aber es brodelt noch! Aber man kann nicht sagen, dass es keine Revolution gegeben hat. Wenn man sagt, dass _ṯawra_ alles infrage stellt, dann ist es das, was passiert ist. Was wir gegen die von Ben Ali eingesetzten Institutionen gemacht haben, ist eine revolutionäre Bewegung.« (Cadhi 26.08.2014, Tunis)

Interessant an Cadhis Aussage ist, dass sie das arabische Konzept der _ṯawra_ (Revolution) nicht nach einem vermeintlich »klassischen« Verständnis einer hierarchisch gelenkten Bewegung, die einen Machtwechsel anstrebt, beschreibt, sondern den gegenwärtigen Gebrauch des Begriffs _ṯawra_ reflektiert. Ihr zufolge verändert die Revolution, die sich auch in zwischenmenschlichen Beziehungsgeflechten und -formen[328] abspielt, gesellschaftliche Praktiken und befreit den Habitus und die Sprache der Frauen.[329] Dementsprechend deutet sie _ṯawra_ um und assoziiert den Begriff in erster Linie mit einer sprachlich vermittelten Infragestellung der politischen und gesellschaftlichen Institutionen unter Ben Ali.

Die Vorstellung, dass Revolution ein Selbstveränderungsprozess ist, der einer kritischen Auseinandersetzung mit gesellschaftspolitischen Praktiken und Institutionen wie Sexismus oder Korruption bedarf, wird auch von anderen Akteur*innen geäußert. So argumentiert der 42-jährige Rechtsanwalt Khaled Aouainia aus Sidi Bouzid, »[…] wir müssen nicht nur gegen die Diktatur, sondern auch gegen uns selbst, gegen unsere alte Kultur revoltieren« (Aouainia 01.09.2014, Sidi Bouzid).

Auch Arbi Kadri fordert in Bezug auf Korruption, dass die Bürger*innen ihre eigenen, durch die Diktatur antrainierten Reflexe verändern müssen:

»Wir haben versucht, auf mehr Veränderung hinzuarbeiten, aber diese Leute [aus der Verwaltung, N.A.] wehren sich dagegen, etwas in der Administration zu verändern. Was ganz konkrete Dinge angeht, zum Beispiel sagst du ihnen, da ist ein Di-

---

328 An dieser Stelle sei auf die Arbeit von Bini Adamczak (2016) hingewiesen, die aus queerfeministischer Perspektive eine relationale Revolutionstheorie formuliert. Ausgehend von ihrer Analyse der Russischen Revolution 1917 und der 1968er-Bewegung entwickelt sie den Begriff der »Beziehungsweisen«, der es ihr ermöglicht, gesellschaftliche Veränderungen sowie politischen und sozialen Wandel als Ergebnis kollektiver, pluraler Praxis zu denken.

329 Cadhis Aussage, dass die Revolution sich an der Befreiung der Sprache erkennen lässt, unterstützt ebenfalls die zuvor von mir aufgestellte These, dass die unter Ben Ali herrschende Angst die Menschen davon abhält, miteinander zu sprechen und sie so politisch beherrscht (vgl. 5.1). Abir Tarssim bemerkt, dass am Tag nach Ben Alis Flucht ein Moderator im öffentlichen Fernsehen »auf einmal mit ›ga‹ gesprochen hat, also dem südlichen Akzent, der ja verboten war in den Medien […]. Die Sprache hat sich direkt verändert« (Tarssim 20.04.2017, Tunis).

rektor, der ist bekannt dafür, dass er Bakschisch [Bestechungsgeld, N.A.] annimmt, und sie antworten, nein, ich kann ihn nicht ... [dafür verantwortlich machen, N.A.]. Aber wie können wir von einer Revolution (*ṯawra*), einer wahren Revolution sprechen, ohne uns zu verändern? (Kadri 03.09.2014, Sidi Bouzid)
> Deswegen spreche ich von einer [notwendigen, N.A.]. Revolution auf der kulturellen Ebene. Wenn sich die Mentalitäten nicht ändern, dann wird die soziale Bewegung scheitern. [...] Wir müssen lesen, Versammlungen und Debatten machen, wir brauchen Räume, in denen wir uns bilden.« (Kadri nach Octave/Chamekh 2013: 101)

Der politische und soziale Wandel muss demnach auch auf einem individuellen und »kulturellen« Niveau erfolgen: Die Bürger*innen müssen diskriminierende, korrupte und illegale Verhaltensweisen, dort wo sie auftauchen, anprangern und ablehnen. Für die 47-jährige Anwältin und Menschenrechtlerin Dorsaf Chouaibi aus Gafsa ist der alltägliche Kampf gegen Korruption (*fasd*) »beim Lebensmittelhändler, beim Metzger und auf der Straße« entscheidend, um die gesellschaftliche Akzeptanz und Verbreitung von Korruption zu bekämpfen (Chouaibi 12.04.2017, Gafsa).

Die Revolution als individueller, kollektiver und kultureller Selbstveränderungsprozess der Gesellschaft bedarf zwar eines institutionellen Bruchs mit dem alten Regime und muss von staatlichen Dispositiven und rechtlichen Sanktionen begleitet werden. Sie kann jedoch lediglich gelingen, wenn sie von einem durch neue Imaginäre geleiteten Sinneswandel und veränderte Praktiken der Bürger*innen begleitet wird.

5.3.2   Die Revolution zwischen historischem Bruch und Kontinuität

Das dominante Imaginäre der Revolution als Prozess scheint diametral dem Imaginäre der »Stunde Null« oder der »*tabula rasa*« gegenüberzustehen, das in den tunesischen Imaginären nicht existiert. Die Vorstellung, dass die politische und gesellschaftliche Ordnung vollkommen zerstört werden muss, damit sie anschließend auf neuen Grundlagen aufgebaut werden kann, wird nicht mit Revolution assoziiert. Die 37-jährige Abir Tarssim bestätigt diesbezüglich, »[...] das ist jetzt nicht irgendwie die ›Stunde Null‹, und da gehen wir jetzt einfach nur nach vorne, ohne zurückzuschauen. Daran glaube ich nicht« (Tarssim 20.04.2017, Tunis). Dennoch besteht das Verlangen nach einem Bruch mit dem alten Regime. Im Folgenden stelle ich vor, wie weit die Akteur*innen diesen Bruch denken: Sollte die Revolution lediglich mit dem Regime oder auch mit der Geschichte Tunesiens brechen?

5.3.2.1 Der unvollendete Bruch mit dem Regime

Der institutionelle Bruch mit dem alten Regime erfolgt zwar durch das Verbot der RCD, die Abschaffung des Zweikammersystems sowie die Verabschiedung der neuen Verfassung und durch die Etablierung eines neuen politischen Systems. Diese Maßnahmen gehen den meisten Akteur*innen jedoch nicht weit genug, zumal sich das Verbot für ehemalige RCD-Mitglieder, weiterhin Parteipolitik zu betreiben, in der parlamentarischen Abstimmung nicht durchsetzt. Außerdem gelingt es den Post-Ben-Ali-Regierungen nicht, sich der kritisierten Praktiken und Verfahrensweisen im Staat, in den Behörden und in der Verwaltung zu entledigen, wie die Ennahdha-Abgeordneten Farida Labidi und Meherzia Labidi herausstellen:

»Wir konnten nicht ganz mit dem alten Regime brechen. Wir haben es nicht geschafft, die Revolution zu vollenden. Der Moment, um eindeutige Entscheidungen des Bruchs zu treffen, wäre direkt nach der Revolution gewesen. Zu diesem Zeitpunkt ist es uns nicht gelungen, die Gelegenheit zu ergreifen. Der Bruch hätte durch Gesetze erfolgen müssen, die die Revolution verbessert und es erleichtert hätten, die Gerechtigkeit und die Transition durchzusetzen. […] Das [die demokratische Transition, N.A.] hat auch negative Aspekte, wir leugnen nicht, dass der Staat nicht zusammengebrochen ist, sogar nach der Revolution. Es gibt immer noch [alte, N.A.] Institutionen und die Administration, die den Staat erhalten haben. (Farida Labidi 13.09.2014, Tunis)[330]
Wir hatten [unter Ben Ali, N.A.] einen Staat, auch wenn es Korruption in diesem Staat und in der Verwaltung gab. Wir haben […] den Staat funktionsfähig beibehalten, vielleicht hat uns das vor einem Schicksal à la Libyen bewahrt. Die negative Konsequenz ist, dass wir es nicht schaffen, die alten Mentalitäten und die administrative und finanzielle Korruption sehr schnell loszuwerden.« (Meherzia Labidi 22.09.2014, Tunis)

---

330 Farida Labidi sowie ihre Parteigenossen Meherzia Labidi und Habib Khedher vertreten kein prozesshaftes Verständnis der Revolution, sondern betonen die singuläre Ereignishaftigkeit des Phänomens. Für sie ist die Revolution spätestens seit den ersten Wahlen 2011, durch die sie an die Macht gekommen sind, vorbei, ab dem Zeitpunkt beginnt die demokratische Transition. Meiner Meinung nach lässt sich ihre Haltung vor allem durch ihren Politiker*innen-Status erklären: Sie haben kein Interesse an einer stetigen Dauermobilisierung der Zivilgesellschaft, die kontinuierlich ihre Legitimation infrage stellt. Die Revolution in ihrem Sinne beschränkt sich auf den Umsturz Ben Alis, der die politische Sphäre erneut öffnet.

In gewisser Weise gestehen Farida Labidi und Meherzia Labidi ein, dass es den Regierungen, in denen sie vertreten waren, nicht gelungen ist, einen radikaleren Bruch mit dem Staat und Regime Ben Alis durchzuführen, obwohl Ennahdha ebenso sehr wie der Gewerkschaftsbund UGTT, die zentralistisch-linken Parteien CPR und FDTL und die linksradikale Partei POCT nach der Flucht Ben Alis eine bloße Reformierung des alten Regimes strikt ablehnen und die Neugründung Tunesiens befürworten. Diese Neugründung vollzieht sich letztlich in einer teilweisen, unwillkürlichen Kontinuität zum alten Regime, da die Regierungskoalitionen es für sicherer halten, den durch Ben Alis Regime hinterlassenen Staat in einem bestimmten Ausmaß weiterzuführen. Auch der 43-jährige Ennahdha-Abgeordnete und Referent für die Verfassung, Habib Khedher, vertritt die Meinung, dass es mit vielen Risiken verbunden sei, den Staat ausgehend von einer »Stunde Null« neu aufzubauen. Deswegen habe die Ennahdha-Partei es vorgezogen, »das Positive an der alten Politik zu bewahren und Reformen bezüglich der Korruption durchzuführen« (Khedher 13.09.2014, Tunis).

Die meisten zivilgesellschaftlichen Akteur*innen bedauern zwar, dass der institutionelle Bruch mit dem Regime nicht radikal genug erfolgt. Das Imaginäre der Revolution als Bruch beschränkt sich jedoch vor allem auf die Staatsebene und auf die staatlichen Praktiken der Vetternwirtschaft und der Diskriminierung, wie der 42-jährige Gewerkschafter und Lehrer Slah Brahmi darlegt: »Die Leute wollten einen Bruch mit der Diktatur von Ben Ali, aber nicht mit der Geschichte durchführen« (Brahmi 02.09.2014, Tunis; vgl. auch Ben Gharbia; Charfi 2012: 20).

Die Vorstellung, mit der Geschichte zu brechen, ist derart unpopulär, dass sie sogar als Vorwurf gegen die politischen Gegner*innen (meist IslamistInnen) verwendet wird, wie die Aussage der 31-jährigen Feministin Youad Ben Rejeb belegt (vgl. auch Arbi Kadri 03.09.2014, Sidi Bouzid):

»Nein, nein, wir haben in Tunesien nie davon gesprochen, zu brechen […]. Es ist im Übrigen die Ennahdha, die tatsächlich versucht, mit der Geschichte zu brechen. Bezüglich der Frauenrechte geht es nicht darum zu brechen, sondern unsere Errungenschaften zu behalten und die Situation weiterzuentwickeln, bezüglich der Bildung […] genauso.« (Ben Rejeb 27.08.2014, Tunis)

In den Augen der säkularen Akteur*innen leiten die IslamistInnen eine Infragestellung des historisch-kulturellen Erbes Tunesiens ein, indem sie zentrale Pfeiler, wie die Frauenrechte und die Säkularisierung, erneut zur

Diskussion stellen – ein Vorwurf, den die IslamistInnen vehement zurückweisen.[331]

5.3.2.2   *Die Kontinuität mit einem zu rehabilitierenden progressiven Erbe*

In der Revolutionsvorstellung des 29-jährigen Bürgers Foued Sassi ist die Kontinuität mit einem gewissen kulturellen Erbe Tunesiens primär zum Bruch mit dem alten Regime:

> »Wir können mit den alten Regimen brechen, aber unsere Geschichte können wir nicht leugnen. Das ist unsere Kultur; das, was Tunesien geschaffen hat, mit all den guten und den vielen schlechten Seiten [...]. Man muss diese aufgeklärte Seite unserer Zivilisation nehmen [...]. Es gibt keine Zukunft für ein Volk ohne seine Vergangenheit, das ist offensichtlich.« (Sassi 18.08.2014, Tunis)

Wie Sassi akzentuieren viele Akteur*innen, dass sie an ein kulturelles,[332] politisches und verfassungsrechtliches Erbe anknüpfen wollen, das durch das Ben Ali-Regime verachtet worden sei (vgl. Borsali 2012: 282).

Welches kulturelle Erbe wird nun von den Akteur*innen erinnert und soll rehabilitiert werden? Neben der Hinterlassenschaft Bourguibas, auf dessen Reformen des Gesundheitswesens, der Bildung, der Frauenrechte und der Säkularisierung sich sogar seine einstigen politischen Gegner*innen positiv beziehen, greifen einige Akteur*innen auf eine frühere, prä-nationalstaatliche Geschichte zurück, um sich von der kolonialen Geschichte zu distanzieren und eine fortschrittliche Tendenz in der Geschichte Tunesiens festzumachen:

> »Heutzutage spricht man davon in einem sehr nationalistischen Ton, deswegen ist es mir etwas unangenehm, das aufzugreifen, aber es ist eine Wahrheit. Tunesien ist das erste Land in der arabischen Welt, das die Sklaverei abgeschafft hat

---

331 In meinen Interviews mit IslamistInnen kommt ein solches Imaginäre der Revolution als Bruch mit der Geschichte nicht vor. Viele säkulare Akteur*innen sind davon überzeugt, dass das islamistische politische Projekt an sich im Gegensatz zur modernistischen Tradition des Landes steht und folglich einen historischen Bruch darstellt.

332 Ich nehme hier keine Definition der tunesischen »Kultur« vor. Vielmehr gehe ich im Anschluss an Edward Said davon aus, dass Kulturen von vielfältigen, hybriden, sich widersprechenden und wandelnden Dynamiken durchzogen sind und der Versuch, sie durch feststehende Entitäten definieren zu wollen, oftmals in essentialisierenden und reduktionistischen Zuschreibungen mündet (vgl. Said 1994: 30). Ich folge hier dem Plädoyer des Politikwissenschaftlers Holger Zapf, Kultur als »all das [...], was die betreffenden Individuen dafür halten – aus welchen Gründen auch immer« (Zapf 2016: 381) zu verstehen.

[23.01.1846, N.A.], vor den USA, vor allen, verstehst du? Tunesien war ein Vorreiter in der Schaffung von Gewerkschaften und auch von öffentlichen Schulen [...]. Die Tunesier gingen in die El Zitouna, in die religiöse Schule [...], um den Koran zu lernen, aber auch in das [öffentliche und kostenlose, N.A.] Gymnasium Sadiki [1875 gegründet, N.A.] für eine säkulare Bildung. [...] Aber diese Tradition wurde sehr schnell durch die Schwäche des Bey-Regimes, die folgende Kolonialisierung und das französische Protektorat unterbunden. (Tlili 29.03.2015, Tunis)³³³

Man kann sagen, dass die Abschaffung der Sklaverei und der Polygamie progressiv sind, das war in den anderen arabischen Ländern überhaupt nicht der Fall. (Foued Sassi 18.08.2014, Tunis)

Wusstest du, dass Tunesien das erste arabische Land war, dass eine Verfassung [1861, N.A.] verabschiedet hat?« (Foued Sassi, Feldnotizen 30.08.2014, Tunis)

Tlili und Sassi sind gleichsam gezwungen, auf eine prä-nationalstaatliche Geschichte zurückzugreifen, um »progressive« Momente und Ereignisse in der tunesischen Geschichte zu finden, zumal Tunesien – wie sie selbst anprangern – seit der Unabhängigkeit von Diktatoren regiert wird. Tlilis Hinweis auf die vorkoloniale Geschichte kann als Argument für eine nicht anerkannte Moderne Tunesiens interpretiert werden: Entgegen dem kolonialen Rechtfertigungsnarrativ, das vorgibt, die »unterentwickelten« Gesellschaften modernisieren zu wollen, argumentiert Tlili unter anderem anhand der Abschaffung der Sklaverei, dass Tunesien bereits vor der Kolonialisierung eine fortschrittliche Geschichte aufweist und diese Traditionslinie letztlich durch die Kolonialisierung unterbrochen wurde. Mit Fanon gesprochen wehrt sie sich gegen die epistemische Gewalt, die die Kolonialisierung gegenüber der vorkolonialen Geschichte Tunesiens ausübt, indem sie sie als rückständig definiert. Außerdem widerspricht sie so auch dem »klassischen« Menschenrechtsnarrativ, das den Ursprung der Menschenrechte ausschließlich in europäischen Ideen und Ereignissen sieht.

Sassi erinnert an die erste Verfassung Tunesiens von 1861, die unter anderem der jüdischen Minderheit das Recht auf die Ausübung ihrer Religion sowie einen Diskriminierungsschutz garantiert, als einen »Beweis« für

---

333 Tlilis macht zu Recht darauf aufmerksam, dass es sich ebenfalls um ein nationalistisches Identitätsnarrativ handelt. Der Diskurs der Fortschrittlichkeit und der beispielhaften Ausnahme des Landes (im Vergleich zu anderen arabischen Ländern) ist in Tunesien sehr weit verbreitet. Dieser nationalistische Diskurs konstruiert das Gründungsnarrativ der »tunesischen Ausnahme« gleichsam als historische Kontinuität, die sich von der Abschaffung der Sklaverei 1861 bis zur Etablierung der »ersten arabischen Demokratie« in der Post-Ben-Ali-Phase erstreckt und über die 55-jährige Diktatur hinwegsieht.

ein progressives, verfassungsrechtliches Erbe (vgl. auch Borsali 2012: 282).[334] Diese historischen Gegebenheiten werden durch das Prisma der revolutionären Erfahrung neu betrachtet und in eine »anachronistische Kontinuität« zu den gegenwärtigen Emanzipationsbestrebungen gestellt. Der Cyberaktivist Sami Ben Gharbia pointiert diese Vorstellung, indem er behauptet, dass »die Revolution […] in der historischen Kontinuität der reformistischen und progressiven Bemühungen Tunesiens« stehe (Ben Gharbia 18.08.2014, Tunis). Der Begriff des »Reformismus« verweist nicht wie im europäischen Verständnis auf eine weniger revolutionäre Haltung zur Verbesserung der sozialen Lage, sondern bezieht sich auf den islamischen Reformismus des 19. Jahrhunderts (nahḍa).

Die Re-Aktualisierung dieses Erbes ist zentral für die politischen Imaginäre der säkularen tunesischen Akteur*innen, sie können sich derart in eine »eigene« Tradition politischer Fortschrittlichkeit einschreiben und zumindest ideell an sie anknüpfen. Das erscheint angesichts dessen, dass nahezu alle säkularen Akteur*innen in der islamisch-arabischen Staatengemeinschaft keinerlei Vorbilder für die tunesische Demokratieerfahrung erkennen, besonders wichtig (vgl. exemplarisch Baraket, Jmour, Foued Sassi).

Wie ambivalent diese Erinnerung an das kulturell-politische Erbe ist, lässt sich an der heterogenen Erinnerungskultur erkennen: Während für Foued Sassi und Ben Gharbia die Verabschiedung der ersten Verfassung Tunesiens eine progressive Errungenschaft darstellt, beziehen sich andere Akteur*innen, wie der 42-jährige Khaled Aouainia, Rechtsanwalt aus Sidi Bouzid, stolz auf die revolutionär herbeigeführte Absetzung eben dieser Verfassung im Jahr 1864:

»Unsere Region ist seit dem 19. Jahrhundert bekannt für ihren revolutionären Charakter, sie war immer schon im Konflikt mit der Zentralmacht [in Tunis N.A.]. Die Region von Sidi Bouzid und Kasserine hat 1864 die Revolution von Ali Ben Ghedhahem [Stammesanführer der Majer und Revoltenanführer aus der Umgebung von Kasserine, N.A.] angeführt. Das Ergebnis dieser Revolution war, dass die erste tunesische Verfassung, das war die Verfassung von 1861, abgesetzt wurde. […] Durch diesen historischen Rückblick wollte ich nur sagen, dass die Region von Sidi Bouzid, Kasserine und Gafsa immer schon jede Art von Tyrannei, Willkür und Diktatur ablehnte.« (Aouainia 01.09.2014, Sidi Bouzid)

---

334 Der Richtigkeit halber sei darauf hingewiesen, dass die gleiche Verfassung eine größere Einmischung europäischer Mächte in die Politik des osmanischen Beys, der in Tunesien herrschte, ermöglichte.

Aouainia erinnert an die Revolte von 1864, um zu argumentieren, dass die Revolution von 2010 nicht die erste Revolution in der Geschichte Tunesiens ist, die zudem von der Region Sidi Bouzids angeführt wurde. Tamer Saehi aus Kasserine verweist ebenfalls auf die von Ali Ben Ghedhahem angeführte Revolte gegen die vom Finanzminister Mustapha Khaznadar entschiedene Steuererhöhung, um den gegenwärtigen tunesischen Revolutionsprozess in eine historische Kontinuität der »rebellischen Region« Kasserines und Sidi Bouzids zu stellen:

»Die Revolution [von 2010, N.A.] hat in Kasserine begonnen, weil das in der Geschichte Kasserines liegt, wie die Revolte des Brotes [1984, N.A.], [...] oder die Rebellion von Ali Ben Ghedhahem [1864, N.A.].« (Saehi 25.03.2015, Tunis)

Diese teleologische Geschichtsauffassung verleiht den gegenwärtigen Erfahrungen der Akteur*innen Sinn: Der Revolutionsprozess nimmt seinen Anfang in Kasserine, weil diese Region schon immer einen »revolutionären Charakter« hatte. Das Imaginäre der »rebellischen Region« (rund um Gafsa, Kasserine und Sidi Bouzid), die seit jeher – sei es in der Entstehung einer gewerkschaftlichen Tradition Tunesiens, im antikolonialen Kampf oder im Kampf gegen Bourguibas und später Ben Alis Diktatur – eine besonders avantgardistisch-kämpferische und progressive Haltung gegenüber der diskriminierenden Zentralmacht aufweise, wird seit den Gafsa-Revolten 2008 aktualisiert und neu kontextualisiert (vgl. Allal/Bennafla 2011: 39). Das Imaginäre schafft eine gewisse Kohärenz zwischen verschiedenen politischen Akteur*innen und bildet durch die konstruierte »historische Kontinuität« eine »historische« Rechtfertigungsgrundlage für den Kampf um bessere sozioökonomische Verhältnisse. Für den tunesischen Islamwissenschaftler Abdelmajid Charfi erhalten die bürgerlichen Widerstandspraktiken im kollektiven Gedächtnis der Bevölkerung dieser Regionen eine symbolisch nicht zu unterschätzende Bedeutung. Die mangelnde offizielle Anerkennung und das Verdrängen der Rolle der Bewohner*innen der »rebellischen Region« während des antikolonialen Kampfes bringt ihm zufolge eine lange gärende Frustration hervor – bis ein revolutionärer »Funke« sie explodieren lässt (vgl. Charfi 2012: 21). In dieser Vorstellung lässt sich der Ausbruch des Revolutionsprozesses in der »rebellischen Region« unter anderem als eine Art historischer Racheakt gegenüber der marginalisierenden Zentralmacht begreifen, um sich eine lange verwehrte Anerkennung zu erstreiten.

Abschließend stellt sich die Frage, ob das Imaginäre der historischen Kontinuität das Rückkehrmotiv des Revolutionsbegriffs (lat. *revolutio* für

»Zurückwälzung«) rehabilitiert (vgl. Kap. 2.1). Meines Erachtens drückt sich in den imaginären Referenzen, die die Akteur*innen erwähnen, kein Bedürfnis nach einer Rückkehr zu einem *Status quo ante* aus. Es geht nicht darum, den Prozess des Kolonialismus oder Postkolonialismus schlicht zurückzudrehen und zu einem »goldenen Zeitalter« zurückzukehren. Das Imaginäre der historischen Kontinuität lässt sich vielmehr als Versuch deuten, einen historischen »Anfangspunkt« zu setzen und imaginäre Anknüpfungspunkte zu finden, um sich in der Geschichte Tunesiens zu verankern. Dabei handelt es sich jedoch nicht um den Willen, die vergangenen Epochen wiederherzustellen, wie die Aussage des 52-jährigen Gewerkschafters Hlaïmi aus Redeyef belegt: »[...] diese Revolution [von 1864, N.A.] lässt sich unmöglich in unserer heutigen Zeit umsetzen« (Hlaïmi 12.04.2017, Redeyef). Schließlich ist den meisten Akteur*innen letztlich das Neue bewusst, das durch den tunesischen Revolutionsprozess in die Geschichte Tunesiens eingeführt wird.

Der tunesischen Historikerin Kmar Bendana zufolge hinterlässt der plötzliche Wegfall der Diktatur Ben Alis eine »unmittelbare Leere« (Bendana 2011: 67), die die Suche nach einer »historischen Kontinuität« erklärt. Die radikale Ungewissheit der revolutionär aufgerüttelten Gegenwart wird durch die Suche nach Kontinuität gleichsam gebändigt.

In Anlehnung an Castoriadis lässt sich anmerken, dass der Revolutionsprozess neue gesellschaftliche Bedeutungen hervorbringt, die nie auf einer *tabula rasa*, sondern auf der Grundlage eines historisch-kulturellen Erbes der Gesellschaft und in Rückgriff auf hybride Aneignungen anderer Erfahrungen (vgl. Kap. 6) entstehen.

5.4 Die Revolution zwischen Nahḍa und ṯawra?

Wie bereits im Stand der Forschung angeführt, gehe ich der Frage nach, ob – wie in der wissenschaftlichen Literatur behauptet wird – die Motive der Nahḍa, das heißt der kulturellen, islamischen Reformbewegung des 19. Jahrhunderts, sowie der *ṯawra* als klassisches, arabisches Konzept der Revolution zentral den tunesischen Revolutionsprozess prägen (vgl. Kap. 1.4.2).

Aus meinem empirischen Material und der bis hierin geführten Diskussion zu den Imaginären der Revolution geht hervor, dass die Bezüge auf die Nahḍa-Bewegung rar sind und lediglich implizit erfolgen. Mit der Nahḍa assoziieren die säkularen Akteur*innen in erster Linie das als progressiv erinnerte, verfassungsrechtliche Erbe der Renaissance-Bewegung, das Tlili, Sassi und Ben Gharbia als imaginärer Anknüpfungspunkt für die aktuellen Emanzipationsbewegungen dient (vgl. Kap. 5.3.2.2). In dem Sinne lassen sie sich inhaltlich durch die von der Reformbewegung hervorgebrachten Errungenschaften inspirieren. Auch die IslamistInnen zitieren indirekt die kritische Vernunft (*'aql*) als Motiv der Renaissance und referieren auf einzelne islamische Institutionen als Inspirationsquelle für demokratische Einrichtungen, wie wir im späteren Verlauf des Textes noch erfahren werden (vgl. Kap. 6.3). Diese Bezüge auf die islamische Reformbewegung dienen ihnen jedoch lediglich als imaginäre *kulturelle* Referenzen und nicht als Grundlage für eine neue *theologische* Auslegung im Sinne einer Nahḍa. Ihre Haltung bleibt eine politische und sollte nicht mit einer theologischen Interpretation verwechselt werden. Weder säkulare noch islamistische Akteur*innen vertreten die Ansicht, dass sie selbst – wie teilweise die wissenschaftliche Literatur behauptet – durch die Revolution eine Nahḍa im Sinne einer neuen, modernen Interpretation islamischer Prinzipien hervorgebracht hätten.

Der Begriff der *ṯawra* hingegen, der in der arabischen Sprache »Revolution« bedeutet und auf eine bestimmte Konzeption der Revolution verweist, ist sehr präsent in den Imaginären der Tunesier*innen. Meines Erachtens revolutionieren die Akteur*innen durch ihre Insistenz auf eine leader-lose Erhebung das klassische, arabische Konzept der Revolution (*ṯawra*).[335] Im arabischen Imaginären dominieren zwei »erfolgreiche« Revolutionen, die die Vorstellung der »arabischen Revolution« bis 2011 zentral prägen: der Putsch der »freien Offiziere« in Ägypten 1952 (»Revolution des 23. Juli«) und der antikoloniale Befreiungskampf Algeriens, der 1962 zur Unabhängigkeit Algeriens führt und auf Arabisch als »algerische Revolution« bezeichnet wird (vgl. Arkoun 2012: 109).[336] Beiden Revolutionen ist gemein, dass sie streng hierarchisch und teilweise militärisch organisiert sind und von politischen Leadern angeführt werden, die sich zwar zu ei-

---

335 Redissi macht darauf aufmerksam, dass das Verb *ṯūr*, das im Arabischen von der gleichen Wurzel wie *ṯawra* abgeleitet wird, ein ruckartiges, plötzliches Aufstehen bezeichnet. Das Wort »Revolution« ist demnach in der arabischen Sprache sowohl mit Schwung und Leidenschaftlichkeit als auch mit Heftigkeit und Gewalt konnotiert (vgl. Redissi 2017b: 22).

336 Die französische und algerische Erinnerungskultur ist fundamental unterschiedlich: In Frankreich wird nicht von einer Revolution, sondern vom »Algerienkrieg« gesprochen.

nem gewissen historischen Zeitpunkt großer Popularität in der Bevölkerung erfreuen, aber nach dem Umsturz die staatliche Macht für sich beanspruchen und autoritäre Regime gründen. Ferner sind beide Revolutionen – in unterschiedlicher Intensität – gegen die Einflussnahme ausländischer Mächte in die Souveränität des Landes gerichtet. Im Gegensatz zu diesen Imaginären der vergangenen arabischen Revolutionen stellt der tunesische Revolutionsprozess die erste Protest- und Widerstandsbewegung in der neueren Geschichte dar, die auf einer breiten Partizipation der Bürger*innen gründet, »leader-los« ist und keine ausländische Invasion bekämpft (vgl. Guidère 2012: 212) – auch wenn die Herrschaft Ben Alis, wie bereits erwähnt, von einigen Akteur*innen als eine Art Kolonialisierung wahrgenommen wird. Das Imaginäre der spontanen leader-losen Revolution wertet die bürgerliche und antiautoritäre Dimension der Revolution auf und bringt eine neue Vorstellung von Revolution hervor. Auf das klassische *ṯawra*-Konzept wird dementsprechend eher abgrenzend als affirmativ Bezug genommen.

Resümierend möchte ich anmerken, dass die Motive der Nahḍa und *ṯawra* zwar in den tunesischen Imaginären existieren, ihnen kommt jedoch keine zentrale Bedeutung zu. Dabei ist das Interpretationsschema der Revolution als Nahḍa oder als *ṯawra* nicht lediglich aufgrund der marginalen empirischen Relevanz wenig überzeugend. Vielmehr ist der tunesische Revolutionsprozess von diversen, kulturell heterogenen Referenzen geprägt und lässt sich meiner Ansicht nach nicht ausschließlich auf diese beiden Emanzipationsbestrebungen aus der arabischen (Ideen-)Geschichte reduzieren.

5.5   Was fehlt, um von einer Revolution zu sprechen?

Viele Akteur*innen sprechen, wie oben ausführlich dargestellt, von einem anhaltenden, revolutionären Prozess, um deutlich zu machen, dass die revolutionären Ziele noch nicht erreicht worden sind und es sich dementsprechend »nicht im klassischen Sinne um eine Revolution handelt« (Kadri 03.09.2014, Sidi Bouzid). Nun stellt sich unweigerlich die Frage, welche Elemente aus Sicht der interviewten Akteur*innen fehlen, die den revolutionären Prozess in eine »wirkliche« Revolution verwandeln würden. Was müsste unternommen werden, damit von einer Revolution gesprochen werden kann?

5.5.1   Der vollendete Sturz des alten Regimes und seiner Institutionen

Viele Akteur*innen verbinden mit »Revolution« die tatsächliche Veränderung der kritisierten Missstände, die zum Ausbruch des Revolutionsprozesses geführt haben. Revolution wird in dem Sinne an das »Endergebnis« des revolutionären Prozesses gebunden. Der Gewerkschafter Tarek Hlaïmi versteht Revolution als Neugründung:

> »Revolution bedeutet die Entwurzelung des alten diktatorischen Regimes und die anschließende Gründung eines neuen Systems. Aber leider ist das nach 2011 nicht geschehen. Das alte System ist immer noch da!« (Hlaïmi 12.04.2017, Redeyef)

Zu einer ähnlichen Feststellung kommt auch der 38-jährige Arbeitslosenaktivist Arbi Kadri: »Leider haben wir heute im Jahr 2014 immer noch nicht erreicht, was das Volk wirklich wollte – und zwar den tatsächlichen Zusammenbruch des Systems« (Kadri 03.09.2014, Sidi Bouzid).

   Dieser Eindruck, dass das Regime Ben Alis nicht wirklich gestürzt worden ist, lässt sich darauf zurückführen, dass zentrale Grundpfeiler des Regimes, wie die Polizei oder die Verwaltung, weder reformiert noch entmachtet worden sind, wie die 49-jährige Feministin Ahlem Belhadj anprangert:

> »Es hat keinerlei strukturelle Reform des Innenministeriums gegeben! Man darf nicht vergessen, dass das das Organ war, das Ben Ali dazu verholfen hat, seine Diktatur 23 Jahre lang aufrechtzuerhalten. Und bis heute gibt es Repression, Folter, Frauen, die Opfer von Gewalt sind und in Polizeistationen erneut Gewalt erfahren [wenn sie Anzeige erstatten wollen, N.A.].337 Frauen und Jugendliche […] sind besonders von der [schlechten, N.A.] ökonomischen und sozialen Situation, von Gewalterfahrungen und Arbeitslosigkeit betroffen. Sie werden auch vermehrt von der Polizei angegriffen. Wenn man sich diesen Aspekt anschaut, dann muss man sagen, dass der revolutionäre Prozess das Wesentliche noch nicht angegangen ist.« (Belhadj 24.08.2014, Tunis)

Obwohl die Akteur*innen immer wieder kritisieren, dass es keine demokratischen Zustände geben kann, wenn die Polizei eine unantastbare Macht aufweist, die sie ungestraft missbrauchen kann, widmet sich die institutio-

---

337 Das im Juli 2017 verabschiedete Rahmengesetz sieht nun vor, dass polizeiliche Spezialeinheiten eigens zur Aufnahme der Anklage von Frauen ausgebildet werden.

nelle Politik nur äußerst zögerlich der Reformierung der Polizei. Es kommt auch zu keiner personellen Erneuerung in der hohen Verwaltung. Das lässt bei einigen Akteur*innen die Befürchtung aufkommen, dass die Politiker*innen an der Macht (mehrheitlich Nidaa Tounes und Ennahdha) nicht wirklich daran interessiert sind, die Regierungsmethoden Ben Alis zu verändern, sondern sie letztlich zu ihren Zwecken nutzen wollen. Die 61-jährige Menschenrechtsanwältin Radhia Nasraoui teilt diese Besorgnis hinsichtlich der Folter, die ihrer Ansicht nach weiterhin durch staatliche Vertreter*innen in den Gefängnissen und Polizeistationen ausgeübt wird:

»Auch unter Béji Caïd Essebsi haben wir als Organisation im Kampf gegen Folter bemerkt, dass die Folter mit den brutalsten Methoden immer noch existiert. Eines Tages hat er [Essebsi, N.A.] Repräsentanten zivilgesellschaftlicher Organisationen empfangen, […] ich habe ihn gefragt: ›Herr Essebsi, tun Sie etwas gegen Folter?‹ […] Er hat geantwortet: ›Ach nein, Folter, das ist vorbei‹ Nein, das ist nicht vorbei, aber er wollte es nicht begreifen! Ich glaube, dass er das sehr wohl weiß, aber nicht dagegen ist, weil er viele Feinde hat [aufgrund seiner langjährigen politischen Karriere unter Bourguiba und Ben Ali, N.A.].« (Nasraoui 20.09.2014, Tunis)

Angesichts der Tatsache, dass der revolutionäre Prozess eine fundamentale Kritik an den menschenverachtenden Praktiken des Staatsapparates und an der teilweise weiterhin bestehenden Rechtlosigkeit formuliert, kann für viele Akteur*innen keine Rede von »Revolution« sein, solange die Regierungen, die auf Ben Ali folgen, diese Praktiken nicht unterbinden.

5.5.2 Die Absage an neoliberale Wirtschaftspolitiken

Neben den unveränderten polizeilich-repressiven Einrichtungen des Staates bezieht sich die größte Enttäuschung der Akteur*innen auf die neoliberale Wirtschaftspolitik der Post-Ben-Ali-Regierungen, die sich nicht fundamental von der Wirtschaftspolitik Ben Alis unterscheidet.[338] Für den 29-jährigen Foued Sassi besteht eine programmatische Kontinuität zwischen den wirtschaftspolitischen Maßnahmen seit 2011 und dem Ben Ali-Regime:

---

338 Die unverhohlene persönliche Bereicherung des Präsidenten sowie die staatlich angeordnete Enteignung der Bevölkerung gelten heutzutage als passé. Die Kontinuität zwischen dem Ben Ali-Regime und den nachfolgenden Regierungen bezieht sich in erster Linie auf die Wirtschaftspolitik und ihre internationalen Allianzen.

»Das politische Projekt [von Nidaa Tounes/Ennahdha, N.A.] ist mitunter schlimmer als das Regime und die Politik von Ben Ali. Sie sind gerade dabei, das Land an den Internationalen Währungsfonds und an die Weltbank zu verkaufen!« (Sassi 18.08.2014, Tunis)

Viele Akteur*innen messen das Gelingen des revolutionären Prozesses an der Fähigkeit der auf Ben Ali folgenden Regierungen, die sozioökonomischen Verhältnisse des Landes zu verbessern und die Arbeitslosigkeit einzudämmen.

Der 55-jährige Gewerkschafter Wannes Msaddek erhebt die ökonomische Lage sogar zum Prüfstein der Revolution: »Wenn es eine richtige Revolution gewesen wäre, wäre die soziale Lage heute nicht so schlecht« (Msaddek 12.04.2017, El Guettar/Gafsa). Schließlich, so Msaddeks Gedankengang, hätte eine wahrhaft revolutionäre Regierung die notwendigen Maßnahmen ergriffen, um die Bevölkerung vor der herrschenden sozialen Not zu bewahren. Die bürgerlichen Erwartungen an die Revolution beschränken sich demzufolge nicht lediglich auf die Etablierung einer Demokratie und auf demokratische Freiheits- und Teilhaberechte, sondern sind vor allem mit der Verbesserung der materiellen Lebensumstände verbunden, wie der 39-jährige Gewerkschafter Fadel Zouhaïr bekennt:

»Wir haben gedacht, dass die Demokratie automatisch Wohlstand bringt. Heute ist die Arbeitslosigkeit höher als vor der Revolution und das alte Regime regiert immer noch!« (Zouhaïr 01.09.2014, Sidi Bouzid)

Die Akteur*innen assoziieren mit Demokratie Wohlstand, weil sie davon ausgehen, dass unter »wahrhaft« demokratischen und ergo korruptionsfreien Verhältnissen die Reichtümer, die zuvor vom Präsidenten, seinem Klan, der Polizei und Bürokratie in Beschlag genommen wurden, der Bevölkerung zur Verfügung stehen.

Helima Souini, 57-jährige Feministin, fügt hinzu, dass eine gerechte Verteilung der Reichtümer nicht ohne ein gerechtes Steuerrecht – sowohl in der Konzeption als auch in der Anwendung – erfolgen kann:

»Ich bin mir sicher, dass jeder [...] Steuern zahlen würde, wenn es eine Gerechtigkeit gäbe und nicht nur die Beamten Steuern zahlen und [...] die großen Kapitalisten zahlen nichts! Das Gesetz muss angewendet werden und muss streng [mit den Steuerhinterziehern, N.A.] sein. Warum verbringt ein Jugendlicher ein Jahr im Gefängnis, weil er einen Joint geraucht hat, aber derjenige, der Steuern hinterzieht, zwei Monate? In der Gesetzgebung gibt es noch viele Ungerechtigkeiten.« (Souini 23.09.2014, Tunis)

Eine Fiskalpolitik, die vermögende Steuerhinterzieher weniger streng bestraft als Haschisch rauchende Jugendliche, kann demnach kaum zur Etablierung einer gerechteren Gesellschaftsordnung beitragen.

Einige Akteur*innen wie Inès Tlili, Hamadi Kaloutcha und Firas Hamda bereuen, dass die revolutionäre Bewegung es nicht vermocht hat, sich bezüglich der Staatsschulden gegen den Internationalen Währungsfonds aufzulehnen, wie der 32-jährige Hamda erläutert:

»Hamda: Das politische Beispiel Argentiniens [...] gefällt mir.
N.A.: Wegen der Aufhebung der Schulden?
Hamda: Genau [...], weil man von einem Regime, dass keine nationale [an den landeseigenen Interessen orientierte, N.A.] Wirtschaft hat, das heißt ein Regime, das auf Schulden basiert, keine Lösung sozialer Probleme, wie zum Beispiel der Arbeitslosigkeit, erwarten kann. Machen wir uns nicht vor, dass [in Tunesien, N.A.] die Arbeitslosigkeit überwunden wird und die Arbeitslosen eine Stelle bekommen werden! Man sollte zunächst einmal dafür kämpfen, dass es eine nationale Wirtschaft gibt, [...] die eine neue Bilanz der Schulden zieht und erst mal aufhört, die Schulden zurückzuzahlen. Man muss auch darüber nachdenken, was wir dann mit dem Rest der Schulden machen, weil wir leider im Moment der Revolution die Gelegenheit verpasst haben, die sich nie wieder bieten wird [...]. Im revolutionären Moment hatten wir die Gelegenheit zu sagen: ›Wir waren es nicht, die die Schulden gemacht haben, das war das alte Regime! Verfolgt ihn [Ben Ali, N.A.]! Er hat nichts mit dem Geld gemacht, weder in die Infrastruktur investiert noch in sonst was! [...] Diese Diebe haben Schulden gemacht und das Geld genommen.‹ Aber leider lässt sich das Rad der Geschichte nicht zurückdrehen.« (Hamda 26.03.2015, Tunis)

Die argentinische Neuverhandlung der Staatsschulden inspiriert Hamda und viele andere linke Akteur*innen, die darin ein Beispiel für einen Staat erkennen, der auf Druck der revoltierenden Bevölkerung den mächtigen internationalen Kapitalismusinstitutionen und Gläubigern trotzt, um sozioökonomischen Rechten den Vorrang vor Gläubigerrechten zu geben. Mit der Weigerung, die Staatsschulden zurückzuzahlen, geht für Hamda eine Absage an Austeritätspolitiken einher, die es dem tunesischen Staat ermöglicht hätte, in soziale Maßnahmen für die ärmeren Bevölkerungsschichten zu investieren. Ferner hätte eine solche Weigerung bedeutet, einen markanten Bruch mit dem alten Regime und seiner Politik zu vollziehen. Die Politik der Ära Ben Alis, in der die tunesische Regierung die Direktiven der internationalen Kapitalismusstrukturen gehorsam durchsetzt, hätte so für beendet erklärt werden können. Hamda formuliert durch seine kritisch-utopische Hypothese eine indirekte Kritik am Internationalen Währungsfonds, der es dem hoch korrupten, kleptokratischen Regime Tunesiens erlaubte, sich auf Kosten der Bevölkerung zu bereichern.

5.5.3 Die transitionelle Gerechtigkeit

Eine weitere Maßnahme, die einen klaren, revolutionären Bruch mit dem alten Regime und der gesamten diktatorisch geprägten Vergangenheit des postkolonialen Tunesiens gekennzeichnet hätte, betrifft den transitionellen Gerechtigkeitsprozess, der nur zaghaft und mit viel Verspätung durchgesetzt wurde. Neben den bereits erwähnten, geforderten strukturellen Reformen des Innenministeriums, der Polizei, des Militärs, der Geheimdienste und der Justiz konstituieren auch die Bekämpfung der Korruption und der staatlichen Enteignung die Forderungen nach transitioneller Gerechtigkeit (vgl. Ben Gharbia 18.08.2014, Tunis).

Viele Akteur*innen bedauern, dass die ehemaligen RCD-Mitglieder und politischen Verantwortlichen der staatlich angeordneten Gewalttaten nicht zur Rechenschaft gezogen worden sind, wie Ahlem Belhadj, 49-jährige Feministin, kritisiert:

»Heute sehen wir Kandidaten wie Zouari [Aberrahim, N.A.] für die Präsidentschaftswahlen [2014, N.A.] [...] antreten. Er war Teil aller Regierungen Ben Alis [er hatte bereits unter Bourguiba politische Posten inne, N.A.] und war in nicht wenige Korruptionsaffären verwickelt. Heute entlastet ihn die Justiz, aber auch, weil es keinen transitionellen Gerechtigkeitsprozess gegeben hat, der andere Grundlagen eingeführt hätte, um die Wahrheit zu rekonstruieren. Die Akten [der Beschuldigten, N.A.] sind leer. Ich verstehe die Richter, die sie entlasten, weil sie auf Grundlage der Akten richten, und die sind leer! [...] Das Gesetz [bezüglich der transitionellen Gerechtigkeit, N.A.] ist erst vor ein paar Monaten verabschiedet worden, wir haben zwei Jahre verloren. [...] Eine Sanktion der Verantwortlichen hätte ja auch die Anerkennung des begangenen Unrechts und nicht nur Gefängnishaft sein können. Das hätte zur Rehabilitierung der Opfer sowie zur Umgestaltung der Strukturen der Polizei und der Justiz [die unter Ben Alis Einfluss stand, N.A.] geführt. Aber dieser Prozess wurde nicht auf den Weg gebracht, im Gegenteil! Man hat das immer weiter hinausgezögert [...] und deswegen kommen die alten RCD-Anhänger wieder, mit der Zeit sind sie die Gewinner!« (Belhadj 24.08.2014, Tunis)

Der Revolutionsprozess scheitert demgemäß daran, die alte Riege sowie die institutionellen Strukturen des Ben Ali-Regimes abzusetzen. Der transitionelle Gerechtigkeitsprozess[339] rekonstruiert die im Zeitraum von 1955 bis 2013 begangenen Straftaten politischer und staatlicher Vertreter*innen in erster Linie über die Zeugenaussagen der Bürger*innen, die Opfer staatlicher Gewalt und Diskriminierung geworden sind. Die Täter*innen müssen sich bisher jedoch kaum der öffentlichen Anhörung oder juristischen Verfolgung stellen. In diesem Zusammenhang fordert Inès Tlili, 34-jährige Bürgerin:

»Es muss eine *muḥasiba* [Abrechnung, N.A.] geben! Wir müssen die Polizisten zur Verantwortung ziehen, weil sie und dieser militärische Sicherheitsapparat die Korruption im Land verstärken, die Einfuhr von Waffen ermöglichen [...] und für die Ungerechtigkeiten in den [staatlichen, N.A.] Institutionen verantwortlich sind.« (Tlili 29.03.2015, Tunis)

Dieses Gerechtigkeitsbedürfnis und die Forderung nach einer gesellschaftlichen Aufarbeitung der staatlichen Vergehen werden bis dato jedoch kaum befriedigt: »Es gibt keine Person aus dem alten Regime, die im Gefängnis ist: Der getötet hat, der den Befehl gegeben hat [zu schließen, zu foltern etc., N.A.] – alle, alle, alle sind draußen!« (Youad Ben Rejeb 27.08.2014, Tunis). Auch die Vorsitzende der tunesischen Human Rights Watch Sektion, Amna Guellali, weist im Mai 2018 darauf hin, dass das tunesische

---

339 Der transitionelle Gerechtigkeitsprozess beginnt, nachdem er bereits im Dezember 2013 durch die verfassungsgebende Versammlung beschlossen wurde, erst im November 2016. Die »Instanz Wahrheit und Würde« (in Tunesien wird sie »Instance Vérité et Dignité« oder »IVD« genannt) führt Anhörungen der Bürger*innen durch, deren (Menschen-)Rechte durch den tunesischen Staat massiv verletzt worden sind, und dokumentiert derart die Verbrechen der beiden postkolonialen Regime. Die Bürger*innen berichten in der Kommission über ihre (eigene oder familiäre) Erfahrung mit massiver staatlicher Gewalt: materielle Enteignungen, Veruntreuung öffentlicher Gelder, Korruption, unrechtmäßige Inhaftierungen, Vergewaltigungen, Folter, Tötung, Todesstrafe ohne Recht auf ein gerechtes Gerichtsverfahren und erzwungenes Verschwinden von Personen. Die Kommission schließt die Anhörung mit der Frage nach der Forderung der Bürger*innen ab. Die Bürger*innen, die Opfer der Staatsverbrechen sind, können eine materielle Entschädigung, die Wiederherstellung ihrer Würde oder ihrer Rechte sowie ihre Rehabilitierung fordern (vgl. Gesetz 2013-53 Art. 11). Die Täter*innen werden jedoch nicht aufgefordert, sich selbst zu denunzieren und öffentlich Rechenschaft über ihre Taten abzulegen, wie es beispielsweise im südafrikanischen Aufarbeitungsprozess der Fall war (vgl. Andrieu 2012: 234). Bislang hat die Kommission über 62.000 Dossiers angenommen, davon wurden 23.122 (öffentlich und nicht-öffentlich) angehört (vgl. El Malki 2017). Der öffentliche, im Fernsehen und in den sozialen Medien live übertragene Teil der Anhörungen hat bisher viel Aufmerksamkeit erhalten, auch die hohe Anzahl an abgegebenen Dossiers beweist das große bürgerliche Interesse am transitionellen Gerechtigkeitsprozess.

Strafgesetzbuch um die Kategorie der »Verantwortung für die Befehlsgewalt« ergänzt werden sollte. Die aktuelle Version des Rechts über die transitionelle Gerechtigkeit eignet sich ihr zufolge kaum für die Verurteilung der Verantwortlichen (vgl. Belhassine 2018a).

Ungeachtet der weiterhin herrschenden Straffreiheit der ehemaligen Verantwortlichen betonen andere Akteur*innen, wie Wannes Msaddek, dass die Anhörungen der Opfer für die Neugründung Tunesiens von zentraler Bedeutung sind, um die Verbrechen des alten Regimes aufzuklären und sie öffentlich und moralisch zu verurteilen (vgl. auch Imen Triki 20.09.2014, Tunis). Revolution würde in dieser Hinsicht auch bedeuten, den Opfern des vergangenen Regimes Gerechtigkeit widerfahren zu lassen:

»Ich habe bei der IVD [transitionellen Wahrheitskommission, N.A.] auch ein Dossier abgegeben, für mich und meine gesamte Familie, meine Eltern und meine Schwester Amal Wannes, die mit mir zusammen festgenommen worden ist und zwei Jahre im Gefängnis verbracht hat [und danach Jahre lang keine Arbeitsstelle gefunden hat, N.A.]. [...] Im IVD waren zwei junge Frauen [...]. Gott segne sie! Sie waren sehr verständnisvoll und respektvoll. Nachdem ich fünf Stunden lang von 30 Jahren politischer Aktivität erzählt habe, bin ich krank geworden, vor allem nachdem ich von der Folter (*ta'dib*) erzählt habe. [...] Nur die Leute, die die Diktatur erfahren haben, wissen, was Wahrheit und Würde wirklich bedeuten. [...] Das alte Regime will nicht entblößt, nicht verraten, nicht aufgedeckt werden. Aber es wurde durch die transitionelle Wahrheitskommission entblößt, durch die Erzählungen über die Geschehnisse in den Gefängnissen. [...] Sogar von der Unterdrückung der Youssefisten [Ben Youssef-Anhänger/Gegner von Bourguiba, N.A.] wussten die meisten Leute vorher nichts. Von Nabil [sic!] Matmat,[340] dem Mann,

---

340 Msaddek verwechselt an dieser Stelle die Namen: Es handelt sich entweder um Nabil Barakati oder um Kamel Matmati, Nabil Matmati gibt es nicht. Beide, Barakati und Matmati, werden durch die Aussagen ihrer Familienmitglieder in der »Instanz Wahrheit und Würde« bekannt. Matmati ist ein islamistisch inspirierter Aktivist, der am 7. Oktober 1991 an seiner Arbeitsstelle in Gabès verhaftet wird und im Zuge dessen spurlos verschwindet. Seine Familie erhält 2016 ein Zertifikat, das bestätigt, dass Matmati an den Folgen staatlicher Folter gestorben ist, sein Körper bleibt jedoch bis heute verschwunden. Sein Fall zieht erst durch die öffentlichen Anhörungen seiner Mutter und seiner Ehefrau in der »Instanz Wahrheit und Würde« große Aufmerksamkeit auf sich, zuvor ist er dem breiten Publikum vollkommen unbekannt (vgl. Chennaoui 2016). Der juristische Prozess zu seinem Verschwinden beginnt im Mai 2018. Nabil Barakati ist ein gewerkschaftlich aktiver Kommunist (Partei PCOT). Ihm wird vorgeworfen, Autor eines Traktats zu sein, das freie Wahlen und die Wahrung der Menschenrechte fordert. Er wird im April 1987 inhaftiert und stirbt am 8. Mai 1987 im Alter von 25 Jahren an den Folgen der Folter. Die linke Bewegung zelebriert seitdem den 8. Mai als Gedenktag gegen Folter. Béji Caïed Essebsi akzeptiert im Juli 2016 den

der unter Folter gestorben ist, hat vorher niemand gehört. […] Man muss die alte Ordnung bloßstellen, das haben wir noch nicht ganz erreicht, die Ordnung ist noch nicht vollständig enthüllt worden. […] Diesen neuen Staat bauen wir […] damit auf, dass die Leute [RCDisten/Polizisten N.A.] zur Rechenschaft gezogen werden und das alte Regime aufgedeckt wird! Damit mein Enkel nicht so leidet, wie ich gelitten habe, damit mein Sohn in Würde lebt.« (Msaddek 12.04.2017, El Guettar/Gafsa)

Msaddeks Aussage macht deutlich, welche Bedeutung die Anhörung vor der »Instanz für Wahrheit und Würde« auch für die Opfer haben kann, wenn ihre Erfahrungen gehört werden und ihr Leid anerkannt wird. Er unterstreicht jedoch auch, dass eine gesellschaftliche Versöhnung nicht erfolgen kann, wenn die *politische* Verantwortung für die staatlichen Verbrechen nicht aufgeklärt wird:

»Mein Problem sind nicht die Polizei oder der Polizist, der mich gefoltert hat. Der hat einen Befehl von oben bekommen. Mein Problem ist das Innenministerium. Und das habe ich bei der transitionellen Gerechtigkeitsinstanz gesagt, als sie mich gefragt haben: ›Was forderst du?‹ Dass das nicht noch mal passiert! Meine menschliche Würde, die verletzt wurde, kannst du sie mir wiedergeben? Das Leben, das verschwendet wurde, kannst du es mir wiedergeben? Nein! Ich will, dass Ben Ali sich vor mich stellt und mich um Verzeihung bittet und der Innenminister, der den Auftrag gegeben hat. […] Und dann verzeihe ich! […] Auch die Leute, die mit mir verhaftet und gefoltert wurden, sagen nie, sie würden nicht verzeihen. Selbst wenn sie [die Verantwortlichen, N.A.] auch nur im Fernsehen auftreten würden und sich entschuldigen würden, würde ihnen verziehen werden!« (Msaddek 12.04.2017, El Guettar/Gafsa)

Während der transitionelle Gerechtigkeitsprozess und die Aufarbeitung der Vergangenheit nahezu unbestritten von allen interviewten Akteur*innen als äußerst wichtig für die Zukunft Tunesiens erachtet werden,[341] herrschen doch divergierende Vorstellungen darüber vor, wie eine solche Auseinandersetzung gestaltet sein sollte.

Vorschlag der Vorsitzenden der Vereinigung gegen Folter (OCTT), Radhia Nasraoui, den 8. Mai zum offiziellen nationalen Tag des Kampfes gegen Folter zu erklären.

341 Es sei angemerkt, dass seit dem Frühjahr 2018 der tunesische, transitionelle Gerechtigkeitsprozess Gefahr läuft, abgeschafft zu werden. So bezeichnete der Präsident Essebsi den Prozess abwertend als Abrechnungs- und Vergeltungsakt (vgl. Vinchon 2018). Dabei erachten die Bevölkerung und die zivilgesellschaftlichen Organisationen den transitionellen Gerechtigkeitsprozess als sehr wichtig für das Gelingen des demokratischen Wandels (vgl. ebd.).

Die Beispiele für eine gelungene Versöhnung, die die 50-jährige En-nahdha-Abgeordnete Meherzia Labidi anführt, offenbaren, dass sie keinen transitionellen Gerechtigkeitsprozess vor Augen hat, der die Verant-wortlichen der Staatsverbrechen in Gerichtsprozessen verurteilt:

»Es gibt viel Weisheit bei unseren marokkanischen Freunden. Ich denke, Algerien hat nach dem Bürgerkrieg seine Wunden gut geheilt. Wir schauen also nach Alge-rien, um zu lernen, wie wir eine Versöhnung erreichen können.« (Labidi 22.09.2014, Tunis)

Es ist erstaunlich, dass Labidi die algerische Erfahrung der »Aufarbeitung« des Krieges (1992–1997) als Vorbild zitiert. Schließlich hat das vom ma-rokkanischen »Modell« inspirierte, algerische »Gesetz zur zivilen Eintracht« von 1999 weder zur Aufarbeitung der Gewaltexzesse des Militärs und der islamistischen Terrorgruppen geführt noch das Schicksal der 20.000 (meist islamistischen) verschwundenen Personen oder die Todesumstände der Opfer aufgeklärt. Vielmehr ruft der algerische Staat durch das Gesetz die Amnestie für sich selbst aus, das heißt für die militärischen und polizeili-chen Führungskräfte, die massive Menschenrechtsverletzungen begangen haben. Auch die Mitglieder und Führer der bewaffneten islamistischen Gruppen entkommen der Justiz (vgl. Gèze/Mellah 2008: 150ff.).[342] Die marokkanische »Instanz für Gerechtigkeit und Versöhnung« (»Instance Equité et Réconciliation« 2003) leitet ebenso wenig einen Moment eines institutionell-politischen Bruchs ein, sondern dient vielmehr dazu, die Macht und Legitimation der Monarchie zu konsolidieren (vgl. Andrieu 2012: 505ff.).

Wie lässt sich nun verstehen, dass Labidi ein solches transitionelles »Gerechtigkeitsmodell« als Vorbild zitiert, obwohl sie als Islamistin doch

---

342 Das vom algerischen Präsidenten Abdelaziz Bouteflika im Juli 1999 verabschiedete »Gesetz zur zivilen Eintracht« (*concorde civile*) sieht vor, dass die islamistischen Guerillakämpfer, die sich dem Staat eigenhändig ausliefern und aus dem Untergrund hervortreten, nicht juristisch verfolgt werden (vgl. Tuquoi 1999). Die 2004 verabschiedete Charta des Friedens (*Charte de la paix et de la réconciliation*) ergänzt die politische Amnestie: Die Aufklärung der Massaker und Attentate auf institutionellem Weg wird nun vollkommen unmöglich gemacht (vgl. Zerrouky 2001). Der Staat händigt den Familienangehörigen nach Artikel 45 der Charta eine Todesanzeige aus, obwohl die Umstände des Todes ihrer Angehörigen nicht ermittelt werden und noch nicht einmal feststeht, ob die Person tatsächlich gestorben ist oder wo die Leiche sich befindet (vgl. Dutour 2008: 147f.). Einen transitionellen Gerechtigkeitsprozess hat es in Algerien auch deswegen nicht gegeben, da keine politische Transition erfolgt ist: Die militärischen und politischen Verantwortlichen haben schließlich weiterhin ihre Ämter inne.

daran interessiert sein müsste, dass die politischen Verantwortlichen des alten Regimes verurteilt werden? Für Labidi scheint die Versöhnung vornehmlich über die »Rehabilitierung der Opfer und die Wiedergutmachung des Unrechts« (Labidi 22.09.2014, Tunis) und weniger über die juristische Verurteilung der Täter*innen zu erfolgen.[343] Ihr Verständnis transitioneller Gerechtigkeit ist folglich einseitig auf die Vergangenheitsbewältigung durch die Anhörung der Opfer fokussiert – zulasten der strafrechtlichen Aufarbeitung der Straftaten.[344] Auch der Leader der islamistischen Bewegung, Rached Ghannouchi, befürchtet, dass politische Prozesse gegen die einstigen politischen Verantwortlichen das Land destabilisieren. Trotz seines Wunsches, dass die politischen Verantwortlichen sich bei ihren Opfern entschuldigen, ermutigt er jedoch eher die Opfer, zu verzeihen (vgl. Ghannouchi 2015: 129f.). Dabei lässt sich kaum rekonstruieren, ob die Ennahdha die marokkanischen und algerischen Beispiele nachträglich zur Rechtfertigung heranzieht, um zu erklären, wie ein solcher, wenig strafrechtlich sanktionierender Gerechtigkeitsprozess in Tunesien entstehen konnte, oder ob sie tatsächlich von Anfang an eine solche Vorstellung von Versöhnung aufweist.

Resümierend lässt sich feststellen, dass für viele Akteur*innen erst von einer Revolution gesprochen werden kann, wenn die Regierungen, die dem Ben Ali-Regime folgen, den Staat sowohl hinsichtlich seiner Funktionsweise, seiner Institutionen (Polizei, Justiz), seiner Wirtschaftspolitik als auch seiner »personellen Besetzung« verändern.

---

343 Der bisher einzige transitionelle Gerechtigkeitsprozess, indem die beschuldigten Täter*innen sich vor der Justiz verantworten müssen, betrifft das Verschwinden von Kamel Matmati und beginnt am 29. Mai 2018. Der Prozess umfasst ausführliche Zeugenaussagen, Berichte seiner Familie sowie der Agenten der Geheimdienste, die bestätigen, dass der Rückgriff auf Folter eine systematische Methode war, »um die Wahrheit zu erfahren« (zitiert nach Blaise 2018b). Es werden insgesamt 14 Personen beschuldigt, für die Entführung, Folter und Tötung Matmatis verantwortlich zu sein. Neben Ben Ali werden auch der ehemalige Innenminister, Abdellah Kallel, der Chef der nationalen Sicherheit, Mohamed Ali Ganzoui, der Direktor der Staatssicherheit, Ezzedine Jenaieh, und einige Mitarbeiter der Spezialgeheimdienste, die aktuell immer noch für das Innenministerium arbeiten, angeklagt. Keiner der Angeklagten ist am ersten Prozesstag anwesend (vgl. Belhassine 2018b).

344 Vier Säulen definieren den Gerechtigkeitsprozess in Transitionsphasen: die Strafverfolgung von Menschenrechtsverletzungen, Kriegsverbrechen usw. durch internationale, nationale oder »gemischte« Strafkammern, die Instituierung von Wahrheits- und Versöhnungskommissionen, materielle und symbolische Reparationen an die Opfer von Gewalt, Reformen des Justiz- und Sicherheitssektors (vgl. Andrieu 2012: 30).

Mit bemerkenswertem Weitblick stellt der 29-jährige Arbeitslosenaktivist Tamer Saehi fest, dass der revolutionäre Prozess viel Zeit in Anspruch nehmen wird und wahrscheinlich nicht denjenigen, die heute für seine Fortführung und sein Gelingen kämpfen, dienen wird:

»Wir sind den größten Diktator losgeworden, der unsere Rechte und Freiheiten nicht respektieren hat. […] Momentan ist alles eine Vorbereitung für das, was danach kommt, davon werden wir noch nicht profitieren, aber der Prozess wird nicht aufhören! Wir leben in diesem Prozess, um weiter dafür zu kämpfen, aber wir werden noch nicht die Früchte ernten können.« (Saehi 25.03.2015, Tunis)

Diese Einsicht, dass der revolutionäre Prozess trotz aller Widrigkeiten von den Akteur*innen weiter vorangetrieben werden muss, wird zudem von der Überzeugung begleitet, dass die tunesische Bevölkerung weitere Erfahrungen machen muss, wie der 30-jährige Arbeitslosenaktivist Ahmed Sassi darlegt: »Dieses Volk braucht Erfahrungen, es ist wie ein kleines Kind, das langsam heranwächst, die Knochen sind noch nicht stabil, seine Beine sind noch wacklig, um die richtigen Schritte zu gehen« (Ahmed Sassi 26.03.2015, Tunis).

6. Talking about democracy

Die Forderung nach Demokratie tritt kollektiv erst nach dem Sturz Ben Alis hervor. Die tunesische Philosophin Emna Belhadj Yahia akzentuiert, dass die Demokratieforderung trotz ihres »verspäteten« Aufkommens von fundamentaler Bedeutung ist:

»Wie kann man vergessen, dass in diesem Kontext eines gewissen 14. Januar [2011, N.A.] das Wort ›Demokratie‹ aufgetaucht ist und sich seitdem als entscheidende Forderung durchgesetzt hat. Es hat sofort einen enormen Platz in der Sprache, im Herzen und im Imaginären des Landes eingenommen, das wirklich Lust hatte, daran zu glauben. [...] dieses Wort hat auf magische Weise alle versammelt, die ihm in einem unglaublichen Ausbruch – ohne es zu wissen – ein Maximum an Kraft gegeben haben und aus ihm neben dem Wort ›Revolution‹ die Schlüsselvokabel gemacht haben, die alle zu erreichenden Ziele resümiert, alle Träume, die es zu realisieren gilt.« (Belhadj Yahia 2014: 85f.)

Wenn auch die Forderung nach Demokratie unbestritten sein mag, so bildet die Frage, *welche* Demokratie es zu etablieren gilt, den Mittelpunkt politischer Auseinandersetzungen.

Im Folgenden werde ich die Imaginäre der Demokratie der Akteur*innen diskutieren: Was verstehen die Akteur*innen unter »Demokratie«? Welche historischen und gegenwärtigen demokratischen Erfahrungen konstituieren ihre Vorbilder? Von welchen Demokratien sind die Akteur*innen inspiriert und welche Demokratieform wünschen sie sich für das »neue Tunesien«? Dabei steht nicht im Vordergrund, ob es sich um adäquate, realistische oder historisch und faktisch korrekte Vorstellungen bestehender Demokratien handelt. Vielmehr frage ich danach, was uns die Imaginäre der Demokratie über die tunesischen Vorstellungen lehren. Die Bezugnahme auf »den Westen«, »Europa«, »Nordamerika« oder »Südamerika« ist in diesem Zusammenhang gewiss selbst als imaginäre Entität zu begreifen.

6.1   Die »Provinzialisierung Europas« oder das Ende der europäischen Hegemonie

Das eurozentrische Narrativ begründet Europa als zentralen Geburtsort der Demokratie und begreift sich auch über 200 Jahre nach der Französischen Revolution als hegemoniale Deutungsmacht in puncto Demokratie. Einige Beobachter*innen der Revolten in den arabischen Welten 2011 nehmen an, dass die bürgerlichen Erhebungen unter anderem aufgrund der »enormen Anziehungskraft der Demokratie« (Voßkuhle 2012) ausbrechen (vgl. Kap. 1). Dabei wird jedoch kaum der Frage nachgegangen, für *welche* Demokratie die Bevölkerungen der arabischen Welten kämpfen. Vielmehr wird meist schlicht unterstellt, dass die Bevölkerungen eine repräsentative, liberale Demokratie nach europäischem Vorbild anstreben (vgl. Kleinert 2012). In den Imaginären der meisten Akteur*innen – mit Ausnahme der IslamistInnen – spielt die liberale, europäische Demokratie jedoch kaum eine zentrale Rolle.[345] Im Gegenteil, Europa wird nicht als Kontinent der »echten« Demokratie begriffen, sondern erfüllt in den Augen vieler Tunesier*innen lediglich die notwendigen, aber nicht hinreichenden Minimalbedingungen, die sie an eine Demokratie stellen.[346] Wenn auf europäische demokratische Erfahrungen positiv Bezug genommen wird, dann handelt es sich fast ausnahmslos um historische Selbstverwaltungserfahrungen, wie in Spanien 1936 (Souihli 22.08.2014, Tunis) oder in der Pariser Kommune 1871 (Ahmed Sassi 26.03.2015, Tunis). Beide Erfahrungen ereigneten sich in revolutionären Situationen und sind nicht repräsentativ für die gegenwärtigen Demokratien Europas.

6.1.1   Europa als kolonialisierende und diskriminierende Macht

Die Abkehr von Europa als zeitgenössisches Demokratievorbild ist teilweise der bereits erwähnten Gegebenheit geschuldet, dass die europäischen Staaten und Nordamerika als ehemalige Kolonialmächte und als Verbündete der Diktatur Ben Alis asymmetrische Nord-Süd-Machtverhältnisse

---

345 Einige tunesische Akteur*innen sehen, wie bereits erwähnt, in den sozialen Bewegungen Griechenlands und Spaniens seit 2011 eine deutliche Parallele zur eigenen revolutionären Erfahrung. Sie begreifen jedoch die demokratischen Ordnungen dieser Länder nicht als Vorbilder für Tunesien.

346 In meinen Interviews wird diese Kritik vor allem von linksorientierten Akteur*innen geäußert, die sich trotz ihrer heterogenen Positionen in diesem Punkt einig sind.

aufrechterhielten und demzufolge wenig vertrauenswürdig erscheinen, wie der 55-jährige Gewerkschafter Wannes Msaddek unterstreicht:

»Mit dem Westen haben wir mehr als 70 Jahre Erfahrungen gemacht und wir haben nichts durch ihn gewonnen. Der Westen – von Deutschland bis Westamerika – hat uns zerstört. Er hat die Diktaturen in unserem Land unterstützt. Wir müssen uns leider anderweitig orientieren.« (Msaddek 12.04.2017, El Guettar/Gafsa)

Vor diesem Hintergrund weisen einige Akteur*innen die selbsterklärte, demokratische »Expertise und Überlegenheit« der Europäer*innen zurück und begegnen den politischen Programmen, die die EU und ihre Mitgliedsstaaten durch Stiftungen und andere »soft power«-Institutionen in Tunesien durchzusetzen versuchen, mit Skepsis. Der 55-jährige Gewerkschafter und Notarzt Sami Souihli kritisiert, dass die umfangreiche Finanzierung zivilgesellschaftlicher Organisationen durch die EU eine indirekte Einflussnahme darstellt, die die Zivilgesellschaft nicht lediglich inhaltlich-programmatisch orientiert, sondern auch den revolutionären Elan und die politische Wut vieler junger Menschen neutralisiert. Auch die 30-jährige Journalistin Aroua Baraket äußert Zweifel an der aus ihrer Sicht ambivalenten Rolle Europas für den Revolutionsprozess: »Manchmal haben wir das Gefühl, dass Europa unsere progressiven Kräfte und Bemühungen unterstützt, und manchmal gar nicht« (Feldnotizen 13.09.2014). Baraket befürchtet, dass die europäischen Staaten vor allem diejenigen Akteur*innen fördern, die die neoliberale Ordnung sowie die europäischen Interessen (insbesondere bezüglich der Wirtschafts-, Handels- und Migrationspolitik) stützen. Demokratische oder gar soziale Teilhaberechte spielen ihrer Meinung nach für die europäische Politik höchstens als Lippenbekenntnis eine Rolle.

Ein weiterer Grund dafür, dass europäische Demokratien kein Vorbild für die tunesischen Akteur*innen sind, liegt in der inneren Gestaltung der europäischen Demokratien, die ich nun darstellen werde.

6.1.2 Europa als Symbol eines unzureichenden Demokratiemodells

Neben dem skizzierten Vertrauensproblem gegenüber der EU und ihren Mitgliedsstaaten liegt der zentrale Grund für die »Entthronung« Europas in Demokratiefragen jedoch in der Konzeption der europäischen Demokratien selbst, wie der 56-jährige Lehrer und Gewerkschafter Néjib Sellami begründet:

»Es [das tunesische Bestreben nach Demokratie, N.A.] ist nicht die Demokratie wie in Europa, das heißt sich so auszudrücken, wie man will, wählen und das war's! Wir kämpfen für eine echte Demokratie im breiten Sinne des Wortes, eine soziale, politische, ökonomische Demokratie, eine Volksdemokratie! In Europa interessiert man sich nur für Meinungsfreiheit.« (Sellami 18.08.2014, Tunis)

Die Demokratie, wie sie aus der Perspektive vieler tunesischer Akteur*innen in Europa vorherrscht, beschränkt sich vor allem auf individuelle Freiheitsrechte und das Wahlrecht der Bevölkerung.

Demokratie als ausschließlich freiheitliche Ordnung greift für viele Tunesier*innen jedoch zu kurz. So kritisiert der 30-jährige Arbeitslosenaktivist Ahmed Sassi, dass die Meinungsfreiheit und das Vereinigungsrecht *allein* nicht in der Lage sind, die kritisierten Missstände in Tunesien ausreichend zu verändern:

»Einige unserer Forderungen haben sich bereits teilweise erfüllt: die demokratischen Forderungen, die Rechte der Zivilgesellschaft und die politischen Rechte [...]. Heute kann man frei sprechen und sagen, was man will, aber man kann nichts verändern! Auch wenn du alle Beweise hast, um zu argumentieren, dass die Dinge sich verändern müssen. Schau dir die Korruption an! Du kannst heute über Korruption reden, aber die Korruption bleibt vorhanden! Schau dir die [staatliche, N.A.] Willkür an, du sprichst über Willkür und Ungerechtigkeit, aber sie bleiben bestehen.« (Sassi 26.03.2015, Tunis)

Ahmed Sassi drückt eine Ohnmachtserfahrung aus, die insbesondere bei den politisch sehr aktiven Akteur*innen verbreitet ist. Nach dem ersten revolutionären Elan, der alles möglich erscheinen ließ, wird ihnen bewusst, dass der erwünschte Wandel schwierig umzusetzen ist und von vielen Faktoren abhängt, die nicht voluntaristisch herbeigeführt werden können.

Die politische Teilhabe und Gestaltungsmöglichkeiten, die die Bürger*innen in einer solchen »europäischen« Demokratie[347] erhalten, bleiben extrem beschränkt, so der 55-jährige Gewerkschafter Sami Souihli:

»Die westliche Demokratie ist verglichen mit dem, was wir erlebt haben [die Diktaturen von Bourguiba und Ben Ali, N.A.], super. Bezüglich der individuellen Freiheiten handelt es sich um ein gutes System, aber es gibt keinen wirklichen [sozialen, N.A.] Wandel. Man kann sich frei fühlen, aber ohne dass es einen Wan-

---

347 Die Demokratien, die im europäischen und nordamerikanischen Raum vorherrschen, unterscheiden sich gewiss massiv voneinander. An dieser Stelle stehen jedoch vor allem die tunesischen Repräsentationen dieser Demokratien im Vordergrund, die in den europäischen Demokratien ein bestimmtes Modell der Demokratie erkennen – ungeachtet der länderspezifischen Spielarten.

del hinsichtlich der [sozialen, N.A.] Ungleichheiten gibt. Das ist wie ein Mann oder eine Frau, die zum Psychiater gehen, weil sie von ihrem Partner betrogen werden. Natürlich fühlen sie sich danach besser, aber verändert hat sich dadurch nichts.« (Souihli 22.08.2014, Tunis)

Die »europäische« oder »westliche Demokratie« ist demnach zwar freiheitsgewährend, aber sie strebt keinen tiefgründigen Wandel der Gesellschaft hin zu mehr sozialer Gerechtigkeit und Gleichheit an. Die in der westlichen Hemisphäre dominierende Demokratie ist aus tunesischer Perspektive vor allem eine Demokratie, die dem Kapitalismus keinen Einhalt gebietet. Souihli und viele andere Akteur*innen assoziieren hingegen mit »Demokratie« einen kollektiven Emanzipationsversuch, der sich nicht lediglich auf eine Selektionsmethode der Regierenden limitieren lässt, sondern sich – wie wir im späteren Verlauf des Textes sehen werden – auf verschiedene Gesellschaftsbereiche erstreckt und breite Gesellschaftsschichten in die politischen Entscheidungsprozesse einbezieht.

Die 61-jährige Feministin und Logopädin Bakhta Cadhi verbindet mit Demokratie ein gewisses »progressives Erbe« und Grundwerte, die ihrer Ansicht nach in den Demokratien in Europa nicht genügend geschützt werden:

»Ich glaube, wir müssen die Demokratie neu begreifen, weil wir wissen, dass die Demokratie in den Vereinigten Staaten oder in Europa nicht die Demokratie im wahren Sinne des Begriffs ist. Für mich bedeutet Demokratie natürlich die Möglichkeit für alle Kräfte, sich auszudrücken, aber sie ist auch gegen alle Formen der Reaktion. Das ist keine Demokratie zu Nutzen der reaktionären Kräfte! Zum Beispiel kann man diejenigen, die sagen, dass man Frauen auf der Straße angreifen kann, nicht als Demokraten bezeichnen.« (Cadhi 26.08.2014, Tunis)

In der Wahrnehmung von Cadhi werden der Freiheit in den Vereinigten Staaten und in Europa keine Grenzen gesetzt, sodass sich diese »grenzenlose« Freiheit letztlich gegen den immanent progressiven Charakter der Demokratie wendet. Cadhi äußert an dieser Stelle die Vorstellung einer »streitbaren« oder »wehrhaften« Demokratie, das heißt einer freiheitsgewährenden, aber auch wertgebundenen Ordnung, die bestimmte Grundrechte sowie bestimmte Strukturen des Staates als unveränderbar definiert und vor Angriffen schützt.[348] Ungeachtet der Faktizität der Aussage Cad-

---

348 In der BRD zählen die sogenannte »Ewigkeitsklausel« Art. 79. Abs. 3 (Unveränderbarkeit von Art. 1 und 20), Art. 5 Abs. 3 (Bindung der Lehre an die Treue zum Grundgesetz), Art. 9 Abs. 2 (Verbot von Vereinigungen, die sich gegen die verfassungsmäßige Ordnung richten), Art. 18 (Verwirkung der Grundrechte), Art. 21

his, ist es interessant, dass sich aus ihrer Sicht die europäischen Demokratien nicht ausreichend demokratischen und fortschrittlichen Werten verschreiben.

Eine weitverbreitete und wichtige Kritik an den Demokratien in Europa bezieht sich auf die politische Entscheidungsmacht, die aus Sicht der tunesischen Akteur*innen weniger bei den Bürger*innen als vielmehr bei den Lobbygruppen liegt, wie der 29-jährige Foued Sassi erläutert:

> »So wie ich das sehe, ist es nicht das Volk, das in den europäischen Demokratien regiert. Es sind die Lobbys, die entscheiden: die ökonomischen Lobbys und die Medienlobbys, die die öffentliche Meinung beeinflussen. Die Medien und Fernsehsender, die in der Hand von Kapitalisten sind. Das ist eine Art Spiel mit Regeln und jeder kennt seine Grenzen. Das ist nicht wirklich Demokratie, das ist ein Spiel: Derjenige, der gerissen ist, der am meisten Geld hat, kann gewinnen.« (Sassi 18.08.2014, Tunis)

Das »Spiel« der Demokratie, das »in der Hand der Kapitalisten« ist, kann für Sassi nicht einer »wirklichen« Demokratie entsprechen, weil es breiten Bevölkerungsschichten keine politische und soziale Teilhabe ermöglicht. Die von Sassi beschriebene »europäische Demokratie« erinnert an die Kritik Jacques Rancières an gegenwärtigen Demokratien in Europa, die

> »in einer Allianz von Reichtum und ›Expertenwissen‹ ein oligarchisches Konsensregime [ausüben, N.A.], das durch den depolitisierenden Diskurs der Alternativlosigkeit intendiert, jegliche […] demokratische Erscheinung des *demos* zu unterminieren.« (Abbas 2019: 397; vgl. Rancière 2005b: 9ff.)

Auch Colin Crouchs Kritik der Postdemokratie ähnelt Sassis Vorstellung einer europäischen Demokratie: Eine »Demokratie«, deren formal-institutionelle Prozeduren zwar erhalten bleiben, die jedoch für die tatsächliche Entscheidungsfindung kaum mehr von Bedeutung sind, da sie von einer neoliberal ausgerichteten Elite, die vor allem die Interessen der Wirtschaft vertritt, vereinnahmt wird (vgl. Crouch 2008; Crouch 2011). Den Bürger*innen wird in solchen postdemokratischen Zuständen eine massenmedial ermöglichte Zuschauerrolle zugeschrieben. Sassi kritisiert darüber hinaus die sozial ungerechte Gesellschaftsordnung, die eine solche rein liberale Demokratie hervorbringt.

Abs. 2 (Verfassungswidrigkeit der Parteien, die darauf ausgerichtet sind, die freiheitlich-demokratische Grundordnung zu gefährden oder zu beseitigen) zu den Maßnahmen, um die Demokratie gegen ihre Feinde zu schützen.

Die 30-jährige Henda Chennaoui äußert eine ähnliche Kritik, die sie außerdem auf die repräsentative Demokratie bezieht, die sie mit den europäischen Staaten assoziiert:

»Es sind multinationale Konzerne, die unseren Regierungen und unseren Abgeordneten vorgeben, was sie tun sollen aus ihrem eigenen, individuellen Interesse [der Konzerne, N.A.]! Das muss einfach aufhören, das ist keine Demokratie! Die repräsentative Demokratie hat gegenwärtig gezeigt, dass sie verfälscht ist. Wir müssen das politische System wechseln, zur Horizontalität übergehen, zur direkten Partizipation der Bürger übergehen! [...] Es gibt Tunesier, die sehr enttäuscht sind von den Wahlen. [...] Weil es vollkommen normal geworden ist, eine Person zu wählen, die nie ihre Versprechen hält. Und das nennt sich dann demokratische Transition und Demokratie! Heutzutage sieht man immer mehr Leute in Europa, in den alten Demokratien, die die Wahlen boykottieren, weil sie nicht mehr daran glauben. Es gibt überhaupt keine Transparenz, keine Rechenschaftspflicht, keine Verantwortung. [...] Die Vereinigten Staaten zum Beispiel [sind, N.A.] ein sehr liberales Land [   ], wo die ökonomischen Entscheidungen die Politik beeinflussen. Man spricht ganz offen über das politische Geld und die Werbung [die Finanzierung politischer Parteien und Wahlkampfe über privatwirtschaftliche Investoren, N.A.].« (Chennaoui 30.03.2015, Tunis)

Chennaoui zufolge weisen gegenwärtige repräsentative Demokratien in Europa und neuerdings in Tunesien ein grundsätzliches Legitimationsproblem auf, da die Abgeordneten zwar von den Bürger*innen gewählt werden, sich ihnen gegenüber jedoch kaum rechenschaftspflichtig fühlen. Für Chennaoui symbolisiert die repräsentative Demokratie eine Herrschaftsform, die die Bürger*innen durch die Delegation politisch entmachtet. Chennaouis Argumentation folgend lässt sich von Europa in Bezug auf Demokratie *ex negativo* die Lektion lernen, dass das Prinzip der Repräsentation durch das Prinzip direkter Teilhabe ersetzt werden sollte.

Resümierend muss darauf hingewiesen werden, dass die von den Akteur*innen formulierte Kritik an der Demokratie jedoch nicht zwangsläufig bedeutet, dass sie alle demokratischen Institutionen ablehnen, die mit der europäischen Demokratie assoziiert werden. Sie werden vielmehr, wie der 32-jährige Cyberaktivist Aymen Rezgui herausstellt, als vereinzelte politische Mittel, aber nicht als Endzweck der Demokratie begriffen:

»Die Demokratie ist die Meinungs- und Äußerungsfreiheit, das Demonstrationsrecht, die Pluralität der politischen Parteien und Vereinigungen, aber was sollen wir mit der Demokratie nur um der Demokratie willen? Wenn wir die sozialen Probleme nicht wirklich verändern können, wenn wir die Arbeitsbedingungen der Arbeiter in der Fabrik und der kleinen Bauern auf den Feldern nicht verbessern können, was bringt dann Demokratie? [...] Aber wir nutzen die Mittel, die die De-mokratie uns zur Verfügung stellt, wie die Meinungsfreiheit, das Demonstrations-recht, das Vereinigungsrecht etc., um diese Probleme zu lösen [...]. Wir haben bereits einen großen Schritt gemacht, aber es bleibt ein langer Kampf [...]. Wir werden nicht sagen, gut wir haben jetzt die Demokratie und die Meinungsfreiheit, das reicht, wir hören jetzt auf.« (Rezgui 13.09.2014, Tunis)

Die Institutionen der »europäischen Demokratie« müssen demnach zu-mindest in den Dienst sozialer Gerechtigkeit gestellt werden.

6.1.3 Das tunesische Streben nach Demokratie – jenseits von Eurozentrismus und radikaler Alterität

Aus meiner Perspektive bestätigt der tunesische Revolutionsprozess – ent-gegen der These der französischen transitionellen Gerechtigkeitsexpertin und Philosophin Kora Andrieu – in seiner imaginären Dimension nicht die Hypothese des »Endes der Geschichte« (Fukuyama 1992), die in der poli-tisch sowie ökonomisch liberalen »westlichen« Demokratie die universelle Regierungsform erkennt (vgl. Andrieu 2012: 17). Meine Einschätzung hängt mit meiner auf die Imaginäre der revolutionären Akteur*innen fo-kussierten Perspektive zusammen: Vom mehrheitlichen Standpunkt der revolutionären Akteur*innen[349] aus ist diese Regierungsform nicht erstre-benswert. Europa wird von den Tunesier*innen »provinzialisiert« (Chakrabarty 2007), indem sie die europäischen Demokratien nicht als uni-versellen Maßstab anerkennen, den es unhinterfragt zu reproduzieren gilt. Vielmehr denken sie die europäische liberale Demokratie als eine demo-kratische Erfahrung unter vielen, die nur in begrenztem Ausmaß die ge-genwärtigen tunesischen Bedürfnisse an Demokratie befriedigt. Die »europäische« Idee demokratischer Freiheit auf ihre spezifischen histori-schen, intellektuellen und kulturellen Entstehungsbedingungen zurückzu-führen und sie nicht unkritisch anzunehmen, bedeutet jedoch nicht, sie prinzipiell abzulehnen. Die tunesischen Akteur*innen weisen ihr lediglich einen geringeren Stellenwert zu als anderen demokratischen Inspirations-quellen.

Andrieu hingegen kommt auf Grundlage des institutionellen Settings, das durch den verfassungsgebenden Prozess eingeführt worden ist, zu der

---

349 Die IslamistInnen stellen diesbezüglich eine Ausnahme dar. Ihre Demokratievorstellung wird im späteren Verlauf des Textes noch näher analysiert.

Einsicht, dass die westlich geprägte liberale Demokratie als Vorbild für die neu zu errichtende tunesische Demokratie fungiert. Betrachtet man ausschließlich den institutionellen Output des Revolutionsprozesses, den sie auf den verfassungsgebenden Prozess reduziert, lässt sich diese Hypothese sicherlich verteidigen.[350] Andrieu und ich haben dabei weder die gleichen Akteur*innen noch die gleichen Politikformen und -sphären vor Augen. Während sie ihren Blick auf Politiker*innen, die Verfassung und die Institutionen der offiziellen, parlamentarischen Politik zu fokussieren scheint, konzentriere ich mich auf die Akteur*innen, die zum Ausbruch des revolutionären Prozesses beigetragen haben und die mit großer Mehrheit keine Politiker*innen, sondern Bürger*innen sind.

Dabei sei angemerkt, dass sich die Haltung der »europakritischen« Akteur*innen keineswegs pauschal und kulturell gegen »*den* Westen« richtet. Es handelt sich nicht um die Affirmation einer radikalen Alterität oder einer kollektiven Identität als »Subalterne« oder als »Dritte-Welt-Subjekte«.

Das imaginäre Selbstbild der tunesischen Bevölkerung als Brücke zwischen Orient und Okzident, zwischen Europa, Nordafrika und Westasien, steht meiner Meinung nach im Gegensatz zu einer homogenen Identität als Subalterne. Der auf Französisch gebrauchte Begriff der »tunisianité« (»Tunesienheit«) pointiert diesen heterogenen Referenzrahmen, in dem sowohl die arabische als auch die französische Sprache als konstitutiv für die tunesische Kultur und Identität anerkannt werden. Die Vertreter*innen der »tunisianité« betonen das kulturell vielfältige, fluide Erbe Tunesiens, das seit dem Zeitalter Karthagos von verschiedensten kulturellen Einflüssen bestimmt wird (vgl. Abbassi 2009). Bereits die Definition der Kultur Tunesiens als »arabisch-islamisch« stellt für einige säkulare Akteur*innen eine essentialisierende Verkürzung dar (vgl. Kraïem 2016: 289). Auch der tunesische islamische Denker Abdelmajid Charfi plädiert für einen multiplen, dynamischen Identitätsbegriff, der nicht durch feststehende ethnische und religiöse Komponenten definiert wird (vgl. Charfi 2012: 112f.). Viele Tunesier*innen begreifen zudem ihr Land als »westlichstes Land der arabischen Welt« (Foued Sassi, Feldnotizen 30.08.2014, Tunis).

Die »europakritischen« Akteur*innen suchen vielmehr nach einer Demokratieform, die den Bürger*innen einen zentralen Stellenwert einräumt und dabei sowohl ihr Bedürfnis nach sozialer Gerechtigkeit als auch nach

---

350 Ein solches Revolutions- und Politikverständnis steht im Gegensatz zu meiner, in der vorliegenden Arbeit verteidigten Haltung.

Freiheit und politischer Partizipation befriedigt. Einige von ihnen sehen diese Demokratie in Südamerika verwirklicht.

6.2   Demokratie als politische Selbstverwaltungsordnung

In kritischer Abgrenzung zur repräsentativen Demokratie begreifen viele Akteur*innen Demokratie als eine politische Ordnung, die hauptsächlich durch die politische Teilhabe der »einfachen« Bürger*innen gestaltet wird. Zwei Imaginäre treten dabei dominant hervor: das Imaginäre der südamerikanischen, partizipativen Demokratie und das Imaginäre der Selbstverwaltung, die ich im Folgenden diskutieren werde.

6.2.1   Südamerika als Sehnsuchtsort der tunesischen Revolution oder die partizipative Demokratie

Kein Imaginäre zeichnet sich so deutlich in den zahlreichen Gesprächen ab, wie das Imaginäre der südamerikanischen Demokratie: Die linken Regierungen Venezuelas, Brasiliens und Argentiniens bilden die zentralen Vorbilder vieler, vor allem linksorientierter Akteur*innen jeden Alters.[351] Woher kommt diese Faszination für eine weit entfernte Region, die auf den ersten Blick kaum kulturelle Gemeinsamkeiten oder historische Beziehungen mit der tunesischen Bevölkerung aufweist?

Zunächst einmal erkennen viele Akteur*innen in der Situation der drei südamerikanischen Länder eine Parallele zur tunesischen Situation, handelte es sich doch vor der »linken Wende« Ende der 1990er Jahre in Südamerika ebenfalls um mehr oder weniger diktatorische, korrupte Regierungen, die stärker auf ihre eigenen Vorteile und die Interessen nordamerikanischer und europäischer Konzerne als auf die Bedürfnisse ihrer

---

351 Auch der 43-jährige Ennahdha-Abgeordnete Habib Khedher nennt neben der Türkei und Malaysia »Lateinamerika« als demokratisches Vorbild (Khedher 13.09.2014, Tunis), was unter islamistischen Akteur*innen eher rar ist. Im Folgenden konzentriere ich mich insbesondere auf das Imaginäre der venezolanischen Demokratie, da es in meinen Interviews am prägnantesten auftaucht. Auf Argentinien wird oft in Bezug auf die Schuldenkrise verwiesen, die ich bereits diskutiert habe. Brasilien und der brasilianische Präsident, Da Silva, werden mehrmals genannt, ohne jedoch über das Stichwort »linke, partizipative Demokratie« hinauszugehen.

Bevölkerungen bedacht waren. Die südamerikanischen Länder standen ebenso unter dem Druck der Staatsschulden sowie der internationalen Staatengemeinschaft, der Weltbank und des Internationalen Währungsfonds. Die Identifikation mit Südamerika geht jedoch über diese erste Krisendiagnose hinaus: Aus Sicht der Tunesier*innen gelingt es den südamerikanischen Staaten, eine Kritik des neoliberalen Wirtschaftsparadigmas sowie eine interessante Alternative zwischen (liberaler) Demokratie und Sozialismus zu entwerfen. Die südamerikanische Demokratie erfindet so eine andere, bessere Demokratieform als die bis dato hegemoniale liberale, repräsentative Demokratie: die partizipative Demokratie.[352]

Das beliebteste und stets wiederkehrende Imaginäre der Demokratie konstituiert dabei zweifelsohne Venezuela unter Chàvez. Chàvez wird in weiten Teilen der tunesischen Linken vor allem als »derjenige, der den Internationalen Währungsfonds und die Weltbank als Instrumente des Imperialismus und der Ausbeutung der Armen bekämpft hat«, gewürdigt, wie der Cyberaktivist Z. (2013) anlässlich des Todes von Chàvez schreibt. Neben der Bewunderung für die »Robin Hood«-Figur, die Chàvez für viele Tunesier*innen symbolisiert, wird die venezolanische Demokratie vor allem für die Verbindung politischer Partizipationsmöglichkeiten mit ausgeprägten Sozialstaatsstrukturen wertgeschätzt. Die Umverteilung der Reichtümer ermöglicht demnach die Teilhabe der ärmsten Bevölkerungsschichten, wie Inès Tlili erläutert:

»Es gibt Beispiele in Lateinamerika zu bestimmten Zeitpunkten, die wirklich [in Tunesien, N.A.] funktionieren könnten. […] Du wirst schockiert sein, aber ich finde, dass viele Dinge, die unter Chàvez in Venezuela gemacht wurden, sehr sehr wichtig sind. Chàvez, Diktator hin oder her, das ist mir egal! Auf jeden Fall hat er den Ärmsten Zugang zur Bildung, zum Gesundheitswesen, zur Rente, zu einem gerechten Verkehrssystem, zur politischen Partizipation und zur lokalen Demokratie gegeben. Ich finde, dass unter Chàvez diejenigen, die gelitten haben, vor allem die Reichen und die Vertreter ausländischer, nordamerikanischer Kräfte

---

352 Angesichts der relativen ethnischen und religiösen Homogenität der tunesischen Bevölkerung (vgl. Seddik 2011: 27) spielt hingegen die »positive Diskriminierung« ethnischer Minderheiten, die von Chàvez, Da Silva oder Evo Morales institutionalisiert wird (vgl. Saint-Upéry 2008: 9; Goujon 2015: 124), für die Tunesier*innen keinerlei Rolle. Die Forderung nach einer politischen Repräsentation und Partizipation, die an ethnischen »Minderheitenquoten« orientiert ist, wird in Tunesien nicht gestellt. Weder die jüdische noch die berbische Minderheit vertritt ein solches politisches Projekt. Die schwarzen Tunesier*innen, die sich im Zuge des Revolutionsprozesses politisieren und die erlittene Diskriminierung anprangern, fordern eher, dass die weiße Mehrheitsgesellschaft sie als Gleiche anerkennt.

[Konzerne, N.A.] waren, vielmehr als die anderen! Daher ist die Idee der lokalen Demokratie vielleicht möglich. Aber das Modell der Dezentralisierung, das Venezuela vor Chàvez aufgezwungen wurde, das ist genau das, was man uns jetzt aufzwingen will und das in einigen Ländern Europas durchgesetzt wurde. [...] Das wird einen Rahmen für Investitionen der großen multinationalen Konzerne schaffen, aber nicht unbedingt Vermögen für die lokalen Bewohner generieren. [...] Ich weiß nicht, ob das [die Dezentralisierung, N.A.] wirklich zu einer besseren, partizipativen Demokratie führen wird.« (Tlili 29.03.2015, Tunis)

Tlili ist sich bewusst, dass in weiten Teilen der europäischen Öffentlichkeit, die durch Hugo Chávez revolutionierte venezolanische Herrschaftsordnung nicht als demokratisch gilt (»Du wirst schockiert sein«). Der umfassend demokratische Charakter der Ordnung oder der Person spielen im Detail jedoch für das tunesische Imaginäre der venezolanischen Demokratie paradoxerweise keine entscheidende Rolle: Venezuela steht vielmehr für die (zu universalisierende) Möglichkeit, eine Demokratie zu denken, die sich nicht als wirtschaftsliberal begreift, sondern zugleich sozialistisch und partizipativ ist. Ausgehend von dieser Vorstellung der venezolanischen Demokratie als soziale und partizipative Demokratie denken sie die tunesische Demokratie.

Den von der venezolanischen Demokratie faszinierten Akteur*innen wie Tlili, Sassi, Ben Gharbia, Kadri, Hamda, Msaddek geht es dabei jedoch nicht darum, diese Demokratie minutiös nachzuahmen und exakt die gleichen Institutionen in Tunesien zu errichten. Sie greifen pragmatisch auf die venezolanische Erfahrung zurück, indem sie sich lediglich von den Aspekten inspirieren lassen, die ihre Werte und politischen Vorstellungen bekräftigen – ohne sich von der Komplexität der venezolanischen Demokratie irritieren zu lassen. Dieser pragmatische Rückgriff ist auch darin begründet, dass ein nahezu uneingeschränkter und über alle politischen Differenzen hinweggehender Konsens darüber herrscht, dass die tunesische Demokratie auf Grundlage der eigenen Erfahrungen und der historischen, sozialen, ökonomischen und kulturellen Bedingungen Tunesiens gegründet werden muss. Sie wehren sich vehement gegen die Vorstellung, dass es »Modelle« geben könnte, die sich »kopieren und einfügen« (Kadri 03.09.02014, Sidi Bouzid) lassen. Viele Tunesier*innen haben das Gefühl, dass sie stets dazu angehalten werden, ein von außen an sie herangetragenes Modell zu verwirklichen, das sie weder selbstbestimmt wählen noch gestalten können: zunächst der französische Kolonialismus, dann der autoritäre Postkolonialismus, der viele Aspekte, wie die fehlende Selbstbestimmung und das Bildungssystem, von der ehemaligen französischen

Besatzungsmacht übernimmt, und nun das demokratische Transitionsmodell. Sie entwickeln eine Abwehrhaltung gegenüber jeglichen Modellen, wie der 32-jährige Cyberaktivist Aymen Rezgui erläutert:

»Wenn man den typischen Tunesier kennt, [weiß man, dass N.A.] er jedes fertige Modell ablehnt. Wir müssen unser eigenes Modell errichten. Wir sind gerade dabei, unsere eigene Erfahrung zu machen. Ich glaube, dass der größte Fehler der politischen Parteien darin liegt, dass jede Partei versucht, ein Modell anzuwenden. Das gilt vor allem für die tunesische Linke. […] Wir müssen von dem ausgehen, was wir hier erleben. Wir haben weder chinesische Bauern noch russische Arbeiter.« (Rezgui 13.09.2014, Tunis)

Rezugis Betonung darauf, eigene Erfahrungen machen zu müssen, lässt sich mit Hannah Arendts Beschreibung der amerikanischen Adaptation des römischen Vorbildes vergleichen. Die amerikanischen Revolutionär*innen machen einen Neuanfang im Lichte der römischen Tradition. Die politische Erfahrung der Tunesier*innen eröffnet einen neuen Anfang, der die Reflexion bezüglich des »eigenen Modells«, das bedeutet der Staats- und Gesellschaftsform, ermöglicht. Arendt zufolge lässt sich die politische Erfahrung durch nichts ersetzen, in ihr werden die Prämissen für gegenwärtiges, politisches Handeln festgelegt (vgl. Straßenberger 2015: 101). Dabei entsteht etwas Neues, das zuvor weder absehbar noch im Voraus planbar war. Die Tunesier*innen können nicht von ihren eigenen Erfahrungen absehen, um ein vorgefertigtes Modell zu übernehmen, das auf anderen Erfahrungen beruht. Diese Suche nach dem »eigenen Modell« lässt sich ebenfalls als Suche nach Selbstbestimmung begreifen, die durchaus von anderen Erfahrungen lernen kann, ohne sie jedoch eins zu eins zu imitieren. In dieser Haltung kann sich jedoch mitunter ein gewisser Nationalismus ausdrücken, der in der Geschichte Tunesiens eine Sonder- oder Vorbildrolle erkennt, die sich von Bourguibas »moderner« Staatsgründung bis zur »ersten Demokratie der arabischen Welt«[353] erstreckt.

---

353 Viele Interviewpartner*innen und auch andere Tunesier*innen, mit denen ich gesprochen habe, äußern die Hoffnung, »die erste Demokratie der arabischen Welt« zu bilden (vgl. etwa Youad Ben Rejeb, Sami Ben Gharbia, Meherzia Labidi, Farida Labidi), die selbst zum Vorbild für andere arabische Staaten wird. Es handelt sich nicht zwangsläufig um ein nationalistisches Motiv, es wird aber auch in nationalistischen Diskursen bemüht.

6.2.1.1 Venezuela als dimuqraṭiya šaʿbiya (»Volksdemokratie«)

Das von Tlili hinsichtlich Venezuela ausgedrückte Imaginäre lässt ebenfalls auf eine Sehnsucht nach einem anderen, loyaleren Verhältnis zwischen dem Staat und den Bürger*innen schließen. Wie bereits angedeutet, unterhalten die tunesischen Bürger*innen ein derart angespanntes, antagonistisches Verhältnis zum Staat, dass sie in ihm nahezu einen Feind für ihre Bedürfnisse sehen. In Venezuelas Demokratie unter Chàvez erkennen die Akteur*innen einen Staat, der seine Verantwortung ernst nimmt, die soziale *und* politische Teilhabe der Bevölkerung zu garantieren. Die »Volksdemokratie« (*dimuqraṭiya šaʿbiya*) (Néjib Sellami; Helima Souini; Foued Sassi etc.), die die Akteur*innen anstreben, soll die Integration aller und vor allem der marginalisierten und armen Bevölkerungsschichten in das politische Geschehen ermöglichen. Dieser Begriff der »Volksdemokratie« weist eine interessante Tautologie auf: »Demokratie« wird nicht (ausreichend) als Herrschaft des Volkes begriffen, sondern bedarf des Präfix »Volks-«, um die Inklusion und den Machtanspruch der Bevölkerung zu umfassen.

Dabei handelt es sich jedoch nicht um bloße staatliche, soziale Umverteilungsmaßnahmen, sondern in erster Linie um die Inklusion der Bevölkerung in kollektive, politische Entscheidungsmechanismen, um *selbstständig* die sozialen und materiellen Bedingungen zu bestimmen. Im venezolanischen Modell erkennen die Tunesier*innen einen Staat und Bürger*innen, die sich sowohl Verantwortung als auch Entscheidungsmacht teilen (vgl. Tarragoni 2008). Das Verhältnis zwischen dem Staat und den Bürger*innen lässt sich im tunesischen Imaginären von Venezuela als eine Partnerschaft deuten, die das gemeinsame Ziel der Etablierung sozialer Gerechtigkeit und politischer Partizipation verfolgt. Das bedeutet nicht, dass sich die Akteur*innen dieses Verhältnis konfliktlos vorstellen. Die Vorstellung unterscheidet sich jedoch grundsätzlich von der gegenwärtig herrschenden Situation, in der die Akteur*innen das Gefühl haben, gegen einen Staat und seine neoliberale Wirtschaftspolitik ankämpfen zu müssen, die durchweg gegen ihre Interessen ausgerichtet ist. Das Imaginäre der venezolanischen Demokratie enthüllt den (mitunter unbewussten oder nicht explizit geäußerten) Wunsch nach einem Staat, der nicht prinzipiell repressiv, marginalisierend und (symbolisch und physisch) gewaltvoll ist.

Die Akteur*innen assoziieren mit der venezolanischen Demokratie ein auf Gegenseitigkeit beruhendes Loyalitätsverhältnis zwischen dem Staat, den politischen Führungspersönlichkeiten und den Bürger*innen, wie der Gewerkschafter Wannes Msaddek bewundernd hervorhebt:

»Als Amerika einen Putsch gegen Chavez durchführt [der gescheiterte Putsch von 2002, N.A.], ist das venezolanische Volk auf die Straße gegangen. Womit? Mit Löffeln und Töpfen! Fünf Tage lang hört man in Caracas nur Löffel und Töpfe klingeln! Das Volk hat ihn verteidigt, bis er rauskam!« (Msaddek 12.04.2017, El Guettar/Gafsa)

Die Rolle des »Volkes« als heroische Figur der Befreiung, die die politische Situation bestimmt, zeigt sich wiederholt in den tunesischen Imaginären.

6.2.1.2   *Venezuelas Räte als Vorbild für eine tunesische partizipative Demokratie*

Das Imaginäre sieht in Venezuela einen Staat verwirklicht, der »diejenigen in die Entscheidungsfindung« einbindet, »die von ihnen betroffen sind« (Chennaoui 30.03.2015, Tunis). Dabei steht für die tunesischen Akteur*innen in erster Linie die politische Inklusion der »Ärmsten«, wie es Tlili ausdrückt, im Vordergrund, sind sie doch bisher nicht lediglich von den politischen Institutionen und Gestaltungsmöglichkeiten ausgeschlossen, sondern werden von ihnen regelrecht unterdrückt. Eine solche Inklusion imaginieren die Akteur*innen in erster Linie ausgehend von einer Partizipation der Bürger*innen auf der lokalen Ebene, wie der 32-jährige Firas Hamda aus El Guettar darstellt:

»Hamda: Gut, die venezolanische Erfahrung hat nicht funktioniert, aber bezüglich der partizipativen Idee gefällt sie mir sehr […], weil mich die Themen der partizipativen Demokratie und die Teilhabe der Leute interessieren. Ich habe einen Bürgerrat für nachhaltige Entwicklung in El Guettar [Vorort von Gafsa, N.A.] gegründet. […] in ganz Tunesien wurden jetzt nach der Revolution die Möglichkeiten, sich zu organisieren und eine Vereinigung zu gründen, erleichtert. Jetzt gibt es sehr viele Vereinigungen, in einem kleinen Ort findest du fünf oder sechs Vereinigungen, die sich für die [ökonomische N.A.] Entwicklung interessieren, drei oder vier, die sich für die Umwelt einsetzen, zwei oder drei, die sich dem Theater oder der Kunst widmen. Mit zwei anderen Personen habe ich gedacht, warum nicht die Vereinigungen durch ein Netzwerk miteinander verbinden? […] Am Anfang hat es nicht wirklich funktioniert, selbst innerhalb der Zivilgesellschaft, weil […] jeder seine eigenen Ideen hat […]. Aber später ist es uns gelungen, den Bürgerrat für nachhaltige Entwicklung zu gründen. Wir sind auch eine Kooperation mit der Loire-Region in Frankreich eingegangen. Sie sind zwei oder drei Mal zu uns gekommen und wir haben Fortbildungen mit ihnen gemacht. […] Ich war drei Wochen lang in Frankreich und habe mir alle Bürgerräte für Entwicklung in Angers, Nantes, Roche, Vendée usw. angeschaut. Dabei gibt es sogar in Frankreich nicht überall Bürgerräte und es gibt noch nicht einmal ein Gesetz oder ein Dekret, die sie bestimmen. Wir werden hier nicht darauf warten, dass das Parlament ein Gesetz schreibt, wir werden nicht die Arme verschränken! Wir werden anfangen und dann werden wir das Parlament zwingen, ein Gesetz [diesbezüglich, N.A.] zu verabschieden! Weil unter dem alten Regime die Verantwortlichen der Räte für Entwicklung einfach von der Partei ernannt wurden. [...]

N.A.: Versuchen Sie, diese Idee der Räte auf regionaler Ebene durchzusetzen?

Hamda: Nein, nein bis jetzt nur auf der lokalen Ebene. Wir versuchen, diese [partizipativ-selbstverwaltete, N.A.] Erfahrung in drei oder vier Regionen einzuführen, sodass wir nicht die Einzigen sind. Wir sollten die Erfahrung in ganz Tunesien umsetzen, dann könnten wir auf den Tisch des Parlaments hauen und ein Gesetz fordern! [...] Es ist nicht der Staat, der entscheidet, es sind nicht zwei, drei Leute in der Zivilgesellschaft, die in Koordination mit dem Staat entscheiden [...]. Die Bürger sollten verantwortlich sein und selbst entscheiden, was will ich für mein Viertel. Das ist die Grundidee.« (Hamda 26.03.2015, Tunis)

Die venezolanische partizipative Demokratie bildet für Firas Hamda einen imaginären Ausgangspunkt, von dem aus er die tunesischen Verhältnisse reflektiert. Venezuelas Beispiel der Partizipation breiter, zuvor marginalisierter Bevölkerungsschichten durch die von Chàvez erschaffenen kommunalen und lokalen Räte veranlasst ihn dazu, darüber nachzudenken, wie die tunesischen Bürger*innen auch in seiner pauperisierten und politisch machtlosen Region zu einem sozialen, politischen und ökonomischen Wandel beitragen können. Hierfür ist es nicht notwendig, dass er die venezolanische Erfahrung in all ihren Zügen kennt oder befürwortet (»die venezolanische Erfahrung hat nicht funktioniert«). Vielmehr inspiriert ihn die Vorstellung, die er sich von der partizipativen Demokratie in Venezuela macht, um sie produktiv und kreativ für seine Ideen zu nutzen. Obwohl die konkrete Kooperation mit französischen Bürgerräten eine lehrreiche Erfahrung darstellt, konstituiert Frankreich jedoch kein vorbildliches Imaginäres (»es gibt noch nicht einmal ein Gesetz oder ein Dekret«) für Hamda und kann kaum mit dem Traum der venezolanischen Demokratie mithalten. Das liegt vor allem daran, dass die venezolanischen Bürgerräte Teil einer größeren Erzählung über die venezolanische Vereinigung von sozialer Gerechtigkeit mit direkten Demokratiestrukturen ist, während Frankreich für die meisten Tunesier*innen eine »bourgeoise Demokratie« (Fouad Sassi 18.08.2014, Tunis) symbolisiert. Ferner haben die partizipativen Strukturen in Frankreich lediglich eine konsultierende Funktion, aber keine Entscheidungsmacht (vgl. Gret/Sintomer 2005: 5).

Nun lässt sich das Imaginäre Venezuelas in einem gewissen Spannungsverhältnis mit dem bereits diskutierten Imaginären der »leader-losen Revolution« sehen, das meist von den gleichen Akteur*innen geäußert wird, die die venezolanische Politik rühmen (vgl. etwa Tlili, Kadri, Foued und Ahmed Sassi, Hamda). Die venezolanische Partizipationspolitik unter Chàvez ist – verglichen mit der spanischen Erfahrung der Selbstverwaltung 1936, auf die die Akteur*innen ebenso hinweisen – zweifelsohne nicht im gleichen Ausmaß als antiautoritäre Selbstverwaltungserfahrung zu charakterisieren. Stehen die Bewunderung für den venezolanischen Präsidenten und die von ihm etablierte Demokratie auf der einen Seite und die Forderung nach einer Politik, die hauptsächlich von »gewöhnlichen Bürger*innen« bestimmt wird, auf der anderen Seite nicht im Gegensatz zueinander?

Meines Erachtens handelt es sich lediglich auf den ersten Blick um einen eklatanten Widerspruch.[354] Zunächst einmal ist die Begeisterung für die partizipative Demokratie stärker als die Bewunderung für die Person Chàvez, die auch in Tunesien nicht vollkommen unumstritten ist. Die Akteur*innen erkennen im Venezuela unter Chàvez zwar eine »von oben« angeleitete Praxis, die aber dennoch daran interessiert ist, die Lebensumstände der Bevölkerung tatsächlich zu verändern, und zwar nicht durch paternalistische oder klientelistische Politiken, sondern durch eine befähigende Partizipation sowie durch sozioökonomische und politische Teilhaberechte. Während die spanische Selbstverwaltungserfahrung eine historisch weiter zurückliegende Erfahrung darstellt, kommt der venezolanischen Demokratie eine aktuelle imaginäre Vorbildfunktion zu, da sie sich in einem ähnlichen politischen und auch internationalen Kontext (unter anderem bezüglich der Weltbank und des Internationalen Währungsfonds) wie der tunesische Revolutionsprozess vollzieht. Dementsprechend bietet sich Venezuelas Demokratie als greifbarere imaginäre Entität an.

Dieser Widerspruch wird auch dadurch abgemildert, dass Hamda die partizipative Demokratie Venezuelas an die tunesischen Umstände und Bedürfnisse anpasst. Mit Nachdruck macht er darauf aufmerksam, dass in El Guettar nicht darauf gewartet wird, dass »das Parlament ein Gesetz schreibt«, sondern dass die Bürger*innen selbst die partizipativen Strukturen schaffen und anschließend den Staat dazu zwingen wollen, diese Räte

---

354 Das bedeutet nicht, dass an dieser Stelle überhaupt kein Widerspruch vorliegt. Die Sehnsucht nach einem Machthaber, der soziale Gerechtigkeit durchsetzt, den internationalen, kapitalistischen Institutionen die Stirn bietet und arme Bevölkerungsschichten politisch teilhaben lässt und die Vorstellung nach einem nahezu ausschließlich »von unten« geleiteten sozialen und politischen Wandel stehen sicherlich in einem gewissen Kontrast zueinander.

anzuerkennen und partizipative Gesetze zu verabschieden. Erneut tritt das Imaginäre der bürgerlichen Akteur*innen als progressive Reformer des repressiv-reaktionären Staates auf. Die Bürger*innen werden in Hamdas Vorstellung in die Politik mit einbezogen, indem sie (zunächst) auf lokaler Ebene politisch handeln. Interessant ist daran ebenfalls die Verknüpfung zwischen den partizipativen Strukturen, die Hamda »von unten« erkämpfen will, und der dennoch als notwendig angesehenen staatlichen Anerkennung dieser Strukturen durch ein Rahmengesetz. Das Imaginäre der »gewöhnlichen Bürger*innen« als Träger revolutionären Wandels wird an dieser Stelle mit dem Imaginären der Rechtsstaatlichkeit verbunden. Der Revolutionsprozess wird demnach nicht lediglich durch den bürgerlichen Protest und von partizipativen, präfigurativen oder agonalen Praktiken und Kollektiven gestaltet, sondern bedarf ebenfalls eines Rechtsstaates, der die Ausübung der revolutionär erstrittenen Rechte garantiert und die neuen Institutionen anerkennt. Auch wenn das Imaginäre des Rechtsstaates hier lediglich implizit zutage tritt, gehört es doch zu einer wichtigen Forderung der tunesischen Akteur*innen.

Akteur*innen wie Hamda und Tlili eignen sich Venezuelas von oben initiierte partizipative Demokratie an, um für eine »von unten« errungene partizipative Demokratie zu kämpfen. Es handelt sich gleichsam um eine hybride Interpretation der partizipativen Demokratie, die im tunesischen Kontext nicht einer durch staatliche Instanzen erneuerten Partizipationsmöglichkeit gleichkommt. Vielmehr versuchen sie durch die Schaffung partizipativer Strukturen den Staat, seine Funktionsweise und seine Politiken zu verändern – ausgehend von einer lokalen Praxis, die, so die Hoffnung, sich allmählich auf höherer Ebenen ausweiten lässt.

Ähnlich zur venezolanischen Demokratie assoziieren viele Tunesier*innen auch mit Brasilien einen Staat, der sich in den Dienst der marginalisierten und ärmsten Bevölkerungsschichten stellt. Die Tatsache, dass der brasilianische Präsident Luiz Inàcio da Silva umfangreiche soziale Umverteilungsmaßnahmen veranlasste, spricht aus Sicht vieler Tunesier*innen dafür, in der brasilianischen Demokratie eine »Volksdemokratie« zu sehen, wie der 52-jährige Gewerkschafter Tarek Hlaïmi aus Redeyef erläutert:

»Es gibt gute Erfahrungen, von denen wir lernen können, wie zum Beispiel, das, was in Brasilien passiert ist. […] Es ist zu einem demokratischen Übergang gekommen, dank einer Volksbewegung und Kämpfern wie da Silva. Obwohl da Silva unabhängig war und zu keiner Partei gehörte, hatte er linke Ideen. Er hatte viele Anhänger um sich vereint, weil er die echten [sozialen, N.A.] Probleme der Leute bekämpft hat. Er hat es auch geschafft, an die Macht zu kommen.« (Hlaïmi 12.04.2017, Redeyef)

Auch die soziale Herkunft da Silvas, der ausgebildeter Stahlarbeiter ist, beeindruckt die tunesischen Akteur*innen, die in seinem politischen Aufstieg ein vorbildliches Beispiel für eine politische Ordnung sehen, in der die soziale Herkunft nicht den Grad der politischen Teilhabe determiniert. Die »Volksdemokratie« ist demnach eine »Regierung durch das Volk«. »Volk« wird vor allem mit einer Vorstellung des *demos* in Verbindung gebracht, das gegensätzlich zur elitär-meritokratischen Demokratievorstellung keine spezifischen Auszeichnungen braucht, um zu regieren.

6.2.2 Demokratische Selbstverwaltung zwischen direkter Demokratie, Föderalismus und Anarchie

Ähnliche Imaginäre der Selbstverwaltung äußern auch andere Akteur*innen wie der 29-jährige Bürger Foued Sassi. Während das Imaginäre der partizipativen Demokratie auf die Ergänzung der repräsentativen Demokratie durch direkte Teilhabemöglichkeiten abzielt und dadurch eine neue Machtverteilung schafft, ist Foued Sassi stärker noch von einem »rein« direkten Demokratieimaginären inspiriert:

»Foued Sassi: Die echte Demokratie, so wie ich sie begreife, geht von der Basis aus nach oben und mit lokalen Komitees, die die höheren Komitees auswählen, und da realisiert sich wirklich die Partizipation aller Bürger! Eine Volksdemokratie, eine dimuqraṭiya ša'biya ist wie eine direkte [Demokratie, N.A.], die bei der Basis anfängt [...] mit lokalen und regionalen Komitees bis zur Vermittlung an den Staat. Dann garantierst du, dass jeder sich interessiert, dass jeder teilhat und dass die Partizipation kollektiv ist.
N.A.: Stellen Sie sich vor, dass in diesen Komitees mehr gemacht wird als gewählt? Also, dass man in Versammlungen debattiert?
Foued Sassi: Ja, dass man seine Meinungen austauscht. Die sind wie kleine Parlamente, die letztlich das Parlament auf landesweiter Ebene konstituieren. Das ist etwas utopisch, nicht wahr? [Lachen].« (Foued Sassi 18.08.2014, Tunis)

Diese durch Komitees gebildete Demokratie erinnert an eine »Versammlungsdemokratie« (Gret/Sintomer 2005: 29), die ihren historischen Vorgänger in der Pariser Kommune (1871) findet. Es handelt sich um eine pyramidale Ordnung, in der die Bürger*innen ihre Abgesandten in Komitees oder Räte entsenden. Diesen Abgesandten kommt – je nach Spielart der Rätedemokratie[355] – kein freies Mandat zu, vielmehr sind sie dazu angehalten, die Entscheidungen, die an der Basis getroffen wurden, weiterzutragen (vgl. ebd.). Aus Foued Sassis Darstellung wird nicht deutlich, ob er sich ein imperatives Mandat und eine umfassende Rechenschaftspflicht der Abgesandten vorstellt. Sicher ist, dass für ihn eine solche Organisation in lokale und regionale Komitees den Bürger*innen eine direkte Teilhabemöglichkeit bietet, die von den spezifischen lokalen Interessen und Bedürfnissen ausgeht, um sich anschließend landesweit zu koordinieren. Die Räte bilden sowohl Orte der Erfahrung, des Austausches und des politischen Handelns als auch der politischen Repräsentation. Für Foued Sassi sind die Räte »wirklich« demokratisch, da sie ein Mittel gegen die elitäre Vereinnahmung der Politik durch die Politiker*innen darstellen. Dabei bleibt die Idee der Partizipation jedoch nicht lediglich auf die lokale Ebene beschränkt wie in einigen Postulaten der »lokalen Demokratie« (vgl. Bacqué/Sintomer 2011: 12), sondern geht von der lokalen Ebene aus, um sich anhand verschiedener Zusammenschlüsse auf eine regionale und schließlich auf eine landesweite Ebene auszuweiten.

Foued Sassis Hinweis darauf, dass diese Vorstellung »etwas utopisch« sei, deutet auf seine kritisch-politische Vorstellungskraft hin, die die erfahrene soziale und politische Wirklichkeit übersteigt. Sassis Erfahrung mit selbstverwaltenden Praktiken, wie die Überwachung der Wohnviertel im Januar und Februar 2011, bildet das imaginäre und zugleich konkrete Fundament, auf dem seine Vorstellung einer direkten Demokratie gründet.

Von der »Erfahrung der Kommune von Paris, der Erfahrung der russischen Revolution […] und der Erfahrung der bolivarischen Revolution« (Ahmed Sassi 26.03.2015, Tunis) inspiriert, ergänzt der 32-jährige Arbeitslosenaktivist Ahmed Sassi die Vorstellung direkter Demokratie um die Forderung nach einer Dezentralisierung:

»Sassi: Das Problem hier in Tunesien sind all die ökonomischen und sozialen Entscheidungen. Wir können diese Entscheidungen nur durch politische Entscheidungen beeinflussen. Aber es ist die politische [Zentral-, N.A.] Macht, die entscheidet. Wir haben bis heute keine lokale oder regionale Autorität, deswegen ist es lediglich die Zentralmacht […], die alles bestimmt.

N.A.: Ihnen zufolge wäre es besser, wenn …?

Sassi: Die Partizipation an der lokalen und regionalen Macht [ist notwendig], um Lösungen durchzusetzen, die von den Arbeitslosen, von den Arbeitern bei-

---

355 Arendt nimmt eine andere Perspektive auf die Rätedemokratie ein, die nicht auf einem imperativen Mandat gründet (vgl. Arendt 2016 [1963]: 324ff.).

spielsweise, je nach sozialer Kategorie vorgeschlagen werden. Die Lösungen, die die Bewohner dieser Regionen für die nachhaltige Entwicklung dieser Region vorgeschlagen [sollten berücksichtigt werden, N.A.], es ist nicht der Zentralismus, an dem sich alles orientieren sollte.« (Ahmed Sassi 26.03.2015, Tunis)

Ahmed Sassi äußert an dieser Stelle eine Vorstellung politischer Teilhabe, die sich gleichsam an sozialen Faktoren orientiert. Diese Demokratievorstellung erkennt an, dass jede soziale Klasse oder »Kategorie«, wie er es nennt, verschiedene Interessen vertritt, die in Konflikt miteinander stehen, den es auf dem Terrain des Politischen auszutragen gilt. Das von Sassi entwickelte Imaginäre einer direkten Partizipation der Arbeitslosen, Arbeiter*innen und Bürger*innen, die politische »Lösungen« vorschlagen, weist eine tiefgründige soziale Verankerung auf. Diese soziale Verankerung macht aus tunesischer Sicht den entscheidenden Unterschied zwischen der partizipativen Demokratie und der Rätedemokratie sowie der liberalen Demokratie nach europäischem Vorbild aus, die den sozialen Unterschieden und Interessen innerhalb der Bevölkerungsschichten keinen gebührenden Raum im Politischen und auf Ebene des Staates einräumt. Diese selbstverwaltete Demokratie hingegen denkt soziale und politische Teilhaberechte zusammen (vgl. Gret/Sintomer 2005: 24). Das macht sie für die Tunesier*innen so faszinierend.

Ahmed Sassis Forderung nach lokalen und regionalen Entscheidungsstrukturen ließe an einen Föderalismus denken, der jedoch kaum zum politischen Vokabular in Tunesien gehört. Einige Interviewpartner*innen, wie Ahmed Sassi, verweisen angesichts der eklatanten Wohlstands- und Machtunterschiede zwischen den Regionen des Nordens, des Zentrums und des Südens darauf, dass den Regionen mehr (ökonomische und politische) Macht- und Gestaltungsmöglichkeiten zukommen und die als übermächtig empfundene Zentralmacht entmachtet werden sollte. In der Umverteilung der Macht und der Dezentralisierung erkennt Ahmed Sassi ebenfalls politische Partizipationsmöglichkeiten für die Bürger*innen, die durch lokale und regionale Entscheidungsstrukturen direkter auf die Politik Einfluss nehmen können oder sie – besser noch – selbst gestalten können. Darin lässt sich eine Parallele zu Alexis de Tocquevilles Befürwortung föderaler und dezentralisierter Strukturen erkennen. Tocqueville denkt – ebenso wie Sassi – diese Strukturen als Gegengewicht zur demokratischen, zentralisierten Mehrheit, die er aufgrund ihres despotischen Potenzials fürchtet (vgl. Tocqueville 2006 [1840]: 160f.).

Auch der 55-jährige Gewerkschafter Sami Souihli äußert den Wunsch, eine föderale oder dezentrale Struktur mit Selbstverwaltung zu vereinen:

»Es gab die Selbstverwaltung in Spanien [1936, N.A.] [...]. Wir waren für die Selbstverwaltung [...]. Was wir vorgeschlagen haben, war, eine verfassungsgebende Versammlung ausgehend von den gewählten Repräsentanten der Wohnviertel, der Fabriken etc. zu bilden, verstehst du? [Das konnte sich aber nicht durchsetzen, N.A.] [...]. Wir sind für eine Demokratie, die auf den Regionen basiert, auf selbstverwalteten Regionen mit Repräsentanten und einer nationalen Koordination. Für mich ist Selbstverwaltung eine wirklich revolutionäre Lösung, die die Partizipation aller Bürger an der Macht ermöglicht. [...] Das Problem ist, dass wir aktuell in der Opposition sind [angesichts der parlamentarischen Machtverhältnisse, N.A.].« (Souihli 22.08.2014, Tunis)[356]

Diese Betonung einer notwendigen politischen Gestaltungsmacht der Regionen, die sich selbst verwalten sollten, nährt sich zum einen aus der Kritik am bestehenden Zentralismus, der einige Regionen zum Nachteil anderer fördert und nicht genug Raum für die bürgerliche Selbstbestimmung lässt. Zum anderen ist sie von dem Imaginären einer anarchistischen Selbstverwaltung genährt, auf das Souihli in Bezug auf die spanische anarchistische Bewegung gegen Franco 1936 hinweist. In der spanischen Anarchismusbewegung sehen einige Akteur*innen – ähnlich wie im südamerikanischen Partizipationsdispositiv – ein Vorbild für eine lokale, politische Gestaltungsmacht durch die Bürger*innen, die von kollektiv und autonom selbstverwalteten Arbeits- und Produktionsverhältnissen begleitet wird. Die von den spanischen Anarchist*innen angestrebte Transformation ist dementsprechend sozioökonomischer *und* politischer Natur (vgl. Loick 2017: 33). Anders als im spanischen Kontext argumentiert Souihli hier jedoch weniger für eine regionale Selbstverwaltung, um die historischen, sprachlichen oder kulturellen Eigenheiten der einzelnen Regionen Tunesiens zu wahren. Vielmehr geht es ihm in erster Linie um eine Umverteilung politischer Macht, sodass die einst benachteiligten Regionen die Möglichkeit erhalten, ihre politische, soziale und ökonomische Gestaltung selbst zu bestimmen. Der Wille, selbstverwaltende Praktiken zu institutionalisieren, ist stets vom Bemühen begleitet, etwas zu gründen, das »dem entspricht, was die Menschen empfinden« (Souihli 22.08.2014, Tunis). In Souihlis Aussage offenbart sich das Spannungsverhältnis zwischen politischer Freiheit und Kreativität sowie der Notwendigkeit, die revolutionär neu ge-

---

356 Souihli spricht im Plural (»Wir«), wenn er auf Positionen hinweisen will, die nicht nur er persönlich, sondern auch sein soziales und politisches Umfeld teilt.

schaffenen, kollektiven Institutionen als Antwort auf die Interessen und Bedürfnisse der Bürger*innen zu denken. Die Institution selbstverwaltender Strukturen kann sich dementsprechend nicht unabhängig von den bürgerlichen Belangen entfalten.

6.2.3   Auf der Suche nach neuen Utopien

Das Imaginäre der südamerikanischen partizipativen Demokratie wirkt erstaunlicherweise nach der Existenz dieser Demokratien weiter. Die partizipativen Modelle, sei es in Venezuela oder in Brasilien, büßen schließlich aktuell deutlich an Einfluss ein. Für die Tunesier*innen bilden sie dennoch wichtige imaginäre Referenzpunkte, die einen Horizont für eine »andere Demokratie« (Gret/Sintomer 2005) eröffnen. Stärker noch als die Pariser Kommune oder die spanische Anarchismusbewegung, die kurzlebig sind und historisch weit zurückliegen, zeigen die partizipativen Demokratieerfahrungen den Tunesier*innen eine Möglichkeit auf, wie sich eine Gesellschaft nach politisch-autonomen *und* sozialen Prinzipien gestalten lässt. Den partizipativen und selbstverwalteten Imaginären und Praktiken kommt dementsprechend im Sinne des amerikanischen Soziologen Erik Olin Wright ein real-utopisches Moment zu:

»Die Idee der Realutopie umschließt diese Spannung zwischen Träumen und Praxis: Utopie bedeutet, Visionen von Alternativen zu den dominanten Institutionen zu entwickeln, die unsere tiefsten Sehnsüchte nach einer Welt verkörpern, in denen alle Menschen Zugang zu den Bedingungen eines gedeihlichen Lebens haben; real meint, dass es darauf ankommt, Alternativen vorzuschlagen, die die Probleme nicht-intendierter Folgen, selbstzerstörerischer Dynamiken und die schwierigen Dilemmata von normativen Trade-Offs ernst nehmen.« (Wright 2012: 63)

Von der Sehnsucht nach einer materiell und politisch egalitäreren und freieren Welt motiviert, begreifen viele Akteur*innen die lokalen Räte als konkrete Alternative zur Machtkonzentration und -willkür des tunesischen Zentralstaates. Die Imaginäre der partizipativen, direkten oder lokalen Demokratie sowie der demokratischen Selbstverwaltung stehen außerdem in enger Verbindung zum Imaginären der leader-losen Revolution, das die Bürger*innen zum Träger revolutionaren Wandels erklärt. Die Imaginäre der partizipativen und der selbstverwalteten Demokratie stellen schließlich die aktive Staatsbürgerschaft ins Zentrum ihrer Konzeption von Demokratie. Die »Volksdemokratie« wird als horizontale Herrschaftsordnung imaginiert, in welcher die politischen Belange und Entscheidungen von den

Bürger*innen selbstständig ausgehandelt werden. Das bereits erwähnte
»Recht auf Politik« (Balibar), das heißt auf politische Gestaltung und Teilhabe, ist zentral für diese Imaginäre von Demokratie. Die Staatsbürgerschaft wird durch die Imaginäre der Volksdemokratie und der leader-losen
Revolution im Sinne Balibars als eine kollektive, kontinuierliche und agonistische Praxis gedacht.

Die Akteur*innen insistieren ferner auf die enge Verbindung zwischen
dem Politischen und dem Sozialen, wie die Aussage des 30-jährigen Ar-
beitslosenaktivisten Ahmed Sassi verdeutlicht: »Die politische Demokratie
ist notwendig für die soziale Demokratie und die soziale Demokratie ist
notwendig für die politische Demokratie« (Sassi 26.03.2015, Tunis). Eine
Demokratie kann demnach erst tatsächlich eine »vollkommen« partizipative »Volksregierung« sein, wenn die Bürger*innen nicht in sozialer Not leben. Wenn Menschen in Armut leben, können sie aufgrund der
existenziellen Zwänge, die ihr alltägliches Leben bestimmen, nicht autonom sein und dementsprechend ebenso wenig ihre politischen Freiheitsrechte in Anspruch nehmen (vgl. etwa Charfi 2012: 98; Kreide 2008a: 139).
Eine »soziale Demokratie«, also eine ökonomische Marktwirtschaft und
Ordnung, die egalitär ist, muss für Sassi jedoch auf demokratischem Weg
geschaffen werden. Dementsprechend hängen demokratisch-egalitäre Politik und die soziale Frage untrennbar miteinander zusammen. Das bedeutet jedoch nicht, dass die Tunesier*innen – wie etwa die französischen
Revolutionär*innen – davon ausgehen, dass zunächst die soziale Frage ge-
löst werden muss, bevor eine demokratische Ordnung oder Teilhabe der
Bürger*innen möglich ist. Im Gegenteil, die direkteren politischen Teilhabemöglichkeiten möglichst breiter Bevölkerungsschichten werden als Mittel angesehen, um die sozioökonomischen Bedingungen zu verändern, dem
Neoliberalismus Einhalt zu gebieten und politisch zu partizipieren. Die
Tunesier*innen erkennen in den partizipativen Verfahren einen bürgerlichen Erfahrungsraum politischer, autonomer Gestaltungsmacht, den sie
dafür nutzen können, gegen die Vereinnahmung der Politik durch die institutionell-politischen und ökonomischen Eliten und ihre kleptokratischen
Aneignungen der Ressourcen des Landes (Korruption, Enteignung) zu
kämpfen. Im Sinne John Deweys Begriff von Institutionen als experimen-
talistische, situativ zu entwerfende Antworten auf konkrete Probleme (vgl.
Selk/Jörke 2012: 263) entwickelt das südamerikanische Demokratiemodell
partizipative Institutionen, die sowohl das soziale als auch das demokratische Problem lösen, wie Tlili und Hamda betonen. Ihre Umdeutung einer

»von unten« gegründeten partizipativen Demokratie entspricht demnach einer situativen Anpassung durch die betroffenen Akteur*innen.

Die Frage, *wie* die erwünschten sozialen Umverteilungsmaßnahmen genau gestaltet und umgesetzt werden sollten, lässt sich allerdings anhand der Imaginäre der tunesischen Akteur*innen kaum erfassen. Die direkte Partizipation der Bürger*innen, so die Hoffnung, führt dazu, dass sie in »ihrem eigenen Sinne« entscheiden und neoliberale Wirtschafts- und Austeritätspolitiken zurückgedrängt werden.[357] In den Imaginären der tunesischen Akteur*innen dominiert insbesondere die Idee einer netzwerkartigen »Versammlungsdemokratie«, während das Losverfahren, der partizipative Bürgerhaushalt oder die Bürger-Jurys unterrepräsentiert bleiben.[358]

Während das Imaginäre der partizipativen Demokratie in Tunesien anstrebt, die repräsentative Demokratie zu ergänzen und sie dadurch zu demokratisieren (vgl. Firas Hamda), sind die Imaginäre der Selbstverwaltung stärker von der ideal-utopischen Vorstellung geprägt, politische Repräsentation soweit wie möglich durch Selbstverwaltung zu ersetzen (vgl. Foued Sassi). Beiden Positionen ist gemein, dass Repräsentation aufgrund des bereits erwähnten Misstrauens gegenüber der institutionellen Politik als politische Enteignung der Bürger*innen zugunsten der politischen und ökonomischen Eliten wahrgenommen wird. Viele tunesische Akteur*innen glauben nicht an das Versprechen der repräsentativen Demokratie, die Interessen der Bevölkerung und insbesondere ihrer fragilsten Schichten zu vertreten. Stattdessen nährt erst die Möglichkeit, selbst politischen Einfluss ausüben zu können, Hoffnung auf eine »echte« Demokratie.

6.3   Die islamische Demokratie

Der tunesische Revolutionsprozess eröffnet eine anhaltende gesellschaftliche und politische Auseinandersetzung um die Rolle der Religion in Ge-

---

357 Die Frage der Gewalt als Mittel der politischen und sozialen Umverteilung spielt im Übrigen in den Imaginären der tunesischen Akteur*innen keine Rolle. Gewalt wird in meinen Interviews nahezu ausschließlich hinsichtlich des Staates thematisiert: Die Vorstellung des gewaltvollen, vor nichts zurückschreckenden Staates gegenüber einer pazifistischen Bevölkerung ist hegemonial (vgl. Charfi 2012: 29f.).

358 Die weltweiten Experimente mit deliberativen, partizipativen und direkten Demokratieverfahren werden unter anderem in Sintomer (2007) und (2011), Bacqué/Sintomer (2011) und Blondiaux (2008) diskutiert.

sellschaft und Politik,[359] die viele verschiedene Facetten annimmt. Die Aussage des damaligen Parteivorsitzenden Hamadi Jebali im November 2011, von Tunesien ausgehend nun das »sechste Kalifat« zu errichten (vgl. L'obs 2011), oder die 2012 im Internet kursierende Videoaufnahme, die den Leader der Ennahdha, Rached Ghannouchi, zeigt, wie er einer Versammlung von Salafisten erklärt, dass sie *noch* nicht mitregieren können, weil die tunesische Gesellschaft und der Staat *noch* in den »Händen der Laizisten und der führenden Köpfe des alten Regimes« sei (zitiert nach Baraket/Belhassine 2016: 185)[360], rufen teils verständliche und teils paranoide Vorstellungen bei säkularen Akteur*innen[361] hervor. Auch die Nähe der Ennahdha zur ägyptischen Muslimbrüderschaft und zur katarischen Regierung wirkt für säkulare Tunesier*innen wenig vertrauenerweckend. Die Säkularen behaupten – insbesondere nach den politischen Morden an linken Oppositionspolitikern 2013 –, dass sich hinter dem offiziellen, relativ liberalen Diskurs der Ennahdha eine »andere Wahrheit« und eine radikalere Langzeitstrategie verbergen, die Staatsmacht zu erobern und für die eigenen Zwecke zu gebrauchen (vgl. etwa Baraket, Ben Rejeb, Belhadj, Foued Sassi, Sghaier, Souini).

Bevor ich die islamistischen Imaginäre diskutiere, sei darauf hingewiesen, dass ich mich bezüglich des Umgangs mit dem islamistischen Diskurs der Haltung des tunesischen (säkularen) Philosophen Youssef Seddik anschließe und keine »versteckte Wahrheit« hinter den deklarierten Werten

---

359 Aktuell diskutiert die »Kommission für individuelle Freiheiten und Gleichheit« (Commission des libertés individuelles et de l'égalité, kurz: »Colibe«), die sich aus Akteur*innen aus der zivilgesellschaftlichen, rechtlichen, universitären und religiösen Sphäre zusammensetzt, eine Reihe von wichtigen gesellschaftspolitischen Fragen in Bezug auf die muslimische Religion. Neben dem Erbanteil von Frauen steht unter anderem die Legalisierung der Homosexualität, die in Tunesien verboten ist, oder die Abschaffung der Todesstrafe zur Debatte.

360 Für die Säkularen identifiziert Ghannouchi die Laizisten (*'ilmaniya*) mit dem alten Regime und deklariert sie dementsprechend als politische Gegen*innen, die es zu bekämpfen und langfristig auszuschließen gilt. Auf dieses Video wiesen mich während meines Forschungsaufenthaltes 2014 nahezu alle säkularen Akteur*innen hin, es sorgt für viel Aufruhr.

361 Die Bezeichnung »säkular«, die als Gegenbegriff zu »islamistisch« verwendet wird, verweist keineswegs zwangsläufig auf demokratische oder gar progressive Haltungen – ebenso wenig wie »islamistisch« eine »anti-demokratische« Haltung impliziert. Schließlich ist die Partei »Nidaa Tounes« das beste Beispiel für säkulare, aber keineswegs prinzipiell prodemokratische Einstellungen. Dieses Begriffspaar dient lediglich dazu, die Positionierung bestimmter Akteur*innen bezüglich ihres Verhältnisses von Religion und Staat bzw. Gesellschaft deutlich zu machen.

und Idealen suche. Seddik plädiert dafür, den islamistischen, wie jeden anderen politischen Diskurs, ernst zu nehmen. Die islamistischen Akteur*innen werden so als gleichwertige Bürger*innen anerkannt, die ein Recht auf politische Teilhabe haben und die nicht auf der Grundlage ihrer vermeintlichen Intentionen beurteilt werden (vgl. Seddik 2011: 55). Ich bezweifele nicht, dass die IslamistInnen – wie andere Politiker*innen auch – ihre Diskurse an ihr jeweiliges Publikum anpassen. Eine deutliche Diskrepanz zwischen ihrer Rhetorik und ihrer politischen Praxis lässt sich jedoch lediglich anhand einer Analyse des politischen Handelns der Akteur*innen aufzeigen, die nicht im Fokus dieser Arbeit steht.[362]

Im Folgenden frage ich nach der Bedeutung der Iranischen Revolution für das gegenwärtige islamistische Imaginäre. Darauf aufbauend erläutere ich, welche Politik- und Demokratievorstellungen bei den islamistischen Akteur*innen vorherrschen: Welche Ideale stehen im Zentrum ihres Demokratiebegriffs? Wie begründen sie ihr Demokratieverständnis? Welche real existierenden politischen Ordnungen sind ihre Vorbilder?

6.3.1 Von der Iranischen Revolution zur Demokratie

Die Spaltung zwischen säkularen und nicht-säkularen Akteur*innen lässt sich neben den bereits diskutierten, historischen und politischen Gründen auch auf die unterschiedlichen imaginären Referenzen der jeweiligen Akteur*innen zurückführen. Während die Linke sich an säkularen, sozialdemokratischen, (post-)marxistischen und anarchistischen Erfahrungen orientiert, sucht die tunesische islamistische Bewegung zumindest in ihrer frühen Gründungsphase (1981) in der Iranischen Revolution (1979) ein Vorbild für eine islamistische politische Ordnung (vgl. Msaddek 12.04.2017, El Guettar/Gafsa; Schüller 2014: 277; El Ouazghari 2014: 285).[363] Doch wie steht es um die Aktualität des Imaginären der Iranischen Revolution?

---

362 Im Übrigen gehe ich ebenso wenig der Frage nach, ob es sich um »authentisch islamische« Positionierungen handelt und inwieweit die religiösen Begründungsversuche tatsächlich mit dem Koran konform sind.

363 Die Iranische Revolution fungierte nicht lediglich als Vorbild islamistischer, sozialer Bewegungen. Auch die Staaten Nordafrikas und Westasiens »islamisieren« im Zuge der Iranischen Revolution bestimmte Rechtsnormen und nehmen sie in die staatlichen Gesetzgebungen auf (vgl. Holike/Scheiterbauer 2012: 264).

In meinen Interviews fällt zunächst auf, dass der Iran erstaunlicherweise weder von den Ennahdha-Abgeordneten noch von anderen islamistischen Akteur*innen erwähnt wird. Lediglich der 55-jährige Gewerkschafter Wannes Msaddek, der bereits 1985 aus der Ennahdha austrat und sich nicht mehr als Islamist versteht, erwähnt heute noch mit Bewunderung die Iranische Revolution als Paradigma einer Revolution:

»Sie [die Iranische Revolution, N.A.] war eine Revolution, die Führer, Instanzen, Prinzipien und einen Glauben hatte. Der Mensch, der an keine Prinzipien und Werte glaubt, kann nicht existieren. [...] Sie hatte das Ziel, sich in der gesamten Region zu verbreiten und einen starken Staat zu gründen. [...] Die Iranische Revolution war wirklich eine Revolution – in ihrer kulturellen, intellektuellen und politischen Dimension. Sie hatte Ideale und Ziele. [...] Meine Bewunderung für diese Revolution hat nichts mit dem islamischen Glauben zu tun, sie bezieht sich auf ihre Politik.« (Msaddek 12.04.2017, El Guettar/Gafsa)

Die iranische Erfahrung überzeugt Msaddek durch ihre politisch-ideologische und religiöse Vision, die sämtliche Lebensbereiche (»kulturell, intellektuell und politisch«) umfasst. Er erkennt in ihr – anders als im tunesischen Revolutionsprozess – den Modus Operandi einer islamischen Elite, die eine exakte Vorstellung eines gesamtgesellschaftlichen und politischen Projektes entwickelt und der es gelingt, dieses Projekt verschiedensten Widrigkeiten zum Trotz durchzusetzen.

Das Insistieren der 50-jährigen Ennahdha-Abgeordneten und damaligen Parlamentsvorsitzenden Meherzia Labidi darauf, dass die Ennahdha eine *demokratische* und *zivile* Herrschaftsordnung verteidigt, die sich – ihren Aussagen zufolge – nicht essenziell von anderen Demokratien unterscheidet, lässt sich ebenfalls als Abkehr von der Iranischen Revolution und ihrer Herrschaftsordnung interpretieren:

»N.A.: Sie haben zuvor von Demokratie gesprochen. Welche Vorstellung von Demokratie haben Sie?
Labidi: Ganz einfach, wir werden die Demokratie nicht neu definieren! Die [tunesische/islamische, N.A.] Demokratie ist wie in den anderen Ländern. Eine Demokratie, die die Entscheidungen der Tunesier berücksichtigt, die gleichzeitig ihre Herkunft und ihre Kultur respektiert und sich essenziell und absolut gegenüber den menschlichen Errungenschaften und der Universalität der Menschenrechte öffnet. Wir werden nicht eine Demokratie für Araber und Muslime neu definieren. [...] Wie wir im zweiten Artikel [der Verfassung, N.A.] sagen, ist Tune-

sien ein ziviler Staat, basierend auf der Staatsbürgerschaft, der Volkssouveränität und dem Recht[364] [...].« (Meherzia Labidi 22.09.2014, Tunis)

Die Demokratie, so wie sie sich in der neuen Verfassung niederschlägt, ist vor allem das Resultat eines hart erkämpften Kompromisses (*tawafoqā*), der weder der Idealvorstellung der IslamistInnen noch der der säkularen Akteur*innen entspricht. Der Rückgriff auf den Begriff des zivilen Staates (*dawla madaniya*) pointiert diese Schwierigkeit und dient als Alternative zum islamischen Recht (*šariʿa*) als Rechtsquelle und zum säkularen Staat, die – nach heftigen Debatten – letztlich beide keine Erwähnung in der Verfassung finden. Der »zivile Staat« grenzt sich an dieser Stelle folglich vom Militärregime und vom theokratischen Staat ab. Die Bezeichnung »zivil« dient dazu, die negativ konnotierten Begriffe »säkular« oder »laizistisch« zu vermeiden, die viele Tunesier*innen an die Kolonisierung sowie an Bourguibas und Ben Alis Diktatur erinnern, die mit repressiv-autoritären, staatlichen Übergriffen auf individuelle Freiheitsrechte assoziiert werden (vgl. Mezghani nach Baraket/Belhassine 2016: 185; Marzouki 2013: 210). Für die IslamistInnen bezieht sich Säkularität auf einen elitären Staat, der der Bevölkerung gleichsam von oben eine bestimmte, kulturell nicht authentische Lebensform aufoktroyiert (vgl. Marzouki 2013: 209, 220).

Ferner herrscht unter den tunesischen IslamistInnen die Vorstellung, dass ein säkularer Staat lediglich für Bevölkerungen sinnvoll ist, in denen religiöser Glaube keine gesellschaftlich bedeutsame Rolle mehr spielt. So betont der Pressesprecher der Ennahdha, Ajmi Lourimi, dass die islamische Religion in der tunesischen Gesellschaft einen wichtigen Stellenwert einnimmt und sich im Staat widerspiegeln muss (vgl. Göbel 2011). Lourimi drückt hier die Vorstellung aus, dass der Staat seine Legitimationsgrundlage aus der (unter anderem religiösen) Beschaffenheit der Zivilgesellschaft (*muǧtamaʿ madanī*) schöpft. Im Gegensatz zum säkularen ist der zivile Staat demnach kein anti-religiös intervenierender Staat. Vielmehr gewährt er eine Reihe von Freiheiten, die es unter anderem erlauben, dass die Gesellschaft religiösen Praktiken nachgehen kann.

Die Volkssouveränität (*ḥākimiyya*), die Meherzia Labidi erwähnt, grenzt die tunesische Demokratie zusätzlich vom »iranischen Modell« ab, das auf der Souveränität der theologischen Rechtsgelehrten beruht (vgl. Zapf 2012:

---

364 Der zweite Artikel der Verfassung spricht genau genommen nicht von »Volkssouveränität«, sondern vom »Willen des Volkes«. Er lässt sich ebenso wie der erste Artikel nicht verändern und unterliegt einer »Ewigkeitsklausel« (vgl. Verfassung 2014).

19). Mit dem Hinweis auf die Volkssouveränität distanziert sie sich von radikalislamistischen Positionen, wie die des ägyptischen Intellektuellen Sayyid Qutb. Qutb zufolge beruht die einzig legitime Souveränität auf Gott (vgl. ebd.: 25). Demnach deckt das islamische Recht alle Lebensbereiche ab, sodass es lediglich einer Anwendung der islamischen Rechtsnormen bedarf, die sowohl individuelle Handlungsnormen als auch gesetzliche gesellschaftliche Bestimmungen umfassen: »Der Islam ist in diesem Sinne ›dīn wa-daula‹, also ›Religion und Staat‹ im Sinne einer alles umspannenden Ordnung« (ebd.). Im Gegensatz dazu hat der zivile tunesische Staat weder den Anspruch, im Namen des Islams zu sprechen, noch diesen zu repräsentieren. Die Absage an diesen Totalitätsanspruch stellt eine nicht zu unterschätzende Errungenschaft dar, die die Religion auf einen Lebensbereich unter anderen begrenzt.

Ein ziviler Staat, der auf der Volkssouveränität und auf zivilen Rechtsquellen basiert, so der tunesische Rechtsprofessor Ali Mezghani, ist – entgegen der Positionierungen der islamistischen Akteur*innen – jedoch zwangsläufig säkular, zumal die Rahmenbedingungen des Staates vom Recht und von der Volkssouveränität, aber nicht vom Glauben bestimmt werden (vgl. Mezghani nach Baraket/Belhassine 2016: 188). Trotz der Bezüge auf den Islam in der Verfassung ist dem Intellektuellen Abdelmajid Charfi zufolge die Säkularisierung des tunesischen Staates ein unaufhaltsamer Prozess (vgl. Baraket/Belhassine 2016: 189). Für den Politikwissenschaftler Hamadi Redissi führt Tunesien die Kontinuität eines »semisäkularen Staates« fort (vgl. Redissi 2017b: 47).

Auch die 46-jährige Ennahdha-Abgeordnete und Vorsitzende der Kommission »Rechte und Freiheiten« der verfassungsgebenden Versammlung, Farida Labidi, betont, dass eine islamisch inspirierte, demokratische Herrschaft in Tunesien keiner neuen Bestimmung von Demokratie bedarf:

»Wir suchen nach überhaupt keinem [politischen, N.A.] Modell, wir haben bereits unser Modell! Unser Volk ist nicht extremistisch, es ist moderat in seinen generellen Forderungen. […] Das tunesische Volk passt sich der Realität an, das tunesische Volk will leben und es will die arabisch-islamischen Werte konservieren. Deswegen haben wir uns entschieden, in der Verfassung die Natur des Volkes abzubilden, das sowohl an den arabisch-islamischen Werten als auch an internationalen, menschlichen Werten [Menschenrechte, N.A.] festhält und offen anderen Zivilisationen gegenüber ist.« (Farida Labidi 13.09.2014, Tunis)

Farida Labidis und Meherzia Labidis Beharren darauf, keine sonderlich neuartige Ordnung hervorgebracht zu haben, obwohl sie doch an prominenter Stelle an einer neuen Verfassung mitgeschrieben haben, lässt sich auch als Antwort auf einen Diskurs verstehen, der die islamistischen Akteur*innen und Vorstellungen oftmals als das radikal »Andere« konstruiert.

Farida Labidi führt ein weiteres Argument gegen die radikale Alterität der Identität der tunesischen Bevölkerung sowie gegen die Iranische Revolution als imaginäres Vorbild heran: ihre Offenheit gegenüber anderen Zivilisationen und universellen Menschenrechten. Der »Lebenswille« des Volkes, das heißt sein Streben nach (individuellen sowie politischen und kollektiven) Freiheiten, steht ihr zufolge aufgrund der kulturellen Offenheit Tunesiens in keinem Widerspruch zu den hier noch unterkomplex definierten arabisch-islamischen Werten.

Dabei sei angemerkt, dass im islamistischen Imaginären die arabisch-islamischen Werte dennoch primär gegenüber anderen kulturellen Referenzen sind. Wie bereits Meherzia Labidi, führt auch Farida Labidi die Vorstellung eines Staates an, der der kulturellen Identität[365] seiner Bevölkerung entsprechen muss. Die Verfassung ist demnach nicht lediglich ein Kompromiss des politischen Kräfteverhältnisses in der verfassungsgebenden Versammlung, sondern das Abbild der »Natur« der moderat-gläubigen tunesischen Bevölkerung. Die Vorstellung, dass die Bevölkerung repräsentiert wird, in dem ihre Wesenszüge in der Verfassung abgebildet werden, erinnert an die Dimension politischer Repräsentation als Abbildung (vgl. Sintomer 2013: 16). Der französische Politikwissenschaftler Yves Sintomer macht darauf aufmerksam, dass jede juridisch-politische Repräsentation (imaginäre) Bilder der zu repräsentierenden Gemeinschaft kreiert, die gleichsam auf die Repräsentant*innen, die diese Bilder schaffen, zurückwirken (vgl. ebd.: 18).

6.3.2   Die Prinzipien einer islamischen Demokratie

Die islamischen Prinzipien, die einer solchen Demokratievorstellung unterliegen, skizziert Meherzia Labidi folgendermaßen:

---

365 Einige säkulare Akteur*innen kritisieren diesen aus ihrer Sicht essentialisierenden Identitätsbegriff, der die tunesische Identität als arabisch und muslimisch definiert. So fragt der tunesische Soziologe Imed Melliti kritisch: »Warum lässt sich das Wort *howiya* [Identität, N.A.] bei uns nur im Singular konjugieren?« (Melliti zitiert nach Baraket/Belhassine 2016: 153).

»N.A.: Ich würde Sie gerne zu Ihrer von islamischen Prinzipien beeinflussten Vision der Politik befragen. Wenn ich Sie reden höre, könnten Sie Ihren Aussagen nach in jeder beliebigen demokratischen Partei sein [...]

Labidi: Ja klar!

N.A.: Aber was zeichnet dann die Besonderheit der Ennahdha aus?

Labidi: Wenn Sie die Charta der Ennahdha-Bewegung von 1988 lesen [...], dann hatten wir bereits damals als erstes Ziel die Wahrung und Entfaltung der Freiheiten festgelegt. Weil für uns die grundlegende Sache die Freiheit ist. Wenn wir die Freiheit der Leute und die Willensfreiheit schützen, dann reicht das, um alles zu machen. Selbst unser Verständnis des Glaubensaktes [ist von der Idee der Freiheit charakterisiert, N.A.], wenn der Glaubensakt nicht authentisch und frei erfolgt, dann hat er keinen Wert. Das ist unsere Interpretation der Religion, die im Wesentlichen auf der Vision der *Maqasid a- šari'a* [Ziele/Absichten des islamischen Rechts, N.A.] von Tahar Ben Achour basiert. [...] Man sagt, dass der Islam und die islamische Theologie in der *šari'a* [islamisches Recht, N.A.] fünf große Ziele formulieren: das Leben wahren, die Vernunft wahren, den Glauben wahren, die Nachkommenschaft schützen und die Reichtümer wahren. Ben Achour fügt dem noch ein sechstes [Ziel, N.A.] hinzu: die Freiheit [*ḥurrīya*] wahren. [...] Wir schreiben uns in diese Schule ein. Was bedeutet es, Politik zu machen, wenn man eine Partei mit islamischen Prinzipien ist? Sicherlich und vor allem nicht, den Leuten zu sagen, wie sie beten sollen, und wenn sie nicht beten, sie zu bestrafen, wie sie sich anziehen, wie sie essen, wie sie gehen und heiraten sollen. Das ist ihr Angelegenheit, das ist ihre Freiheit! Vielleicht gibt es das Religiöse und das Gesetz, das sie [die Freiheit, N.A.] gestaltet. Es bedeutet, sich für die Menschen anhand islamischer Prinzipien einzusetzen: wenn ich von Solidarität, von sozialer Gleichheit ['adala iǧtima'iya], von *karama* [Würde, N.A.] spreche, die auch ein religiöser Begriff ist, wenn ich von *musawat* [Gleichheit, N.A.], von der gerechten Verteilung der öffentlichen Reichtümer, der nationalen Reichtümer spreche oder wenn ich davon spreche, sich von jeglichem Despotismus zu befreien [dann entspricht das ihrer von islamischen Prinzipien beeinflussten Politikvision, N.A.].« (Meherzia Labidi, 22.09.2014, Tunis)

In kritischer Abgrenzung zum autoritär-modernistischen Projekt Bourguibas plädiert sie für die Anerkennung des Individuums, seines Entscheidungsvermögens, seines Rechts auf individuelle sowie kollektive Freiheiten und auf Rechte im Allgemeinen (vgl. auch Ghannouchi 2015: 57). Bourguiba gibt zwar vor, ein Gesellschaftsmodell zu errichten, dass sich modernen Prinzipien verpflichtet, er negiert jedoch ein zentrales Motiv der Moderne: die Freiheit und die Selbstbestimmung des Individuums sowie des Kollektivs (vgl. Charfi 2012: 89).

Die Prinzipien der sozialen Gerechtigkeit, Würde und Gleichheit, die Meherzia Labidi im Islam fundiert sieht, dienen ihr als Richtlinien ihrer

Politik, ohne jedoch als minutiöser Regelapparat zu fungieren. Ihre Ablehnung, als islamistische Partei religiöse Vorschriften zu formulieren, lässt sich als weiterer Hinweis auf den Bedeutungsverlust der Iranischen Revolution in den islamistischen tunesischen Imaginären deuten. Schließlich setzt der iranische islamische Staat strikte Direktiven zur alltäglichen Lebensführung durch. Die iranische Herrschaftsordnung unterstellt, dass Staat und Gesellschaft auf islamischem Recht basierend kongruent sind (vgl. Zapf 2012: 20). Mit ihrer Betonung des auf Freiheit basierenden Glaubensaktes vertritt Labidi eine moderne Interpretation des Islams, die der Authentizität des Glaubens eine zentralere Bedeutung als seiner Rolle in der Stiftung sozialer Kohäsion und Harmonie zuschreibt (vgl. Charfi 2012: 163).

Im Folgenden werde ich mich genauer mit der Freiheitskonzeption der IslamistInnen beschäftigen, die ihre Vorstellung der islamischen Demokratie zentral bestimmt.[366]

6.3.2.1 Freiheit als individuelle und kollektive Verantwortung

Nach Abdelmajid Charfi drückt sich die Freiheit im Islam in erster Linie dadurch aus, dass sie dem Individuum die Entscheidungsfreiheit lässt, die religiösen Vorschriften zu befolgen oder zu ignorieren (vgl. Charfi 2012: 161).[367] In der islamischen Auslegung bedeutet frei zu sein demnach, verantwortlich für sein Handeln zu sein, wie der 43-jährige Ennahdha-Abgeordnete, Referent für die Verfassung und Rechtsanwalt Habib Khedher erläutert:

»Ich habe eine islamistische Vision, die Freiheit als Basis ansieht. Freiheit ist der Kern menschlichen Lebens. Die Botschaft der menschlichen Existenz in dieser

---

366 Ich konzentriere mich auf den Freiheitsbegriff und analysiere weder den Begriff der sozialen Gerechtigkeit noch die Gleichheit, weil die interviewten Akteur*innen darauf bestehen, dass ihr Freiheitsverständnis fundamental für ihr Demokratieverständnis ist. Auf den religiös begründeten Würdebegriff bin ich bereits in Kapitel 5 eingegangen.

367 Die theologische, universitäre und alltägliche Debatte um Freiheit steht im Islam stets im Spannungsverhältnis zwischen individueller Selbst- und göttlicher Fremdbestimmung (vgl. Charfi 2012: 161; Khoury 1991b: 253ff.). Während einige Denker, wie Abdelmajid Charfi, Mohamed Arkoun, Yadh Ben Achour, Malek Chebbel und Mohamed Talbi, in ihrer islamischen Deutung die eigenverantwortliche Freiheit des Individuums betonen, legen andere Lesarten des Korans den Akzent eher auf die göttliche (Vor-)Bestimmung des Schicksals. Ich stelle den Freiheitsbegriff lediglich in Bezug auf die Aussagen meiner Interviewpartner*innen vor.

Welt basiert auf der Freiheit. Freiheit ist ein göttliches Prinzip. Allah gibt dem Menschen seine Freiheit, um ihn am Tag der Auferstehung entweder mit dem Paradies oder mit der Hölle zu belohnen, gemäß seinen freien Taten während seines Lebens. Daher glaube ich, dass die Verletzung der Freiheit einer großen Tyrannei gleichkommt. [...] Wer die Freiheit verletzt, herrscht in großer Willkür, und man muss gegen diejenigen, die die Freiheit verletzen, ankämpfen.« (Khedher 13.09.2014, Tunis)

Khedhers Konzeption der islamisch fundierten Freiheit bezieht sich zum einen auf das Individuum, indem sie Freiheit als Grundlage menschlichen Lebens definiert. Urteilskraft, Willensfreiheit sowie das Pflichtbewusstsein sind Fähigkeiten, die Menschen erst zu freien Menschen machen (vgl. Ben Achour 2011b: 77). Die islamische Religion warnt zwar vor den jenseitigen Konsequenzen des Handelns, aber sie begrenzt nicht im Diesseits die Freiheit der Menschen, wenn sie sich nicht an diese Vorschriften halten. Den Menschen kommt demzufolge die individuelle Freiheit und die mit ihr zusammenhängende Verantwortung gegenüber sich selbst, Gott und der Gesellschaft zu (vgl. Charfi 2012: 161). In dieser Auslegung steht die religiös begriffene Freiheit in keinem Spannungsverhältnis zu modernen und säkularen Begriffen von Freiheit.

Zum anderen bringt Khedher Freiheit mit einer kollektiv-politischen Ebene in Verbindung, indem er argumentiert, dass die Verletzung der religiös begründeten Freiheit einer »Tyrannei« gleichkommt: Der Tyrann maßt sich an, die göttlich geschenkte Freiheit massiv zu begrenzen und greift unrechtmäßig in ein Verhältnis ein, das aus islamischer Sicht lediglich zwischen Gott und dem Individuum besteht. Der Tyrann beschneidet so nicht nur die Religionsfreiheit, sondern hält seine Untertanen ebenfalls davon ab, ihr Leben nach ihrer Entscheidungs- und Handlungsfreiheit zu gestalten.

Khedher erhebt die Verletzung der Handlungsfreiheit zum entscheidenden Kriterium, das politischen Widerstand legitimiert. Auch Ghannouchi verteidigt das Recht der Bürger*innen zum zivilen Ungehorsam gegen eine freiheitsbeschneidende Ordnung. Diese Position steht diametral zur hegemonialen, islamischen Denktradition, die den Koranvers 4:59 heranzieht, um für eine islamisch begründete Gehorsamspflicht gegenüber dem Herrscher zu argumentieren (vgl. Zapf 2012: 27). Der als illegitim geltende Widerstand wird mit der Angst vor dem Ausbruch des furchteinflößenden, ungezügelten Aufruhrs *(fitna)* gerechtfertigt, der als existenzielle Gefahr für die gesellschaftliche Kohäsion gilt (vgl. ebd.: 32; Guidère 2012: 36).

In den Imaginären der tunesischen IslamistInnen kommt der staatlichen Ordnung die Verantwortung zu, diese verschiedenen Freiheitsebenen für das Individuum und für das Kollektiv zu garantieren.

6.3.2.2 Freiheit als Religions- und Gewissensfreiheit

Auch Farida Labidi begründet Freiheit mit dem Koran:

»Es ist eine *verantwortliche* Freiheit, die Freiheit, dessen Ziel die Absichten des Volkes und die Ziele des Islams sind. [...] Wir glauben, dass Freiheit die Grundlage aller Gesellschaften darstellt, damit sie existieren können. Deswegen sage ich, dass Freiheit ein Recht [ḥaq][368] ist und ein essenzielles Mittel, um die Revolution zu vollziehen. Ohne Freiheit können wir weder von den Zielen der Revolution noch von Arbeit noch von sozialer Gerechtigkeit noch von Gerechtigkeit und Anerkennung zwischen den Regionen sprechen. Die Informationsfreiheit, die Meinungsfreiheit, die Freiheit, sich so anzuziehen, wie man will, die Glaubensfreiheit [ḥurriyāt almo 'taqad], das alles sind die Fundamente der Gesellschaft. [...] Die Freiheit ist der Koran, die moralischen Prinzipien, die wir durch unsere Religion gelernt haben. [...] ›Seit wann unterwerft ihr die Menschen, obwohl ihre Mütter sie frei auf die Welt gebracht haben?‹« (Farida Labidi 13.09.2014, Tunis)

Farida Labidi zitiert in ihrem letzten Satz den Weggefährten des Propheten und späteren Kalifen, Omar Ibn al-Khattar (geb. 584), der die Institution der Sklaverei kritisiert, indem er darauf verweist, dass alle Menschen frei geboren werden (vgl. Charfi 2012: 83; Ben Achour 2011b: 32).[369] Labidi

---

368 *ḥaq* bedeutet im Arabischen je nach sprachlichem Kontext entweder Recht oder Wahrheit.

369 Durch ihre Anspielung auf Omar schreibt sie sich, wie Meherzia Labidi, in die islamische Reformismusbewegung (Nahḍa) ein, die das Zeitalter des Propheten sowie die erste Generation der islamischen Geschichte (622–661) als goldenes Zeitalter begreift. Wie bereits erwähnt, bringt die islamische Renaissance-Bewegung des 19. Jahrhunderts sehr unterschiedliche Vorstellungen hervor, wie der Islam reformiert und kritisch re-interpretiert werden kann, damit er sich vor dem wachsenden westlichen Imperialismus schützen und eine moderne, islamische Gesellschafts- und Politikordnung gründen kann (vgl. Kraïem 2016: 309; Euben 2012: 59; Arkoun 2012: 93–108; Mouaqit 1997: 156). Trotz der Heterogenität der intellektuellen Positionierung der Denker lassen sich zwei grundsätzliche Themen der Renaissance Bewegung ausmachen: erstens die Faszination für die »westliche« Zivilisation, ihre Herrschaftsformen und Wissenschaften und zweitens ihre Bewunderung für den frühen Islam (vgl. Kraïem 2016: 316). Die arabischen Intellektuellen bereisen unter anderem die Türkei, Indien, Ägypten, Frankreich und England, um sich von den dort herrschenden politischen Verhältnissen und Werten inspirieren zu lassen und darüber nachzudenken, wie sie diese mit dem islamischen Glauben und den gesellschaftlichen Bedingungen ihrer

argumentiert, dass der negative Freiheitsbegriff als Freiheit von Knecht-schaft bereits im islamischen Denken verankert ist. Dabei handelt es sich nicht – wie das Diktum al-Khattars annehmen lassen könnte – um eine Idee von Freiheit als Naturrecht. Vielmehr wird Freiheit in dieser islami-schen Vorstellung erst durch die Offenbarung des Korans, die den Men-schen aus dem Naturzustand befreit, sowie durch die anschließende religiöse Praxis der Gläubigen ermöglicht.

Das hier ausgedrückte islamische Freiheitsverständnis lässt sich auf fol-gende Formel zuspitzen: Je stärker der Mensch seinen Glauben praktiziert, desto freier wird er innerlich von äußeren Zwängen und desto würdevoller wird er. Individuelle Freiheitsrechte sind dementsprechend fundamental für die vollkommene Entfaltung des Menschen (vgl. Tamimi 2001: 76). In Ghannouchis Abhandlung *Die öffentlichen Freiheiten im islamischen Staat* (1993) stützt er sich auf die Schriften des andalusischen Denkers Ash-Shatibi (gest. 1388), um Freiheit im islamischen Recht zu verankern. Ash-Shatibi zufolge dienen der Islam im Allgemeinen und das islamische Recht (*šariʿa*) im Besonderen dazu, die Bedürfnisse der Menschen zu schützen, die in drei Kategorien hierarchisiert sind: die fundamentalen Bedürfnisse (*ḍarūriyat*), die wichtigen, aber nicht unerlässlichen Bedürfnisse (*haǧiyat*) sowie die Bedürfnisse, die lediglich zur Verbesserung der Lebenslage die-nen (*tahsiniyat*). Freiheit gehört demnach in die erste Kategorie der funda-mentalen Bedürfnisse. Sie ist unabdingbar, um Glauben, Leben, Vernunft und Nachkommenschaft zu schützen. Dieser Rahmen, der den IslamistIn-nen zufolge vom Islam gesetzt wird, ermöglicht es, weitere (Menschen-)Rechte, wie die Meinungsfreiheit oder das Recht auf politische Teilhabe, anzuerkennen (vgl. Tamimi 2001: 76).

Während die Religions- und Glaubensfreiheit für die IslamistInnen seit jeher ein durch den Islam anerkanntes Recht darstellt, zumal die muslimi-schen Völker historisch betrachtet ihre christlichen und jüdischen Mitbür-ger*innen nicht dazu zwingen, zum Islam zu konvertieren,[370] stellt die Forderung der Gewissensfreiheit (*ḥurriyāt ad dhamir*) eine Neuheit für mo-derne arabisch-muslimische Gesellschaften dar, die in die neue Verfassung

---

Heimatländer vereinen können (vgl. Louca 1970). Sie tragen aktiv zur Zirkulation und zum Austausch der Ideen zwischen den verschiedenen kulturellen Räumen bei.

370 Die frühen Muslime wendeten allerdings die Regel der Nicht-Konvertierung lediglich in Bezug auf Bevölkerungen an, die monotheistischen Glaubens waren, die sogenannten *ahl al-kitab* (Leute des Buches). So konvertieren sie beispielsweise die »autochthonen« Bevölkerungen Nordafrikas zum Islam (vgl. Redissi 2017b: 53).

(Art. 6) aufgenommen wird. Die Religionsfreiheit garantiert die Freiheit, die Religion ausüben zu können. Die Gewissensfreiheit hingegen gewährleistet denjenigen, die in eine muslimische Gemeinschaft hineingeboren werden, atheistisch oder agnostisch zu sein sowie die Religion oder die Überzeugung zu wechseln. Ein Recht, das so Charfi, zwar im Gedanken der Entscheidungsfreiheit bereits im islamischen Glauben enthalten ist, das jedoch – aufgrund konservativer Lesarten des Korans – in den meisten muslimischen Ländern bis heute weder eine legale Grundlage hat noch auf einem breiten gesellschaftlichen Konsens gründet (vgl. Charfi 2012: 163f.; Achour nach Baraket/Belhassine 2016: 143).[371] Wie umstritten und fragil Gewissensfreiheit sowie ihre kulturelle Verankerung im Post-Ben-Ali-Tunesien ist, lässt sich am Prozess von Jabeur Mejri erkennen, der für eine Karikatur Mohammeds, die er auf seinem Facebook-Account publiziert, im März 2012 zu siebeneinhalb Jahren Haft verurteilt wird.[372]

Während der Religionsfreiheit in den früheren, im Exil verfassten Schriften Ghannouchis eine bevorzugte Stellung gegenüber anderen in der Verfassung garantierten Rechten zukommt, nimmt Religionsfreiheit in den islamistischen Imaginären gegenwärtig zwar eine wichtige, aber keine privilegierte Bedeutung mehr ein. Diese Nuancierung hängt gewiss mit der Veränderung der politischen Situation zusammen. Schließlich können die IslamistInnen seit 2011 ihre Religion so frei wie nie zuvor ausüben, sodass Religionsfreiheit nicht mehr ihr erstes Anliegen darstellt.

6.3.2.3 *Religions- und Gewissensfreiheit als Argument gegen strikte Säkularisierung*

Mit Bezug auf die im Islam garantierte Religionsfreiheit, die von der Gewissensfreiheit ergänzt wird, argumentieren die IslamistInnen, dass es keines strikt säkularen Staates bedarf, um die Koexistenz zwischen Gläubigen und Nicht-Gläubigen zu garantieren, wie die 35-jährige Rechtsanwältin und islamistische Menschenrechtsaktivistin Imen Triki erläutert:

»Die Verfassung umfasst die [rechtlichen, N.A.] Garantien, den Vorrang des Rechts, den Vorrang der Werte des demokratischen Staates und den Glauben in die Kultur der Menschenrechte. Die Verfassung sollte ihren [Rechts-, N.A.] Ursprung im islamischen Recht nehmen, aber sie sollte nicht zwingend und absolut

---

371 Die Gewissensfreiheit im Islam impliziert jedoch weder die Berechtigung zur Blasphemie noch zur Apostasie.

372 Er wird nach zweijähriger Haft durch eine präsidentielle Begnadigung im März 2014 freigelassen.

konform mit islamischem Recht sein. Das reicht, damit diejenigen, die das islamische Recht befolgen wollen, es befolgen können. Und der Vorrang des Staates garantiert dem anderen [säkularen, N.A.] Teil, das islamische Recht nicht befolgen zu müssen. Das [der Glauben, N.A.] ist eine persönliche Sache, [...] die dort aufhört, wo die Freiheit des anderen beschnitten wird. Auch aus religiöser Sicht gibt es das Recht ›derjenigen, die glauben, und derjenigen, die nicht glauben wollen‹. Das ist konform mit dem Geist des islamischen Rechts.« (Triki 22.09.2014, Tunis)

Triki zufolge wird durch die rechtliche und islamische Garantie der Gewissensfreiheit Religion zwar als private und innere Angelegenheit anerkannt. Um sie jedoch in vollem Maß praktizieren zu können, hätten ihrer Ansicht nach islamische Rechtsprinzipien ebenfalls Einzug in den Verfassungstext halten sollen. Auffällig ist, dass Triki das islamische Recht als Inspirationsquelle der Verfassung zitiert, das jedoch nicht »absolut«, das heißt nicht wortwörtlich, angewendet werden sollte, sondern einer kontinuierlichen Interpretation bedarf. An dieser Stelle tritt die kritische Vernunft (ʿaql) als klassisches Motiv der islamischen Renaissance-Bewegung (Nahḍa) hervor, wie sie insbesondere in den Schriften von Rifâʾa Râfi at-Tahtawi (1801–1873) und Jamal al-Din al-Afghani (1839–1897) diskutiert wird (vgl. Cheikh 2000: 20). Afghani ermutigt die muslimischen Gläubigen dazu, sich in der Interpretation des Korans von der Vernunft leiten zu lassen und nicht in eine »blinde Gefolgschaft« zu verfallen (vgl. Euben 2012: 65).[373] At-Tahtawis Denken dreht sich um die Frage, wie sich Rationalität und Objektivität mit islamischem Glauben vereinen lassen (vgl. Louca 1970: 65).

Der tunesische Intellektuelle Yadh Ben Achour widerspricht Trikis Auffassung eines islamisch inspirierten Rechtsstaats. Seiner Interpretation islamischer Prinzipien und ihrer Vereinbarkeit mit Demokratie zufolge können Gewissensfreiheit und Rechtsstaatlichkeit lediglich in vollem Ausmaß existieren, wenn eine klare institutionelle sowie intellektuelle Trennung zwischen dem Staat und der Religion erfolgt (vgl. Ben Achour 2011b: 81ff.). Der von islamischen Prinzipen beeinflusste Staat kann demnach nicht vollkommen »neutral«[374] gegenüber nicht-muslimischen Positionen und Akteur*innen auftreten.

---

373 Andere klassische Denker der Renaissance, wie Mohamed Abduh, betonen zwar auch diesen Gebrauch der Vernunft, sie weisen jedoch stärker auf die Grenzen der Rationalität hin (vgl. Euben 2012: 77).

374 Der Begriff der »Neutralität« (ḥyad) taucht in der tunesischen Verfassung erstaunlich oft, nämlich insgesamt sechs Mal, auf (vgl. Baraket/Belhassine 2016: 159). Beispielsweise wird im Artikel 15 die Neutralität der öffentlichen Verwaltung garantiert. Während die

6.3.2.4 Die Grenzen der Freiheit

Die Tatsachen, dass der Islam als Religion des Staates (Art. 1) definiert wird und das Präsidentschaftsamt lediglich von jemandem, der sich zum muslimischen Glauben bekennt, bekleidet werden kann (Art. 74), verdeutlichen die Grenzen dieses Freiheitsverständnisses. Insbesondere die Definition der Staatsreligion evoziert bei säkularen Akteur*innen die kritische Frage, ob es sich tatsächlich um einen zivilen Staat handeln kann. Der Spagat zwischen säkularen und islamistischen Akteuren schlägt sich insbesondere im Artikel 6 der Verfassung nieder, in welcher der Staat sich dazu verpflichtet, jegliche (intellektuelle, humoristisch-blasphemische) Angriffe auf das Heilige zu verbieten und zugleich keine Prozesse gegen Apostasie (*takfir*) zu führen. Die Gewissensfreiheit ist folglich an den Respekt des islamischen Rechts (*šari'a*) gebunden.

Während viele säkulare Akteur*innen in dem Artikel 6 den Höhepunkt der Widersprüchlichkeit der Verfassung sehen, reflektiert dieser Artikel für den 47-jährigen Cyberaktivisten Sami Ben Gharbia gerade die unüberwindbare und anzuerkennende Komplexität der tunesischen Bevölkerung und ihrer Bedürfnisse (vgl. Ben Gharbia 18.09.2014, Tunis). Die Befürchtung, dass die Deutung der Verfassung von den konjunkturellen, politischen Stimmungslagen und Machtverhältnissen abhängt, muss dennoch ernst genommen werden.

Freiheit kann aus Sicht der tunesischen IslamistInnen nicht »absolut und grenzenlos« sein, weil sie stets an die Achtung der Grundlagen des Islams und an geltendes islamisches und säkulares Recht gebunden ist:

»Es gibt keine absolute Freiheit. Es ist das Recht, das die Freiheit begrenzt, und das Recht drückt die allgemeine Meinung aus. Wenn eine Gesellschaft von religiösen Werten geprägt ist, wird das Gesetz das natürlich widerspiegeln. (Rached Ghannouchi 2015: 29) [...] Wenn eine Mehrheit der Abgeordneten an den Koran glaubt, dann werden sich die Gesetze automatisch darauf beziehen, weil sie [die Abgeordneten, N.A.] von muslimischen Werten beeinflusst sind. (ebd.: 48)
Freiheit bedeutet nicht *fawḍa* [Anarchie, N.A.]. [...] Es gibt keine politische Instanz, die behaupten kann, es gebe absolute Freiheit ohne Grenzen.« (Farida Labidi 13.09.2014, Tunis)

IslamistInnen, die durch die Bürokratie Ben Alis unterdrückt wurden, anhand des Neutralitätsbegriffs versuchen, sich gegenüber den einst diskriminierenden Praktiken zu schützen, suchen die säkularen Akteur*innen wiederum eine Garantie vor der befürchteten schleichenden Islamisierung der Verwaltung (vgl. ebd.: 160).

Weder der Staat noch die parlamentarische Politik können demnach weltanschaulich »neutral« sein, sondern reflektieren stets die islamischen Werte, die Ghannouchi zufolge in der Gesellschaft verankert sind und dementsprechend unweigerlich Einzug in die Politik halten. Ghannouchi spricht die unter einigen islamischen Denkern, wie Roy Mottahedeh, prominente Meinung aus, dass eine Regierung eine demokratische Legitimationsgrundlage aufweist, wenn sie unter anderem durch das gesellschaftliche Allgemeinwohl (*maṣlaḥa*)[375] legitimiert ist. Wenn dieses Gemeinwohl und in gewisser Weise die *volonté générale* von islamischen Werten beeinflusst sind, muss eine islamisch-demokratische Regierung diese aufnehmen und repräsentieren können (vgl. Fīlali-Ansary 2005: 215). In dem Sinne widerspricht Ghannouchi dem Vorwurf von Ben Achour nicht, dass der islamisch geprägte Staat nicht neutral sei. Vielmehr ist in den Augen Ghannouchis diese Neutralität weder wünschenswert noch möglich.

Die islamischen Werte denkt Ghannouchi als eine Art transzendenten »Moralkodex« (Tamimi 2007: 54), der die säkulare Demokratie konsolidiert. Diese Werte führen aus seiner Sicht nicht lediglich zur Selbstdisziplinierung und Verbesserung menschlichen Handelns, sondern dienen auch dazu, der Machtmonopolisierung durch vermögende und mächtige Bevölkerungsschichten entgegenzuwirken, die in säkularen Demokratien dominant ist (vgl. ebd.). Der »Sittenverfall«, der sich aus dieser Perspektive in der Diktatur Ben Alis ausdrückt, kann durch eine an religiöse Werte gebundene Herrschaftsordnung und islamistisch inspirierte PolitikerInnen bekämpft werden.

6.3.3   Die islamische Demokratie zwischen islamischen Wurzeln und europäischen Institutionen

Die islamistische Bewegung in Tunesien versucht, die Wurzeln der Demokratie unter anderem im Islam selbst auszumachen. So geht Ghannouchi von der Annahme aus, dass die Tatsache, dass die islamische Religion keine genauen Vorschriften zur Regierungsform macht, eine grundsätzliche Vereinbarkeit mit demokratischen Herrschaftsformen impliziert (vgl. Zapf 2012: 19; Tamimi 2001: 101). Dieser Begründungsversuch richtet sich gegen die Idee, dass die Demokratie ausschließlich »westlicher« Herkunft sei. Hat das islamische Denken den Begriff zwar nicht maßgeblich geprägt, so

---

375 »*maṣlaḥa*« bedeutet auch Wohlergehen sowie öffentliches Interesse.

manifestiert sich seiner Ansicht nach der demokratische Grundgedanke dennoch auch in islamischen Institutionen, unter anderem im Konzept der Beratung (*šūrā*):[376]

»Die Idee ist die gleiche. Die Entscheidung sollte nicht durch ein Individuum, sondern durch die Wählerschaft getroffen werden. Der Regierende erhält seine Legitimation von den Leuten, die ihn umgeben, und nicht vom Himmel. Das Volk hat das Recht, ihn zu kritisieren, ihn abzusetzen [...]. Diese Vision der Macht im Islam ist bereits eine Annäherung an die Demokratie.« (Ghannouchi 2015: 106)

Die Institution der *šūrā* wird im Koran lediglich an zwei Stellen genannt (Koranverse 42:38 und 3:159) und stellt auch historisch eine äußerst marginale Praxis dar. Sie wird vor allem im frühen Islam während der Herrschaft des ersten Kalifen, Abu Bakr (632), sowie des dritten Kalifen, Uthman (644), praktiziert (vgl. Redissi 2017b: 67). Die nicht-bindende Beratung durch die islamischen Gelehrten (*ʿulamāʾ*) sollte den Kalifen bei der Entscheidungsfindung bezüglich der Kriegsführung und der Designation für den nächsten Kalifen oder großen Imam unterstützen (vgl. ebd.; Kraïem 2016: 321). Ghannouchi erkennt in der Institution der demokratischen Wahl den Grundgedanken der islamischen Beratungsfunktion wieder, die ebenfalls durch mehrere und nicht durch einen Einzelnen erfolgt.[377]

Ghannouchis Bemühen, erste Formen demokratischen Denkens in der Institution der *šūrā* zu erkennen, lässt sich ideengeschichtlich bereits in den Schriften von Mohamed Abduh (1849–1905), Khair Eddine Ettounsi (1810–1899) und Abd al-Rahman al-Kawakibi (1849–1902) wiederfinden. Während einige Denker der islamischen Renaissance (Nahḍa) sich deutlich von »dem Westen« abgrenzen und die mit ihm assoziierten Herrschaftsmodelle ablehnen, vertritt Abduh die Auffassung, dass sich islamische Institutionen wie die Beratung mit »westlichen« demokratischen Ein-

---

376 »*šūrā*« kann sowohl mit »der Rat« (im Sinne einer Kommission) als auch mit »die Beratung« im Sinne der Handlung übersetzt werden.

377 Einige Islamistinnen nennen das Parlament in Tunesien die »Beratungsversammlung« (*maǧlis a-šūrā*) (vgl. Wöhler Khalfallah 2013). Es sei angemerkt, dass die Ennahdha in einen radikaleren Flügel, der von Sadok Chourou angeführt wird, und einen pragmatischen Flügel, der von Rachid Ghannouchi und Meherzia Labidi geleitet wird, gespalten ist. Chourou bestand beispielsweise darauf, die Referenz auf islamisches Recht als hauptsächliche Rechtsquelle der Gesetzgebung und Rechtsprechung in die Verfassung einzuschreiben. Seiner Interpretation nach seien die Bürger*innen 2011 auf die Straße gegangen, um die Einführung des islamischen Rechts zu fordern (vgl. Tunisie numerique 2012).

richtungen vereinbaren lassen (vgl. Euben 2012: 83, Arkoun 2012: 103; Aouattah 2011: 24f.; Filali-Ansary 2005: 140).[378] Der tunesische Denker Khair Eddine Ettounsi versucht, eine »islamische Genese des Parlamentarismus« (Aouattah 2011: 15) nachzuzeichnen und behauptet, dass das *šūrā*-Prinzip die Legitimation des Herrschers bestimmt: Demnach ist ein Herrscher lediglich legitim, wenn er sich von den »Weisen« der Nation beraten lässt (vgl. Redissi 2017b: 71). Kawakibi argumentiert in seiner Kritik des arabischen Despotismus, dass die Beratungsfunktion der Muslime zentral ist, um eine rationale Staatsführung und eine Begrenzung der Machtausübung gewährleisten zu können (vgl. ebd.: 72; Aouattah 2011: 15). Das Beratungsprinzip wird letztlich ebenfalls als ein Instrumentarium gegen die Willkürherrschaft (*ḍulm*) imaginiert, zumal der Kalif nicht vollkommen uneingeschränkt und willkürlich herrsche, wenn er sich die Meinungen seiner Untertanen zumindest anhört. Die Beratung beruht dem marokkanischen Philosophen Mohammed Abed Jabri zufolge zudem auf der Tugend der Gläubigen bzw. der gläubigen Gemeinschaft, die sich hierfür in Urteilskraft und Vernunft üben müssen (vgl. Filali-Ansary 2005: 142). Das Beratungsprinzip weist ferner auf das Ideal eines sozialen Zusammenschlusses und einer politischen Gemeinschaft hin.

Ghannouchi knüpft zwar an diese Denktradition an. Anders als die Denker der Renaissance genügt es ihm jedoch, die Institution der islamischen Beratung als Rechtfertigungsgrundlage heranzuziehen, um für die generelle Vereinbarkeit von Islam und Demokratie zu plädieren. Aus seinem Begründungsversuch resultiert also kein alternatives institutionelles Setting für die »islamische Demokratie«, wie die eingangs zitierte Aussage von Meherzia Labidi verdeutlicht (»Wir werden nicht eine Demokratie für Araber und Muslime neu definieren«). Vielmehr übernimmt die islamistische Bewegung bereits bestehende demokratische Institutionen aus dem liberalen europäischen Erfahrungsarchiv (vgl. Tamimi 2001: 102). Sie sind inspiriert von den klassischen, europäisch geprägten, demokratischen Ent-

---

378 Mohammed Abed Jabri weist darauf hin, dass insbesondere die erste Generation der islamischen Renaissance-Denker versucht, islamische Deutungen mit demokratischen Institutionen zu verbinden. Die Reformisten der zweiten Generation, wie der prominente Rachid Rida (1865–1935), hingegen betonen die Einzigartigkeit des »islamischen Modells« und lehnen alle aus dem »Westen« kommenden politischen Erfindungen ab (vgl. Filali-Ansary 2005: 141). Rida wird von der ägyptischen Muslimbrüderschaft als zentraler Vordenker angeführt. Auch Farida Labidi zitiert neben Rida, Ibn Taymiyya (1263–1328), einen frühen Denker des Fundamentalismus, als wichtige theologische Referenz.

scheidungsverfahren, die sie als politisches Mittel zur Gewährleistung fried-
licher Machtübertragungen, regelmäßiger Machtwechsel und politischer
Pluralität und Organisationsfreiheit verstehen (vgl. Browers 2009: 55), wie
die Aussage des Ennahdha-Abgeordneten Habib Khedher unterstreicht:

»Das Wichtigste für mich an der Idee der Demokratie ist die Bereitschaft der verschiedenen politischen Flügel, friedlich zusammenzuleben, die Akzeptanz der
Wahlergebnisse, die Bereitschaft, die Macht zu verlassen und abzutreten, sowie die
Bereitschaft, zugunsten des Gemeinwohls zusammenzuarbeiten.« (Khedher
13.09.2014, Tunis)

Auch die 46-jährige Ennahdha-Abgeordnete Farida Labidi macht deutlich,
dass die neu gegründete Demokratie Tunesiens durch die Gewaltenteilung,
die Institution der Wahlen und vor allem durch die doppelköpfige Exekutive aus institutioneller Perspektive dem französischen politischen System
ähnelt. Sie erwähnt zudem die »Staatsbürgerschaft« in Medina als ein islamisches Begründungsnarrativ der tunesischen Demokratie:

»Wir haben einen zivilen, demokratischen Staat gegründet. [Es gibt Macht-, N.A.]
Gleichgewichte, freie und demokratische Wahlen und eine politische Ordnung
[niṭām, N.A.] mit einer doppelköpfigen Exekutive [...]. Das Verhältnis zwischen
Religion und Staat ist unserer Meinung nach klar. [...] Unsere Traditionen und die
Verfassung erlauben es uns, diesen zivilen und demokratischen Staat zu errichten.
[...] Und der erste islamische Staat war die Medina dem Bericht des Propheten zufolge, in dem er die Bedingungen der Bürgerschaft definiert. Deswegen wurde der
[tunesische, N.A.] Staat im Wesentlichen auf der Staatsbürgerschaft basierend gegründet.« (Labidi 13.09.2014, Tunis)

Die institutionelle tunesische Demokratie entspricht folglich in keinerlei
Hinsicht einem theokratischen Staat. Demokratie wird hier vor allem mit
demokratischen Verfahren und Strukturen gleichgesetzt.

   Der Rekurs auf den frühen Islam und den von Mohammed gestifteten
»Bündnisvertrag von Medina«, der bisweilen auch als »erste Verfassung«
der muslimischen Welt begriffen wird, dient Labidi dazu, der tunesischen
verfassungsstaatlichen Neugründung eine islamisch-religiöse Fundierung
zu verleihen (vgl. auch Ghannouchi 2015: 99). Mohammed hat demnach
im Jahr 622 in Medina eine Vereinbarung geschlossen, die eine friedliche
Gemeinschaftsordnung zwischen den muslimischen sowie jüdischen Bevölkerungsgruppen aus Medina und Mekka geschaffen hat (vgl. Zapf 2012:
29f.; Marzouki 2013: 211). Mit ihrem Hinweis auf den Vertrag von Medina
möchte Labidi zeigen, dass die Verfassungsstaatlichkeit, die als moderne
Institution im »Westen« gilt, auch im islamischen Denken verwurzelt ist

und folglich kein »rein westliches« Produkt ist. Für Ghannouchi beweist unter anderem der Bündnisvertrag, dass der Islam gleichsam von Anfang an politisch *und* pluralistisch-demokratisch ist.[379] Ferner haben muslimische Machthaber, im Gegensatz zu europäischen Königshäusern, nie ihren Herrschaftsanspruch durch das Gottesgnadentum legitimiert. Das habe pluralistische und widerstreitende Interpretationen der Geschichte und der Religion ermöglicht (vgl. Ghannouchi 2015: 99f.). Dabei handelt es sich weniger um eine historiografische oder philosophische Argumentation als vielmehr um ein »kollektives Imaginäres von Medina«, wie es der islamische Denker Mohamed Arkoun nennt (Arkoun nach El Ayadi 1997: 51f.). Medina fungiert als Parabel für ein ideales Verhältnis zwischen dem Staat (*dawla*) und der Zivilgesellschaft (*muğtamaʿ madanī*) (vgl. Marzouki 2013: 211). Der Politikwissenschaftlerin Nadia Marzouki zufolge verweist das Imaginäre von Medina auf die Vorstellung einer autonomen, selbstregulierenden Gesellschaft, der es gelingt, ihre kulturelle, identitäre und sprachliche Integrität zu wahren (vgl. ebd.).

Abschließend sei darauf hingewiesen, dass Zapf und Wöhler-Khalfallah hinsichtlich der historischen Praxis der *šūrā* argumentieren, dass das islamische Beratungsprinzip sich nicht als demokratisches Vorbild eignet (vgl. Zapf 2016: 383; Wöhler-Khalfallah 2004: 125ff.). Meiner Meinung nach ist nicht die Tatsache problematisch, dass die Beratung im frühen Islam unverbindlich für den Herrscher war und lediglich einen kleinen, elitären Kreis partizipieren ließ. Schließlich fungiert auch die antike Demokratie Athens als ein wirkmächtiges Imaginäres zeitgenössischer europäischer Demokratien, obwohl sie weder den heutigen Ansprüchen an Demokratie genügt noch ihnen auf institutioneller Ebene gleicht. Meines Erachtens lässt sich das Beratungsprinzip jedoch aus einem anderen Grund nicht ohne Weiteres als Vorbild einer Demokratie heranziehen: In der Demokratie geht es weniger *lediglich* um Beratung als auch um Autonomie. Beratung allein kann nicht mit der Expertokratie und der damit einhergehenden paternalistischen Entmündigung und Entmachtung der Bürger*innen brechen. Ferner zeichnet Beratung nicht prägend die »demokratische Erfindung« (Lefort 1990c) aus, zumal es Beratung bereits in der frühen Neuzeit gab, wie uns das Werk *Der Fürst* von Niccolò Machiavelli lehrt. Die Beratung müsste aus meiner Sicht um Selbstbestimmung ergänzt werden.

---

379 Es handelt sich nicht um eine Re-Interpretation, die lediglich die tunesische Ennahdha-Partei vornimmt. Autoren wie Muhammad Hamidullah oder Ali Khan deuten bereits das Dokument verfassungstheoretisch (vgl. Zapf 2012: 29f.).

Jedenfalls lässt sich festhalten, dass die »islamischen Ursprünge der Demokratie« den IslamistInnen dazu dienen, ihren heutigen demokratischen Erfahrungen einen imaginären Ursprungsort zu verleihen – ohne dass sie sich tatsächlich auf die Institutionen der tunesischen Demokratie niederschlagen.

6.3.4   Welches Vorbild für eine »islamische Demokratie«?

Schließlich stellt sich die Frage, welche real existierenden Demokratien oder politischen Ordnungen den tunesischen IslamistInnen als Vorbilder dienen, zumal die iranische Ordnung keine aktuelle Referenz mehr ist. Dabei fällt auf, dass die Türkei am häufigsten zitiert wird:

»Die türkische Erfahrung ist sehr reich und man kann von ihr viel lernen. (Habib Khedher 13.09.2014, Tunis)

Zu Beginn des 20. Jahrhunderts gab es diesen Willen, Islam und Demokratie in Dialog miteinander zu bringen. Ich glaube, dass die Erfahrung der Ennahdha [Partei, N.A.] in Tunesien ein sehr wichtiger Schritt in diese Richtung ist, wie es bereits in Indonesien oder in der Türkei geschehen ist. Tunesien ist gerade dabei, einen großen Schritt zu gehen in der existenziellen Versöhnung zwischen Muslim sein und frei sein.« (Meherzia Labidi 22.09.2014, Tunis)

Die IslamistInnen bewundern nicht den kemalistischen Laizismus der türkischen Republik, sondern den Machtaufstieg Erdogans, dem es gelingt, die religiösen, bis dato marginalisierten Bevölkerungsschichten in die Politik einzubinden und sie auf höchster staatlicher Ebene zu repräsentieren. Die Privilegierung der »weißen Türken«, wie die Soziologin Nilüfer Göle die urbane wohlhabende, republikanisch-laizistische Elite nennt, gegenüber den »schwarzen Türken«, den religiösen, ärmeren und ländlichen Bevölkerungsschichten, erfährt damit ein Ende. Die tunesischen IslamistInnen erkennen darin eine Parallele zu ihren eigenen Diskriminierungserfahrungen unter Bourguiba und Ben Ali. Außerdem steht die Türkei aus ihrer Sicht für eine pluralistische politische Ordnung mit islamischer Ausprägung, die (bis 2017) vom Parlamentarismus geprägt ist. Wichtig zu bemerken ist, dass ich meine Interviews mit den IslamistInnen vor dem gescheiterten Militärputsch und der darauffolgenden autoritären Wende unter Erdogan durchgeführt habe, sodass sich schwer einschätzen lässt, inwieweit die Ennahdha-Mitglieder die türkische Regierung weiterhin als *demokratisches* Vorbild sehen.[380]

Die pluralistische Demokratie Indonesiens, die sich ab 1998 von einem autoritären Militärregime hin zu einem demokratischen Staat wandelt, bildet ein weiteres Vorbild für die Ennahdha und den Demokratisierungsprozess Tunesiens. Die Staatsideologie »Pancasila« setzt das Prinzip durch, dass der Staat als monotheistisch gilt. Der Islam ist aber keine Staatsreligion und auch das islamische Recht stellt keine Rechtsquelle dar, obwohl 88 Prozent der Bevölkerung muslimischen Glaubens sind. Der indonesische Staat weist außerdem eine tolerante Haltung gegenüber anderen religiösen Minderheiten wie Christen, Buddhisten und Hindus auf.

Schließlich erwähnt die 35-jährige islamische Menschenrechtlerin Imen Triki die europäische liberale Demokratie als Vorbild für den politischen Wandel Tunesiens:

»Die Zukunft Tunesiens hängt von der Öffnung für die Kultur der Menschenrechte und Freiheiten ab, die ohne Zweifel in der westlichen Welt existieren. Es gibt das englische, das französische […] Modell, verstehst du? Tunesien wird in Zukunft durch seine Verfassung definiert und […] danach, ob es uns gelingt, auf dem Weg zu einer gelungenen Demokratie voranzuschreiten, wie das englische Modell.« (Triki 22.09.2014, Tunis)

Triki verbindet mit der englischen oder französischen Demokratie die Inklusion der Menschenrechte, die eine wichtige Rolle in der neu zu errichtenden politischen Ordnung einnehmen sollten. Meherzia Labidi bringt die wenig eingestandene, aber dennoch enge Verbindung der tunesischen IslamistInnen zur europäischen Demokratie auf eine etwas ungewöhnliche Formel:

»Demokratie ist ein bisschen wie McCain Fritten,[381] nicht diejenigen sprechen über sie, die ihren Geschmack kennen, sondern diejenigen, die sie leben und wir haben

---

380 Ghannouchi gratuliert zwar regelmäßig Erdogan zu seinen Wahl- und Referendumssiegen (vgl. Thebti 2018). Jedoch gratulieren die britische Premierministerin Theresa May oder der französische Präsident Emmanuel Macron Erdogan ebenfalls zum Ausgang der Wahlen 2018. Die Unterstützung Erdogans durch die IslamistInnen dient zweifelsohne den diplomatischen Beziehungen, die es hinsichtlich internationaler Partnerschaften und Interessen aufrechtzuerhalten gilt. Ob die Verbindung zwischen den tunesischen und den türkischen IslamistInnen gegenwärtig weitergeht, kann ich auf Basis meiner Interviews nicht sagen.

381 Labidi spielt an dieser Stelle auf den Werbeslogan der Marke McCain aus dem Jahr 1994 für Pommes Frites an, der (aus dem Französischen übersetzt) lautet: »Diejenigen, die am wenigsten davon sprechen, essen am meisten davon«.

die Demokratie unter anderem in Frankreich erlebt.« (Meherzia Labidi 22.09.2014, Tunis)

Die Zeit, die die IslamistInnen im (vornehmlich) französischen und englischen Exil erleben, ist demnach prägend für ihre Demokratievorstellung.

6.3.5 Freiheit als Nichtbeherrschung oder als Praxis der Selbstregierung?

Die Tatsache, dass die IslamistInnen nicht mehr verfolgt werden und nun politische Ämter besetzen, führt dazu, dass sich teilweise ein Pragmatismus in ihren Rängen einstellt. Während sie sich nach ihrem Wahlsieg 2011 sicher waren, dass ihre Stunde geschlagen hat, ändert sich die Situation spätestens nach wiederholten Regierungskrisen. Der Militärputsch 2013 gegen den ägyptischen Präsidenten Mursi verstärkt auch in Tunesien die Angst vor einem Putsch (vgl. Triki; Meherzia Labidi). Die islamistische Bewegung in Tunesien wird sich bewusst, dass sie in revolutionär turbulenten Zeiten und ohne parlamentarische Mehrheit ihr Programm den tunesischen Verhältnissen anpassen muss, die in vieler Hinsicht zu den liberalsten in den arabischen Welten gehören, um ihre Macht zu erhalten und ein »ägyptisches Szenario« zu vermeiden. Wenn sie mit dem Willen an die Macht gekommen sein sollten, die tunesische Gesellschafts- und Herrschaftsordnung nach strengeren islamistischen Grundprinzipien umzugestalten, so wird ihnen schnell klar, dass dieses Projekt angesichts der pluralistischen Opposition und der aktiven Zivilgesellschaft lediglich mit Gewalt durchzusetzen ist – ein Mittel, das ihr Anführer Ghannouchi stets abgelehnt hat (vgl. Ghannouchi 2015: 25f.). Gegenwärtig liegt kein Grund vor, von einem reaktionäreren, nicht-demokratischen Gesellschaftsprojekt der IslamistInnen auszugehen.[382]

Interessanterweise zeigen gerade diejenigen Akteur*innen, die im globalen Norden als Antipode der »westlichen Demokratie« wahrgenommen werden, das Imaginäre, das – vom Verhältnis von Religion und Staat abgesehen – europäischen Demokratieformen am ehesten ähnelt. Mit Demokratie assoziieren die IslamistInnen die Wahrung der Menschenrechte und insbesondere die individuellen und kollektiven Freiheitsrechte, die die Grundlage für die Legitimität der demokratischen Herrschaftsordnung

---

382 Diese Einschätzung kann sich gewiss jederzeit ändern. Das hängt davon ab, ob sie sich weiterhin an die demokratischen Spielregeln halten.

darlegen. Sie weisen ferner ein vornehmlich prozedurales Demokratieverständnis basierend auf Volkssouveränität, Pluralismus, ein Mindestmaß an Gewaltenteilung, demokratischen Wahlen, friedliche Machtübergänge und Rechtsstaatlichkeit auf (vgl. auch Ouazghari 2014: 322), welches den liberalen Konzepten der »minimalen Demokratie« (Noberto Bobbio) oder der »schlanken Demokratie« (Robert A. Dahl) stark ähnelt. So hat Bobbios minimale Demokratiedefinition in erster Linie zum Ziel, grundlegende Freiheitsrechte, ein kompetitives Parteiensystem mit regelmäßigen Wahlen und mit einem allgemeinen Wahlrecht sowie einen durch die Mehrheitsregel bestimmten Entscheidungsprozess, der kollektiv bindende Entscheidungen generieren soll, zu gewährleisten (vgl. Bobbio 1987: 40). Die IslamistInnen begreifen ebenso wie der italienische Philosoph Bobbio den Rechtsstaat und die Demokratie als gleichermaßen voneinander abhängig:

»The liberal and the democratic state are undoubtly interdependent: if liberalism provides those liberties necessary for the proper exercise of democratic power, democracy guarantees the existence and persistence of fundamental liberties.« (vgl. ebd.: 26)

Verfassungsnormen definieren die institutionelle demokratische Ordnung und legen die minimale Demokratie fest. Die Berücksichtigung der Verfassung und der ihr inhärenten Regeln, wie die Mehrheitsentscheidung oder die gleiche Gewichtung der Wahlstimmen, ermöglicht es, dass soziale Konflikte durch festgelegte Verfahren auf friedliche Art und Weise ausgehandelt werden. Die rechtsstaatlichen und demokratischen Institutionen werden in erster Linie als Schutzmechanismen vor arbiträrer Herrschaft gedacht.

Am stärksten differiert die Demokratievorstellung der IslamistInnen von der von Bobbio konzipierten minimalen Demokratie jedoch hinsichtlich der sozialen Frage, die nicht im Mittelpunkt der islamistischen Imaginäre steht. Sie entwickeln beispielsweise keine Konzeption eines Sozialstaates und sprechen auch kaum über sozialstaatliche Maßnahmen. Ihre islamische Deutung der Gerechtigkeit impliziert zwar theoretisch Armutsbekämpfung (vgl. Ghannouchi 2015: 102), diese nimmt jedoch in ihrem Diskurs keine besondere Rolle ein. Bobbios Idee der »Verbesserung der Demokratie«, die über ein Mindestmaß an sozialer und ökonomischer Gleichheit sowie durch die Demokratisierung der Zivilgesellschaft erfolgen sollte, bedenkt hingegen soziale Ungleichheit (vgl. Bobbio 1989: 887ff.; Bobbio 1994: 87ff.).

Die von den IslamistInnen ausgedrückte Vorstellung einer minimalen Demokratie gleicht auch institutionell gesehen einer liberalen Demokratieform, die um islamische Prinzipien, Grundwerte und Wahrheitsansprüche ergänzt wird.[383] Die Argumentation der IslamistInnen, dass die religiösen und traditionelleren Bevölkerungsschichten einer politischen Repräsentation bedürfen, lässt sich anhand der Idee der »Politik der Präsenz« der britischen Politikwissenschaftlerin Anne Philips begreifen. Philips plädiert dafür, dass die gesellschaftlichen Gruppierungen sowohl hinsichtlich ihrer ideologischen Überzeugungen als auch proportional zu ihrer zahlenmäßigen Relevanz im Parlament repräsentiert werden sollten (vgl. Philipps 1994: 75ff.). Die IslamistInnen repräsentieren demnach sowohl durch ihre Präsenz als auch durch ihre ideologisch-inhaltlichen Positionierungen eine bestimmte Bevölkerungsschicht der tunesischen Gesellschaft, die nicht nur bislang politisch nicht vertreten worden ist, sondern ferner unter einer massiven Verfolgung gelitten hat.

Dabei fällt auf, dass die politische Teilhabe der Bürger*innen, die beispielsweise im Imaginären der südamerikanischen Demokratie und der leader-losen Revolution zentral ist, in den islamistischen Imaginären nur sehr implizit eine Rolle spielt. Wenn es um Teilhabe geht, dann um die politische Inklusion marginalisierter religiöser Bevölkerungsschichten, die jedoch nicht zwangsläufig über eine direkte Partizipation, sondern ebenfalls über eine politische, elektive Repräsentation erfolgen kann. In den Imaginären der interviewten, islamistisch inspirierten Akteur*innen spielen die Bürger*innen außerhalb ihres Wahlauftrages oder ihres Rechts auf zivilen Ungehorsam kaum eine tragende Rolle im politischen Gestaltungsprozess.[384]

Das liegt daran, dass sich die Staatsbürgerschaft in den Imaginären der partizipativen und islamischen Demokratie auf zweierlei Weise ausdrückt: Während die Imaginäre der leader-losen Revolution und der partizipativen »Volksdemokratie« eine Vorstellung der Staatsbürgerschaft hervorbringen, die im Sinne Etienne Balibars einer kollektiven, kontinuierlichen und agonistischen Praxis gleicht (vgl. Balibar 2002: 25), formuliert das islamistische

---

383 Die eingangs getroffene Feststellung, dass die europäische liberale Demokratie kaum eine Rolle in den tunesischen Imaginären spielt, muss hier folglich relativiert werden.

384 Das mag unter anderem damit zusammenhängen, dass ich meine Interviews – mit Ausnahme von Imen Triki – mit der Elite der Politiker*innen geführt habe, die mehrheitlich den Ausbruch des Revolutionsprozesses nicht selbst auf der Straße erstritten haben und die ihre Perspektive als Politiker*innen nicht auf die Schaffung direkt partizipativer Strukturen ausrichten.

Imaginäre der Demokratie einen Staatsbürgerschaftsbegriff, der einem rechtlichen Status entspricht. Wenn diese beiden Auffassungen die zwei Dimensionen der Staatsbürgerschaft, die konstituierende und die konstituierte, umfassen, so lässt die Betonung einer Dimension auf Kosten der anderen doch auf ein anderes Imaginäre des Politischen deuten.

Die Staatsbürgerschaft als rechtlicher Status, der vom Staat verliehen wird, definiert vordergründig, wer das Recht hat, am politischen Leben teilzuhaben. Sie wird von den IslamistInnen als eine rechtsstaatliche Institution gedacht, die eine deutliche Verbesserung zur Herrschaft Bourguibas und Ben Alis bedeutet. Dieser Staatsbürgerschaftsbegriff geht mit der Vorstellung einer Bürgerin einher, die vordergründig das Recht hat, »auf bestimmte Weise – nämlich gut, im Interesse aller etc. regiert zu werden (und eventuell dagegen zu protestieren, wenn das nicht der Fall ist)« (Celikates 2010: 64). Es handelt sich meines Erachtens eher um ein passives Staatsbürgerschaftsverständnis, das primär als Schutz vor willkürlicher Herrschaft begriffen wird und auf einem negativen Freiheitsbegriff gründet, der als »Freiheit vom Staat« (Bobbio 1998: 16) oder als Freiheit als Nichtbeherrschung (Pettit 2015) verstanden werden kann.

Die Staatsbürgerschaft als kollektive agonale Praxis der Selbstregierung bedarf zwar eines rechtsstaatlichen Rahmens, sie kann ihn jedoch auch überschreiten. Die politische Handlung befragt, problematisiert und verändert gegebenenfalls die institutionalisierten Formen und Grenzen kollektiver Selbstregierung (vgl. ebd.). Die Praxis gehört in dem Sinne niemandem und kann im Gegensatz zum rechtlichen Status nicht exklusiv besessen werden, sondern wird stets aufs Neue ausgeübt und taxiert (vgl. Deleixhe 2014: 69f.). Bürgerin zu sein bedeutet in dieser Hinsicht nicht lediglich, regiert zu werden, sondern sich selbst zu regieren und sich kritisch mit den Rahmenbedingungen der Staatsbürgerschaft auseinanderzusetzen. In dem Sinne können Bürger*innen sich ebenfalls als revolutionäre Subjekte gegen den Staat erheben. Diese Konzeption der Bürger*innen basiert in den Worten Bobbios auf der Vorstellung einer »Freiheit im Staat« (Bobbio 1998: 16), es geht also um Autonomie.

Die zwei widersprüchlichen, aber konstitutiven Dimensionen der Staatsbürgerschaft, die Balibar »Politik des Aufstands« und »Politik der Verfassung« nennt, spalten den Begriff der Politik und machen seine Ambiguität aus (vgl. Balibar 2010: 20).

In Tunesien treten diese verschiedenen Politikvorstellungen umso deutlicher hervor, als sie durch sehr unterschiedliche Akteur*innen vertreten werden. Dementsprechend sind die Orte der demokratischen Selbstgesetzgebung und die Modi des Politischen für die islamistischen Akteur*innen und die radikaldemokratischen Akteur*innen, wie ich die Vertreter*innen der partizipativen und selbstverwalteten Demokratie abschließend nennen möchte, nicht die gleichen. Während die IslamistInnen davon ausgehen, dass Politik im Parlament durch den Wettstreit von Parteien erfolgt, versuchen die radikaldemokratischen Akteur*innen, lokale Formen der Selbstverwaltung zu entwickeln, in denen die Bürger*innen selbstständig politisch handeln können.

Die Suche nach den islamischen Wurzeln der Demokratie und der gleichzeitige Rückgriff auf die »im Westen« bewährten demokratischen Verfahren und Strukturen lässt sich im Sinne des »wiederholenden Universalismus« von Michael Walzer (Walzer 1996; 139–168) verstehen. Walzer geht davon aus, dass sich aus den spezifischen, aber kulturübergreifenden, sich wiederholenden Unrechtserfahrungen politischer Unterdrückung und Diskriminierung moralische und menschenrechtliche Minimalstandards ableiten lassen:

»Obgleich unsere jeweilige Geschichte anders aussieht, haben wir gemeinsame Erfahrungen und manchmal gemeinsame Reaktionen und aus ihnen bilden wir das moralische Minimum, wenn wir seiner bedürfen.« (Walzer 1996: 34)

Menschenrechte als Form eines solchen »moralischen Minimalismus« lassen sich demnach inhaltlich nicht endgültig festlegen. In diesem Sinne lässt sich argumentieren, dass die tunesischen IslamistInnen in der »westlichen Demokratie« den Garanten einer Minimalmoral erkennen, die sie um ihre islamische Deutung ergänzen.

7. Talking about feminism

»Ich sehe für die arabischen Frauen nur einen Ausweg, um alles zu entriegeln:
sprechen, unablässig von gestern und von heute sprechen, unter uns sprechen,
in allen Frauengemächern, in den traditionellen und in den Sozialwohnungen.
Unter uns sprechen und schauen. Nach draußen schauen, außerhalb der
Mauern und der Gefängnisse schauen!«
Assia Djebar, Die Frauen von Algier, 1980.

Das Narrativ der »befreiten tunesischen Frau« als emanzipierte und säkulare Frau, die eine Sonderrolle innerhalb der muslimisch-arabischen Welt einnimmt, bildet ein zentrales Element des Staatsnarrativs unter Bourguiba und Ben Ali. Seit den 1960er Jahren hat es sich ebenfalls als bedeutungsvolles Selbstverständnis der Gesellschaft durchgesetzt. Die tunesische Gesellschaft gedenkt einer Reihe historischer, bis weit in die Antike reichender Frauenfiguren, um die außerordentliche Rolle tunesischer Frauen im politischen und öffentlichen Leben historisch zu begründen (vgl. Bessis 2017; Abdelkader Fakhfakh 2015: 24ff.).

Dabei handelt es sich nicht lediglich um ein konstruiertes Selbstbild oder um reine Rhetorik. Vielmehr wird das Narrativ, wie bereits im dritten Kapitel dargelegt, tatsächlich durch vergleichsweise fortschrittliche Rechte von Frauen untermauert, die vom Scheidungsrecht (1957) über das Abtreibungsrecht (1973) bis hin zu egalitären politischen Rechten, wie das Wahlrecht (1956) und das Recht auf Bekleidung politischer Ämter, reichen.

Der tunesische Staatsfeminismus ist jedoch von seiner Geburtsstunde an ein »Gefangener der Nation« (Lakhal 2017) und konstitutiver Teil einer »unmittelbar autoritären, hierarchischen und repressiven« tunesischen Moderne (Béji nach Lakhal 2017). Die konstante Referenz auf *die* tunesische Frau (franz. »la femme tunisienne«; tunesisches Arabisch: »mar'a tounsya«)[385] in öffentlichen Diskursen, auf die stets im Singular hingewiesen

---

385 Die Formel »die tunesische Frau« strukturiert öffentliche Diskurse von und über Frauen
seit Bourguibas Zeiten bis heute. Ein Beispiel: Im Wahlkampf 2014 wirft die Ennahdha-
Abgeordnete und damalige Vize-Präsidentin der verfassungsgebenden Versammlung
(ANC), Meherzia Labidi, dem Präsidentschaftskandidaten Essebsi vor, dass seine Partei,
Nidaa Tounes, nicht demokratisch sei und er zudem Teil des alten Regimes sei. Essebsi
gibt sich nicht die Mühe, inhaltlich auf ihren Vorwurf einzugehen und antwortet
lediglich mit der süffisanten Bemerkung, dass sie »nur eine Frau« sei. Er gibt damit zu
verstehen, dass ihre Rede aufgrund ihres Geschlechts nicht ernst zu nehmen sei.
Daraufhin kontert Labidi in einem Facebook-Post unter anderem: »Glücklicherweise bin

wird, verdeutlicht, dass das Narrativ der »befreiten tunesischen Frau« Frauen in einer standardisierten, essentialisierenden Repräsentation gefangen hält, die ihre Identität staatlich festzulegen intendiert. Der Staat entwirft dabei das Ideal der säkularen und erwerbstätigen tunesischen Frau, die dennoch ihrer (traditionellen) Mutterrolle nachkommt.

Die massive Partizipation von Frauen und Feminist*innen am Ausbruch des Revolutionsprozesses 2011 wirft die Frage nach den Imaginären der Feminist*innen auf. Was macht in diesem Kontext feministische Imaginäre zu »subversiven« oder gar »revolutionären« Imaginären? Wie positionieren sich Feminist*innen gegenüber dem autoritären Staat? Wie denken sie den Wandel der androzentrischen Gesellschaft?

Im Folgenden werde ich darstellen, welche Kritik die Feminist*innen der einflussreichen Nichtregierungsorganisation ATFD[386] an den Staatsfeminismus unter der Herrschaft Ben Alis adressieren. Warum begreifen die ATFD-Feminist*innen das Recht als privilegiertes, gesellschaftstransformierendes Mittel? Anschließend skizziere ich die Debatte um die Einschreibung des Komplementaritätsprinzips in die neue Verfassung, an der sich die Konfliktlinien zwischen säkularen und islamistischen Feminist*innen darstellen lassen. Darauf aufbauend diskutiere ich die Frage, ob es einen islamistischen Feminismus in Tunesien gibt. Abschließend stelle ich die neuen Herausforderungen an den Feminismus vor, die durch den Ausbruch des Revolutionsprozesses zum Vorschein kommen.

---

ich lediglich eine Frau, die in einer Partei mit islamischen Prinzipien kämpft und die Pionier in Sachen Demokratie ist, die mich auf einen hohen politischen Posten ernannt hat, auf dem ich zeigen konnte, dass *die tunesische Frau* (Herv. N.A.) alle Kompetenzen aufweist, um politisch zu handeln« (Labidi nach Chaabane 2014). Dass diese Formel von einer islamistischen Politikerin verwendet wird, die selbst lange Zeit aus der Kategorie der »tunesischen Frau« ausgeschlossen worden ist, ist bemerkenswert. Das zeigt auch, wie verbreitet dieser Ausdruck sowie der Reflex sind, die Eigenschaften und Attribute der »tunesischen Frau« in der tunesischen Öffentlichkeit diskursiv zu definieren. Es sei angemerkt, dass der Gebrauch des Singulars (»die tunesische Frau«) sowohl im Hocharabischen und im tunesischen Dialekt als auch im Französischen stets dominant ist und trotz der grammatikalischen sowie gesellschaftlichen Inadäquatheit des Ausdrucks unerschütterlich erscheint.

386 Ich beschränke mich in diesem Abschnitt auf ATFD-Mitglieder, da sie von den 1970er Jahren an bis 2011 die zentralen, politisch aktiven, feministischen Akteur*innen sind. Die islamischen FrauenrechtlerInnen treten erst nach 2011 hervor, ihre Positionen diskutiere ich im späteren Verlauf des Textes. Die ATFD ist eine reine Frauenorganisation. Um darauf hinzuweisen, dass das Geschlecht eine soziale Konstruktion ist und einige Feminist*innen sich nicht mit dem weiblichen Geschlecht identifizieren, verwende ich weiterhin die »*innen«-Endung.

7.1 Die demokratische und rechtsstaatliche Kritik am autoritären Staatsfeminismus

Die Kritik des Staatsfeminismus bedarf einer schwierigen, mitunter ambivalenten Positionierung der Aktivist*innen der ATFD: Wie können Feminist*innen einen Staat kritisieren, der sich für ihre Rechte einsetzt? Zunächst einmal stellt sich bereits ab den 1980er Jahren heraus, dass der Staatsfeminismus eine nach Autonomie strebende, feministische Bewegung kaum duldet und die ATFD bis zum Sturz Ben Alis um ihre Existenzberechtigung kämpfen muss:

»Durch die Geschichte Tunesiens hatten wir immerhin mit dem *Code du Statut Personnel* relativ fortschrittliche Gesetze und eine Art Staatsfeminismus, der aber die Herausbildung einer autonomen Frauenbewegung ein wenig verhindert hat. [...] Wir konnten nur mit großer Mühe Lokale mieten, [...] wir hatten keinen Zugang zu den Medien, wir hatten keinen Zugang zum öffentlichen Raum [...], in den Hotels gab es immer Umbauarbeiten, wenn wir einen Raum mieten wollten [sagt sie ironisch, N.A.]. [...] Ich war zugleich politische und feministische Aktivistin, für mich war es ein ewiger Kampf [...]. Mein Auto wurde zerstört, man hat mir den Zugang zu meinem Haus verboten, meine Kinder wurden von der Polizei verfolgt. [...] In Tunesien unterdrückte man uns [...] und sogar die Frauen, die Opfer von Gewalt waren und bei der ATFD Hilfe suchten, wurden bisweilen [von der Polizei, N.A.] belästigt. In den Gerichtsprozessen hat man versucht, uns davon abzuhalten, unsere Arbeit zu machen. [...] Wenn er [Ben Ali, N.A.] zum Beispiel bei den Vereinten Nationen oder vor internationalen Instanzen sprach, stand hinterher immer in den Berichten [Ben Alis Aussage, N.A.]: ›Wir haben eine autonome Vereinigung, die zu Frauenrechten arbeitet und ein Zentrum[387] [für von Gewalt betroffene Frauen, N.A.] eröffnet hat.‹ Ich erinnere mich an den Bericht von 2002. 2002 haben die tunesischen Führungskräfte es abgelehnt, sich das Thema der Gewalt gegen Frauen anzuhören, wir wurden jedes Mal davon abgehalten, darüber öffentlich zu reden, [...] unser Plakat wurde jahrelang beschlagnahmt und ein Buch eines internationalen Seminares [bezüglich Gewalt gegen Frauen von 1993, N.A.] ist 14 Jahre lang im Innenministerium geblieben. [...] Er hat uns dann angehört, wenn er sein Image wiederherstellen wollte. (Ahlem Belhadj 24.08.2014, Tunis)

Man hat uns davon abgehalten, uns in Arbeiterviertel zu begeben. Wir konnten uns auch nicht in Städten [außerhalb von Tunis, N.A.] in Tunesien niederlassen. Wir wollten zum Beispiel weitere Niederlassungen schaffen. Die Frauen, die Mit-

---

387 Die ATFD eröffnet 1993 das Zentrum als Beratungsstelle für Frauen, die Gewalt erfahren.

glieder in unserem Verein werden wollten, wurden belästigt.« (Bakhta Cadhi 26.08.2014, Tunis)

Der Top-down-Staatsfeminismus erweist sich für feministische Akteur*innen als heuchlerischer Diskurs und als autoritäres Dispositiv gegen ihre Bestrebung, feministische Belange in relativer Unabhängigkeit vom Staat zu verteidigen. Die aus der Zivilgesellschaft heraus gestellten Egalitätsansprüche der Feminist*innen sowie ihre Kritik an den herrschenden Ungleichheitsverhältnissen werden unterdrückt, da sie dem staatsfeministischen Narrativ unmittelbar widersprechen (vgl. Abbas 2015d: 52). Während die Feminist*innen in Tunesien unterdrückt werden, instrumentalisiert das Regime jedoch ihre Erfolge in internationalen Zusammenhängen, zum einen, um seine »demokratische Fassade« (Belhadj 24.08.2014, Tunis) aufrechtzuerhalten, und zum anderen, um das eigene, modernistische Klientel und Narrativ zu bedienen, weist doch auch die regierende Partei, RCD, überzeugte Frauenrechtler*innen[388] auf. Der Staatsfeminismus entwickelt sich zum Motiv staatlicher Propaganda und sät auf diese Weise Zweifel in der breiten Gesellschaft an der Berechtigung der autonomen feministischen Bewegung.

Neben der Ablehnung des staatsfeministischen »Paternalismus« (Souini 23.09.2014, Tunis) äußern die Feminist*innen eine grundsätzlichere Kritik an der demokratischen Unverfügbarkeit der Frauenrechte, wie die 49-jährige ATFD-Aktivistin Ahlem Belhadj und die 57-jährige ATFD-Feministin Helima Souini erläutern:

»Die feministische Bewegung in Tunesien hat sehr früh die Verbindung zwischen Frauenrechten, Demokratie, Freiheit und sozialen Rechten herausgestellt: Demokratie und Freiheit! Man kann nicht von Demokratie in der privaten Sphäre sprechen, wenn es keine Demokratie im öffentlichen Raum gibt, man kann nicht von Gewalt [gegen Frauen, N.A.] und dem Kampf gegen Gewalt sprechen, wenn der Staat willkürliche Gewalt ausübt. Eine Frau, die häusliche Gewalt erfährt, ist unmittelbar mit der Polizei konfrontiert, die ihr ebenfalls Gewalt antut. (Belhadj 24.08.2014, Tunis)

---

388 Ich verwende den Begriff »Frauenrechtler*innen« in Bezug auf Personen, die sich der Verteidigung von Frauenrechten verschreiben, ohne sich notwendigerweise als »Feminist*innen« zu verstehen. Dazu gehören beispielsweise auch islamistische FrauenrechtlerInnen, die sich nicht alle zwangsläufig mit dem Konzept des Feminismus identifizieren. Für die islamistischen FrauenrechtlerInnen verwende ich nicht die Endung »*innen«, da ihre Haltung nicht die Hybridität des Geschlechts anerkennt. Vielmehr sind sie von einer strikt binären Aufteilung des Geschlechts überzeugt.

Das ist meine Vorstellung von Frauenrechten: Es gibt keine Gleichheit ohne Demokratie und keine Demokratie, wenn die Rechte von Frauen beschnitten werden, sei es in der öffentlichen oder in der privaten Sphäre!« (Souini 23.09.2014, Tunis)

Für die ATFD führt der Staatsfeminismus eine unhaltbare Trennung zwischen Frauenrechten, die den Frauen – in einem eingeschränkten Rahmen – gleichsam süffisant »geschenkt« werden, und politischen Freiheiten, Menschenrechten und Demokratie durch, die jedoch für alle unverfügbar bleiben. Die ATFD hingegen beruft sich sowohl auf die UN-Menschenrechtscharta als auch auf die UN-Frauenrechtskonvention (vgl. Charta ATFD 1988). Die ATFD-Feminist*innen argumentieren, dass Frauenrechte als Teil der Menschenrechte nicht als Privilegien formuliert werden können, die unabhängig von freiheitlichen und demokratischen Verhältnissen ultimativ festgelegt werden. So kritisiert Belhadj, dass der Staatsfeminismus Frauen zwar gewisse Rechte zuerkennt, ihnen jedoch die Definitionsmacht über ihre Rechte verweigert. Denn durch die staatliche Vereinnahmung der Rechte werden sie der gesellschaftlichen Auseinandersetzung sowie der Weiterentwicklung durch zivilgesellschaftliche Akteur*innen entzogen. Demzufolge bleiben Frauen im staatsfeministischen Dispositiv weiterhin von der staatlich-autoritären und männlichen Bestimmung ihrer Identität, ihrer Rechte und ihrer Bedürfnisse abhängig.

Dabei sind positive Freiheitsrechte aus Sicht der ATFD fundamental, um dem feministischen und demokratischen Ideal der Gleichheit, sei es der Gender-Gleichheit, prozeduraler oder politischer Gleichheit, gerecht zu werden (vgl. Souini; Belhadj). »Unser Engagement für Frauenrechte ist ein Engagement für eine demokratische Gesellschaft, in welcher jegliche Diskriminierung, sei sie sexueller, sozialer oder religiöser Art, bekämpft wird« (Charta ATFD 1988). Erst wenn Bürger*innen das »Recht haben, Rechte zu haben« (Hannah Arendt), diese einzuklagen, zu re-formulieren und zu re-kontextualisieren, können Frauenrechte und feministischer Aktivismus wirksam werden, »weil es unmöglich ist, Frauenrechte innerhalb einer Diktatur zu verteidigen«, wie die 40-jährige ATFD Feministin Meriem Zeghidi bekräftigt (Zeghidi nach Gdalia 2013: 133). In der geforderten Verschränkung von Frauenrechten, Menschenrechten und demokratischen Teilhaberechten lässt sich das grundlegende normativ-demokratische Argument der säkularen feministischen Bewegung gegen den Staatsfeminismus sowie gegen die autokratische Politik Ben Alis erkennen (vgl. Charta ATFD 1988).[389]

Die ATFD-Feminist*innen beziehen die Verschränkung von Frauenrechten und Demokratie ebenfalls auf die Institutionalisierung von Frauenrechten, die demokratischen Ansprüchen genügen muss, um feministischen Zwecken nutzen zu können. Es handelt sich folglich sowohl um ein normatives als auch um ein pragmatisches Argument:

»Niemand kann tatsächlich von seinen Rechten profitieren, wenn es keine fundamentalen Freiheiten gibt, auch wenn es gewisse Errungenschaften gibt. […] Der sogenannte Modernismus von Bourguiba hat zwar einige Errungenschaften hervorgebracht, die jedoch aufgrund der starken Repression und des absoluten Mangels an Freiheiten keine weite soziale Tragweite hatten. Das Ergebnis ist, dass es heute Leute gibt, die es wagen, diese Errungenschaften, die seit über 50 Jahren existieren, infrage zu stellen, weil sie durch die mangelnde Rede-, Meinungs- und Organisationsfreiheit beeinträchtigt wurden […]. (Souini 23.09.2014, Tunis)

Die Frauenrechte waren sehr an Bourguiba gebunden. Wir wussten nicht so recht, was nach seiner Präsidentschaft mit ihnen passieren würde, vor allem nach der Entstehung der islamistischen Bewegung, die sich von Anfang an gegen die Frauenrechte positioniert hat.« (Belhadj 24.08.2014, Tunis)

Die Personifizierung der Frauenrechte durch den selbsternannten »Befreier der Frau« (Bourguiba) schadet demnach den Rechten, da sie stark mit seiner Person in Verbindung gebracht und oftmals aus eben diesem Grund infrage gestellt werden. Helima Souini argumentiert, dass die Art und Weise, *wie* Frauenrechte in der Vergangenheit politisch durchgesetzt worden sind, heute noch Auswirkungen auf die gesellschaftliche Anerkennung dieser Rechte hat. Die Tatsache, dass die Rechte nicht aus einer öffentlichen Debatte mit konkurrierenden gesellschaftlichen Positionen hervorgingen, sondern vom Staatschef verordnet wurden, schwächt demnach ihre soziale Tragweite. Der *Code du Statut Personnel* (CSP) wird von traditionellen und religiösen Schichten der tunesischen Gesellschaft als autoritärer Akt wahrgenommen, der sie dazu zwingt, einer bestimmten staatlichen Vorstellung der Gesellschaft zu entsprechen. Einige Tunesier*innen haben folglich bis dato Schwierigkeiten, diese als aufoktroyiert empfundenen Rechte anzuerkennen, weil sie zum einen als Ergebnis einer repressiven Politik gesehen werden, die alternative gesellschaftliche (Gegen-)Positio-

---

389 Diese Verschränkung schlägt sich auch im Namen der feministischen Vereinigung nieder: Die Feminist*innen werden in der Presse sowie im Alltag abgekürzt »Demokratische Frauen« (*Femmes Démocrates*) genannt.

nen, wie etwa die der IslamistInnen, übergeht. Zum anderen werden die im
CSP garantierten Persönlichkeitsrechte von konservativen Bevölke-
rungsteilen schlicht als konträr zum islamischen Recht (*šariʿa*) erachtet und
aus diesem Grund zurückgewiesen.

Eine weitere zentrale Kritik, die die ATFD äußert, betrifft die geringe
Wirksamkeit der polizeistaatlich limitierten Frauenrechte, da sie sich nicht
in ein Gefüge von demokratischen und rechtsstaatlichen Prozessen, Rechten und Freiheiten einschreiben. Belhadjs oben zitiertes Beispiel der häuslichen Gewalt illustriert die von der ATFD betonte Notwendigkeit eines
Rechtsstaates, damit Frauenrechte den tatsächlichen Schutz von Frauen
bewirken: Wenn eine Frau bei der Polizei die erfahrene Gewalt anzeigt, ist
sie mit einer Polizei konfrontiert, die weder rechtsstaatlichen Prinzipien
verschrieben ist, noch rechtsstaatlicher Kontrolle unterliegt und nicht selten in relativer Straffreiheit übergriffig gegenüber Frauen ist. Ähnliches gilt
für die Justiz. Die fehlende Rechtsstaatlichkeit macht es folglich nahezu
unmöglich, den *de jure* garantierten Schutz von Frauenrechten *de facto* zu
beanspruchen. Das Imaginär der Rechtsstaatlichkeit, das bereits an anderen
Stellen evoziert wurde, bildet eine wichtige Folie für den Aktivismus der
ATFD und ihre Kritik am autoritären Staatsfeminismus.

Der ATFD zufolge sind ferner – neben der Referenz auf islamisches
Recht (*šariʿa*) – die autoritären politischen Bedingungen des Staatsfeminismus maßgeblich dafür verantwortlich, dass die androzentrische Gesellschaft trotz der staatsfeministischen Verordnungen nicht egalitärer
geworden ist. Der fehlende gesellschaftliche Diskurs über Frauenrechte im
staatsfeministischen Dispositiv führt demnach dazu, dass die durch den
Staatsfeminismus entstandenen Rechte ebenfalls inhaltlich defizitär sind
und weiterhin patriarchale Tendenzen aufweisen. Die ATFD-Feminist*innen beziehen das bereits genannte demokratische Partizipationsar-
gument, das sie gegenüber dem Staatsfeminismus verteidigen, ebenfalls auf
den Output von Politik, indem sie argumentieren, dass eine feministische
Partizipation an Gesetzgebungsprozessen letztendlich zu besseren Gesetzen führen würde.

Die Haltung der säkularen Feminist*innen im Allgemeinen und der
ATFD im Spezifischen lässt sich wie folgt resümieren: Sie kritisieren den
autoritären Politikstil Bourguibas und Ben Alis sowie die fehlenden politischen Freiheits- und Teilhaberechte und fordern eine demokratische Aushandlung der Gesetze durch zivilgesellschaftliche Akteur*innen, gleichsam
»von unten«. Diese zivilgesellschaftliche Aushandlung der Rechte kann aus

ihrer Perspektive jedoch lediglich in einem von ihnen als »progressiv« definierten Rahmen erfolgen. Das lässt sich unter anderem am ersten Satz ihrer Charta erkennen, der darauf verweist, dass »die Anerkennung unserer politischen, ökonomischen und sozialen Rechte, trotz der Lücken, ein wichtiger Schritt zugunsten der *Gleichheit* zwischen den Geschlechtern ist, der keinesfalls rückgängig gemacht werden darf« (Charta 1988, Herv. N.A.). Sie betonen, dass die Kritik am Staatsfeminismus jedoch nicht dazu führen darf, dass die Rechte grundsätzlich infrage gestellt oder in einem anderen Referenzrahmen als dem strikt egalitären interpretiert werden, wie wir im späteren Verlauf des Textes an der Diskussion zum Komplementaritätsprinzip sehen werden. Vielmehr muss aus ihrer Sicht, die Debatte stets dazu beitragen, dass die Rechte egalitärer und für breitere Bevölkerungsschichten zugänglich werden.

7.2 Feministisches Rechtslobbying

Die ATFD-Feminist*innen sind sehr darauf bedacht, die »Errungenschaften zu verteidigen und die Situation [der Frauenrechte, N.A.] weiterzuentwickeln«, wie die 31-jährige Youad Ben Rejeb (27.08.2014, Tunis) betont, zumal die Frauenrechtslage bis heute nicht ihren Ansprüchen genügt. Das ambivalente Verhältnis, das die säkulare Feminismusbewegung zum Staatsfeminismus aufweist, manifestiert sich in dieser kritischen und zugleich affirmativen Haltung der Feminist*innen gegenüber den staatsfeministisch verabschiedeten Gesetzen, die sie – trotz aller Kritik – als »Errungenschaften« begreifen (vgl. auch Borsali 2012: 228).[390]

Dabei bildet die juristische Verbesserung der Frauenrechte das zentrale Motiv und Mittel ihres feministischen Kampfes: »Frauen können lediglich vollwertige Staatsbürgerinnen sein, wenn sie die gleichen *Rechte* wie Männer haben, ihre Würde und seelische sowie physische Integrität geschützt ist« (Souini 23.09.2014, Tunis). In ihrem starken Fokus auf die Rechtslage und auf den Staat lässt sich eine Parallele zum Staatsfeminismus erkennen (vgl.

---

390 Die feministische Intellektuelle Nora Borsali schreibt zum Todestag von Bourguiba einen offenen Brief an den Direktor des öffentlichen Fernsehens, indem sie kritisiert, dass das Fernsehen den Tod Bourguibas nicht angemessen thematisiert. Bourguiba gebühre als Gründer des modernen Staates und Verteidiger der Frauenrechte – trotz aller Kritik – Ehre (vgl. Borsali 2012: 228f.).

Belhadj 24.08.2014, Tunis). So beziehen sich ihre Hauptprojekte vor allem auf die Veränderung der Rechtslage: Unter der Diktatur engagieren sie sich für ein egalitäres Erbrecht, das Frauen und Männern den gleichen gesetzlichen Erbanteil zuspricht. Sie führen außerdem eine Kampagne für ein Rahmengesetz gegen physische und psychische Gewalt an Frauen und setzen sich für die Aufhebung der staatlichen Vorbehalte gegen die UN-CEDAW Frauenrechtskonvention ein.[391] Auch nach dem Ausbruch des Revolutionsprozesses führt die ATFD in erster Linie ihren Aktivismus auf rechtlicher Ebene fort: Zu ihren Zielen gehören das gender-egalitäre Erbrecht, die Einschreibung der Gleichstellung der Geschlechter in die neue Verfassung, die Entfernung der Nennung des islamischen Rechts (*šariʿa*) als Rechtsquelle aus dem CSP, die Gender-Parität auf Wahllisten (in Art. 46 der Verfassung von 2014) sowie sexuelle und reproduktive Rechte.[392]

Der Fokus auf den Staat als primärer Verhandlungspartner des feministischen Aktivismus lässt sich zudem daran erkennen, dass ATFD-Feminist*innen, wie die 61-jährige Bakhta Cadhi, ihr feministisches Engagement als »Lobbying« beschreiben. In gewisser Weise begreifen sie so Feminismus als einen Kampf, der sich zwischen Feminist*innen und dem zu beeinflussenden Staat abspielt. Erstaunlicherweise bleiben die Gesellschaft und vor allem die männlichen Subjekte in dieser Vision des Feminismus zweitrangig.

Cadhi äußert die Vorstellung, dass sich die soziale Wirklichkeit der androzentrischen Gesellschaft durch egalitäre Rechte verändern lässt und der Wandel in gewisser Weise »von oben nach unten« durchgesetzt wird:[393]

---

391 Die drei Projekte thematisieren auf komplexe Art und Weise die geschlechtsspezifische ökonomische Ungleichheit sowie die erfahrene Gewalt gegen Frauen. Die Aufhebung der Vorbehalte gegen die UN-CEDAW Frauenrechtskonvention erfolgt im April 2014. Das Rahmengesetz gegen Gewalt an Frauen wird im Juli 2017 verabschiedet. Die ATFD hat sowohl durch Abgeordnete, die ebenfalls Mitglieder der ATFD sind, wie Bochra Bel Hadj Hmida, als auch durch ihre jahrzehntelangen Sensibilisierungskampagnen und ihre Mitwirkung in zahlreichen Kommissionen bereits zu Zeiten Ben Alis einen Einfluss auf die Entstehung und Gestaltung des Rahmengesetzes ausüben können. Auf den Kampf um das egalitärere Erbgesetz werde ich im späteren Verlauf des Textes eingehen.

392 Die Mitbegründerin der ATFD, Hafidha Chékir, nennt diese Hauptziele der ATFD vor und nach dem Ausbruch des Revolutionsprozesses während ihres Vortrags an der Universität von Manouba (Tunis) am 14. November 2016 im Rahmen einer durch den DAAD organisierten Tagung zu »Transformation – Geschlecht – Kultur«, an der ich teilgenommen habe.

393 Die Idee eines legislativ-rechtlich ausgetragenen Kampfes für Gender-Gleichheit lässt sich auch in anderen Kontexten beobachten, wie in den deutschen und französischen Diskussionen zu Geschlechterquoten in Politik und Wirtschaft. Es handelt sich

»N.A.: Kämpfen Sie eher für die Veränderung des rechtlichen Status von Frauen oder auch für die Veränderung sozialer und kultureller Praktiken?
Cadhi: Natürlich hat das [der Rechtslobbyismus, N.A.] auch Auswirkungen auf die sozialen Praktiken und die Mentalitäten! Zum Beispiel, wenn man heiratet, gibt es immer noch die symbolische Gabe, einen Dinar [aktuell ca. 40 EU-Cent, N.A.]. [...] Der Bräutigam muss während der Unterschrift des Hochzeitvertrages der Braut einen Dinar übergeben, das ist symbolisch, aber das ist immer noch sehr wichtig! Auch wenn es sehr, sehr wenig Geld ist, kann er sich als Chef fühlen, das gibt ihm eine Autorität.« (Cadhi 26.08.2014, Tunis)

Für Cadhi haben Gesetzesänderungen einen unmittelbaren Einfluss auf die sozialen Praktiken und die durch sie vermittelten gesellschaftlichen Werte: Die Abschaffung der symbolischen Gabe des Bräutigams habe die Konsequenz, ihm eine potenzielle Rechtfertigungsgrundlage für eine Autoritätshaltung gegenüber der Braut zu entziehen. Die »Mentalitäten« werden demnach in erster Linie durch die Veränderung der Rechtslage und weniger durch eine direkte gesellschaftliche Auseinandersetzung mit den Praktiken oder durch eine höhere Präsenz weiblicher Abgeordneter im Sinne der bereits zitierten Anne Philips (1994) verändert.

Auch Ahlem Belhadj unterstreicht die Notwendigkeit, den Staat, die Legislative und die juristischen Institutionen hinsichtlich mehr Gender-Gleichheit zu reformieren:

»Der Staatsfeminismus war weit davon entfernt, die Bedürfnisse und Forderungen der Frauen zu befriedigen. Er war weit von einer Gleichheit, einer echten und nicht nur einer gesetzlichen Gleichheit entfernt. [...] Ich habe Ihnen von den diskriminierenden Gesetzen erzählt, aber es geht uns auch und vor allem um die Kluft zwischen der Realität und den Gesetzen. Selbst wenn die Gesetze zufriedenstellend waren, war die Anwendung der Richter [es nicht, N.A.] [...]. Die Richter verblieben zeitweilig in einer chauvinistischen Interpretation der Gesetze. [...] Das war ein Grund, weswegen die Frauenbewegung die Notwendigkeit verspürt hat, sich gegenüber dem Staat unabhängig zu machen und mit ihren eigenen Mitteln das *Sprachrohr* und eine *Lobbygruppe* für Frauenrechte zu sein.« (Belhadj 24.08.2014, Tunis)

---

dementsprechend nicht lediglich um ein tunesien-spezifisches Phänomen. Auch im Kampf gegen das geschlechtsspezifische Lohngefälle (»Gender Pay Gap«) wird über rechtliche Mittel nachgedacht. In Frankreich wird beispielsweise im Frühjahr 2018 über die verpflichtende Einführung einer Software diskutiert, die die Gehaltsunterschiede zwischen Frauen und Männern innerhalb eines Unternehmens identifizieren soll, wodurch die Unternehmen gezwungen werden sollen, die Gehaltsunterschiede zu nivellieren.

Die »Kluft zwischen der Realität und den Gesetzen«, die Belhadj betont, soll vor allem durch die feministische Reformierung der Frauenrechte und durch Öffentlichkeitsarbeit geschlossen werden, die aus ihrer Sicht eine verstärkte Einflussnahme auf die Härte der sozialen Wirklichkeit verspricht. Pointiert gesagt, kann die staatsfeministisch eingeführte formalrechtliche Gleichheit aus Sicht der ATFD nur durch bessere Gesetze reformiert werden.

In Anbetracht der Tatsache, dass die ATFD unter der Diktatur (und bis heute) die mangelnde oder defizitäre Rechtsstaatlichkeit zentraler staatlicher Instanzen kritisiert, die sie als unentbehrlich für den Schutz von Frauenrechten begreift, kann die starke Konzentration auf die Verbesserung der Rechtslage auf der juristischen Ebene unter der Diktatur paradox erscheinen: Wie können feministisch revidierte Frauenrechte zu mehr Gleichheit führen, wenn es keinen Rechtsstaat gibt, der die Einhaltung der Rechte systematisch garantiert und ihre Verletzung sanktioniert?

Die Idee einer rechtlich erzielten Gender-Gleichheit muss im historisch-politischen Kontext betrachtet werden, in welchem trotz der vergleichsweise »fortschrittlichen« Rechte Frauen noch immer keinen annähernd egalitären Rechtsstatus haben. Bis heute fürchten viele Frauen um ihre Rechte, die sie als relativ fragil wahrnehmen (vgl. Baraket 05.04.2017, Tunis). In dem Zusammenhang ist es kaum verwunderlich, dass Feminist*innen zunächst damit beschäftigt sind, den Rechtsstatus hin zu mehr Gender-Egalität zu berichtigen und zu konsolidieren. Die rechtliche Diskriminierung betrifft Frauen sowohl bezüglich ihrer Persönlichkeitsrechte als auch ihrer Stellung innerhalb der Familie.

Der vornehmlich rechtlich-juristisch orientierte Lobbyismus der ATFD lässt sich auch dadurch erklären, dass es im Kontext der Diktatur nahezu unmöglich war, auf die öffentliche Meinung Einfluss zu üben. Die eingangs genannte politische Repression erlaubte es Feminist*innen kaum, Kontakt mit der Bevölkerung aufzunehmen, sodass ihnen lediglich ein begrenzter politischer Spielraum für ihren Aktivismus blieb.[394]

Resümierend lässt sich festhalten, dass die säkularen Feminist*innen sich insbesondere durch ihre Forderung der Rechtsstaatlichkeit sowie der

---

[394] Die Vermutung liegt nahe, dass ein juristischer Fokus auf Gender-Gleichheit unter anderem auch durch die in der ATFD aktiven Rechtsanwältinnen und universitären Juristinnen (zum Beispiel Sana Ben Achour und Hafidha Chékir) bevorzugt worden ist. Da ich jedoch keine repräsentative soziologische Erhebung diesbezüglich geführt habe, kann ich diesen Argumentationsstrang leider nicht weiterverfolgen.

Verbindung zwischen Feminismus und Demokratie als harsche Kritiker*innen des autokratischen Regimes Ben Alis erwiesen. Die ATFD begreift Feminismus als eine Form der Gesellschaftskritik, in welcher sie die Ungleichverhältnisse sowohl aus demokratischer als auch aus einer Gender-Perspektive thematisieren. Während Rechtsstaatlichkeit ihnen zufolge eine Minimalbedingung für (Frauen-)Rechte darstellt, bedarf es ferner demokratischer Teilhaberechte, damit Frauenrechte eine wahrhaft emanzipierende Wirkung entfalten können. Das demokratische Imaginäre zielt folglich auf die feministische und zivilgesellschaftliche Weiterentwicklung der Rechte ab. Die zivilgesellschaftliche Auseinandersetzung, die sie führen, soll zwar »von unten« die Rechte reformieren. Sie bedarf jedoch des Staates, der sie »von oben« gegenüber der zu reformierenden Gesellschaft durchsetzt.

7.3 Feministische Auseinandersetzungen um Gleichheit oder Komplementarität der Geschlechter

Wie bereits erwähnt, bestehen die säkularen Feminist*innen darauf, dass ein strikt egalitärer Fokus auf Frauenrechte eingenommen wird. In diesem Zusammenhang deuten die säkularen Feminist*innen und Frauen den im Sommer 2012 von den IslamistInnen geäußerten Vorschlag, das Prinzip der »Komplementarität« (*takamūl*) anstatt der »Gleichheit« (*musawat*) der Geschlechter[395] in die neu zu gestaltende Verfassung (damaliger Art. 28) einzuschreiben, als frontalen Angriff auf Frauenrechte und protestieren vehement dagegen. Dieser Konflikt stellt eine der wichtigsten Debatten des verfassungsgebenden Prozesses dar, die zudem am weitesten in die Öffentlichkeit getragen wurde.

Der letztlich gescheiterte Gesetzesentwurf zur Komplementarität[396] stiftet auch Verwirrung, weil er im Widerspruch zu anderen Teilen der Verfassung steht, in denen die Gleichheit zwischen den Bürger*innen postu-

---

395 Im Verfassungstext und auch in den vorherigen Entwürfen ist nicht die Rede von »Geschlechtern«, sondern stets von »Mann« und »Frau«. Aus Gründen der sprachlichen und syntaktischen Einfachheit verwende ich dennoch den Begriff der Geschlechter.

396 Der Begriff der »Komplementarität« kann sich aufgrund der massiven, landesweiten Mobilisierung gegen den Ausdruck nicht durchsetzen und wird durch die Referenz auf die Gleichheit der Bürger*innen ersetzt.

liert wird (vgl. zum Beispiel Präambel, Art. 22). Die Gegner*innen des Artikelentwurfes fürchten, dass diese mehrdeutigen Definitionen des Geschlechterverhältnisses zu unklaren Verhältnissen führen, die Frauenrechte von punktuellen Machtverhältnissen sowie Stimmungslagen von Politiker*innen und Verfassungsrichter*innen abhängig machen.

Während »Komplementarität« für IslamistInnen, wie die 50-jährige Ennahdha-Abgeordnete und damalige stellvertretende Vorsitzende der verfassungsgebenden Versammlung, Meherzia Labidi, nicht auf die Revision des Gleichheitsstatus abzielt, geht für die säkularen Feminist*innen mit diesem Begriff die unmittelbare Infragestellung der hart umkämpften Rechte einher. »Komplementarität bedeutet nicht Ungleichheit. Komplementarität verweist gerade auf einen Austausch, eine Partnerschaft«, so Labidi (Labidi zitiert nach Boitiaux 2012). Die Komplementarität deutet auf die im Koran verankerte Vorstellung von Männern und Frauen als verbündete Alliierte (*awliya*), die sich gegenseitig unterstützen und ergänzen (vgl. Lamrabet 2017). Beide Geschlechter werden von Gott zur Mission berufen, ihnen kommt folglich die gleiche Bedeutung zu (vgl. Shaikh al-Qaradawi nach Roussillon 2007: 142). In der islamischen Deutung durch die Ennahdha sind die Geschlechter zwar vor Gott *gleichwertig*, sie nehmen jedoch unterschiedliche geschlechtsspezifische Pflichten[397] und Rollen innerhalb der Gesellschaft und der Familie wahr, wie Meherzia Labidi erklärt:

>»Die Rollen zwischen Männern und Frauen zu teilen, bedeutet überhaupt nicht, dass Frauen weniger wert sind als Männer oder dass Männer eine höhere Stellung haben, wie es aktuell von bestimmten Parteien in Umlauf gebracht wird.« (Labidi nach Charrad/Zarrugh 2014: 239)

Die IslamistInnen assoziieren mit dem im Artikelentwurf verwendeten arabischen Begriff *yetkamūl*,[398] der gemeinhin als »Komplementarität« übersetzt wird, keine einseitige, sondern eine wechselseitige Beziehung und ein gegenseitiges Abhängigkeitsverhältnis (vgl. Ghannouchi 2015: 117): Demnach ergänzen sich die Geschlechter.

Die 46-jährige Ennahdha-Abgeordnete und Vorsitzende der Kommission »Rechte und Freiheiten« der verfassungsgebenden Versammlung, Farida Labidi, fügt dem hinzu:

---

397 Dabei werden die Pflichten vor Gott (*'ibādāt*) von sozialen Pflichten (*mu'āmalāt*) unterschieden.
398 Es handelt sich um die konjugierte Form des Verbes »ergänzen«.

»Der Koran macht keinen Unterschied zwischen Männern und Frauen, weil die Frau diejenige ist, für die gesorgt wird (*mūḥalafa*), und der Mann ist derjenige, der sorgt (*mūḥalaf*). Die Stellung der Frau im Islam […] ist exzellent, er gibt ihr ihren Wert.« (Farida Labidi, 13.09.2014 Tunis)

Farida Labidi spielt darauf an, dass ihrer Deutung zufolge der Islam Männern vorschreibe, materiell für ihre Frauen zu sorgen, während das umgekehrt für Frauen nicht gelte. Wenn Frauen ihre Familie dennoch materiell unterhalten, dann sei das ihre Wahl und keine Pflicht (vgl. auch Ghannouchi 2015: 113).[399] Die Aussage von Farida Labidi, es gebe keine absolute Gleichheit zwischen Frauen und Männern (Labidi nach Charrad/Zarrugh 2014: 239), muss in diesem Kontext betrachtet werden. Auch die Tatsache, dass in der islamistischen Lesart Männer die »natürlichen« Familienoberhäupter sind, steht für die IslamistInnen in keinem Widerspruch zur Gleichwertigkeit der Geschlechter (vgl. Ghannouchi 2015: 115).

In dem Sinne fügt sich diese Vorstellung der Geschlechterordnung in die islamische Philosophie des Kollektivismus ein und steht einer strikt egalitären und individualistischen Auffassung von Rechten diametral entgegen (vgl. Charrad/Zarrugh 2014: 235). Das islamistische Gleichheitsverständnis lässt sich als »Gleichheit in Differenz« bezeichnen: Gleichheit vor Gott, aber geschlechtsspezifische Differenz in der Gesellschaft und vor dem Gesetz.

Zu einem gewissen Grad ließe sich der islamistische Diskurs zur »Komplementarität« mit dem Differenzfeminismus vergleichen, der den Grundgedanken vertritt, dass Frauen und Männer aufgrund ihrer kulturellen Sozialisierung oder ihrer biologischen Differenz (je nach Spielart) nicht die gleichen Erfahrungen, Bedürfnisse und Ausdrucksweisen aufweisen. Der entscheidende Unterschied zwischen dem Komplementaritätsprinzip und dem Differenzfeminismus liegt jedoch darin, dass der Differenzfeminismus zwar für eine symbolisch-gesellschaftliche Anerkennung der grundsätzlichen Differenz zwischen den Geschlechtern eintritt, aber nicht intendiert, diese in einem unterschiedlichen Rechtsstatus festzuschreiben.[400]

---

399 Dabei handelt es sich um eine rein theologische Auslegung und keine an den aktuellen Lebensbedingungen und real herrschenden Zuständen orientierte Interpretation.

400 Der Soziologe Laacher erinnert daran, dass die Vorstellung der »Komplementarität« nicht lediglich im muslimisch-arabischen Kontext, sondern auch im Europa des 18. Jahrhunderts vorherrscht. So habe Diderot von der »Komplementarität der Geschlechter« gesprochen und auch Rousseau habe in *Émile oder über die Erziehung* Sophie als Ergänzung zu Émile gedacht (vgl. Laacher 2013: 272).

Die tunesische Professorin für Verfassungsrecht Salasabil Klibi sieht insbesondere in der Schwächung des Individualitätsprinzips eine Gefahr:

»Das Prinzip der Komplementarität in die Verfassung einzuschreiben, führt zu einer gravierenden juristischen und sozialen Diskriminierung mit unkontrollierbaren Konsequenzen. Zumal in der juristischen Vertretung das Subjekt ein Individuum ist; die menschlichen Beziehungen vollziehen sich zwischen autonomen Individuen, die lediglich durch das Prinzip der Gleichheit regiert werden.« (Klibi zitiert nach Baraket/Belhassine 2016: 275f.)

Die stürmische Polemik rund um den Komplementaritätsartikel entsteht vor allem aufgrund der unterschiedlich gedeuteten Termini der ersten zirkulierenden Fassungen des Artikels. Für die Vorsitzende der tunesischen Sektion von Amnesty International, Sondès Garbouj, wird zwar in der französischen Übersetzung der Begriff der »Komplementarität« erwähnt, in der arabischen Fassung sei der Begriff jedoch mit einem Bild der Frau als »Anhang des Mannes« verbunden (vgl. auch Laacher 2013: 271f.): »Die Frau ist also nicht ein Wesen, das an sich existiert, das frei in ihren Entscheidungen ist. Wenn Sie die Frau als Anhang definieren, ist alles erlaubt!«, empört sie sich (Garbouj nach Dufourmont 2012). Die säkularen Feminist*innen[401] fürchten, dass sich eine Lesart des Artikels durchsetzt, die Frauen lediglich in ihrer »ergänzenden Funktion« zu Männern betrachtet und so eine Hierarchie zwischen den Geschlechtern einführt, in der Frauen zweitrangig sind (vgl. etwa die Petition aus dem Jahr 2012 gegen den Artikel). Schließlich referiert der Text des Verfassungsartikels sprachlich auf die Frau als ergänzende Partnerin des Mannes und nicht andersherum (vgl. Laacher 2013: 271f.). Auf der Demonstration am 13. August

---

401 Ich verwende diese Bezeichnung an dieser Stelle, weil es sich mehrheitlich um säkulare Feminist*innen und Frauen handelt, die im Sommer 2012 auf die Straße gehen, um gegen den Artikel zu demonstrieren. Einige Bilder der Demonstrationen bezeugen, dass auch verschleierte Frauen auf den Demonstrationen präsent sind und sich gegen den Artikel positionieren. Die Tatsache, dass sie ein Kopftuch tragen, sagt *per se* nichts über ihre Haltung zur Säkularisierung aus. Dementsprechend zähle ich sie ebenfalls zu den »säkularen« FrauenrechtlerInnen. Es handelt sich also weniger um einen theologischen Streit als vielmehr um eine gesellschaftliche Auseinandersetzung um die Deutung der Geschlechterrollen.

2012[402] gegen den Artikel skandieren sie unter anderem: »Frauen sind komplett, keine Ergänzung!«[403]

Die vage und im tunesischen juristischen Vokabular ungewohnte Bezeichnung der »Komplementarität« spezifiziert nicht, ob aus den vorausgesetzten unterschiedlichen gesellschaftlichen Rollen von Frauen und Männern ebenfalls unterschiedliche juristisch festgelegte Rechte und Pflichten resultieren. So sorgen sich nicht nur säkulare Feminist*innen, sondern auch eine Reihe von Frauen aus verschiedenen gesellschaftlichen, sozialen und politischen Lagern, dass im Zuge eines konstitutionalisierten Komplementaritätsprinzips weitere Gesetze reformiert würden, die einen deutlichen Rückschritt im Vergleich zur vorherigen Gesetzeslage bedeuten könnten.

Der Streit lässt erkennen, dass die Stellung der Frau und ihre Rechte in Tunesien – sowohl aus der Sicht der Säkularen als auch aus der der IslamistInnen (vgl. Wöhler-Khalfallah 2004: 391f.; Ghannouchi 2015: 112) – als fundamental für die gesamte Gesellschaftsordnung gelten, die die Akteur*innen vertreten. Im Kampf um ein egalitäres oder komplementäres Geschlechterverhältnis drücken sich zwei verschiedene Vorstellungen der tunesischen Gesellschaft aus:

»Die Polarisierung mit den Islamisten [...] erfolgte rund um Frauenrechte. Es ging uns aber auch um das Gesellschaftsmodell, das wir wollten, in dem die Frau und Frauenrechte einen zentralen Platz einnehmen.« (Belhadj 24.08.2014, Tunis)

Auch die Soziologin und ATFD-Feministin Khadija Chérif betont: »Die Frage nach der Gleichheit der Geschlechter ist zentral. Vom Status der Frauen hängt das Gesellschaftsmodell ab, das sich in der Zukunft des Landes abzeichnen wird« (Chérif nach Gdalia 2013: 84). Der Status tunesischer Frauen wird von den säkularen und den islamistischen Akteur*innen zum Aushandlungsort erklärt, an dem die Gesellschaft ihre nationale Einheit inszeniert und je nach Positionierung ihre säkulare oder islamisch geprägte Kultur definiert. In gewisser Hinsicht schreiben sich die ATFD-Feminist*innen somit in die staatsfeministische Traditionslinie ein, Frauen zum Symbol einer säkularen Gesellschaftsordnung zu erheben, auch wenn

---

402 Der 13. August ist der nationale Gedenktag des CSP, der in Tunesien zusätzlich zum 8 März alljährlich gefeiert wird. 2012 ist er dem Kampf gegen das »Komplementaritätsprinzip« gewidmet.

403 Die Debatte um die Komplementarität bringt eine deutliche Heteronormativität zum Vorschein, die meines Erachtens in der zivilgesellschaftlichen Kritik an dem Artikel nicht evoziert worden ist. Dementsprechend behandele ich diesen Aspekt nicht.

sie – anders als der Staatsfeminismus – daraus keinen nationalen Identitätsdiskurs ableiten.[404]

Eine Gesellschaft, in welcher säkulare und islamistische Imaginäre und Ideen koexistieren können, scheint zu diesem Zeitpunkt noch schwer vorstellbar. Slogans wie »Die tunesische Frau ist nicht Meherzia«, die in Anspielung auf die Ennahdha-Abgeordnete Meherzia Labidi auf Demonstrationen gegen den Komplementaritätsartikel laut werden, illustrieren diese Schwierigkeit. Durch die Insistenz auf Gleichheit führt der säkulare feministische Diskurs zum Ausschluss anderer Frauen, wie Meherzia Labidi und Akremi, und ihrer alternativen Vorstellungen von Frauenrechten.

Darin lässt sich eine weitere unwillkürliche Parallele mit dem autoritären Staatsfeminismus erkennen.

»Als Bestandteil der *tunisianité* ist der Staatsfeminismus in Tunesien da, um auszuschließen. Der symbolträchtigste Ausschluss ist natürlich der der Islamisten, Todfeinde der Frauen für einen Teil der Bevölkerung.« (Lakhal 2017)

Der Staatsfeminismus weist von Beginn an diese ausschließende Tendenz auf, indem er die Identität tunesischer Frauen als säkular definiert, obwohl weite Teile der tunesischen Bevölkerung muslimischen Glaubens sind und ihn unter anderem durch ihre Kleidung und Kopfbedeckung auszuleben gedenken. Öffentliche Diskurse und symbolische Gesten, wie etwa die Bourguibas, der 1957 tunesische Frauen öffentlich entschleiert (vgl. Borsali 2012: 223), tragen dazu bei, dass die praktizierte muslimische Religion und Frauenrechte sowie die Identität »der tunesischen Frau« als konträr zueinander dargestellt werden. Meherzia Labidi (2012) macht auf den Ausschluss muslimischer Frauen aus dem Staatsnarrativ bezüglich der »tunesischen Frau« aufmerksam: »The former regime was selective in its enlightenment, choosing to favour only a tiny elite while portraying itself as the champion of women.« Die Marginalisierung muslimischer Frauen wird in staatsfeministischen Diskursen damit begründet, dass das Kopftuch nicht zeitgemäß sei und nicht den Bekleidungstraditionen Tunesiens ent-

---

404 In gewisser Hinsicht lässt sich diese staatsfeministische Tradition bereits auf ältere Schriften islamischer Renaissance-Denker wie at-Tahtawi und Tahar Haddad zurückführen. At-Tahtawi und Haddad argumentieren, dass ein zentraler Grund der mangelnden Moderne und Entwicklung muslimischer Gesellschaften im marginalen Status der Frauen liegt (vgl. at-Tahtawi 2000; Hajji 2009). Der tunesische Denker Haddad ist eine wichtige Referenzfigur für die säkularen Feminist*innen in Tunesien, da er sich bereits in den 1930er Jahren für ein umfassendes Recht auf Bildung für Frauen ausspricht.

spreche (vgl. Labidi 2015: 7). Säkulare Feminist*innen, wie Helima Souini, übernehmen – trotz ihrer Bemühungen, gegen die Repression Kopftuch tragender Frauen zu kämpfen – diese Argumentationslogik, indem sie behaupten, dass das Kopftuch »etwas Fremdes[405]« (23.09.2014, Tunis) sei, das aus dem »Nahen Osten« importiert worden sei.

Im Herzen des Konflikts zwischen säkularen und islamistischen FrauenrechtlerInnen steht stets die Bezugnahme auf den Islam und auf islamisches Recht, welche säkulare Feminist*innen strikt ablehnen, während islamistische FrauenrechtlerInnen darin keine fundamentale Gefahr für Frauenrechte erkennen. In der Auseinandersetzung um Gender-Gleichheit prallen verschiedene, schwer miteinander zu vereinbarende Auffassungen der Säkularisierung aufeinander. Die 61-jährige ATFD-Feministin Bakhta Cadhi erklärt diesbezüglich:

»Der CSP stützt sich auch auf die *šari'a*, das heißt, dass er trotz der progressiven Ideen und fortschrittlichen Gesetze, wie die Abschaffung der Polygamie, einige Diskriminierungen gegenüber Frauen beinhaltet. [...] es gibt immer noch Gefahren in dieser Verfassung [von 2014, N.A.]. Sie kann negativ für Frauen ausgelegt werden, weil die *šari'a* immer noch als Grundlage genannt wird, auf der der Verfassungstext basiert. Sobald von *šari'a* die Rede ist, lässt sich das negativ [für Frauenrechte, N.A.] interpretieren.« (Cadhi 26.08.2014, Tunis)

Säkulare Feminist*innen befürchten, dass der Bezug auf islamisches Recht (*šari'a*) als Quelle des Personenstandsgesetzes (CSP) bedeuten kann, dass die *šari'a* einen festen Rahmen für Gesetze festlegt, der die Gesetze zumindest teilweise der politischen und zivilgesellschaftlichen Auseinandersetzung entzieht und sie in einem gewissen Maß vorstrukturiert. Aus Sicht der Feminist*innen sind die bisherigen Interpretationen und Rechtsanwendungen auf der Grundlage islamischen Rechts stets einer chauvinistischen Lesart verhaftet geblieben, die Frauen deutlich benachteiligt. Angesichts des aus ihrer Perspektive wenig emanzipierten Bildes von Geschlechterverhältnissen des islamischen Rechts setzen sie sich dafür ein, dass jegliche Bezugnahme auf die *šari'a* in jeglichen Gesetzestexten gestrichen werden muss.

Ihre Kritik des islamischen Rechts hängt auch damit zusammen, dass ihre Konzeption von Frauenrechten auf einem *säkularen* Staat als Garant

---

405 Sie verwendet im französischen Original den Begriff »intrus«, der auf einen Eindringling verweist.

ihrer Rechte gründet.[406] Auch säkulare Akteur*innen wie die 30-jährige Aroua Baraket fordern, dass der Staat eine strenge Trennung zwischen Politik und Religion vornehmen sollte: »Religion sollte überhaupt nicht in der Verfassung auftauchen!«[407] (Baraket 22.08.2014, Tunis). Die streng säkulare Haltung einiger Feminist*innen erinnert in einigen Punkten unweigerlich an orientalistische Argumentationen, die behaupten, dass *der* Islam und *das* islamische Recht prinzipiell inkompatibel mit Demokratie seien (vgl. Holike/Scheiterbauer 2012: 253). Beiden Positionen ist gemein, dass ihre Argumentation auf einer homogenisierenden Vorstellung von »dem Islam« gründet, die außer Acht lässt, dass es vielfältige Deutungen und kulturelle Praktiken der muslimischen Religion gibt, die oftmals eher von historischen, sozialen und politischen Bedingungen geprägt sind, als von einer »Essenz« der Religion an sich. Holike und Scheiterbauer argumentieren, dass diese essentialisierende »Rede von ›der‹ islamischen Kultur« ferner »der politischen und kulturellen Konstruktion als ›das Andere‹ des Westens Vorschub leistet« (Holike/Scheiterbauer 2012: 255).

Für islamistische FrauenrechtlerInnen hingegen stellt die *šariʿa* aufgrund der Tatsache, dass Frauenrechte durch das Personenstandsgesetz garantiert werden, keine Gefahr dar, sondern verweist lediglich auf die arabisch-muslimische Grundlage ihrer persönlichen und kollektiven Identität. Sie plädieren dafür, islamisches Recht als *eine* Grundlage des Rechts zu begreifen und es mit Menschenrechten als weitere juridische Grundlage zu verknüpfen, um den Werten der gesamten tunesischen Gesellschaft gerecht zu werden, wie Meherzia Labidi argumentiert:

»Labidi: […] Ich wäre die Erste, die auf die Straße geht, um dagegen zu protestieren, wenn Frauen dazu gezwungen werden würden, ein Kopftuch oder ein *niqab* [arab. Burka, N.A.] zu tragen! […]
N.A.: Sind Sie auch mit dem Verhältnis zwischen Politik und Religion in der Verfassung zufrieden?
Labidi: Ja! Das war ein schwieriges Gleichgewicht, aber …
N.A.: Warum war es schwierig?

---

406 Bereits wenige Tage nach der Flucht Ben Alis, am 29. Januar 2011, gehen säkulare Feminist*innen auf die Straße und rufen »Laizismus zuerst!« und »Laizismus als Vorbedingung für Demokratie und Gleichheit« (zitiert nach Baraket/Belhassine 2016: 270).

407 So fordert auch der trotzkistisch inspirierte 29-jährige Bürger Foued Sassi, dass es eine »totale Trennung« zwischen Politik und Religion geben müsste: »Im Prinzip sollte es überhaupt keine Verbindung zwischen Religion und Politik geben!« (Foued Sassi 18.08.2014, Tunis).

Labidi: [...] Weil wir alle polarisierend waren. Wenn du muslimischen Werten Raum gibst, [hieß es, N.A.] ›oh, du bist keine Demokratin, du bist nicht für Menschenrechte‹. Wenn du Menschenrechten Bedeutung gibst, ›oh, du schließt den Islam nicht mit ein!‹ [...] Ich erinnere mich an den Tag, an dem meine Kollegen, die parlamentarische Fraktion, unschlüssig waren [...]. Ich habe sie alle angeschaut und gesagt: ›So, hört auf! Was ist eure Rolle als politische Partei? Ist es nicht, eines Tages *alle* Tunesier regieren zu wollen?‹ Alle haben ›Ja‹ geantwortet. ›Und diese Tunesier, ein Teil ist für euch und was ist mit dem anderen Teil? Was seht ihr für den anderen Teil vor? Gulags? Oder wollt ihr sie aus dem Land vertreiben?‹ ›Nein, nein, nein, natürlich nicht‹ [antworten ihre Parteikolleg*innen, N.A.]. Also, habe ich ihnen gesagt, unter den Tunesiern gibt es diejenigen, die Angst um ihre Religion haben, und diejenigen, die Angst um ihre Freiheiten haben! Unsere Rolle ist es, ihnen zu sagen, dass sie aufhören sollen, Angst um ihre Religion oder um ihre Freiheiten zu haben. Also werden wir beides wahren!« (Meherzia Labidi 22.09.2014, Tunis)

Islamische Aktivist*innen bestehen darauf, dass die Unvereinbarkeit von muslimischer Religion mit demokratischer Politik im Allgemeinen sowie mit Frauenrechten im Speziellen ein Konstrukt der Diktatur Ben Alis ist und überwunden werden muss. In ihrem Bemühen, religiöse mit politischen Inspirationsquellen zu vereinbaren, drückt sich darüber hinaus politischer Pragmatismus aus: Um Tunesien in seiner gegenwärtigen politischen Vielfalt regieren zu können, müssen die Bedürfnisse und Auffassungen verschiedener Bevölkerungsteile berücksichtigt werden.

Resümierend lässt sich festhalten, dass der Streit um den Komplementaritätsartikel nicht nur verdeutlicht, dass unter Feminist*innen verschiedene Vorstellungen der tunesischen Gesellschaft und ihrer Geschlechterordnung miteinander konkurrieren. Vielmehr zeigt er, dass das Dispositiv des »Staatsfeminismus von oben« in der Post-Ben-Ali-Phase zunehmend infrage gestellt wird. Während die Ausarbeitung von Gesetzestexten und Diskursen über Frauen jahrzehntelang exklusives Privileg von Staatsmännern ist, erkämpft sich nun die Zivilgesellschaft – in all ihrer politischen, ideologischen und generationellen Diversität – das Recht, die Geschlechterrollen »von unten« mit zu definieren. In ihrer öffentlichen Kritik an der Formulierung des Verfassungstextes eignen sich die Akteur*innen das Recht auf politische Teilhabe an und erstreiten sich die Anerkennung ihrer Positionen. Einige säkulare Feminist*innen bleiben dabei paradoxerweise dem staatsfeministischen Dispositiv verhaftet, indem sie den Staat als »aufgeklärte« Schutzinstanz gegenüber der misogynen Gesellschaft begreifen und sich ausschließend gegenüber den gläubigen Frauen zeigen. Die tunesische Forscherin Hind Ahmed Zaki bringt diese Haltung auf den

Punkt: »These women very shrewdly used the legacy of state feminism to push for more formal rights [...]. In a sense, they reclaimed state feminism« (Zaki zitiert nach Lindsey 2017). Diese ambivalente Position, den autoritären Staatsfeminismus zu kritisieren, ihn jedoch gegen bestimmte (vor allem islamistische) Positionen einzufordern, besteht bis dato. Dabei sei angemerkt, dass die säkularen Feminist*innen lediglich in Bezug auf Frauenrechte diese Konzeption des Staates verteidigen. Wie in den vorherigen Kapiteln aufgezeigt, treten Feminist*innen wie Youad Ben Rejeb, Ahlem Belhadj oder Helima Souini jenseits feministischer Themen oftmals für eine Politik ein, in der die Bürger*innen – unabhängig vom Staat – eine wichtige Rolle spielen. Ihre Konzeption des Feminismus und der daraus abgeleiteten Rolle des Staates ist den historischen Bedingungen ihres Kampfes geschuldet und deckt sich nicht vollkommen mit ihrem grundsätzlichen Politikverständnis.

7.4   Exkurs: Gibt es einen islamisch inspirierten »Feminismus« in Tunesien?

Im September 1985 fordert einer der Mitbegründer der Ennahdha, Abdellfatah Mourou,[408] dass ein landesweites Referendum zur Revision des CSP abgehalten werden sollte. Er bemängelt sowohl die fehlende Befragung der Bevölkerung bezüglich des CSP als auch die aus seiner Sicht schwierige Vereinbarkeit mit islamischem Recht. Sein Parteigenosse Cheikh Lakhoua, damaliger Listenführer für die islamistische Partei in der Hauptstadt, geht noch weiter, indem er die Referenz auf das islamische Recht als alleinige Rechtsquelle sowie die Wiedereinführung der Polygamie und das Scheidungsrecht als exklusiv männliche Privilegien reklamiert.[409] Einige Ennahdha-Anhängerinnen, wie die Rechtsanwältin und Menschenrechtsverteidigerin Saida Akremi,[410] wehren sich gegen diese konservative Halt-

---

408 Abdellfatah Mourou ist aktuell Abgeordneter der Ennahdha und stellvertretender Vorsitzender des Parlaments.

409 Lakhouas Forderungen bilden gleichsam die weltweite gemeinsame »Matrix« islamistischer Bewegungen in den 1980er und 1990er Jahren (vgl. Lamloum 2006: 90).

410 Akremi fordert 1989 sogar, dass der CSP gegenüber unverheirateten, alleinerziehenden Müttern egalitärer werden muss und zu diesem Zweck einer Reform bedarf (vgl. Borsali 2012: 70ff.). Sie ist die erste islamistische Menschenrechtsanwältin, die 1989 der säkularen Menschenrechtsorganisation LTDH beitritt. Außerdem ist sie Generalsekretärin

ung ihrer männlichen Parteigenossen und treten bereits 1989 für die Persönlichkeitsrechte von Frauen ein (vgl. Borsali 2012: 70ff.). Akremis Haltung bleibt jedoch in den Reihen ihrer eigenen Partei äußerst marginal[411] und wird auch von der säkular-feministischen Bewegung, die den politischen Islam bis heute als substanzielle Gefahr für Frauenrechte begreift, kaum wahrgenommen. Schließlich brennt sich die Tatsache, dass sich die islamistische Bewegung Ende der 1980er Jahre als Gegenprojekt zu Bourguibas »Modernisierungspolitik« positioniert und von ihrem Beginn an explizit für die Abschaffung des CSP demonstriert, in das kollektive Gedächtnis ein.

Die Position der Ennahdha bezüglich der Frauenrechte hat sich jedoch seit ihrer Entstehung Ende der 1980er Jahre wesentlich verändert: Spätestens seit 2011 betont der Parteivorsitzende, Ghannouchi, unaufhörlich, dass er den CSP nicht mehr abschaffen oder verändern will. Der CSP wird nun auch aus islamistischer Perspektive als Resultat einer modernen Rechtsauslegung (*iǧtihad*) des islamischen Rechts (*fiqh*) begriffen (vgl. Charfi 2012: 95).

Der Soziologin Olfa Lamloum zufolge verändert die Ennahdha ihre Position bezüglich Frauenrechten im Zuge ihrer Politisierung: Als die Bewegung noch ausschließlich unter Männern in Moscheen zusammenkommt, bleibt sie einer sehr traditionellen Perspektive verhaftet, die Frauen aus der öffentlichen Sphäre verbannen will. Im Laufe ihrer Politisierung ist sie jedoch schnell mit der sozialen Wirklichkeit konfrontiert, die sie zwingt, einzusehen, dass sich die Tunesierinnen weder aus der Öffentlichkeit noch aus dem Arbeitsleben verdrängen lassen (vgl. Lamloum 2006: 92f.). Sie verstehen, dass eine solche Haltung unpopulär ist und gestehen sich in gewisser Weise ihre politische Niederlage ein (vgl. ebd.; Kraïem 2016: 393). Das politische Engagement weiblicher Ennahdha-Anhängerinnen, wie

---

der Organisation AISPP (Association internationale de soutien aux prisonniers politiques) für die Rechte politischer Gefangener.

411 So behauptet 2011 die Ennahdha-Abgeordnete Souad Abderrahim, dass Freiheiten und Rechte nicht absolut gelten, sondern von Traditionen und Bräuchen abhängen. Alleinerziehende Mütter hätten »ethisch gesehen […] kein Recht zu existieren« und sollten sich ihrer Meinung nach in einer arabisch-muslimischen Gesellschaft, wie der tunesischen, keinen spezifischen juristischen Schutz erhoffen. Sie macht deutlich, dass alleinerziehende Mütter in der von ihr vertretenen islamistischen Gesellschaftsordnung nicht zur Norm der Familie gehören (Abderrahim nach Laacher 2013: 253f.). Seit Juli 2018 ist Souad Abderrahim Bürgermeisterin von Tunis. Sie ist die erste weibliche Bürgermeisterin Tunesiens.

Saida Akremi, Meherzia Labidi, Farida Labidi und Amel Azzouz, die die im CSP garantierten Persönlichkeitsrechte verteidigen, trägt nicht zuletzt zu diesem Wandel bei. Islamistische Frauen, die unter der Diktatur alleine für die Familie aufkommen mussten, da ihr Ehemänner lange Haftstrafen verbüßten, wie Amel Azzouz (vgl. Azzouz 23.09.2014, Tunis), oder die aufgrund ihres Aktivismus selbst Haftstrafen, polizeilicher Überwachung und Schikanen ausgesetzt waren, wie Farida Labidi, bringen ein neues Selbstbewusstsein und -verständnis weiblicher Akteurinnen in die islamistische Partei ein (vgl. Labidi 13.09.2014, Tunis). Sie zwingen die männlich dominierte Bewegung dazu, anzuerkennen, dass sie nicht lediglich Unterstützer*innen ihrer Ehemänner sind, sondern selbst eine wichtige Rolle in der Aufrechterhaltung und Entwicklung der Bewegung spielen.

Die Öffnung der Ennahdha-Partei gegenüber Frauen geschieht nicht zuletzt auch aus politischem Pragmatismus: 2011 formiert sich die Partei nach jahrzehntelanger Unterdrückung neu und muss binnen weniger Monate genügend Abgeordnete stellen, um sich in möglichst vielen Wahlbezirken zur Wahl zu stellen. In diesem Zusammenhang suchen sie gezielt nach zu rekrutierenden Frauen, wie Sayida Ounissi, die ein modernes offenes Bild der Partei vermitteln.[412] Nicht selten handelt es sich um hochgebildete Frauen, die in gesellschaftlich anerkannten Berufen tätig sind, mehrere Sprachen sprechen und bereits durch ihre Existenz ein anderes Bild islamistischer Frauen zeichnen, als es die Propaganda unter der Diktatur zulässt.[413]

Diese öffentliche Präsenz und der neue Einfluss islamistischer Frauen, die sich für Frauenrechte aussprechen und zeitweilig ungewöhnliche Positionen für eine islamistische Partei vertreten,[414] wirft unweigerlich die Fra-

---

412 Ounissi, Doktorandin in Politikwissenschaft an der Pariser Sorbonne (Paris 1), wird von Ennahdha gezielt angesprochen und ist die Abgeordnete für den Wahlkreis im Norden Frankreichs. Nicht alle weiblichen Ennahdha-Abgeordnete werden von der Partei aufgesucht, andere, wie Farida Labidi oder Souad Abderrahim, sind beispielsweise bereits unter der Diktatur in der islamistischen Studentengewerkschaft (UGTE) aktiv. Abderrahim ist Apothekerin, Labidi Rechtsanwältin und Menschenrechtlerin.

413 Es sei angemerkt, dass die Ennahdha-Fraktion gegenwärtig mit 26 weiblichen von insgesamt 69 Ennahdha-Abgeordneten die höchste Anzahl an weiblichen Abgeordneten stellt (vgl. Dahmani 2016). Der Gesamtanteil an weiblichen Abgeordneten im tunesischen Parlament liegt bei 31,8 Prozent und ist damit etwas höher als aktuell im Deutschen Bundestag, der lediglich 30,7 Prozent an weiblichen Abgeordneten aufweist.

414 Meherzia Labidi empfängt beispielsweise 2014 Prostituierte im Parlament, die sich über die Schließung eines Bordells bei ihr beklagen. Sie verspricht ihnen, ihr Anliegen an das Ministerium für Frauen weiterzutragen. Sie plädiert ebenfalls dafür, dass die Familie der

ge nach einem islamisch inspirierten Feminismus auf. Unter säkularen Feminist*innen, wie Amal Grami oder Sophie Bessis, herrscht die Meinung vor, es gebe keinen islamischen Feminismus in Tunesien, da es keine feministische Exegese des Korans in Tunesien gebe, die zu einer nicht-androzentrischen Lesart der Frauenrechte im Islam beitrage.[415] Diese Haltung hängt zum einen damit zusammen, dass es säkularen Feminist*innen schwerfällt, nicht-säkulare Feminist*innen als Feminist*innen und dementsprechend als Diskussionspartner*innen auf Augenhöhe zu akzeptieren. Im Zuge dessen negieren sie deren Existenz. Zum anderen ist der Begriff des »islamischen Feminismus« tatsächlich durch den Aktivismus von Theologinnen beispielsweise in Indonesien und Marokko geprägt, die im religiösen Text nach alternativen feministischen Interpretationsweisen suchen.[416] Die feministischen Lesarten des Korans, wie etwa die der marokkanischen Theologin Asma Lamrabet,[417] ähneln tatsächlich stark den tunesischen säkular-feministischen Positionen. Sie fallen, im Gegensatz zu den Positionen der Ennahdha-FrauenrechtlerInnen, weniger durch ihre Alterität auf.

Islamischen Feminismus auf feministische Koran-Exegese zu beschränken, scheint mir jedoch verkürzt. Schließlich bestimmt jeder Feminismus seine Methode und seine Ausrichtung selbst. Meines Erachtens gibt es islamisch inspirierte Akteur*innen in Tunesien, wie eine bestimmte Elite weiblicher Ennahdha-Abgeordneter, die Frauenrechte verteidigen und versuchen, diese mit ihrem Glauben zu »versöhnen«. Das bedeutet

---

tunesischen Femen-Anhängerin Amina Souib angehört werden sollte – zwei Haltungen, die meines Erachtens keineswegs selbstverständlich sind für eine konservative Partei.

415 Die Historikerin Bessis vertritt diese Meinung in der Radiosendung »Cultures monde« auf *France Culture* am 24. Januar 2018. Amel Grami, Islamwissenschaftlerin, verneint die Existenz eines islamistischen »Feminismus« in ihrem Vortrag »Gender relations in post revolution Tunisia« am 11. Juli 2016 in Lüneburg auf einer DAAD-Konferenz. Sie kritisiert außerdem die Ungenauigkeit der Begriffe wie »islamischer oder muslimischer Feminismus«, »muslimische Feministinnen« oder »feministischer Islam«, anhand derer das Phänomen beschrieben wird (vgl. Grami 2013: 109).

416 Leider kann im Rahmen dieser Arbeit nicht stärker auf die Frage eingegangen werden, inwieweit muslimische Denker*innen Teile des Islams neu interpretieren und zu feministischen Motiven mobilisieren. Eine ausführliche und spannende Diskussion hierzu findet sich unter anderem bei Badran (1995, 2009), Barlas (2002), Mernissi (1991), Mestiri (2016) und Seedat (2013).

417 Lamrabet spricht sich beispielsweise dafür aus, dass Frauen und Männer Anspruch auf einen gleich hohen Anteil im Erbe haben sollten. Nach ihrer Auslegung des islamischen Rechts ist auch das Tragen des Kopftuchs im Koran keine Pflicht für Frauen.

gewiss nicht, dass es sich um eine mehrheitliche oder gleichförmige »Bewegung« innerhalb der Ennahdha-Partei handelt.

Tunesische islamische FrauenrechtlerInnen wehren sich gegen zwei Stereotype: erstens gegen die staatsfeministische Festlegung der Identität der »tunesischen Frau« als säkular und zweitens gegen die Vorurteile gegenüber muslimischen und verschleierten Frauen. Die 30-jährige Ennahdha-Abgeordnete Sayida Ounissi, die sich selbst ebenfalls als Feministin bezeichnet, widerspricht diesen beiden diskriminierenden Diskursen:

»Das Vorurteil besagt, dass verschleierte Frauen unterwürfig sind. Kopftuch tragende Frauen müssen immer erst diese Vorstellung dekonstruieren, bevor sie ernst genommen werden. [...] Ich mag den Ausdruck ›die tunesische Frau‹ nicht. Wir sind nicht alle gleich, wir müssen den Plural verwenden! Das bedeutet Diversität.« (Ounissi zitiert nach Lutyens 2015)

Ounissi macht auf diese verstörende Tendenz in den Diskursen der tunesischen Öffentlichkeit aufmerksam, stets von »der tunesischen Frau« im Singular zu sprechen, die darauf schließen lässt, dass es lediglich eine uniforme, staatlich und gesellschaftlich normierte Art und Weise gibt, eine tunesische Frau zu sein. Ihr persönliches Vorbild, Aïcha Dhaouadi, eine islamistische Aktivistin der 1990er Jahre, habe sie gelehrt, dass es ebenfalls »ein Modell einer tunesischen, muslimischen, gebildeten, freien, tausend Mal freieren Frau geben kann«, so Ounissi (Ounissi nach Dahmani 2016). Dhaouadi, der sie anlässlich des internationalen Frauenkampftages einen Text widmet, »trägt stets dazu bei, die Bandbreite der Definitionen dessen, was die tunesische Frau ist (oder sein kann) zu bereichern« (Ounissi 2013). Die staatsfeministische Standardisierung »der tunesischen Frau« erfährt sie als diskriminierende Einschränkung ihrer individuellen Freiheitsrechte.

Auch Meherzia Labidi verteidigt »das Recht der muslimischen Frau, so zu sein, wie sie will, und nicht, worauf sie festgelegt wird. Ich habe immer von einer gewählten Identität und einer zugewiesenen Identität gesprochen« (Labidi 22.09.2014, Tunis). Die »gewählte Identität« verweist auf ihre muslimische Identität, während die »zugewiesene Identität« jene staatsfeministisch konstruierte Identität meint, die den tunesischen Frauen seit Jahrzehnten als gesellschaftlich erwünscht präsentiert wird. Islamische FrauenrechtlerInnen formulieren ebenfalls eine Kritik am Staatsfeminismus, den sie nicht nur als ausschließend, sondern vor allem als freiheitsgefährdend wahrnehmen. Anders als die ATFD-Feminist*innen, die in ihrer Kritik des Staatsfeminismus den Mangel positiver Freiheitsrechte beklagen,

betonen islamische FrauenrechtlerInnen, angesichts der gezielt auf sie ausgerichteten Repressionsmechanismen, eher die Beschneidung ihrer individuellen Freiheitsrechte bezüglich ihrer alltäglichen Kleiderwahl und ihrer
Religionspraxis. So argumentiert Meherzia Labidi:

»Wenn ich von Freiheit spreche, ist damit die persönliche, individuelle und öffentliche Freiheit gemeint, die Freiheit, sich so anziehen zu können, wie man will, und
praktizieren zu können – das stand [Ende der 1980er Jahre, N.A.] im Zentrum der
Debatte.« (Labidi 22.09.2014, Tunis)

Das Recht, ihre Religion in vollem Ausmaß ausüben zu können, ist für die
islamischen FrauenrechtlerInnen stark mit ihrem Recht verbunden, sich
nach muslimischer Tradition kleiden zu können. Das bedeutet nicht, dass
sie nicht ebenfalls politische Teilhaberechte fordern, die Labidi ebenso erwähnt, sie stehen jedoch nicht im Mittelpunkt ihrer Kritik der »zugewiesenen Identität«.

Neben den bereits genannten Unterschieden zwischen säkularen und
islamischen FrauenrechtlerInnen lassen sich auch Gemeinsamkeiten feststellen. So engagieren sich auch islamische Akteur*innen für das 2017 verabschiedete Gesetz gegen soziale, ökonomische und politische
Diskriminierungsformen und verbale, psychische, physische und sexuali-
sierte Gewalt gegen Frauen.[418] Das einstige ATFD-Projekt, das Opfern
häuslicher Gewalt eine rechtliche, medizinische und psychologische Betreuung zur Verfügung stellt und Täter zur Rechenschaft zieht,[419] stellt
einen bedeutenden Fortschritt für den effektiven Schutz von Frauen dar.
In Meherzia Labidis Plädoyer für das Gesetz wird deutlich, dass der islamische Feminismus sich in vielen Punkten nicht wesentlich vom säkularen
unterscheidet:

---

418 An dieser Stelle sei der Exaktheit halber angemerkt, dass nicht alle weiblichen
Ennahdha-Abgeordneten Frauenrechte verteidigen. Die Ennahdha-Abgeordnete Monia
Brahim beispielsweise opponiert systematisch gegen die Reformen von Frauenrechten.
Sie widersetzt sich zuletzt dem Gesetz zur häuslichen Gewalt, das ihrer Meinung nach
»die Basis der tunesischen Familie und der Institution der Ehe schwächt« (Brahim nach
Kousri Labidi 2014). Die Tatsache, dass Frauen sich gegen Feminismus, Frauenrechte
oder Emanzipationsbestrebungen anderer Frauen ausdrücken, ist nicht erst durch die
»#me too«-Debatte ein bekanntes globales Phänomen und weder spezifisch für
Tunesien noch für die islamistische Bewegung.

419 Bis zur Verabschiedung des Gesetzes war es für Vergewaltiger von Minderjährigen
möglich, sich der Bestrafung zu entziehen, wenn sie die vergewaltigte Person heirateten.
Nun gelten für Vergewaltigungen und sexuelle Belästigungen Haftstrafen.

»Als muslimische Frauen sollten wir die Ersten sein, sexistische Haltungen anzuprangern, und uns dafür engagieren, sie zu verändern. Gewalt ist viel stärker eine
kulturelle als eine religiöse Angelegenheit. Alle Akteure der Gesellschaft sind Vermittler, um die Mentalitäten zu verändern und eine demokratische Kultur zu schaffen, die mit der Verfassung und dem Recht konform ist. [...] Ich bin Tunesierin,
Demokratin, eine freie und muslimische Frau und wie zahlreiche tunesische Frau-
en strebe ich nach Gleichheit und nach einer Freiheit, die unter keiner Vormundschaft steht. [...] Eine Frau, die voll und ganz ihre Rechte ausübt, ist eine
Frau, die unabhängig in ihren Lebensentscheidungen ist, die Zugang zur Bildung
hat, die politische und ökonomische Verantwortungen übernimmt und die ihr eigener Chef ist oder Abgeordnete werden kann.« (Labidi 2017)

Labidi prangert darüber hinaus auch »die verbale Gewalt« gegenüber weib-
lichen Abgeordneten im Parlament an, die nicht selten mit herabwürdigen
Sprüchen ihrer männlichen Kollegen konfrontiert sind (vgl. Labidi nach
Realites online 2017).

Während die säkularen Feminist*innen der ATFD versuchen, den Staat
unmittelbar hinsichtlich mehr Gender-Gleichheit zu beeinflussen, betonen
islamistische FrauenrechtlerInnen wie Sayida Ounissi eher, dass Veränderungen durch einen gesellschaftlichen Dialog hervorgebracht werden müssen und der Bevölkerung nicht aufoktroyiert werden sollten, um die Fehler
des Staatsfeminismus nicht zu wiederholen: »Bezüglich der Gleichheit im
Erbe zum Beispiel, muss es eine Debatte [...] mit allen Parteien geben«
(Ounissi nach Blaise 2016b).

Wenn die tunesische Revolution als ein langjähriger Prozess begriffen
wird, wie ich im zweiten Kapitel der vorliegenden Arbeit argumentiere,
müssen demnach säkulare und islamistische feministische Imaginäre als
Imaginäre des tunesischen Revolutionsprozesses anerkannt werden.

7.5   Von der »befreiten Frau« zur Befreierin der Gesellschaft?

Der Machtkampf zwischen dem Staatsfeminismus, der Frauenrechte aus
machterhaltenden Motiven verteidigt, und der feministischen Bewegung
um die Deutung der Frauenrechte ist auch heute noch von brisanter Aktualität. So appelliert Essebsi im Sommer 2017 mit seinem Aufruf zur zivilge-

sellschaftlichen Diskussion über die Gleichheit in Erbangelegenheiten[420] an das modernistische Staatsnarrativ Bourguibas und macht deutlich, dass der Staatsfeminismus als ein Fundament der Modernität Tunesiens zu begreifen ist. Er versucht damit, die bestehende bourguibistische Wahlklientel für sich zu gewinnen und seine Partei, Nidaa Tounes, von ihrer schlechten Reputation als Auffangbecken der alten Ben Ali-Elite reinzuwaschen.

Die zivilgesellschaftlichen Initiativen für die Erbgleichheit zeigen, dass der Staatsfeminismus durch die bestehenden politischen Freiheiten der Bürger*innen nur noch in eingeschränktem Maße wirken kann, da die feministischen Akteur*innen sich nun ungefährdet selbst organisieren und einen unabhängigeren Diskurs in die Öffentlichkeit tragen können. Die im März 2018 erneut entfachten Proteste um die Gleichheit im Erbe aktualisieren die feministischen Auseinandersetzungen »von unten«. Während der jahrzehntelange Kampf der ATFD für diese Gleichheitsrechte im Kontext der Diktatur auf einen intimen Kreis »eingeweihter« Jurist*innen und Aktivist*innen beschränkt blieb (siehe u. a. Manifest 2007), erreicht nun die Gleichheitsforderung breite soziale Schichten. So demonstrieren am 10. März 2018 Frauen jeglicher politischer und sozialer Zugehörigkeit in Tunis und anderen tunesischen Großstädten für ein egalitäres Erbrecht. Sie beziehen sich explizit auf den Gleichheitsartikel der neuen Verfassung (Art. 21), um ihr Recht auf einen gesetzlich garantierten, gleich hohen Anteil im Erbe zu begründen. Das Erbe ist bis dato nach islamischem Recht reguliert, das Frauen lediglich die Hälfte des männlichen Erbanteils zugesteht. Die Parolen »Gleichheit ist ein Recht, kein Gefallen!«, »Hälfte, Hälfte – das ist deine vollständige Bürgerschaft«, »Das Volk will die Gleichheit« auf der Demonstration am 10. März 2018 in Tunis machen deutlich, dass für die Feminist*innen die Gleichheit im Erbe wesentlich ist, damit sie sich als vollkommen gleichwertige Bürgerinnen imaginieren können. Die Feminist*innen argumentieren, dass Frauen heutzutage – im Gegensatz zum historischen Entstehungskontext des frühen Islams – sehr wohl materiell

---

420 Nachdem die bereits erwähnte »Kommission für individuelle Freiheiten und Gleichheit« knapp ein Jahr lang über die Gleichheit im Erbanteil für Frauen debattiert hat, spricht sich Essebsi im August 2018 dafür aus, dass es den Familien freigestellt werden sollte, ob sie das islamische Recht oder das neu zu instaurierende Recht befolgen wollen, das den Frauen Zugang zum gleichen Erbanteil gewähren würde. Wenn diese Maßnahme nicht die strikte, rechtlich erzwungene Gleichheit im Erbe ermöglicht, so stellt sie dennoch einen wichtigen Fortschritt dar und wäre eine Neuheit im gesamten muslimischen Raum. Das Parlament muss – zum Zeitpunkt der Verfassung dieses Buches – über diesen Gesetzesentwurf noch abstimmen.

zum Unterhalt der Familie beitragen, Familienmitglieder (Vor- und Nachfahren) pflegen und sämtliche Verantwortungen innerhalb der Familie übernehmen. Die materielle Bevorzugung des Mannes durch einen höheren Erbanteil aufgrund seiner Rolle des »Ernährers« entbehrt aus ihrer Sicht jeder Legitimationsgrundlage.

Interessanterweise kommt es, anders als in der Debatte um den Komplementaritätsartikel, im Kampf für die Erbgleichheit weitaus weniger zur Polarisierung zwischen islamistischen und säkularen Akteur*innen. Vermutlich lässt sich das auch darauf zurückführen, dass islamistische und religiös praktizierende Frauen sowohl für als auch gegen die Erbgleichheit demonstrieren. Die ATFD-Feministin Ahlem Belhadj mahnt auf ihrem Facebook-Account am 18. März 2018, dass es undemokratisch sei, Frauen, die gegen das egalitäre Erbrecht demonstrieren, geringzuschätzen. Demokratische Pluralität scheint im Zuge des revolutionären Prozesses stärker akzeptiert und gelebt zu werden.

Wie eingangs beschrieben, besteht das Narrativ des Staatsfeminismus darin, zu postulieren, dass tunesische Frauen bereits durch männliche Staatsoberhäupter »befreit« worden sind und egalitäre Rechte erhalten haben, die ihr eigenes Emanzipationsbestreben letztlich überflüssig machen. Die Rede von der »befreiten Frau« sieht tunesische Frauen lediglich als Objekte der Emanzipation.

Im Zuge des revolutionären Prozesses tritt ein neues Imaginäre hervor, das Frauen vom Objekt der Emanzipation zum Subjekt ihrer und der gesamtgesellschaftlichen Emanzipation erhebt. So stellt Youad Ben Rejeb heraus:

»Heute denke ich mir, umso besser, dass wir ständig da waren, die Feministinnen und Frauen! Wir waren die ganze Zeit, aber wirklich die ganze Zeit wachsam! Jedes Mal, wenn eine Dummheit [aus dem Parlament, N.A] bekannt wird, sind es die Frauen, die auf die Straße gehen! […] Wenn wir dort sind, wo wir sind [in der Entwicklung des Landes, N.A.], dann ist das dank der tunesischen Frauen, der Frauen und der NGOs […] das verdanken wir weder den politischen Parteien noch den Männern!« (Ben Rejeb 27.08.2014, Tunis)

Ben Rejeb erwähnt an dieser Stelle ein Imaginäre, das dem bereits diskutierten Imaginären der Bürger*innen als Träger revolutionären Wandels sehr ähnelt, sie spitzt es jedoch stärker auf die »neue« revolutionäre Rolle von Frauen und Feminist*innen als Befreierinnen der Gesellschaft zu.

Auch Ahlem Belhadj erwähnt diese unter säkularen Feminist*innen weitverbreitete Vorstellung (vgl. auch Bakhta Cadhi):

»Ich bin stolz auf die Frauenbewegung, wirklich! Wir haben uns als eine echte soziale Kraft durchgesetzt, die die Frauenrechte und das tunesische Gesellschaftsmodell verteidigt haben.« (Belhadj 24.08.2014, Tunis)

Die zentrale Partizipation von Frauen am Ausbruch des Revolutionsprozesses, der für Belhadj bereits mit den Streiks der Textil-Fabrikarbeiterinnen gegen neoliberale Politiken im Jahre 2000 sowie mit den Aufständen von Frauen in Redeyef 2008 beginnt, führt dazu, dass sie eine sehr selbstbewusste Position verteidigen:

»Die Bewegung rund um das Phosphatbecken [von Gafsa/Redeyef, N.A.] 2008, eine sehr wichtige Etappe, die der tunesischen Revolution vorausgegangen ist, wurde von Frauen ausgelöst.« (Belhadj 2012: 79)

In gewisser Weise lässt sich diese diskursive Umdeutung der Rolle von Frauen als eine Reiteration im Sinne Jacques Derridas (2001) begreifen: Die feministische Sprechhandlung zitiert dabei indirekt das Narrativ der »befreiten Frau«, sie artikuliert es jedoch in neuen Bedeutungszusammenhängen und bringt so eine neue gesellschaftliche Bedeutung hervor.

Belhadjs Betonung, dass Frauen seit jeher stets eine Art Avantgarde in demokratischen und feministischen Kämpfen Tunesiens gebildet haben, lässt sich zum einen als Antwort auf das westeuropäische Erstaunen über die breite Partizipation von Frauen im revolutionären Prozess begreifen. Zum anderen kommt der Aussage auch die Rolle zu, diese neue anerkannte gesellschaftliche Bedeutung von Frauen sprachlich-performativ zu behaupten. Der italienische Historiker Haïm Burstin stellt für die Französische Revolution heraus, dass einige Akteur*innen die Vorstellung entwickeln, regelrechte »Protagonisten der Geschichte« zu sein, die nicht lediglich teilnehmende Zeug*innen des Geschehens sind, sondern eine entscheidende, ja ausschlaggebende Rolle für die zukünftige Entwicklung der Revolution haben (vgl. Burstin 2010: 8ff.). Diese Vorstellung der revolutionären Protagonisten lässt sich in abgeschwächter Form ebenfalls an dieser Stelle in Bezug auf Frauen und Feminist*innen als Revolutionär*innen *par excellence* erkennen. Sie sind zwar nicht davon überzeugt, eine *individuell* einzigartige Rolle für den revolutionären Prozess zu spielen, aber sie sprechen sich *kollektiv* als soziale Kategorie und Gruppe eine spezifische historische Bedeutung für die Verwirklichung der revolutionären Ziele zu.

Feministinnen eignen sich das Staatsnarrativ der außerordentlichen tunesischen Frau an, um es selbst-emanzipatorisch zu wenden: Sie haben nicht mehr einem paternalistisch-autoritären Staat ihre gesellschaftliche Stellung zu verdanken. Vielmehr erstreiten sie sich nicht nur ihre eigene

Stellung selbst, sondern treten auch als zentrale Subjekte des politischen Wandels hervor (vgl. auch Labidi 2017). Es sind nun also die Frauen, die die Gesellschaft vor diktatorischen Verhältnissen sowie diskriminierenden und reaktionären Tendenzen befreien.

Dieses Imaginäre des sozialen und politischen Wandels »von unten« sowie die verbesserten politischen Arbeitsbedingungen der Zivilgesellschaft im Zuge des Revolutionsprozesses verändern auch den feministischen Aktivismus selbst. Feminismus und Politik erscheinen nun nicht mehr ausschließlich durch staatliche Akteur*innen oder feministische Vereinigungen gestaltbar. Neben den islamistischen FrauenrechtlerInnen bilden sich seit dem Ausbruch des Revolutionsprozesses verschiedene LGTB+-Bewegungen und NGOs, wie »Mawjoudin«, »Shams«, »Chouf«, die das hegemoniale Bild der »tunesischen Frau« radikal infrage stellen und für die Anerkennung homo- und transsexueller Menschen kämpfen. Sie betreiben einen Aktivismus, der sich grundlegend vom Rechtslobbyismus der ATFD unterscheidet. Sie organisieren Film- und Kunstfestivals (zum Beispiel »Chouftouhonna« oder »Mawjoudin Queer Film Festival«) und tauschen sich in feministischen und queer ausgerichteten Diskussionsforen über ihre alltäglich erfahrene Diskriminierung aus. Bei Diskussionsabenden, die an die US-amerikanischen »consciousness raising groups« der 1960er Jahre erinnern, denken sie über die Überwindung der patriarchalen Verhältnisse nach.

Die Tatsache, dass die ATFD bereits seit Jahrzehnten Gender-Lobbying betreibt, erleichtert es der aktuell jüngeren Generation, jenseits des juristischen Rahmens zu denken und in eine stärkere Konfrontation zu diskriminierenden Alltagspraktiken zu treten. Für jüngere Aktivistinnen, die mit einem gewissen Ausmaß an bereits bestehenden juristischen Garantien ihrer Rechte aufgewachsen sind, löst sich die Diskrepanz zwischen ihren Rechten und der erfahrenen Diskriminierung nicht primär durch mehr Rechte auf. Vielmehr setzen sie sich für die Veränderung misogyner Verhältnisse ein, indem sie soziale Realitäten, Praktiken, Diskurse und Institutionen hinterfragen und die »Autorität« von Männern in alltäglichen Situationen sowie in sozialen und virtuellen Räumen unmittelbar angreifen (vgl. Blaise 2016b). Aus ihrer Sicht gilt es in erster Linie, die vielschichtige »Kultur« des Patriarchalismus zu bekämpfen. Dieser neue und vielfältigere Feminismus ergänzt den auf rechtliche Gleichheit fokussierten Feminismus der ATFD, der angesichts der diskriminierenden Rechtslage gewiss immer noch notwendig ist.

8. Schluss

In dem vorliegenden Buch habe ich mit der Analyse der Imaginäre der tunesischen Akteur*innen, die zum Ausbruch des Revolutionsprozesses beigetragen haben, drei Hauptziele verfolgt.

Erstens war es meine Absicht, aufzuzeigen, dass der tunesische Revolutionsprozess keine bloße Hungerrevolte ist. Ich habe in kritischer Abgrenzung dazu anhand der Imaginäre der Akteur*innen dargelegt, dass die Akteur*innen sich emotional und intellektuell mit der politischen und sozialen Wirklichkeit auseinandersetzen und in diesem Zusammenhang politische Ideen und alternative Vorstellungen zur erfahrenen Realität entwickeln.

Zweitens habe ich die aus meinen Interviews hervorgetretenen Imaginäre der Akteur*innen rund um die drei Hauptthemen – Revolution, Demokratie und Feminismus – in ihrer Diversität und Heterogenität vorgestellt und analysiert.

Drittens habe ich verdeutlicht, dass die Imaginäre unter anderem konstitutiver Teil des Revolutionsprozesses sind: Sie schlagen sich entweder in den im Zuge des Revolutionsprozesses neu geschaffenen Institutionen sowie im Verfassungstext nieder oder lassen im Gegenteil eine Kluft zwischen den neuen Institutionen, den Staatsnarrativen und den Imaginären der Akteur*innen erkennen, wie ich im weiteren Verlauf des Textes noch schildern werde.

Nun sind Imaginäre aber keine Doktrinen: Sie geben uns keine Anleitung dafür, wie Revolutionen erfolgreich zu Ende zu führen sind, und formulieren keine vermeintlich klaren und fertigen Lösungen für soziale Notstände und politische Krisen. Ich schlage vor, die verschiedenen Imaginäre mit Castoriadis gesprochen als das »Magma« der Revolution[421] zu

---

421 Das »Magma der Revolution« kann analog zum Magma der Gesellschaft begriffen werden: Es setzt sich zum einen aus Imaginären und zum anderen aus von ihnen angeleiteten Praktiken und Institutionen zusammen.

begreifen, das uns als dynamisches »Bedeutungsreservoir« Einblick in die ideelle Dimension der Revolution und in die Interpretationen der Akteur*innen gibt. Im Sinne des Magmas stellen die Imaginäre zwar keine ephemeren Momentaufnahmen dar, sie passen sich jedoch an die politischen Erfahrungen und den politischen Kontext an und befinden sich daher im kontinuierlichen Wandel. Die in dem vorliegenden Buch gezeichnete Kartografie der Imaginäre gilt es folglich, in Zukunft weiterzuentwickeln und zu aktualisieren.

Im Folgenden werde ich der Frage nachgehen, welche Schlussfolgerungen sich in empirischer und theoretischer Hinsicht aus der Analyse der Imaginäre ziehen lassen. Ich zeige zunächst das Verhältnis der Imaginäre zu den Staatsnarrativen Tunesiens auf. Anschließend gehe ich der Frage nach, ob die neue Verfassung die Imaginäre der Akteur*innen aufnimmt. Darauf aufbauend lege ich dar, dass sich im Zuge des Revolutionsprozesses ein neues Staatsnarrativ, das Staatsnarrativ der demokratischen Transition, herausbildet. Schließlich stelle ich vor, was sich aus meiner empirischen Studie für die Begriffe »Revolution« und »Imaginäre« lernen lässt.

8.1 Die Imaginäre als Gegenentwürfe zu den Staatsnarrativen

Die Analyse der Imaginäre bestätigt die eingangs formulierte Hypothese, dass der Revolutionsprozess eine ausdrückliche Diskrepanz zwischen den (sozialkritischen und konstruktiven) Imaginären der Akteur*innen auf der einen Seite und den Staatsnarrativen auf der anderen Seite offenlegt.[422] Meine Annahme, dass die Diskrepanz zwischen den Staatsnarrativen und den Imaginären den Revolutionsprozess *auslöst*, bewahrheitet sich jedoch aufgrund des vornehmlich emotionalen Beginns des Revolutionsprozesses, auf den ich im späteren Verlauf des Textes erneut eingehen werde, lediglich zum Teil (vgl. Kap. 4). Ich muss meine Annahme der Imaginäre als Gegenentwürfe zu den Staatsnarrativen in der Hinsicht nuancieren, als die

---

422 Diese Diskrepanz existiert gewiss sowohl in einer diskursiv-imaginären Hinsicht als auch in einem konkret-materiellen Sinne, das heißt in der Kluft zwischen den Staatsnarrativen und der erfahrenen Realität, die zu einem kontingenten Zeitpunkt als unerträglich empfunden wird.

Staatsnarrative der Demokratisierung und des Wirtschaftswunders nicht lediglich als kontrafaktische Erzählungen wahrgenommen werden. Vielmehr lässt sich auch argumentieren, dass insbesondere diese beiden Staatsnarrative gleichsam unwillkürlich das Bedürfnis der Bürger*innen nach besseren demokratischen und ökonomischen Verhältnissen wecken. Dabei entwickeln die Bürger*innen andere Imaginäre von der Demokratie und einer sozial gerechten Gesellschaftsordnung als die in den Staatsnarrativen vermittelten Vorstellungen.

Dennoch tragen die sozialkritischen Imaginäre in dem Sinne zum Revolutionsausbruch bei, als sie die erfahrenen politischen und sozialen Verhältnisse kritisch benennen, die im deutlichen Widerspruch zum Grünungsnarrativ sowie zu den Narrativen des Staatsfeminismus, der Säkularisierung, der Demokratisierung und des Wirtschaftswunders stehen. Die durch den Revolutionsprozess hervorgetretenen Imaginäre tragen in ihrer sozialkritischen Dimension dazu bei, dass die gesellschaftliche Repräsentation der sozialen Wirklichkeit exakter wird: Die Armut, die symbolische und physische Gewalt des Staates sowie die politische Repression sind gegenwärtig kollektiv anerkannte Probleme, die sich – anders als zu Zeiten der Diktatur – kaum mehr leugnen lassen. Das aktuell kontrastreichere, komplexere Bild der sozialen Wirklichkeit Tunesiens lässt gesamtgesellschaftlich gesehen die sozialen Probleme, gesellschaftlichen Divergenzen und politischen Konflikte der Vergangenheit und der Gegenwart deutlicher zutage treten als vor dem Revolutionsprozess und trägt dazu bei, dass die Gesellschaft »ihre Wahrheit« findet, wie es der tunesische Philosoph Youssef Seddik ausdrückt (vgl. Seddik 2011: 26).

Die Imaginäre der Akteur*innen zeigen eine von den Staatsnarrativen nicht lediglich vernachlässigte, sondern gezielt verleugnete Realität auf. In diesem Zusammenhang lässt sich mit Claude Lefort argumentieren, dass durch das Hervortreten der sozialkritischen und der konstruktiven Imaginäre nicht nur die »politische Autorität, sondern auch die Wirksamkeit der Existenzbedingungen, der Meinungen und der Normen« der tunesischen Gesellschaft erschüttert werden. »Eine Opposition zur Macht greift auch das Prinzip der Realität und der Legitimität an, die die herrschende Ordnung stützen« (Lefort 1980: 336). Die Imaginäre der Akteur*innen stellen die Staatsnarrative infrage und leiten auf diese Weise einen gesamtgesellschaftlichen Aushandlungsprozess der kollektiven Werte, Ideale, Normen und Institutionen ein. Durch diese Infragestellung der Staatsnarrative werden die Existenzberechtigung, die Autorität sowie der Machtanspruch des Regimes von Ben Ali negiert.

Nun stellt sich die Frage, ob die Staatsnarrative (maßgeblich der Gründung, der Demokratisierung und des Wirtschaftswunders, vgl. Kap. 3) von den Akteur*innen kritisiert werden, weil sie zwar ein richtiges Ideal repräsentieren, das sich aber *de facto* nicht in der sozialen Wirklichkeit widerspiegelt, oder ob die Akteur*innen das Staatsnarrativ kritisieren, weil sie das im Staatsnarrativ konkretisierte Ideal nicht als normativ wünschenswert betrachten.

Fangen wir mit der Kritik am Gründungsnarrativ an. Das Gründungsnarrativ wird anhand des Imaginären der »Revolution der Würde« normativ bezüglich seines Verhältnisses zum Kolonialismus infrage gestellt. So kritisieren die Vertreter*innen dieser Position, dass Bourguiba das koloniale Rechtfertigungsnarrativ unkritisch annimmt, das behauptet, Tunesien sei aufgrund der »Rückständigkeit« seiner Bevölkerung kolonialisiert worden. Schlimmer noch: Er reproduziert das koloniale Rechtfertigungsnarrativ, indem er seinen autoritären Führungsstil und den Ausschluss der Bürger*innen von der Politik mit ihrer »politischen Unreife« begründet. Die Akteur*innen monieren ferner anhand des Imaginären der historischen Kontinuität (mit einem progressiven, zu rehabilitierenden Erbe) das koloniale Rechtfertigungsnarrativ und setzen ihm eine andere Erinnerung der tunesischen Geschichte entgegen, die die vorkolonialen, progressiven Tendenzen des Landes hervorhebt.

In den feministischen Imaginären lässt sich der deutlichste Bezug auf das Narrativ des Staatsfeminismus sowie etwas impliziter auf das Demokratisierungsnarrativ Ben Alis ausmachen. Die Imaginäre der säkularen Feminist*innen zeigen ein ambivalentes Verhältnis zum Narrativ des Staatsfeminismus auf. Sie kritisieren das Gründungsnarrativ und heben hervor, dass der Staat *de facto* nicht genügend für Frauenrechte eintritt. Vielmehr instrumentalisiert er sie zu politischen Machterhaltungszwecken. Ferner beklagen sie, dass der Staatsfeminismus der zivilgesellschaftlichen Vertretung von Frauen nicht gebührenden Raum lässt und die Bewegung usurpiert. Auf diese Weise stellen sie heraus, dass sowohl das Gründungsnarrativ als auch das Demokratisierungsnarrativ faktisch und normativ falsch sind. Schließlich plädieren sie in ihrer Kritik am Staatsfeminismus für eine demokratische, zivilgesellschaftliche Aushandlung von Frauenrechten. Dennoch – und an dieser Stelle zeigt sich die Ambivalenz – appellieren sie in Momenten, in denen sie um ihre Rechte fürchten, im Sinne des

Staatsfeminismus erneut an den Staat als ihre Schutzmacht. Die islamistischen FeministInnen, die eine deutlichere Kritik am Narrativ des Staatsfeminismus formulieren, akzentuieren, dass der Staatsfeminismus nicht alle Frauen repräsentiert und lediglich die säkularen Frauen der Elite schützt. Außerdem machen sie deutlich, dass das Dispositiv des Staatsfeminismus und des vernunftgeleiteten Islams nicht nur faktisch nicht zutreffen, sondern darüber hinaus auch normativ nicht wünschenswert sind, da die Säkularisierung die islamischen Grundlagen der gesellschaftlichen Normen und Institutionen nicht berücksichtigt.

Auch die Cyberaktivist*innen, die IslamistInnen, die Vertreter*innen einer partizipativen Demokratie sowie die Bürger*innen formulieren eine normative Kritik am Demokratisierungsnarrativ, indem sie anzweifeln, dass eine Demokratisierung der Gesellschaft erfolgen kann, ohne dass allen politischen Kräften Freiheitsrechte zugestanden werden. Diesen höchst unterschiedlichen Positionen ist gemeinsam, dass sie allesamt nicht anerkennen, dass die von Ben Ali proklamierte Demokratisierung tatsächlich stattgefunden hat.

Die Cyberaktivist*innen setzen sich in kritischer Abgrenzung zu diesem Narrativ für einen freien Zugang zur Information, für geschützte politische Freiräume wie das Internet und für eine realitätsnahe Berichterstattung ein, die ihrer Ansicht nach zentrale Fundamente für die Demokratisierung Tunesiens bilden. In diesem Zusammenhang unterstreichen sie, dass allen Bürger*innen Meinungs- und Äußerungsfreiheiten zugestanden werden müssen.

Die IslamistInnen betonen in ihrer Kritik am Demokratisierungsnarrativ nicht lediglich ihre politische Verfolgung, sondern machen deutlich, dass eine Demokratie aus ihrer Perspektive die kulturellen und religiösen Bedürfnisse ihrer Bürger*innen berücksichtigen muss. Die von Bourguiba und Ben Ali ausgeübte Herrschaft hingegen respektiert diese Bedürfnisse nicht. Das Imaginäre der islamischen Demokratie erhebt den Anspruch, die islamischen und die säkularen Grundlagen der Gesellschaft miteinander zu vereinbaren.

Für die Vertreter*innen der partizipativen Demokratie ist das Demokratisierungsnarrativ normativ nicht wünschenswert, zumal es versucht, eine Demokratisierung »von oben« einzuleiten, in welcher die Bürger*innen keine bedeutsame Rolle spielen. Im Gegensatz dazu zielt die partizipative Demokratie darauf ab, die Demokratisierung ausgehend von der lokalen Selbstverwaltung der Bürger*innen zu denken.

Einige Bürger*innen kritisieren anhand der Begriffe der menschlichen und bürgerlichen Würde zudem die fehlende Rechtsstaatlichkeit des »Demokratisierungsprozesses« unter Ben Ali. In ihren Imaginären wird deutlich, dass sie sich keine Demokratie ohne einen Rechtsstaat vorstellen können. Vielmehr muss ein Rechtsstaat existieren, der sie als Rechtssubjekte anerkennt und ihnen auch politische Teilhaberechte zugesteht.

Das Staatsnarrativ des Wirtschaftswunders wird angesichts der desolaten sozioökonomischen Zustände in der zweiten Hälfte der 2000er Jahre von nahezu allen interviewten Akteur*innen als kontrafaktisch bezeichnet. Über diese Kritik an dem nicht oder nicht mehr existenten Wirtschaftswunder hinaus, argumentieren die arbeitslosen Hochschulabsolvent*innen sowie das heterogene Spektrum der Linken anhand des nationalen und sozial-materiellen Würdebegriffs, dass eine wünschenswerte Wirtschaftspolitik nicht mit den internationalen, kapitalistischen Institutionen kooperieren sollte. Sie stellen auf diese Weise ebenfalls die Fundamente der Wirtschaftspolitik normativ infrage und plädieren für ein grundsätzliches Recht auf Arbeit sowie für eine tief greifende soziale Umverteilung.

Der durch den Revolutionsprozess öffentlich und vehement geäußerte Zweifel an den von Bourguiba und Ben Ali geprägten Staatsnarrativen bedeutet gleichwohl nicht, dass sie seit dem Ausbruch des Revolutionsprozesses gleichsam verschwunden seien. Sie werden seit Langem tradiert und gehören zur kollektiven Geschichte Tunesiens. Insbesondere das modernistische Gründungsnarrativ und das Narrativ des Staatsfeminismus sind trotz ihrer initiierten Infragestellung durch den Revolutionsprozess bis heute wirkmächtig und prägen das Selbstverständnis der Tunesier*innen. Die Staatsnarrative haben durch den Revolutionsprozess weniger eine Revision als vielmehr eine Umdeutung erfahren, wie ich später erläutern werde.

8.2 Die Imaginäre als Maßstab zur Beurteilung der neuen Verfassung

Die Analyse der Imaginäre ermöglicht es nun, zu beurteilen, ob die Verfassung (2014) und die politischen Institutionen, die im Zuge des Revolutionsprozesses eingeführt wurden, den zentralen Imaginären der

Akteur*innen, die gegen das Ben Ali-Regime gekämpft haben, entsprechen. Diese Reflexion liegt nahe angesichts der Tatsache, dass die Präambel der Verfassung ihren revolutionären Entstehungskontext anerkennt, die Ziele der »Revolution der Freiheit und Würde« zu verwirklichen verspricht und sich zur Treue gegenüber den »Märtyrern« der Revolution verpflichtet.

Die komplexe Forderung nach Würde wurde in der Verfassung hinsichtlich der menschlichen, bürgerlichen und religiösen Würde aufgenommen (Präambel, Art. 4, 6, 21, 23, 30, 47). Die schrittweise Einrichtung des Rechtsstaates und die in diesem Zusammenhang unternommenen Anstrengungen für die Unabhängigkeit der Justiz zeigen, dass die Forderung nach menschlicher Würde ernst genommen wird. So soll ein Rat der Staatsanwaltschaft (*conseil supérieur de magistrature*) (Art. 112) Teile des neu einzurichtenden Verfassungsgerichts (Art. 118) bilden. Auch die im Artikel 27 festgeschriebene Unschuldsvermutung sowie die im Artikel 29 ausgesprochene Garantie, nicht ohne juristische Grundlage inhaftiert werden zu können, kommen dem Bedürfnis nach menschlicher Würde nach. Der Artikel 25, der das Auslieferungs- und Verbannungsverbot sowie das Recht tunesischer Staatsbürger*innen, nach Tunesien einzureisen, umfasst, ist als Reaktion auf die von den Akteur*innen des Revolutionsprozesses hervorgebrachte Kritik an den Maßnahmen zu deuten, mit denen Ben Ali gegen politische Gegner*innen vorgegangen ist.

Die Forderung nach Würde wurde jedoch kaum in ihrer nationalen und sozial-materiellen Dimension berücksichtigt. Die Kritik an der Kooperation des tunesischen Staates mit der Weltbank und dem Internationalen Währungsfonds findet weder Einzug in die neue Verfassung noch in die Politik der Post-Ben-Ali-Ära. Während der Artikel 12 zwar verspricht, sich um soziale Gerechtigkeit und ein Gleichgewicht zwischen den verschiedenen Regionen Tunesiens zu bemühen, bleibt jedoch unklar, wie soziale Gerechtigkeit und gleichwertige Lebensverhältnisse zwischen den Regionen herbeigeführt werden können. Die diesbezüglichen Versuche der Regierungen sind äußerst zögerlich: Eine Abkehr von neoliberalen Politiken, die ferner verstärkt die sozioökonomischen Lebensbedingungen der Bürger*innen beachtet, zeichnet sich bis dato nicht ab.

Die Imaginäre der (individuellen und kollektiven) Freiheit finden sich an verschiedenen Stellen in der Verfassung wieder (Art. 21, 31, 34, 35, 36, 37) und gehören trotz punktueller Versuche, diese Freiheitsrechte erneut einzuschränken, zu den wichtigen Errungenschaften des Revolutionsprozesses. Auch der im Artikel 32 garantierte freie Zugang zu Informationen, wofür insbesondere die Cyberaktivist*innen gekämpft haben, kann als neues Freiheitsrecht betrachtet werden.

Das säkular-feministische Imaginäre spiegelt sich ebenfalls in der Verfassung wider (Art. 22, 46), die die Gleichheit zwischen den Geschlechtern festschreibt und darüber hinaus sich zum Ziel setzt, die Geschlechterparität in allen gewählten staatlichen Institutionen einzuhalten. Die seit 2017 während Debatte über die Gleichheit in Erbangelegenheiten beweist zudem, dass die Imaginäre der säkularen Feminist*innen breite Teile der Öffentlichkeit erreicht haben. Die Debatte bindet auch die Imaginäre der islamistischen FrauenrechtlerInnen ein, die zu Recht fordern, dass Gesetze aus zivilgesellschaftlichen Reflexionen und Aushandlungen hervorgehen und nicht der Gesellschaft »von oben« auferlegt werden sollten.

Die beiden wohl am wenigsten berücksichtigten Imaginäre betreffen die transitionelle Gerechtigkeit sowie die partizipative Demokratie bzw. die Selbstverwaltung. Aus meiner Perspektive handelt es sich um zwei grundlegende Imaginäre des Revolutionsprozesses, auf die die institutionelle Politik stärker hätte eingehen müssen.

Der Prozess der transitionellen Gerechtigkeit hat eine zentrale Bedeutung für die Aufarbeitung der Vergangenheit, die die Akteur*innen als fundamental für die Neugründung Tunesiens begreifen. Die Akteur*innen beklagen jedoch, dass der durch die Verfassung definierte Prozess transitioneller Gerechtigkeit (Art. 148) lediglich symbolischer Natur ist und die Komplizen des Ben Ali-Regimes in der Politik, Justiz, Polizei, Gefängnisanstalt und Verwaltung nicht bestraft werden (vgl. Kap. 5.5.3). Der Prozess gründet auf einer Vorstellung politischer Amnestie, die die Opfer anhört, ohne die Täter*innen zur Rechenschaft zu ziehen. Das bedeutet, dass die retributiven (Eröffnung juristischer Prozesse gegen Verantwortliche von Staatsverbrechen), sanktionierenden (Vergeltungsjustiz) und korrektiven (Reparationszahlungen, Wiederherstellung staatlicher Enteignungen, symbolisch-materielle Wiedergutmachung) Dimensionen der transitionellen Gerechtigkeit kaum berücksichtigt worden sind. Diese Konzeption der transitionellen Gerechtigkeit in Tunesien hat zur Konsequenz, dass es weder zu einer systematischen Reformierung staatlicher Institutionen noch zu einem Personalwechsel im Verwaltungsapparat gekommen ist. Das bleibt ein großes Defizit des Revolutionsprozesses, dem es in institutioneller Hinsicht nicht gelungen ist, sich des *Ancien Régime* zu entledigen.

Das Imaginäre der prozesshaften Revolution sowie der partizipativen oder selbstverwalteten Demokratie wurden insbesondere durch das Dispositiv der demokratischen Transition verdrängt. Die Idee der »demokratischen Transition« ist meines Erachtens nicht lediglich aufgrund der ihr innewohnenden ethnozentrischen Implikation (vgl. Kap. 1.4.4) problematisch. Vielmehr schreibt das Transitionsparadigma im Voraus sowohl den Weg und die Mittel als auch das Ziel des Revolutionsprozesses vor und verschließt sich dementsprechend der Kontingenz, dem Konflikt und der Unabschließbarkeit des demokratischen Prozesses, wie ich aus radikaldemokratischer Perspektive kritisiert habe (vgl. Kap. 5.2.1.4). Die Akteur*innen beanstanden zu Recht, dass die demokratische Transitionsvorstellung die revolutionär erstrittene politische Teilhabe der Akteur*innen entscheidend einschränkt, indem sie sie zu Beobachter*innen einer staatlich eingeführten Transformation macht. Die demokratische Transition ersetzt gleichsam die von den Akteur*innen prozesshaft gedachte Revolution und reduziert sie auf den Moment des Umsturzes, der aus Sicht der Elite das Ende der Revolution und den Anfang der Transition einleitet. Die politische Elite marginalisiert die Akteur*innen des Revolutionsprozesses in der institutionellen Einrichtung der neuen politischen Ordnung. Wie die Imaginäre der leader-losen Revolution, der Revolution als Prozess sowie der partizipativen Demokratie zeigen, erhoffen die Akteur*innen sich jedoch mehrheitlich einen revolutionären, »von unten« angeführten Wandel und keine elitär gelenkte, demokratische Transition. Die Tatsache, dass der verfassungsgebende Prozess und die Institutionalisierung der neuen politischen Ordnung ohne jegliche direktdemokratischen Strukturen erfolgen, die die Bürger*innen systematisch in die Entscheidungen einbinden, stellt – neben dem transitionellen Gerechtigkeitsprozess – die größte Schwachstelle des Prozesses dar.

Das Dispositiv der demokratischen Transition legt die liberale repräsentative Demokratie nach »europäischer Art« als Norm für die tunesische Ordnung fest. Diese normative Ausrichtung entspricht zum Teil dem Imaginären der islamischen Demokratie, aber nicht dem Imaginären der partizipativen Demokratie (vgl. Kap. 6). Dabei sei daran erinnert, dass das Imaginäre der islamischen Demokratie unter den von mir interviewten Akteur*innen, die gegen das Regime von Ben Ali kämpfen, deutlich in der Minderheit ist. Die islamische Demokratievorstellung konvergiert – abge-

sehen von der Stellung der Religion – in dem Sinne mit dem Transitionsparadigma, als beide ein vornehmlich prozedurales, »minimales« Demokratieverständnis aufweisen, das auf Volkssouveränität, Gewaltenteilung,
Repräsentation durch Wahlen und Rechtsstaatlichkeit gründet. Im Gegensatz zum Imaginären der partizipativen bzw. selbstverwalteten Demokratie
geht es jedoch weder in der demokratischen Transition noch in der
islamischen Demokratie um den Versuch, der Bevölkerung politische
Autonomie einzuräumen.

Anstatt den gesellschaftlichen Konflikt um die Gestaltung der Demokratie offen auszutragen, wurde er durch das standardisierte Patentrezept
der Transition erstickt und in einen vorgefertigten Rahmen gepresst, der
der revolutionären Kreativität wenig Raum und Möglichkeiten des Ex-
perimentierens lässt. Wäre die Elite nicht übereilig an der Einhegung des
revolutionären Konflikts interessiert gewesen und hätte sie den ausge-
drückten Dissens in seiner produktiven Kraft ernst genommen, wäre vermutlich eine andere Form der Demokratie in Tunesien institutionalisiert
worden, die vielleicht den Erwartungen der Bürger*innen an die Demokratie eher hätte genügen können.[423] Ausgehend von der Besetzungsbewe-
gung der Kasbah hätte entschieden werden können, ob die
Verabschiedung einer neuen Verfassung und Neuwahlen überhaupt den
drängendsten Anliegen der Akteur*innen entsprachen. Die Kasbah-Besetzung sowie andere lokale Selbstverwaltungsstrukturen außerhalb von Tunis
hätten – wie einige von mir interviewte Akteur*innen forderten – basisdemokratische Gremien bilden können, die Vorschläge für die Institutionalisierung der neu zu errichtenden Ordnung hätten formulieren können.
Über diese Vorschläge hätte die gesamte Bevölkerung beispielsweise per
Referendum abstimmen können.

Ein inspirierendes Beispiel für einen verfassungsgebenden Prozess, der
Bürger*innen durch eine Kombination verschiedener partizipativer und
repräsentativer Dispositive einbindet, wie das Losverfahren, die Wahl, die
Online-Abstimmung und das Referendum, hätte sich in der isländischen
Erfahrung ausmachen lassen können (vgl. Sintomer 2011: 182ff.). Sicher-
lich hat jedes Dispositiv und nicht zuletzt das partizipative seine Grenzen.
Dennoch wurde in Tunesien meines Erachtens ein historischer Moment
verpasst, da nicht versucht wurde, die Erfahrung und Vorstellungskraft der

---

423 Mir ist bewusst, dass der Versuch, den revolutionären Konflikt offenzuhalten, auch in
    Chaos hätte münden können. Jede Infragestellung einer etablierten Ordnung ist ein
    Sprung ins Ungewisse und *per definitionem* ein gefährliches Unterfangen.

Bürger*innen politisch zu kanalisieren. Der revolutionäre Elan und die Bestimmung der Bevölkerung, sich selbstständig und tatkräftig für die Veränderung der gesellschaftlichen und politischen Verhältnisse einzusetzen, hätte genutzt werden müssen.

Dabei wird in der Präambel der Verfassung die neu gegründete Ordnung als »demokratische und partizipative Republik« beschrieben: Die Verfassung verspricht im Artikel 139 außerdem, Instrumente der partizipativen Demokratie und der *open governance* heranzuziehen, um eine möglichst breite Partizipation der Bürger*innen auf lokaler Ebene zu ermöglichen. Sie setzt sich ebenfalls die Dezentralisierung zum Ziel (Art. 14, 131–142). Es handelt sich um einen Versuch, auf das Imaginäre der Selbstverwaltung und der Dezentralisierung einzugehen, das durch die Akteur*innen des Revolutionsprozesses ausgedrückt wurde (vgl. auch Yousfi 2018). Ein Versuch, der sich angesichts des mit großer Verspätung verabschiedeten Gesetzes bezüglich der kommunalen Zuständigkeiten (im April 2018) und der erst im Mai 2018 durchgeführten Kommunalwahlen, noch im Anfangsstadium befindet. Abgesehen von seiner zaghaften Durchsetzung entspricht die in der Verfassung konzipierte Dezentralisierung ferner nicht den Imaginären der partizipativen Demokratie und der dezentralisierten Selbstverwaltung, zumal die Verfassung die Partizipation auf lokale und kommunale Projekte der »Entwicklung und Gestaltung des Territoriums« einschränkt, während die Akteur*innen, die diese Imaginäre entwickeln, sich eine umfassende politische Teilhabe wünschen, die sich eben nicht lediglich auf vordefinierte Projekte und Anwendungsfelder reduzieren lässt (vgl. Kap. 6.2). Im Gegenteil, sie begründen durch das Imaginäre der dezentralisierten Selbstverwaltung ein demokratisches Gegengewicht zum zentralistischen Staat, der – je nach Spielart der Imaginare – nur noch im eingeschränkten Maße auf einer repräsentativen Herrschaft gründet. Das neue politische System Tunesiens hingegen stellt in erster Linie eine repräsentative Herrschaftsordnung dar.

Die neuen demokratischen Institutionen, wie die politischen Freiheitsrechte und die freien Wahlen, sind zwar wichtige Schritte in Richtung Demokratie, sie reichen jedoch nicht aus, um den neuen Teilhabeansprüchen der Bevölkerung gerecht zu werden.

Die dargelegte Diskrepanz zwischen den Imaginären der Akteur*innen, die gegen das Regime von Ben Ali gekämpft haben, und der Verfassung bzw. dem instituierten politischen System kann unter anderem ein Erklärungsansatz dafür sein, um zu verstehen, warum die Proteste gegen die Regierung in Tunesien 2018 noch andauern und Unzufriedenheit mit der neuen Ordnung und ihrer Funktionsweise vorherrscht. Meine Hypothese, dass Akteur*innen und ihre Imaginäre zentral für das Verständnis einer Revolution sind, bestätigt sich an dieser Stelle.

8.3   Das neue Staatsnarrativ der demokratischen Transition

Gehen wir mit Rainer Forst davon aus, dass Narrative auch Teil von kollektiven Lernprozessen sind (vgl. Forst 2013: 12), so können wir feststellen, dass der Ausbruch des revolutionären Prozesses einen Lernprozess eingeleitet hat, der zur Umdeutung und Reformulierung des modernistischen Gründungsnarrativs, des Narrativs des Staatsfeminismus und der Demokratisierung führt.

Die zuvor skizzierte elitäre Vereinnahmung des revolutionären Prozesses prägt das neue Staatsnarrativ der demokratischen Transition, das sich im Zuge des Revolutionsprozesses herausbildet. Es herrscht ein weiter, von allen staatlichen Vertreter*innen geteilter Konsens über die demokratische Transition, die als alternativlos gilt. So betont Rached Ghannouchi in einem von ihm verfassten Artikel, der in der französischen Tageszeitung *Le Monde* im März 2018 erschien, dass der Prozess der demokratischen Transition unaufhaltsam voranschreitet:

»Durch die demokratische Transition hat Tunesien keine andere Wahl, als weiterhin große Anstrengungen zu unternehmen, um entschlossen dauerhafte und innovative Lösungen zu entwickeln, um die Würde aller zu sichern.« (Ghannouchi 2018)

Während Ghannouchi immerhin eingesteht, dass der Prozess der demokratischen Transition noch nicht abgeschlossen ist und die Demokratisierung weitergeführt werden muss (vgl. ebd.), betrachtet der aktuelle Premierminister Youssef Chahed die demokratische Transition als vollendet: »Heute ist Tunesien eine echte Demokratie. [...] Wir sind die Ausnahme des ›Arabischen Frühlings‹« (Chahed nach Bobin 2016). Ihm zufolge sollte die Politik sich nun nicht mehr um demokratische Fragen sorgen, sondern sich in erster Linie auf die Wirtschaft konzentrieren:

»Während uns die demokratische Transition gelungen ist, ist uns die soziale und ökonomische Transition weniger gelungen. [...] Der Bildungsgrad [der Bevölkerung, N.A.] ist hoch, die Frauen sind frei in Tunesien, es ist eine Demokratie [...], jetzt muss der Moment des wirtschaftlichen Aufschwungs eintreten!« (Chahed nach Tunis Webdo 2018)

Chaheds Bezugnahme auf das modernistische Gründungsnarrativ ist an dieser Stelle offenkundig. Die einst auf Säkularisierung, Frauenrechten und Bildung basierende »Ausnahme«, die in den Staatsnarrativen von Bourguiba und Ben Ali diskursiv begründet wird, wird nun dadurch ergänzt, dass Tunesien zudem als erstes arabisches Land eine Demokratie institutionalisiert habe (die »Ausnahme des ›Arabischen Frühlings‹«). Wenn die Verschlechterung der sozioökonomischen Bedingungen, der Anstieg der Arbeitslosigkeit und der steile Preisanstieg der Lebensmittel seit dem Ausbruch des Revolutionsprozesses tatsächlich drängende Probleme darstellen, so scheint mir Chahed jedoch die Wirtschaft gegen die Demokratie auszuspielen. Er vermittelt fälschlicherweise den Eindruck, dass die von den revolutionären Akteur*innen geforderte Demokratie bereits eingerichtet worden sei, was im Gegensatz zu den meisten von mir analysierten Imaginären steht.

Das neue Staatsnarrativ der demokratischen Transition erfüllt folglich die Funktionen des modernistischen Gründungsnarrativs und des einstigen Demokratisierungsnarrativs: Es erzählt die Geschichte einer revolutionären Neugründung, die die »Besonderheit« der tunesischen Bevölkerung herausstellt und gleichzeitig die Bürger*innen auf eine entmündigende Position festlegt. Die Demokratisierung wird durch das Staatsnarrativ der Transition für die Bevölkerung erneut zum entweder teilweise unverfügbaren oder bereits abgeschlossenen Phänomen erklärt, das sich ohne sie vollzieht.

Damit ist keineswegs ausgesagt, dass die demokratische Transition der diktatorischen Politik Ben Alis gleichkomme. Vielmehr möchte ich betonen, dass auch die demokratische Transition sowie das damit zusammenhängende Staatsnarrativ nicht ausreichend die Erfahrungen, Erwartungen und Imaginäre der Akteur*innen abbildet, die gegen das Regime von Ben Ali gekämpft haben.

8.4 Das Imaginäre und die Revolution

Die Analyse der Imaginäre deckt paradoxerweise auf, dass nicht konstruktive Imaginäre – wie ich vor der empirischen Untersuchung annahm – den *Ausbruch* des Revolutionsprozesses bedingen. Vielmehr ist die Überwindung der Angst vor dem Regime, die Empörung und der damit zusammenhängende Wille, sich von der Willkürherrschaft zu befreien, zentraler für den Ausbruch des Revolutionsprozesses als Imaginäre alternativer Herrschaftsordnungen. Die konstruktiven Imaginäre können erst hervortreten, als die Angst kollektiv überwunden wird, die Bürger*innen sich politische Freiräume (wie das Internet) schaffen, in denen sie sich über die politische Wirklichkeit austauschen können, und das Regime letztlich gestürzt wird. Dabei handelt es sich, wie ich dargelegt habe, um einen vornehmlich emotional eingeleiteten Prozess, in dem der lange verdrängte und unterdrückte Hass und die Empörung der Bevölkerung gegen das Regime durch den kontingenten Anlass der öffentlichen Selbstmorde ausbrechen. Die brutale Reaktion des Regimes auf das Sterben der Bürger*innen führt dazu, dass der ohnehin marginale Legitimitätsanspruch und die Autorität der Ben Ali-Herrschaft zerfallen: Den Befehlen des Regimes wird nicht mehr gehorcht. Der Prozess des Autoritätsverlustes kulminiert zu diesem Zeitpunkt (Dezember 2010), er wurde jedoch bereits durch die Gafsa-Revolten (vgl. Kap. 3.5.3) und den Cyberaktivismus (vgl. Kap. 4.3) eingeleitet.

Die Angst vor den staatlichen Überwachungs- und Bestrafungsmaßnahmen weicht der Überzeugung, dass diese Herrschaft nicht mehr hingenommen werden kann und der Zeitpunkt gekommen ist, an dem sie kollektiv überwunden werden kann. Damit ist jedoch keinesfalls ausgesagt, dass der Revolutionsprozess nicht politisch motiviert sei. Hierfür lassen sich zwei Argumente ausmachen: Zum einen drückt sich in den kollektiven Emotionen, das heißt der Empörung der Bürger*innen, bereits eine politische Dimension aus (vgl. Bargetz/Freudenschuss 2012: 107), die sich in den sozialkritischen Imaginären widerspiegelt (vgl. Kap. 4 und 5). Durch die Empörung kritisieren die Bürger*innen die politischen und sozialen Verhältnisse öffentlich und kollektiv. Sie thematisieren Menschenrechtsverletzungen, die sie und andere Mitglieder der Gesellschaft erleiden. Die Menschenrechtsforderungen visieren dabei die

»Veränderung oder die Neuschaffung von Institutionen [...]. Politisch sind Menschenrechtsforderungen in jedem Fall. [...] Sie werden überall verstanden, denn sie sprechen die Sprache der Unterdrückten und verleihen der politischen Selbstbestimmung Nachdruck.« (Kreide 2013: 98)

Im Zuge dessen entwerfen die Bürger*innen neue Formen politischer Praxis und machen Erfahrungen des kollektiven Handelns (vgl. Kap. 5 und 6). Zum anderen bedeutet Revolution als Prozess zu begreifen, Revolution nicht auf den Moment des Ausbruchs und auf den Umsturz des Regimes zu reduzieren (vgl. Kap. 2). Die Tatsache, dass der Ausbruch des Revolutionsprozesses vornehmlich emotional eingeleitet ist, bedeutet jedoch nicht, dass der Prozess insgesamt ausschließlich emotional motiviert sei.

Die emotionale Dimension in revolutionären Handlungszusammenhängen muss für ein vertieftes Verständnis von Revolution berücksichtigt werden: Sie gibt sowohl Aufschluss über das Aufbegehren der Akteur*innen als auch über ihr Begehren nach Veränderung. Diese emotionale, psychosoziale Dimension ernst zu nehmen, bedeutet, Revolutionen nicht lediglich in einem rational-instrumentellen Sinne als Ausdruck divergierender Machtansprüche oder als Transformationsprozess materieller Strukturen zu begreifen. Vielmehr erscheinen Revolutionen in dieser Hinsicht ebenfalls als Phänomene, die von kollektiv-affektiven Einflüssen geprägt sind. Die Bedeutung der emotionalen Dimension revolutionärer Handlungskontexte bestätigt empirisch das anhand Frantz Fanons Ausführungen theoretisch begründete Plädoyer (vgl. Kap. 2), Akteur*innen von Revolutionen und ihre unter anderem emotional-psychologische Motivation in die Analyse von Revolutionsprozessen einzubinden. Gleichzeitig erlaubt es die Analyse der Imaginäre, die Emotionen zu kontextualisieren und zu interpretieren. So offenbart die kollektive Empörung eine dezidierte und fundamentale Kritik an der tunesischen Gesellschaft und stellt bei Weitem nicht nur ein reines emotionales Überborden dar – wie es einige reduktionistische Lesarten darlegen (vgl. exemplarisch Schulze 2014).

Die Schwierigkeit, Emotionen in die Analyse von Revolutionsprozessen einzubeziehen, liegt darin, dass Emotionen sich nur schwierig für eine allgemeine Revolutionstheorie operationalisieren lassen: Schließlich kann Angst wie im tunesischen Fall herrschaftsstabilisierend wirken oder wie im Fall der Französischen Revolution zur Subversion anregen. Diese Dimension muss meines Erachtens von Fall zu Fall in Betracht gezogen werden und im Revolutionsbegriff reflektiert werden.

Beim Revolutionsbegriff von einem unabgeschlossenen und amivalenten Prozess auszugehen, hat sich in der empirischen Studie als überzeugend erwiesen, zumal Imaginäre wie bereits dargestellt erst im Zuge der revolutionären Erfahrung entstehen und ihr meist nicht vorausgehen. Dieser Revolutionsbegriff erlaubt es mir, meinen Blick nicht lediglich auf den institutionellen Output des Revolutionsprozesses zu richten. In diesem Zusammenhang ermöglicht es die Analyse der Imaginäre, die politische

Neuheit des Prozesses zu erfassen. Politische Neuheit begreife ich im Sinne Jacques Rancières:

»Politische Neuheit [...] entsteht, wenn die Weise, gemeinsam zu sein, sich ändert, mit einem anderen Verhältnis zum Gemeinsamen, zur Rede, zum Raum, zur Zeit, zur Bewegung, zur Unbeweglichkeit, einem anderen Verhältnis zur Konflikthaftigkeit selbst.« (Rancière 2017c: 760)

Die Neuheit, die der revolutionäre Prozess einleitet, liegt folglich in dem Verhältnis, das die Bürger*innen zu sich selbst und zum Kollektiv entwickeln. Neben der Entstehung konstruktiver Imaginäre, die bereits eine Neuheit darstellen, da sie sich unter der Diktatur nicht herausbilden konnten, offenbaren die Imaginäre zwei radikale Neuheiten: Erstens hat sich im Zuge des revolutionären Prozesses die Überzeugung durchgesetzt, dass die Bevölkerung ein grundlegendes »Recht auf Rechte« (Arendt) hat. Dieses Bewusstsein dafür, Rechte zu haben und für diese politisch kämpfen zu können, verändert fundamental das Verhältnis der Bürger*innen zum Staat im Besonderen und zur Politik im Allgemeinen. Das lähmende Ohnmachtsgefühl, das das Ben Ali-Regime durch Angst und Repression zu verbreiten wusste, wurde weitestgehend überwunden und weicht heutzutage einer bemerkenswerten Politisierung breiter Teile der Gesellschaft. In Rancières Worten:

»Revolutionen sind wichtige Momente der Beschleunigung des egalitären Prozesses, der Ausdehnung seines Bereiches, der Erfindung neuer Möglichkeiten. Autoritätsformen, die zuvor als unantastbar galten, erscheinen plötzlich als vollkommen kontingent. Es zeigt sich dagegen, dass gewöhnliche Leute sehr gut Werkstätte oder Administrationen verwalten können oder gegen erfahrene Armeen kämpfen können etc. [...] Diejenigen, die in Tunesien auf die Straße gegangen sind, die die Straße besetzt haben und sich den Polizeikräften widersetzt haben, haben eine Revolution gemacht: Sie haben die Angst, das heißt in erster Linie ihr Gefühl der Ohnmacht besiegt; sie haben dieses Misstrauen aller gegen alle, was diktatorische Regime zu propagieren wissen, bezwungen. Sie haben das Märchen des muslimischen ›Fatalismus‹ aufgelöst. Und sie haben die Kraftprobe gegen eine Diktatur gewonnen, die so unerschütterlich wirkte.« (Rancière 2018: 57)

Zweitens lässt die revolutionäre Erfahrung das dominante Imaginäre hervortreten, dass diejenigen, die die Revolution ausgelöst haben, die »einfachen« Bürger*innen, die Jugendlichen, die Frauen oder die »Anteillosen« sind, denen eine entscheidende Rolle in der neuen, sich gründenden Demokratie gebührt (vgl. Kap. 5.2, 6.2 und 7.5). Die Imaginäre zeigen, dass die Tunesier*innen sich durch ihre Teilhabe am Revolutionsprozess zum ersten Mal in ihrer Geschichte als *Bürger*innen* erfahren – ein Konzept, das für die Akteur*innen erst durch die erkämpften politischen Freiheitsrechte Sinn erhält. Das »Recht auf Rechte« wird durch den Bürgerstatus zu einem »Recht auf Politik« (Balibar) erweitert.

Außerdem kann die Untersuchung der Imaginäre das Verhältnis von Revolution und Utopie für den tunesischen Fall ermessen. Eric Olin Wrights Idee der realen Utopie aufgreifend, möchte ich argumentieren, dass einige Imaginäre, wie das Imaginäre der partizipativen bzw. selbstverwalteten Demokratie sowie das Imaginäre einer leader-losen Revolution, als Elemente einer realen Utopie betrachtet werden können, von der ausgehend alternative Räume der politischen und sozialen Transformation erschaffen und weiterentwickelt werden können. Angesichts der Tatsache, dass die beiden Imaginäre durch die revolutionäre Erfahrung entstehen, reflektieren sie die Bedürfnisse und Praktiken der Akteur*innen und sind in dem Sinne nicht losgelöst von den tunesischen Verhältnissen. Folglich können aus meiner Perspektive die genannten Imaginäre als ideell-imaginare Ausgangspunkte für die von Wright geforderten Institutionen, Verhältnisse und Praktiken fungieren, die zu einer langjährigen Gesellschaftstransformation beitragen.

Revolution und reale Utopie lassen sich für den tunesischen Fall als zwei Elemente begreifen, die sich bekräftigen: Zum einen können erst durch den Revolutionsprozess gesellschaftliche Imaginäre einer demokratischen und sozial gerechten Ordnung hervortreten. Zum anderen sind es – wenn der Revolutionsprozess auf der Ebene der offiziellen-institutionellen Politik nicht mitgetragen wird – gerade die Praktiken der bürgerlichen Akteur*innen, die durch Kollektive wie *Manich Msamah* (Ich verzeihe nicht) und *Fesh Nestenaw* (Worauf warten wir) Bruchstücke einer realen Utopie weitertragen und gleichsam praktizieren. Eine Utopie, die sich auf einer fragenden, experimentellen Suche nach Alternativen zur Diktatur und zum Kapitalismus befindet und keineswegs als kohärente Fiktion den revolutionären Erfahrungen vorgängig ist.

Es bedarf weiterer Studien zu Imaginären in Revolutionsprozessen, um zu generalisierbaren Schlüssen bezüglich des Verhältnisses von Imaginären und Revolution zu gelangen.

8.5   Die empirische Studie der Imaginäre als Reflexionsgrundlage für den Begriff des Imaginären

Entgegen der Interpretationen, die behaupten, dass der Revolutionsprozess keinen politischen Charakter aufweist – weil er weder von einer klar erkennbaren Ideologie geprägt sei noch über ein revolutionäres Programm verfüge –, habe ich darlegen können, dass die marginale Verbreitung von Ideologien und »Revolutionsprogrammen« nicht bedeutet, dass die tunesischen Akteur*innen keine politischen Ideen oder Ziele haben. Während der Begriff der Ideologie wenig geeignet ist, um die politischen Anschauungen der tunesischen Akteur*innen zu erfassen, da er zu sehr eine dem Revolutionsprozess vorausgehende Weltanschauung oder politische Programmatik impliziert, erlaubt es der Begriff der Imaginäre, fragmentierte politische Zukunftsvorstellungen zu erfassen, die vornehmlich durch die Performanz des Protests entstehen. Die tunesischen Akteur*innen rebellieren nicht lediglich, weil sie punktuell Hunger haben oder ihrer individuellen Lebensbedingungen überdrüssig sind. Vielmehr führen sie eine tiefgründige Reflexion über das politisch begründete Unrecht, die einzusetzenden Mittel im Kampf gegen das Ben Ali-Regime sowie die alternativ zu erschaffende Herrschaftsordnung, die über die Imaginäre erfasst werden kann.

Welche Schlussfolgerungen lassen sich nun aus der empirischen Studie für den Begriff des Imaginären ziehen?

Ich folgere aus meiner Analyse der tunesischen Imaginäre, dass konstruktive Imaginäre Bruchstücke einer erwünschten, imaginierten, alternativen Zukunftsvorstellung sind und sich weniger als umfassende, kohärent-konstruierte Vorstellungen begreifen lassen. Auch wenn einige Akteur*innen sich tatsächlich alternative Herrschaftsordnungen vorstellen, wie im Fall der partizipativen Demokratie, dann sind in ihrer Vorstellung einzelne – oftmals in Verbindung mit ihrer politischen Erfahrung stehende – Aspekte wesentlich, die selten ein homogenes Ganzes bilden. Deswegen war es für meine Arbeit von zentraler Bedeutung, Überschneidungen in den Aussagen der Akteur*innen zu erkennen und diese zusammenzuführen, sodass die Fragmente intelligibel werden.

Ferner verdeutlichte mir die Untersuchung der tunesischen Imaginäre, dass politische Vorstellungskraft sich – zumindest auf kollektiver Ebene – nicht losgelöst von bestimmten Entstehungsbedingungen, gleichsam im luftleeren Raum entwickeln kann. So können die Entstehungsbedingungen von konstruktiven Imaginären auch von performativen und experimentalistischen Elementen politischen Handelns beeinflusst werden. Ich erkenne für den tunesischen Fall, dass erst die Spontaneität des revolutionären Handelns und die Performanz der Proteste einen neuen Horizont des Möglichen eröffnen, der es erlaubt, dass sich neben sozialkritischen auch konstruktive Imaginäre herausbilden können: »Die Landschaft des Wahrnehmbaren und Denkbaren wird [durch Revolutionen, N.A.] durcheinandergebracht« (Rancière 2018: 57). Dieses kreative, durch die Proteste verursachte Durcheinanderbringen des Erfahrungs- und Erwartungshorizontes lässt plötzlich die Gesellschaftsordnung und ihr inhärente politische Institutionen als veränderbar erscheinen und ermöglicht den Akteur*innen, politische Zukunftsvorstellungen zu entfalten. Wenn die politische Befreiung noch keine Freiheit bedeutet, wie Arendt unermüdlich betont, so bietet sie dennoch eine zentrale Voraussetzung für die Imagination der neu zu gründenden Gesellschaft, die sich im Fall Tunesiens erst vollends mit der Flucht Ben Alis entfalten kann.

Die tunesischen Imaginäre offenbaren zudem, dass die politische Vorstellungskraft der Akteur*innen sich im Zuge einer experimentellen, fragenden sowie auf alten und neuen politischen Erfahrungen basierenden Suche der Akteur*innen entwickelt. Vorstellungskraft bedarf dementsprechend nicht lediglich eines kollektiven Glaubens an eine greifbare Möglichkeit der Veränderung, sondern auch politischer Räume, in denen das Repertoire an gesellschaftlichen Vorstellungen und politischen Ideen ausprobiert und in gewisser Weise erfahren wird. Das Internet wird von den Cyberaktivist*innen gezielt politisiert, um einen mehr oder minder geschützten Raum des Politischen zu erschaffen, in dem sie sich informieren, politisch äußern, austauschen und Solidarität üben können. Ohne politische Räume, in denen die Akteur*innen ihre Vorstellungskraft entwickeln können, können sich keine konstruktiven Imaginäre bilden.

Für einen Begriff des Imaginären, der sowohl theoretisch überzeugend ist als auch sich für empirische Untersuchungen nutzen lässt, müssen meines Erachtens Erfahrung und Vorstellungskraft stärker zusammengedacht werden. Castoriadis' Begriff bildet hierfür eine gute Grundlage, er muss jedoch um Kosellecks Begriffspaar »Erfahrungshorizont« und »Erwartungshorizont« ergänzt werden. Mit Hannah Arendt gesprochen, lässt sich auch argumentieren, dass die Vorstellungskraft von der Erfahrung ausgehen und von ihr begrenzt werden sollte.[424] Für zukünftige empirische Arbeiten, die sich für die Imaginäre eines revolutionären Prozesses interessieren, ist es ratsam, diese Dimension der Erfahrung frühzeitig in die empirische Forschung einzubinden.

Des Weiteren stellt sich die Frage nach der politischen Wirkungskraft von Imaginären. Wenn meine Studie herausgestellt hat, welche Imaginäre bei den Akteur*innen, die gegen das Regime von Ben Ali gekämpft haben, dominant sind, so lässt sich anhand des Begriffs nicht erfassen, ob diese Imaginäre sich tatsächlich institutionell verfestigen oder politisch bedeutsam werden können. Eine Analyse der politischen Wirkungskraft der Imaginäre bedarf einer zusätzlichen, im Rahmen dieser Arbeit nicht geleisteten Analyse, die darüber aufklärt, warum sich welche Imaginäre unter welchen Bedingungen in welchem Kontext durchsetzen konnten. Das kann Anlass für eine zukünftige Arbeit geben.

Abschließend lässt sich feststellen, dass die in der vorliegenden Arbeit geleistete Verbindung der Begriffe der Revolution und des Imaginären sowie die empirische Arbeit die Spezifität des tunesischen Revolutionsprozesses zu erkennen gegeben haben.

»People across the world and through time have their own understanding of revolution, rooted in stories of revolution we – meant broadly here – tell.« (Selbin 2010: 13)

Die Kraft der Revolutionsgeschichten, auf die Eric Selbin verweist, kann sich erst entfalten, wenn die Geschichten erzählt werden.

Durch die tunesischen Imaginäre eröffnet sich uns eine bisher zu wenig erzählte Geschichte vom schwierigen, aber tapferen Kampf der Bürger*innen im arabischsprachigen Raum für eine freiheitliche, demokratische und egalitäre Gesellschaftsordnung. Diese Geschichte selbst hat emanzipatorisches Potenzial, nicht lediglich für Tunesien, sondern auch darüber hinaus. Eine Version dieser Geschichte habe ich über die Imaginäre vorgestellt. Nun bleibt zu beobachten, ob der tunesische Revolutionsprozess eines Tages selbst ein zentrales Revolutionsimaginäre wird, das andere Bevölkerungen inspiriert, sich autonom diktatorischer Beherrschung zu widersetzen, und unser Verständnis von Revolution nachhaltig verändert.

---

[424] Den Hinweis auf Hannah Arendt verdanke ich Jürgen Förster.

Danksagung

Das vorliegende Buch basiert auf einer binationalen Dissertation, die ich an der Justus-Liebig-Universität Gießen und an der Université de Paris 8 Vincennes-Saint-Denis angefertigt habe. Mein erster Dank gilt meinem französischen Betreuer, Yves Sintomer, sowie meiner deutschen Betreuerin, Regina Kreide. Yves Sintomer hat mein Dissertationsprojekt von der ersten Stunde an mit außergewöhnlicher Aufmerksamkeit, Vertrauen, Leidenschaft und Geduld betreut. Seine fordernde Haltung war mir stets ein Ansporn. Regina Kreide danke ich für ihre unterstützenden Worte und ihre kritischen Anmerkungen, die an entscheidenden Stellen meine Arbeit bereichert haben. Catherine Colliot-Thélène, Leyla Dakhli und Pascale Laborier möchte ich für ihre Teilnahme am bilingualen Prüfungsverfahren danken. Ihre anregenden Gutachten waren mir eine wertvolle Hilfe für die Endredaktion des Buches.

Meinen tunesischen Interviewpartner*innen danke ich für ihr Vertrauen, ihre Geschichte und nicht zuletzt für die Zeit, die sie mir trotz der revolutionären Hast geschenkt haben. Besonderer Dank gilt dabei Aroua Baraket und Aymen Rezgui, die mir über mehrere Jahre hinweg eine unentbehrliche Hilfe waren. Neben ihrer praktischen Hilfe, beeindruckt und inspiriert mich Aroua vor allem durch ihre starke Persönlichkeit. Hayet Rabah verdanke ich, dass ich 2014 in Sidi Bouzid Interviews führen konnte. Imen Taleb danke ich ganz herzlich dafür, dass sie mich 2017 auf die Reise nach Gafsa begleitete und mich in ihrer Familie beherbergte. Dank ihrer Übersetzungshilfe konnte ich einige knifflige Redewendungen im tunesischen Dialekt entschlüsseln, *aïchek*!

Für die finanzielle Unterstützung meiner Forschungsaufenthalte in Tunesien danke ich dem DAAD, meinem französischen Institut »Cultures et Sociétés Urbaines« (CSU-CRESPPA), dem Graduiertenkolleg (Écoles doctorales sciences sociales) der Université de Paris 8 sowie dem Doktorandenstipendium der RWTH Aachen, die es mir ermöglichten, im Zeitraum von 2013 bis 2017 mehrere Reisen nach Tunesien zu unternehmen. Für spannende Lektürehinweise, Kommentare und Diskussionen, von denen meine Arbeit profitiert hat, danke ich nachdrücklich Aristotelis Agridopoulos, Elena Chiti, Jocelyne Dakhlia, Angeliki Drongiti, Karine Ginisty, Jeanette Ehrmann, Émilie Frenkiel, Steffi Hobuss, Georges Meyer und Felix Trautmann. Nasiha Ahyoud, Lisa Ammon, Margot Beauchamps, Anna Conrad, Jürgen Förster, Kolja Lindner und Antoine Tricot danke ich zutiefst für ihre wertvollen Anregungen und Korrekturen an meinem Text sowie ihre moralische Unterstützung, die mir eine unverzichtbare Stütze war.

Während all den Jahren wurde ich durch die Liebe meiner Familie und meiner Freunde getragen. Ohne die finanzielle und emotionale Unterstützung meiner Mutter, Sakina Abbas, hätte ich diese Arbeit kaum durchführen können. Unsere Gespräche haben mir ferner neue Einblicke in Konzepte der arabischen Ideengeschichte geben. Meine Schwester, Nassiba Abbas, war stets an meiner Seite und hat mich in vielen Momenten motiviert. Françoise Thévènet-Chevallier und Gérard Chevallier danke ich dafür, dass sie mir die Gelegenheit boten, mich in der Ardèche zu erholen. Denis Tricot hat mein Projekt mit viel Interesse verfolgt und mir sein Haus in der Charente-Maritime für eine intensive Schreibphase überlassen. Mein größter Dank gilt Antoine Tricot, der mir sowohl durch inspirierende Gespräche als auch durch seine exquisite Küche und einem sich magisch nachfüllenden Kühlschrank geholfen hat, mein Buch in besten Bedingungen zu Ende zu bringen.

Beim Campus Verlag, namentlich bei Isabell Trommer, bedanke ich mich für die Publikation der Arbeit, die aufmerksame Betreuung und Durchsicht des Manuskripts. Dem Institut »Cultures et Sociétés Urbaines« (CSU-CRESPPA), dem Graduiertenkolleg der Université de Paris 8 sowie dem Deutschen Akademikerinnenbund e.V. bin ich für ihre großzügigen Druckkostenzuschüsse dankbar.

Ich widme dieses Buch meinem Vater, Ahmed Abbas (1923–2008), der mir unwillkürlich die Faszination für Revolutionen vererbt hat.

Anhang

Abkürzungen

AFTURDE   *Association des femmes tunisiennes pour la recherche sur le développement;* »Vereinigung der tunesischen Frauen für die Forschung über die Entwicklung«.

AISPP-T   *Association internationale de soutien aux prisonniers politiques-Tunisie;* »Internationale Vereinigung für die Unterstützung politischer Häftlinge-Tunesien«.

AMT   *Association des magistrats tunisiens;* »Berufsvereinigung der tunesischen Staatsanwälte«.

ATFD   *Association Tunisienne des Femmes Démocrates;* »Tunesische Vereinigung der demokratischen Frauen«.

CNLT   *Congrès national pour les libertés;* »Nationaler Kongress für die Freiheiten«.

CPG   *Compagnie des phosphates de Gafsa;* »Phosphatunternehmen von Gafsa«.

CPR   *Congrès pour le république;* »Kongress für die Republik«.

CRLDTH   *Comité pour le respect des libertés et des droits de l'Homme en Tunisie;* »Komitee für die Einhaltung der Freiheiten und der Menschenrechte in Tunesien«.

CSP   *Code du statut personnel;* »Personenstandsgesetz«.

FDTL   *Forum démocratique pour le travail et les libertés;* »Demokratisches Forum für die Arbeit und die Freiheiten«.

FIDH	*Fédération des droits de l'Homme;* »Bündnis für Menschenrechte«.
FTCR	*Fédération des Tunisiens pour une citoyenneté des deux rives;* »Bündnis der Tunesier der beiden Mittelmeerufer für die Staatsbürgerschaft«.
LE	*Liberté et Equité;* »Freiheit und Gleichheit«.
LTDH	*Ligue tunisienne des droits de l'Homme;* »Tunesische Liga für Menschenrechte«.
MDS	*Mouvement des démocrates socialistes;* »Bewegung der sozialistischen Demokraten«.
MIT	*Mouvement de la tendance islamique;* »Bewegung islamischer Orientierung«.
OCTT	*Organisation contre la torture en Tunisie;* »Organisation gegen die Folter in Tunesien«.
ODA	*Ordre des avocats;* »Berufsvereinigung der Rechtsanwälte«.
PCOT	*Parti communiste des ouvriers tunisiens;* »Kommunistische Partei der tunesischen Arbeiter«.
PCT	*Parti communiste tunisien;* »Kommunistische Partei Tunesiens«.
PDP	*Parti démocrate progressiste;* »Demokratisch-progressive Partei«.
PSD	*Parti socialiste destourien;* »Sozialistische Partei des Destours«.
PSL	*Parti social libéral;* »Sozialliberale Partei«.
PUP	*Parti d'unité populaire;* »Partei der Volkseinheit«.
RCD	*Rassemblement constitutionnel démocratique;* »Demokratisch-konstitutioneller Zusammenschluss«.
SNJT	*Syndicat national des journalistes tunisiens;* »Nationale Gewerk-

schaft der tunesischen Journalisten«.

UDC   *Union des diplômés chômeurs;* »Vereinigung der arbeitslosen Hochschulabsolventen«.

UDU   *Union démocratique unioniste;* »Vereinigte demokratische Vereinigung«.

UGET   *Union générale des étudiants de Tunisie;* »Allgemeine Vereinigung der Studenten in Tunesien«. (säkular).

UGTE   *Union générale tunisienne des étudiants;* »Allgemeine tunesische Vereinigung der Studenten«. (islamistisch).

UGTT   *Union générale tunisienne du travail;* »Allgemeine tunesische Vereinigung der Arbeit«. (Nationaler Gewerkschaftsbund).

Chronologie

Januar 2008	Sechsmonatige Demonstrationen und Sit-ins in der Kommune von Gafsa, rund um die Städte Redeyef, Oum El Araïes, M'hila, Métlaoui und Feriana. Sie werden die Gafsa-Revolte genannt.
Juni 2008	35 Gewerkschafter, die in der Gafsa-Revolte engagiert sind, werden zu zwei bis zehn Jahren Gefängnishaft verurteilt. Sechs von ihnen werden zur Höchststrafe verurteilt.
22. Mai 2010	Demonstration für Meinungsfreiheit, Recht auf Information und gegen Zensur in Tunis. Zu der Demonstration rufen die Cyberaktivisten Slim Amamou und Yassine Ayari auf.
August 2010	Demonstrationen in der südtunesischen Stadt Ben Guerdane, an der Grenze zu Libyen gegen die Schließung der Grenzen mit Libyen.
29. November 2010	Veröffentlichung der von *Wikileaks* aufgedeckten Dokumente der US-Botschaft in Tunis auf dem tunesischen Nachrichten- und Cyberaktivist*innen-Portal *Nawaat*.
17. Dezember 2010	Mohamed Bouazizi verbrennt sich öffentlich vor dem Sitz der Kommunalregierung in Sidi Bouzid, nachdem die Polizei seinen mobilen Gemüsestand geräumt hat.
18. Dezember 2010	Die Mutter von Mohamed Bouazizi, Manoubia Bouazizi, begibt sich auf den Weg zum Gouvernorat

(kommunale Vertretung) und macht die Öffentlichkeit auf den Fall ihres Sohnes aufmerksam.

19. Dezember 2010   Die lokale Vereinigung der arbeitslosen Hochschulabsolvent*innen (UDC) protestiert in Solidarität mit Bouazizi.

20. Dezember 2010   Treffen in Sidi Bouzid von Gewerkschafter*innen, die die Freilassung aller inhaftierten Demonstrant*innen und eine korruptionsfreie Beschäftigungs- und Entwicklungspolitik für die Region fordern.

22. Dezember 2010   In Menzel Bouzayane, in der Kommune von Sidi Bouzid, steigt der 24-Jährige Houcine Neji auf einen elektrischen Mast und schreit, dass er »Misere und Arbeitslosigkeit« nicht mehr ertrage, bevor ihn ein 30.000 Volt starker Stromschlag erfasst.

23. Dezember 2010   Beerdigung von Houcine Neji. Die Revolte breitet sich auf die Nachbarstädte und Dörfer, wie al-Maknasi, al-Mazuna, Regueb, Bin Aoun, Jilma, Souq al-Jadid, Bi'r al-Hafi, aus.

Der Minister für Entwicklung, Mohamed Nouri Jouini, erklärt in Sidi Bouzid die neuen Maßnahmen Ben Alis zur Schaffung von Arbeitsplätzen und Entwicklungsprojekten in Höhe von 15 Millionen tunesischen Dinar (etwa 2,9 Million Euro).

Versammlung in Paris von tunesischen Menschenrechtsvereinigungen und oppositionellen Parteien, wie CRLDTH, PDP, Comité national de soutien au mouvement du Bassin minier, Ettajdid, PCOT und Ennahdha.

Ben Ali fliegt mit seiner Familie nach Dubai, um dort den Geburtstag seines 6-jährigen Sohnes zu feiern.

24. Dezember 2010   Zwei Demonstranten, der 26-jährige Mohammed Ammari und ein weiterer junger Mann, werden von

der Nationalgarde in der Stadt Menzel Bouzayane erschossen.

Das Gebäude der Nationalgarde wird infolgedessen von Demonstrant*innen niedergebrannt.

25. Dezember 2010 Erste Demonstration in Tunis vor dem nationalen Sitz der UGTT (Platz Mohamed Ali) aus Solidarität mit den Bewohner*innen in Sidi Bouzid.

Im Inneren des Landes versprechen die Behörden, 1.300 Stellengesuche diplomierter und nicht diplomierter, junger Arbeitsloser zu bearbeiten.

Umzingelung der Städte Menzel Bouzayane, Meknassy und Mizouna durch die Polizei und das Militär.

26. Dezember 2010 Selbstmord des 34-jährigen arbeitslosen Hochschulabsolventen, Lotfi Guadri, in der Umgebung von Sidi Bouzid.

Demonstration von 800 Arbeitslosen in Ben Guerdane.

Proteste in Medenine, Kairouan, Kasserine, Sfax, Mejel Bel Abess, Sbeitla, Jebeniana und auf den Kerkennah-Inseln.

27. Dezember 2010 Demonstration in den ärmeren Außenbezirken von Tunis, wie Entileka, Ettahrir, Ettadhamen und Cinq-Décembre. Zwölf Menschen werden verletzt.

Versammlung des linken Gewerkschaftsflügels der UGTT in Tunis. 1000 Personen demonstrieren vor dem nationalen Sitz der UGTT.

28. Dezember 2010 Ben Alis Rückkehr aus dem Urlaub. Er besucht Mohamed Bouazizi, der im Krankenhaus in Ben Arous (Tunis) liegt. Fernsehansprache, die um 20 Uhr auf dem nationalen Sender gesendet wird. Er empfängt verschiedene Familien, darunter auch

Bouazizis Angehörige.

Selbstverbrennung von Aimen Miri in Sidi Ali Ben Aoun.

Erster Sit-in oppositioneller Anwält*innen vor dem Obersten Gericht in Tunis.

29. Dezember 2010	Entlassung von vier Ministern.

Ausweitung der Proteste auf Sousse und Gafsa.

Demonstration der Richter*innen in Tunis.

31. Dezember 2010 — Ben Ali kündigt neue soziale Reformen an.

Streik der Anwält*innen zur Unterstützung der Protestbewegung in den südlichen Regionen.

Zum ersten Mal spricht ein tunesischer Fernsehsender, der private Sender Nessma TV, von den Protesten der letzten Wochen.

2. Januar 2011 — 14 Internetseiten der tunesischen Regierung werden vom transnationalen Hacker-Netzwerk *Anonymous* und tunesischen Hacker*innen lahmgelegt. Zu den Internetseiten gehören die Webseite der Börse, der Präsidentschaft, verschiedener Ministerien sowie des nationalen Internetbetreibers ATI.

3. Januar 2011 — Versammlungen von Schüler*innen in ganz Tunesien.

4. Januar 2011 — Der nationale Vorstand des Gewerkschaftsbundes UGTT spricht den Protesten seine Unterstützung aus.

Erklärung des Tods von Mohamed Bouazizi.

5. Januar 2011 — Beerdigung von Mohamed Bouazizi in Garrat Bennour, nahe Sidi Bouzid. Etwa 5.000 Personen tragen ihn im Trauerzug zu seinem Grab.

6. Januar 2011 — Solidaritätsbekundungen mit den tunesischen Demonstrationen in Beyrouth, Rabat, Algier, London,

Berlin, Montréal sowie in zahlreichen französischen
Städten.

Festnahme von sechs Cyberaktivisten in Tunis,
darunter Slim Amamou (Slim 404), Azyz Amami
(Azyz 404), Slaheddine Kchouk, Skander Ben Hamda
(Bullet Skan), Sofiane Bel Haj M'Hamed (Hamadi
Kaloutcha) sowie des Rappers Hamada Ben Amor (El
General). In der Nacht vom 6. Januar werden eine
Reihe weiterer Personen verhaftet.

Streik der Lehrer*innen.

Streik der Anwält*innen gegen die polizeilichen
Angriffe auf ihre Solidaritätskundgebungen für Sidi
Bouzid am 28. und 31. Dezember 2010.

7. Januar 2011

Rückberufung des US-amerikanischen Botschafters
von Tunis nach Washington.

Erste heftige Auseinandersetzungen in Kasserine
zwischen Demonstrant*innen und der Polizei.

Festname des Students und Mitarbeiters der
oppositionellen Wochenzeitung Al Makouif, Wisem
Sghaier.

8. Januar 2011

Fünf Demonstranten werden bei einer Demonstration
in Thala von der Polizei erschossen.

In Thala, Kasserine und Regueb werden Demonstrant*innen von Spezialeinheiten der Polizei
eingekesselt. Die Städte sind von allen
Kommunikationskanälen (Telefonnetz, Mobilfunk,
Internet) abgeschnitten und sich selbst überlassen.

9. Januar 2011

In Kasserine sterben 23 Personen in
Auseinandersetzungen mit der Polizei.

Schließung von Schulen und Universitäten.

10. Januar 2011

Ben Ali hält seine zweite Fernsehansprache seit Beginn

der Bewegung. Er verspricht, 300.000 Arbeitsstellen bis 2012 zu schaffen.

Zahllose Menschen demonstrieren trotz der Ausgangssperre.

11. Januar 2011   Spannungen in Kasserine, Thala, Sidi Bouzid, Kébili, Gabès, Gafsa, Bizerte, Jendouba und ärmeren Stadtteilen von Tunis, wie Ettadhamen, Ibn Khaldoun und Intilaka. Im gesamten Land kommt es zu Brandstiftungen gegen Polizeireviere, Gebäude des RCDs sowie Einkaufszentren und Häuser des Familienclans.

Demonstration von Kulturschaffenden vor dem Stadttheater in Tunis gegen die polizeilichen Übergriffe und für das Recht auf politische Freiheiten.

Besetzung der Redaktionsräume der oppositionellen Wochenzeitung Al Makouif sowie des Journalist*innen-Verbands SNJT durch die Polizei.

Die französische Außenministerin, Michèle Alliot-Marie, plädiert vor der französischen Nationalversammlung dafür, Ben Ali mit französischem »Know-how unserer Sicherheitskräfte« zu unterstützen, um »sicherheitsgefährende Situationen dieser Art zu regeln«.

12. Januar 2011   Weitere Todesopfer in Ariana, Ben Arous, Bizerte, Kasserine, Kébili, Manouba, Douz, Nabeul, Thala, Sfax, Sousse, Tataouine und Tozeur.

Festnahme des Vorsitzenden der PCOT, Hamma Hammami, des Rechtsanwalts Mohamed Mzem und der Rechtsanwältin Mouni Obaid.

Ben Ali entlässt den Innenminister, Rafik Hadj Kacem, und verspricht, alle inhaftierten Demonstrant*innen zu befreien – außer diejenigen, die am »Vandalismus« beteiligt waren. Zudem kündigt er an, eine Kommission zur Untersuchung von

Korruption einzuberufen.

Erklärung des Generalstreiks in Sfax. Etwa 100.000 Menschen sind in der Wirtschaftsmetropole auf der Straße.

Tunis wird von Panzern, Soldaten und Armeelastern besetzt.

Eine nächtliche Ausgangssperre von 20 Uhr abends bis 5 Uhr morgens wird für das gesamte Territorium verkündet, zudem wird der Ausnahmezustand ausgerufen.

13. Januar 2011 — Das Innenministerium verlängert für die Großregion Tunis (Tunis, Ariana, Ben Arous, Menouba) die nächtliche Ausgangssperre. Das Militär zieht aus Tunis wieder ab, nun kontrollieren polizeiliche Spezialeinheiten die Stadt. 13 Menschen sterben tagesüber in Tunis. Zehntausende Menschen demonstrieren auf der Avenue Habib Bourguiba in der Innenstadt.

Um 20 Uhr hält Ben Ali zum ersten Mal im tunesischen Dialekt eine Fernsehansprache. Er verkündet das Ende der Internet- und Pressezensur sowie die Befreiung politischer Gefangener und hebt den Schießbefehl auf. Außerdem verspricht er, die Preise für Grundnahrungsmittel zu senken und nach Ende seines Mandats 2014 nicht erneut als Präsidentschaftskandidat anzutreten. Er betont seine Absicht, einen Untersuchungsausschuss zur Korruption einzuleiten.

Während Ben Alis Ansprache werden in Tunis und in Ras-Jebel 14 Personen, in Kairouan zwei und in Bizerte ein Mensch erschossen.

14. Januar 2011 — Von der UGTT ausgerufener Generalstreik in Tunis. Einige ranghohe Verantwortliche der UGTT bleiben dem Streik fern.

In Tunis demonstrieren Hunderttausende zunächst vor dem Sitz des UGTT und stürmen dann zur Avenue Bourguiba bis zum Innenministerium.

Große Demonstrationen in Sfax, Sidi Bouzid, Regueb, Kairouan, El Kef, Gafsa, Ras El Djabel und vielen anderen Städten.

Ben Ali löst seine Regierung auf, beauftragt den Premierminister, ein neues Kabinett zu bilden, und ruft zu vorgezogenen Neuwahlen in sechs Monaten auf.

Der General Ali Seriati, oberster Chef der präsidententiellen Garde, überzeugt Ben Ali, dass er nicht mehr für seine Sicherheit garantieren kann und drängt ihn, sich so schnell wie möglich in das saudi-arabische Djeddah abzusetzen.

Ben Ali erklärt den Notstand und überträgt seine Macht an das Militär. Militär und Polizei erhalten die Berechtigung, auf jeden zu schießen, der »verdächtigt« ist oder versucht, zu fliehen. Versammlungen ab drei Personen werden verboten.

Premierminister Mohammed Ghannouchi verkündet die momentane Amtsunfähigkeit Ben Alis im staatlichen Fernsehen. Er erklärt ebenfalls, dass Ben Ali das Land verlassen hat und er gemäß Artikel 56 der Verfassung Interimspräsident ist.

17. Januar 2011   Ghannouchi verkündet sein Kabinett. Die wichtigsten Ministerien werden an alte RCD-Kader vergeben. Die einzige Ausnahme stellt der Staatssekretär für Jugend und Sport dar, der vom Cyberaktivisten Slim Amamou besetzt werden soll.

21. Januar 2011   Anfang einer »Friedenskarawane« von Sidi Bouzid und anderen südlichen Regionen nach Tunis, um Druck auf die Regierung auszuüben.

23. Januar 2011	Sit-in Kasbah I: Die Demonstrant*innen besetzen den Regierungsplatz der Kasbah. Sie verbringen Tag und Nacht auf dem Platz und fordern den Rückzug der Regierung sowie aller RCD-Mitglieder.
27. Januar 2011	Die Polizei räumt die Besetzung des Platzes. Ghannouchi ernennt eine neue Regierung ohne RCD-Mitglieder und ohne alte Minister Ben Alis – von seiner eigenen Person abgesehen. Er tritt offiziell aus der RCD aus.
20. Februar 2011	Sit-in Kasbah II: Zweite Besetzung der Kasbah, um die Auflösung der zweiten Ghannouchi-Regierung zu erzielen. Sie fordern zudem die Auflösung der RCD. Die Forderung nach Etablierung einer unabhängigen Instanz wird laut, die Neuwahlen für eine verfassungsgebende Versammlung durchführt.
27. Februar 2011	Ghannouchi tritt zurück.
	Der neue Interimspräsident, Fouad Mebazza, kündigt die Ernennung von Béji Caid Essebsi als neuen Premierminister an.
7. März 2011	Essebsi kündigt seine neue Übergangsregierung an.
9. März 2011	Die Justiz bestätigt die Entscheidung des Innenministers Fawzi Ben Mrad, die RCD zu verbieten.
20. Juni 2011	Ben Ali und seine Gattin werden in ihrer Abwesenheit aufgrund der Veruntreuung öffentlicher Gelder zu 35 Jahren Haft und zur Geldstrafe von 25 Millionen Euro (für ihn) und 41 Millionen Euro (für sie) verurteilt.
4. Juli 2011	Verurteilung von Ben Ali und Leila Trabelsi zu 15 Jahren Haft für den illegalen Besitz von Waffen, Rauschgift und archäologischen Objekten.

28. Juli 2011	Ben Ali wird vom Gericht im Anklagepunkt »Korruption und Immobilienbetrug« für schuldig gesprochen und zu 16 Jahren Gefängnishaft verurteilt.
7. April 2012	Ben Ali muss sich für die Folter von hohen Armeeoffizieren verantworten und wird zu fünf Jahren Haft verurteilt.
13. Juni 2012	Ben Ali wird auf Lebenszeit verurteilt. Der Anklagepunkt lautet vorsätzliche Tötung der Demonstrant*innen im Dezember 2010 und Januar 2011.
23. Oktober 2012	Erste freie Wahlen zur verfassungsgebenden Versammlung (Assemblée nationale constituante, ANC). Es treten über 80 Parteien zu den von der Europäischen Union beobachteten Wahlen an.
14. November 2012	Das Wahlergebnis wird bekannt gegeben: Ennahdha geht mit 89 Sitzen von insgesamt 217 Sitzen als stärkste Kraft der verfassungsgebenden Versammlung hervor.
22. November 2012	In der ersten Sitzung der Versammlung wird Mustapha Ben Jaâfar der sozialdemokratischen Partei, Ettakatol, als Vorsitzender der Versammlung gewählt.
11. Dezember 2012	Moncef Marzouki von der linksliberalen Partei Congrès pour la République wird zum Staatspräsidenten gewählt. Hamadi Jebali (Ennahdha) wird beauftragt, eine Regierung zu bilden. Er schlägt eine Vier-Parteien-Koalition mit Congrès pour la République, Ettakatol und Parti démocrate progressiste (PDP) vor. Während sich die PDP von Néjib Chebbi dazu entscheidet, in die Opposition zu gehen, nehmen die CPR und Ettakatol die Zusammenarbeit mit der Ennahdha an.
14. Dezember 2012	Hamadi Jebali wird von Moncef Marzouki zum

Premierminister ernannt.

6. Februar 2013 · Der linke Oppositionsführer Chokri Belaïd wird vor seiner Haustür von einer djhadistischen Gruppierung erschossen.

Demonstrationen brechen im gesamten Land aus, die den Rücktritt der von Jebali geführten Regierung fordern und zur langanhaltenden, tiefgründigen politischen Krise führen.

Einige Ennahdha Parteibüros in Sfax, Monastir, Béja, Gafsa und Gabès werden von Demonstrant*innen angegriffen.

17. Mai 2013 · Der geplante Kongress der djhadistischen Ansar Al Chariaa in Kairouan wird von der Ennahdha verboten.

19. Februar 2013 · Jebali tritt zurück und Ali Larayedh (Ennahdha) übernimmt als Premierminister eine neue Kabinettsbildung.

Juni 2013 · Essebsi gründet die Partei Nidaa Tounes (dt. Ruf für Tunesien), die marktwirtschaftlich liberal ausgerichtet ist und sich in die politische Tradition Bourguibas, insbesondere in puncto eines islamsfeindlichen Modernitätsparadigma, einschreibt. Nidaa Tounes setzt sich neben zivilgesellschaftlichen und gewerkschaftlichen Persönlichkeiten aus einer Reihe alter RCD-Mitglieder zusammen.

15. Juli 2013 · Der linke Abgeordnete Mohamed Brahmi wird mit der gleichen Waffe, die bereits Belaïd ermordet hat, getötet.

August 2013 · Zwölf linke, aus der marxistisch-leninistischen, trotzkistischen, panarabischen-baathischen und panarabischen-nasseristischen Tradition stammende Parteien schließen sich zum Front populaire pour la réalisation des objectifs de la révolution (dt.

	Volksfront zur Realisierung der Ziele der Revolution, kurz: Front populaire) zusammen.
27. November 2013	Eine friedliche Demonstration der Bewohner*innen von Siliana im Südosten des Landes eskaliert. Es kommt offiziell zu 168 Verletzten.
26. Januar 2014	Die neue Verfassung Tunesiens wird verabschiedet.
7. Februar 2014	Im Zuge der Verabschiedung der Verfassung wird die zweite Republik Tunesiens ausgerufen.
April 2014	Die verfassungsgebende Versammlung verwirft den Gesetzesentwurf, ehemalige RCD-Mitglieder, die hohe Positionen innerhalb der RCD oder Ben Alis Regierungen hatten, endgültig von der Politik auszuschließen.
26. Oktober 2014	Erste Parlamentswahlen, die nach der Reglementierung der neuen Verfassung veranstaltet werden, gehen mit 39,6 Prozent zugunsten der Nidaa Tounès Partei aus. Ennahdha erhält 31,8 Prozent der Stimmen.
23. November 2014	Erster Wahlgang der Präsidentschaftswahlen. Béji Caïd Essebsi ist mit 39,46 Prozent der Stimmen stärkster Kandidat, gefolgt von Moncef Marzouki (33,43 Prozent).
21. Dezember 2014	Der zweite Wahlgang der Präsidentschaftswahlen bestätigt den Sieg von Béji Caïd Essebsi, der mit 55,58 Prozent der Stimmen klar vor Moncef Marzouki liegt, der lediglich 44,32 Prozent der Stimmen auf sich vereinigen kann.
31. Dezember 2014	Béji Caïd Essebsi legt im Parlament den Eid ab und tritt die Präsidentschaft an.
5.-23. Januar 2015	Bildung der neuen Regierung mit Habib Essid als

Premierminister.

24. Juli 2015
Nach mehreren Terroranschlägen im März 2015 in Tunis und im Juni 2015 in Sousse wird der Ausnahmezustand verhängt und ein Antiterrorgesetz verabschiedet.

August 2015
Das Kollektiv *Manich Msamah* (Ich verzeihe nicht) bildet sich gegen das geplante »Gesetz zur Versöhnung«, das eine Amnestie gegenüber hohen Funktionären und Unternehmensvorsitzenden vorsieht, die unter Ben Ali in Korruptionshandlungen verwickelt sind. Es sind vor allem junge Menschen aus dem heterogenen, linken Spektrum, die sich horizontal organisieren und in vielen Fällen bereits an den Demonstrationen gegen das Regime von Ben Ali mitgewirkt haben.

Januar 2016
In Kasserine brechen heftige Demonstrationen gegen die sozialen Ungleichheiten aus, die sich in der gesamten Region des zentralen Westens des Landes bis in einige ärmliche Viertel der Hauptstadt ausbreiten.

30. Juli 2016
Das Parlament entzieht dem Premierminister Habib Essid sein Vertrauen. Der Präsident Essebsi hatte im Juni die Bildung eines Kabinetts »nationaler Einheit« vorgeschlagen.

29. August 2016
Die neue Regierung der »nationalen Einheit«, die vom neuen Premierminister Youssef Chahed angeführt wird, bringt eine jüngere Regierung hervor, die auch mit mehr Frauen versehen ist. Die Ennahdha-Partei stellt weniger Ministerien und Staatssekretäre als in der vorherigen Regierung.

17. November 2016
Die ersten öffentlichen Anhörungen der transitionellen Gerechtigkeitsinstanz »Wahrheit und Würde« (Instance de justice transitionelle Vérité et

Dignité) finden statt und werden im Fernsehen und auf Facebook live übertragen. Die Opfer der staatlichen Gewalt unter Bourguiba und Ben Ali berichten von den erlittenen Menschenrechtsverletzungen.

November 2016 — Die Proteste der Bewegung *Manich Msamah* werden weitergeführt.

22. Januar 2017 — Zum ersten Mal in der Geschichte des UGTT wird eine Frau, Naima Hammami, in den Vorstand der Gewerkschaft gewählt.

21. Februar 2017 — Schaffung eines Netzwerkes verschiedener LGBT+-Bewegungen.

16. Februar 2017 — Der 2015 ausgerufene Ausnahmezustand wird verlängert.

April 2017 — Heftige Demonstrationswellen brechen in verschiedenen Regionen Tunesiens aus, darunter El Kef, Kairouan, Tataouine. In Tataouine kommt es zum Generalstreik.

13. August 2017 — Der Präsident Béji Caïd Essebsi regt anlässlich des tunesischen Tags der Frauenrechte eine gesellschaftliche Debatte bezüglich des ungleichen Erbrechts an, das Frauen nach aktuellem islamischem Recht nur die Hälfte des männlichen Erbanteils zuspricht.

12. September 2017 — Das Parlament spricht der Regierung von Youssef Chahed nach einer umfassenden Regierungsumgestaltung sein Vertrauen aus, 13 neue (von insgesamt 28 Minister*innen) treten an.

16. September 2017 — In Tunis kommt es erneut zu Demonstrationen des Kollektivs *Manich Msamah*.

24. Oktober 2017	Der Präsident Béji Caïd Essebsi verabschiedet das »Gesetz zur Versöhnung« und spricht somit eine Amnestie gegenüber hohen Funktionären und Unternehmensvorsitzenden, die Korruption praktiziert haben, aus.
22. November 2017	Nachdem eine Frau, Mutter von fünf Kindern, versucht, sich selbst zu verbrennen, kommt es in der Stadt Sejnane im Norden von Tunesien zu heftigen Demonstrationen und zum Generalstreik.
17. Dezember 2017	Tunesische Intellektuelle und Persönlichkeiten warnen zum siebten Jahrestag des Todes von Bouazizi im »Apell des 17. Dezembers« vor der Rückkehr des Autoritarismus und bekräftigen, dass sie sich nicht ihre errungenen Freiheitsrechte nehmen lassen.
26. Dezember 2017	Die LGTB+-Bewegung gründet einen eigenen Radiosender.
Januar 2018	Die Bewegung *Fesh Nestenaw* (worauf warten wir) bildet sich. Junge linke Akteur*innen, die bereits am Kollektiv *Manich Msamah* teilgenommen haben, revoltieren erneut in Tunis und mehreren Regionen gegen das neue Finanzgesetz und gegen die Preissteigerungen. Die polizeiliche Repression ist vehement, es kommt zu mehreren Hundert Verhaftungen.
Januar-Februar 2018	Es kommt zu vermehrten Blockaden der Produktion im Phosphatunternehmen (CPG) in der Region rund um Gafsa.
April 2018	Starke Spannungen zwischen dem UGTT und der Regierung: Die Lehrer*innen streiken und fordern, dass die 2011 verabschiedeten Bestimmungen zur Verbesserung ihrer Lebensbedingungen umgesetzt werden.

6. Mai 2018   Die ersten Kommunalwahlen in Tunesien finden statt. Die Ennahdha-Partei geht mit rund 30 Prozent der Stimmen als stärkste Kraft hervor.

3. Juli 2018   Souad Abderrahim, Ennahdha-Abgeordnete, wird als erste Frau in der Geschichte Tunesiens zur Bürgermeisterin von Tunis gewählt.

Interviewliste

Vorname Name	Alter	Akteursgruppe	Beruf	Wohnort	Geschlecht	Interviewdatum
Néjib Sellami	56	Gewerkschafter der gymnasialen Unterstufe	Gymnasiallehrer	Tunis	M	18.08.2014
Anissa Ben Aziza	25	Gewerkschafterin der gymnasialen Unterstufe	Gymnasiallehrerin	Tunis	W	18.08.2014
Foued Sassi	29	Bürger/Jugend	Arbeitsloser Jurastudent	Tunis	M	18.08.2014
Sami Souihli	59	Gewerkschafter in der Gewerkschaft der Ärzte	Mediziner	Bizerte	M	22.08.2014
Aroua Baraket	30	Jugend/Feministin	Arbeitslose Journalistin	Tunis	W	22.08.2014
Ahlem Belhadj	49	Feministin (aTFD)	Medizinerin	Tunis	W	24.08.2014
Amira Aleya Sghaier	60	Bürger	Universitätsprofessor (Historiker)	La Marsa/ Tunis	M	25.08.2014
Bakhta Cadhi	60	Feministin (ATFD)	Logopädin	Tunis	W	26.08.2014
Youad Ben Rejeb	31	Feministin (ATFD)	Verwalterin und Sekretärin der feministischen Universität »Ilhem Marzouki« der ATFD	Tunis	W	27.08.2014
Hamadi Kaloutcha (Ziviler Name: Sofiane Bel Hadj)	28	Cyberaktivist	IT-Sicherheitsberater für eine kanadische NGO	Tunis	M	28.08.2014
Mohamed Jmour	61	Menschenrechtler und stellvertretender Parteivorsitzende der PPDU	Rechtsanwalt	Tunis	M	29.08.2014

Name	Alter	Rolle/Organisation	Beruf	Ort	Geschlecht	Datum
Wael Nouar	28	Jugend (damaliger UGET-Vorsitzender)	(Arbeitsloser) Student	Tunis	M	29.08.2014
Fadel Zouhair	39	Gewerkschafter	Angestellter in der öffentlichen Verwaltung (Abteilung: Grundbesitz)	Sidi Bouzid	M	01.09.2014
Khaled Aouainia	42	Menschenrechtler	Rechtsanwalt	Sidi Bouzid	M	01.09.2014
Slah Brahmi	42	Gewerkschafter in der regionalen Bildungs-Gewerkschaft	Gymnasiallehrer	Sidi Bouzid	M	02.09.2014
Arbi Kadri	38	Arbeitsloser (UDC)	Angestellter in der öffentlichen Verwaltung (Abteilung: Bildung)	Regueb	M	03.09.2014
Mondher Cherni	49	Menschenrechtler (OCTT)	Rechtsanwalt	Tunis	M	13.09.2014
Farida Labidi	46	Islamistin	Parlamentsabgeordnete der Ennahdha, damalige Vorsitzende der Kommission der Rechte und Freiheiten in der verfassungsgebenden Versammlung (ANC)	Tunis	W	13.09.2014
Habib Khedher	43	Islamist	Parlamentsabgeordneter der Ennahdha, damaliger Referent für die Verfassung in der verfassungsgebenden Versammlung (ANC)	Tunis	M	13.09.2014
Sonia Chérfi	24	Jugend	Studentin	Tunis	W	11.09.2014
Hanna Ben Ali	22	Jugend	Studentin	Tunis	W	11.09.2014
Aymen Rezgui	32	Cyberaktivist	Journalist	Tunis	M	13.09.2014

Name	Alter			Ort		Datum
Meherzia Labidi	50	Islamistin	Parlamentsabgeordnete der Ennahdha, stellvertretende Vorsitzende der verfassungsgebenden Versammlung (ANC)	Tunis	W	22.09.2014
Lina Ben Mhenni	31	Cyberaktivistin	Lehrende an der Universität von Tunis	Tunis	W	16.09.2014
Kalthoum Kennoa	55	Menschenrechtlerin	Richterin, Präsidentschafts-Kandidatin 2014	Tunis	W	17.09.2014
Sami Ben Gharbia	47	Cyberaktivist	Chefredakteur der Internetplattform Nawaat	Tunis	M	18.09.2014
Helima Souini	56	Feministin (ATFD)	Mathelehrerin in der Unterstufe	Tunis	W	23.09.2014
Azyz Amami	31	Cyberaktivist	Arbeitslos	Ariana	M	19.09.2014
Radhia Nasraoui	60	Menschenrechtlerin, Vorsitzende der OCTT	Rechtsanwältin	Tunis	W	20.09.2014
Amel Azzouz	51	Islamistin	Parlamentsabgeordnete der Ennahdha	Tunis	W	23.09.2014
Inès Tlili	34	Bürgerin	NGO-Tätigkeit	Tunis	W	29.03.2015
Imen Triki	35	Islamistin	Rechtsanwältin für Menschenrechtsorganisation »Liberté et Equité«	Tunis	W	22.09.2014
Mokthar Trifi	64	Menschenrechtler (LTDH)	Rechtsanwalt	Tunis	M	23.09.2014
Sonia Jebali	36	Gewerkschafterin	Elektrikerin	Tunis	W	23.09.2014
Monia Dridi	34	Gewerkschafterin	Elektrikerin	Tunis	W	23.09.2014

...ed Sassi	30	Arbeitsloser (UDC)	Arbeitslos	Tunis (Kabaria)	M	26.03.2015
...s Hamda	32	Arbeitsloser (UDC)	Arbeitslos	El Guettar/Gafsa	M	26.03.2015
...a Khlaifi	33	Bürgerin/Gewerkschafterin	Grundschullehrerin	Redeyef	W	26.03.2015
...er Saehi	29	Bürger/Jugend	Student	Kasserine	M	25.03.2015
...a Hazem	51	Gewerkschafterin	Informatikerin	Monastir	W	26.03.2015
...da Chennaoui	29	Jugend	Journalistin	Tunis	W	30.03.2015
...saf Chouaibi	47	Menschenrechtlerin	Rechtsanwältin	Gafsa	W	12.04.2017
...k Hlaimi	52	Gewerkschafter	Grundschullehrer	Redeyef	M	12.04.2017
...nes Msaddek	55	Gewerkschafter	Pensionierter Arbeiter des Phosphatunternehmens (CPG)	El Guettar/Gafsa	M	12.04.2017
...Tarssim	37	Bürgerin	Deutschdozentin	Tunis	W	20.04.2017
...Khaled	47	Bürgerin	Hausfrau	Redeyef/Tunis	W	17.04.2017

Literatur

Textkorpus

Abdelkader Fakhfakh, Najet (2015), *La liberté en héritage. Journal d'une Tunisienne*, Paris.

Amami, Azyz (2009), »Manifesto du rire«, 14.03.2011, unter: https://www.azyzamami.tn/2011/03/14/manifesto-du-rire-06072009/ [letzter Zugriff am 10.10.2015].

Astrubal (2011), »A la mémoire de Mohamed Bouazizi«, in: *Nawaat*, 06.01.2011, unter: http,//nawaat.org/portail/2011/01/06/a-la-memoire-de-mohamed-bouazizi/, 6.01.2011 [letzter Zugriff am 15.10.2013].

Baraket, Hédia/Belhassine, Olfa (2016), *Ces nouveaux mots qui font la Tunisie*, Tunis.

Béji, Hélé (2013), »Les paradoxes de la révolution tunisienne«, in: Ben Lamine, Meriem/Boussois, Sébastien (Hg.), *La Tunisie face à l'expérience démocratique*, Paris, S. 69–80.

Delhadj, Ahlem (2012), »La lutte contre l'exploitation des femmes peut être un moteur de changement social global«, in: *Union Syndicale Solidaires, Tunisie, Iran, Québec*, Nr. 8, Automne 2012, S. 77–80.

Belhaj Yahia, Emna (2014), *Tunisie. Questions à mon pays*, Tunis.

Ben Achour, Yadh (2011b), *La deuxième Fâtiha. L'islam et la pensée des droits de l'homme*, Tunis.

— (2016), *Tunisie. Une révolution en pays d'Islam*, Tunis.

Ben Gharbia (2011), »Les cyber-activistes face à une liberté sur Internet made in USA«, in: *Nawaat*, 03.01.2011, unter: https://nawaat.org/portail/2011/01/03/les-cyber-activistes-arabes-face-a-la-liberte-sur-internet-made-in-usa/ [letzter Zugriff am 15.12.2017].

Ben Mbarek Msaddek, Dalila (2013), *Je prendrais les armes s'il le faut... Tunisie, mon combat pour la liberté*, Paris.

Ben Mhenni, Lina (2010), »Sidi Bouzid brule!«, unter: http://atunisiangirl.blogspot.fr/2010/12/sidi-bouzid-brule.html#links [letzter Zugriff am 04.02.2017].

— (2011), *Vernetzt euch!* Berlin.

Bendana, Kmar (2011), *Chronique d'une transition*, Tunis.

Bessis, Sophie (2017), *Les Valeureuses. Cinq Tunisiennes dans l'Histoire*, Tunis.

Bettaïeb, Viviane (2011), *Dégage. La révolution tunisienne*, Tunis.

Borsali, Nora (2012), *Tunisie: Le défi égalitaire. Écrits féministes*, Tunis.

Chaabane, Nadia (2011), »Nous allons ouvrir d'autres voies, écrire de nouvelles pages politiques«. Entretien avec Nadia Chaabane«, in: *Contretemps*, Nr. 11, H. September, S. 17–21.

Charfi, Abedlmajid (2012), *Révolution, Modernité, Islam. Entretien conduits par Kalthoum Saafi Hamda*, Tunis.

Charta ATFD (1988), *Notre Charte. Charte de l'ATFD*.

Chebbi, Aya (2015), »Redefining Feminist Narratives in Tunisia«, unter: https://www.awid.org/news-and-analysis/aya-chebbi-redefining-feminist-narratives-tunisia [letzter Zugriff am 15.04.2018].

Chennoufi, Ridha (2012), »Le ›printemps arabe‹ en Afrique du Nord«, in: *Eu-Topias*, unter: http://eu-topias.org/fr/le-printemps-arabe-en-afrique-du-nord/.

Dakhlia, Jocelyne (2013a), »Les clivages de la révolution tunisienne«, in: *Revue Esprit*, H. Juni, unter: https://esprit.presse.fr/article/jocelyne-dakhlia/les-clivages-de-la-revolution-tunisienne-39960 [letzter Zugriff am 20.12.2017].

— (2013b), »Séminaire: Un paradigme tunisien? Histoire et sciences sociales en révolution«, unter: https://halqa.hypotheses.org/1354 [letzter Zugriff am 24.02.2017].

— (2016), »Peut-on penser dans la transition?«, in: *Nachaz*, unter: http://nachaz.org/blog/peut-on-penser-dans-la-transition-jocelyne-dakhlia/#_ftn1 [letzter Zugriff am 30.01.2018].

Espace Tunisie (o.A.), »Rappel de la déclaration du 7 novembre 1987«, in: http://espace.tunisie.over-blog.com/article-4000612.html [letzter Zugriff am 23.09.2018].

Essid, Yassine (2012), *Chronique d'une révolution inachevée*, Tunis.

Gdalia, Janine (2013), *Femmes et Révolution en Tunisie. Entretiens avec Azza Filali, Radhia Nasraoui, Nadia El Fani, Khadija Chérif, Marianne Catzaras, Meriem Bouderbala, Lamia Ben Massaoud, Meriem Zeghidi, Hejer Bourguiba*, Montpellier.

Gesetz 2013-53, »Loi organique 2013-53 du 24 décembre 2013, relative à l'instauration de la justice transitionnelle et à son organisation«, unter: http://www.justice-transitionnelle.tn/fileadmin/medias/Textes_de_lois/Loi2013_53-JT-FR.pdf, [letzter Zugriff am 30.01.2018].

Ghannouchi, Rached (2015), *Au sujets de l'islam. Entretiens d'Olivier Ravanello avec Rached Ghannouchi*, Paris.

— (2018), »Tribune: Transition démocratique en Tunisie«, in: *Le Monde*, 14.03.2018, unter: https://www.lemonde.fr/afrique/article/2018/03/14/rached-ghannouchi-nous-sommes-confiants_5270907_3212.html [letzter Zugriff am 03.10.2018].

Gherib, Baccar (2012), *Chroniques d'un pays qui couvait une révolution. Attariq Aljadid, Février 2008-Janvier 2011*, Tunis.

Grami, Amel (2013), »Islamic Feminism: a new feminist movement or a strategy by women for acquiring rights?«, in: *Contemporary Arab Affairs*, 6:1, S. 102–113.

Guellaty, Moncef (2012), *Tunis. Le pouvoir piégé par la toile*, Paris.

Journal officiel de la république tunisienne (2012, Nr. 50), 26 Juni 2012, Nr. 50, S. 1531, unter: http://www.justice-transitionnelle.tn/fileadmin/medias/Textes_de_lois/Loi2012_4.pdf [letzter Zugriff am 01.01.2018].

Jrad, Nabiha (2012), »Quand dire, c'est faire: La révolution tunisienne, un évène-ment de langage fait l'histoire«, in: *Les carnets de l'IRMC*, 16.04.2012, unter: https://irmc.hypotheses.org/182 [letzter Zugriff am 26.01.2018].

Khiari, Sadri (2011), »La révolution tunisienne ne vient pas de nulle part«. Entre-tien de Béatrice Hibou avec Sadri Khiari«, in: *Politique Africaine*, H. 1, unter: https://www.cairn.info/revue-politique-africaine-2011-1-page-23.htm [letzter Zugriff am 05.03.2016].

Kraïem, Mustapha (2016), *Historique de la pensée arabe (politique, culturelle, sociale)*, Tunis.

Labidi, Mehrezia (2012), »Tunisia's women are at the heart of its revolution«, in: *The Guardian*, 23.03.2012, unter: https://www.theguardian.com/commentisfree/2012/mar/23/tunisia-women-revolution [letzter Zugriff am 20.02.2018].

— (2017), »Il y a urgence à voter la loi contre les violences faites aux femmes«, in: *Le Point Afrique*, 29.03.2017, unter: http://afrique.lepoint.fr/actualites/tunisie-il-y-a-urgence-a-voter-la-loi-contre-les-violences-faites-aux-femmes-29-03-2017-2115528_2365.php [letzter Zugriff am 20.03.2018].

Lakhal, Malek (2017), »L'exception tunisienne‹, impasse de la lutte féminine contre le patriarcat«, in: *Nawaat*, 29.12.2017, unter: https://nawaat.org/portail/2017/12/29/lexception-tunisienne-impasse-de-la-lutte-feminine-contre-le-patriarcat/ [letzter Zugriff am 20.02.2018].

Manifeste (2007), »Manifeste des libertés. Pour l'égalité dans l'héritage«, unter: http://www.manifeste.org/IMG/pdf/Tunisie.pdf [letzter Zugriff am 28.03.2018].

Meddeb, Abdelwahab (2011b), »Avec la révolution tunisienne, on retrouve une dignité‹, Entretien avec Abdelwahab Meddeb«, in: *20minutes*, 06.04.2011, unter: https://www.20minutes.fr/monde/702103-20110406-monde-revolte-monde-arabe-avec-revolution-tunisienne-retrouve-dignite [letzter Zugriff am 03.04.2018].

Mezghani, Ali (2011), »Le sens de la transition en Tunisie«, in: *Harissa*, 28.01.2011, unter: https://harissa.com/news/article/le-sens-de-la-transition-en-tunisie-de-ali-mezghani-professeur-de-droit-%C3%A0-l%E2%80%99universit%C3%A9 [letzter Zugriff am 26.05.2018].

Mosbah, Salah (2012), »Les valeurs de la Révolution tunisienne ou La longue histo-ire de la lutte pour la Dignité ›karāma‹«, in: *EU-Topias*, H. 4, S. 105–115, unter:

http://eu-topias.org/fr/les-valeurs-de-la-revolution-tunisienne/ [letzter Zugriff am 01.02.2018].

Naccache, Gilbert (2016), »La révolution tunisienne«, in: *Directinfo*, 20.01.2016, unter: http://directinfo.webmanagercenter.com/2016/01/20/gilbert-naccache-la-revolution-tunisienne/[letzter Zugriff am 01.02.2017].

Nasraoui, Mohamed Lamine (2013), *La dictature a tué aussi ma mère. Un militant de la gauche tunisienne témoigne de la torture qu'il avait subie*, Tunis.

Octave, Élie/Chamekh, Nidhal (2013), *Le mouvement anarchiste et syndical en Tunisie*, Paris.

Ounissi, Sayida (2013), »L'insoumise qui chantait«, in: *Huffpostmaghreb*, 13.08.2013, unter: https://www.huffpostmaghreb.com/saida-ounissi/linsoumise-qui-chantait_b_3747670.html [letzter Zugriff am 01.03.2018].

Petition (2012), »Protégez les droits de citoyenneté de la femme en Tunisie!«, unter: https://www.avaaz.org/fr/petition/Protegez_les_droits_de_citoyennete_de_la_femme_en_Tunisie//?tta [letzter Zugriff am 01.02.2018].

Realites online (2017), »Mehrezia Labidi: Oui j'ai reçu des menace de mort«, in: *Realites Online*, 05.04.2017, unter: https://www.realites.com.tn/2017/04/meherzia-laabidi-oui-jai-recu-des-menaces-de-mort/ [letzter Zugriff am 21.03.2018].

Seddik, Youssef (2011), *Unissons-nous! Des révolutions arabes aux indignés. Entretiens avec Gilles Vanderpooten*, Paris.

Sghiri, Malek (2013), »Greetings to the Dawn: Living through the Bittersweet Revolution«, in: Al-Zubaidi, Layla/Cassel, Matthew/Roderick, Craven Nemonie (Hg.), *Writing Revolution: The Voices from Tunis to Damascus*. London/New York: I.B. Tauris, S. 9–47.

Souihli, Sami (2016), »La nécessité d'une mobilisation citoyenne face à l'offensive du capital financier. Entretien avec Alain Baron«, unter: https://www.solidaires.org/IMG/pdf/2016-01-10_sami_souihli_mobilisation_v5_nb.pdf [letzter Zugriff am 29.04.2018].

Tlili, Ridha (2011), »La révolution tunisienne. Un miracle des temps modernes«, in: *Les carnets de l'IRMC*, 12.04.2012, unter: https://irmc.hypotheses.org/178 [letzter Zugriff am 12.02.2018].

Tunis Webdo (2018), »La Tunisie a réussi sa transition démocratique, mais pas la transition sociale et économique, selon Chahed«, in: *Tunis Webdo*, 31.01.2018, unter: http://www.webdo.tn/2018/01/31/tunisie-a-reussi-transition-democratique-transition-sociale-economique-selon-chahed/ [letzter Zugriff am 30.08.2018].

Tunisie numerique (2012), »Sadok Chourou: La nouvelle constitution ne sera ni populaire ni révolutionnaire«, in: *Tunisie Numérique*, 25.10.2012, unter: https://www.tunisienumerique.com/sadok-chourou-la-nouvelle-constitution-ne-sera-ni-populaire-ni-revolutionnaire/ [letzter Zugriff am 01.07.2018]

Verfassung (2014), »Constitution de la république tunisienne«, unter:
http://www.legislation.tn/sites/default/files/news/constitution-b-a-t.pdf
[letzter Zugriff am 01.02.2016].

Wöhler-Khalfallah, Khadija Katja (2013), »Rompons le silence assourdissant entre
islamistes et modernistes et inventons une nouvelle démocratie«, in: *Nawaat*,
08.08.2013, unter: https://nawaat.org/portail/2013/08/08/rompons-le-
silence-assourdissant-entre-islamistes-et-modernistes-et-inventons-une-
nouvelle-democratie/ [letzter Zugriff am 21.06.2018].

Youtube (2011a), https://www.youtube.com/watch?v=z1Zi0csISOA [letzter
Zugriff am 27.06.2018].

— (2011b), https://www.youtube.com/watch?v=zsT0k60aSAc [letzter Zugriff
am 27.06.2018].

Z (2011a), *Révolution! Des années mauves à la fuite de Carthage*, Tunis.

— (2011b), »Vers la révolution…«, in: *Debatunisie*, 08.01.2011, unter:
http://www.debatunisie.com/archives/2011/01/08/20072915.html [letzter
Zugriff am 27.05.2018].

— (2013), »Chávez rejoint Belaïd«, in: *Debatunisie*, 06.03.2013, unter:
http://www.debatunisie.com/archives/2013/03/06/26563944.html [letzter
Zugriff am 27.05.2018].

Literatur

Abadi, Jacob (2013), *Tunisia since the Arab conquest. The saga of a Westernized Muslim
State*, Reading.

Abbas, Nabila (2011), *Demokratie zwischen Konflikt und Konsens – zum Konzept des
Politischen bei Jacques Rancière und Claude Lefort*. Masterarbeit veröffentlicht vom
Institut für Politische Wissenschaft der RWTH Aachen, ISSN 1862-8117,
ISSN 1862-8117, unter: http://www.ipw.rwth-
aachen.de/pub/select/select_29.html [letzter Zugriff am 20.09.2018].

— (2013), »Arabische Umbrüche – zwischen Demokratie und Dekolonisation«,
Rezension zu: Hamid Dabashi: The Arab Spring. The End of Postcolonialism.
Zed Books, London/New York 2012, in: *Neue politische Literatur*, Jg. 58, H. 2, S.
355–357.

— (2015a), »Arabische Revolten – Einbahnstraße Demokratie?«, in: *Neue politische
Literatur*, H. 2, S. 352–354.

— (2015b), »Widerstand und Resignation auf dem Weltsozialforum 2015 – Ein
Echo aktueller Bewegungen?«, in: *Forschungsjournal Soziale Bewegungen*, Jg. 28, H.
2, S. 103–107.

— (2015c), »La Tunisie, une révolution Internet?«, in: *La vie des idées*, unter:
http://www.laviedesidees.fr/La-Tunisie-une-revolution-internet.html [letzter
Zugriff am 12.10.2016]

— (2015d), »Arbeit, Freiheit und Würde! Chorl, hurriya, karâma wataniya! Menschenrechtsimaginationen der tunesischen Revolution«, in: *Zeitschrift für Menschenrechte/Journal for Human Rights*, Jg. 9, H. 1, S. 42–57.

— (2015c), »Der Konflikt um die Leerstelle. Das politische Denken Claude Leforts zwischen Totalitarismus und Demokratie«, in: Martinsen, Franziska/Flügel-Martinsen, Oliver (Hg.), *Demokratietheorie und Staatskritik aus Frankreich. Neuere Diskurse und Perspektiven*, Stuttgart, S. 131–146.

— (2019), »Jacques Rancière«, in: Comtesse, Dagmar/Flügel-Martinsen, Oliver/Martinsen, Franziska/Nonhhoff, Martin (Hg.), *Handbuch Radikale Demokratietheorie*, Berlin, S. 388–399 [Im Erscheinen].

Abbassi, Driss (2009), *Quand la Tunisie s'invente: entre Orient et Occident, des imaginaires politiques*, Paris.

Abu-Lughod, Lila (1986), *Veiled Sentiments. Honour and Poetry in a Bedouin Society*, Berkeley.

— (2010), »Écrire contre la culture. Réflexions à partir d'une anthropologie de l'entre-deux«, in: Cefaï, Daniel (2010), *L'engagement ethnographique*, Paris, S. 417–446.

ACAT (2015), »Tunisie: Justice année zero«, in: *ACAT-France et Freedoom without Borders*, unter: https://www.acatfrance.fr/public/rapport_tunisie_justice_annee_zero_acat.pd f [letzter Zugriff am 10.01.2016].

Achcar, Gilbert (2013), *Le peuple veut. Une exploration radicale du soulèvement arabe*, Arles.

— (2017), *Symptômes morbides. La rechute du soulèvement arabe*, Arles.

Achille Mbembe (2016), *Postkolonie. Zur politischen Vorstellungskraft im gegenwärtigen Afrika*, Wien.

Ächtler, Norman (2014), »Was ist ein Narrativ? Begriffsgeschichtliche Überlegungen anlässlich der aktuellen Europa-Debatte«, in: *KulturPoetik*, Bd. 14, H. 2, S. 244–268.

Adamczak, Bini (2016), *Beziehungsweise Revolution. 1917, 1968 und kommende*, Berlin.

Aeschimann, Eric (2011), »La Tunisie a rejoint le modèle historique général«, in: *Libération*, 17.01.2011, unter: http://www.liberation.fr/planete/2011/01/17/la-tunisie-a-rejoint-le-modele-historique-general_707727 [letzter Zugriff am 01.03.2015].

AFDB (2012), »Tunisie – Défis économique et sociaux post-Révolution«, in: *African Development Bank*, unter: http://www.afdb.org/fileadmin/uploads/afdb/Documents/Publications/Tun isie%20D%C3%A9fis%20%C3%89conomiques%20et%20Sociaux.pdf [letzter Zugriff am 04.02.2016].

Agridopoulos, Aristotelis/Abbas, Nabila (2018), »Eine Einführung in das Schwerpunktheft. zu Jacques Rancière«, in: Abbas, Nabila/Agridopoulos, Aristotelis (Hg.), *Demokratie – Ästhetik – Emanzipation Jacques Rancières transdisziplinäres*

Denken, in: *kultuRRevolution. Zeitschrift für angewandte Diskurstheorie*, Nr. 75, H. 2, S. 8–11.

Albrecht, Holger/Demmelhuber, Thomas (2013), *Revolution und Regimewandel in Ägypten*, Baden–Baden.

Alexander, Christopher (2010), *Tunisia: Stability and Reform in the Modern Maghreb*, Abingdon.

Allal, Amin (2010a), »Réformes néolibérales, clientélismes, protestations en situation autoritaire. Les mouvements contestataires dans le bassin minier de Gafsa en Tunisie (2008)«, in: *Politique Africaine*, Nr. 117, H. 1, S. 107–125.

— (2010b), »»Ici, si ça ne ›bouge‹ pas ça n'avance pas!‹ Les mobilisations protestataires dans la région minière de Gafsa en 2008«, in: Catusse, Myriam/Destremau, Blandine/Verdier, Éric (Hg.), *L'État face aux débordements du social au Maghreb. Formations, travail et protection sociale*, Paris/Aix-en-Provence, S. 173–185.

— (2011), »»Avant on tenait le mur, maintenant on tient le quartier!‹ Germes d'un passage au politique des jeunes hommes de quartier populaires lors du moment révolutionnaire à Tunis«, in: *Politique africaine*, Nr. 121, H. 1, S. 53–67.

— (2015), »Le ›prix‹ de la Révolution en Tunisie«, in: *Savoir/Agir*, Nr. 34, H. 4, S. 117–122.

— (2016), »Retour vers le futur. Les origines économiques de la Révolution tunisienne«, in: *Pouvoirs, revue française d'études constitutionnelles et politiques*, Nr. 156, H. Januar, S. 17–29.

Allal, Amin/Bennafla, Karine (2011), »Les mouvements protestataires de Gafsa (Tunisie) et Sidi Ifni (Maroc): des mobilisations en faveur du réengagement de l'Etat ou contre l'ordre politique?«, in: *Tiers Monde*, H. Mai, S. 27–46.

Allal, Amin/Geisser, Vincent (2011), »»Révolution du Jasmin‹ ou ›Intifada?‹«, in: *Mouvements*, Nr. 2, H. 2, S. 62–68.

Allal, Amin/Pierret, Thomas (2013) (Hg.), *Au cœur des révoltes arabes, Dévenir révolutionnaires*, Paris.

Amin, Samir (2011), *Le monde arabe dans sa longue durée – Le printemps arabe?* Paris.

Amnesty International (2008): »Rapport Amnesty International: Tunisie 2007«, unter: http://espace.tunisie.over-blog.com/article-15721837.html [letzter Zugriff am 08.09.2015]

— (2015), »Tunisie. Des violeurs échappent à toute sanction et des victimes sont considérées comme fautives et sanctionnées«, in: *Amnesty International*, unter: https://www.amnesty.org/fr/press-releases/2015/11/tunisia-rapists-given-a-way-out-while-their-victims-are-blamed-and-punished/ [letzter Zugriff am 25.02.2016].

Andrieu, Bernard (2016), »Mon coming-out méthodologique«, in: Perera, Éric/Beldame, Yann (Hg.), *In Situ. Situations, interactions et récits d'enquête*, Paris, S. 205–209.

Andrieu, Kora (2012), *La justice transitionelle. De l'Afrique du Sud au Rwanda*, Paris.

Ansart-Dourlen, Michèle (2005), »Castoriadis. Autonomie et hétéronomie individuelles et collectives. Les fonctions de la vie imaginaire«, in: *Cahier de psychologie
politique. Revue d'information, de réflexion et de recherche*, Nr. 7, unter:
http://lodel.irevues.inist.fr/cahierspsychologiepolitique/index.php?id=1111
[letzter Zugriff am 02.07.2016]

Aouattah, Ali (2011), *Pensée et idéologie arabes. Figures, courants et thèmes au XXème sicèle*,
Paris.

Arendt, Hannah (1959), »Freiheit und Politik«, unter:
http://siaf.ch/files/arendt.pdf [letzter Zugriff am 01.06.2018].

— (2016) [1963], Über die Revolution, München.

Arkoun, Mohammed (2012), *La pensée arabe*, Paris.

Ash, Timothy Garton (2009), »A Century of Civil Resistance: Some Lessons and
Questions«, in: Ash, Timothy Garton/Roberts, Adam (Hg.), *Civil Resistance and
Power Politics*, Oxford, S. 371–392.

Asseburg, Muriel (2012/Hg.): »Protest, Revolt and Regime Change in the Arab
World. Actors, Challenges, Implications and Policy Options«, unter:
https://www.swpberlin.org/fileadmin/contents/products/research_papers/20
12_RP06_ass.pdf [letzter Zugriff am 04.01.2016].

at-Tahtawi, Rifâ'a Râfi' (2000), *L'émancipation de la femme musulmane. Le guide honnête
pour l'éducation des filles et des garçons*, Beyrouth.

Atteslander, Peter (2000), *Methoden der empirischen Sozialforschung*, Berlin/New York.

Auswärtiges Amt (2015), »Tunesien. Außenpolitik: Stand September 2015«, unter:
http://www.auswaertiges-
amt.de/sid_840198CF6241167E1A166D06D6BA081C/DE/Aussenpolitik/La
ender/Laenderinfos/Tunesien/Wirtschaft_node.html [letzter Zugriff am
04.01.2016].

Aya, Rod (1979), »Theories of Revolution reconsidered. Contrasting Models of
Collective Violence«, in: *Theory and Society*, Jg. 8, H. 1, S. 39–99.

Ayari, Michaël Béchir (2011a), »Des maux de la misère aux mots de la ›dignité‹. La
révolution tunisienne de janvier 2011«, in: *Revue Tiers Monde*, H. 5, S. 209–217.

— (2011b), »Non les révolutions tunisienne et égyptienne ne sont pas des
révolutions 2.0«, in: *Mouvements*, Nr. 66, H. 2, S. 56–61.

— (2013), »La ›révolution tunisienne‹, une émeute politique qui a réussi?«, in: Allal,
Amin/Pierret, Thomas (Hg.), *Au coeur des révoltes arabes, Dévenir révolutionnaires*,
Paris, S. 241–260.

Ayari, Michaël Béchir/Geisser, Vincent/Krefa, Abir (2011), »Chronique d'une
révolution (presque) annoncée«, unter:
https://anneemaghreb.revues.org/1287?lang=en#tocto2n6 [letzter Zugriff am
29.03.2016].

Ayeb, Habib (2011), »Social and political geography of the Tunisian revolution: the
alfa grass revolution«, in: *Review for African Political Economy*, Jg. 38, H. 129, S.
467–479.

Azar, Michael (2014), *Comprendre Fanon*, Paris.

Bacqué, Marie-Hélène/Sintomer, Yves (2011), *La démocratie participative. Histoire et généalogie*, Paris.

Badran, Margot (1995), *Feminists, Islam and the Nation. Gender and the Making of Modern Egypt*, New Jersey.

— (2009), *Feminism in Islam. Secular and Religious Convergences*, Oxford.

Baecque de, Antoine (2000*)*, *Les éclats du rire. La culture des rieurs au XVIIIème siècle*, Paris.

Bahri, Imed (2011), »Ennahdha demandera-t-il pardon aux Tunisiens pour les attentats de 1987?«, in: *L'économiste maghrébin*, 04.11.2013, unter: http://www.leconomistemaghrebin.com/2013/11/04/comme-si-de-rien-netait/ [letzter Zugriff am 10.07.2015].

Balibar, Etienne (1992), *Les frontières de la démocratie*, Paris.

— (1997), *La crainte des masses. Politique et philosophie avant et après Marx*, Paris.

— (2002), *Droit de cité*, Paris.

— (2010), *La proposition de l'égaliberté. Essais politiques 1989–2009*, Paris.

Bargetz, Brigitte/Freudenschuss, Magdalena (2012), »Der emotionale Aufstand. Verhandlungen um eine Politik der Gefühle in Zeiten der Krise«, in: *Femina Politica*, H. 1, S. 107–114

Barlas, Asma (2002), *Believing Women in Islam. Unreading Patriarchal Interpretations of the Qur'an*, Texas.

Barrouhi, Abdelaziz (2009), »Leila Ben Ali dans l'arène politique«, in: *Jeune Afrique*, 21.10.2009, unter: http://www.jeuneafrique.com/207072/politique/leila-ben-ali-dans-l-ar-ne-politique/ [letzter Zugriff am 18.08.2015]

Baumstieger, Moritz (2017), »Tunesien. Körper zu Waffen«, in: *Süddeutsche Online*, 02.02.2017, unter: http://www.sueddeutsche.de/politik/tunesien-koerper-zu-waffen-1.3360708 [letzter Zugriff am 02.02.2017].

Bayat, Asef (2007), »Islam and Democracy: What is the real question?«, in: *ISIM Paper*, Nr. 8, unter: https://openaccess.leidenuniv.nl/bitstream/handle/1887/12452/paper_bayat.pdf?sequence=1 [letzter Zugriff am 12.03.2016].

— (2010), *Life as politics: how ordinary people change the Middle East*, Amsterdam.

— (2012), »Des révolutions post-islamistes«, in: *Tumultes*, Nr. 38–39, H. 1, S. 43–53.

— (2014), »Die neoliberale Stadt und die ›Politik der Straße‹« in: Gertel, Jörg/Ouissa, Rachid (Hg.), *Jugendbewegungen. Städtischer Widerstand und Umbrüche in der arabischen Welt*, Bielefeld, S. 78–95.

Beau, Nicolas (2016), »Quand l'incurie de Ghannouchi laissait Daesh s'implanter à Ben Guerdane«, in: *Mondafrique*, unter: http://mondafrique.com/tunisie-lincurie-de-ghannouchi-a-favorise-limplantation-de-daech-a-ben-gardane/ [letzter Zugriff am 25.01.2017].

Beau, Nicolas/Tuquoi, Jean-Pierre (2011), *Notre ami Ben Ali. L'envers du »miracle tunisien«*, Paris.

Beaugé, Florence (2010), *La Tunisie de Ben Ali. Miracle ou mirage?* Paris.

Beck, Martin (2013), »Der ›Arabische Frühling‹ als Herausforderung für die Politikwissenschaft«, in: *Politische Vierteljahresschrift*, Jg. 54, H. 4, S. 641–661.

Béji, Hélé (1982), *Désenchantement national. Essai sur la décolonisation*. Paris.

Belhassine, Olfa (2018a), »De nouveaux ›procès de la Révolution tunisienne‹ pour rendre justice aux victimes«, in: *Justiceinfo*, 25.05.2018, unter: https://www.justiceinfo.net/fr/justice-reconciliation/37608-tunisie-de-nouveaux-proces-de-la-revolution-tunisienne-pour-rendre-justice-aux-victimes.html [letzter Zugriff am 30.05.2018].

— (2018b), »Tunisie: en procès, le cas emblématique d'un islamiste torturé et disparu«, in: *Justiceinfo*, 30.05.2018, unter: https://www.justiceinfo.net/fr/justice-reconciliation/37631-tunisie.html [letzter Zugriff am 31.05.2018].

Belkaïd, Akram (2012), »Y'en a marre de la ›révolution du yasmin‹«, in: *Slate Afrique*, 19.12.2012, unter: http://www.slateafrique.com/79803/revolution-du-jasmin-tunisie [letzter Zugriff am 08.07.2015].

Belkhodja, Abdelaziz/Cheikhrouhou, Tarek (2013), *Le 14 Janvier, l'enquête*, Tunis.

Ben Abdallah El Alaoui, Hicham/Allal, Amin (2011), »Die tunesische Revolution«, in: *Le monde diplomatique*, unter: http://www.monde-diplomatique.de/pm/2011/02/11.mondeText1.artikel,a0009.idx,0 [letzter Zugriff am 18.02.2016].

Ben Achour, Sana (2007a), »La construction d'une normativité islamiques sur le statut des femmes et de la famille«, unter: http://download2.cerimes.fr/canalu/documents/groupe_utls/101007.pdf [letzter Zugriff am 10.09.2015].

— (2007b), »Le Code tunisien du statut personnel, 50 ans après: les dimensions de l'ambivalence«, unter: http://anneemaghreb.revues.org/89 [letzter Zugriff am 26.06.2015].

— (2011a), »Société civile en Tunisie: les associations entre captation autoritaire et construction de la citoyenneté«, in: Bozzo, Anna/Luizard, Pierre-Jean (Hg.), *Les sociétés civiles dans le monde musulman*, Paris, S. 293–312.

Ben Achour, Yadh (1987), »La réforme des mentalités. Bourguiba et le redressement moral«, unter: https://books.openedition.org/iremam/2556?lang=fr#bodyftn13 [letzter Zugriff am 25.06.2016].

Ben Brick, Taoufik (2015), *New York banlieue de Tunis. Récit*, Tunis.

Ben Brik, Taoufik/Lauzon, Johanne (1999), »Tunisie: les sirènes du crédit«, in: *L'audace*, H. 54/55, S. 9.

Ben Hamadi, Mounia (2014), »Tunisie: L'exclusion des collaborateurs de l'ancien régime rejetée à une voix près!«, in: *Huffpostmaghreb*, 30.04.2014, unter: http://www.huffpostmaghreb.com/2014/04/30/tunisie-exclusion-rcd_n_5242069.html [letzter Zugriff am 26.09.2014].

Ben Hammouda, Hakim (2011), »L'Orientalisme et les révolutions tunisienne et égyptienne. Pourquoi ne l'ont-ils pas aimée la révolution?«, in: Blanc, Pierre (Hg.), *Révoltes Arabes. Premiers Regards*, Paris, S. 59–69.

— (2012), *Tunisie: L'économie politique d'une révolution*, Bruxelles.

Ben Kacem, Ridha, »La révolution tunisienne. Chronologie des évènements«, in: *Tunisiefocus*, 17.12.2013, unter:

http://www.tunisiefocus.com/politique/revolution-tunisienne-chronologie-des-evenements-71854/ [letzter Zugriff am 30.03.2016].

Ben Lamine, Meriem (2013), »Le rôle des associations féministes: plaidoyer pour la défense des droits des femmes«, in: Ben Lamine, Meriem/Boussois, Sébastien (Hg.), *La Tunisie face à l'expérience démocratique*, Paris, S. 81–86.

Ben Yahia, Turkia Labidi (2012), *L'essentiel de l'histoire de la Tunisie*, Tunis.

Ben Youssef Zayzafoon, Lamia (2005), »Body, Home and Nation: The production of the Tunisian »Muslim woman« in the reformist thought of Tahar al Haddad and Habib Bourguiba«, in: (Ders.), *The production of the Muslim woman: negotiating text, history and ideology*, Lanham, S. 95–136.

Benhabib, Seyla (2011), »Der arabische Frühling«, in: *Blätter für deutsche und internationale Politik*, H. 5, S. 90–94.

Bennani-Chraïbi, Mounia/Fillieule, Olivier (2012), »Pour une sociologie des situations révolutionnaires. Retour sur les révoltes arabes«, in: *Revue française de science politique*, Jg. 62, H. 5–6, S. 767–796.

Bensedrine, Sihem/Mestiri, Omar (2004), *L'Europe et ses despotes. Quand le soutien au »modèle tunisien« dans le monde arabe fait le jeu du terrorisme islamiste*, Paris.

Benslama, Fethi (2011), *Soudain la révolution! Géopsychanalyse d'un soulèvement*, Tunis.

Bergmann, Kristina (2012), *Tausendundeine Revolution. Ägypten im Umbruch*, Basel.

Berkani, Mohamed (2016), »Tunisie: la justice suspend le mariage d'une fille de 13 ans avec son violeur«, in: *Francetvinfo*, 15.12.2016, unter:

http://geopolis.francetvinfo.fr/tunisie-la-justice-suspend-le-mariage-d-une-fille-de-13-ans-avec-son-violeur-128597 [letzter Zugriff am 20.12.2016].

Berry-Chikhaoui, Isabelle (2011), »Les comités de quartier en Tunisie: Une illusion démocratique«, in: *Mouvements*, Nr. 66, H. 2, S. 30–39.

Bessis, Sophie (2004a), »Bourguiba féministe: les limites du féminisme d'État bourguibien«, in: Camau, Michel/Geisser, Vincent (Hg.), *Habib Bourguiba, la trace et l'héritage*, Paris, S. 101–112.

Bessis, Juliette (2004b), »Les contradictions d'un règne en situation défensive«, in: Camau, Michel/Geisser, Vincent (Hg.), *Habib Bourguiba, la trace et l'héritage*, Paris, S. 249–268.

Bessis, Sophie/Belhassen, Souhayr (2012), *Bourguiba*, Tunis.

Bessone, Magali (2011), »Introduction. Frantz Fanon en équilibre sur la color line«, in: Frantz Fanon (Hg.), *Œuvres*, Paris, S. 23–43.

Bettahar, Yamina (2012), »Alte und neue Bildungsgeschichten – Maghrebinische Studenten in Frankreich zwischen Ungewissheit und neuer Herausforderung«, in: Thum, Bernard (Hg.), *An der Zeitenwende – Europa, das Mittelmeer und die arabische Welt*, Stuttgart/Berlin.

Bettaïeb, Mohamed Salah (2011), *Dégage! La révolution tunisienne. Livre-témoignages*, Paris.

Beyleau, Pierre (2011), »Après le printemps, l'automne arabe?«, in: *Le Point*, 07.07.2011, unter: http://www.lepoint.fr/monde/ou-va-le-monde-pierre-beylau/apres-le-printemps-l-automne-arabe-07-07-2011-1350449_231.php [letzter Zugriff am 18.02.2016].

Bieri, Peter (2013), *Eine Art zu leben. Über die Vielfalt menschlicher Würde*, München.

Bizeul, Daniel (1999), »Faire avec les déconvenues. Une enquête en milieu nomade«, in: *Sociétés Contemporaines*, H. 33–34, S. 111–137.

— (2007), »Que faire de des expériences d'enquête? Apports et fragilité de l'observation directe«, in: *Revue française de science politique*, Jg. 57, H. 1, S. 69–89.

Blaise, Lilia (2016a), »La jeunesse tunisienne, garde-fou d'un retour vers le passé«, in: *Middle East Eye*, 04.09.2016, unter: http://www.middleeasteye.net/fr/reportages/la-jeunesse-tunisienne-garde-fou-d-un-retour-vers-le-pass-867088995 [letzter Zugriff am 10.05.2018].

— (2016b), »La jeune génération tunisienne révolutionne le féminisme«, in: *Middle East Eye*, 28.06.2016, unter: http://www.middleeasteye.net/fr/reportages/la-jeune-g-n-ration-tunisienne-r-volutionne-le-f-minisme-781182208 [letzter Zugriff am 26.03.2018].

— (2018a), »À Sidi Bouzid, la démocratie à la peine face à ›Pablo Escobar‹« in: *Middle East Eye*, 15.04.2016, unter: http://www.middleeasteye.net/reportages/sidi-bouzid-la-d-mocratie-la-peine-face-pablo-escobar-1794882525 [letzter Zugriff am 16.04.2018].

— (2018b), »En Tunisie, les crimes de l'ère de Ben Ali devant la justice transitionelle«, in: *France 24*, 29.05.2018, unter: http://www.france24.com/fr/video/20180529-tunisie-crimes-lere-ben-ali-devant-justice-transitionnelle [letzter Zugriff am 30.05.2018].

Blaise, Lilia/Tlili, Hamda (2018), »Tunisie: les indépendants se lancent à l'assaut des élections municipales« in: *France 24*, 02.05.2018, unter: http://m.france24.com/fr/video/20180502-tunisie-independants-lancent-a-lassaut-elections-municipales [letzter Zugriff am 02.05.2018].

Blondiaux, Loïc (2008), *Le nouvel esprit de la démocratie*, Paris.

Blume, Thomas (2003), »Einbildungskraft«, in: Rehfus, Wulff (Hg.), *Handwörterbuch Philosophie*, unter: http://www.philosophie-woerterbuch.de/online-woerterbuch/?tx_gbwbphilosophie_main%5Bentry%5D=261&tx_gbwbphilosophie_main%5Baction%5D=show&tx_gbwbphilosophie_main%5Bcontroller%5D=Lexicon&cHash=2325f69a3959b048fa1dbb8c45273e57 [letzter Zugriff am 17.07.2016].

Bobbio, Noberto (1987), *The Future of Democracy. A Defense of the Game*, Cambridge.

— (1989), »Die gefährdete Utopie der Demokratie. Gespräch von Peter Glotz und Otto Kallscheuer mit Noberto Bobbio«, in: *Neue Gesellschaft Frankfurter Hefte*, H. 10, S. 880–889.

— (1994), *Rechts und Links. Gründe und Bedeutungen einer politischen Unterscheidung.* Berlin.

— (1998), *Das Zeitalter der Menschenrechte. Ist Toleranz durchsetzbar?* Berlin.

Bobin, Frédéric (2016), »En Tunisie, la transition démocratique a un coût. Entretien avec Youssef Chahed«, in: *Le Monde*, 08.11.2016, unter: https://www.lemonde.fr/afrique/article/2016/11/08/en-tunisie-la-transition-democratique-a-un-cout_5027303_3212.html [letzter Zugriff am 12.08.2018].

— (2017), »Les Tunisiennes musulmanes pourront dorénavant se marier avec des non-musulmans«, in: *Le Monde*, 15.09.2017, unter: http://www.lemonde.fr/afrique/article/2017/09/15/la-tunisie-met-fin-a-l-interdiction-du-mariage-avec-des-non-musulmans_5185969_3212.html [letzter Zugriff am 12.03.2018].

Bohmann, Ulf/Rosa, Hartmut (2012), »Das Gute und das Rechte. Die kommunitaristischen Demokratietheorien (Michael Sandel, Michael Walzer)«, in: Lembcke, Oliver W./Ritzi, Claudia/Schaal, Gary S. (Hg.), *Zeitgenössische Demokratietheorie. Band 1: Normative Demokratietheorien*, Wiesbaden, S. 127–155.

Boisard, Marcel (1984), »L'humanisme de l'Islam«, in: Hirsch, Emmanuel (Hg.), *Islam et droits de l'homme*, Paris, S. 51–88.

Boitiaux, Charlotte (2012), »›Complémentarité‹ contre ›égalité‹ des sexes, la polémique enfle en Tunisie«, in: *France 24*, 10.08.2012, unter: http://www.france24.com/fr/20120808-tunisie-droits-femmes-feminisme-complementarite-contre-egalite-sexes-projet-loi-polemique-constitution [letzter Zugriff am 10.02.2018].

Borzarslan, Hamit (2011), »François Furet, Le passé d'une illusion et l'énigme révolutionnaire«, in: Borzarslan, Hamit/Bataillon, Gilles/Jaffrelot, Christophe (Hg.), *Passions révolutionnaires. Amérique latine, Moyen-Orient, Inde*, Paris, S. 17–51.

Borzarslan, Hamit/Demelemestre, Gaëlle (2016), *Qu'est-ce qu'une révolution? Amérique, France, Monde arabe 1763–2015*, Paris.

Bottici, Chiara (2011), »From imagination to the imaginary and beyond: towards a theory of imaginal politics«, in: Bottici, Chiara/Benoît, Challand (Hg.), *The politics of Imagination*, New York, S. 16–37.

Bottici, Chiara/Benoît, Challand (2011), »Introduction«, in: Bottici, Chiara/Benoît, Challand (Hg.), *The politics of Imagination*, New York, S. 1–15.

Bouamama, Saïd (2014), *Figures de la révolution africaine. De Kenyatta à Sankara*, Paris.

Bouaricha, Nadjia (2011), »Daniel Lindenberg accuse l'empire de la pensée. Les intellectuels français dépassés par le cours de l'histoire«, in: *El Watan*, 27.09.2011, unter: http://www.djazairess.com/fr/elwatan/341211 [letzter Zugriff am 03.02.2016].

Boubaker, Amel (2015), »The Politics of Protest in Tunisia«, in: *Stiftung für Wissenschaft und Politik*, unter: https://www.swpberlin.org/fileadmin/contents/products/comments/2015C13_boubekeur.pdf [letzter Zugriff am 05.01.2016].

Boucheron, Patrick (2013), *Conjurer la peur: Sienne, 1338. Essai sur la force politique des images*, Paris.

Boucheron, Patrick/Robin, Corey (2015), *L'exercice de la peur. Usages politiques d'une émotion. Débat présenté par Renaud Payre*, Lyon.

Boularès, Habib (2011), *Histoire de la Tunisie. Les grandes dates de la préhistoire à la revolution*, Tunis.

Bousnina, Adel (2013), *Le chômage des diplômés en Tunisie*, Paris.

Bozonnet, Charlotte (2014), »En Tunisie, les figures du régime Ben Ali de retour«, in: *Le Monde*, 04.10.2014, unter: http://www.lemonde.fr/international/article/2014/10/04/en-tunisie-les-figures-du-regime-ben-ali-de-retour_4500638_3210.html [letzter Zugriff am 22.12.2016].

Bras, Jean-Philippe (2012), »Le peuple est-il soluble dans la constitution? Leçons tunisiennes«, in: *L'Année du Maghreb*, H. VIII, S. 103–119.

Breuer, Franz (2010), *Reflexive Grounded Theory. Eine Einführung für die Forschungspraxis*, Wiesbaden.

Breuer, Stefan (1995), *Die Anatomie der konservativen Revolution*, Darmstadt.

Brill, E.J. (1966), *Dustur. Aperçu sur les constitutions des États arabes et islamiques*, Leiden.

Briton, Crane (1965), *The Anatomy of Revolution*, New York.

Browers, Michaelle L. (2009), *Political Ideology in the Arab World. Accomodation and Transformation*, Cambridge.

Brownlee, Jason/Masoud, Tarek/Reynolds, Andrew (2015), *The Arab Spring. Pathways of Repression and Reform*, Oxford.

Brownmiller, Susan (1975), *Against our will. Men, women and rape*, New York.

Bulst, Neithard/Fisch, Jörg/Koselleck, Reinhart (1984), »Revolution. Rebellion, Aufruhr, Bürgerkrieg«, in: Brunner, Otto/Conze, Werner/Koselleck, Reinhart (Hg.), *Geschichtliche Grundbegriffe. Historisches Lexikon zur politisch–sozialen Sprache in Deutschland*, Bd. 5 Pro–Soz, Stuttgart, S. 653–788.

Burstin, Haïm (2010), »La biographie en mode mineur: les acteurs de Varennes, ou le ›protagonisme‹ révolutionnaire«, in: *Revue d'histoire moderne et contemporaine*, Nr. 57, H. 1, S. 7–24.

Butler, Judith (1990), *Gender Trouble. Feminism and the Subversion of Identity*, New York.

— (1992), »Contingent Foundations: Feminism and the Question of ›Postmodernism‹«, in: Butler, Judith/Scott, Joan W. (Hg.), *Feminists Theorize the Political*, New York/London, S. 3–21.

— (2006), »Violence, Non–Violence: Sartre on Fanon«, in: *Graduate Faculty Philosophy Journal*, Jg. 27, H. 1, S. 3–24.

Camau, Michel/Geisser, Vincent (2003), *Le syndrome autoritaire: politique en Tunisie de Bourguiba à Ben Ali*, Paris.

Camau, Michel/Vairel, Frédéric (2014), *Soulèvements et recompositions politiques dans le monde arabe*, Montréal.

Castoriadis, Cornelius (1975), *L'institution imaginaire de la société*, Paris.

— (1978), »Die Entdeckung der Imagination«, in: Halfbrodt, Michael/Wolf, Harald (Hg.), *Das imaginäre Element und die menschliche Schöpfung. Ausgewählte Schriften*, Bd. 3, Lich 2010, S. 47–86.

— (1981), »Das Imaginäre: die Schöpfung im gesellschaftlich–geschichtlichen Bereich«, in: Halfbrodt, Michael/Wolf, Harald (Hg.), *Das imaginäre Element und die menschliche Schöpfung*. Ausgewählte Schriften, Bd. 3, Lich 2010, S. 25–45.

— (1982a), »Imaginary Significations«, in: Escobar, Enrique/Gondicas, Myrto/Vernay, Pascal (Hg.), *Cornelius Castoriadis. A Society Adrift. Interviews and Debates, 1974–1997*, New York 2010, S. 45–68.

— (1982b), »Institution der Gesellschaft und Religion«, in: Halfbrodt, Michael/Wolf, Harald (Hg.), *Das imaginäre Element und die menschliche Schöpfung. Ausgewählte Schriften*, Bd. 3, Lich 2010, S. 87–109.

— (1986), *Domaines de l'homme*, Paris.

— (1987a), »Ontologische Tragweite der Wissenschaftsgeschichte«, in: Halfbrodt, Michael/Wolf, Harald (Hg.), *Das imaginäre Element und die menschliche Schöpfung. Ausgewählte Schriften*, Bd. 3, Lich 2010, S. 149–190.

— (1987b), »What Revolution is«, in: Escobar, Enrique/Gondicas, Myrto/Vernay, Pascal (Hg.), *Cornelius Castoriadis. A Society Adrift. Interviews and Debates, 1974–1997*, New York 2010, S. 144–150.

— (1988a), »Individuum, Gesellschaft, Rationalität, Geschichte«, in: Halfbrodt, Michael/Wolf, Harald (Hg.), *Das imaginäre Element und die menschliche Schöpfung. Ausgewählte Schriften*, Bd. 3, Lich 2010, S. 191–226.

— (1988b), »Physis, Schöpfung, Autonomie«, in: Halfbrodt, Michael/Wolf, Harald (Hg.), *Das imaginäre Element und die menschliche Schöpfung. Ausgewählte Schriften*, Bd. 3, Lich 2010, S. 263–274.

— (1989a), »Die Idee der Revolution«, in: Halfbrodt, Michael/Wolf, Harald (Hg.), *Autonomie oder Barbarei. Ausgewählte Schriften*, Bd. 1, Lich 2006, S. 183–203.

— (1989b), »Psychoanalyse und Politik. Das Projekt der Autonomie und die Anerkennung des Todes«, in: *Lettre International*, H. 6, S. 67–70.

— (1990a), *Gesellschaft als imaginäre Institution. Entwurf einer politischen Philosophie*, Frankfurt am Main.

— (1990b), *Le Monde morcelé. Les carrefours du labyrinthe III*, Paris.

— (1990c), »Zeit und Schöpfung«, in: Halfbrodt, Michael/Wolf, Harald (Hg.), *Das imaginäre Element und die menschliche Schöpfung. Ausgewählte Schriften*, Bd. 3, Lich 2010, S. 227–262.

— (1991), »Das griechische und das moderne politische Imaginäre«, in: Halfbrodt, Michael/Wolf, Harald (Hg.), *Philosophie, Demokratie, Poiesis. Ausgewählte Schriften*, Bd. 4, Lich 2011, S. 93–121.

— (1993), »Komplexität, Magmen, Geschichte«, in: Halfbrodt, Michael/Wolf, Harald (Hg.), *Das imaginäre Element und die menschliche Schöpfung. Ausgewählte Schriften*, Bd. 3, Lich 2010, S. 275–292.

— (1995), »Response to Richard Rorty«, in: Escobar, Enrique/Gondicas, Myrto/Vernay, Pascal (Hg.), *Cornelius Castoriadis. A Society Adrift. Interviews and Debates, 1974–1997*, New York 2010, S. 69–82.

— (1996), *La montée de l'insignifiance. Les carrefours du labyrinthe IV*. Paris.

— (1997a), »Imagination, Imaginäres, Reflexion«, in: Halfbrodt, Michael/Wolf, Harald (Hg.), *Das imaginäre Element und die menschliche Schöpfung. Ausgewählte Schriften*, Bd. 3, Lich 2010, S. 293– 351.

— (1997b), *The Cornelius Castoriadis Reader*, Oxford.

— (1999), »Institution première de la société et institutions secondes«, in: (Ders.), *Figures du pensables. Les carrefours du labyrinthe VI*, Paris, S. 115–126.

— (2002), *Sujet et vérité dans le monde social–historique*, Paris.

Castoriadis, Cornelius/Ricœur, Paul (2016), *Dialogue sur l'histoire et l'imaginaire social*, Paris.

Catusse, Myriam/Destremau, Blandine (2010), »L'État social à l'épreuve de ses trajectoires au Maghreb«, in: Catusse, Myriam/Destremau, Blandine/Verdier, Éric (Hg.), *L'État face aux débordements du social au Maghreb. Formations, travail et protection sociale*, Paris/Aix–en–Provence, S. 15–51.

Caumières, Philippe (2011), *Castoriadis: critique sociale et émancipation*, Paris.

— (2013), »Au-delà de la division sociale, le peuple instituant. Une lecture croisée de Lefort et Castoriadis«, in: *Tumultes*, Nr. 40, H. 1, S. 69–85.

Cavallo, Delphine (2002), »Développement et libéralisation économique en Tunisie: Éléments d'analyse des discours de légitimation«, in: Lamloum, Olfa/Ravenel, Bernard (Hg.), *La Tunisie de Ben Ali. La société contre le régime*, Paris, S. 51–74.

Céfaï, Daniel (2003), »Postface. L'enquête de terrain en sciences sociales«, in: (Ders.), *L'enquête de terrain*, Paris, S. 467–615.

— (2010), »Introduction – L'engagement éthnographique«, in: (Ders.), *L'engagement éthnographique*, Paris, S. 7–21.

Celikates, Robin (2010), »Die Demokratisierung der Demokratie. Etienne Balibar über die Dialektik von konstituierender und konstituierter Macht«, in: Bröckling, Ulrich/Feustel, Robert (Hg.), *Das Politische Denken: Zeitgenössische Positionen*, Bielefeld, S. 59–76.

Celikates, Robin/Loick, Daniel (2016), »Revolution«, in: Quante, Michael/Schweikard, David P. (Hg.), *Marx–Handbuch. Leben – Werk – Wirkung*, Wiesbaden, S. 253–265.

Cervera–Marzal, Manuel (2012), »Miguel Abensour, Cornelius Castoriadis. Un conseillisme français?«, in: *Revue du MAUSS*, Nr. 40, H. 2, S. 300–320.

Césaire, Aimé (1947), *Cahier d'un retour au pays natal*, Paris.

Chaabane, Maher (2014), »Deux projets pour la Tunisie: La femme, Meherzia Labidi, répond au ›moderniste‹ Béji Caïd Essebsi«, in: *Tunis Webdo*, 03.10.2014, unter: http://www.webdo.tn/2014/10/03/projets-tunisie-femme-meherzia-labidi-repond-au-moderniste-beji-caid-essebsi/ [letzter Zugriff am 20.02.2018].

Chakrabarty, Dipesh (2007), *Provincializing Europe. Postcolonial Thought and Historical Difference,* Princeton/Oxford.

Charmaz, Kathy (2006), *Constructing Grounded Theory,* London/New Delhi.

Charmaz, Kathy/Bryant, Antony (2007), »Introduction: Grounded Theory Research: Methods and Practices«, in: (Dies.), *The SAGE Handbook of Grounded Theory,* London/New Delhi, S. 1–28.

Charrad, Mounira M. (2011), »Tunisia at the forefront of the Arab World. Two waves of gender legislation«, in: Sadiqi, Fatima/Ennaji, Moha (Hg.), *Women in the Middle East and North Africa: Agents of Change,* New York, S. 105–113.

Charrad, Mounira/Zarrugh, Amina (2014), »Equal or complementary? Women in the new Tunisian Constitution after the Arab Spring«, in: *The Journal of North African Studies,* Jg. 19, H. 2, S. 230–243.

Cheikh, Yahya (2000), »Introduction générale«, in (Ders.), Rifâ'a Râfi' al–Tahtawi, *L'émancipation de la femme musulmane. Le guide honnête pour l'éducation des filles et des garçons,* Beyrouth, S. 13–31.

Chennaoui, Henda (2015), »Quatre ans après, retour sur une occupation révolutionnaire confisquee«, in: *Nawaat,* 30.01.2015, unter: https://nawaat.org/portail/2015/01/30/kasbah-1-et-2-quatre-ans-apres-retour-sur-une-occupation-revolutionnaire-confisquee/ [letzter Zugriff am 05.04. 2018].

— (2016), »Truth Commission Public Hearings: Kamel Matmati and Tunisia's disappeared«, in: *Nawaat,* 25.11.2016, unter: https://nawaat.org/portail/2016/11/25/truth-commission-public-hearings-kamel-matmati-and-tunisias-disappeared/ [letzter Zugriff am 15.01. 2018].

Cherki, Alice (2011), »Préface à l'édition de 2002 de ›Les Damnés de la terre‹«, in: Frantz Fanon (Hg.), *Œuvres,* Paris, S. 421–430.

Chiti, Elena (2012), »Regard européen et ›printemps arabe‹. Le risque d'un déni de révolutions (le cas italien)«, in: *La clé des langues,* unter: http://cle.ens-lyon.fr/arabe/regard-europeen-et-printemps-arabe-le-risque-d-un-deni-de-revolutions-le-cas-italien--158276.kjsp [letzter Zugriff am 15.02.2015].

Chouikha, Larbi (2004), »L'opposition à Ben Ali et les élections de 2004«, unter: https://halshs.archives-ouvertes.fr/halshs-00147405 [letzter Zugriff am 20.11.2015].

Chouikha, Larbi/Geisser, Vincent (2010a), »La fin d'un tabou: enjeux autour de la succession du président et dégradation du climat social«, unter: https://anneemaghreb.revues.org/922#tocto2n11 [letzter Zugriff am 01.09.2015].

Chouikha, Larbi/Geisser, Vincent (2010b), »Retour sur la révolte du bassin minier. Les cinq leçons politiques d'un conflit social inédit«, unter: https://anneemaghreb.revues.org/923 [letzter Zugriff am 01.09.2015].

Chouikha, Larbi/Gobe, Eric (2000), »Opposition et élections en Tunisie«, in: *Monde arabe Maghreb–Machrek*, Nr. 168, S. 29–40.

Chouikha, Larbi/Gobe, Éric (2009), »La Tunisie entre la ›révolte du bassin minier de Gafsa‹ et l'échéance électorale de 2009«, unter: https://anneemaghreb.revues.org/623 [letzter Zugriff am 01.09.2015].

Chouikha, Larbi/Gobe, Éric (2015), *Histoire de la Tunisie depuis l'indépendance*, Paris.

Clair, Isabelle (2016), »La sexualité dans la relation d'enquête. Décryptage d'un tabou méthodologique«, in: *Revue française de sociologie*, Jg. 57, H. 1, S. 45–70.

Clancy–Smith, Julia (2012), »From Sidi Bou Zid to Sidi Bou Said: A Longue Durée Approach to the Tunisian Revolution«, in: Haas, Mark L./Lesch, David, W. (Hg.), *The Arab Spring. Change and Resistance in the Middle East*, Boulder, S. 13–33.

Clifford, James (1986), »Introduction: Partial Truths«, in: Clifford, James/Marcus, George, *Writing Culture. The Poetics and Politics of Ethnography*, Berkeley, S. 1–26.

CNLT (2007), »Procès jugés en vertu de la loi antiterroriste en Tunisie. Justice préventive et instrumentalisation politique«, unter: http://www.cnlt-majless.tn/wp-content/uploads/2014/03/Rapport_loi_terrorisme-avril-2007-FR.pdf [letzter Zugriff am 20.06.2015].

Condoleo, Nicola (2015), *Vom Imaginären zur Autonomie. Grundlagen der politischen Philosophie von Cornelius Castoriadis*, Bielefeld.

Corbin, Alain (2016) (Hg.), *Histoire des Émotions. 2. Des Lumières à la fin du XIXe siècle*, Paris.

Cornell, Drucilla (1995), *The Imaginary Domain. Abortion, Pornography and Sexual Harassment*, London.

Cornish, Flora/Haaken, Jan/Moskovitz, Liora/Jackson, Sharon (2016), »Rethinking Prefigurative Politics: Introduction to the Special Thematic Section«, in: *Journal of Social and Political Psychology*, Jg. 4, H.1, S. 114–127.

Couvry, Camille (2016), »Le corps de la chercheuse dans une enquête sur les Miss: valeur heuristique et transformations«, in: Perera, Éric/Beldame, Yann (Hg.), *In Situ. Situations, interactions et récits d'enquête*, Paris, S. 175–188.

Creswell, John W. (2007), *Qualitative inquiry & research design. Choosing among five approaches*, London/New Dehli.

Crouch, Colin (2008), *Postdemokratie*, Frankfurt am Main.

— (2011), *Das befremdliche Überleben des Neoliberalismus*, Frankfurt am Main

Dabashi, Hamid (2012), *The Arab Spring. The End of Postcolonialism*, London/New York.

Dahmani, Frida (2016), »Tunisie: qui est Sayida Ounissi, secrétaire d'État a seulement 29 ans et figure de néo–islamisme?«, in: *Jeune Afrique*, 20.09.2016, unter: http://www.jeuneafrique.com/mag/356055/politique/tunisie-sayida-ounissi-secretaire-detat-a-29-ans-figure-neo-islamisme/ [letzter Zugriff am 22.03.2018].

Dakhli, Leyla (2011), »Une lecture de la révolution tunsienne«, in: *Le Mouvement social*, Nr. 236, H. 3, S. 89–103.

— (2012), »La Nahda. Notice pour le dictionnaire de l'Humanisme arabe«, unter: https://halshs.archives-ouvertes.fr/halshs-00747086/document [letzter Zugriff am 23.04.2015].

— (2014), »Le monde arabe en révolutions: Deux approches des chronologies et des régimes de contraintes«, in: *Le Mouvement social*, Nr. 246, H. 1, S. 3–6.

— (2015), *Historie du Proche–Orient contemporain*, Paris.

— (2016), »Du point de vue de femmes«, in (Dies.), *Le Moyen Orient. Fin XiXème–XXème siècle*, Paris.

Dakhli, Leyla/Maris, Bernard/Sue, Roger/Vigarello, Georges (2007), *Gouverner par la peur*, Paris.

Dakhlia, Jocelyne (2011a), »Ben Ali: les ressorts de la complaisance française«, in: *Le Monde*, 21.01.2011, unter: http://www.lemonde.fr/idees/article/2011/01/21/ben-ali-les-ressorts-de-la-complaisance-francaise_1468722_3232.html [letzter Zugriff am 13.04.2015].

— (2011b), *Tunisie. Le pays sans bruit*, Arles.

Davis, Mike (2011), »Spring confronts Winter«, in: *New Left Review*, Nr 75, H. November/Dezember, S 5–15.

Debuysere, Loes (2015), »Tunisian Women at the Crossroads: Antagonism and Agonism between Secular and Islamist Women's Right Movements in Tunisia«, in: *Mediterranean Politics*, Nr. 21, H. 2, S. 226–245.

Delcroix, Isabelle (2006), »Agir, c'est créer. Penser la démocratie en compagnie de Hannah Arendt et Cornélius Castoriadis«, in: Klimis, Sophie/Van Eynde, Laurent (Hg.), *L'Imaginaire selon Castoriadis. Thèmes et enjeux*, Bd. 1, Bruxelles, S. 223–256.

— (2008), »Arendt, Castoriadis: regards croisés sur le concept de pouvoir«, in: Caumières, Philippe/Klimis, Sophie/Van Eynde, Laurent (Hg.), *Praxis et institution*, Bd. 4, Bruxelles, S. 119–138.

Deleixhe, Martin (2014), *Etienne Balibar. L'Illimitation démocratique*, Paris.

Derrida, Jacques (2001), *Limited Inc.*, Wien.

Desmères, Marine (2000), »La société civile prise en otage?«, unter: http://www.abhatoo.net.ma/maalama-textuelle/developpement-economique-et-social/developpement-social/etat-politique/societe-civile/la-societe-civile-tunisienne-prise-en-otage [letzter Zugriff am 31.08.2015].

DGB–Bildungswerk (1996), »Freie Produktionszonen – grenzenlose Gewinne!«, unter: http://library.fes.de/pdf-files/netzquelle/c99-00133.pdf [letzter Zugriff am 07.01.2016].

Diamond, Larry (2011), »A Fourth Wave or False Start? Democracy After the Arab Spring«, in: *Foreign Affairs*, 22.05.2018, unter: http://www.foreignaffairs.com/articles/67862/larry-diamond/a-fourth-wave-or-false-start [letzter Zugriff am 23.02.2016].

Diehl, Paula (2015), *Das Symbolische, das Imaginäre und die Demokratie. Eine Theorie politischer Repräsentation*, Baden–Baden.

Dietrich, Helmut (2011), »Die tunesische Revolte als Fanal. Kommentar und Chronik (17 Dezember – 14. Januar 2011)«, in: *Sozialgeschichte Online*, unter: https://duepublico.uni-duisburg-essen.de/servlets/DerivateServlet/Derivate-26916/09_Dietrich_Maghreb.pdf [letzter Zugriff am 30.03.2015].

Dubai School of Government (2011), »Arab Social Media Report vol.1, nr.1«, unter: http://unpan1.un.org/intradoc/groups/public/documents/dsg/unpan044212.pdf [letzter Zugriff am 15.01.2018].

Dufourmont, Sabrina (2012), »En Tunisie la femme n'est plus l'égale de l'homme«, in: *Le Point*, 09.08.2012, unter: http://www.lepoint.fr/monde/en-tunisie-la-femme-n-est-plus-l-egale-de-l-homme-09-08-2012-1494534_24.php [letzter Zugriff am 15.03.2018].

Dutour, Nasséra (2008), »Algérie: De la concorde civile à la Charte pour la Paix et la réconciliation nationale: Amnistie, Amnésie, Impunité«, in: *Mouvements*, Nr. 53, H. 1, S. 144–149.

Eagleton, Terry (1993), *Ideologie. Eine Einführung*, Stuttgart/Weimar.

Eckstein, Harry (1964), *Internal War. Problems and Approaches*, New York.

Ehrmann, Jeanette (2018), »Haitian Revolution«, in: *Krisis Journal for contemporary philosophy*, H. 2, S. 70–73.

El Ayadi, Mohamed (1997), »Mohamed Arkoun ou l'ambition d'une modernité intellectuelle«, in: Filali–Ansary, Abdou/Tozy, Mohamed (Hg.), *Penseurs maghrébins contemporains*, Tunis, S. 43–71.

El Mahdi, Rabab (2011), »Orientalising the Egyptian Uprising«, in: *Jadaliyya*, 11.04.2011, unter: http://www.jadaliyya.com/pages/index/1214/orientalising-the-egyptian-uprising [letzter Zugriff am 20.07.2014].

El Malki, Fatima–Zohra (2017), »Tunisia's partisan path to transitional justice. The Problem with truth«, in: *Qantara.de*, unter: https://en.qantara.de/content/tunisias-partisan-path-to-transitional-justice-the-problem-with-truth, [letzter Zugriff am 30.01.2018].

El Ouazghari, Karima (2014), *Islamisten im Wandel: Die Islamic Action Front in Jordanien und die An–Nahdha in Tunesien in sich verändernden Kontexten*, Baden–Baden.

Emirbayer, Mustafa/Mische, Ann (1998), »What is agency?«, in: *American Journal of Sociology*, Jg. 103, H. 4, S. 962–1023.

Enriquez, Eugène (1989), »Cornelius Castoriadis: un homme dans une œuvre«, in: Busino, Giovanni (Hg.), *Autonomie et autotransformation de la société. La philosophie militante de Cornelius Castoriadis*, Genève, S. 27–48.

Entelis, John P. (2004), »L'héritage contradictoire de Bourguiba: modernisation et intolérance politique«, in: Camau, Michel/Geisser, Vincent (Hg.), *Habib Bourguiba, la trace et l'héritage*, Paris, S. 223–247.

Essid, Yassine (2013), »Un quart de siècle plus tard: Attentats ratés à Sousse et Monastir: comme si de rien n'était«, in: *Kapitalis*, 05.09.2011, http://www.kapitalis.com/politique/national/5704-ennahdha-demandera-t-ilpardon-aux-tunisiens-pour-les-attentats-de-1987.html [letzter Zugriff am 10.07.2015].

Estival, Jean–Pierre (2012), *L'Europe face au Printemps arabe. De l'espoir à l'inquiétude,* Paris.

EU (2011), »Tunisie. Rapport statistique final. Mission d'observation électorale de l'Union Européenne«, unter: http://eeas.europa.eu/delegations/tunisia/documents/more_info/annexe4_ra pportmoe_2011_fr.pdf [letzter Zugriff am 01.04.2016].

Euben, Roxanne L. (2012), »Der Blick auf die Jahrhundertwende: Islam als Religion der Vernunft«, in: Zapf, Holger/Klevesath, Lino (Hg.), *Staatsverständnisse in der islamischen Welt,* Baden–Baden, S. 59–86.

EUR–LEX (1998), »Europa–Mittelmeer–Assoziationsabkommen«, unter: http://eur-lex.europa.eu/legal-content/DE/TXT/?uri=uriserv%3Ar14104, [letzter Zugriff am 07.01.2016].

Ezrahi, Yaron (2012), *Imagined democracies: necessary political fictions,* Cambridge.

Fahrmeir, Andreas (2013), »Einleitung«, in: (Ders.), *Rechtfertigungsnarrative· Zur Begründung normativer Ordnung durch Erzählungen,* Frankfurt am Main/New York, S. 7–10.

Fanon, Frantz (1959), »L'an V de la révolution algérienne«, in: (Ders.), *Œuvres,* Paris 2011, S. 259–418.

— (1960), »Pourquoi nous employons la violence«, in: (Ders.), *Œuvres,* Paris 2011, S. 413–418.

— (1961), »Les Damnés de la terre in: (Ders.), *Œuvres,* Paris 2011, S. 419–681.

— (1964), »Pour la révolution africaine«, in: (Ders.), *Œuvres,* Paris 2011, S. 638–877.

— (2004), *The Wretched of the Earth,* New York.

Farag, Iman (2004), »Bourguiba vu d'Égypte«, in: Camau, Michel/Geisser, Vincent (Hg.), *Habib Bourguiba, la trace et l'héritage,* Paris, S. 505–520.

Fassin, Eric (2016), »Après Cologne: le piège culturaliste«, in: *Identités Politiques,* unter: https://blogs.mediapart.fr/eric-fassin/blog/010416/apres-cologne-le-piege-culturaliste [letzter Zugriff am 27.02.2017].

FIDH (2007), »Note sur l'état des libertés en Tunisie«, unter: https://www.fidh.org/IMG/pdf/note_tn2007nov_fr.pdf [letzter Zugriff am 17.08.2015].

— (2011), »Instrumentalisation de la justice en Tunisie: ingérence, violations, impunité«, unter: https://www.fidh.org/IMG/pdf/tunisie553fv2.pdf [letzter Zugriff am 17.08.2015].

— (2014), »Les violences sexuelles en Tunisie: après le déni, un début de reconnaissance«, unter: https://www.fidh.org/fr/regions/maghreb-moyen-orient/tunisie/15424-les-violences-sexuelles-en-tunisie-apres-le-deni-un-debut de [letzter Zugriff am 27.02.2017].

Filali–Ansary, Abdou (2005), *Réformer l'islam? Une introduction aux débats contemporains,* Paris.

Filiu, Jean–Pierre (2011), *La révolution arabe. Dix leçons sur le soulèvement démocratique,* Paris.

Filter, Dagmar/Reich, Jana/Fuchs, Eva (2013) (Hg.), *Arabischer Frühling? Alte und neue Geschlechterpolitiken in einer Region im Umbruch,* Hamburg.

Flesher Fominaya, Cristina (2014), *Social movements and globalization. How protests, occupations and Uprisings are changing the world,* New York.

Flick, Uwe (2014), »Gütekriterien qualitativer Sozialforschung«, in: Bauer, Nina/Blasius, Jörg (Hg.), *Handbuch Methoden der empirischen Sozialforschung,* Wiesbaden, S. 411–423.

Flügel–Martinsen, Oliver (2017), »Die Kontingenz der demokratischen Gesellschaft. Zum demokratietheoretischen Gehalt von Ernesto Laclaus Hegemonietheorie«, in: Marchart, Oliver (Hg.), *Ordnungen des Politischen. Einsätze und Wirklungen der Hegemonietheorie Ernesto Laclaus,* Wiesbaden, S. 13–31.

Foran, John (2005), *Taking power. On the origins of Third World Revolutions,* Cambridge.

Forst, Rainer (2013), »Zum Begriff eines Rechtfertigungsnarrativs«, in: Fahrmeir, Andreas (Hg.), *Rechtfertigungsnarrative: Zur Begründung normativer Ordnung durch Erzählungen,* Frankfurt am Main/New York, S. 11–28.

Förster, Jürgen (2009), *Die Sorge um die Welt und die Freiheit des Handelns: zur institutionellen Verfassung der Freiheit im politischen Denken Hannah Arendts,* Würzburg.

Foucault, Michel (1987), *Der Wille zum Wissen. Sexualität und Wahrheit.* Bd. 1, Frankfurt am Main.

— (2002) [1972], »Theorien des Strafvollzugs«, in: (Ders.), *Schriften in vier Bänden. Dits et Écrits. Bd. II. 1970–1975,* Frankfurt am Main, S. 486–490.

— (2003a) [1979], »Der Geist geistloser Zustände«, in: (Ders.), *Schriften in vier Bänden. Dits et Écrits. Bd. III 1976–1979,* Frankfurt am Main, S. 929–943.

— (2003b) [1978], »Die ›Ideenreportagen‹«, in: (Ders.), *Schriften in vier Bänden. Dits et Écrits. Bd. III. 1976–1979,* Frankfurt am Main, S. 885–886.

Frégosi, Franck (2004), »Bourguiba et la régulation institutionnelle de l'islam: les contours audacieux d'un gallicanisme politique à la tunisienne«, in: Camau, Michel/Geisser, Vincent (Hg.), *Habib Bourguiba, la trace et l'héritage,* Paris, S. 79–99.

Fressard, Olivier (2006), »Castoriadis, le symbolique et l'imaginaire«, in: Klimis, Sophie/Van Eynde, Laurent (Hg.), *L'Imaginaire selon Castoriadis. Thèmes et enjeux,* Bruxelles, S. 119–150.

Frische, Johannes (2014), »Jugendliche in Tunesien – Zwischen prekärem Alltag und kollektiver Mobilisierung«, in: Gertel, Jörg/Ouissa, Rachid (Hg.), *Jugendbewegungen. Städtischer Widerstand und Umbrüche in der arabischen Welt,* Bielefeld, S. 98–111.

Fukuyama, Francis (1992), *Das Ende der Geschichte: Wo stehen wir?* München.

Fureix, Emmanuel (2016), »Les émotions protestataires«, in: Alain Corbin (Hg.), *Histoire des Émotions. 2. Des Lumières à la fin du XIXe siècle,* Paris, S. 299–321.

Gafsia, Nawel (2004), »Bourguiba et le Code du statut personnel: réflexions sur le recours à l'ijtihad«, in: Camau, Michel/Geisser, Vincent (Hg.), *Habib Bourguiba, la trace et l'héritage,* Paris, S. 69–78.

Ganiage, Jean (1994), *Histoire contemporaine du Maghreb*, Paris.

Gauchet, Marcel (1990), »Die totalitäre Erfahrung und das Denken des Politischen«, in: Rödel, Ulrich (Hg.), *Autonome Gesellschaft und libertäre Demokratie*, Frankfurt am Main, S. 207–238.

Gause III, F. Gregory (2011), »Why Middle East Studies Missed the Arab Spring. The Myth of Authoritarian Stability«, in: *Foreign Affairs*, Nr. 90, S. 81–90.

Gdalia, Janine (2013), *Femmes en Révolution en Tunisie. Entretiens*, Montpellier.

Geisser, Vincent (2000), »Tunisie: des élections pour quoi faire? Enjeux et »sens« du fait électoral de Bourguiba à Ben Ali«, in: *Monde arabe Maghreb Machreck*, Nr. 168, S. 14–28.

Geisser, Vincent/Gobe, Eric (2007), »La question de ›l'authencité tunisienne‹: une valeur refuge à bout de souffle?«, unter: https://journals.openedition.org/anneemaghreb/387#bodyftn20 [letzter Zugriff am 15.03.2016].

Geisser, Vincent/Gobe, Eric (2008), »Un si long règne, Le régime de Ben Ali vingt ans après«, unter: https://journals.openedition.org/anneemaghreb/464#bodyftn22 [letzter Zugriff am 15.03.2016].

Geisser, Vincent/Gobe, Éric (2005), »Le président Ben Ali entre les jeux de coteries et l'échéance présidentielle de 2004«, in: *Annuaire de l'Afrique du Nord*, S. 291–320.

Geisser, Vincent (2012), »Les protestations populaires à l'assaut des régimes autoritaires: une ›révolution‹ pour les sciences sociales?«, in: *L'Année du Maghreb*, H. 8, S. 7–26.

Gerlach, Julia (2016), *Der verpasste Frühling. Woran die Arabellion gescheitert ist*, Berlin.

Gertel, Jörg/Ouissa, Rachid/Gansetorth, S. (2014), »Jugend in der Arabischen Welt«, in: Gertel, Jörg/Ouissa, Rachid (Hg.), *Jugendbewegungen. Städtischer Widerstand und Umbrüche in der arabischen Welt*, Bielefeld, S. 12–29.

Geuss, Raymond (1981), *The idea of a critical theory. Habermas and the Frankfurt School*, Cambridge/London.

Gèze, François/Mellah, Salima (2008), »Algérie: L'impossible justice pour les victimes des ›années de sang‹«, in: *Mouvements*, Nr. 53, H. 1, S. 150–157.

Gherib, Baccar (2012), »Économie politique de la révolution tunisienne. Les groupes sociaux face au capitalisme de copinage«, in: *Revue Tiers Monde*, Nr. 212, H. 4, S. 19–36.

Gimmler, Antje (2008), »Nicht–epistemologische Erfahrung, Artefakte und Praktiken. Vorüberlegungen zu einer pragmatischen Sozialtheorie«, in: Hetzel, Andreas/Kertscher, Jens/Rölli, Marc (Hg.), *Pragmatismus – Philosophie der Zukunft?* Göttingen, S. 141–157.

Giraud, Christophe (2016a), »Les techniques d'enquête en sociologie«, in: Singly, François de/ Giraud, Christophe/ Martin, Olivier (Hg.), *Apprendre la sociologie par exemple*, Paris, S. 44–58.

— (2016b), »Les mots pour faire dire et écrire«, in: Singly, François de/ Giraud, Christophe/ Martin, Olivier (Hg.), *Apprendre la sociologie par exemple*, Paris, S. 59–75.

Glantz, Alexander/Michael, Tobias (2014), »Interviewereffekte«, in: Bauer, Nina/Blasius, Jörg (Hg.), *Handbuch Methoden der empirischen Sozialforschung*, Wiesbaden, S. 312–322.

Glaser, Barney/Strauss, Anselm (1967), *The discovery of grounded theory*, Chicago.

Gobe, Éric (2008), »Les syndicalismes arabes au prisme de l'autoritarisme et du corporatisme«, in: Dabène, Olivier/Geisser, Vincent/Massardier, Gilles (Hg.), *Autoritarismes démocratiques et démocraties autoritaires au XXIe siècle*, Paris, S. 267–284.

— (2013), *Les avocats en Tunisie de la colonisation à la révolution (1883–2011). Sociohistoire des d'une profession politique*, Paris.

Göbel, Alexander (2011), »Political Islam in Tunisia. Who's afraid of Rachid Ghanouchi?«, *Qantara*, in: https://en.qantara.de/content/political-islam-in-tunisia-whos-afraid-of-rachid-ghanouchi [letzter Zugriff am 26.06.2018].

Goffman, Erving (1972), *Interaction ritual. Essays on Face–to–Face Behaviour*. London.

Goodwin, Jeff (2001), *No Other Way Out: States and Revolutionary Movements 1945–1991*, Cambridge.

Goldstone, Jack A. (1982), »The comparative and historical study«, in: *Annual Review of Sociology*, H. 8, S. 187–207.

— (2014), *Revolutions. A very short introduction*, Oxford.

— (2015), »Understanding Revolutions: The Arab Uprisings«, in: Goodwin, Jeff/Jasper, James (Hg.), *The Social Movements Reader. Cases and Concepts*, Oxford, S. 398–404.

Gonzalez–Quijano, Yves (2011), »La jeunesse arabe et les nouveaux réseaux de la mondialisation: de la sous–culture globalisée à la contre–culture révolutionnaire«, in: *Afkar/Idées*, Nr. 30, S. 97–99, unter: http://www.afkar-ideas.com/fr/2011/07/de-la-subcultura-globalizada-a-la-contracultura-revolucionaria/ [letzter Zugriff am 29.08.2014].

— (2012), *Arabités numériques. Le printemps du Web arabe*, Arles.

Goodwin, Jeff/Jasper, James (2015), »Editors' Introduction«, in: (Dies.), *The Social Movements Reader. Cases and Concepts*, Oxford, S. 3–9.

Goujon, Alexandra (2015), *Les démocraties. Institutions, fonctionnement et défis*, Paris.

Gourevitch, Philip (2011), »The Arab Winter«, in: *The New Yorker*, 28.12.2011, unter: http://www.newyorker.com/news/daily-comment/the-arab-winter [letzter Zugriff am 29.02.2016]

Graitl, Lorenz (2012), *Sterben als Spektakel. Zur kommunikativen Dimension des politisch motivierten Suizids*, Wiesbaden.

Gramsci, Antonio (1991), »Gefängnishefte«, in: Bochmann, Klaus/Haug, Wolfgang Fritz/Jehle, Peter (Hg.), *Gefängnishefte. Kritische Gesamtausgabe in 10 Bänden*, Hamburg.

Grégoire, Antoine (2012), »Le néocolonialisme culturel: Comment l'orientalisme est devenu un système politique que les révolutions viennent de détruire«, in: Salingue, Julien (Hg.), *Retour sur les révolutions arabes,* Paris, S. 65–77.

Gret, Marion/Sintomer, Yves (2005), *Porto Alegre: l'espoir d'une autre démocratie,* Paris.

Grosser, Florian (2013), *Theorien der Revolution zur Einführung,* Hamburg.

Guidère, Mathieu (2012), *Le choc des révolutions arabes. De l'Algérie au Yémen, 22 pays sous tension,* Paris.

Haas, Mark L./Lesch, David, W. (2012) (Hg.), *The Arab Spring. Change and Resistance in the Middle East,* Boulde.

Hajji, Iman (2009), *Ein Mann spricht für die Frauen. at–Tahir al–Haddad und seine Schrift »Die tunesische Frau in Gesetz und Gesellschaft«. Islamkundliche Untersuchungen,* Berlin.

Hanlon, Querine (2012), »Security Sector Reform in Tunisia. A year after the Jasmine Revolution«, in: *United States Institute of Peace, Special Report,* Nr. 304 http://www.usip.org/sites/default/files/SR304.pdf [letzter Zugriff am 20.01.2016].

Harders, Cilja (2011a), »Das arabische ›1989‹«, in: *Blätter für deutsche und internationale Politik,* H. 3, S. 46–49.

— (2011b), »Neue Proteste, alte Krisen: Ende des autoritären Sozialvertrags«, in: *Aus Politik und Zeitgeschichte. Beilage zur Wochenzeitung Das Parlament,* H. 39, S. 9–15.

Harding, Sandra (1987), »Introduction: Is there a feminist method?« in: (Ders.), *Feminism and methodology,* Indiana, S. 1–14.

Haraway, Donna (1985), »Manifesto for Cyborgs: Science, Technology, and Socialist Feminism in the 1980s«, in: *Socialist Review,* Nr. 80, S. 65–108.

Hegel, Georg Wilhelm Friedrich (1992) [1837], Vorlesungen über die Philosophie der Geschichte, in: Moldenhauer, Eva/Michel, Karl Markus (Hg.), *G.W.F. Hegel. Werke in 20 Bänden,* Bd. 12, Frankfurt am Main.

Heinrich, Michael (2005), *Kritik der politischen Ökonomie. Eine Einführung,* Stuttgart.

Helfferich, Cornelia (2014), »Leitfaden– und Experteninterviews«, in: Bauer, Nina/Blasius, Jörg (Hg.), *Handbuch Methoden der empirischen Sozialforschung,* Wiesbaden, S. 559–574.

Hetzel, Andreas (2007), »Radikale Imagination: Zur Kulturtheorie von Cornelius Castoriadis«, in: *Journal Phänomenologie,* H. 27, S. 22–32.

— (2017), »Eine Politik der Dislokation. Laclaus verallgemeinerte Rhetorik«, in: Marchart, Oliver (Hg.), *Ordnungen des Politischen. Einsätze und Wirkungen der Hegemonietheorie Ernesto Laclaus,* Wiesbaden, S. 33–56.

Hibou, Béatrice (2002), »Il n'y a pas de miracle tunisien«, Entretien avec Béatrice Hibou«, in: Lamloum, Olfa/Ravenel, Bernard (Hg.), *La Tunisie de Ben Ali. La société contre le régime,* Paris, S. 37–49.

— (2003), »Les faces cachées du partenariat euro–méditerranéen«, in: *Critique internationale,* Nr. 18, H. 1, S. 114–116.

— (2006a), *La force de l'obéissance. Économie politique de la répression en Tunisie,* Paris.

— (2006b), »Le libéralisme réformiste ou comment perpétuer l'étatisme tunisien?«, in: *L'économie politique,* Nr. 32, H. 4, S. 9–28.

— (2011a), »Macroéconomie et domination politique en Tunisie: Du ›miracle économique‹ benaliste aux enjeux socio–économiques du moment révolutionnaire«, in: *Politique africaine,* Nr. 124, H. 6, S. 127–154.

— (2011b), »Tunisie. Économie politique et morale d'un mouvement social«, in: *Politique africaine,* Nr. 121, H. 3, S. 5–22.

— (2011c), *Anatomie politique de la domination,* Paris.

Hildebrandt, Thomas (o. Jahr), »Die wissenschaftliche Umschrift der arabischen Sprache Ein Leitfaden für die orientalistischen Fächer der Universität Bamberg«, in: https://www.uni-bamberg.de/fileadmin/uni/fakultaeten/split_faecher/orientalistik/Dateien/Translit.pdf [letzter Zugriff am 02.02.2018].

Hippler, Jochen (2011), »Das Ende der Erstarrung«, in: *Blätter für deutsche und internationale Politik,* Nr. 4, unter: https://www.blaetter.de/archiv/jahrgaenge/2011/april/das-ende-der-erstarrung [letzter Zugriff am 11.09.2015].

Hirschman, Albert O. (2002), *Shifting Involvements: Private Interest and Public Action,* Princeton.

Hmed, Choukri (2012), »Réseaux dormants, contingence et structures. Genèses de la révolution tunisienne«, in: *Revue française de science politique,* Jg. 62, H. 5, S. 797–820.

Hoffmann, Stefan–Ludwig (2011), »Zur Anthropologie geschichtlicher Erfahrungen bei Reinhard Koselleck und Hannah Arendt«, in: Joas, Hans/Vogt, Peter (Hg.), *Begriffene Geschichte. Beiträge zum Werk Reinhart Kosellecks,* Berlin, S. 171–204.

Hofius, Maren/Wilkens, Jan/Hansen–Magnusson, Hannes/Gholiagha, Sassan (2014), »Den Schleier lichten? Kritische Normenforschung, Freiheit und Gleichberechtigung im Kontext des »Arabischen Frühlings«. Eine Replik auf Engelkamp/Glaab/Renner und Deitelhoff/Zimmermann«, in: *Zeitschrift für Internationale Beziehungen,* H. 2, S. 85–105.

Holike, Christine/Scheiterbauer, Tanja (2012), »Feministische Perspektiven auf Islam, Staat und Geschlecht«, in: Zapf, Holger/Klevesath, Lino (Hg.), *Staatsverständnisse in der islamischen Welt,* Baden–Baden, S. 253–273.

Honwana, Alcinda (2011), »Youth and the Tunisian Revolution«, in: *Conflict Prevention and Peace Forum,* unter: http://webarchive.ssrc.org/pdfs/Alcinda_Honwana,_Youth_and_the_Tunisian_Revolution,_September_2011-CPPF_policy%20paper.pdf [letzter Zugriff am 03.04.2014].

Howard, Philip N./Hussein, Muzammil M. (2013), *Democracy's Fourth Wave? Digital Media and the Arab Spring,* Oxford.

Human Rights Watch (2015), »Tunisia. A Step Forward for Women's Rights«, unter: https://www.hrw.org/news/2015/11/12/tunisia-step-forward-womens-rights [letzter Zugriff am 18.02.2016].

— (2011), »Tunisia's repressive laws. The Reform Agenda«, unter: https://www.hrw.org/sites/default/files/reports/tunisia1111webwcover.pdf [letzter Zugriff am 20.11.2015].

Ingram, James D. (2015), »The revolutionary origins of human rights: history, politics, practice«, in: *Zeitschrift für Menschenrechte/Journal for Human Rights*, Jg. 9, H. 1, S. 9–25.

Iorio, Marco (2012), *Einführung in die Theorien von Marx*, Berlin/Boston.

Iser, Matthias (2008), *Empörung und Fortschritt. Grundlagen einer kritischen Theorie der Gesellschaft*, Frankfurt am Main/New York.

Jayawardena, Kumari (1986), *Feminism and Nationalism in the Third World*, London.

Jeune Afrique (2008), »La jeunesse africaine en chiffres«, in: *Jeune Afrique*, 11.12.1008, unter: http://www.jeuneafrique.com/207418/societe/la-jeunesse-tunisienne-en-chiffres/ [letzter Zugriff am 10.03.2016].

Joas, Hans (1989), »Institutionalisierung als kreativer Prozeß. Zur Philosophie Cornelius Castoriadis«, in: *Politische Vierteljahresschrift*, Jg. 30, H. 4, S. 585–602.

Jomier, Augustin (2011), »Laïcité et féminisme d'État: le trompe-l'oeil tunisien«, in: *La vie des idées*, unter: http://www.laviedesidees.fr/Laicite-et-feminisme-d-Etat-le.html [letzter Zugriff am 06.06.2015].

Jünemann, Annette/Simon, Julia (2015), *Der Arabische Frühling. Eine Analyse der Determinanten europäischer Mittelmeerpolitik*, Wiesbaden.

Kakogianni, Maria/Rancière, Jacques (2014), »Dialogue précaire«, in: Badiou, Alain/Balibar, Étienne/Caygill, Howard/Cuillerai, Marie/Douzinas, Costas/Kakogianni, Maria/Fernández–Savater, Amador/Louis, Camille/Negri, Antonio/Papageorgiou, Elsa/Rancière, Jacques/Stavrakakis, Yannis/Théret, Bruno (Hg.), *Le symptôma grec*, Paris, S. 173–207.

Kammoun, Raoudha (2014), »NGOs and Women's Rights in Tunisia. The Case of the ATFD«, in: Golan, Galia/Salem, Walid (Hg.), *Non–State Actors in the Middle East: Factors of Peace and Democracy*, New York, S. 54–71.

Kaplan, Robert D. (2011), »One small revolution«, in: *New York Times*, 23.01.2011, unter: http://www.nytimes.com/2011/01/23/opinion/23kaplan.html?_r=0 [letzter Zugriff am 04.03.2016].

Karsenty, Romain (2015), »De Marx à Castoriadis et au–delà. Dépasser l'antinomie théorie/pratique«, in: Cervera–Marzal, Manuel/Fabri, Éric (Hg.), *Autonomie ou barbarie. La démocratie radicale de Cornelius Castoriadis et ses défis contemporains*, Neuvy–en–Champagne, S. 53–72.

Kelbel, Peter (2005), *Praxis und Versachlichung. Konzeptionen kritischer Sozialphilosophie bei Habermas, Castoriadis und Sartre*, Hamburg.

Kefi, Ramsès (2018), »La Tunisie est une fabrique de traumatisées«, in: *Libération*, 23.01.2018, unter: https://www.liberation.fr/debats/2018/01/23/la-tunisie-est-une-fabrique-de–traumatises_1624652 [letzter Zugriff am 25.03.2018].

Kelle, Udo (2014), »Mixed Methods«, in: Bauer, Nina/Blasius, Jörg (Hg.), *Handbuch Methoden der empirischen Sozialforschung*, Wiesbaden, S. 154–166.

Kerdoudi, Jawad (2015), *Printemps ou Hiver Arabe? (2011–2014)*, Paris.

Kerner, Ina (2012), *Postkoloniale Theorien zur Einführung*, Hamburg.

Khader, Bichara (2013), »Le Printemps arabe à l'épreuve de la transition: la Tunisie confrontée à d'autres expériences historiques«, unter: http://acimedit.net/wp-content/uploads/2013/04/Le-Printemps-arabe-%C3%A0-l%E2%80%99%C3%A9preuve-de-la-transition1.pdf [letzter Zugriff am 23.02.2016].

Khalfaoui, Mohamed Sahbi (2012), »Le parti démocrate progressiste«, in: L'observatoire Tunisien de la Transition Démocratique (Hg.), *La transition démocratique en Tunisie. État des Lieux, Acteurs*, Tunis, S. 71–109.

Khalid, Maryam (2015), »The Peripheries of Gender and Sexuality in the ›Arab Spring‹«, in: *Mediterranean Politics*, Nr. 20, H. 2, S. 161–177.

Khémira, Chokri (2012), »La recomposition du Mouvement Destourien«, in: L'observatoire Tunisien de la Transition Démocratique (Hg.), *La transition démocratique en Tunisie. État des Lieux, Acteurs*, Tunis, S. 35–69.

Khiari, Sadri (2003), *Tunisie, le délitement de la cité: coercition, consentement, résistance*, Paris.

Khiari, Sadri/Lamloum, Olfa (1999), »Tunisie: des élections en trompe–l'œil«, in: *Politique africaine*, Nr. 76, S. 106–115.

Khosrokhavar, Farhad (2012), *The New Arab Revolutions That Shook the World*, Boulder.

Khouri, Rami G. (2011), »Drop the orientalist term ›Arab Spring‹«, in: *The Daily Star*, 17.08.2011, unter: http://www.dailystar.com.lb/Opinion/Columnist/2011/Aug-17/146410-drop-the-orientalist-term-arab-spring.ashx#axzz2xdIkEvqe [letzter Zugriff am 20.05.2014].

— (2014), »Eine Verfassung für alle: Danke, Tunesien!«, in: *Blätter für deutsche und internationale Politik*, unter: https://www.blaetter.de/archiv/jahrgaenge/2014/april/eine-verfassung-fuer-alle-danke-tunesien [letzter Zugriff am 22.06.2015].

Khoury, Adel Theodor (1991a), »Heiliger Krieg«, in: Khoury, Adel Theodor/Hagemann, Ludwig/Heine, Peter (Hg.), *Islam–Lexikon. Geschichte, Ideen, Gestalten. G–N*, Freiburg, S. 349–359.

— (1991b), »Freiheit/Willensfreiheit«, in: Khoury, Adel Theodor/Hagemann, Ludwig/Heine, Peter (Hg.), *Islam–Lexikon. Geschichte, Ideen, Gestalten. G–N*, Freiburg, S. 253–256.

Kilani, Mondher (2014), *Tunisie. Carnets d'une revolution*, Paris.

Klein, Ansgar (2000), »Der Diskurs der Zivilgesellschaft«, unter: https://nbn-resolving.org/urn:nbn:de:0168-ssoar-379682 [letzter Zugriff am 20.07.2018].

Kleinert, Hubert (2012), »Krise der repräsentativen Demokratie?«, in: *Aus Politik und Zeitgeschichte,* unter: http://www.bpb.de/apuz/144105/krise-der-repraesentativen-demokratie?p=all [letzter Zugriff am 29.05.2018].

Klevesath, Lino (2014), »Religious Freedom in Current Political Islam: The Writings of Rachid al–Ghannouchi and Abu al'–Ala Madi«, in: Cavuldak, Ahmet/Hidalgo, Oliver/ Hildmann, Philipp/Zapf, Holger (Hg.), *Demokratie und Islam. Theoretische und empirische Studien,* Wiesbaden, S. 45–64.

Koselleck, Reinhart (1977), »Standortbindung und Zeitlichkeit. Ein Beitrag zur historiographischen Erschließung der geschichtlichen Welt«, in: Koselleck, Reinhart/Mommsen, Wolfgang J./Rüsen, Jörn (Hg.), *Objektivität und Parteilichkeit. Beiträge zur Historik,* Bd. 1, München, S. 17–46.

— (1990), »L'expérience de l'histoire«, in (Ders.): *Le Futur passée. Contribution à la sémantique des temps historiques,* Paris.

— (2013a), »Erfahrungsraum und Erwartungshorizont zwei historische Kategorien«, in: (Ders.), *Vergangene Zukunft: Zur Semantik geschichtlicher Zeiten,* Frankfurt am Main, S. 349 375.

— (2013b), »Über die Verfügbarkeit von Geschichte«, in: (Ders.), *Vergangene Zukunft. Zur Semantik geschichtlicher Zeiten,* Frankfurt am Main, S. 260 277.

Kousri Labidi, Najma (2014), »Tunisie: La députée Monia Ibrahim s'oppose à un projet de loi en faveur des droits des femmes«, in: *Huffpostmaghreb,* 10.12.2014, https://www.huffpostmaghreb.com/2014/12/10/monia-ibrahim-neila-chaaban-_n_6302752.html [letzter Zugriff am 15.03.2018].

Krasmann, Susanne/Volkmer, Michael (2007), *Michel Foucaults »Geschichte der Gouvernementalität« in den Sozialwissenschaften. Internationale Beiträge,* Bielefeld.

Kraushaar, Wolfgang (2012), *Der Aufruhr der Ausgebildeten. Vom Arabischen Frühling zur Occupy-Bewegung,* Hamburg.

Kreide, Regina (2008a), *Globale Politik und Menschenrechte. Macht und Ohnmacht eines politischen Instruments,* Frankfurt am Main/New York.

— (2008b), »Neglected Injustice: Poverty as Violation of Social Autonomy«, in: *Zeitschrift für Menschenrechte/Journal for human rights,* H. 2, S. 40–59.

— (2013), »Menschenrechte als Platzhalter. Eine politische Menschenrechtskonzeption zwischen Moral und Recht«, in: *Zeitschrift für Menschenrechte/Journal for human rights,* H. 2, S. 80–100.

— (2017), »Der Verlust der Zukunft. Wie globale Ungleichheit bekämpft werden kann«, in: *Neue Gesellschaft Frankfurter Hefte,* H. 7/8, S. 27–30.

Kübler, Johanne (2014), »Gewerkschaften in Tunesien: Wegbereiter des Wandels«, in: *Weltsichten,* 23.01.2014, unter: http://www.welt-sichten.org/artikel/20432/gewerkschaften-tunesien-wegbereiter-des-wandels?page=all [letzter Zugriff am 31.08.2015].

L'audace (1996), »Rached Ghannouchi s'explique«, in: *L'audace,* II. Dezember/Januar, Paris.

— (1997), »Tunisie: La Libération inachevée«, in: *L'audace,* H. August, Paris.

— (1999), »Ben Ali, le règne du totalitarisme soft«, in: *L'audace*, H, Juli/August, Nr. 65/66, unter: http,//audace.free.fr/index_num_archive.htm [letzter Zugriff am 30.12.2015].

L'obs (2011), »Tollé en Tunisie après les décarations de l'homme fort d'Ennahdha sur le ›califat‹«, in: *Le nouvel Obs*, 17.11.2011, unter: https://www.nouvelobs.com/monde/20111117.FAP8057/tolle-en-tunisie-apres-les-declaration-de-l-homme-fort-d-ennahdha-sur-le-califat.html [letzter Zugriff am 21.06.2018].

Laacher, Smain (2013), *Insurrections arabes. Utopie révolutionnaire et impensé démocratique*, Paris.

Labelle, Gilles (2001), »Two refoundation projects of democracy in contemporary French philosophy: Cornelius Castoriadis and Jacques Rancière«, in: *Philosophy & Social Criticism*, Jg. 27, H. 4, S. 75–103.

Labidi, Lilia (2006), »Discours féministe et fait islamiste en Tunisie«, in: *Confluences Méditerranée*, Nr. 59, H. 4, S. 133–145, unter: https://www.cairn.info/revue-confluences-mediterranee-2006-4-page-133.htm# [letzter Zugriff am 15.03.2016].

— (2015), »Le Printemps arabe en Tunisie: constitutionnalisation des droits des femmes«, in: Baubérot, Jean/Milot, Micheline/Portier, Philippe (Hg.), *Laïcité, laïcités*, Paris, S. 1–35, unter: http://books.openedition.org/editionsmsh/5670?lang=es [letzter Zugriff am 27.01.2018].

Laclau, Ernesto (1990), *New Reflections on the Revolution of Our Time*, London/New York.

— (2002), *Emanzipation und Differenz*, Wien/Berlin.

— (2005), *On Populist Reason*, London/New York.

Lagi, Marco/Betrand, Karla/Bar–Yam, Yaneer (2011), »The Food Crises and Political Instability in North Africa and the Middle East«, unter: http://necsi.edu/research/social/food_crises.pdf [letzter Zugriff am 10.03.2016].

Lahmar, Mouldi (2015), »This other hidden face of the Tunisian revolution: its rurality«, in: *Norwegian Peacebuilding Center*, unter: http://www.peacebuilding.no/var/ezflow_site/storage/original/application/d953da32b5a50152e125a1eea5e4baf6.pdf [letzter Zugriff am 03.03.2016].

Lamloum, Olfa (2002), »L'indéfectible soutien français à l'exclusion de l'islamisme tunisien«, in: Lamloum, Olfa/Ravanel, Bernard (Hg.), *La Tunisie de Ben Ali. La société contre le régime.* Paris, S. 103–121.

— (2003), »L'enjeu de l'islamisme au cœur du processus de Barcelone«, in: *Critique internationale,* Nr. 18, H. 1, S. 129–142.

— (2006), »Les femmes dans le discours islamiste«, in: *Confluence Méditerranée*, Nr. 59, H. 4, S. 89–96.

Lamloum, Olfa/Ben Zina, Mohamed Ali (2015) (Hg.), *Les jeunes de Douar Hicher et d'Ettadhamen. Une enquête sociologique*, Tunis.

Lamrabet, Asma (2017), »Are men and women unequal in Islam?«, unter: http://www.asma-lamrabet.com/articles/are-men-and-women-unequal-in-islam/ [letzter Zugriff am 28.02.2018].

Lawson, George (2015), »Within and Beyond the ›Fourth Generation‹ of Revolutionary Theory«, in: *Historical Sociology*, unter: https://historicalsociology.files.wordpress.com/2011/08/within-and-beyond-the fourth-generation-pre-publication-accepted1.pdf [letzter Zugriff am 05.02.2017].

Le Monde (2011), »Michèle Alliot-Marie et la Tunisie, retour sur une polémique«, in: *Le Monde*, 07.02.2011, unter: http://www.lemonde.fr/politique/article/2011/02/07/michele-alliot-marie-et-la-tunisie-retour-sur-une-polemique_1476436_823448.html [letzter Zugriff am 10.12.2014].

— (2013), »Tunisie: liens confirmés entre les meurtres de Mohamed Brahmi et Chokri Belaïd«, in: *Le Monde*, 26.07.2013, unter: http://www.lemonde.fr/tunisie/article/2013/07/26/tunisie-mohamed-brahmi-tue-par-la-meme-arme-qu-un-autre-opposant-politique_3451225_1466522.html [letzter Zugriff am 20.02.2014].

Le Renard, Amélie (2010), »Partages des contraintes de genre avec les enquêtées. Quelques réflexions à partir du cas saoudien«, in: *Genèses*, Nr. 81, H. 4, S. 128–141.

Lecomte, Romain (2013), »Au–delà du mythe de la ›révolution 2.0‹. Le rôle des ›médias sociaux‹ dans la révolte tunisienne«, in: Allal, Amin/Pierret, Thomas (Hg.), *Au cœur des révoltes arabes. Devenir révolutionnaires*, Paris, S. 161–180.

Lee, Christopher (2015), *Frantz Fanon. Toward a revolutionary humanism*, Ohio.

Lefebvre, Georges [1932] (1970), *La grande peur de 1789*, Paris.

Lefort, Claude (1980), »La pensée politique devant les droits de l'homme«. in: (Ders.), *Le temps présent. Écrits 1945–2005*, Paris, S. 405–421.

— (1982), »Démocratie et avènement d'un ›lieu vide‹«, in: (Ders.), *Le temps présent. Écrits 1945–2005*, Paris, S. 461–469.

— (1984), »Les droits de l'homme et l'État–providence«, in: (Ders.), *Essais sur le politique. XIXe – XXe siècles*, Paris, S. 33–63.

— (1990a), »Vorwort zu ›Éléments d'une critique de la bureaucratie‹«, in: Rödel, Ulrich (Hg.), *Autonome Gesellschaft und libertäre Demokratie*, Frankfurt am Main, S. 30–53.

— (1990b), »Menschrechte und Politik«, in: Rödel, Ulrich (Hg.), *Autonome Gesellschaft und libertäre Demokratie*, Frankfurt am Main, S. 239–280.

— (1990c), »Die Frage der Demokratie«, in: Rödel, Ulrich (Hg.), *Autonome Gesellschaft und libertäre Demokratie*, Frankfurt am Main, S. 281–297.

— (1999), *Fortdauer des Theologisch–Politischen?* Wien.

Leininger, Julia (2012), »Zur Vereinbarkeit von Islam und Demokratie. Ein demokratietheoretischer Kommentar«, in: Bundeszentrale für politische Bildung

(Hg.), *Arabische Zeitenwende. Aufstand und Revolution in der arabischen Welt*, Bonn, S. 148–154.

Lembcke, Oliver W./Weber, Florian (2010), »Emotion und Revolution. Spurenlese zu einer Theorie der affektiven Grundlagen politischer Ordnungen«, in: *Österreichische Zeitschrift für Politikwissenschaft*, Jg. 39, H. 2, S. 171–186.

Lempp, Sarah (2014), »Hunger durch Handel. Die EU–Wirtschaftspolitik und ihre Folgen für Westafrika«, in: *Blätter für deutsche und internationale Politik*, H. 2, S. 73–80, unter: https://www.blaetter.de/archiv/jahrgaenge/2014/februar/hunger-durch-handel [letzter Zugriff am 20.01.2016].

Lindsey, Ursula (2017), »Some Gains, Many Sacrifices: Women's Rights in Tunisia«, in: *Al-Fanar Media*, 10.07.2017, unter: https://www.al-fanarmedia.org/2017/07/scholars-debate-legacy-state-feminism-chances-overcoming-islamist-secularist-divide/ [letzter Zugriff am 28.02.2018].

Loick, Daniel (2017), *Anarchismus*, Hamburg.

Lordon, Frédéric (2016), *Les affects de la politique*, Paris.

Lötscher, Kathrin (2011), »Game over oder von den Spielregeln der arabischen Revolutionen«, in: Merk, Roland (Hg.), *Arabesken der Revolution. Zornige Tage in Tunis, Kairo...*, Zürich, S. 225–242.

Louca, Anouar (1970), *Voyageurs et écrivains égyptiens en France au XIXème siècle*, Paris.

Louey, Sophie (2016), »Militer puis enquêter en milieu extrême le double jeu d'une position«, in: Perera, Éric/Beldame, Yann (Hg.), *In Situ. Situations, interactions et récits d'enquête*, Paris, S. 77–89.

Löwy, Michael (2001), »Ein ungewöhnlicher Marx–Text«, unter: https://www.kevin-anderson.com/wp-content/uploads/docs/anderson-book-marx-suicide-german.pdf. [letzter Zugriff am 13.11.2017].

LTDH (2002), »Rapport annuel 2002«, unter: http://www.iris.sgdg.org/actions/smsi/hr-wsis/ltdh02-rapport-fr.pdf [letzter Zugriff am 20.11.2015].

Lutterbeck, Derek (2012), »After the Fall: Security Sector Reform in post-Ben Ali Tunisia«, in: *Arab Reform Initiative*, unter: https://www.arab-reform.net/en/file/687/download?token=UhmpRf8P [letzter Zugriff am 31.03.2013].

— (2013), »Tunisia after Ben Ali: retooling the opression?«, in: *Norwegian Peacebuilding Resource Center Policy Brief*, unter: https://www.ciaonet.org/attachments/24200/uploads [letzter Zugriff am 23.2.2016].

— (2015), »Tool of rule: the Tunisian police under Ben Ali«, in: *The Journal of North African Studies*, Jg. 20, H. 5, S. 813–831.

Lutyens, Sandro (2015), »Lifting the veil: women in Tunisian politics«, in: *The New Arabs*, 08.03.2015, unter: https://www.alaraby.co.uk/english/features/2015/3/7/lifting-the-veil-women-in-tunisian-politics [letzter Zugriff am 23.03.2018].

Maegerle, Anton (2013), »Lehrbuch der Demokratie. Rezension zu: Samuel Salzborn: Demokratie. Theorien, Formen, Entwicklungen«, in: *Vorwaerts*, 12.02.2013, unter: http://www.vorwaerts.de/artikel/lehrbuch-Demokratie [letzter Zugriff am 09.03.2016].

Mahli, Samuel (2012), »Le ›printemps arabe‹: une nahda du XXI siècle?«, in: Salingue, Julien (Hg.), *Retour sur les révolutions arabes*, Paris, S. 27–34.

Marchart, Oliver (2009), »Politik ohne Fundament. Das Politische, der Staat und die Unmöglichkeit der Gesellschaft bei Ernesto Laclau und Chantal Mouffe«, in: Hirsch, Michael/Voigt, Rüdiger (Hg.), *Der Staat in der Postdemokratie. Politik, Recht und Polizei im neueren französischen Denken*, Stuttgart, S. 133–144.

— (2010), *Die politische Differenz. Zum Denken des Politischen bei Nancy, Lefort, Badiou, Laclau und Agamben*, Berlin.

— (2017), »Die Diskursanalyse der Essex School. Modell und Methode«, in: (Ders.), *Ordnungen des Politischen. Einsätze und Wirkungen der Hegemonietheorie Ernesto Laclaus*, Wiesbaden, S. 57–79.

Marks, Monica (2013), »Women's Rights before and after the Revolution«, in: Gana, Nouri (Hg.), *The Making of the Tunisian Revolution. Contexts, Architects, Prospects*, Edinburgh, S. 224–251.

Martin, Jean-François (2003), *Histoire de la Tunisie contemporaine. De Ferry à Bourguiba 1881–1956*, Paris.

Marx, Karl (1956) [1843], »Zur Judenfrage«, in: Marx, Karl/Engels, Friedrich (Hg.), *Werke*, Bd. 1, Berlin.

Marx, Karl/Engels, Friedrich (1977) [1848], »Das Manifest der kommunistischen Partei«, unter: http://kulturkritik.net/systematik/philosophie/mew_pdf/mew_band04.pdf [letzter Zugriff am 16.02.2015].

Marx, Karl (1960) [1850], »Die Klassenkämpfe in Frankreich«, unter: http://kulturkritik.net/systematik/philosophie/mew_pdf/mew_band07.pdf [letzter Zugriff am 05.02.2017].

Marzouki, Ilhem (1993), *Le mouvement des femmes en Tunisie au XXe siècle: féminisme et politique*, Paris.

— (2002), »Le jeu de bascule de l'identité«, in: Lamloum, Olfa/Ravanel, Bernard (Hg.), *La Tunisie de Ben Ali. La société contre le régime*, Paris, S. 75–101.

Marzouki, Nadia (2013), »From Resistence to Gouvernance: The Category of Civility in the Political Theory of Tunisian Islamist«, in: Gana, Nouri (Hg.), *The Making of the Tunisian Revolution. Contexts, Architects, Prospects*, Edinburgh, S. 207–223.

Mazeau, Guillaume (2013), »La ronde des révolutions«, in: *La vie des idées*, unter: http://www.laviedesidees.fr/La-ronde-des-revolutions.html [letzter Zugriff am 01.03.2015].

— (2016), »Emotions politiques: la Révolution française«, in: Corbin, Alain (Hg.), *Histoire des Émotions. 2. Des Lumières à la fin du XIXe siècle*, Paris, S. 98–142.

Mazeau, Guillaume/Sabaseviciute, Giedre (2014), »Archéologies révolutionnaires. Regards croisés sur la Tunisie et l'Égypte (2011–2013)«, unter: https://anneemaghreb.revues.org/2005 [letzter Zugriff am 26.02.2016].

Mbembe, Achille (2011), »Préface«, Frantz Fanon (Hg.), Œuvres, Paris, S. 9–21.

Meddeb, Hamza (2011a), »L'ambivalence de la ›course à ›el khobza«. Obéir et se révolter en Tunisie«, in: Politique africaine, Nr. 121, S. 35–51.

Meier, Christian/Meyer zu Verl, Christian (2014), »Ergebnispräsentation in der qualitativen Forschung«, in: Bauer, Nina/Blasius, Jörg (Hg.), Handbuch Methoden der empirischen Sozialforschung, Wiesbaden, S. 245–257.

Menzelbourguiba Blog (2011), »Revolution tunisienne: Chronologie de la mobilisation des Tunisiennes à l'étranger«, in: http://menzelbourguiba-ex-ferryville.over-blog.fr/article-revolution-tunisienne-chronologie-de-la-mobilisation-des-tunisien-nes-a-l-etranger-111785054.html [letzter Zugriff am 29.03.2015].

Merk, Roland (2011) (Hg.), Arabesken der Revolution. Zornige Tage in Tunis, Kairo, Freiburg.

Merleau–Ponty, Maurice (1945), Phénoménologie de la perception, Paris.

Mernissi, Fatima (1991), The Veil and the Male Elite: A Feminist Interpretation of Women's Rights in Islam, London.

Merton, Robert K. (1949), »On Sociological Theories of the Middle Range«, in: Calhoun, Craig/Gerteis, Joseph/Moody, James/Pfaff, Steven/Virk, Indermohan (Hg.), Classical Sociological Theory, Hoboken/Oxford 2007, S. 448–459.

Mestiri, Soumaya (2016), Décoloniser le féminisme. Une approche transculturelle, Paris.

Michel, Louise (2001) [1886], »Warum ich Anarchistin wurde«, in: Kramer, Bernd (Hg.), Leben – Ideen – Kampf. Louise Michel und die Pariser Kommune von 1871, Berlin, S. 104.

Michel, Olivier (2007), »Ben Ali: ›Nous n'avons jamais refusé la critique‹«, in: Le Figaro, unter: http://www.lefigaro.fr/lefigaromagazine/2007/11/09/01006-20071109ARTFIG00211-ben-ali-nous-navons-jamais-refuse-la-critique.php [letzter Zugriff am 15.03.2016].

Missaoui, Nejeh/Khalfaoui, Oussama (2011), Dégage, dégage, dégage, ils ont dit dégage! Velle-le-chatel.

Mizouni, Najet (2012), »L'UGTT, moteur de la révolution tunisienne«, in: Tumultes, Nr. 38–39, S. 71–91.

Moore Henry, Clement (2004), »De Bourguiba à Ben Ali: modernisation et dictature éducative«, in: Camau, Michel/Geisser, Vincent (Hg.), Habib Bourguiba, la trace et l'héritage, Paris, S. 193–208.

Moore Jr., Barrington (1967), Social Origins of Dictatorship and Democracy, London.

Moser, Sibylle (2011), »Konstruktivistisch Forschen? Prämissen und Probleme einer konstruktivistischen Methodologie«, in: (Dies.), Konstruktivistisch forschen. Methodologie, Methoden, Beispiele, Wiesbaden, S. 9–42.

Mouaqit, M. (1997), »Mohamed Abed Al–Jabri. Rationalisme et laïcisme«, in: Fila-li–Ansary, Abdou/Tozy, Mohamed (Hg.), *Penseurs maghrébins contemporains*, Tu-nis, S. 153–173.

Murphy, Emma C. (1999), *Economic and Political Change in Tunisia. From Bourguiba to Ben Ali*, London.

— (2013), »Under the Emperor's Neoliberal Clothes! Why the International Fi-nancial Institutions Got it Wrong in Tunisia«, in: Gana, Nouri (Hg.), *The Ma-king of the Tunisian Revolution. Contexts, Architects, Prospects*, Edinburgh, S. 35– 57.

Naepels, Michel (2012), »L'épiement sans trêve et la curiosité de tout«, in: *L'Homme. Revue française d'anthropologie*, H. 203–204, unter: http://lhomme.revues.org/23101 [letzter Zugriff am 06.01.2017].

Nafti, Hatem (2015), *Tunisie, dessine–moi une révolution: Témoignages sur la transition démocratique. 2011–2014*, Paris.

Nawaat (2010), »TuniLeaks. Les documents dévoilés par Wikileaks concernant la Tunisie: Quelques réactions à chaud«, in: *Nawaat*, 28.11.2010, unter: https://docs.google.com/viewerng/viewer?url=http://nawaat.org/portail/wp -content/uploads/2010/12/tn_lks.pdf&hl=en_US [letzter Zugriff am 22.01.2016].

— (2011), »Tunisie: La véritable nature du régime de Ben Ali«, in: *Nawaat*, 13.01.2011, unter: http://nawaat.org/portail/2011/01/13/la-veritable-nature-du-regime-de-ben-ali/ [letzter Zugriff am 22.01.2016].

Nepstad, Sharon (2011), *Nonviolent revolutions*, Oxford.

Ngozi Adichie, Chimamanda (2009), »The Danger of a single story«, unter: https://www.ted.com/talks/chimamanda_adichie_the_danger_of_a_single_st ory/transcript#t-269521 [letzter Zugriff am 21.10.2018].

Nonhoff, Martin (2011), »Konstruktivistisch–pragmatische Methodik. Ein Plädo-yer für die Diskursanalyse«, in: *Zeitschrift für Internationale Beziehungen*, Jg. 18, H. 2, S. 91–107.

Noueihed, Lin/Warren, Alex (2012), *The battle for the Arab Spring. Revolution, Coun-ter–Revolution and the Making of a new Era*, New Haven/London.

OECD (2015), »Tunisie, Un programme de réformes à l'appui de la compétitivité et de la croissance inclusive«, unter: http://www.oecd.org/fr/apropos/editionsocde/Tunisie-un-programme-de-reformes-a-l-appui-de-la-competitivite-et-de-la-croissance-inclusive.pdf [letzter Zugriff am 04.02.2016].

Osterhammel, Jürgen (2006), *Kolonialismus: Geschichte, Formen, Folgen*. München.

Ouaissa, Rachid (2013), »Blockierte Mittelschichten als Motor der Veränderungen in der arabischen Welt?«, in: Jünemann, Annette/Zorob, Anja (Hg.), *Arabelli-ons. Zur Vielfalt von Protest und Revolte im Nahen Osten und Nordafrika*, Wiesbaden, S. 257–277.

Payre, Renaud (2015), »Ouverture«, in: Boucheron, Patrick/Robin, Corey (2015), *L'exercice de la peur. Usages politiques d'une émotion. Débat présenté par Renaud Payre*, Lyon, S. 7–23.

Perera, Éric/Beldame, Yann (2016), »Introduction générale: Enquêter in situ«, in: (Dies.), *In Situ. Situations, interactions et récits d'enquête,* Paris, S. 17–25.

Perkins, Kenneth (2014), *A History of Modern Tunisia,* Cambridge.

Perthes, Volker (2013), »Politische Perspektiven der arabischen Revolutionen, Liberale, Islamisten und Militärs zwischen demokratischer Konsolidierung und Bürgerkrieg«, in: Schneiders, Thorsten Gerald (Hg.), *Der Arabische Frühling. Hintergründe und Analysen,* Wiesbaden, S. 81–94.

Perthes, Volker/Matschke, Alexander (2012), »»Europa muss positiver auf die Umbrüche reagieren«. Ein Gespräch«, in: Bundeszentrale für politische Bildung (Hg.), *Arabische Zeitenwende. Aufstand und Revolution in der arabischen Welt,* Bonn, S. 10–15.

Pettit, Philipp (2015), *Gerechte Freiheit. Ein moralischer Kompass für eine komplexe Welt,* Berlin.

Philipps, Anne (1994), »Dealing with Difference. A Politics of Ideas or a Politics of Presence?«, in: *Constellations,* Nr. 1, S. 74–91.

Piccinin, Pierre (2012), »Le ›printemps arabe‹, une illusion d'optique (Essai de bilan raisonné)«, in: Salingue, Julien (Hg.), *Retour sur les révolutions arabes,* Paris, S. 47–64.

Pierrepont–de–Cock, Laurence (2004), »Projet national bourguibien et réalités tunisiennes«, in: Camau, Michel/Geisser, Vincent (Hg.), *Habib Bourguiba, la trace et l'héritage,* Paris, S. 29–37.

Poirier, Nicolas (2004), *Castoriadis. L'imaginaire radical,* Paris.

Prat, Jean–Louis (2012), *Introduction à Castoriadis,* Paris.

Preuschaft, Menno (2011), *Tunesien als islamische Demokratie? Rāšid al-Ġannūšī und die Zeit nach der Revolution,* Münster.

Preysing, Domenica (2013), »Tunesien: Vorreiter des Aufbruchs, Vorbild des Wandels?«, in: Jünemann, Annette/Zorob, Anja (Hg.), *Arabellions. Zur Vielfalt von Protest und Revolte im Nahen Osten und Nordafrika,* Wiesbaden, S. 43–66.

Puchot, Pierre (2011a), *La révolution confisquée. Enquête sur la transition démocratique en Tunisie,* Arles.

— (2011b), *Tunisie, une révolution arabe,* Paris.

Puig de la Bellacasa, Maria (2014), *Les savoirs situés de Sandra Harding et Donna Haraway. Science et épistémologies féministes,* Paris.

Raekstad, Paul (2017), »Revolutionary practice and prefigurative politics: A clarification and defense«, in: *Constellations,* unter: https://onlinelibrary.wiley.com/doi/full/10.1111/1467-8675.12319 [letzter Zugriff am 15.07.2018].

Ramadan, Tariq (2012), *The Arab Awakening. Islam and the New Middle East,* London.

Rancière, Jacques (1998), *Aux bords du politique,* Paris.

— (2002), *Das Unvernehmen. Politik und Unvernehmen,* Frankfurt am Main.

— (2005a), *La haine de la démocratie,* Paris.

— (2005b), *Chroniques des temps consensuels,* Paris.

— (2006), »Politik gibt es nur als Ausnahme. Interview mit Robin Celikates/Bertram Keller«, in: *Polar*, H. 1, unter: http://www.polarzeitschrift.de/polar_01.php?id=21#21 [letzter Zugriff am 25.03.2017].

— (2008), *Zehn Thesen zur Politik*, Zürich/Berlin.

— (2009a), *Moments politiques. Inventions 1977–2009*, Paris.

— (2009b), »Les démocraties contre la démocratie«, in: Agamben, Giorgio/Badiou, Alain/Bensaïd, Daniel/Brown, Wendy/Nancy, Jean-Luc/Rancière, Jacques/Ross, Kristin/Zizek, Slavoy (Hg.), *Démocratie dans quel état?* Paris.

— (2012), *La méthode de l'égalité. Entretien avec Laurent Jeanpierre et Dork Zabunyan*, Paris.

— (2013), »L'introuvable populisme«, unter: https://deterritorium.wordpress.com/2015/04/28/lintrouvable-populisme-par-jacques-ranciere-2013/ [letzter Zugriff am 20.07.2017].

— (2017a), »Le peuple est une invention«, in: *Ballast 3*, unter: https://www.revueballast.fr/jacques-ranciere-peuple-construction/ [letzter Zugriff am 25.05.2017].

— (2017b), *En quel temps vivons-nous? Conversation avec Éric Hazan*, Paris.

— (2017c), »»Republikanismus ist heute ein Rassismus für Intellektuelle.‹ Jacques Rancière im Gespräch mit Julia Christ und Betrand Ogilvie«, in: *Deutsche Zeitschrift für Philosophie*, Jg. 65, H. 4, S. 727–761.

— (2018), »Politik zwischen Emanzipation und Dissens. Jacques Rancière im Gespräch mit Nabila Abbas«, in: Abbas, Nabila/Agridopoulus, Aristotelis (Hg.), *Demokratie – Ästhetik – Emanzipation. Jacques Rancières transdisziplinäres Denken*, in: *kultuRRevolution. Zeitschrift für angewandte Diskurstheorie*, Nr. 75, H. 2, S. 54–61.

Rancière, Jacques/Jdey, Adnen (2018), *La méthode de la scène*, Paris.

Rao, Rahul (2016), »Revolution«, in: Berenskoetter, Felix (2016), *Concepts in World Politics*, London, S. 1–29, unter: http://www.academia.edu/29054309/Revolution. [letzter Zugriff am 20.11.2016].

Raveneau, Gilles (2016), »Introduction: Prolégomènes a une anthropologie symétrique et réflexive«, in: Perera, Éric/Beldame, Yann (Hg.), *In Situ. Situations, interactions et récits d'enquête*, Paris, S. 29–59.

Reas, Catherine (2006), »Perception et imaginaire: l'institution humaine entre créativité et sédimentation. Une lecture de Merleau–Ponty et Castoriadis«, in: Klimis, Sophie/Van Eynde, Laurent (Hg.), *L'Imaginaire selon Castoriadis. Thèmes et enjeux*, Bruxelles, S. 75–110.

Redissi, Hamadi (2004), »L'autoritarisme de Bourguiba: continuités et ruptures«, in: Camau, Michel/Geisser, Vincent (Hg.), *Habib Bourguiba, la trace et l'héritage*, Paris, S. 209–222.

— (2017a), »Quand Bourguiba exaltait l'islam des Lumières«, in:
https://www.historia.fr/quand-bourguiba-exaltait-lislam-des-lumi%C3%A8res
[letzter Zugriff am 30.06.2017].

— (2017b), *L'islam incertain. Révolutions et islam post–autoritaire*, Tunis.

Remili, Boujemaa (2011), *Quand le peuple réussit là où toute la société a échoué. Éléments de compréhension politique pour und révolution sans les politiques*, Tunis.

Rey, Alain/Tomi, Marianne/Hordé, Tristan/Tanet, Chantal (2004), *Dictionnaire historique de la langue française*. Bd. 3, Paris, S. 3238–3239.

Riché, Pascal (2011), »La video qui fait mal: DSK vante la Tunisie de Ben Ali«, in: *Rue89*, 15.01.2011, unter: http://rue89.nouvelobs.com/2011/01/15/la-video-qui-fait-mal-dsk-vante-la-tunisie-de-ben-ali-185764 [letzter Zugriff am 30.11.2015].

Rijkers, Bob/Freund, Caroline/Nucifora, Antonio (2014), »All in the Family: State Capture in Tunisia«, in: *Worldbank, MENA Knowledge and Learning*, Nr. 124, unter: http://www-wds.worldbank.org/external/default/WDSContent-Server/WDSP/IB/2014/08/26/000442464_20140826152301/Rendered/PDF/901510BRI0Box30coll0KNOWLEDGE0NOTES.pdf [letzter Zugriff am 20.01.2016].

Rivlin, Paul (2001), *Economic Policy and Performance in the Arab World*, London.

Rorty, Richard (1982), *Consequences of Pragmatism*, Minneapolis.

Ross, Kristin (2015), *L'imaginaire de la Commune*, Paris.

Roudinesco, Elisabeth (2011), »Il n'y a pas de révolution sans risque«, in: *Le Monde*, 18.2.2011, unter: http://www.lemonde.fr/idees/article/2011/02/18/il-n-y-a-pas-de-revolution-sans-risque_1481822_3232.html [letzter Zugriff am 29.02.2016].

Roussillon, Alain (2007), *La pensée islamique contemporaine*, Tunis.

Roy, Olivier (2003), »Islamisme et nationalisme«, in: *Pouvoirs*, Nr. 104, S. 45–53.

— (2016), »Djihadisme: Olivier Roy répond à Gilles Kepel«, in: *Le Bibliobs*, 15.07.2016, unter: http://bibliobs.nouvelobs.com/idees/2016-0406.OBS8018/exclusif-djihadisme-olivier-roy-repond-a-gilles-kepel.html [letzter Zugriff am 12.02.2017].

RSF (2011), *Tunisie, le livre noir*, Tunis.

Ruf, Werner (2011), »Revolution in Tunesien. Wie Kleptokratie und IWF die Würde rauben«, in: *Wissenschaft und Frieden*, H. 4, unter: https://wissenschaft-und-frieden.de/seite.php?artikelID=1736 [letzter Zugriff am 11.11.2015].

— (2013), »Die Revolten im Maghreb: Soziale Hintergrund und Perspektiven«, in: Schneiders, Thorsten Gerald (Hg.), *Der Arabische Frühling. Hintergründe und Analysen*, Wiesbaden, S. 193–204.

Said, Edward (1994), *Kultur und Imperialismus*, Frankfurt am Main.

— (2009), *Orientalismus*, Frankfurt am Main.

Saidi, Hedi (2012), »Carnet de route sur la révolution: l'Historie aime la Tunisie«, in: (Ders.), *La Tunisie réinvente l'histoire: Récits d'une révolution. Un passé troublé et un présent sous pression*, Paris, S. 227–248.

Saïdi, Raouf (2002), »La pauvreté en Tunisie: Présentation critique«, in: Lamloum, Olfa/Ravenel, Bernard (Hg.), *La Tunisie de Ben Ali. La société contre le régime,* Paris, S. 11–35.

Saint–Prot, Charles (2008), *Islam. L'avenir de la tradition entre révolution et occidentalisation,* Monaco.

Saint–Upéry, Marc (2008), *Le rêve de Bolivar. Le défi des gauches sud–américaines,* Paris.

Salingue, Julien (2011), »Un processus révolutionnaire durable, un défi épistémologique«, in: Salingue, Julien (Hg.), *Retour sur les révolutions arabes,* Paris, S. 35–46.

Sallon, Hélène (2014), »La fuite de Ben Ali racontée par Ben Ali«, in: *Le Monde,* 14.01.2014, unter: http://www.lemonde.fr/tunisie/article/2014/01/14/la-fuite-de-ben-ali-racontee-par-ben-ali_4347605_1466522.html [letzter Zugriff am 10.12.2014].

Salmon, Jean–Marc (2014), »Numérisation et soulèvement. Une enquête en Tunisie«, in: *Mouvements,* H. 3, S. 28–37.

Sandkühler, Hans Jörg (2014), *Menschenwürde und Menschenrechte. Über die Verletzbarkeit und den Schutz der Menschen,* München.

Sbouaï, Sana (2013), »Répression à Siliana: Le rapport de la commission accable les forces de l'ordre«, in: *Nawaat,* 20.03.2013, unter: http://nawaat.org/portail/2013/03/20/repression-a-siliana-le-rapport-de-la-commission-accable-les-forces-de-lordre/ [letzter Zugriff am 04.04.2016].

Sbouaï, Sana/Khadhraoui, Malek (2015), »Swiss Leaks: Que révèlent les listing tunisiens?«, in: *Inkyfada,* 08.02.2015, unter: https://inkyfada.com/2015/02/swissleaks-listings-tunisie-hsbc-fraude/ [letzter Zugriff am 09.12.2015].

Schäfers, Bernhard (1994), »Entwicklung der Gruppensoziologie und Eigenständigkeit der Gruppe als Sozialgebilde«, in: (Ders.), *Einführung in die Gruppensoziologie. Geschichte – Theorien – Analysen,* Wiesbaden, S. 19–36.

Scheiterbauer, Tanja (2013), »Geschlechterpolitische Umbrüche im post–revolutionären Tunesien«, in: Filter, Dagmar/Reich, Jana/Fuchs, Eva (Hg.), *Arabischer Frühling? Alte und neue Geschlechterpolitiken in einer Region im Umbruch,* Hamburg, S. 79–96.

Schenker, David (2012), »Arab Spring or Islamist Winter?«, in: *World Affairs,* H. Januar/Februar, unter: http://www.worldaffairsjournal.org/article/arab-spring-or-islamist-winter-0 [letzter Zugriff am 26.02.2016].

Schinkel, Anders (2005), »Imagination as a Category of History: An Essay concerning Koselleck's Concepts of Erfahrungsraum and Erwartungshorizont«, in: *History and Theory,* Jg. 44, H. 1, S. 42–54.

Schlumberger, Oliver (2012), »Der Arabische Frühling. Das Ende autoritärer Herrschaft?«, in: *WeltTrends Zeitschrift für internationale Politik,* Nr. 82, H. Januar/Februar, S. 70–79.

Schlumberger, Oliver/Kreitmeyr, Nadine/Matzke, Torsten (2013), »Arabische Revolten und politische Herrschaft: Wie überlebensfähig sind Autokratien im

Vorderen Orient?«, in: Schneiders, Thorsten Gerald (Hg.), *Der Arabische Frühling. Hintergründe und Analysen,* Wiesbaden, S. 33–63.

Schmalz–Bruns, Rainer (1995), *Reflexive Demokratie. Die demokratische Transformation moderner Politik,* Baden–Baden.

Schmidt, Manfred G. (2006), *Demokratietheorien. Eine Einführung,* Wiesbaden.

Schneiders, Thorsten Gerald (2012) (Hg.), *Der Arabische Frühling. Hintergründe und Analysen,* Wiesbaden.

Schölderle, Thomas (2012), *Geschichte der Utopie,* Köln/Weimar.

Schöller, Marco (2011), »Die große Hoffnung. Warum wir die historischen Ereignisse in Tunesien nicht kleinreden dürfen«, in: *Sawtuna,* 18.01.2011, unter: http://arabistikwwu.blogspot.fr/2011/01/die-groe-hoffnung.html [letzter Zugriff am 03.03.2015].

Schulze, Reinhard (2014), »Die arabischen Revolten und die Zukunft der Gesellschaft«, in: Tamer, Georges/Röbbelen, Hanna/Lint, Peter (Hg.), *Arabischer Aufbruch. Interdisziplinäre Studien zur Einordnung eines zeitgeschichtlichen Phänomens,* Baden–Baden, S. 59–88.

Schumacher, Juliane/Osman, Gaby (2012), *Tahrir und kein Zurück. Ägypten, die Bewegung und der Kampf um die Revolution,* Münster.

Schumann, Christoph (2014), »Die politische Artikulation der Gesellschaft: Politische Ordnung und Revolte in der Arabischen Welt«, in: Tamer, Georges/Röbbelen, Hanna/Lint, Peter (Hg.), *Arabischer Aufbruch. Interdisziplinäre Studien zur Einordnung eines zeitgeschichtlichen Phänomens,* Baden–Baden, S. 35–58.

Seedat, Fatima (2013), »When Islam and Feminism Converge«, in: *Muslim World* 103, H .3, 404–20.

Seier, Andrea (1999), »Kategorien der Entzifferung; Macht und Diskurs als Analyseraster«, in: Bubitz, Hannelore/Bührmann, Andrea/Hanke, Christine/Seier, Andrea (Hg.), *Das Wuchern der Diskurse. Perspektiven der Diskursanalyse Foucaults,* Frankfurt am Main, S. 75–86.

Selbin, Eric (2010), *Revolution, rebellion, resistance. The Power of Story,* London/New York.

Selk, Veith (2016), *Das Regieren der Angst. Eine politische Ideengeschichte von der Tyrannis bis zum Leviathan,* Hannover.

Selk, Veith/Jörke, Dirk (2012), »Der Vorrang der Demokratie. Die pragmatistische Demokratietheorie von John Dewey und Richard Rorty«, in: Lembcke, Oliver W./Ritzi, Claudia/Schaal, Gary S. (Hrsg), *Zeitgenössische Demokratietheorie. Bd. 1, Normative Demokratietheorien,* Wiesbaden, S. 255–284.

Semiane, Sid Ahmed (2005), *Au refuge des balles perdues. Chroniques des deux Algérie,* Paris.

Sewell, William H. Jr (1996), »Historical Events as Transformations of Structures: Inventing Revolution at the Bastille«, in: *Theory and Society,* Jg. 25, H. 6, S. 841–881.

Shanin, Teodor (1986), *The Roots of Otherness: Russia's Turn of the Century. Volume II: Russia, 1905–07: Revolution as a Moment of Truth,* New Haven.

Shell (2015), »Über die Jugendstudie 2015«, unter: http://www.shell.de/ueber-uns/die-shell-jugendstudie/ueber-die-shell-jugendstudie-2015.html [letzter Zugriff am 31.01.2017].

Shepard, Todd (2017), *Mâle décolonisation.* »*L'homme arabe*« *et la France, de l'indépendance algérienne à la révolution iranienne*, Paris.

Shihade Magid (2012), »On the Difficulty in Predicting and Understanding the Arab Spring: Orientalism, Euro–Centrism, and Modernity«, in: *International Journal of Peace Studies*, Jg. 17, H. 2, S. 57–70.

Sintomer, Yves (2007), *Le pouvoir au peuple. Jurys citoyens, tirage au sort et démocratie participative*. Paris.

— (2011), *Petite histoire de l'expérimentation démocratique. Tirage au sort et politique d'Athènes à nos jours*. Paris.

— (2013), »Le sens de la représentation politique: usage et mésusages d'une notion«, in: *Raisons politiques*, Nr. 50, H. 2, S. 13–34.

Skocpol, Theda (1979), *States and Social Revolutions: A Comparative Analysis of France. Russia and China*, Cambridge.

Sörensen, Paul (2016), *Entfremdung als Schlüsselbegriff einer kritischen Theorie der Politik. Eine Systematisierung im Ausgang von Karl Marx, Hannah Arendt und Cornelius Castoriadis*, Baden-Baden.

Spence, Thimothy (2015): »EU–Agrarpolitik: Experten fordern radikale Reformen«, in: http://www.euractiv.de/sections/gesundheit-und-verbraucherschutz/eu-agrarpolitik-experten-fordern-radikale-reformen-316452 [letzter Zugriff am 09.12.2015].

Spencer, Richard (2012), »Middle East Review of 2012: The Arab Winter«, in: *The Telegraph*, 31.12.2012, unter: http://www.telegraph.co.uk/news/worldnews/middleeast/9753123/Middle-East-review-of-2012-the-Arab-Winter.html [letzter Zugriff am 18.02.2016].

Statista (2015), »Entwicklung der Erdölreserven in Tunesien in den Jahren von 1988 bis 2014 (in Milliarden Barrel)«, in: *Statista*, unter: http://de.statista.com/statistik/daten/studie/40040/umfrage/tunesien---nachgewiesene-erdoelreserven-in-milliarden-barrel/ [letzter Zugriff am 29.12.2015].

Steyerl, Hito (2005), »Das Schweigen der Ausgeschlossenen. Ist »Subalternität« eine postkoloniale Alternative zum Klassenbegriff?«, in: *iz3w*, Nr. 282, S. 24–28.

Stora, Benjamin (2011), *Le 89 arabe. Dialogue avec Edwy Plenel*, Paris.

Straßenberger, Grit (2005), *Über das Narrative in der politischen Theorie*, Berlin.

— (2015), *Hannah Arendt zur Einführung*, Hamburg.

Strauss, Anselm/Corbin, Juliet (1998), *Basics of qualitative research: Grounded theory procedures and techniques Thousand Oaks*, London/New Delhi.

Strübing, Jörg (2008), *Grounded Theory. Zur sozialtheoretischen und epistemologischen Fundierung des Verfahrens der empirisch begründeten Theoriebildung*, Wiesbaden.

Tamer, Georges/Röbbelen, Hanna/Lintl, Peter (2014) (Hg.), *Arabischer Aufbruch. Interdisziplinäre Studien zur Einordnung eines zeitgeschichtlichen Phänomens*, Baden–Baden.

Tamimi, Azzam (2001), *Rachid Ghannouchi. A Democrat within Islamism*, Oxford.

— (2007), »Islam and Democracy from Tahtawi to Ghannouchi«, in: *Theory, Culture & Society*, H. 2, S. 39–58.

Tamzali, Wassyla (2012), *Histoires minuscules des révolutions arabes*. Montpellier.

Tamzini, Wafa (2013), *Tunisie*, Bruxelles.

Tarhini, Dima (2011), »Inside The Arab Bloggers' Minds: Europe, Democracy and Religion. Monitoring Facebook and Arab Blogs from March 1st to May 26th 2011«, in: *Stiftung für Wissenschaft und Politik*, unter: http://www.swp-berlin.org/fileadmin/contents/products/arbeitspapiere/WorkingPaperIL_Tarhini_Dima.pdf [letzter Zugriff am 14.07.2014].

Tarragoni, Federico (2008), »Le peuple existe-t-il au Venezuela? Le cas des conseils communaux de la planification publique«, in: *Nuevo Mundo Mundos Nuevos/ Questions du temps présents*, unter: https://journals.openedition.org/nuevomundo/24622 [letzter Zugriff am 30.05.2018].

— (2015), *L'énigme révolutionnaire*, Paris.

Taylor, Michael (1989), »Structure, culture and action in the explanation of social change«, in: *Politics and Society*, Jg. 17, H. 2, S. 115–162.

Terre des hommes/DGB–Bildungswerk (2010), »Sonderwirtschaftszonen: Entwicklungsmotoren oder teure Auslaufmodelle der Globalisierung?«, unter: https://www.globalpolicy.org/images/pdfs/GPFEurope/Arbeitspapier_Sond erwirtschaftszonen_-_web.pdf [letzter Zugriff am 07.01.2016].

Thebti, Adel (2018), »Turquie/Elections: Ghannouchi félicite Erdogan«, in: *Anadolu Agency*, 25.06.2018, unter: https://www.aa.com.tr/fr/afrique/turquie-elections-ghannouchi-f%C3%A9licite-erdogan-/1185985 [letzter Zugriff am 30.06.2018].

Tibi, Bassam (2014), »Vom Arabischen Frühling zum Orientalischen Winter: Warum die Hoffnung auf ›Transition‹ nicht erfüllt wurde!«, in: Tamer, Georges/Röbbelen, Hanna/Lintl, Peter (Hg.), *Arabischer Aufbruch. Interdisziplinäre Studien zur Einordnung eines zeitgeschichtlichen Phänomens*, Baden–Baden, S. 111–127.

Tilly, Charles (1993), *Die europäischen Revolutionen*, München.

Tocqueville, Alexis de (2006) [1840], *Über die Demokratie in Amerika*, Stuttgart.

Tomès, Arnaud (2007), »Première partie: Introduction à la pensée de Castoriadis«, in: Castoriadis, Cornelius (2007), *L'imaginaire comme tel. Texte établi, annoté et présenté par Arnaud Tomès*, Paris, S. 29–45.

— (2015), *Castoriadis. L'imaginaire, le rationnel et le réel*, Paris.

Tomès, Arnaud/Caumières, Philippe (2011*), Cornelius Castoriadis. Réinventer la politique après Marx*, Paris.

Totten, Michael J. (2012), »Arab Spring or Islamist Winter?«, in: *World Affairs*, H. Januar/Februar, unter: http://www.worldaffairsjournal.org/article/arab-spring-or-islamist-winter [letzter Zugriff am 26.02.2016].

Trautmann, Felix (2017), »Das politische Imaginäre. Zur Einleitung«, in: (Ders.), *Das politische Imaginäre*, Berlin, S. 9–27.

Trautmann, Felix (2019), »Das Imaginäre«, in: Comtesse, Dagmar/Flügel–Martinsen, Oliver/Martinsen, Franziska/Nonhhoff, Martin (Hg.), *Handbuch Radikale Demokratietheorie*, Berlin, S.553–562 [Im Erscheinen].

Traverso, Enzo (2005), »Révolution«, in: *Dictionnaire des Notions*, Paris, S. 1031–1033.

Tuquoi, Jean–Pierre (1999), »La loi sur la »concorde civile« du président algérien plébiscitée avec 98,6 % de ›oui‹«, in: *Le Monde*, 17.09.1999, unter: http://www.lemonde.fr/international/article/1999/09/17/la-loi-sur-la-concorde-civile-du-president-algerien-plebiscitee-avec-98-6-de-oui_23013_3210.html [letzter Zugriff am 25.01.2017].

Unmüßig, Barbara (2014), »Drei Jahre Arabellion: Der Frühling der Frauen?«, in: *Blätter für deutsche und internationale Politik*, H. 2, S. 81–89.

Van Eynde, Laurent (2006), »La pensée de l'imaginaire de Castoriadis du point de vue de l'anthropologie philosophique«, in: Klimis, Sophie/Van Eynde, Laurent (Hg.), *L'Imaginaire selon Castoriadis. Thèmes et enjeux*, Bruxelles, S. 63–74.

Van Inwegen, Patrick (2011), *Understanding Revolution*, London.

Vanni, Michel (2006), »Imaginaire et invention sociale–historique: entre autonomie et hétéronomie«, in: Klimis, Sophie/Van Eynde, Laurent (Hg.), *L'Imaginaire selon Castoriadis. Thèmes et enjeux*, Bruxelles, S. 151–166.

Vermeren, Pierre (2015), *Le choc des décolonisations. De la guerre d'Algérie aux printemps arabes*, Paris.

Vernochet, Jean–Michel (2013), *De la révolution à la guerre. Printemps et Automnes arabes*, Reims.

Vincent, Marie–Pascale (2013), *Paroles de Tunisiennes: le mur de la peur est tombé!* Paris.

Vinchon, Timothée (2018), »Tunisie: Qui veut la peau de la justice transitionelle?«, in: *Libération*, 29.03.2018, unter: http://www.liberation.fr/planete/2018/03/29/tunisie-qui-veut-la-peau-de-la-justice-transitionnelle_1639800 [letzter Zugriff am 23.05.2018].

Vitkine, Benoît (2011), »Jean Tulard: L'an 1789 de la révolution tunisienne«, in: *Le Monde*, 19.01.2011, unter: http://www.lemonde.fr/afrique/article/2011/01/19/jean-tulard-l-an-1789-de-la-revolution-tunisienne_1467392_3212.html [letzter Zugriff am 02.03.2015].

Vogel, Jean (2015), »Les dynamiques du capitalisme chez Castoriadis«, in: Cervera–Marzal, Manuel/Fabri, Éric (Hg.), *Autonomie ou barbarie. La démocratie radicale de Cornelius Castoriadis et ses défis contemporains*, Neuvy en Champagne, S. 73–98.

Vollaire, Christiane (2017), *Pour une philosophie de terrain*, Paris.

Voßkuhle, Andreas (2012), »Über die Demokratie in Europa«, in: *Aus Politik und Zeitgeschichte*, unter: http://www.bpb.de/apuz/126012/ueber-die-demokratie-in-europa?p=all [letzter Zugriff am 28.05.2018].

Wacquant, Loïc (2002), *Corps et âmes. Carnets ethnographiques d'un apprenti boxeur.* Marseille.

— (2014), »Für eine Soziologie aus Fleisch und Blut«, in: *Sub/urban Zeitschrift für kritische Stadtforschung*, Bd. 2, H. 3, unter: http://www.zeitschrift-suburban.de/sys/index.php/suburban/article/view/151/252 [letzter Zugriff am 05.02.2017].

Waldenfels, Bernhard (1989), »Der Primat der Einbildungskraft. Zur Rolle des Gesellschaftlichen Imaginären bei Cornelius Castoriadis«, in: Busino, Giovanni (Hg.), *Autonomie et autotransformation de la société. La philosophie militante de Cornelius Castoriadis*, Genf, S. 141–160.

Walzer, Michael (1979), »A Theory of Revolution«, in: *Marxist Perspectives*, Jg. 2, H. 1, S. 30–44.

— (1996), *Lokale Kritik – globale Standards. Zwei Formen moralischer Auseinandersetzung*, Hamburg.

Weber, Anne Françoise (2001), *Staatsfeminismus und autonome Bewegung in Tunesien*, Hamburg.

Weber, Max (2005), *Wirtschaft und Gesellschaft. Die Wirtschaft und die gesellschaftlichen Ordnungen und Mächte*, Teilband 4: Herrschaft, Tübingen.

Weipert–Fenner, Irene (2014a), »Die offene soziale Frage und der politische Transformationsprozess in Ägypten«, in: Tamer, Georges/Röbbelen, Hanna/Lintl, Peter (Hg.), *Arabischer Aufbruch. Interdisziplinäre Studien zur Einordnung eines zeitgeschichtlichen Phänomens*, Baden–Baden, S. 263–292.

— (2014b), »Neue Akteure, neue Prozesse – alles beim Alten? Über den schwierigen Umgang mit der Ambivalenz der arabischen Transformationsprozesse«, in: *Politische Vierteljahresschrift*, Jg. 55, H. 1, S. 145–167.

Weltbank (2014a), »The unfinished revolution«, unter: http://www.worldbank.org/content/dam/Worldbank/document/MNA/tunisia_report/the_unfinished_revolution_eng_chap1.pdf [letzter Zugriff am 03.02.2016].

— (2014b), »Tunisia Development Policy Review«, in: http://siteresources.worldbank.org/INTMENA/Resources/TunisiaDPR.pdf [letzter Zugriff am 03.2.2016].

— (2016), »World Development Indicators: Tunisia«, unter: http://databank.worldbank.org/data/reports.aspx?source=2&country=TUN&series&period [letzter Zugriff am 03.02.2016].

Weslaty, Lilia (2012), »Tunisie: Origines des affrontements entre force de l'ordre et manifestants dans la ville de Siliana«, in: *Nawaat*, 28.11.2012, unter: http://nawaat.org/portail/2012/11/28/tunisie-origines-des-affrontements-entre-forces-de-lordre-et-manifestants-dans-la-ville-de-siliana/ [letzter Zugriff am 04.04.2016].

Wettig, Hannah (2013), »Neue Freiheiten für politische und private Kämpe. Der Kampf um das Selbstbestimmungsrecht der Frau als Auslöser der Revolutionen«, in: Filter, Dagmar/Reich, Jana/Fuchs, Eva (Hg.), *Arabischer Frühling? Alte und neue Geschlechterpolitiken in einer Region im Umbruch*. Hamburg, S. 33–42.

Wieder, Anna (2016), »Autonomie und Alterität. Zu den normativen Grundlagen der Gesellschaftstheorie von Cornelius' Castoriadis«, in: *Zeitschrift für Praktische Philosophie*, Bd. 3, H. 1, S. 203–232.

Wieder, Thomas (2011), »À Paris, l'intelligentsia du silence«, in: *Le Monde*, 05.02.2011, unter: http://www.lemonde.fr/a-la-une/article/2011/02/05/a-paris-l-intelligentsia-du-silence_1475515_3208.html [letzter Zugriff am 16.02.2016].

Wöhler–Khalfallah, Khadija Katja (2004), *Der islamische Fundamentalismus, der Islam und die Demokratie*, Wiesbaden.

Wolf, Christa (1989), *Was bleibt*, Berlin.

Wolf, Eric (1969), *Peasant Wars of the Twentieth Century*, New York.

Worsley, Peter (1972), »Frantz Fanon and the Lumpenproletariat«, in: *Social Register*, H. 9., S. 193–230, unter: http://socialistregister.com/index.php/srv/article/view/5311/2212 [letzter Zugriff am 25.02.2017].

Wright, Erik Olin (2012), »Durch Realutopien den Kapitalismus transformieren«, in: Brie, Michael (Hg.), *Mit Realutopien den Kapitalismus transformieren? Beiträge zur kritischen Transformationsforschung 2*, Hamburg, S. 59–106.

— (2017), »Untergraben wir den Kapitalismus! Wie die Linke utopisch und realistisch zugleich sein kann«, in: *Blätter für deutsche und internationale Politik*, H. 10, S. 68–78.

Wunenburger, Jean–Jacques (1998), »Figures«, in: Thomas, Joël (Hg.), *Introduction aux méthodologies de l'imaginaire*, Paris, S. 91–97.

Younga, Hayat Lydia (2011), »La révolution arabe de 2011. A la recherche du sens perdu«, in: Blanc, Pierre (Hg.), *Revoltes Arabes. Premiers Regards*, Paris, S. 47–58.

Yousfi, Hèla (2015), *L'UGTT, une passion tunisienne: enquête sur les syndicalistes en révolution (2011–2013)*, Tunis.

— (2018), »La décentralisation, remède miracle aux disparités régionales en Tunisie?«, in: *Orient XXI*, 17.01.2018, unter: https://orientxxi.info/magazine/la-decentralisation-remede-miracle-aux-disparites-regionales-en-tunisie,2220 [letzter Zugriff am 01.11.2018].

Youtube (1988), »Spéciale Tunisie: interview du président Ben Ali«, unter: https://www.youtube.com/watch?v=QT7nzKVKAgE [letzter Zugriff am 15.03.2016].

Zapf, Holger (2012), »Staatlichkeit und kulturelle Authentizität im islamischen politischen Denken«, in: Zapf, Holger/Klevesath, Lino (Hg.), *Staatsverständnisse in der islamischen Welt*, Baden–Baden, S. 17–34.

— (2016), »Demokratie« im arabisch–islamischen Diskurs. Oder: Warum sollten und wie können nicht–westliche normative Theorien kontextualisiert werden?«, in: Schubert, Sophia/Weiß, Alexander (Hrsg), *»Demokratie« jenseits des Westens. Theorien, Diskurse, Einstellungen*, in: *Politische Vierteljahresschrift Sonderheft*, H. 51, S. 378–403.

Zein, Huda (2013), »Frauen und Revolution: Wege geschlechtlicher Emanzipation?«, in: Filter, Dagmar/Reich, Jana/Fuchs, Eva (Hg.), *Arabischer Frühling? Alte und neue Geschlechterpolitiken in einer Region im Umbruch*, Hamburg, S. 25–32.

Zemni, Sami (2013), »From Socio–Economic Protest to National Revolt: The Labor Origins of the Tunisian Revolution«, in: Gana, Nouri (Hg.), *The Making of the Tunisian Revolution. Contexts, Architects, Prospects*, Edinburgh. S. 127–146.

Zerrouky, Hassane (2001), »Algérie. La loi sur la concordance civile promulgué le 13 Janvier 2000 divise les Algériens«, in: *L'humanité*, 13.01.2001, unter: http://www.humanite.fr/node/239990 [letzter Zugriff am 25.01.2017].

Žižek, Slavoy (2012), *The year of dreaming dangerously*, London.

Zlitni, Sami/Touati, Zeineb (2012), »Social networks and women's mobilization in Tunisia«, in: *Journal of International Women's Studies*, H. 13, S. 46–58.

Zorob, Anja (2011), »Nordafrikanische Erfolgsgeschichten?«, in: *Blätter für deutsche und internationale Politik*, H. 7, S. 31–34.